『新子学』论集

叶蓓卿 编

學苑出版社

图书在版编目（CIP）数据

“新子学”论集 / 叶蓓卿编 . —北京 ：学苑出版社，2013.12

ISBN 978-7-5077-4470-5

Ⅰ . ①新… Ⅱ . ①叶… Ⅲ . ①中华文化－文集 Ⅳ . ① K203-53

中国版本图书馆 CIP 数据核字（2013）第 320278 号

责任编辑：战葆红
封面设计：徐道会
出版发行：学苑出版社
社　　址：北京市丰台区南方庄 2 号院 1 号楼
邮政编码：100079
网　　址：www.book001.com
电子信箱：xueyuan@public.bta.net.cn
销售电话：010-67675512　67678944　67601101（邮购）
经　　销：新华书店
印 刷 厂：保定市彩虹艺雅印刷有限公司
开本尺寸：700×960　1/16
印　　张：55.5
字　　数：810 千字
版　　次：2014 年 2 月第 1 版
印　　次：2014 年 2 月第 1 次印刷
定　　价：198.00 元

子学兴替关乎中国思想变革
——《“新子学”论集》序

陈鼓应

中国哲学精神的兴起、演进和繁荣，与先秦子学息息相关。雅斯贝斯在《历史的起源与目标》中提出，不同的文明都经历了一个轴心时代。这是一个颇具启发的说法。至少对中国哲学而言，子学的兴起可以视作哲学的开创期，子学构成了轴心时代精神突破的核心内容。先秦哲学家面对当时社会的空前危机，自觉反省夏商周以来的文化传统，对天人关系、内圣外王以及人生态度等问题作了深入探索，从而形成了百家争鸣的思想格局。这是世界文化史上的重要遗产。当然，和其他的文明不同，中国的哲学突破自有其独特之处。先秦诸子大多着眼于人世，有浓厚的社会关怀，致力于理想世界的建设。孔子、孟子、荀子如此，老子、庄子以及黄老学派同样如此，其他各家也不例外。中国哲学的基本性格就是在这一时期形成的，并且深刻地影响了以后的历史发展。黑格尔说，欧洲人每想起希腊，就会有家园之感。这句话，用在中国人之回想先秦，应该也是恰当的。

但是，先秦时期百家争鸣的思想格局并没有继续下去。秦王朝建立后，以法家思想为蓝本治理国家，采取严酷的文化政策，甚至于焚书坑儒，这是国家权力对思想的第一次压制。到了汉代武帝时期，又开始实行罢黜百家、独尊儒术的政策，最终形成了经学一统的思想格局，这是国家权力对思想的第二次压制。自此后，中国哲学就在国家权力和正统意识的压制下迂曲而行。经学的地位日益无法挑战，多元思想被视为异端而屡受打击。唐代犹能三教共存，而宋代之后，在政治权力的挟持下，“道统”成为思想压制的新武器。尤其是明清两代，陆续有各种迫害异端的惨剧发生，文祸不绝，士人寒心。集权制度下的社会慢慢僵化，集权意识下的思想慢慢退化。失去了多元力量之间的良性互动，思想文化的活力不断弱化，直到整个民族丧失创造力和改变自我命运的能力。

当然，无论怎样强大的专制，也无法真正统治人们的思想与精神世界，因为这违背了人的内在要求，也无法保障社会的健康发展。从历史上看，今文经学、古文经学，抑或经学的任一派别，在获取独尊地位后，都会逐渐陷于僵化停滞的状态，并进一步造成思想学术的普遍凋敝。思想一统的局面在国家权力的扶持下还可勉强支撑，而一旦经学思想丧失强制性的体系支持，就会迅速堕入溃败。此时，受压制的哲学思想往往会马上找到生长的空间。因而我们会看到，经学的凋敝经常会激发子学传统的复兴，或者某种新形态子学的兴起，这差不多是中国哲学历史的基本规则。东汉末年，经学为世家大族把持，成为繁琐的章句之学，又因为与谶纬之学结合而堕落为灾异神学，弊极而衰，于是从汉末开始，经学一蹶不振，而老庄强劲复兴，进而慢慢推动了魏晋时代子学的复兴，由此学术打开了一个新局面，文学、美学、艺术等各领域都进入了一个大创造的时代。这一格局延续了数百年。之后的时代同样如此，往往在独定一尊的专制思想衰落后，多元化思潮就会随之涌现，亦即由子学的复兴来重新焕发哲学的生机。明代理学一统天下，而傅山等发出质疑，并提倡与之相对的子学。清代思想专制解体后，又有清末的子学复兴。在某种意义上，“五四”精神亦复如是，它在西方思潮的推动下，对清代的思想专制进行了全盘的清理。一元衰而多元兴，子学正是凭借着其自有的坚韧生命力，在时间的长河中连绵反复，不断自我重生。认识到这一点，在今天有着特殊的意义。

近年来，中国文化越来越受到重视，这一形势来之不易。犹记几十年来，海峡两岸文化界发生过的触目惊心的灾难。台湾的“白色恐怖”，使进步学者和学生饱受打压，甚至锒铛入狱，当局却极力宣扬其所谓道统。大陆的“文革”，也使大批学界名流被迫害致死，思想和文化领域一片凋零。这些对文化的压制与伤害，深深动摇了中国文化的根脉，直至今日，其影响仍未完全消除。我们应该谨记教训，不能再让专制政治挟持专制文化祸害中国。

近年来，我一直努力来做的事情，是站在当代立场上阐发历代道家的人文情怀。和通常的说法有所不同，我愿意强调道家思想中人文和自然相互蕴含的特质。实际上，不仅仅是道家，先秦哲学的特质都在人文精神上。从中西哲学的对比来看，先秦诸子在世界文化史上的特异之处，就是人文意识的自觉尤其早，而思考又尤为圆通。从产生的时间来说，中国的人文精神要比西方的人文精神早很多。在西方，人文精神到文艺复兴时期才真正出现，那已经将近十四世纪了。可是在中国，早在老子、孔子的时代，伴随着对神权的质疑，哲学家们已经开始从“人”的视角来思考重大的哲学问题。老子是中国的第一位哲学家，他用“道”代替神学意义上天帝的位置，真正体现了人文精神。固然我们不能把孔子视作哲学家，但他也的确深刻影响了中国哲学的发展。孔子思想中深厚的人文精神同样是那个时代最具活力的思想资源。在老子和孔子之后，人文思想成为先秦诸子的时代精神，诸子各自不同形态的人文思想相互激荡，最后汇成一股时代思潮，因而可以说先秦是人文思想汇集到人文思潮的开创期。先秦诸子百家的人文精神对今天的世界有着非常大的启示。自古至今，人类就不停地面临三大冲突：人与自然的冲突，人与人的冲突，人与自己内心的冲突。环顾今天的世界，这些冲突不但没有减缓，反而在一些霸权意识下愈演愈烈。在这种情况下，子学中蕴含的人文精神与对话、和谐的精神，就具有非常现实的意义。

子学是中国文化宝贵的遗产，需要不断开掘，不断发展。近代以来，子学研究有非常大的进展，这是有目共睹的。不过，面对现代中国的复杂境况，子学还应该在世界哲学的背景下，紧紧抓住中国哲学的特质，开拓出新境界。由此，方勇教授提出的“新子学”主张就特别具有学术创新与思想变革的意义。值得注意的是，从提出“新子学”这一命题，倡导子学的振兴，到深入阐释“新子学”的精神，方勇教授的主张一直得到学界的积极呼应，并由此引发了热烈而深入的讨论。呈献给读者的这部《“新子学”论集》就记录了学者们的精湛思考，这说明子学及其背后的精神是富于生命力的，是这个时代需要正视的思想资源。

“新子学”新在哪里？这是一个具有挑战性的问题，也是一个开放性的问题。从“新子学”的提出到现在已经一年多了，学术界对这个问题的讨论非常深入，提出了很多有价值的见解，相信读过本书后大多数人会同意我的看法。在这些见解 中，有的特别能够引起我的共鸣。比如傅璇琮先生提到，需要花大力气做诸子文献的整合梳理工作，这的确是非常重要的工作。还有许抗生先生谈到，中华民族的文化是极其丰富的，绝不是儒家一枝独秀。再如陆永品先生谈到，儒、道、墨、法在春秋战国时代已经成为四大“显学”，是中华民族文化的四大坚强支柱，是取之不尽、用之不竭的文化源泉。当然还有很多学者的看法都非常精到，需要时间细细体味。相信《“新子学”论集》的出版会推动“新子学”研究更深入的发展，这于我而言是一件颇感欣喜的事情。是为序。

2013 年 11 月

目录

“新子学”构想

方 勇

2012年4月，在上海召开的由华东师范大学先秦诸子研究中心举办的“先秦诸子暨《子藏》学术研讨会”上，我们提出了“全面复兴诸子学”的口号。然而诸子学如何全面复兴，及其在中华民族文化伟大复兴中应承担什么样的责任，仍值得探究。在此，我想以“新子学”来概括对这些问题的思考。“新子学”概念的提出，根植于我们正在运作的《子藏》项目，是其转向子学义理研究领域合乎逻辑的自然延伸，更是建立在我们深观中西文化发展演变消息之后，对子学研究未来发展方向的慎重选择和前瞻性思考。

子学的产生发展与“新子学”

商周以来的传统知识系统，实可分为两大部分：一为王官之学，它是以周公为代表的西周文化精英，承上古知识系统并加以创造发明的礼乐祭祀文化，经后人加工整理所形成的谱系较为完备的“六经”系统；一为诸子之学，它是以老子、孔子等为代表的诸子百家汲取王官之学的思想精华，并结合新的时代因素独立创造出来的子学系统。

“六经”系统包含了中华学术最古老、最核心的政治智慧，因而在历朝历代均受到重视，西汉以降一直被尊为中华文化的主流思想而传承至今。子学系统则代表了中华文化最具创造力的部分，是个体智慧创造性地吸收王官之学的思想精华后，对宇宙、社会、人生的深邃思考和睿智回答，是在哲学、美学、政治、经济、军事、教育、技术等诸多领域多维度、多层次的深入展开。比起经学系统，子学系统在传统观念中的地位虽有不如，但其重要性却丝毫不见逊色。它们共同构成中华文化的两翼，为东方文明的薪火相传奠定了深厚的思想基础。

诸子之学的兴起，缘自先秦时期日益加深的社会危机。春秋礼乐秩序的全面崩溃，导致了王官文化体制的解体，其剧烈程度与重要性绝不亚于殷周鼎革之际的社会文化变革。而王官文化体制的解体，又引起了文化重心的迅速下移，士阶层由此分化为文士与武士两类。文士中之佼佼者，为寻找社会病因，疗救世人创痛，纷纷兴办私学、著书立说，从而出现了儒、墨、道、法、名、阴阳等诸多思想流派“百家争鸣”的空前盛况。“百家”，说明当时人才之兴盛、思想之活跃；“争鸣”，意味着学术批评的自由、学术思想的独立。冯友兰即认为：“在中国哲学史各时期中，哲学家派别之众，其所讨论问题之多，范围之广，及其研究兴趣之浓厚，气象之蓬勃，皆以子学时代为第一。”（《中国哲学史》）

子学的活力，不仅在于它对王官之学的创造性继承，更在于其“入道见志”（《文心雕龙·诸子》）的思想载体与其理念自身所具有的生生不息的开放性特征。早在春秋战国之际，在汲取王官之学思想精华的基础上，就诞生了第一代子学元典《老子》、《论语》、《墨子》。而到了战国中后期，在不断修编、诠释、发挥和吸收经学文本与子学元典的基础上，产生了更多学术文本，由此形成了第二代子学元典，如《孟子》、《庄子》、《荀子》、《韩非子》、《吕氏春秋》、黄帝书等等。降至汉代，以陆贾、贾谊、刘安、扬雄等人著作为代表的第三代子学元典也相继产生。魏晋以后，在诠释、发挥和吸收经学文本与子学文本并自我解构的基础上，依从文化学术本身的开放性、变革性本质，诸子学不断汲取外来学说，又陆续产生了以何晏、王弼、周敦颐、二程、朱熹、陆九渊、王守仁等人学说为代表的诸代子学（或准子学）著作。晚明时期，随着个性解放浪潮的逐渐掀起，子学又得到了一次新发展。明清之际，傅山积极倡导“经子不分”，并用心研究《老子》、《管子》、《墨子》、《公孙龙子》、《鬼谷子》、《商君书》等子书，成了近代子学的先声。至清代考据之学兴起，学者们更是主张经子平等、经子互证，诸如卢文弨、毕沅、王谟、王念孙、孙星衍、严可均、洪颐煊、阮元、顾广圻、魏源、马国翰、俞樾、戴望、孙诒让、曹耀湘、王先谦、郭庆藩等人，皆为子学研究作出了贡献，子学遂足与经学分庭抗礼。同时，“西学”的引入也为子学添加了诸多新的理论与方法。而在“五四”之后，子学又在新的社会条件下迸发出强劲的活力，为自身增添了诸多新内容。

从历史中走来的子学，其灵活多样的方式、鲜活的思想内容，总与丰富多彩的现实世界保持着交互相通的关系。以子学的思维方式为例，墨子不满儒家而另创墨家，庄子无所不窥而恢宏道家，孟子创性善、荀子主性恶，诸子皆不依傍、不苟且，重独得之秘，立原创之见，倡导精神上的独立与自由。百家争鸣，相互抵异，而多以天下安危为己任，不迷信，不权威，多元而有序地自觉发展。思想内容方面，儒家以“仁”为本，积极入世，在现实世界中寻求理想，“朝闻道，夕死可矣”；墨家尚贤，倡导兼爱节俭，刻苦自砺；道家于纷繁世界之外“清虚自守”、“澡雪精神”。这些都是诸子学中历久弥新的遗珍。过去，它曾不断催生人们的新思维，鼓舞激励着历代仁人志士；而今，在我国改革开放逐步推进、国家实力持续提升、全球化意识不断增强而国人对子学进一步发展的意愿越来越强烈的大背景之下，子学正再一次与当下社会现实强力交融，律动出全新的生命形态——“新子学”!

“新子学”是子学自身发展的必然产物，也是我们在把握其发展的必然规律与时机后，对它所做的进一步开掘。在此阶段，我们重新反思并明确子学的本质及其历史面貌。所谓子学之“子”并非传统目录学“经、史、子、集”之“子”，而应是思想史“诸子百家”之“子”。具体内容上，则应严格区分诸子与方技，前者侧重思想，后者重在技巧，故天文算法、术数、艺术、谱录均不在子学之列。由此出发，我们结合历史经验与当下新理念，加强诸子学资料的收集整理，将散落在序跋、目录、笔记、史籍、文集等不同地方的资料，辨别整合、聚沙成塔；同时，深入开展诸子文本的整理工作，包括对原有诸子校勘、注释、辑佚、辑评等的进一步梳理；最终，则以这些丰富的历史材料为基础，缀合成完整的诸子学演进链条，清理出清晰的诸子学发展脉络。依据子学发展完整性，再进一步验证晚清民国以来将《论语》、《孟子》等著作“离经还子”的观点，复先秦百家争鸣、诸子平等之本来面貌，并重新连接秦汉以后子学的新发展。

当子学的历史发展得以完整呈现后，其固有概念则自然而然地冲破以往陈见的束缚，重新确立起兼具历史客观性与现时创新性的概念。这本身也符合我国主要学术概念源于自身学术传统的诉求。子学根植于中国文化土壤，其学术理念、思维方式等皆与民族文化精神、语文生态密切相关。对相关学术概念、范畴和体系的建构，本应从中国学术自身的发展实践中总结、概括、提炼而来。“新子学”即是此理念的实践。如在思维方式上，诸子百家重智慧，讲彻悟，不拘泥于具象，不执着于分析。表述形式上，或对话，或随笔，或注疏，不拘一格，各唱风流。这些都是存在于特定历史阶段的思维方式和话语风格，本不与西方乃至中国当前的思维话语相类。而在子学内部，“老聃贵柔，孔子贵仁，墨翟贵廉，关尹贵清，子列子贵虚，陈骈贵齐，阳生贵己，孙膑贵势，王廖贵先，兒良贵后”（《吕氏春秋·不二》），本各具特点。且老子所谓"法自然"、庄子所谓"法天"、孟子所谓"事天"、荀子所谓"参于天地"，多从人生行为修养而言，并不重在探知宇宙，不可简单引西哲所谓宇宙论、本体论强加比附。"新子学"自觉认知此点，从客观历史出发，在辨证之下对其进行继承发展，以促进其更好地完成现代化转型，实现合乎历史发展规律的新进化。

要而言之，子学其自产生以来，凭借其开放性、生命力与进化势头，形成了不断诠释旧子学元典、吸收经学文本精华和创造新子学元典的传统，并在历史进程中，始终保持着学术与社会现实的良性互动，进而促成其自身的不断发展。而"新子学"正是子学自身发展的历史性产物，同时，也是我们结合当前社会现实，对子学研究所作出的主动发展。

"新子学"将扎根传统文化沃土，以独立的姿态坦然面对西学

自晚清国门大开，西方文明对我国的影响渐渐由器物层面转到学术层面上。子学研究在西学的影响下实际已走上了两条不同的发展路径，也取得了不同的成果。

一方面，受西方"赛先生"的影响，"五四"时期的学者提出以"科学方法整理国故"的口号，提倡把西方科学主义精神与中国传统考据之学结合起来，用科学的方法重新梳理中国传统文献材料，使之在新的时代条件下呈现出新的意义，子学文献的整理与研究也因此获得了新的生命，不但研究方法更为精密科学，涉及范围也更趋广泛。

据统计，1911年至1949年间，有关诸子学的考证、校释、注译、汇编、引得等著作已超过二百种，诸子学的发展出现了一个小高潮。近几十年来，子学著作整理也表现出强劲的发展势头。中华书局一直致力于《新编诸子集成》丛书的编辑出版，近几年又陆续出版《新编诸子集成续编》；四川人民出版社也相继推出《诸子集成补编》、《诸子集成新编》、《诸子集成续编》等丛书，收集历代子部著作600余种。台湾严灵峰曾先后编纂《无求备斋诸子集成》系列，相继影印海内外所藏诸子著作千余种。2010年起，华东师范大学先秦诸子研究中心编纂并陆续推出《子藏》系列，预计以十载之功，整理影印历代子学著作5000余部，打造出一座取之不尽、用之不竭的子学研究资料宝库。现首批成果《子藏·道家部·庄子卷》已面世，《鬻子卷》、《关尹子卷》、《文子卷》、《鹖冠子卷》、《子华子卷》、《列子卷》等也正在出版中。《子藏》工程的启动，标志着诸子资料的收集和文本的整理迎来了一个前所未有的高峰，也意味着以文献整理为主要工作的传统子学将走向终结，子学转型已是势在必行。

另一方面，西方的人文主义精神刺激了诸子学由“考据”到“义理”的转变，子学文本从考据的材料变成了研究对象，思想研究逐步深入。西方的人文主义传统是在其自身文化土壤中生长出来的，有着与中国文化传统截然不同的气质和体系。要想将这样两种存在巨大差异的文化融合在一起，其难度可想而知。梁启超、章太炎等是最早尝试运用西方近代学术方法以阐发诸子义理的一批学者，他们试图依靠精湛的国学功底建立起一定的研究体系，但因其依傍西学体系而立，以致在后来的发展中，学者多以西学为普世规范和价值，按照西方思维、逻辑和知识体系来阐释诸子。如胡适《中国哲学史大纲》曾风行一时，却“不能不依傍西洋人的哲学史”。冯友兰《中国哲学史》也说：“哲学本一西洋名词，今欲讲中国哲学史，其主要工作之一，即就中国历史上各种学问中，将其可以西洋所谓哲学名之者，选出而叙述之。"在此境遇下，"孔子成了最时髦的共产主义者，又成了新大陆挽近的行为派的心理学家"，或"以爱因斯坦的'相对论'解释《老子》"。至于以格致论公输之巧技、平等比墨子之兼爱，或以孔学效耶教、《淮南》列电力者，更是不一而足。结果是使子学渐渐失去理论自觉，沦为西学理念或依其理念构建的思想史、哲学史的"附庸"：既缺乏明确的概念、范畴，又未能建立起自身的理论体系，也没有发展成一门独立的学科，唯其文本化为思想史、哲学史的教学与写作素材。因而当时罗根泽就想撰写《由西洋哲学铁蹄下救出中国哲学》一文，以揭穿这种中国哲学家披上西洋外衣的把戏（见《古史辨》第七册罗根泽前序）。

新中国建立初期，我国经济学体系、学术话语体系等，大都照搬苏联模式，对子学的发展造成了一定的负面影响。十年动乱结束后，我国实施了改革开放政策，打开国门后，人们有机会看到一个既陌生又新鲜的世界，因而便以极大的热情去借鉴、吸收西方的先进技术和学术理念，但在此过程中也经常会迷失分寸，甚至完全脱离国情，盲目崇拜、套用西方的价值观念，照搬照抄西方的学术理论及评价体系。影响所及，诸子学研究也在很大程度上失去了理论自觉，并导致了阐释指向的扭曲。譬如某些研究道家哲学、美学思想的专著，其所阐发的似乎并不是老庄本身的思想。《庄子》一书，文学价值极高，明清两代学者已有大量相关优秀研究成果问世，甚是值得借鉴，但时下研究《庄子》文学艺术者，往往对这些成果不闻不顾，仅持西方文艺理论予以阐释，远离了中国固有的文化语境。如果研究者能将前贤的大量优秀研究成果充分利用起来，与所引进的西方文艺理论化为一体，则《庄子》的艺术底蕴必将得到更为深刻的揭示，而相关研究著作的学术价值也会得到相应的提高。

站在"新子学"的立场上来看，迷失在西学丛林里难以自拔的自由主义既不可取，一味沉溺于“以中国解释中国”的保守思维同样不足为训。王国维曾经说过：“中西二学，盛则俱盛，衰则俱衰。风气既开，互相推助。”（《国学丛刊序》）这种对中西方学术的开明态度，至今仍有十分重要的借鉴意义。唯有摆脱二元对立、非此即彼的固定思维模式，才更为接近文化多元发展的立场。当今世界已非西方文化中心论的时代，文化多元化是人们的必然选择。中国学术既不必屈从于西学，亦不必视之为洪水猛兽，而应根植于中国历史文化的丰厚沃土，坦然面对西学的纷繁景象。子学研究尤其需要本着这一精神，在深入开掘自身内涵的过程中，不忘取西学之所长，补自身之不足，将西学作为可以攻错的他山之石。也就是说，我们需要摆脱二元对立思考的局限，以传统子学的智慧与胸襟，坦然面对西方，正确处理好子学与西方文化学术的主次关系，才能真正构建起富有生命力的“新子学”体系。

“新子学”将承载“国学”真脉，促进传统思想资源的创造性转化

中华传统思想和学术，可以简单概括为“国学”。“国学热”于今再度鼎沸，但关于“国学”的界定，自晚清以来，迄今众说纷纭。高旭、邓实认为，“国学”应以经、史、子、集之术为主体；章太炎等继之，申论以义理、考据、词章为“国学”法度；季羡林则囊括四海之所有，倡言“大国学”。同时，前有熊十力、梁漱溟，中有唐君毅、徐复观，后有成中英、杜维明等，径指儒家之学是其骨干，倡言上承三王汤文武、周孔孟，下逮宋明程朱陆王，以持道统，发扬心

性之学，以内圣外王融通民主科学等新文明，即以儒学为主导，促进"国学"发展；又有许之衡、马一浮及饶宗颐等认为，国学以儒学为主流，"六经"则是其髓，直言以经学为主导，复兴"国学"。以上各说，具体言辞虽有差异，但观其要旨，皆源于汉儒之见，下继清儒之说，无不以"六经"为百术之源，统摄万端，故以经学为髓，儒学为骨，经、史、子、集为肌肤，外翼所谓全体文化学术，此类架构，可称之为"旧国学"。

然涤除玄览，深察古今"国学"，其内容构成与主导力量实呈不断变化之趋势。上世纪三十年代，上海世界书局编辑《诸子集成》，其《刊行旨趣》云："夫所谓国学之本源者，何也？'六经'尚矣！本局已印行汉人之注疏，并宋人之章句集注矣！其出世稍次于经，而价值与影响，有足与经相抗衡者，则周秦诸子是已。原诸子之立说著书，盖皆欲以一己之思想学说以广播于天下者也。二千年来，我国之民族思想，社会文化，学者著述，几无不受诸子之影响，故诸子者，实我先民思想之结晶，亦即国学本源之所在。"诚哉斯言！

应当说，古代的"国学"确为经学主导下的"国学"。先秦时期，统治者上承前朝之制，中梳宗祖之德，下征公侯之风，欲明天道，正人伦，致至治之成法，而作"六经"。作为官学经典，"六经"集中体现了经学的方方面面。其中较为突出的特点是，统治者以经学为核心，建立起相对封闭的治国思想体系，在此体系之内，往往不允许异端的存在，常以法圣王为名，因循旧典故章，而"上有所好，下必甚焉"，故封建时期的历代学者皆以注经为能事，处处依傍古人。同时，旧国学以经学典籍为"道"之集中呈现，视此后各种学术流派与内容为其基础上更具体、更多样的派生物，虽然在历史进程中，它也以此为原理，相继吸纳《论语》、《孟子》等子学著作为经学经典，以期实现自身的变革与发展，但整个经学的学术思维根本上深受权威主义影响，不免具有封闭和固化的特征，这就使经学在一定程度上具有了形式僵化、思想创新不足、理念发展相对乏力的病症。尤其是在面对“西学”而实现传统学术创造性转化的课题时，常常表现出无力感。显然，这些对“国学”自身发展的促进作用十分有限。

随着近代学术的日益发展，子学实际上已逐渐成为“国学”的主导，这也弥补了经学作为单独力量存在时的种种不足。恰如冯友兰曾指出的，“‘经学’和‘子学’，两面对比，‘经学’的特点是僵化、停滞，‘子学’的特点是标新立异，生动活泼”（《三松堂自序》）。且《庄子·天下》早在两千年前指出：“道术将为天下裂。”这已经明确阐述了子学在其整个发展历程中，始终与社会现实保持的交互关系，并以此促成各自的不断突破。清末以来，子学更是参与到社会变革的激流中，化身为传统文化转型的主力军。尤其是它通过“五西”以来与“西学”之间起承转合的变化发展，早已经使自身成为“国学”发展的主导力量。如今，“新子学”对其进行全面继承与发展，亦将应势成为“国学”的新主体。而“新子学”主导下的“国学”也将继续凭借子学开放、包容、发展的特点，实现其自身的跨越式发展，我们也将重新树立民族文化自信心，更加坦然地面对“西学”。面对“西学”，我们必将以更为开放的心态，使中国传统思想文化与西方科学理念得到完美结合，并转生为当今社会的精神智慧之源，最终发展出民族性与世界性兼备的新国学。

在当今社会，我们倡导子学复兴、诸子会通，主张“新子学”，努力使之成为“国学”新的中坚力量，非为发思古之幽情，更不是要回到思想僵化、权威严厉的“经学时代”，而是要继承充满原创性、多元性的“子学精神”，以发展的眼光梳理过去与现在，从而更好地勾连起未来。产生于“轴心时代”的诸子之学从来都是当下之学，自汇聚诸子思想的诸子文本诞生伊始，诸子学就意味着对当时社会现实的积极参与。而后人对诸子文本的不断创作、诠释、解构与重建，亦是为了积极应对每一具体历史阶段之现实。子学如同鲜活的生命体，不断发展、演变，生成了一代又一代的新子学。我们倡导“新子学”，正是对诸子思想的重新解读和扬弃，也是借重我们自身的智慧与认识对传统思想的重新寻找和再创造。

在国势昌盛、经济繁荣的今天，全面复兴子学的时机已经成熟，“新子学”正以饱满的姿态蓄势待发。百年来，子学走过了种种曲折道路，国人面对西学的心态日趋理性和成熟，“新子学”即是在此情况下对我国文化走向的重新思考。中华文化的未来，必将是在继承传统的基础上不断的创新发展。诸子学作为中华传统思想文化的主体，必然是未来思想文化的重要组成部分，是促进中国重新崛起为世界中坚的有生力量之一。中国学派构建之际，“新子学”正应运而生！

（原载于2012年10月22日《光明日报》“国学”版，《新华文摘》2013年第1期转载，作者单位：华东师范大学先秦诸子研究中心）

再论“新子学”

方 勇

自半年前我在《光明日报》“国学”版发表《“新子学”构想》一文以来，学术界对“新子学”的讨论一直很活跃。诸多研究领域的学者从不同角度阐发了精到的看法，令我深受鼓舞。经过一段时间的沉淀，我对“新子学”的内涵做了新的思考。现拟对部分问题作进一步阐述，以期引起更深层的讨论，深化对“新子学”发展问题的理解。

“新子学”的深层内涵

“新子学”的概念，具有一般意义和深层意义两个不同的层面。从一般意义上说，“新子学”主要是相对于“旧子学”而言的。它一是要结合历史经验与当下学术理念，在正确界定“子学”范畴的前提下，对诸子学资料进行全面的收集和整理，将无规则散见于各类序跋、笔记、札记、史籍、文集之中的有关资料，予以辨别整合，聚沙成丘；二是要依据现代学术规范，对原有的诸子文本进行更为深入的辑佚、钩沉、辑评、校勘、整合、注释和研究；三是要在上述基础上，阐发出诸子各家各派的精义，梳理出清晰的诸子学发展脉络，从而更好地推动“百家争鸣”学术局面的出现。

半年来学界同仁对“新子学”理念的阐发，大致是在这一层次上的展开和延伸。因而关于“新子学”概念的讨论，主要集中于诸如“新子学”是“新之子学”还是“新子之学”，“新子学”的研究范围应截止到清末、民国之前还是涵盖当代等问题上。但我所设想的“新子学”理念，实则并未限定于斯，在此，试作更深层次的表述。

就深层意义而言，“新子学”是对“子学现象”的正视，更是对“子学精神”的提炼。所谓“子学现象”，就是指从晚周“诸子百家”到清末民初“新文化运动”时期，其间每有出现的多元性、整体性的学术文化发展现象。这种现象的生命力，主要表现为学者崇尚人格独立、精神自由，学派之间平等对话、相互争鸣。各家论说虽然不同，但都能直面现实以深究学理，不尚一统而贵多元共生，是谓“子学精神”。

《汉书·艺文志》曰：“九家之术，蜂出并作，各引一端，崇其所善，以此驰说”，“其言虽殊，辟犹水火，相灭亦相生也”。诚然，就诸子各家的内部情况来看，确实存在着极大差异，甚或彼此争辩，各不相让，乃至否定对方。但在客观上，诸子百家却在“争鸣”过程中进一步“激活”了各家原创思维的生命力，使各种学说的独特性得到了呈现。在那个多元的时代，诸子皆述道言治，自开户牖。他们或内圣，或外王，或循天道，或析物理，无论在学术主张与言论风格上如何歧路交错，都没有哪一“子”能够真正统摄或主宰所有“子”，也没有哪一“子”试图依附或归并于其他“子”。诸子个体的独特性正是构成子学时代整体多元性的首要前提，而各“子”对于“己论”与“他说”之间差异矛盾的自觉，也是其进一步反观与提升自我的必要条件。在各种学说的呈现过程中，任何“争鸣”的个体都必须以异己者为依存前提。只有敢于正视多元共存的“子学现象”本身，方能在彼此对立、交融的关系中确立自身。譬如作为个体的孟轲，正是在与杨朱、墨子等人的思想交锋过程中，才确立为子学的孟子；而作为个体的荀况，也是在与“十二子”的思想对话中才确立为子学的荀子；甚至连老子创立道家学说，孔子创立儒家学说，墨子创立墨家学说等，也莫不是在面对异己者的基础上方才确立体系化的自家学说。

诸子学的多元性，不仅在横向上展现为诸子百家各呈其说，也在纵向上通过大量的冲突与交融，推动了每一学派内部的自我发展。儒学在孔子、子思、孟子、荀子间相承相递，道家在老子、关尹子、文子、列子、庄子中多方推进，墨家在墨子及其后学间代代衍生，法家在商鞅、申不害、韩非子中层层发扬。各个学派内部都有不同的发展谱系，任何一名厕身其中的学者都在不停息地前行。如孟子上承孔子，中接子思，标举仁义，改造五行，收礼义于内在，独创“四端”说，这既是对孔子、子思学说的深刻继承，又是对其学说的精彩创新。事实上，正是这种于内外纵横间的长期对立、会通与交融，才有力地推动了我国历史上多元文化的不断发展。历代以来，“子学精神”一直都鲜活地存在着。

“子学现象”所蕴含着的“子学精神”，正是晚周学术文化的多元特质。诸子学术的多元特质，与王纲解纽、时代巨变相关，也与学术和思想发展的内在规律相关。从学术文化内部来讲，先秦子学继承了三代以来的思想文化传统，同时关注现实，深究学理，对诸如世界图景的想象、基本的政治形态、人的道德禀赋的来源，以及如何理解历史、如何进行有效的国家管理等问题都做了精深独到的思考。这些问题重大而复杂，相互牵涉，因而在各家之间存在重大差异，使其思想的发展也不可避免地走向多元化。晚周学术的多元特质，实际上是思想本身所具有的多种可能的显示。我们说晚周学术是中国学术的高峰，正是因为那个时代触及了人类思想的灵魂——多元精神，子学时代才有别于后世。诸子百家无所畏惧地探索着任何领域，而拒绝任何先验的前提。这样的精神品质在后世为一统的文化秩序所掩盖，那种无所顾忌的思考被主流的文化信条所束缚，因而显得羸弱而拘谨。不过，在后世的子学传统中，这种精神虽若隐若无，但人们总是能从时代的脉动中感受到其特有的生命气息。

当今的世界与先秦诸子时代极为接近，皆处于多国并立、文化异质、竞争与交流并重的时代，因此在思想文化上不可能固守一家独尊，而应当直面现实，选择中华民族传统文化中与之相适应的多元文化因素，通过大力整合和提升，来引领时代文化的走向。我倡导“新子学”，不仅意在呼吁革新传统诸子学的研究方式，更主张从“子学现象”中提炼出多元、开放、关注现实的“子学精神”，并以这种精神为导引，系统整合古今文化精华，构建出符合时代发展的开放性、多元化学术，推动中华民族文化的健康发展。

换言之，“新子学”既发源于“子学现象”，又已超越这一现象；它既相对于“旧子学”而言，又与经学体系主宰下的“旧子学”有着本质的不同。它承认多元世界的自在状态，敢于直面纷繁复杂的现实社会，积极主动地去改变往昔经学一元化的思维模式和思维原则，使经学重新回归学术本身。也就是说，“新子学”所提炼出的“子学精神”，是在扬弃经学一元思维和大力高扬子学多元思维的前提下，对世界和人的本质的重新理解，它是子学的真正觉醒和子学本质的全新呈现，将为未来学术文化的走向提供选项。

以往的子学研究大致在“整理国故”框架内进行，而且多属于个案研究和个体行为。我们创办《诸子学刊》、编纂《子藏》则试图改变这一状况，尤其是如今大力倡导“新子学”理念，更希望对“子学现象”作整体把握，以便提炼出一种全新的“子学精神”。总之，就深层意义而论，“新子学”是从子学传统中提炼出来的整体性新理念，是对子学传统中包含的多元文化精神的自觉发扬。

“新子学”对国学发展的思考

我在《“新子学”构想》中提出了“新子学”将承载“国学”真脉，主导其新发展的看法。这一看法引来学界的广泛关注，在此我愿对相关问题做进一步阐述。

我们知道，“国学”就一般意义而言，就是指我国的传统学术文化。但对于所谓“传统”的认识，却存在不同的看法。胡适认为“国学”是研究一切过去的历史文化的学问，他把传统学术判定为故纸堆，相关研究只是在对其做博物馆式的清理。类似的主张者还有陈独秀、傅斯年等。但马一浮等则坚守传统学术成德之教的特质，强调它包含的传统精神文化在现代社会中的现实价值。

其实，“传统”并非“过去”。“过去”代表已死之物，“传统”则指存在于当下、并介入现有世界构建的事物，即一切传统的也都是当下的。我们在述说“国学”时，显然指的不仅仅是过去的历史文化，而是一直以显性或隐性的方式、活生生地伴随我们左右，甚至参与我们自身的自我构建的学术文化。因此，对于“国学”而言，它除了包含中国固有的传统学术文化内容外，自在的当下属性和走向未来的使命也是题中应有之义。

在明确“国学”的这一基本定位之后，关于“国学”自身的基本构成又是另外一个重要问题。正如我此前所概括的那样，以往的主流看法视“六经”为百术之源，统摄万端，从而以“六经”为髓，儒学为骨，经、史、子、集为肌肤，外翼全体学术文化。这种架构较明显地反映了传统经学的思维模式，它显然是以经学或以其为基础的儒学作为主体内容，仍是要求儒学居于中国学术文化的支配地位，把其他各家置于从属的被支配的位置，由此所形成的依然是经学和儒学统摄下的“国学”。

基于对“传统”的历史性和现实性特点的明确认知，“新子学”强调，“国学”在漫长的岁月中必然存在一个变化发展的过程，可以说一代有一代的“国学”。从历史上看，不可否认，“六经”是中国文化学术的最早源头，它深刻地影响着中华民族的基本精神。孔子以“六经”为基础创立了儒家学说，经西汉定为一尊后，在政治文化等方面获得了垄断性地位，成了“国学”的主导力量，后经历代统治者的追捧和提倡，渐成我国传统学术文化的主流。但随着时代的不断发展，这种局面发生了根本性的变化。章太炎力倡诸子学，胡适平视各家，冯友兰更是在《中国哲学史》中明确指出，晚清便是“经学时代之结束”。由此，经学时代重回到了子学时代，儒学又复归为子学之一。这是历史的必然，“新子学”的发展亦是我们时代的要求和选择。

今日之社会更为多元复杂，而民族历史文化的传承和发展必然会显示出鲜明的时代特征。这就要求我们从经学思维和体系的禁锢中真正解脱出来，以开放的姿态传承历史文化，维护学术开放多元的本性，积极构建具有时代特征、富于活力的“新国学”。“新子学”正是适应这样的“国学”发展要求，将应运承载“新国学”的真脉。

对此，部分学者的追问是“诸子学如何能成为‘新国学’主导”，认为从古至今，就学术内容所占比例而言，不论在考据还是义理方面，诸子学皆非传统学术的最主要构成部分，就此成为“国学”主导，恐怕勉为其难。该问题的提出，可以说正是我们传统学术文化“常识”的一种反映，但究其实质，不外就是以传统经学思维与观念理解“新子学”时所形成的一种误区。

正如上文所提到的，关于“新子学”的内涵，单以浅层次理解，它是“旧子学”的再发展。在这种理解下，“新子学”仿佛没有摆脱在原有经学体系下旧“国学”中的位置，最多也只是经学的多样化实践与儒学的外围羽翼，显然无法承担作为“新国学”主导的重担。但正如我所强调的那样，“新子学”具有更深层的内涵，它是以“子学精神”为灵魂，重视晚周“诸子百家”到清末民初“新文化运动”时期，每每出现的多元性、开放性的学术文化发展趋向。因而，“新子学”视野中的“国学”将是一个思想多元性与时代发展和谐一致的图景。我国早期思想史上经学与子学的互动，中后期三教的冲突与融通，以及西方思想文化因素在明清以来的渗入，这些都是构建“新国学”时不得不予以关注的。

还需要注意的是，“新子学”发见了传统学术的多元性，并以此牵出那个早已存在，只是被隐藏在经学帷幕下的多元主体的学术图景。“新子学”的“子学精神”主张多元并立，在主导“国学”构建与发展时，将整合现有的各类学术文化。它给“国学”带来的不是简单的内容上的囊括，而是结构性的革新：“国学”将由单向封闭的金字塔结构，转变为交互动态的多元开放结构。简单而言，在“新国学”的结构中，各种学术之间多元、平等、互为主体，没有谁统摄谁，谁要依附谁的问题。在这种体系之下，经学和儒学并不占据垄断地位，不再是其他学术确立自我和位置的依据与标准，只是复合多元、动态构成的学术生态中的一个重要但又普通的组成部分而已。因此，今后的“国学”不再是一枝独秀的孤景，而将上演百家合鸣的交响。

“新子学”对时代的应对

我提出“新子学”的主张，与思考我们这个时代具有什么样的特质，需要什么样的学术文化密切相关。子学本身就是中国学术文化对时代的反馈，是时代问题的思想解答。先秦诸子如是，历代的子学亦如是，此为中国学术文化之根本特征。反观当代中国已有的研究，总有一些时代与学术之间的错置感。就“新子学”而言，我们要思考的是今天的时代提出了什么问题，“新子学”对这些问题该如何作答。我以为，至少有这么几个问题值得我们深而思之：“新子学”与中国学术文化转型的关系；“新子学”如何处理好多元与会通之间的关系；“新子学”如何对待当代学术文化中世界性与中国性的纠结。

首先，“新子学”要致力于中国学术文化的转型。

中国学术文化的长期转型是“新子学”兴起的背景，“新子学”理应对中国学术文化转型进行积极回应。近代以来，犹如小舟出港，中国学术文化被迫进入一个长期且痛苦的动荡转型过程。传统被放弃，现代学术开始完全西化。以复古为耻，以进化为金律。接着，又全盘苏化，痛批“资产阶级学术”，萧杀之风遍被学林。之后，挟“全球化”的雷霆，西化之风暴再次袭来：方法革命接踵而至，新词汇、新理论层出不穷，学界成了西方文化理论的倾销市场。面对这样的学术发展历程，人们当然会感慨万千。

“新子学”主张的提出，就是对这一困境的反省。要在学术的洪流中辨清方向，我们有必要反观自身，既对传统学术文化有所反省，也对现代的学术文化方向有所反省。这里的关节点就是要突破两种不同的学术分类法，找到自己的理解框架。今天我们理解中国传统学术的框架有两个，一个是经、史、子、集四部分类法，源出中国早期的目录编纂学，是过去最基本的学术分类。这种分类法至今仍然影响巨大。另一框架则是民国以来的现代学制，其中中国学术多划归人文科学范围，也就是常说的文史哲学科。今天的大多数研究还是在这样的学科框架下进行的。“新子学”要在复合多元的学术森林中找寻中国古代学术思想之真，就不能一味依托先在的理解框架，而要在这二者之外另辟蹊径。一方面，要对传统和现代的框架予以透彻的理解，另一方面，也要尝试在现代背景下重新搭建平台。“新子学”要努力以新的视野去审视古代传统，重新定位子学之为学术主流，去寻觅经学观念笼罩下被遮蔽的东西；同时用批判的视角去看待现代的学科体系，重新划定研究对象，调整研究思路，补上学科框架下剪裁掉的东西。“新子学”还要充实“国学”概念，赋予其更新、更切实的内涵，以发掘中国学术文化曲折多元的历史真实，推进具有中国气派的现代学术的生长。

其次，“新子学”要处理好多元与会通之间的关系。

当今世界已经不再是古典中国的“天下”了。今日我们已经完全置身于复杂多元的广阔世界中，势必要去理解与我们完全不同的异己者。同时，“新子学”也需直面当今中国社会多元发展的格局。这一格局释放了巨大的思想空间，也带来了一些问题：思想学术的多元发展在何种情况下才能够保持其总体的解释力和涵容性，而不至于倒向平面化和碎片化？中国的传统资源要以怎样的姿态来面对现代的多元格局？

“新子学”作为多元存在中的参与者，会坦然面对这个时代，坦然面对这个世界。“新子学”接受多元性，但是也对可能的碎片化保持谨慎态度。问题不在于多元化，而在于何种多元化。丧失了共识的多元化不是我们所理解的多元性。晚周学术就是一种追求汇通的多元性。《易传》有言：“天下一致而百虑，同归而殊途。”与之相近的，《庄子·天下》、《吕氏春秋·不二》直至《淮南子·要略》都表达了这种追求。实际上，任何会通如果曲人以从己，都难免会陷入压制和屈服。先秦学术的意义恰恰在于多元性是一种追求会通的多元，因而保持了自身的自然生态。“新子学”对于当代学术文化发展同样报以这样的期待。

最后，“新子学”以返归自身的方式来处理学术研究中世界性与中国性的张力。

所谓世界性，指的是现代中国的学术必须与西方现代学术处于一个平台上，能够与其他国家学术相互理解。所谓中国性就是这一学术又必须是带有中国属性的，是中国独特视角、立场、方式下的产物，对于我们自身是必要的，对于其他国家是有价值的。近代以来，中国的学术发展一直在追求世界性。在这过程中，中国性的要求是隐退的，我们在别人的理论和语言中讨论自己，学术常常成了凌空的浮辞。必须看到，西化是现代中国学术的特殊命运，是不得不套上的魔咒。要进入现代世界，就必须先要把这个魔咒捆在自己身上，直到最后解开它。所谓中国性的诉求，就是思考怎么解开这个魔咒，也就是如何找到中国学术的问题和话语方式。这里简单谈谈我对这一问题的理解。

面对现代学术中世界性与中国性的冲突，“新子学”的主要构想是以返归自身为方向，借助釐清古代资源，追寻古人智慧，化解学术研究中的内在冲突。所谓返归自身，就是要平心静气面对古人，回到古代复合多元的语境中，把眼光收回到对原始典籍的精深研究上，追寻中国学术的基本特质。这是“新子学”研究的目的。由此我们宁愿对学界一向所呼吁的中西结合保持冷静态度。中西结合虽则是一个良好的愿望，其结果却往往导致不中不西的囫囵之学。这一后果表明，任何真正的学问都有坚实的根基。没有根基的综合从来都是没有生命力的。“新子学”当然会关注西学，我也深知这是一个西学盛行的时代，但是我们的工作重心还在中国性的探索上，在中国学术的正本清源上。“新子学”并未限定某一种最终结果，但是我们的方向在这里，逐级地深入，慢慢地积累。我相信这是一个有希望的方向。这就是“新子学”面对学术内在纠缠的自我定位。

小　结

每一时代都有其独特的精神和气象，“子学精神”即是大变革大转型时代所孕育的精神，晚周三百年的思想冒险，充分展示了它典重与恣肆并举的多面性。进入帝制时代后，子学传统绵延不断，这种精神在正统观念的压制下仍然不绝如缕。方今之时，回顾传统，展望未来，我们不由得不对晚周学术寄以最大的热忱和期待。“新子学”就是要继承这一传统，发扬多元并立的“子学精神”，以面对时代的诸多课题。大时代呼唤勇气，更需要智慧，这是当代学者身上的责任，也是黾勉为之的命运。多元、开放、创新、务实，本是诸子百家之学先天具有的精神特征，是富于生命力的思想资源，经过整合提升转化，必能为民族文化复兴提供助力，成为“新国学”的主导！

（原载于《光明日报》2013年9月9日，作者单位：华东师范大学先秦诸子研究中心）

"新子学"申论

方 勇

在2012年10月22日《光明日报》"国学"版刊登的《"新子学"构想》一文中，我提出了"新子学"这一主张，讨论了旧子学与"新子学"、"新子学"与西学、"新子学"与国学等问题。自这些观点发表以来，学术界同仁反响热烈，令我倍受鼓舞。今年春天华东师范大学举办"'新子学'国际学术研讨会"，与会的学界同仁深入讨论了诸如"新子学"意涵、"子学精神"、"新子学"发展等话题，我置身其中，受益良多。坦率地说，提出"新子学"主张并不是因为我兴之所至，随意拿出一个新讲法，而是在长期的研究工作中慢慢思考，由对当代中国学术认真反省而来的，代表了我对中国学术的基本看法。在此，我愿对"新子学"再行申论，以便学界更为深入地探讨这一话题。

一、"新子学"是理解中国学术的新视角

今天理解中国学术的框架基本有两个，一个是传统的经、史、子、集的四部分类法，源出于中国早期的目录编纂学，是过去最基本

的学术分类方法。我们随意翻一翻宋元以来的文集，这种分类法对传统学问的影响就一清二楚了。而且这种分类法至今仍然影响巨大。另一框架则是民国以来的现代学制，其中中国学术多划归人文科学范围，也就是常说的文史哲学科。今天的大多数研究还是在这样的学科框架下进行的。除此之外，民国以来有学者提倡国故或者国学的概念，近来国家也设置了一些国学院。总的看来，国学无法与现代学制抗衡，这与国学的提法过于汗漫或许有相当的关系。“新子学”的提出就在于反思四部分类和学科分类，明确国学概念的内涵，从而为中国学术的自我认知提供一种可能。

首先，“新子学”以现代学术的标准重新界定经、子关系。我提出“新子学”主张后，学界同仁的一般反应是：应该关注到诸子，不能经学独尊，要全面看待中国传统。这种理解非常自然，但是与我们要表达的意思还有些距离。说到诸子时很多人想到的是先秦诸子，想到儒家以外的老、庄、韩非等，这当然把子学大大缩小了。即使将历代诸子包括进去，也有一个潜台词：诸子不可缺少，但经学是最重要的。这些实为旧的四部分类框架下的理解，掩蔽了历史的真实。我认为，四部分类法中经、子先后的划分使用的是价值标准，推崇的是所谓“常道”，而不是依据学术标准讲“学问”。《四库总目·经部总叙》谓“经禀圣裁，垂型万世，删定之旨，如日中天”，已标明其本质：经学是由王朝钦定的意识形态化的价值共识，根本上是一套连续性的解释体系。就学术与思想的时代性和创造性而言，子学反而更能反映历史真实。如，王肃和王弼谁更能代表魏晋时代的学术和思想？当然是王弼。朱子的《诗集传》、《周易本义》与其理学思想何者更具学术性？当然是他的理学成就。经学传统在中国历史上并非不重要，但在纯粹的学术与思想的标准下，历代子学才是主流，而且经学恰恰是在子学的滋养下发展的，是子学渗入经学体系之后再政治化的产物。如玄学对魏晋经学的促进，理学对宋明经学的推动，即使董仲舒的"春秋学"，也是在阴阳学家的框架下系统化的。而与子学距离遥远的汉代古文经学和清代乾嘉汉学，恰恰是远离时代的典籍研究，无法对时代作出真正的思想回应。经学在四部中占据首要地位，往往并非缘于其自身的学术价值，而是更多地得益于政治力量的支撑，其独尊地位常常是权力刻意营造的学术假象。我认为，这才是真实的经、子关系。所谓"新子学"，就是要突破传统四部分类法，把子学作为真正的学术思想主流去把握，对于纳入经学的孔子、孟子等作离经还子的处理，明确区分经学化的儒家与子学化的儒家，重新清理和整体考察历代子学，寻绎中国学术的内在肌理。

其次，"新子学"是对现代学术分科式研究的修正。在现代的学科框架下，子学主要是哲学史（思想史）的研究对象，学术界已经做了大量精深的研究，这一点有目共睹。但是如我在《"新子学"构想》中所言，哲学史研究毕竟是一门移植的学科，最初就是剪裁中国材料来填充西方形式，这就带来了诸多问题。哲学史学科和子学有着不同的问题意识、研究方法和表达形式。哲学史依据西方哲学的定义，使用逻辑重构的手段梳理传统中纯思的层面，而子学属于复合多元的学术系统，纯粹的思辨仅仅是其中的一个部分，根本上还需要对中国文化的现实做出反应。现代学术界对此有所反省，也做出了反拨式的研究，学界熟知的例子就是余英时先生对朱子的研究。余先生一反孤云直上的研究思路，将朱子置于宋代儒学发展的背景下，置于南宋严苛的政治现实中，从而将朱子由耽究理气心性的"哲学家"还原为真实的儒学大师，给予读者极大的历史真实感。这是我钦佩的还原式研究范例。由于现代教育是学者们思考的默认前提，学术分科对子学研究的遮蔽作用，大家往往习焉不察。于是人们常常就很难理解：朱子说人君不想做就诸事毫无办法，章太炎说儒家的最大问题是功名利禄这样一些不"哲学"的说法究竟有什么学术价值。以我熟悉的领域来说，对于法家，传统儒者往往一句"申韩之术"就弃之不理了，而现代的研究因为韩非哲学意味太少，很难深入地处理。又因为韩非没有系统的传承，就放下后世的韩非学不管，似乎韩非只是个适合先秦语境的思想人物。这样的话，韩非与历代政治和文化的内在关联就被忽视了。可是韩非及其对历代的影响关系到中国学问最要命的地方，究竟是什么让古代儒者内心纠结不已，这个文化最内里的东西到底是什么？看待韩非，要置于长期的儒、法之争中，置于复杂的政治与学术交错处，置于长时段的发展脉络上，才有可能突破成见，窥见真实。而要做到这点，只有突破学科的限制，由“哲学史”进入到一般所谓的“历史学”、“政治学”、“经学”、“文献学”中去，实际是进入到古代学术的原初语境中去，才有可能理出古代学术的线索来。“新子学”和现代学科框架根本的差别就在于：究竟是依照某一外加的模型截取一块研究，还是顺应本来的内部肌理复合地研究？实际上古代学者就是按照内部肌理复合研究的，我们的问题在于先戴上了一副学科的眼镜，自然无法直接体会那种通贯的思维方式。“新子学”要在复合多元的学术森林中找寻中国古代学术思想之真，这就不能有先在的理解框架。而要在古典的语境下摸索古人的问题意识和表达方式，就要熟悉古典研究的专门技术（如音韵文字训诂等），要高度重视哲学研究者不太关注的文献工作（如版本目录校勘等）。一旦进入复杂的文献中去，一切简单的概括都失去了意义。要放下成心，用心去体会古人的心境和思路，的确比较难，我在撰写《庄子学史》时对此有深切的体会。我们期待这样一种研究思路能够修正现代学术分科下的诸子研究，找寻中国学术和思想的真实面貌。

总之，“新子学”探索的是一个新的学术思想图景，是用新的视野去审视古代传统，重新定位子学之为学术主流，是要找寻经学笼罩下被遮蔽的东西；同时用批判的视角去看待现代的学科体系，重新划定研究对象和研究思路，要补上学科框架下剪裁掉的东西。“新子学”还要充实国学概念，赋予其实质的内涵，以发掘中国学术曲折多元的历史真实，推进具有中国气派的现代学术的生长。此即“新子学”之所以为“新子学”。

二、“新子学”与新儒学的异同

在讨论“新子学”与新儒学的异同之前，先简单谈一下对新经学提法的理解。我认为经学主体还是周人政教文明留下的五经系统。今天恐怕已经无法在“常道”的意义上建构新经学，经学研究终究是经学的学术研究，而且集中在具体的经学史范畴内。即使是学者们对经学思想史的梳理，还是应归属于广义的儒学研究中，因此我的主要关注点还是在新儒学上。

近代以来，子学复兴，中国学术的图景日益丰富。在这其中，儒学研究成果斐然，这是研究中国学问的人都深感欣慰的。不过，在此过程中一直都伴随着对儒学研究立场和思路的争论。以港台新儒家为例，就有钱穆和余英时先生对心性一派的质疑，认为其过度强调心性儒学的优先性，而忽略了中国传统学术中复杂多元的特性。在当代大陆的儒学研究中也伴随着这样的争论，比如自由主义者就质疑儒学是否可能充当现代中国的主流价值。这样的争论当然是复杂而艰巨的，这里我尝试提出自己的看法，以说明“新子学”与新儒学的分歧在何处。

首先，中国学术传统的主流是儒学一统还是复合多元?

新儒学的关注点在儒学的发展上，其前提还是儒学居于中国学术的主流，这是长久来的正统看法。依照我的观点，儒学根本上还是子学的一个部分，或者说是中国传统学术的一个部分，与其他各家之学齐头并进，又密不可分。人们常常觉得儒家是主流，这或者来自于古典时期的正统观念，或者是受书面文化的影响，而忽略掉在其背后的复合多元的实际情况。中国学术史上一直存在着儒家与道家、法家等学派的互动（当然也包括后来儒家与佛教的互动）。这种互动有学术的，也有社会的和政治文化的。往往是儒家兴盛则道家、法家衰微，而儒家衰微则道家、法家兴盛，这里面暗藏着中国社会的一些密码。如魏晋玄学是对东汉儒学发展的反弹，明末清初傅山提出经子不分，即是对朱学和王学失望，转而对诸子产生兴趣，这与清末诸子复兴有着异曲同工之妙。清末子学复兴，在章太炎那里直接推动了反儒学研究，开掘出学术新境界。在历史上，儒家失去生命力后，往往是道家人物、法家人物崛起，依照道家、法家的思路处理社会事务。因为道家能够消解儒家僵硬虚伪的一面，给予社会更多空间；而法家能够看到儒家无法看到的东西，大一统的社会要健康运行，需要法家出来发挥作用。只是在传统观念下，一说到道家就是虚无之学，无助治道，殊不知道家正能够对治儒家的亢进、拘泥与庸俗；一说到法家就是申韩之术，就是刻薄寡恩，殊不知在儒家主导的人情社会中，为了推动行政系统正常运行，适时的“无情”未尝不是一种必须。这样的“无情”，未必意味着凉薄或残酷，反而是对于法理甚至天道的尊崇与因循。在这些问题上，“新子学”希望开阔视野，深入研究，开掘中国学术表象后的真实。我不是反对将儒家视为重要的思想资源，而是反对将儒家视为中国学术的主流或者正统。因为这样的命题遗漏了太多学术发展的内部信息，往往是某种权力制造的幌子，弱化了我们对学术史真相的把握。我认为，儒家只是中国学术的一个重要组成部分，应该放弃单一优先的理解，而代以复合多元的理解，以更加开放的心态看待中国学术内部的曲折。

其次，现代中国的文明秩序是由儒学主导，还是百家共鸣？

儒学是否还有能力独自重建现代中国的政治、文化和生活？我们认为这几乎是不可能的。在城市化和工业化、信息化的时代，社会多元发展，个人日益独立，陌生人社会成为基本的生活环境。在这种背景下，由一个推崇道德化尊卑秩序的价值系统来统摄一切领域，建构社会秩序和生活秩序，简直是无法想象的。更重要的是，社会现实是我们还有几千万的藏族、维族、蒙古族等同胞，还有数亿持有不同信仰的国民，儒学何以统摄这么多不同价值诉求？我们认为，现代中国的文明秩序构建会是一个长期的过程，无论是中学西学，都会是必要的资源，也会有其一席之地。因而这是一个百家共鸣的过程，最后也将是一个百家共在的格局。就"新子学"而言，我还是期待开掘出更多的学术资源，为百家共鸣创造条件。在这之中，儒学也是"新子学"的有机组成部分，会一同参与到百家共鸣中来。玄学包含了大量的儒学成分，但没有人会说玄学是儒学，"新子学"也是如此。因而在未来秩序建构的问题上，"新子学"不同于新儒学，而是正视现代社会中诸如个人自由、多元共存这样的基本价值观，同情当代社会多元的文化和生活，也对未来复合多元的文化态势保持乐观。"新子学"愿意努力开掘传统中复合多元的文化资源，促进其进行现代转化，以此参与到现代中国的文化秩序建构中去。对于新儒家的思路，我致以深深的敬意。但是，我们早已走出经学时代，没有必要也无法再走进儒学时代。

最后，"新子学"与新儒学在理解框架、学术资源和追求目标上的差异。

"新子学"倡导一种新型的理解框架，既非传统四部式，也有别于现代的分科，这样一种理解不同于新儒家那种儒家优先、甚至是儒家独尊的理解方式，而愿意以更谦恭的心态面对中国的学术传统，发掘其中被忽略、被遮蔽的东西。相应的，"新子学"在对待中国的学术资源上自然是开放性的。我不认为儒学研究是中国学术研究的唯一兴奋点，而是把眼界放开，在大量文献工作的基础上勾勒更为复杂曲折的学术思想面貌。近代的子学研究在这方面已经做出了非常大的贡献，如学者们对先秦诸子、玄学、荆公新学的梳理，这些很多都是传统观念中鄙视轻视的东西。“新子学”在这方面还应该做更多的工作，比如对诸子各个学派纵贯的研究，比如对历代子学作通盘的研究，比如对儒家与各家之间的复杂关系作更深的研究，因为恰恰在这些地方隐藏着中国学术和思想的奥秘。还有，在学术的目标上，“新子学”与新儒学也是不同的。新儒学更希望为当代社会发展提供方案，为重建新儒家社会而思考。“新子学”不同于过去子学的一点，在于其严格的学术意识，希冀在现代学术的标准下来整理学术历史，发掘思想真意。我们将去除古代学术中曲媚现实政治的陋习，而与纯粹的“经世致用”保持一定距离，并在现代学术多元发展的格局中，理性梳理批判以往的学术传统，致力于发掘传统学术中的独特智慧。这一目标看似平实，实则高远。坦率地说，中国的学问到底是怎样的，这个问题至今恐怕未能得出确定的答案。在现代社会背景下，去理解古人的思想，这当然是一件艰难和危险的事情。而“新子学”致力于这一目标，正是要努力来做那“无用之用”的学问。

三、“新子学”与时代的要求

我提出“新子学”的主张，与思考我们这个时代意味着什么，需要什么样的学术密切相关。子学本身就是中国学术对时代的反馈，是时代问题的思想解答。先秦诸子是这样，历代的子学也是这样，这是中国学术的根本特征。所谓面对时代，就是要了解时代的发展趋势，要直接切入时代的主题，用适合时代的思考方式和语言方式去思考、去表达。先秦诸子也好，玄学也好，理学也好，都是用他们的方式对时代作出有效的反应。反观当代中国已有的研究，我觉得总有一些时代与学术之间的错置感。现代学科的移植，术语理论的引入，思维方式的变化，这些所带来的学术繁荣的表象背后，难免有些接不到地气的感觉。语言所表达的与现实中发生的，似乎并没有想象中那样密切的关联。这当然不仅仅是我个人的感受，学界对此早有凌厉的批判。对“新子学”而言，我们要思考的是时代提出了什么问题，“新子学”对这些问题该如何作答。有这么几个关键问题值得讨论：“新子学”与中国学术转型的关系；“新子学”与中国学术的多元发展；“新子学”如何对待当代学术中世界性和中国性的纠结。

首先，深思“新子学”与中国学术转型的关系。我认识到，中国学术的长期转型是“新子学”的背景，也期待“新子学”对中国学术转型这一课题的积极回应。近代以來，中国社会被迫进入一个长期且痛苦的现代转型过程中。其中，学术的现代转型尤其复杂艰辛。从常州经学立志复兴今文学开始，古典学术传统开始以一种激进的方式应对时代困局。康有为借古说今，横决一时，终于旧瓶无法装新酒。学术不得不褪去孔学面貌，而代之以废科举，改学制，引进西学，此一潮流至新文化运动而沛乎不可御，于是往昔的学界英豪俨然为小丑矣！由此可见现代学术变化之巨大。自此，中国学术彻底离开原有的格局，犹如小舟出港，不得不进入不停息的动荡之中。自放弃传统后，现代学术开始完全西化，以复古为耻，以进化为金律。然后又变为全盘苏化，痛批“资产阶级学术”，萧杀之风满学林。之后，学术又一次西化，挟“全球化”的雷霆，引进方法革命，新词汇、新理论应接不暇，学界成了西方文化理论的倾销市场。似乎中国学界就是做一种尾随清扫的工作，学海无涯，何处是岸？

面对这样的学术发展历史，人们当然会感慨万千。这里有不得不如此的无奈，也有何以如此的困惑。我们是否要在这样的转型中无法自拔，随风漂泊？如果进入现代学术就意味着丧失自我言说的能力，那么这种现代学术就是伪现代学术，至少是初级的现代学术。“新子学”主张的提出，就是我对这一困境的反省。要在学术的洪流中辨清方向，我们有必要反观自身，既对传统学术有所反省，又对现代的学术方向有所反省，这里的关节点就是前面已经提到的“新子学”要突破两种不同的学术分类法，修正旧有的和外来的理解框架，要找到自己的理解框架，寻找中国学术的本来面貌。这是对学术转型的一种积极应对。其中，我们要强调两个问题，一是“新子学”要谨守现代学术的标准。我们强调“新子学”是现代学术标准下的研究，就是自觉于中国学术传统的缺失，而期待在前人学术的基础上更进一步。古典时代，中国缺乏西方背景下明晰独立的学术观念，即使是在学者内部，也总是陷于谁是正统谁是异端的无益争论中。近代以来，中国学术有了相对独立的学术观念，但是在实际的发展中，学术一直存在着经世之学或者意识形态化学术和客观学术的内在张力，而如何切实提升学术本身的品质，一直困扰着学界。“新子学”反对经学体系下的颟顸，也反对学科体制下的空疏。我期待从现代学术客观理性的标准出发，关注中国学问的内在特质，重新塑造对中国学问的基本理解框架。第二，“新子学”要处理好“照着讲”与“接着讲”的关系。现代学术的转型本来就是环环相扣的，“新子学”处于现代学术发展的新起点，既对前代学术成果保持尊重，同时又对它持严格的批判态度，其目的还在于今后学术的发展。所谓“照着讲”，就是要真实地领会古人，探究其精神，理清其脉络，而不是随意讲解，任意切割。对于现代学者的研究成果积极借鉴，也要客观分析，认真吸取。所谓“接着讲”，就是保持学术的时代性品质，认真观察社会，思考未来，把学术研究真正问题化，着重讨论根基性的问题，把中国古人的真实洞见引申出来。这些当然是艰苦的工作，“新子学”愿意直面中国学术的转型，尝试作出自己的解答。

其次，“新子学”需要直面多元世界和多元社会这一现实。当今世界已经不再是古典中国的“天下”了。当马噶尔求见乾隆时，中国人还生活在天朝上国、天下一家的想象中，中国的学术还笼罩在经学一统的镜像下。而今日我们已经完全置身于复杂多元的广阔世界中，势必要去理解与我们完全不同的异己者。中学与西学的关系如何处理，是一个大问题，这里无法全面展开。我的关注点首先还在于把西学理解为“新子学”发展的一个资源，思考“新子学”如何与西学建立正向的关联。“新子学”的研究者要去理解西学，理解西方的科学哲学和宗教，还应该去理解除此之外的印度教、伊斯兰教和东正教及其现代衍生物。“新子学”的研究者不拒绝西学，如果把其他的学问比作眼镜，我们也尝试戴戴不同的眼镜。但是“新子学”不提倡所谓中西融合的随意性研究，“新子学”希望以家族相似的原则处理传统学术与其他学术体系的关系。所谓家族相似，就是在中国复合多元的学术中找到与其近似的资源，尝试引入其视角，从而开阔自身的理解。因而我关注现代语境下传统资源的现代转化，对各种尝试工作保持乐观。学界在讨论儒家与自由主义相互沟通的问题，在我看来，道家与自由主义更具内在的相容性，为什么要舍近求远呢？经由道家再过渡到儒家是不是更有理论的流畅性和现实可能性呢？我欣赏心学与现象学的比较研究，也对墨学与基督教的比较研究抱有兴趣，也期待引用现代政治学理论对法家加以研究。这是一个有着多种可能性的世界，这也是一个对思想能力要求更高的时代。我们总是要换换眼镜的，但是，归根到底真正透彻的洞见还是要靠自己的那双眼睛。

同时，“新子学”也需直面当今中国社会多元发展的格局。近代以来，中国社会就在如何走、走什么路的问题上激烈争论，反复探索。中国社会发展到现在，无论是社会结构还是国民的观念都处于前所未有的多元格局之中。东部和西部，城市和农村，60后和90后，官方和民间，所有这些都呈现出极度的多样性，甚至是某种混乱性。中国的学术也处于爆发式的发展中，各个门类之间的联系越来越少，相互听得懂的言语越来越少。我相信这样的格局会长期存在，因为这是现代社会不可避免的多元化膨胀。学术如何更新和发展，这样的问题会长久压在学者的头上，并且在不停息的滚动中花样翻新。在这样的时代，我们无法求得一统，也没有人有意图求得一统。“新子学”的提出，就是要直面这样的现实：世界并非以中国为核心，中国也并非只有儒家，众声喧腾永不止息，学术思考永无止境。我们应该承认这种现实，也应该看到其中的正面价值。不过，对于中国的人文学者而言，敞开的视野和宁静的内心同时都需要。在这样的社会中，我愿意静下心来，做一些根基性的工作，一些必须细致和缓、左思右想的工作，因为这个时代需要开放的心灵，更需要沉潜的思维。

第三，“新子学”以返归自身的方式来处理学术研究中世界性和中国性的张力。世界性和中国性是现代中国学术的内在属性，二者往往是冲突的。所谓世界性，指的是现代中国的学术必须与西方现代学术处于一个平台上，具备纯粹的学术水准，能够与其他国家学术相互理解。所谓中国性就是这一学术又必须是带有中国属性的，是中国独特视角、立场、方式下的产物，对于我们自身是必要的，对于其他国家是有价值的。事实上，我们近代以来的学术发展一直在追求世界性，或者简单说是学术的西化。比如我们的学术体系是移植过来的，概念和理论是西方的。我们必须要时刻紧跟西学的发展，不能停下来，还要时刻参与到世界中去，与其他的学术发生关联。在这过程中，中国性的要求是隐退的，原有的学术传统被强行切割为若干部分，我们在别人的理论和语言中讨论自己，学术常常成了凌空的浮辞。必须看到，西化是现代中国学术的命运，是不得不套上的魔咒。要进入到现代世界，就必须先要把这个魔咒捆在自己身上，直到最后解开它。所谓中国性的诉求，就是思考怎么解开这个魔咒，也就是如何找到中国学术的问题和话语方式。学界对此当然有非常多的讨论，也积累了非常多的宝贵意见。这里简单谈谈我对此一问题的理解。

面对现代学术中世界性和中国性的冲突，“新子学”的主要构想是以返归自身为方向，借助釐清古代资源，追寻古人智慧，化解学术研究中的内在冲突。所谓返归自身，就是以温情和敬意面对古人，回到古代复合多元的语境中，把眼睛收回到对原始典籍的精深研究上。追寻中国学术的基本特质，这是"新子学"研究的目的，但事实上当我们说到以现代的学术理念来做标准时，早已经暗示了世界性这个维度的介入。这是任何生活在这个时代的中国学者都要面对的自我纠缠，是一种内在于学者思考内部的斗争。我们的处境就如同宋儒在一千多年前的斗争一样，在不同的精神资源中立于横站的位置。此时别无他法，唯有静下心神，上下求索。由此我宁愿对学界一般所呼吁的中西结合保持冷静态度。中西结合虽则是一个良好的愿望，其结果却往往导致不中不西的囫囵之学，因为任何真正的学问都有坚实的根基。没有根基的综合从来都是没有生命力的。"新子学"当然会关注西学，我也深知这是一个西学盛行的时代，但是我们的工作中心还在中国性的探索上，在中国学术的清理上。这不仅仅因为我们从事着这一领域的研究，更重要的是我认为这是走出迷局的唯一希望。要返归自身，就要平心静气，回到文献中去，回到原初的语境中去。"新子学"并未限定某一种最终结果，但是我们的方向在这里，逐级地深入，慢慢地积累，我相信这是一个有希望的方向。这就是"新子学"面对学术内在纠缠的自我定位。

结　语

每一时代有每一时代的学问，无论玄学还是理学，抑或乾嘉汉学，都是对前代学术的反省，是对时代诉求的回应。学术的生命力就在于不断调整自身，适应时代的发展。"新子学"是我对时代和学术反复思考提出的主张，其关键就是如何做到"新"。我对"新子学"的理解就是：把握现代学术的自觉意识，以开放的心灵面对传统，以沉潜的姿态面对现实，以复合多元的研究，寻找通贯古今的中国智慧。我们的研究对象是复合多元的，我们的时代是复合多元的，“新子学”也是复合多元的。不争宗，不争派，以求返归自身，这是“新子学”的主张。“新子学”是我们承诺给自己的一项事业，也是向学界同仁提交的一份报告。我们正在按照自己的思路稳步推进，文中提到的工作，有的正在做，有的已列入计划，有的则是我对未来的期待。“新子学”仍是一个开放性的话题，需要学界同仁的支持与襄助，需要不同立场的探索与研讨，建议和质疑都是我衷心期待的。学术乃天下公器，争鸣本百家通义，“新子学”愿以开放心态，敬聆多方振响。

（原载于《探索与争鸣》2013 年第 7 期，人大复印资料《中国哲学》2013 年第 10 期转载，作者单位：华东师范大学先秦诸子研究中心）

"新子学"界说之我见

欧明俊

2012年10月22日，《光明日报》"国学版"刊登了华东师范大学先秦诸子研究中心方勇先生的《"新子学"构想》一文，系统阐述了诸子学的产生、发展及其富于创造性、开放性、充满生命力的特征，并对子学与西学的关系、子学在国学中的地位等问题提出了新见解，引起学界广泛关注。2012年10月27日，华东师范大学又在上海主办了"新子学"学术研讨会，王锺陵、徐志啸、陈引驰、刘康德、郝雨、陈致等学者围绕"新子学"的内涵、地位及其与西学之间的关系展开了深入研讨。《文汇读书周报》2012年11月2日"专版"也载有特邀学界名家卿希泰、谭家健、王鍾陵、邓国光、陈引驰等先生笔谈的《"新子学"笔谈》，进一步思考"新子学"。还有陆永品先生《〈"新子学"构想〉体现时代精神》、孙以昭先生《时代召唤"新子学"》等文发表。笔者拜读后深受启发，谭家健先生在笔谈中强调提出"新子学"，首先须"明确对象和范围"，笔者十分赞同，兹就"新子学"界说略抒浅见。

一

20世纪初，已有梁启超倡导的“新史学”、胡适等倡导的“新文学”，2001年，饶宗颐先生又提出“新经学”概念，遗憾的是，唯独没有“新子学”概念。“新子学”构想具有极其重大的学术意义和现实意义，其“命名”和倡导是十分必要的。

“新子学”究竟指什么？概念上首先要弄清楚，诸子学研究一直都在创新，有没有必要用“新子学”这一概念？既然提出一个概念，就要明确界说概念的内在规定性。“新子学”有一对应概念，就是“旧子学”或“传统子学”或“古代子学”。传统子学，即经、史、子、集的“子部”之学，刘勰《文心雕龙·诸子》将诸子定义为“入道见志”之作，《四库全书总目》卷九十一《子部总叙》云：“自《六经》以外立说者，皆子书也。”[1] 强调一为“六经以外”，一为“立说”，述“六经”者不得列入子部，非“立说”者亦不得列入子部，即凡著书立说自成一家之言者，除经学外，统称子书，研究子书的学问称为“子学”或“诸子百家之学”或“诸子之学”或“诸子学”。传统子学有广义、狭义之分，狭义的指先秦诸子百家学术，梁启超即明确说“汉以后无子书”。广义的指历代诸子百家学术，章太炎《诸子学略说》云：“所谓诸子学者，非专限于周秦，后代诸家亦得列入，而必以周秦为主。”[2] 如两汉贾谊、陆贾、董仲舒、扬雄，“北宋五子”周敦颐、邵雍、张载、程颢、程颐，南宋朱熹、陆九渊、吕祖谦，明代王阳明、王艮、李贽，清代顾炎武、黄宗羲、

① 永瑢等撰《四库全书总目》上册，中华书局1965年版，第769页。

② 章太炎《诸子学略说》，广西师范大学出版社2010年版，第1页。

王夫之、傅山、姚鼐、戴震、龚自珍、魏源、曾国藩、严复、康有为等，皆可称为“子”。或指古代学者研究诸子思想的学问，包括对诸子著作的校勘、训诂、辨伪、辑佚和考古新发现之子书的整理与研究。先秦诸子元典著作、两汉以来诸子著作、整个古代诸子百家研究以及研究之研究，是最广义的传统子学。

“新”对应的是“旧”或“传统”或“古代”，诸子学究竟“新”在什么地方？实际上从清末时已经开始“新”了。汉代以来，诸子学说长期被视作“异端”，成为经学的附庸。清末，在西学的引发下，诸子学“复兴”。光绪二十八年（1902）颁布的《钦定京师大学堂章程》，以朝廷的名义正式使用“诸子学”概念，并规定其为文学科“七目”中的一目，预备科中的“政科”，也规定必须修习此门课程。“诸子学”作为一专门学科正式形成，统治者的公开提倡，有力地促成了诸子学独立合法地位的确立。1919 年，胡适说：“从前作为经学附属品的诸子学，到此时代，竟成为专门学。”① 清末民初，诸子学的“新学”特征十分明显。严复、康有为、梁启超、章太炎等即用西方的理论来研究诸子，可称“近代子学”，也可称“新子学”，与梁启超倡导的“新史学”对应，只是当时无人“命名”而已。“新子学”也可以理解为“现代子学”、“当代子学”。“新子学”应有时间限定，是指从清末就开始出现新因素、新气象的，还是从“新文化运动”开始的或是 20 世纪 80 年代以来兴起的？可以讨论，说明清楚。笔者主张“近代子学”、“现代子学”、“当代子学”皆可称作“新子学”，但各自有独特内涵。我们今天讨论的应指“当代子学”即 20 世纪 80 年代以来兴起的以新观念、新理论、新方法、新材料、新模式等研究传统诸子百家学术的“新子学”。

---

① 胡适《中国哲学史大纲》卷上《导言》，商务印书馆 1919 年版，第 9 页。

“新子学”界说，可以“新文学”、“新史学”、“新经学”为参照概念。胡适等倡导的“新文学”，吸收西方“纯文学”观念，讲究感性、抒情、艺术、审美，以“艺”为本位，颠覆传统的“道”本位，创作从传统学术体系中独立出来，“新文学”早已不属于学术范围。因此，“新子学”与“新文学”关系不大，可弃而不论。

“新子学”可以“新史学”作参照概念。光绪二十八年（1902），梁启超继上年在《清议报》上发表《中国史叙论》之后，又在《新民丛报》上发表了长文《新史学》，从理论上批判“中国之旧史”，作者自称“新史氏”，倡言“史界革命”，意在创立“新史学”。梁启超特别指出“中国之旧史”有“四蔽”：“一曰知有朝廷而不知有国家”，“二曰知有个人而不知有群体”，“三曰知有陈迹而不知有今务”，“四曰知有事实而不知有理想”。“缘此四蔽，复生二病”：一是“能铺叙而不能别裁”，二是“能因袭而不能创作”：“合此六弊”，又有三“恶果”：即“难读”、“难别择”、“无感触”。梁启超多以当时流行的西方史学理论为据，认为“旧史学”都是些帝王将相的历史，二十四史只不过是“二十四姓家谱”而已，是“地球上空前绝后之一大相斫书”，所有的本纪、列传只是“无数之墓志铭”的“乱堆错落”，“汗牛充栋之史书，皆如蜡人院之偶像”①。梁启超非常重视史学创新特别是史观的创新，以“进化”史观取代作为传统主流的“退化”史观，还重视写人民的历史、社会生活史。梁启超受当时西方史学思潮影响很大，许多观点并非自己独创，而是从日本浮田和民的《新史学》（又译作《史学通论》、《史学原论》）来的，浮田和民的观点又多从西方史学“贩卖”来的。确实，新视角、新理论、新材料如考古发现、新方法、新手段，包括著述形式如以规范的论文

① 梁启超《饮冰室合集·饮冰室文集》之九，中华书局1989年据1936年版影印本，第2~5页。

写作，都是"新史学"的新气象，"新史学"的积极一面首先应充分肯定。但应该看到，"新史学"也有明显弊端，即过分贬低"中国之旧史"，认为在"新史学"和"旧史学"之间绝然存在一道鸿沟，无任何联系，只有对立，过分贬低古人的"旧"而自信自己的"新"；过度迷信"进化"史观而否定"退化"史观的合理因素；还有一弊端，就是情绪化，主观、武断，缺乏理性，两极思维，二元对立，极端肯定或否定，绝对化，论证语言多不是学术语言。学术研究最需要理性，"新子学"虽然对应的是"新史学"，但"新史学"的不少方面是不能学的，不能照搬照抄，"新史学"的一切弊端，皆必须注意避免。"新子学"不必倡导"革命"，"改良"是正路。对历代学者的智慧，我们应充分尊重，对他们的观点应充分体认，合理扬弃，而不是一味将其批倒、抛弃。

"新经学"也是"新子学"的参照概念，2001年11月2日，饶宗颐先生在北京大学百年纪念论坛上作了题为《预期的文艺复兴工作》的演讲，正式提出"新经学"概念。饶先生认为"经学"就是"经书"，包括史部、子部的经书，将"新经书"等同于"新经学"，用经学来统括所有学科，所以《国语》、《老子》、《庄子》也是"新经学"①。笔者认为，谈"新经典"可以，既然谈经学，还是应以传统经、史、子、集为准，如果什么都是经学，史学、子学也变成经学，那还剩下什么"学"呢？"新经学"观点比较特殊，学术界响应者不多。

与"新子学"相关的概念，是现代"新儒学"，代表人物是"新儒家"如梁漱溟、熊十力、张君劢、冯友兰、钱穆、贺麟、方东美、

① 饶宗颐《预期的文艺复兴工作》，后以《新经学的提出——预期的文艺复兴工作》为题收入《饶宗颐二十世纪学术文集》卷四《经术、礼乐》，台北新文丰出版股份有限公司2003年版，第6~7页。

牟宗三、唐君毅、徐复观等。儒学对应的是佛学和道学（仙道学），“新儒家”强调这些代表人物思想的创新，是在继承古代儒家思想基础上的创新。“新子学”也应该有“新子家”，历代诸子不断增加，现当代还有没有“子”呢？这个问题好像还没有人论及。儒家是诸子之首，现当代“新儒家”其实就是“新诸子”，除“新儒家”外，那些有独特思想体系的大学者都可成为“子”，如康有为、梁启超、马一浮、胡适等，都可以叫“新诸子”，“新子学”要研究“新诸子”，如研究现代诸子八大家、当代诸子八大家，等等。

二

界说“新子学”概念，应站在本土立场，用本土话语，尊重历史，尊重传统。诸子学是高深的学问，有阴阳、名实、知行、有无、心性、情欲、理气、道器、体用、本末、法术、时势等核心范畴，有独特的理论体系，应注重“道”的层面研究。“新子学”的范围应界定清楚，笔者以为，兵学、医学、佛学、道学（仙道学）是诸子学的“题中之义”，天文、算法、术数等，大体上属于“术”，应重其“道”的层面，具体的“技术”可以不论，艺术、谱录可独立。科学无国界，东西方科学没有差别；而学术文化不同，东西方学术观念差异甚大，有些甚至完全相反。中国传统学术有其独特内涵，独特的话语体系，独特的概念范畴。我们要重视传统学术特色和精神，不应完全以西方观念为标准来生搬硬套传统学术，诸子学不应成为西方学术的附庸，不应成为西方学术思想的注解，而应该以西融中，以中化西，西学为我所用，我们要有一种文化自信和“自觉”。

那么，“新子学”究竟“新”在哪些方面呢？“新子学”首先“新”在新思维、新观念。“传统子学”一直被正宗、正统的“经学”挤压排斥，处于边缘地位，很少人重视。尤其是汉武帝时罢黜百家“独尊儒术”之后，《论语》、《孟子》又由“子”入“经”，剩下的则被视为“异端”。现在的“新”，就是观念上把子学视为与经学、史学、文学一样重要。当代人研究子学，研究传统学术，可以借鉴新理论方法，如用西方的阐释学来重新解释诸子思想，用传播学来研究子学的传播，用接受学来研究其接受，还可以借鉴其他学科的理论方法，努力开拓理论方法上的“新”。应注重“新”视角，如研究诸子的自我评价，重视“反批评”，尊重作者自我评价的权利，重视相互评价或交互评价，将自我评价和他者评价结合起来，从这个角度来研究“新子学”，肯定会有不少新发现。重视“原生态”评价，如儒家的本来地位，墨家、杨朱的本来地位，应将诸子的当世评价、历代评价和现代评价、当下评价结合起来，从不同角度来看，会更科学。视角的变化自然会带来学术创新，应注重视角改变。要重视新材料的挖掘，如考古发现，出土文献，及时吸收考古学、古文字学的成果。“新子学”在著作模式、著述体例上也要有新东西，比如对话式研究，语言上创新，可有个性化的语言。先秦诸子是“家”、“派”，不是个人著述，“新子学”不能只满足于个人著述，应注重新创学派，开创学术新局面。要有全球意识，国际大视野，追求大格局、大气象、大境界。

“新子学”不只是“考据学”或文献学研究，不能满足于纯而又纯的“学术”研究，诸子学研究最重要的是“思想”，其次才是“纯学术”，不能将“乾嘉学派”的末流当作学术“正宗”来效法①。不能只研究孙星衍、王念孙、王引之、顾广圻、俞樾、孙诒让、王先谦、郭庆藩等研究诸子的名家，近代魏源、严复、康有为、孙中山、

① 参见欧明俊《重新认识和评价“乾嘉学派”》，《中国社会科学报》2011年2月22日第6版《文学》。

梁启超、章太炎等，吸收了西学思想，形成自己的思想体系，皆为“新诸子”，皆值得深入研究。“新子学”也不能满足于纯粹的“义理之学”或哲学思想研究，还应包括传统的辞章之学、经济之学研究，如刘勰《文心雕龙·诸子篇》核心思想是“以子离经”，充分认识到子学所独有的学术价值和文学价值。“新子学”亦不能局限于孤立封闭地研究新儒家、新墨家、新法家等，应注重综合、会通、整体性研究。

创造是学术的灵魂，是学术研究的内在规定性，“新子学”最重要的学术使命就是新创造。不管是“新经学”、“新史学”还是“新文学”，倡导者就是创造者，“新儒家”就是儒学的创造者。我们今天倡导“新子学”，不能仅仅满足于注释古人，自己要能创造。“新子学”就是一种学术新理念，一种思想新体系，一种理论新创造，是对传统诸子学的扬弃。研究者要有宏大的学术理想，提升创新能力，追求思想高度，能成一家之言，自创理论体系，即研究者本身要努力进入“新诸子”行列，成为后人研究诸子学的“新子家”，这是理想境界的“新子学”。

方勇先生倡导原创性、多元性的“子学精神”，识见深刻。诸子学是历代思想家智慧的结晶，代表“中国智慧”，我们的学术使命就是努力“唤醒”传统子学的学术生命力，继承并发扬光大传统“子学精神”。余英时《中国古代知识阶层的兴起与发展》认为诸子之学是“哲学的突破”，今天的“新子学”也应该是“哲学的突破”。

三

“诸子学”产生于“礼崩乐坏”的春秋战国时代，《孟子·滕文公下》说：“世道衰微，邪说暴行有作……圣王不作，诸侯放恣，处士横议。”[①] 孟子是从政治上立论。《汉书》卷三十《艺文志》第十云：“诸子十家，其可观者九家而已。皆起于王道既微，诸侯力政，时君世主，好恶殊方，是以九家之术蜂出并作，各引一端，崇其所善，以此驰说，取合诸侯。”[②] 时为乱世，官学失守，诸子私学兴起，著书立说，百家争鸣，儒家仁爱，法家严刑峻法，墨家节用，道家无为，各家目的在于以其理论为救世良方，诸子百家学术与现实政治、经济、道德密切相关，是有“功利”的，如果认为诸子皆是关起门来研究纯而又纯的学术，那是对诸子的“误读”，是对诸子的狭隘化理解。

汉代“独尊儒术”以后，经学和“经学化”的孔孟学术成为官方哲学，形成中国传统思想文化的“大传统”，亦成为专制主义和保守主义思想。其余如道、法、墨、名、兵、农、阴阳等诸子学派，成为传统思想文化的“小传统”。我们应平等对待“大传统”和“小传统”。诸子百家为“私学”，以个人身份，“在野”立场，进行学术自由探讨，彼此争辩，平等“对话”，形成优良的学术传统，“新子学”应光大这种优良传统。

冯友兰《中国中古近古哲学与经学之关系》一文中将中国哲学史分为“子学时代”与“经学时代”，“自孔子至淮南王为子学时代，自董仲舒至康有为为经学时代”。[③] 晚清以来，有些学者将《论语》、《孟子》等著作“离经还子”，现代国粹派代表人物邓实《古学复兴论》认为：“学术之大，岂出一途？古学虽微，实吾国粹。孔子之学，其为吾旧社会所信仰者，固当发挥而光大之；诸子之学，湮没既

① 杨伯峻译注《孟子译注》上，中华书局1960年版，第155页。

② 班固《汉书》卷三十，中华书局1999年版，第1378页。

③ 冯友兰《中国哲学小史》，中国人民大学出版社2005年版，第129页。

千余年，其有新理实用者，亦当勤求而搜讨之。夫自国之人，无不自爱其自国之学。孔子之学固国学，而诸子之学亦国学也，同一神州之学术，乃保其一而遗其一可乎?”① 孔子之学固当发扬而光大之，诸子之学亦当有同等地位，应同等发扬。经、子平等，经、子互证，是非常必要的。诸子人格独立，精神自由，相互争辩，学术“自觉”，多原创思想，多以天下安危为己任，不迷信权威，多元思想并存。当代中国学术思想，应重回“子学时代”，我们应特别阐释和发扬诸子学术真精神。

“新子学”是国学的一部分。国学，指中国传统高深学问。相对于“新学”，“国学”指“旧学”；相对于“西学”，“国学”指“中学”。有些人简单地把国学理解为经学，则太狭隘，国学还包括史、子、集。“新子学”研究极为重要的意义，在于突破经学专制独尊的学术格局，提倡多种声音、多元文化，“新子学”要在当下国学研究中发出自己的声音，发挥不可替代的作用。

经学是国学中最重要的，表现了中国文化的最高理想，其正面价值应充分肯定。马一浮认为国学就是“六艺之学”，熊十力《论六经》也说：“六经为中国文化与学术思想之根源，晚周诸子百家皆出于是，中国人做人与立国之特殊精神实在六经。”② 班固以《五经》为“五常之道”，《汉书》卷三十《艺文志》第十云：“六艺之文：《乐》以和神，仁之表也；《诗》以正言，义之用也；《礼》以明体，明者著见，故无训也；《书》以广听，知之术也；《春秋》以断事，信之符也。五者，盖五常之道，相须而备，而《易》为之原。”③ 饶宗颐先生强调“经”的重要性在于“常道”，“树立起真理标准，去

---

① 《国粹学报》第9期，1905年10月18日。

② 熊十力《论六经》，中国人民大学出版社2006年版，第104页。

③ 班固《汉书》卷三十，第1364页。

衡量行事的正确与否，取古典的精华，用笃实的科学理解，使人的文化生活与自然相协调，人与人之间的联系取得和谐的境界。经的内容，不讲空头支票式的人类学，而是实际受用有长远教育意义的人智学（anthroposophy）”①。经学讲很平常的道理，讲人与人之间互相亲爱、互相敬重、团结合作、促进文明的总原则。在科技发达的今天，人严重异化，沦为物质的俘虏，变得物质化、机械化，经学对推进思想文化建设有不可替代的重大作用。我们千万要注意，不能以另一种专制独尊代替一种专制独尊，“新子学”可争取在国学中的“新主体”地位，也理应成为国学“新主体”，要突出“新子学”的价值和地位；但同时强调，“新子学”不应取代经学的尊崇地位。

“新子学”还对应“西学”即西方学术。当下学术研究，在面对西学主流话语时，许多研究者患上“失语症”，满口皆是西方流行学术新概念，就是没有自己的语言和思想。“新子学”应有“理论自觉”，不能一味照搬西方学说，不应沦为西学“附庸”，对西方学术应采取扬弃的态度。一方面，要敢于并善于吸收西方学术的理论、方法，进一步把“子学”系统化、条理化；另一方面，应重视本土传统，挖掘出“子学”传统的概念、范畴，将诸子思想精华进行创造性转化。应注重通过西学来发掘中国传统学术的有益价值，宣统三年（1911），王国维在《国学丛刊序》中说：“中西二学，盛则俱盛，衰则俱衰。风气既开，互相推助。”② 中西文明，本来两条道路发展，各具特色，各有优势，完全可以互补，不必强分优劣高下。学术上的

① 饶宗颐《新经学的提出——预期的文艺复兴工作》，《饶宗颐二十世纪学术文集》卷四《经术、礼乐》，台北新文丰出版股份有限公司 2003 年版，第 7 页。

② 王国维《观堂别集》卷四，《王国维遗书》第四册，上海古籍书店 1983 年影印本。

西方“话语霸权”固然要批判，也不必追求中国“话语霸权”。中国传统学术有独特价值，“贵和”、“持中”、“天人合一”，人与人、人与社会、人与自然和谐统一，而不是冲突对立。诸子学有其独特的内在规定性，绝不是现代西方“哲学”或各科学术所能范围的。

现代“新史学”、“新文学”的倡导，皆有强烈的“当下关怀”。今天提出“新子学”，一方面，必须站在学术立场，进行深入研究；另一方面，也要注重“当下关怀”，寻求一些解决现实政治问题的答案①。更要有人文理想，讲“终极关怀”，“新子学”不仅要解决现实政治问题，更要解决思想问题、精神问题，解决人生问题，解决人类生存和未来问题，努力为中华民族的未来，为人类未来指出一条光明大道，“新子学”可以说是“应运而生”。

上古学术，本为一整体，春秋战国时，学术“分裂”。《庄子·天下》感叹：“天下大乱，贤圣不明，道德不一。天下多得一察焉以自好，譬如耳目鼻口，皆有所明，不能相通。犹百家众技也，皆有所长，时有所用。虽然，不该不遍，一曲之士也。判天地之美，析万物之理，察古人之全，寡能备于天地之美，称神明之容。是故内圣外王之道，暗而不明，郁而不发，天下之人各为其所欲焉以自为方。悲夫！百家往而不反，必不合矣！后世之学者，不幸不见天地之纯、古人之大体，道术将为天下裂。”② 各种学术从大“道”中分裂开来，由“合”而“分”，庄子明确指出学术“分裂”之弊。庄子以后，历代学者对学术分裂有不同的认识，有的肯定，但批评者更多。清末引进西方学术分类、分科观念，学术研究走向“专科化”，但流弊日

① 参见欧明俊《论古代文学研究的“当下关怀”》，《江西师范大学学报》2007 年第 2 期。

② 王先谦《庄子集解》第二册，上海书店 1987 年复印本，第 96 ~ 97 页。

显。我们应在学术整体中，在大“道”视野中看待“新子学”，要时刻警惕观念封闭，思维单一，自说自话，警惕新的“学术分裂”。

中华文化发展史，春秋战国时，诸子百家争鸣，是第一次高潮；隋唐时期禅宗的形成与发展，形成第二次高潮；清末民初，是第三次高潮；20 世纪 80 年代以来，应算作第四次高潮。中华民族伟大复兴，中华文化重现辉煌，是新时期学者的神圣使命，也是“新子学”的神圣使命。

（作者单位：福建师范大学文学院）

“新子学”概念系统的建构

王威威

2012年10月22日，方勇教授在《光明日报》发表《“新子学”构想》一文，提出了构建“新子学”的设想，在学术界引起了很大的反响。中国古代思想的研究一方面要以传统文本为依据，力图准确地展现经典的原意；另一方面要通过对古代思想的现代阐释，让古代思想可以穿越时空来回答和解决现代社会的问题。先秦诸子百家争鸣的时代，是中国古代思想开创、发展的最繁荣的时期，大量原创性的概念、问题和思想被提出。当代学者寻求古代思想的现代发展，因为立足的思想源头不同，也出现了当代的“百家争鸣”的情形。当代新儒家自不必说，当代新道家、现代新墨家的概念也被提出，并有学者致力于其思想体系的建构，清末民国曾经兴盛的新法家也重新受到学术界的关注。那么，“新子学”的提出，与新儒家、新道家、新墨家、新法家有怎样的关系？方勇教授亦讲到“新子学”的概念、范畴、体系的建构问题，那么，“新子学”概念、范畴、体系的建构应如何处理子学本身所包含的各家思想的多元、对立和冲突？本文试图从探讨“新子学”与新儒家、新道家、新墨家、新法家的关系开始进入新子学概念系统的建构问题。

一、当代新道家、现代新墨家及新法家

与“当代新儒家”相对应，1991 年董光壁发表《当代新道家兴起的时代背景》并出版《当代新道家》一书，提出了“当代新道家”的概念，后得到陈鼓应、胡孚琛、许抗生、赵卫东等先生的响应。关于当代新道家的意义，赵卫东认为，其内涵包含三个层面即道家(思想立场)、新（与旧道家相对）和当代（时代性)①。陈鼓应认为当代新道家“必须要建立有自己的理论体系，或者在思想观念上有突破、有创新的见解”②。李玉用认为，当代新道家通称“认同道家传统，在新的时代条件下对道家思想（包括道教哲学）做出诠释并为建立新的哲学体系而努力的学者”③。关于建立当代新道家的必要性，胡孚琛认为：“创立新道学是中华民族在世界历史潮流中审时度势，应变自强的唯一可行的 21 世纪文化战略。”④ 关于当代新道家的宗旨，许抗生认为，其宗旨是回归自然、回归朴实、回归和谐。要实现这一目的，首先要发扬老子的道法自然的思想，人的思想和行为要

---

① 赵卫东《当代新道家的理论定位》，《杭州师范学院学报（社会科学版)》2004 年第 6 期。

② 陈鼓应《道家思想在当代》，《道家文化研究》第二十辑，生活·读书·新知三联书店 2003 年版，第 3 页。

③ 李玉用《“当代新道家”研究述评》，《湖南科技学院学报》2007 年第 3 期。

④ 胡孚琛《21 世纪的新道学文化战略——中国道家文化的综合创新》，《杭州师范学院学报（社会科学版)》2003 年第 6 期。

遵循道、理办事①。关于如何建构当代新道家的体系，许抗生认为，当代新道家学说的构建，既应继承发扬传统道家思想，又应回应工业文明发展所造成的人性扭曲问题。可以从道论、人性论、伦理价值学说、修养论与境界论、个人自由论与社会和谐论、社会国家治理学说等方面入手构建系统的新道家学说，以期为实现当代新道家的个人自由与社会和谐的目标提供理论依据②。

1997年，张斌峰和张晓芒发表《新墨学如何可能?》一文，提出了“现代新墨家”的概念，他们认为：“目前新儒学的研究正全面展开，新道家的研究亦初见端绪，唯独墨学思想的创发尚少有人问津。而传统学术中，过于偏向儒学、新儒学、道家思想、佛家思想的研究，这也许是因为墨学在先秦以后的中国文化的发展中缺乏轴心地位，未能得到封建政治的重视与强化，曾一度中绝。但文化的发展与传承的断裂并不意味其价值的长久失落，墨学在上一世纪末的第一次‘复兴’便是一个明证。那么墨学能否再次复兴而走上‘显学’的地位呢？对此，我们深信不疑。”“从现时代来看，无论是从中国传统文化的人文精神的重构和科学理性精神的确立，还是从社会经济、文化的现代化的现实价值层上，抑或是从世界的角度来看墨学，墨家学说在建立新的全球社会时，将会比儒学和道家之学可能提供得更多。”③

此外，法家学说在清末民国曾经受到格外的关注，在思想界形成了一股新法家思潮。常燕生（常乃悳）在1935年提出：“中国的起

① 许抗生《当代新道家之我见》，《安徽大学学报（哲学社会科学版）》2005年第2期。

② 许抗生《构建当代新道家学说之初步设想》，《安徽大学学报（哲学社会科学版）》2009年第2期。

③ 张斌峰、张晓芒《新墨学如何可能?》，《哲学动态》1997年第12期。

死回生之道就是法家思想的复兴，就是一个新法家思想的出现。”①1936年，陈启天在《中国法家概论》中讲：“近代法家复兴的倾向，并不是要将旧法家的理论和方法完完全全再行适用于现代的中国，而是要将旧法家思想中之可以适用于现代中国的成分，酌量参合近代世界关于民主、法治、军国、国家经济统制等类思想，并审合中国的内外情势，以构成一种新法家的理论。”② 近些年来，学术界开始关注这股新法家思潮，可见这些学者寻求法家思想的现代发展的意图。程燎原认为，狭义的“新法家”指20世纪30年代以陈启天为代表的流派，广义的“新法家”指在文化、思想与学术的路向和立场上，具有新的“法家思想”，即在近现代的背景之下对法家思想既推重继承又发扬光大者③。王锐认为，新法家，就是在对法家学说认同的基础之上，从近代的角度，以新的眼光与思路对先秦法家学说进行诠释的思想流派④。

二、“新子学”与当代新儒家、当代新道家、现代新墨家以及新法家之关系

当代新儒家、当代新道家、现代新墨家以及新法家均立足于寻求诸子学中的某家思想的现代价值，均认为某家思想能够解决现代社会

① 常乃惪《法家思想的复兴与中国的起死回生之道》，《国论》1935年第2期。

② 陈启天《中国法家概论》，中华书局1936年版，第120页。

③ 程燎原《晚清“新法家”的“新法治主义”》，《中国法学》2008年第5期。

④ 王锐《近代中国新法家思潮略论》，《学术论坛》2011年第6期。

的问题，能够担当中国传统文化复兴的重任，可以说又呈现出“百家争鸣”的态势。子学本身包含了思想不同的各家各派，“新子学”如何处理子学内部的多元、冲突和对立是非常重要的问题。陈引驰讲道：“子学的意义本身就是多元的，诸子百家各张其说，互相争鸣，必然存在着冲突与对立，其中有哪些可以供我们借鉴？学者、思想者是要把传统传承下来，把其中的精义发挥出来，把其中丰富的可能性展现出来，然后让同时代人或者后人来重新审视、重新选择，提供一个选择的可能。如果我们能够将子学的丰富与多元、冲突与互补，都展现给后人，让后人可以做选择，这就尽到了我们的责任，是一个非常有意义的工作。”① 陈教授重视子学内部的多元性和互补性，认为“新子学”的任务不是站在某家思想的立场上对古代思想进行选择性的现代阐释，而是尽可能展现其中的丰富和多元，这就使“新子学”与当代新儒家、当代新道家、现代新墨家以及新法家相区别开来。陈教授力图消除对子学内部思想进行优劣判别的某家立场，但是，不能对子学思想进行选择、判别，也就无法探究哪些思想对现代社会仍有意义，也就无法实现子学的现代发展。因此，这种研究就只是利用现代的学术方法所进行的“旧子学”的研究，而无法实现“新子学”的建构。

我认为，“新子学”的建构，在重视子学的多元性的同时，也应重视子学作为一个整体的相互融合和统一的一面。我们看到，当代新儒家、当代新道家、现代新墨家以及新法家在思想体系建构中均会出现问题，如陈鼓应先生认为严复、金岳霖、方东美、宗白华等人可称为当代新道家，但金岳霖、方东美又被看作当代新儒家的代表人物。许抗生先生提倡人的思想和行为要遵循道、理办事，这并不是道家独

① 陈引驰《多元时代的文化传承与选择》，《文汇读书周报》2012 年 11 月 2 日。

有的主张，儒家的荀子、法家的韩非子均主张遵循事理。实际上，回到子学的源头，观察先秦诸子学的发展趋势，我们会发现，各家各派的思想家在争鸣的过程中也越来越认识到自身理论的不足和别家别派理论的优势，因而逐渐站在自身思想的基础上吸收别家思想的优点，从而使原本属于某家的概念、问题和思想被越来越多的人所接受，于是各家各派逐渐分享了一些共同的概念，争论共同的问题，虽然对概念的理解和问题的回答各具特色，却也在思想上达成了某些共识，先秦子学也由百家争鸣逐渐走向思想融合。正如本杰明·史华兹所说，战国诸子百家时已进入一个公共话语时代："存在着这样的一整套术语词汇，它们最终会获得相当不同的思维模式的认同。"① 如果说当代新儒家、当代新道家、现代新墨家以及新法家致力于诸子中某家思想的现代化，更偏重于某家思想与其他思想相比的独特性，那么，"新子学"并不是当代新儒家、当代新道家、现代新墨家、新法家各自独立发展后的简单相加，也不只是排除某家立场之后对各家思想的全面整理、研究和现代阐释，而是在排除门户之见的同时，正视先秦子学由争鸣走向融合的思想潮流，从子学共通性的角度建构概念、问题和思想体系，并阐释其现代意义。先秦子学由争鸣走向融合的思想潮流，既是参与其中的思想家主动的选择，也体现出某些概念、问题和思想自身的强大生命力。"新子学"的建构如果能够从提炼诸子共同的概念入手，也就能够更直接地找到子学中最富有生命力的部分，继而由点到线到面，探寻围绕这些核心概念所产生的共同问题，分析对共同问题的不同的解决方式，进而对这些思想进行现代化的阐释。

---

① 本杰明·史华兹著，程钢译《古代中国的思想世界》，江苏人民出版社2004年版，第181页。

三、先秦诸子的公共概念

根据对先秦诸子重要文本的解读和既往的研究成果，我们发现，先秦诸子尤其是战国诸子所分享的共同概念主要有天、道、理、仁、义、礼、法、性、心、虚与静、无为、形与名等。下文将简要勾勒这些概念自被提出直至被各家各派广泛接受的情况。

（一）天、道、理

“天”是先秦诸子从古代文化中继承的共同财产。“天”的意义非常复杂。冯友兰先生总结出天有五义，即物质之天、主宰之天、运命之天、自然之天和义理之天①。这一观点被学术界广泛采纳，但我们不能将天的多重意义割裂开来理解。首先，“天生万物”是先民对万物生成问题的普遍认识。《尚书·仲虺之诰》有“天生民有欲”，《诗经·大雅·烝民》有“天生烝民，有物有则”。但此时的天是有意志、有人格的“主宰之天”。至春秋战国时期，天的主宰义逐渐淡化，生万物的天变为与地相连或相对的“物质之天”。如《乾·彖》讲：“大哉乾元，万物资始，乃统天。”《咸·彖》讲：“天地感，而万物化生。”《序卦》讲：“有天地然后有万物生焉。”《公孙龙·名实》讲：“天地与其所产焉，物也。”《荀子·王制》有“天地者，生之始也”，《富国》有“天地之生万物也”，《礼论》有“天地合而万物生”。天或天地产生万物，万物的生成和变化实际上都是天或天地的变化而已，天或天地因此可包含万物，这就是“自然之天”。《庄子·大宗师》的“知天之所为，知人之所为”、“不以人助天”，

---

① 冯友兰《中国哲学史》，华东师范大学出版社2000年版，第35页。

《秋水》的"无以人灭天"，《荀子·天论》的"天行有常"以及《韩非子·用人》的"循天顺人"均为"自然之天"的意义。而天在创生万物和万物的变化、运行过程中体现出各种规则，也就是"天道"、"天之则"、"天理"、"天常"等。《黄帝四经·经法·论约》有"参之于天地之恒道"，《称》有"因天之则"。天有自身的运行法则，是万事万物，特别是人的言行的规范和表率，因此，天就是宇宙的最高原理，也就是"义理之天"。同时，天创生万物，也限制着万物的方方面面，这种限制是人力所不能改变、无可奈何的，这就是"运命之天"，如《孟子·梁惠王下》所云"若夫成功则天也"和《万章上》所云"莫之为而为者，天也"。

"道"的原义为路，从这一意义可引申出途径、方法、规律等意义。老子首次将道置于天之上作为万物的本原。在道家思想中，道先天地而生，为天地之始、万物之母，是天地万物产生的根源。《老子》二十五章讲："有物混成，先天地生。寂兮寥兮，独立而不改，周行而不殆，可以为天地母。吾不知其名，强字之曰道，强为之名曰大。"《黄帝四经·经法·道法》讲："虚无形，其寂冥冥，万物之所从生。""虚无形"指"道"。《庄子·大宗师》讲："夫道有情有信，无为无形……自本自根，未有天地，自古以固存；神鬼神帝，生天生地。"同时，"道"也是万物存在和变化的原因、根据。《经法·道法》讲："故同出冥冥，或以生，或以死；或以败，或以成。""冥冥"亦指道。《管子·内业》也讲："道也者……人之所失以死，所得以生也；事之所失以败，所得以成也。凡道无根无茎，无叶无荣，万物以生，万物以成，命之曰道。"韩非为弥补法家思想在形上基础上的不足，引入了道家的本原之"道"。他承认道为"万物之始"，"与天地之剖判也俱生"，至天地消散亦不衰亡，是天地万物生死成败的根据，是万理的归宿。同时，他认为"道"可以作为判明是非的准则，又是君主治国的统治术，从而将老子的本原之道与治国之术连接起来①。“道”亦是孔子思想中的重要概念，《论语》全书“道”近90见（个别为动词，意为引导），如“朝闻道，夕死可矣”，“士志于道，而耻恶衣恶食者，未足与议也”，“吾道一以贯之”（《里仁》），“志于道，据于德，依于仁，游于艺”（《述而》），“人能弘道，非道弘人”，“君子谋道不谋食……君子忧道不忧贫。”（《卫灵公》）“道”是君子修身的最高理想，通过德、仁、艺等实现，以忠、恕贯穿始终。

“理”与“道”相比是晚起的概念，但在战国中后期却受到各家的普遍关注，“理”与“道”的关系亦成为重要的问题。关于这一问题，比较普遍的回答是“理为道在物的体现”。例如，《黄帝四经·经法·论》讲：“物各［合于道者］胃（谓）之理。”《管子·心术上》讲：“以无为之谓道，……［人］间之理者谓其所以舍也。”韩非认为道是“万理之所稽”，每一事物具有不同的理，而道没有特定的规定性，它是变化的，能够与具体事物的“理”相合相应②。而且，在战国后期，人们已普遍将理作为判断是非的标准和人类行为的依据。《荀子·儒效》讲：“凡行事，有益于理者立之；无益于理者废之。”“凡知说，有益于理者为之；无益于理者舍之。”《正名》讲：“行离理而不外危者，无之有也。”《吕氏春秋·离谓》讲：“故辩不当理则伪，知不当理则诈。”韩非也主张人的行为不能违背事物之理，主张“守成理，因自然”（《韩非子·大体》），认为“因事之

① 王威威《韩非思想研究：以黄老为本》，南京大学出版社2012年版，第62页。

② 韩非在《解老》中澄清了道与理的关系问题：“道者，万物之所然也，万理之所稽也。理者，成物之文也；道者，万物之所以成也。故曰：道，理之者也。物有理，不可以相薄；物有理不可以相薄，故理之为物之制。万物各异理，万物各异理而道尽稽万物之理，故不得不化；不得不化，故无常操。”

理"，就能够"不劳而成"（《韩非子·外储说右下》）。与"因事之理"意义相同的表达在韩非思想中还有"履理"、"得事理"、"缘道理以从事"、"随自然"、"随道理之数"等。

（二）仁、义、礼、法

仁、义、礼是儒家思想中的核心概念，但《老子》三十八章讲"失道而后德，失德而后仁，失仁而后义，失义而失礼。夫礼者，忠信之薄而乱之首。"仁、义、礼是"失道"后不断堕落的结果。《庄子》中《骈拇》、《马蹄》、《胠箧》、《在宥》等篇认为以仁、义、礼治理国家是对人性的伤害，必然引起天下大乱的后果，甚至斥仁义为盗贼窃国的工具①。"法"原意为刑，可泛指法令，又可包含各种规章、制度。法是治理国家的重要手段，但在老子和庄子思想中，法被看作君主干涉百姓自然发展的主要形式，会导致民众贫穷、难治和社会秩序混乱。而在孔子看来，"道之以政，齐之以刑，民免而无耻"（《论语·为政》）。但在思想争鸣和融合的过程中，仁、义、礼、法在国家治理中的作用越来越受重视。

首先，黄老道家认可仁、义、礼、法调整社会关系、治理国家的作用。《黄帝四经·经法·道法》提出"道生法"，认为法的根源在于道，拥有权威性和合理性。《黄帝四经·十大经·姓争》提出"刑德相养"，强调法治和德治的统一，肯定仁和义。《十大经·顺道》云："正信以仁，慈惠以爱人。"《十大经·前道》也讲："［圣人］举事也，合于天地，顺于民，祥于鬼神，使民同利，万夫赖之，所谓义也。"《管子·心术上》认为义、礼、法均来源于道，可以将三者

① 参见拙著《庄子学派的思想演变与百家争鸣》，人民出版社2009年版，第230～235页。

相结合作为治国理政的手段①。此外，庄子的部分后学亦改变了批评仁、义、礼、法的态度。《庄子·天道》讲：“是故古之明大道者，先明天而道德次之，道德已明而仁义次之。”仁义成为其统治秩序中的重要一环。《在宥》讲：“粗而不可不陈者，法也；远而不可不居者，义也；亲而不可不广者，仁也；节而不可不积者，礼也。”“不可不”表达出作者接受仁、义、礼、法的不得已，这一态度亦反映出仁、义、礼、法在社会上和思想界得到公认的现实。《秋水》、《天运》等篇还包含了礼仪法度需要应时而变的思想，反映出庄子后学对适合社会现实的礼法给予认同的态度。荀子也认可仁义礼法相结合的治国之道。《正名》篇提出：“壹于道法而谨于循令，……治之极也。”《致士》讲：“道之于法者也，国家之本作也。”《大略》又讲：“君子处仁以义，然后仁也；行仁以礼，然后义也；制礼反本成末，然后礼也。三者皆通，然后道也。”韩非在主张法治的立场上批评仁、义、礼，但在《解老》篇中亦承认三者均来源于道：“道有积而积有功；德者道之功。功有实而实有光；仁者德之光。光有泽而泽有事；义者仁之事也。事有礼而礼有文；礼者义之文也。”

（三）心、性、虚、静

“心”在老子和孔子思想中尚未得到特别的重视，但在战国时期已成为诸子的共同概念。“心”的原意为心脏。在古人看来，心是情

① 《管子·心术上》讲：“虚无无形谓之道，化育万物谓之德，君臣父子人间之事谓之义，登降揖让、贵贱有等、亲疏之体谓之礼，简物小未一道，杀僇禁诛谓之法。”“义者，谓各处其宜也。礼者，因人之情，缘义之理，而为之节文者也，故礼者谓有理也。理也者，明分以谕义之意也。故礼出乎义，义出乎理，理因乎宜者也。法者所以同出，不得不然者也，故杀僇禁诛以一之也。故事督乎法，法出乎权，权出乎道。”

感与欲望的中心，也是道德行动的根源，还是知性和理解力的根源①。在孟子思想中，心是道德修养的主体。他认为心有"四端"，"恻隐之心"为"仁之端"，"羞恶之心"为"义之端"，"辞让之心"为"礼之端"，"是非之心"为"智之端"，从而将仁、义、礼、智等德行根植于人的内心。在庄子思想中，心亦是核心概念之一。庄子重视心的修养，主张通过修养无知无欲的虚静之心（"心斋"）来得道，追求摆脱外物的束缚来获得心的逍遥（"乘物以游心"、"游心乎德之和"）②。《管子》四篇以"心"为"道舍"，《内业》讲："凡道无所，善心安爱。心静气理，道乃可止。""彼道之情。恶音与声，修心静意，道乃可得。"从《管子》四篇的篇名《心术》、《内业》、《白心》亦可见"心"的重要地位。

关于"性"的讨论在春秋时期已处于萌芽状态。孔子讲"性相近，习相远也"（《论语·阳货》），但人性理论不是孔子思想的重点。在战国中后期，"性"已受到思想界的普遍关注。孟子以"人之异于禽兽者"为"性"，主张人性善，《孟子·滕文公上》有云"孟子道性善"。告子主张"生之谓性"，认为"食色，性也"（《孟子·告子上》）。《荀子·性恶》主张"凡性者，天之就也"，《正名》篇讲"生之所以然者谓之性"，"不事而自然谓之性"，与告子思路相同。但告子认为食色之性无分善与不善，而荀子认为人生而有耳目之欲且好利疾恶，这一本性为恶。韩非继承了荀子对人性的看法，认为好利恶害是人的本性。《韩非子·难二》讲："好利恶害，夫人之所有也。"《奸劫弑臣》讲："夫安利者就之，危害者去之，此人之情也。"但他并不给予人性以善恶评价。《管子·心术下》讲："凡民之生也，

---

① 本杰明·史华兹著，程钢译《古代中国的思想世界》，第191页。

② 参见陈鼓应《〈庄子〉内篇的心学》（上）、（下），《哲学研究》2009年第2期、第3期。

必以正平。所以失之者，必以喜乐哀怒。”《内业》讲：“凡人之生也，必以平正。所以失之，必以喜怒忧患。”两篇均以人性为正平，认为喜、怒、哀、乐、忧等情感使人失去了正平的本性。《庄子》内篇未直接探讨人性问题，而外杂篇中则有丰富的人性论。《庚桑楚》讲：“性者，生之质也。”庄子后学反对以“欲恶避就”的情感欲望为人性的观点。《盗跖》篇借“无足”之口提出“夫欲恶避就，固不待师，此人之性也”，又借“知和”之口对其进行批判。庄子后学亦反对以仁义为人性的观点。《骈拇》篇提出以仁义为人性是改变本性的大惑：“自虞氏招仁义以挠天下也，天下莫不奔命于仁义。是非以仁义易其性与？”

“虚静”首先是道家思想的标志性概念，它是道的特性，又是精神修养的要求、得道的条件，也是认识方法和统治方法。在早期的道家思想中，“虚”与“静”多分别使用，各具独特的意义。老子论“虚”，首先指道和天道，如《老子》五章讲：“天地之间，其犹橐籥乎？虚而不屈，动而愈出。”《老子》四章讲：“道冲，而用之或不盈。”“冲”通“盅”，空虚之义。“虚”又可指心灵状态。《老子》三章讲：“是以圣人之治，虚其心，实其腹，弱其志，强其骨。常使民无知无欲。”“虚其心”与“无知”相对应。老子论“静”，主要指得道君王内心之无欲，以及治国之无事，“静”是老子无为政治思想的重要方面。庄子在《人间世》中提出“虚者，心斋也”，“虚”以消除感官和心灵的认知能力为条件。《庄子》内篇没有“静”的概念，但有与“静”义近的“宁”、“止”、“和”。在庄子思想中，“虚”重“无知”，“宁”、“止”、“和”重“无欲”①。在《管子》四篇中，“虚”与“静”的意义更为接近，甚至可以互释。如《心术上》提出“静因之道”，“静”指排除主观的智谋和成见即“去智与

① 王威威《韩非思想研究：以黄老为本》，第97页。

故"、"若无知"，也就是"至虚"、"虚素"①。《黄帝四经》中出现了"虚"与"静"连用的情况。《经法·名理》讲"虚静谨听，以法为符"，"执道者能虚静公正"。《庄子·天道》也出现了"虚静"："夫虚静恬淡寂漠无为者，天地之平而道德之至。""夫虚静恬淡寂漠无为者，万物之本也。"在作者看来，虚静、恬淡、寂寞、无为是天地的准则、万物的根本和道德修养的最高境界。

荀子提出了"虚壹而静"的认识方法。他认为人天生具有认知的能力，有知则有志，有志则心有所藏，有所藏就无法达到心虚。因此，荀子认为"虚"并不是心中毫无所藏，只是不以心中已藏妨碍新的认识。静也并不是毫不动心的状态，而是不以各种胡思乱想来扰乱思维②。韩非在《解老》中解释了"虚"的意义："虚者，谓其意无所制也。今制于为虚，是不虚也。"韩非之"虚"并不是内心虚空无物，而是指人心的意志、意向不受任何牵制的状态，有意为虚则是不虚。"静"指爱惜精神不过度思虑。《解老》讲："是以圣人爱精神而贵处静。""圣人之用神也静，静则少费，少费之谓啬。""用神"是精神的消耗，"静"则指精神耗费少。

① 《管子·心术上》："是以，君子不休乎好，不迫乎恶，恬愉无为，去智与故。……是故有道之君，其处也若无知，其应物也若偶之，静因之道也。""'恬愉无为，去智与故'，言虚素也。……'君子之处也若无知'，言至虚也。……故物至则应，过则舍矣。舍矣者，言复所于虚也。"

② 《荀子·解蔽》："心未尝不臧也，然而有所谓虚；心未尝不满也，然而有所谓一；心未尝不动也，然而有所谓静。人生而有知，知而有志，志也者，臧也；然而有所谓虚，不以所已臧害所将受，谓之虚。心生而有知，知而有异，异也者，同时兼知之；同时兼知之，两也；然而有所谓一，不以夫一害此一谓之壹。心，卧则梦，偷则自行，使之则谋。故心未尝不动也，然而有所谓静，不以梦剧乱知谓之静。未得道而求道者，谓之虚壹而静。"

（四）无为、形名

老子明确提出了“无为”的概念。“无为”在《老子》中共出现十余次，大多与政治问题相关。老子认为，通过无为，可以取天下，可以治天下，无为可以成就万事，能够达到无不为的结果。而在庄子思想中，“无为”的直接语境意义偏重于精神的逍遥自在，超脱于世俗世界的己、功、名而遨游于与道同一的“无何有之乡，广莫之野”、“尘垢之外”。庄子对政治问题的讨论集中于《应帝王》篇，他反对君主以仁义教化于民，也反对以君主之意制定法度干涉百姓的生活，他所赞赏的亦是无为之治。庄子的部分后学以自然人性论为基础，激烈抨击仁义、圣知，从顺应人性的角度宣扬无为之治，以“至德之世”为其政治理想，“安其性命之情”是治国的原则①。又有部分后学主张以天道为依据建立无为的政治秩序②，并提出了“君无为而臣有为”的主张③。但是，“无为”并非道家独有的概念，而是被各家广泛认同的政治理念。《论语·卫灵公》讲：“无为而治者其舜也与？夫何为哉？恭己正南面而已矣。”《申子·大体》讲：“善为主者，倚于愚，立于不盈，设于不敢，藏于无事。……示天下无为。”《慎子·民杂》讲：“君臣之道，臣事事而君无事，君逸乐而臣任劳，臣尽智力以善其事，而君无与焉，仰成而已，故事无不治，治之正道然也。”《韩非子·扬权》讲：“权

---

① 《在宥》讲：“故君子不得已而临莅天下，莫若无为。无为也，而后安其性命之情。”

② 《天道》讲：“夫帝王之德，以天地为宗，以道德为主，以无为为常。”“天不产而万物化，地不长而万物育，帝王无为而天下功。”

③ 《在宥》讲：“何谓道？有天道，有人道。无为而尊者，天道也；有为而累者，人道也。主者，天道也；臣者，人道也。”《天道》篇讲：“上必无为而用下，下必有为为天下用。此不易之道也。”

不欲见，素无为也。事在四方，要在中央。圣人执要，四方来效。”“夫物者有所宜，材者有所施，各处其宜，故上下无为。”《主道》讲：“君无为于上，君臣竦惧乎下。”

“形名”又作“刑名”。“形”指物之形体、形象，也可泛指实在的事物；“名”是名称、语词、概念。名与形的关系也是名与实的关系[①]。探讨形名关系的形名学说发端于春秋时期并在战国时期得到了充分的发展，成为各家各派广泛参与的名辩思潮[②]。从事形名之辩的主要力量为后世所谓“名家”。“名家”的代表人物公孙龙著有《名实论》、《坚白论》、《白马论》、《指物论》等；惠施的著作未流传，《庄子·天下》收录了惠施的主要观点。此外，据《天下》篇的记载，墨家在墨子后亦有弟子“以坚白同异之辩相訾，以奇偶不仵之辞相应”。今本《墨子》中代表后期墨家思想的《墨经》对名实关系、名的分类等问题均发表了独到的见解，对诸多重要的“名”进行了新的界定。杨朱之学在庄子学派看来也是致力于“坚白”、“同异”之辩者：“骈于辩者，累瓦结绳窜句，游心于坚白同异之间，而敝跬誉无用之言非乎？而杨、墨是已！”（《骈拇》）荀子亦重视名实关系问题，他在《正名》中回答了命名的必要性、根据和枢要等问题。他认为名来自于人的感官和心灵对事物的共同感知基础上的约定俗成，一旦约定俗成，名实关系确定，就不可随意变乱。他批评“用名以乱名”、“用实以乱名”、“用名以乱实”的现象，主张“名定而实辨”。形名学说也是黄老道家的重要特征。黄老道家主张“名”要与“形”、“实”相符。《经法·四度》讲：“名功相孚，是故长久。名功不相孚，名进实退，是谓失

① 参见拙著《韩非思想研究：以黄老为本》，第153～156页。

② 关于形名学说的起源和发展，参见拙著《韩非思想研究：以黄老为本》，第156～158页。

道。”“功”即“实”。《管子·心术上》也讲：“物固有形，形固有名，名当，谓之圣人。”名以物之形为依据，名与形相契合，就是“名当”。黄老道家追求通过名与形、实相符建立安定的世界秩序。《经法·论》讲：“名实相应则定。”《道原》讲：“分之以其分，而万民不争。授之以其名，而万物自定。”《管子·白心》讲：“名正法备，则圣人无事。”形名学说亦是法家思想的重要内容。申不害有“循名责实”的主张。司马迁在《老子韩非列传》中讲“申子之学本于黄老而主刑名”，“申子卑卑，施之于名实”。韩非亦重视“名”的问题。《扬权》讲：“用一之道，以名为首，名正物定，名倚物徙。”在此基础上，韩非探讨了如何“审合刑名”的问题，亦有“循名责实”的主张。

结 论

子学是包含了各家各派不同思想的整体，“新子学”的建构应重视其中思想的多元性，但也应正视在先秦子学发展中既已出现的思想融合的潮流，从子学共通性的角度建构概念、问题和思想体系。本文初步探索了先秦诸子思想中重要的共同概念：天、道、理、仁、义、礼、法、性、心、虚、静、无为、形名。当然，尚有其他概念需要进一步研究，如德、气、命、时、情等。“新子学”的建构应以提炼出先秦诸子争鸣中的共同概念为起点，继而建构以这些概念为核心的问题系统，如天与人的关系，天与道的关系，道与物的关系，道与德的关系，道与理的关系，道、仁、义、礼、法之间的关系，心、性、情、欲的关系，虚与静的关系，虚静与知、情、欲的关系，虚静与无为的关系，形与名的关系，形名与无为的关系等，进而探讨不同的思想家对这些概念的不同解释和对这些问题的不同回答。在建构起"新子学"的概念问题系统的基础上，将这些概念和问题与西方思想相对应，探讨其与西方相似概念、问题和思想的同异关系，发现"异中之同"和"同中之异"。进而将这些问题和思想与现代社会的问题相对接，将"旧子学"的问题转化为现代的问题，探讨诸子思想应如何来解决现代的问题，从而实现"旧子学"向"新子学"的转化。

（作者单位：华北电力大学思想政治理论课教学部）

论“新子学”的内涵、理念与构架

刘韶军

“新子学”是一个崭新的学术范畴，在对它进行规划设计的阶段，需要对“新子学”的内涵、理念、构架等问题进行科学而系统的研究和分析，本文只是对这些问题的初步思考，且由于学科知识背景的限制，所论还会有难以避免的缺陷与不足，但仍需从本人的特定学科——历史文献学的角度提出一些分析，希望得到学者的批评指正，以期对于“新子学”的重要概念的认识有所帮助。

“新子学”的内涵

“新子学”作为一个新的学术概念，要对它的内涵进行定义。

首先要定义“子学”的概念。“子学”的概念应该来自于中国古代子部之学的传统学术观念。中国古代有经史子集四部之分，它本来是对各类图书的一个分类，但也被从事学术研究的人们沿用到学术研究的分类上，用以确定学术研究的特定对象、范围与性质，由此就从图书分类的子部概念演变为学术研究的子学概念。根据这样一个演变过程及其内容而言，中国古代的学术分类中就有了研究诸子的一门学问，简称之为“子学”，或“子部之学”。这样的“子学”，如果从今天的角度来看待，就可以称之为“旧子学”。它的研究对象和范围是在历史过程中形成、演变而逐步确定下来的。如果简单地回顾一下，从《庄子·天下》、《荀子·非十二子》、司马谈《论六家要指》、《汉书·艺文志》的“诸子略”、“兵书略”、“术数略”、“方技略”往后直到《四库全书》的子部，就这些关于子部图书及其学问的基本文献与史实来看，可以大致确认“旧子学”的研究对象与范围。这些研究对象及其范围是非常繁杂的，所包含的内容在今人眼中可以说是非常繁多的。如《四库全书》的子部所包括的类目如下：

> 儒家、兵家、法家、农家、医家、天文算法、术数（数学、候、相宅相墓、占卜、命书相书、阴阳五行）、艺术（书画、琴谱、篆刻、杂技——杂技中又分羯鼓、乐府、棋经、棋诀）、
>
> 谱录（器物、馀馔、草木禽鱼）、杂家（杂学、杂考、杂说、杂品、杂纂、杂编）、类书、小说家（杂事、异闻、琐记）、释家、道家。

由此可知对这些类目的典籍及其内容进行研究的旧子学是非常繁杂的，不同的内容及其研究已经划归到现代学术体系的不同学科之中了。在这种历史上形成的子部类目的基础上，发展到近代，人们在编纂大型丛书时，如《丛书集成》等，也已对旧的子部门类做了调整，从而与旧子学的范畴有所不同了。如《丛书集成》的一级分类有：

> 总类、哲学类、宗教类、社会科学类、语言学类、自然科学类、应用科学类、艺术类、文学类、史地类。

在这个新的分类体系中，《四库全书》那种旧的子部分类就已分散到各个新的门类中了。换言之，在民国以来的图书分类和学科分类中，旧的子部门类已经被打乱分散了。

而在西方学术概念体系传到中国并被中国学术界接受之后，旧的子部之学的门类、范围、属性等就全都发生了根本性改变，古代的子部之学已无法涵盖这种新式学术的对象、范围、门类。在这种情况下，人们基本上已经不再使用“子学”或“子部之学”的概念，而采用了来自西方学术体系的一系列相关学科概念，如哲学、法学、军事学、医学、天文学、农学、宗教学等。也就是说，旧的子学在新的学术概念及其体系下，已被分散到全新的不同学科之中去了。

但西方的学术概念及其体系，也无法恰当地涵盖中国历史上形成的古代子部之学的门类及相应的内容。如哲学，用于涵盖中国古代思想，有时就不太恰当，所以不少人在研究中国古代哲学史时宁愿换用“思想史”的概念而不用“哲学史”的概念。在日本学术界似乎也是这样，普遍使用“中国思想史”的概念而不使用“中国哲学史”的概念。更具体地来说，人们往往习惯于把中国思想史划分为先秦诸子或先秦思想史（当然也有使用先秦哲学史概念的）、汉魏诸子或汉代思想史、魏晋南北朝思想史、隋唐思想史、宋明清思想史等具有阶段性的思想史概念，而不太使用先秦哲学或诸代哲学这样的概念。而且在近代早期使用哲学史概念的比较多，近年则更倾向于使用思想史的概念。又如，对于佛教、佛家以及道家、道教的研究，人们宁愿使用佛教史、佛教思想史、道教史、道家思想史等概念或名称，也不太爱用宗教学的概念或名称。在医学方面，人们把中医学与西医学明确地划分开来，还有不少人更是不承认中医为科学，在这样的思想指导下，中医也就不能称为“学”。

诸如此类的情况，说明西方学术概念及其学科体系无法与中国古代属于子部之学的门类严丝合缝地对应起来。人们往往采用一些并不规范的学科概念来指称所研究的对象和范围，这也造成了学科门类以及研究观念上的模糊认识。人们似乎也没有对此类情况做过系统的清理和“正名”工作。孔子说：“名不正则言不顺，言不顺则事不成。”

确为真理。在学术分类及相应的学术研究上，实际情况也正是这样。从这个意义上说，探讨"新子学"的概念、内涵、理念、构架等问题，对于建设"新子学"就具有非常重要的意义。换言之，"新子学"如果还处于名不正言不顺的状态，可想而知，这对于"新子学"的建设与研究的推进，都是极为不利的，甚至会使人们在建设与推进过程中产生各种分歧而导致路向不明或混乱。人们的话语在内涵上不对称，在学术研究和学术交流与讨论上就会产生风马牛不相及甚至牛头不对马嘴的情况，这当然不利于"新子学"的学科建设与学术研究。

基于以上的分析，在讨论"新子学"的内涵时，就要把旧子学的内涵、对象、范围进行清晰的定义与确认，给予适当的名称，以涵盖它的内涵、对象、范围。然后才能进一步对"新子学"的内涵、对象、范围加以定义、确认。

旧子学的内涵、对象、范围实际上到现在也没有一个公认的或者说符合科学性质的定义与规范。人们对于旧子学的理解，还只是一种笼统的意识，而不是一个清晰的科学概念。这是因为旧子学的范围太广，对象太杂，在与新的现代学术概念与体系对接时也是因人而异地加以区分与定位，在不同的学科背景下，人们有着完全不同的理解与区分和定位。这说明在全新的学科体系与学术概念系统下，对于旧子学难以用某一个特定学科的眼光给予完全符合科学的定义，而且也不可能用一种超越了所有学科的眼光对旧子学做出符合学科规范的定义与确认。这都是因为旧子学的对象、门类、内容、范围太广太杂。

如果对于旧子学不能做出科学的分类、定义、定位，对"新子学"概念的内涵的定义就很难着手。也就是说，子学这个概念本身就是包含太多对象和内容、涵盖太大范围的概念，加上又有了全新的西方学术概念与学科体系的影响，对于子学的内涵就更难做出科学的定义了。

但是，既然要开拓“新子学”并加以符合科学的学科建设和学术研究，又不能不对旧的子学概念及其对象范围等加以清理，否则“新子学”的概念也将会是混乱模糊的。

就目前的情况而言，如何定义“子学”的概念呢？根据前面所列述的《四库全书》以及《丛书集成》的不同分类体系而言，中国古代的子学范畴，应该根据《四库全书》的门类来确定其范围，由此确定其对象。而到民国以来引进西方新的学科分类与学术概念之后，古代的“子学”就已不能再作为一个学科或学术门类了，而是分散到全新的学科体系的门类中去了。在形式上，“古代的子学”已经不存在了，但作为学术的传承，人们分别从不同的学科角度对“古代子学”所传留下来的文献资料进行研究，这种学术研究已经作为全新的学科门类而存在了。

基于这个事实，我们现在定义“子学”的概念，就要用时代的概念加以限定，简单地说，民国以前的“子学”属于“古代的子学”，可以用《四库全书》这一类的门类体系加以划分、定位，而民国以后的“子学”就不能再沿用《四库全书》的门类体系划分和定位了，而要依照新的学科体系进行划分和定位。这样一来，所谓“子学”就成了一个历史的概念，在全新学科体系背景下，已是一个不复存在的学术概念了。在对其中相关内容进行研究时，这种研究应该按照新的学科门类加以划分和定位，不能再使用“子学”的概念了。或者说，这是“新时代的子学”研究的全新形态，对这种意义上的“子学”研究能不能称为“新子学”呢？对这个问题需要认真地探讨。

“新子学”的概念，首先是定义这个“新”字。“新”当然是与中国古代的“旧子学”的“旧”相对而言的。“旧子学”已成为历史，它的概念、门类、范围都已定型而不会再有变化了。“新子学”

的“新”在于“旧子学”已在新的学科体系背景下无法存在，但它的历史形成的内容却仍然以旧的形态存在着，而新学科体系下的学者仍要对它们进行研究，却无法按照“旧子学”的门类或路径进行研究。于是必须在新的学科体系背景下运用新的学术理念、方法、认识、理解等研究“旧子学”的存留内容，这就是研究“旧子学”内容的新学科体系下的“新子学”之内涵。从这个意义上定义“新子学”，“新子学”就是从新的学科体系背景下运用新的知识理念与方法研究“旧子学”存留内容的学术。

它的新，新在学者所要进行学术研究的学科体系背景不是旧的学术门类体系，新在学者们在新的学科体系中经过不同学科的系统的学术训练而掌握了新的不同学科的知识、理念、方法等，这样所构成的“新子学”的研究，就是与“旧子学”完全不同的学术研究，虽然所要面对的文献资料还是旧的，可以说与“旧子学”没有不同，但研究者的知识体系以及学科背景都与古时的学者完全不同了，而且所关注的问题和对文献的认识与解读也是完全不同的了。

“新子学”的理念

“新子学”的研究主体是在新的学科体系背景下、具备了新的学科知识和学科训练的研究者，对于“旧子学”存留的文献资料能进行新的解读并形成全新的问题意识与认知，那么这样的“新子学”的核心理念应该是怎样的呢？

这个问题由于牵涉到不同的学科而会有不同的思考与答案。现在研究“旧子学”存留文献的学者都出身于不同的学科，如哲学、历史、文学、宗教、法学、外语、教育学或心理学，甚至是医学、天文、数学等科技学科，因此学者们对于“新子学”的核心理念的理解自然会有所不同。如果忽略了学科上的差别，而来寻求最有普遍意义的理念，那么这个问题还是可以探讨的。也许只有这样来思考，才能形成能为不同学科的学者所共同理解和接受的关于“新子学”的某种普遍性理念。

所谓理念，应该是关于某个问题进行理性思考后所形成的符合科学定义的一套观念。就“新子学”而言，前面已经说明了它的新，在于学科体系新、时代观念新、学术知识体系以及学术研究方法新，而所要面对的研究对象、所要涉及的文献资料及其内容，则是传统的、旧的东西。以新对旧，这就决定了“新子学”的第一个理念是要以新的价值观、方法等对旧的东西进行全新的解读、阐释。换言之，“新子学”对于“旧子学”存留的文献资料的解读阐释，必须是出于符合时代特征的新的价值观、运用新的方法（包括技术手段、研究方法与方式等）。简言之，“新子学”的核心理念就是用对“旧子学”的存留文献进行全新的释读，这包括对文献的全新整理（如标点、注释、数字化、数据库等）和全新阐释（运用全新的知识与价值观从不同角度进行阐释）。

就这一点而言，如何理解新时代的价值观、新的学术研究方法与手段，就是一个关键的具体问题。因为仅就概念而说的价值观和学术研究方法手段等，还是非常抽象和含糊的，必须做出具体的规定和阐释。但本文不能就此而详细论述，不过下述其他理念中会涉及相关内容。

“新子学”的第二个理念，是在“新子学”的研究中，要把不同学科整合、贯通起来①，尽量消除各个学科的相对局限性。

由于新的学科体系把学术划分为诸多不同的学科，这本来就与“旧子学”的门类和内容无法无缝对接，因此就使不同学科都不可避免地带有自己的局限性，而这种局限性会妨碍学者解读和阐释“旧子学”的存留文献及其内容。稍不注意，或没有采取适当而有力的措施，就会使研究者处于盲人摸象的状态而不自知。佛教中的盲人摸象的比喻，本来就是告谕人们对于佛教教义不要只据自己的立场或知识局限而得出片面而可笑的结论。

今天的研究者都是出于不同的学科，所受的学术训练以及由此养成的知识体系、研究学术时的方法、途径、手段等，都不可避免地带有学科的局限性。如果不认识到这一点并采取得当的措施，则难免会重复盲人摸象的现象。

今天我们探讨“新子学”的建设与设计，在这个问题上尤其要加以重视。要把“新子学”规划得符合科学而没有漏洞和弊端，就要在如何整合、贯通不同学科的问题上仔细思索，并形成一套行之有效的方案和方法，保证处于不同学科的研究者能够在一个协同的体系中共同研究，取长补短，互通信息，随时交流等。

而且在学科人才的培养和训练中，也要注意这个问题，尽量使学者在正常的基础训练和学习过程中就能弥补这种学科性的局限性，养成一种学科协同、整合、贯通的意识。而不同学科的带头人或担任组织领导职责的学者，更要具有博通的学术素养、宽广的学术视野、博

① 这是从学术研究角度说的，如果从更广的范围来说，要加以整合、协同的还不只是学科之间的问题，更应包括不同的部门、系统等。如出版、宣传、旅游等所有与古代子学内容的研究和应用有关的部门和系统。所谓的整合协同，应该是这种广义的，但这里仅就研究而言，所以只就学科之间整合来谈。

大的学术胸怀、高远的学术设计能力等，在不同学科之间形成良好的交流沟通机制，从而逐渐完成学科间的整合协同体制，而使“新子学”从以往的限于不同学科的各说各话，发展为不同学科的宏通局面。相信这个理念是“新子学”所不该忽略的。

“新子学”的第三个理念，是在忠实于“旧子学”留存文本的基础上对其中的丰富内容做出科学的阐释。

这个理念包括两个方面，一是忠实于“旧子学”的留存文本。“旧子学”的留存文本，是“新子学”所要研究的基本对象和史料，离了它们，“新子学”的研究可能会成为无源之水、无根之木，会变成空中楼阁式的空谈，所以，要进行“新子学”的研究，必须以“旧子学”的留存文本作为基础和始点。

忠实于“旧子学”的留存文本，是要求研究者对这类文本的解读必须照其原貌进行完整的整理、阅读，由此掌握这类文本的原意和完整内容。换言之，是不是忠实于此类文本，衡量的标准就看研究者能不能通过对这些文本的整理和阅读而完整地掌握其中的原意。这是一个经常为人们所忽略或者说不够重视的问题。比如《老子》八十一章的全部文本都说了什么?《庄子》内、外、杂篇的数十篇的全部文本都说了什么？第一要完整解读全部文本，第二要保证得到最接近文本原意的解读。只就其中的部分文句加以理解和解读，这不是完整。只据自己的臆想而论述，这不是原意。只在做到了完整解读和掌握其中的原意，才能进一步做出更多的阐释，这样的研究才符合科学的标准。但如何保证或衡量是否完整解读并理解了文本的原意，这又是一个难题，这里也无法对此展开论述，只能作为理念的一种内容提出来而已。

而“新子学”能不能研究得好，又在于能不能对“旧子学”的留存文本做出科学的阐释，这是此理念的第二个方面。忠实于文本的标准是完整解读和理解原意，但这还是不够的，只能说是“新子学”

研究的第一步，当然是最重要的第一步。好比盖房子要首先建好地基一样，地基深固，整个大厦才能高而牢固和可靠。不能忠实地解读“旧子学”的留存文本，就谈不上对这些文本内容的科学阐释。所谓科学的阐释，是指在忠实解读文本的基础上运用科学的知识、观念、方法、思维等深入阐释文本中的丰富内容。《易·系辞》说：“书不尽言，言不尽意。”说明古代留存文本所要表达的内容远远超出文本字面，因此需要在完整解读和掌握原意之后，进一步深入分析阐释其中更多的内容。这种阐释唯一的标准就是科学，这就要求在阐释时的思维和方法必须科学，而不是任意地主观臆测。

美籍华人学者傅伟勋认为，阐释中国古代思想家的著作文本应该有五个层次①：实谓层次、意谓层次、蕴谓层次、当谓层次、必谓层次。实谓指文本的作者实际说了什么，为此要求研究者弄清楚文本原文的字面意义。意谓指根据实谓分析文本作者想说什么。蕴谓指文本言说的内容中还蕴涵了什么。为了了解蕴谓的内容，傅氏认为研究者必须把历史上曾经有过的相关注释解说资料全都掌握和了解，以知晓历史上都有怎样的解释及其方法，这样才能使研究者发现文本中可能蕴藏的更多内容。当谓是指研究者超越历史上的所有解释后，用思想的力量逼出文本原作者应当阐说什么。必谓是指超越文本原作者的思想意境，由研究者替文本作者说出所必须阐说的问题。这样一种阐释层次的不断推进，实际上就是对“旧子学”留存文本进行科学阐释的必然要求。忠实于留存文本的完整解读和原意掌握，还只是实谓和意谓的层次，而对此文本走出语言文字的内容的科学阐释，就是蕴谓、当谓、必谓层次。只有完成了这五个层次的阐释，才可以说对“旧子学”的留存文本的学术研究最终完成。当然，随着时代的发展，人们所能思维到的当谓、必谓层次的知识、概念等也会不断提升

① 傅伟勋《论创造的阐释学》，《知识分子》1987年冬季号。

进步，不会停止不进，而这也正是人类追求真理的必然进程。所以这个意义上的“新子学”研究是没有止境的，也应该是最重要的一个学术研究理念。

“新子学”的第四个理念，应该是学术的独立性和自由性，即不受任何外在于学术之外的因素影响的子学研究。这一理念在今天的中国尤为重要。在任何时代，这都是保证学术研究的学术性和科学性所不可缺少的根本因素。学术之外的因素是非常多而复杂的，学者的学术研究能否不受它们的影响和干扰，是学术研究独立性与自由性的必要前提。在这个理念上如果不够清醒或不够坚定，必然会影响到学术研究的科学性、纯粹性。这方面的问题也不用展开论述，这里仅仅提到它就够了。

“新子学”的构架

“新子学”的构架应该根据以上所述的内涵、理念来搭建其研究的构架。

基于这种认识，简单描述一下“新子学”的构架。它应该以对“旧子学”留存文本的全面整理、清理为基础，由此提供最完整完善的文本资料，通过多单位、多学科间的协同合作，组建一定的项目团队，要求研究者掌握和消化现代科学知识、价值观、思维方式以及关于古代子学的必要知识及其学术素养，对“旧子学”留存文本进行分层次的阐释性研究，并且建设相应的学术成果发表发布渠道和评判体制。这一套构架应该从研究的开端到结束，都形成一个完整而动态的良性的自有系统，不停地运作下去，长期地维持下去。简言之，“新子学”的工作构架，就是由文本基础、学科协同、团队组建、人员分工、成果发布、质量判定等模块组成，使之成为一个完善的动态系统，具有良性的生命活力，并能吸引凝聚更多的人才投身其中，使“新子学”的学术研究事业长盛不衰。

另一方面，在内容上也可以设想构架问题。即“新子学”应该由哪些内容构成。根据《四库全书》子部的门类构成，“新子学”的内容构成应该包括这些门类，但要根据不同门类的重要性与迫切性，轻重缓急地区分出全新的门类体系。因此，需要构建一个“新子学”研究内容的门类体系的整体方案和推进具体研究的路线图。

这类方案与路线图，应该广泛吸收国内外研究子学的学者及相关的成果，再加以认真而系统的思考分析论证而形成初步的草案，交由更多的学者进行讨论，逐步形成一个得到大多数学者认可的方案与路线图，作为整个“新子学”研究的指导性文件。有了这样的指导性方案，就可以进一步讨论“新子学”所要研究的具体内容与任务。

就目前看来，“新子学”的内容构架，最主要的部分应该是儒、道、佛三家的全部文献的汇总、整理。因为这三家的内容与中国历史、文化、思想观念、民族传统的关系最深最密，影响最大，所以要列为头等重要的整理内容。儒家的文献不仅涉及“旧子学”的子部，而且涉及古代经部的许多文献，也要一并考虑列入儒家研究的范畴。而儒、道、佛三家的文献，在古代的史部、集部的不少文献中也有涉及，所以在汇总和整理它们的文献时，也不能仅仅限于与这三家直接相关的文献，还要广泛地从史部、集部的文献中加以检索搜罗检核，确保没有遗漏。

儒、道、佛三家之外的其他子部学术和文献，也要组织协同相关单位和学者加以梳理、整理，这都要在整体方案中加以考虑和设置。

在相关文献的汇总和整理时，应该注意文献的完整性和系统性。可按专书或专人汇总和整理相关的全部文献，形成便于检索和使用的文献整理成果。在这个工作中，注意收集文献的版本和最新整理成果，并且要有相应的机制和渠道随时纳入这类新出的文献资料。这种汇总整理可以形成目录数据库和全文数据库，也可以建设相应的数字化研究平台，把汇总整理好的文献纳入这种平台，提供给研究者使用。

在相关文献的汇总、整理工作之后，则要开展文献内容的深入研究。这种研究不应只由个人随意选择和进行，也应有整体的部署安排，其基本的原则是保证全部研究的系统性和完整性。在这里要体现组织的作用，把个人的力量纳入组织之内，而整个组织则有完整的规划和方案，汇总起来就能形成一个完整的和系统的研究成果。

在成果的出版和发布方面，也应进行整体的规划。虽然现在是市场经济，各出版社或各部门、各地方都有自己的规划与方案等，但在学术研究成果的出版和发布上，“新子学”应该建立自己的权威话语权，这要与相应的成果出版、发布结合在一起，由此保证“新子学”研究成果的统一性、完整性、权威性。

在“新子学”的构架方面，还能深入细致地讨论许多问题，这里只能是最简略地提一些设想，供学界参考指正。

（作者单位：华中师范大学历史文献研究所）

反者道之动
——从子学走向"新子学"

张永祥

方勇教授2012年10月提出的"新子学构想"在学界引发的震撼效应还在持续发酵中。从主观思想而言，这是他在浸淫庄学研究多年基础上学术思想的自然升华；就客观条件而论，这是在《子藏》工程各项工作顺利推进的情况下进一步发掘《子藏》巨大潜在价值的必然要求。如果从宏观的学术视野上看，"构想"的提出显然与中西方思想文化交流日益深入的背景下诸子学发展的自然趋势相吻合；而如果从更为长远的历史眼光出发，我们同样会发现，"构想"的提出也符合中国传统文化温和变革与和同万物、为我所用的发展规律。现在我们又从学理上做了进一步的延伸，将"新子学构想"的基础进一步打牢，希望这种合理拓展会对诸子学的深入发展起到有益的助推作用。

一、何为子学

子学是诸子学的省称，并分为狭义和广义两种。狭义的子学特指汉武帝独尊儒术之前以立意为主的个人或学派的思想学说。这主要是因为：首先，鲜明的思想性是子学最为显著的标志。南朝刘勰云：“诸子者，入道见志之书。”（《文心雕龙·诸子》）清代史学家章学诚亦云：“诸子立言以明道。”① 四库馆臣也认为：“自六经以外，立说者皆子书也。”② 但这种认识仅从文本思想内容方面立论，着眼点较为单一，作为学术概念，尚有不够周延的地方。其次，独立的人格和思想、自由的批评与争鸣，以及具有深度的创造性也是子学自我标榜的重要特征。以这种标准来衡量，子学下限当以汉武帝采取董仲舒独尊儒术的建议、实行罢黜百家的文化政策为宜。这一标准的设立，是以对子学精神的把握为原则的。前人之所以在子学概念上争执不休，与他们对子学的认识程度有直接的关系。刘勰的子学观较为宽泛，他认为凡是“入道见志”之书就是子书，因此不应当因为时代的不同而加以区别对待：“何者？博明万事为子，适辨一理为论。彼皆蔓延杂说，故入诸子流。”清末学者章太炎对这种观点做出部分修正，他认为：“所谓诸子学者，非专限于周秦，后代诸子亦得列入，而必以周秦为主。”③ 吕思勉则进一步从义理的深浅方面继续发挥这种观点：“子书之精者，讫于西汉。东汉后人作者，即觉浅薄。然西汉子书之精者，仍多祖述先秦之说，则所谓子书之作，讫于先秦可也。然远求西周之前，则又无所谓子，然则子者，春秋战国一时代之物也。”④ 这种观点尽管在外延上基本与我们的概念相重合，但仍然未能触及子学的精神实质。再次，遵循上述两大标准，儒学尤其是孔孟的思想学说同样是狭义子学的重要组成部分。尽管历代史书都将

① 章学诚《校雠通义·校雠条理第七》。

② 纪昀等《四库全书总目提要·子部总序》，中华书局1996年版，第1191页。

③ 章太炎《章太炎选集·论诸子学》，上海人民出版社1981年版，第354页。

④ 吕思勉《经子解题》，华东师范大学出版社1995年版，第88页。

《论语》、《孝经》附于六经之后，两宋以后甚至把《孟子》也升格为经，但那只是“真假孔子”的问题，孔孟思想与奉孔孟思想为“历代帝王专制之护符”是两回事，李大钊早已将这一问题剖析得十分透彻①。而孔孟思想长期被统治阶级奉为正统的事实，也从反面说明孔孟思想学说的价值。正是在这种意义上说，子学的概念中，孔孟思想学说是必不可少的部分。

广义的子学不仅包括以思想性著称的所有子部文献，也包括后代对子部文献所进行的训诂、考证、校勘、辑佚、辨伪等传统学术研究，还包括通过以西学为主的现代学术方法对子部文献学术史的梳理和义理的再阐发。因而，广义的子学其实是一个开放性的学术概念。自清代子学研究逐渐抬头到今天，子学的概念一直处于不断丰富与完善的过程当中。第一，由于年深日久，朝代迭兴，诸子之学在漫长的历史长河中各有际遇，得势则其学大行其道，失势则其书漫漶磨灭，故而需要对前代义理类子学著作进行系统的训诂、校勘、辨伪、辑佚和考证。正如刘师培所言：“近世巨儒稍稍治诸子书，大抵甄明诂故，缀拾丛残，乃诸子之考证学而非诸子之义理学也。”② 清人的研究成果从研究方法上丰富了子学的内涵。第二，“诸子之考证学”毕竟只是桥梁，而非目的，章学诚言曰：“训诂章句，疏解义理，考求名物，皆不足以言道也。”③ 章太炎在谈及诸子学时认为：“彼所学者，主观之学，要在寻求义理，不在考迹异同。”④ 与传统义理之学

---

① 李大钊《自然的伦理观与孔子》，《李大钊全集》第一卷，人民出版社2006年版，第247页。

② 刘师培《周末学术史序》，《刘申叔先生遗书》民国23年宁武南氏校印本第14册。

③ 章学诚《文史通义校注·原道下》，中华书局1985年版，第138页。

④ 章太炎《诸子学说略》，《章太炎政论选集》上册，中华书局1977年版，第286页。

不同的是，随着清末西方学术思想的大规模输入，学者们逐渐意识到，要想在子学研究方面有所突破，需要“借鉴和借助于现代西方哲学去研究这些久已被忽略了的本国的学派”①，这就需要下一番“述学工夫”，即“用正确的手段，科学的方法，精密的心思，从所有史料里面，求出各位哲学家的一生行事、思想渊源沿革和学说的真面目”②。应该说，从胡适开始，诸子之学才真正走上了以现代学术方法、从义理层面研治子学的通衢大道。尽管民国时期的诸子学研究在运用西方学术思想上还显得生涩，但子学毕竟重新回到了义理研究的轨道上。第三，从胡适最具代表性的《中国哲学史大纲》的出版算起，到今天子学研究已经走过了近百年的发展历程。中国不但在学术思想方面有了长足的进步，在学术环境方面也发生了很大的变化，敦煌文献、银雀山汉简、马王堆汉墓帛书、郭店楚简等一大批考古方面的重大发现为子学研究注入了新鲜血液；《子藏》等大型文献工程的开展也为子学研究提供了新的动力。新出土文献、大型典籍整理、全新的学术理念和方法，这一切都需要我们用更为系统的科学方法对传统子学进行新的学术重建工作，子学研究重新崛起的条件已经逐渐成熟，一个“新子学”的轮廓已经呼之欲出。

二、子学真精神的再发现

一种事物真正的价值和意义往往会因为时代和视角的问题而受到蒙蔽，这就需要从更长远的历史眼光出发，用异质文化之间相互比较的方法加以克服。子学的历史遭遇充分证明了这一点。战国时期虽是

① 胡适《先秦名学史·序》，学林出版社1983年版，第9页。

② 胡适《中国哲学史大纲导言》，上海古籍出版社1997年版，第7页。

子学发展的繁盛期，但百家各据其学以相是非的现象十分突出，从而很难对子学做出客观冷静的全面分析和评价。相对于先秦诸子彼此间激烈的批评态度而言，《庄子·天下》可算是一篇较为客观的“当代”学术史专论，对各家之学的特点也有较为公允的评价，但在子学真精神的把握上仍难免有身在庐山之憾：“是故内圣外王之道，闇而不明，郁而不发，天下之人各为其所欲焉以自为方。悲夫，百家往而不反，必不合矣！”明明是对传统文化的创造性继承与发展，却悲叹“道术将为天下裂”，价值取向上依然表现出浓重的道家色彩，与诸子之学的真精神可谓南辕北辙。秦汉以后，出于封建帝王天下一统的政治需要，学术思想亦渐趋一统。如司马谈《论六家要指》将诸子之学的精神旨趣一一归之于政治，他说：“夫阴阳、儒、墨、名、法、道德，此务为治者也。”孝武之后，儒家立为正统，百家遂成异端。《汉书·艺文志》继承了司马谈的这种看法，并结合汉代官方意识形态做了一定程度的发挥，认为诸子之学“皆起于王道既微，诸侯力政，时君世主，好恶殊方，是以九家之术蜂出并作。各引一端，崇其所善，以此驰说，取合诸侯”。这里班氏不仅混淆了学与术之间的区别，更把诸子后学将诸子学说付诸实践的行为解读为苟合取容。如果不是出于认识上的模糊，似难脱厚诬古人之嫌。班氏此说一出，势同盖棺之论，专制时代之正统史家莫不众口一词，崇儒抑子。如《隋书·经籍志》云：“夫仁义礼智，所以治国也；方技数术，所以治身也。诸子为经籍之鼓吹，文章乃政化之黼黻，皆为治之具也。”在对待诸子的态度上与《汉书》毫无二致。后之学者虽有知诸子者，如明胡应麟曾指出：“诸子各负俊才，过绝于人，而弗获自试，于是纷纷著书，人以其言显暴于世，而九流之术兴焉。”① 但毕竟人微言轻，积重难返，子学精神遂千年沉埋。这种状况一直持续到清代中

① 胡应麟《九流绪论》，《少室山房笔丛》卷二七。

叶，四库馆臣仍然认为“其余（儒家以外的诸子学说）虽真伪相杂，醇疵互见，然凡能自名一家者，必有一节之足以自立，即不合于圣人者，存之亦可以为鉴戒”。① 清末梁启超虽把清代学术誉为“中国之文艺复兴时代”，但诸子之学在有清一代仍难逃“以子证经”的附庸地位。即便是以反传统著称的“五四”新思潮，其“根本意义只是一种新态度”而已，而这种所谓的“新态度”就是“用科学的方法做整理的工夫”②。他们所谓的新，只不过是用并不熟练的西方理论激烈批判旧的文化传统，而在新文化的建设方面陷入简单机械的比附套用，离真正的融会贯通还有很远的距离。因此，以今天的学术眼光来看，“五四”新文化运动的伟大意义主要在“破”而不在“立”。如果我们结合宋儒以佛学成功改造儒学的历史经验稍作思考，就不难发现，“五四”时代知识分子“再造文明”的宏愿不是一朝一夕就能完成的，子学真精神的开掘还有待于中西方学者在更为广阔的理论背景下的共同努力。

近代西方学者在对世界几大古代文明的起源进行比较研究后发现，公元前500年左右的时期内，中国、印度、伊朗、巴勒斯坦、希腊这几大古代文明发源地几乎同时涌现出一大批哲学家，他们对自身的深刻反思和系统的思想建构为各自文明的发展定下了基调。美国社会学家塔尔科特·帕森斯（Talcott Parsons）把这种现象称为“哲学的突破”；德国存在主义哲学家雅斯贝斯（Karl Jaspers）则称之为“超越的突破”，并在此基础上建立起自己“轴心时代”的哲学理论。这种理论由于背离了西方中心论的主流观念而长期受到冷遇，直到20世纪80年代，迁居美国的美籍华人学者余英时开始用这种理论解

① 纪昀等《四库全书总目提要·子部总序》，第1191页。

② 胡适《新思潮的意义》，《胡适文集》第2卷，北京大学出版社1998年版，第552页。

释先秦时代知识阶层的兴起现象，这种理论才逐渐引起国内学者的重视。这种理论尽管有这样那样的不足，比如说在文明起源问题上各大文明相互比较时的牵强附会，对中国文化生疏导致的理论偏差等，但他关于轴心期对后世文化影响的意见却颇为中肯，正如雅氏自己意识到的那样："在我看来，唯有这一点才确凿得多：我们当今的历史意识，还有我们对自己目前状况的意识，直至我仅能暗示的结果，都是由轴心期概念所决定的。"① 正是在这种意义上，余英时先生深入对比考察了"轴心时期"理论与中国的"天人合一"论、"内圣外王"论以及"内在超越"论等相关理论之间的关系，较为圆满地解决了中西学术思想的融合问题，为诸子学的深入发展起到了很好的示范作用。此法一来，如万树梨花开，国内学者开始尝试用各种不同的哲学思想从不同角度重新审视子学，子学精神经历过千回百转之后，终于在中西文化的交流与碰撞中开始呈现出异样的光彩。如郭齐勇先生在谈及子学精神的自由性时说："在汉帝国以对策取士，立经学博士，用利禄作诱饵，加上种种专政手段相牵制，软硬兼施，恩威并重之下，多数知识份子士人渐渐精神萎缩、随波逐流，不复再有生机勃勃、独立思考、怀疑问难、自由论说、多元开放、百无禁忌的子学精神，而不断地边缘化了。"② 郭氏此文并非专为子学精神而发，对子学精神的总结也显得单一，但他对子学精神中最重要的自由精神的把握却颇为精当。事实上，先秦子学正是以天马行空的自由思考、厚重不迁的独特创造、天人合一的内向超越、忧时伤世的人文情怀以及和光同尘的和谐精神，既合理继承了传统文化的精华，又极大地拓展了传统文化的内在潜质，形成了中国文明发展史上第一次"哲学的突

① ［德］雅斯贝斯著，魏楚雄、俞新天译《历史的起源和目标》，华夏出版社 1989 年版，第 29 页。

② 郭齐勇《诸子学的历史命运》，《社会科学战线》1997 年第 1 期。

破”，不但深刻影响了中国人的思维方式和中国文化的历史走向，也为“新子学”的再次崛起树立了光辉的典范。

三、“新子学”的理论诉求

《易》云：“生生之谓易，通变之谓事。”易者变易，通古今之变正是为了“开物成务”，古为今用，《周易》的变通思想深刻影响了中国人的历史观。“一阖一辟谓之变，往来不穷谓之通”，从这种意义上说，一部人类文明史就是一部变动不居的人的历史。历史，包含了人的活动与人的思想两大基本要素。人的活动有一个历史的过程，这个过程只有在历史的链条中才能显示出完整的历史意义，所谓“一阖一辟谓之变，往来不穷谓之通”者即是。人的活动虽然伴有较为自觉的思想，但人的活动并不一定具有历史所赋予的那样明确的意识和深刻的洞察力。历史是意义和思想的放大镜。历史这种功能的意义在于为后人提供更为自觉与合理的行动指南，所谓“化而裁之谓之变，推而行之谓之通”者即是。以历史为媒介，通过对人的活动的记录与解读以传播人的思想，“兴神物以前民用”，历史的全部意义正在于此①。

《周易》变通的思想为我们“复兴子学”的宏愿提供了形而上学的方法论指导。从子学走向“新子学”，我们需要遵循循序渐进的原则分三步走：第一，集而成之，既要把《子藏》各项工作坚决进行下去，集传世子学文献之大成，又要结合新的考古学成绩，为“新子学”的复兴提供坚实的文献基础。第二，“化而裁之”，通过对子学思想和子学精神的深入挖掘，在新的时代条件下用现代学术方法重

① 《周易·系辞上》。

新解读和诠释，使子学传统与时代特征相接轨，以期子学在新时代各种思想的碰撞中产生出新的思想火花。第三，“推而行之”，但并不限于狭隘的“务为治”观念，而是希望用新的子学思想推动中国文化在更高的层次上与其他文明展开平等对话，用新的思想观念为中国文化提供新的动力和方向。“变通者，趣时者也。”（《周易·系辞下》）这是人类永恒的追求。这三个步骤当中，第一步已经在顺利实施中，第三步只是愿景，而中间如何“化而裁之”，才是问题的关键所在。

首先，要有大子学的历史眼光。所谓大子学，指子学是历史的，也是多样的，是历史性与多样性的统一。子学是历史的，指但凡“立言以明道”的思想性著作皆为子学，在概念的外延上，既包括秉承子学精神以发挥先秦子学思想的思想性著作，也包括遥接子学精神以发挥经学思想能自成一家之言的思想性著作；在时间设定上，《子藏》虽限于规模和体例，把以立言为主的子学著作收录时代下限定在六朝，但在学理上子学不应该受此限制。“新子学”必然是在所有前人思想基础上的再创造，因而保持开放的学术视野是大子学的内在要求。子学是多样的，除了立言为主的思想性学术著作，还应该包括研究思想性子学著作的著作，即子学不仅是义理的，也是训诂的。缺少了训诂的子学能在多大程度上接近子学精神？不分源流、认流为源的子学，与我们提倡的“新子学”理念是背道而驰的；同样，缺少了义理的子学是没有方向的子学，不惟不能认清子学的真精神，更不可能创造性地继承子学，更是与“新子学”理念南辕北辙。

其次，要有大学术的现代意识。所谓大学术，指研究方法上既要能够继承传统学术研究思想的精华，又要能够汲取西方学术研究方法的优长，从而探索出一种融中西方学术研究方法为一炉并符合中国学术思想特征的研究模式。正如余英时先生强调的那样：“希望从各个方面来研究历史。我刚好研究某几个方面，别人如果从不同的方面进行研究，同样可以看到某些变化，这些研究成果累积多了，融贯起来，我们就可以建立一个大叙事。”① “工欲善其事，必先利其器。”我们大学术的观念正需要有如同余英时先生在历史研究领域“大叙事”那样的学术方法自觉。我们以训诂、考证、校勘、辑佚、辨伪为主的学术研究方法是在传统文化氛围中自然成长起来的，与中国传统文化有着天然的亲密联系，但同样有思维模式固定所带来的研究方法上的局限。西方现代学术研究方法根据学科性质的不同而有巨大差别，如果从人文学科、社会科学乃至自然科学等各种不同学科的视角和方法入手，进行跨学科、多视角的综合研究，必将有助于摆脱传统思维框架的束缚，推动“新子学”运动走向深入。

再次，要有大文化的宏观视野。这里的文化不用《辞海》中对文化的定义，而是取《周易》“观乎人文，以化成天下”之意。孔颖达《正义》云：“观乎人文以化成天下者，言圣人观察人文，则诗书礼乐之谓，当法此教而化成天下也。”文化，即以文治教化人民。文特指中国传统的礼乐文化；化乃教行（《说文·匕部》），故有教人向善的内在规定性。《荀子·不苟》：“神则能化矣。”杨倞注：“化，谓迁善也。”这种意义上的文化之化正与“新子学”的追求暗合。人文学科是务虚的学科，关注的不是纯粹的知识，而是追求知识的意义，核心是人的问题，即关注人的生存及其意义、人的价值及其实现。在当前中国信息化社会发展越来越深入的时代背景下，人作为人的意义逐渐模糊。人们热衷于追逐一种浅薄无根的现代生活，考问生命的意义越来越成为一种奢侈而无意义的追求。人类人文情怀的丧失，意味着自身的发展开始陷入迷失方向的危机之中。“新子学”大文化的理论诉求，不但是针对人类陷入方向迷局中的一种反思，也是对确立文化发展新方向的努力和探索。大文化之大，首先是指文化之文早已不

① 余英时《史学研究经验谈》，上海文艺出版社2010年版，第7页。

是诗书礼乐的单纯内涵，而是涵盖了大子学的全部内容；其次是调动一切人文社科与自然科学的研究手段，以子学研究为出发点，以不同文化间的交流与对话为参照，发扬子学精神，打破方向迷局，融东西方文化为一炉，开中国文化发展之生面。

总之，《子藏》工程各项工作的顺利开展为诸子学的进一步发展奠定了坚实的文献基础，“全面复兴诸子学”的提出，是对《子藏》巨大潜在价值的正面肯定与热情期待，而如何复兴诸子学则必然要落实到对“新子学”蓝图的认真规划上来。新蓝图的规划和“新子学”的理论建构非一朝一夕之功，既需要我们对子学有全面深入细致的研究，也需要我们创造性继承子学精神，进行独立的义理阐发。只有从子学研究走向“新子学”的建构，“全面复兴新子学”才能真正落到实处。仲尼有云：“我欲托之空言，不如载之行事之深切著明。”（赵岐《孟子题辞》）此之谓也。

（作者单位：南阳师范学院新闻与传播学院）

诸子学的复兴与“新子学”的建立

张双棣

方勇先生提出“新子学”的概念，于今有重要意义。想就此谈一些体会和感想，向大家请教。

一、先秦诸子的百家争鸣及其对中国思想文化的贡献

中国社会在春秋末、战国时期经历着大动荡，旧的制度在衰败，在崩溃，正所谓“礼崩乐坏”，新的形态在不断产生和发展。诸多诸侯国，经过兼并战争，剩下齐、楚、燕、韩、赵、魏、秦七强。七国之间纵横捭阖，都力图通过经济、军事、外交、文化等手段发展壮大，占据统一天下的有利地位。这一时期争斗与发展并存，动荡与机遇同在。因此，社会经济蓬勃发展，思想空前活跃。各个学派的思想家纷纷阐发自己的思想，亮出自己的治国理念和主张，形成了百家争鸣的局面。这一时期，出现了以孔子、孟子为代表的儒家，以老子、庄子为代表的道家，以墨子为代表的墨家，以商鞅、韩非为代表的法家，以吕不韦为代表的杂家，等等。各家之间，没有尊卑贵贱之分，可以平等自由地辩难。《吕氏春秋·不二》对各家的特点有所总结：

“老耽贵柔，孔子贵仁，墨翟贵廉，关尹贵清，子列子贵虚，陈骈贵齐，阳生贵己，孙膑贵势，王廖贵先，兒良贵后。”各家都力图用自己的理论和行动影响各国的政治，力图使各国君主采纳自己的主张。因此，这一时期成为中国历史上思想最活跃、文化大发展的最佳时期。中国的诸子百家之学便在这种形式下产生了。

诸子的思想不但在当时发挥了重要作用，对后世也产生了深远影响。后世的思想家都从诸子思想中吸收了丰富的营养，从而使中华文化得以不断地发展，没有被单一的思想完全桎梏。

二、先秦诸子的统合与“杂家”的产生

百家争鸣的局面，是思想文化蓬勃兴盛的象征。但是，各家思想都有长处，也有缺点。这对于各国君主想要战胜他国，统一天下，特别是维持其长治久安，都是不够的。他们需要一种兼采各家之长的思想作为治国的思想基础。于是，诸子思想统合的要求便应运而生了。

当时国势最为强盛的是秦国，其统一六国已成不可阻挡之势。它的当政者吕不韦开始为统一大帝国的治理进行谋划，制定其治国方略。吕不韦广为招揽天下人才，包括有各家思想主张的人，来为自己出谋划策，最终完成了综合各家思想而具备自家体系的《吕氏春秋》。吕不韦将它悬之咸阳市门，声言有能增损一字者予千金。实际上他是以这种办法胁使有法家独尊思想的秦王政接受他的主张，作为统一大帝国的治国方略。

吕不韦的思想，班固归之于杂家。我们说，杂家不是杂凑之家，而是综合之家、统合之家。杂家不为一家之言所囿，而是综采各家之长而为我所用。吕不韦打过一个比方，他说：“天下无粹白之狐，而有粹白之裘，取之众白也。”“粹白之狐”与“粹白之裘”的比喻正

是吕不韦融合百家之言而成《吕氏春秋》思想体系的形象说明。先师王力先生说：“杂家之所以可贵，就是它把儒墨名法镕为一炉，采其所长，而扬弃其所短。《吕氏春秋》一书，可以说是集儒墨名法的大成。”

三、独尊儒术与诸子学的衰落

秦始皇没有采纳吕不韦的主张，而是继续维持他的法家独尊思想，致使秦二世而亡。汉初文景之治所采用的所谓黄老政治，与吕不韦的主张有着明显的联系，应该是接受了秦帝国灭亡的教训。

文景之治积累了大量的财富，使国势逐渐强盛。汉武帝没有接受秦始皇“独尊”的教训，反而接受董仲舒的建议，“罢黜百家，独尊儒术”，尤其是体现儒家思想的礼、乐制度，成为他统治天下的唯一理论基础和行动准则。这里不仅“独尊”，而且先行“罢黜”。这样一来，思想被桎梏而僵化，战国时期的百家争鸣的自由局面不复存在了。思想家刘安在独尊之前，看到了这种征兆，做了最后的挣扎，但以失败告终。

独尊儒术的实行，极大阻碍了中华文化的发展，此后诸子学进入了衰落期，只在某个特定的时期某一家的思想在某种程度上受到重视，得到阐释，有所恢复。如魏晋隋唐时期，道家思想受到一些士人的青睐，也得到某些统治阶层的认可，所以《庄子》有了郭象注，成玄英疏，陆德明《经典释文》也把《庄子》包括在内。但就总体而言，诸子的思想即使没有隐灭，至少也在非主流的境地，不存在复兴及发展的可能。

四、复兴诸子学的时机已经到来

儒家独尊的局面曾有可能被打破，但历史没有抓住机遇，反而走入了歧途。近几十年来，思想得到解放，诸子学研究蓬勃展开，并取得相当的成果，尤其是《子藏》工程的启动，使诸子学研究进入一个全面复兴和发展的新时期。2012 年的先秦诸子学术研讨会提出“全面复兴诸子学”的口号，凝聚了学界的共识，明确了奋斗的方向，复兴诸子学的时机已经到来。

五、“新子学”的建立必须在全面复兴诸子学的基础之上

方勇教授在提出“复兴诸子学”的口号之后，适时地提出建立“新子学”的构想，是具有前瞻性的。不过“新子学”的建立必须在诸子学全面复兴的基础上才能实现。

诸子学的复兴，大概至少有两个方面的标志：第一，对传统诸子学全面深入的整理和研究。这主要包括两个方面，一是对诸子元典的整理，从版本校勘到语言文字的疏通，都要下一番实际的功夫。尤其是出土文献的发现，为诸子学增添了新的血液。现在还不能说以文献整理为主要工作的传统子学已走向终结。二是对诸子元典义理的阐释，要发掘元典的真实含义，首先要通过古人的语言去体会古人的原意，而不是掺杂研究者个人随心所欲的解释。第二，要注重诸子学的普及。诸子学的复兴，不能只在几个专门家或学者的笔下，而应该成为全民文化的一部分，特别是要使青年一代能够对诸子学有尽可能多的了解和认识。近几十年来，普及工作做了一些，还应该更加深入。

六、“新子学”是国学的重要组成部分

所谓“国学”，现在讨论得很热烈。国学的概念，应该不是一成不变的，而是随着时代的变化而有所改变。以儒学经典为国学主干的时代应该已经过去，今天的国学包括什么内容，正是需要广泛讨论的问题。方勇教授提出“新子学，将应势成为国学新主体”，是值得重视的新看法。

儒家是诸子百家之一，而且是其中十分重要的一家。儒家文化的精髓是中华文化的重要组成部分。诸子学是诸子百家之学，儒家学说是诸子学的重要内容。我们今天讲国学，自然不能将儒家排除在国学之外。如此看来，包括儒学在内的诸子学成为国学的主干，乃顺理成章之事。

当今形势下的诸子学，即“新子学”，应当是包容的，兼收各种传统的、现代的思想成果。方勇教授提到传统方技类不应在子学之列，从宏观上看，这应该是对的。但是，我们不应排斥方技类著作中所蕴涵的思想内容，比如《黄帝内经》这类医书，就包含着丰富的哲理，我们应该吸纳它来充实“新子学”的内涵。

“新子学”是诸子学在新形势下的发展，因此，它既是独立的个体，又是融合的整体。也就是说，它有单一某一子的思想体系，又有包容各子思想的统合的思想体系。正如先秦诸子发展到秦，便产生了统合的需求，从而产生了综合的“杂家”。我们说“新子学”的统合体系，也就是所谓“新杂家”，一定会随着“新子学”的发展而逐步产生并得到发展。

“新子学”的建立，是一项复杂而艰巨的工作，要求当代学者从诸子思想中汲取精华并且发挥今天的智慧，与时俱进，去解决当今纷

繁复杂的问题。我们期待“新子学”能为中华文化再现辉煌，为中华民族的新的复兴贡献力量和智慧。

（作者单位：北京大学中文系）

略论先秦诸子传统与“新子学”学科建设

林其锬

在经济全球化、文化多元化大趋势、西方自由民主模式出现危机和中国要崛起、中华民族复兴要实现“中国梦”的大背景下，学术界反思百年学术发展历史、思考如何走出对西方学术体系依傍，正确处理国学、西学、马学关系，构建中国学术自己的话语体系的关键时期，方勇教授以其多年的《庄子》研究和诸子文献整理巨大工程——《子藏》的扎实基础，发表了《“新子学”构想》（《光明日报》2012年10月22日），发出了构建“新子学”的呼唤，得到了学术界广泛而强烈的反响。应该说，这是一个顺应时代、符合中国学术发展的客观需要的重大命题。要构建“新子学”学科，涉及面很广，窃以为弄清先秦诸子的基本精神，对“新子学”学科建设则颇为关键。本文拟就这一问题作些初步探讨，以求教于方家读者。

一、先秦诸子传统与基本精神

“子学”也就是诸子学，是研究诸子百家的学问。按照方勇教授的说法，“所谓子学之‘子’并非传统目录学‘经、史、子、集’之

‘子’，而应是思想史‘诸子百家’之‘子’。具体内容上，则应严格区分诸子与方技，前者侧重思想，后者侧重技巧，故天文、算法、术数、艺术、谱录均不在子学之列。”1906 年章太炎在日本出版的《国学讲习会略说》中有《论诸子学》一篇，后又改题《诸子学略说》在《国粹学报》连载，此乃近代“诸子学”之称的肇始。

诸子百家兴起于春秋、战国时期（前 770—前 221），也就是所谓“世界轴心文明时代”。刘勰在《文心雕龙·时序》中云：“春秋以后，角战英雄，《六经》泥蟠，百家飙骇。方是时也，韩、魏力政，燕、赵任权；‘五蠹’、‘六虱’，严于秦令；唯齐、楚两国，颇有文学。齐开庄衢之第，楚广兰台之宫，孟轲宾馆，荀卿宰邑，故稷下扇其清风，兰陵郁其茂俗。邹子以谈天飞誉，驺奭以雕龙驰响，屈平联藻于日月，宋玉交彩于风云。观其艳说，则笼罩《雅》、《颂》，故知玮烨之奇意，出乎纵横之诡俗也。”《文心雕龙·诸子》中又说：“逮及七国力政，俊乂蜂起。孟轲膺儒以磬折，庄周述道以翱翔，墨翟执俭确之教，尹文课名实之符，野老治国于地利，《驺子》养政于天文，申、商刀锯以制理，《鬼谷》唇吻以策勋，尸佼兼总于杂术，《青史》曲缀以街谈。承流而枝附者不可胜算，并飞辩以驰术，餍禄而余荣矣。”在《文心雕龙·论说》中还有：“暨战国争雄，辨士云涌；纵、横参谋，长、短角势；《转丸》驰其巧辞，《飞钳》伏其精术。一人之辨，重于九鼎之宝；三寸之舌，强于百万之师。六印磊落以佩，五都隐赈而封。”从以上刘勰对春秋、战国时期诸子百家兴起的生动记述中，我们可以看到中国“轴心文明”时期百家腾涌、思想活跃，人才辈出，学术、文化辉煌的情景。从这个情景和这个时期留下的诸子元典中，我们可以窥见到先秦诸子基本精神至少有如下五个方面：

（一）“入道见志”，“自开户牖”：原创精神

关于子书的性质，可以从不同的角度予以界定：从诸子渊源角度

有“《六经》流裔”说（班固《汉书·艺文志》）；从诸子家数角度又有“专家之学”说（孙谦《诸子通考》）。这些界定从某个方面看，自有其道理，但未能从本质上凸现诸子的精神。刘勰认为：“诸子者，入道见志之书。”（《文心雕龙·诸子》）南宋王应麟《玉海》：“入”作“述”，“入道”即为“述道”。也就是说，诸子是对道进行阐述，并发表个人主张的书。刘勰还认为：凡是能“自开户牖”，“博明万事”者皆为子。也就是说：诸子是广博地说明万事万物，自成体系，不能只辨明一种道理的。他举例说：“若夫陆贾《新语》、贾谊《新书》、扬雄《法言》、刘向《说苑》、王符《潜夫》、崔寔《政论》、仲长《昌言》、杜夷《幽求》，或叙经典，或明政术，虽标‘论’名，归于诸子。何者？博明万事为子，适辨一理为论，彼皆蔓延杂说，故入诸子之流。”（同前引）先秦诸子内容广博，独立思想，不依傍，不因袭，越世高谈，自出机杼，故而自成家数。这是诸子学说的最鲜明特色。刘勰对“诸子”的界定，比较准确地揭示了先秦诸子学说的性质，凸显了诸子博大、原创精神的最鲜明特点。

（二）“述道言治”、“拯世救俗”：求实精神

先秦诸子百家蜂起，九流应势而生，内容广泛，各有所专。“老聃贵柔，孔子贵仁，墨翟贵廉，关尹贵清，子列子贵虚，陈骈贵齐，阳生贵己，孙膑贵势，王廖贵先，兒良贵后。”（《吕氏春秋·不二》）“墨子贵廉，孔子贵公，皇子贵衷，田子贵均，列子贵虚。”（《尸子·广泽》）诸子学说无论是谈天、说地、论人、议物，也无论是形而上还是形而下，都不是脱离空的无源之水、无根之木，而都与社会、民生紧密相连，都是出于述道言治、拯世救俗的需要。“文王欲以卑弱制强暴，以为天下去残除贼，而成王道，故太公之谋生焉。……武王立三年而崩，成王在襁褓之中，未能用事，蔡叔、管叔、辅公子禄父，而欲为乱。周公继文王之业，持天子之政，以股肱周室，辅翼成王，惧争道之不塞，臣下之危上也，故纵马华山，放牛桃林，败鼓折枹，搢笏而朝，以宁静王室，镇抚诸侯。成王既壮，能从政事，周公受封于鲁，以此移风易俗。孔子修成、康之道，述周公之训，以教七十子，使其服其衣冠，修其篇籍，故儒者之学生焉。墨子学儒者之业，受孔子之术，以为其礼烦扰而不悦，厚葬靡财，而贫民复伤生而害事，故背周道而用夏政……故节财薄葬，闲服生焉。齐桓公之时，天子卑弱，诸侯力征，南夷北狄，交伐中国，中国之不绝如线……桓公忧中国之患，苦夷狄之乱，欲以存亡继绝，崇天子之位，广文武之业，故管子之术生焉。齐景公内好声色，外好狗马，猎射亡归，好色无辨，作为路寝之台，族铸大钟，撞之庭下，郊雉皆响，一朝用三千钟赣，梁邱据之家哙导于左右，故晏子之谏生焉。晚世之时，六国诸侯，溪异谷别，水绝山隔，各自治其境内，守其分地，握其权柄，擅其政令，下无方伯，上无天子，力征争权，胜者为右，恃连与国，约重致，剖仪符，结远援，以守其国家，持其社稷，故纵横修短生焉。申子者，韩昭釐之佐。韩、晋别国也，地墽民险，而介于大国之间。晋国之故礼未灭，韩国之新法重出，先君之令未收，后君之令又下，新故相反，前后相缪，百官背乱，不知所用，故刑名之书生焉。秦国之俗，贪狼强力，寡义而趋利，可威以刑，而不可化以善，可劝以赏，而不可厉以名。被险而带河，四塞以为固，地利形便，畜积殷富，孝公欲以虎狼之势，而吞诸侯。故商鞅之法生焉。”（《淮南子·要略》）以上史料，记叙了先秦诸子儒（周公、孔子、晏子）、道（太公、管子）、墨（墨翟）、法（申不害、商鞅）、纵横（张仪、苏秦）诸子学说及其著作产生的社会渊源。道家之学虽涉玄虚，但亦实征于实，“无为而无所不为”，表面“无用”，实为大用，故有“南面之术”足以治国的说法。由此可见，先秦诸子之作，皆源其有自，都有鲜明的目标，都是为了拯世救俗，他们之所以“言道”，都是为了“言治”。所以有人断言：“诸子者，实用之学。”

（孙德谦《诸子通考》）

（三）飞辩驰术，百家飙骇：争鸣精神

先秦诸子都有独立品格，忠诚于自己的信仰和事业，为了弘扬自己学说，不辞辛苦，费尽口舌，周游列国；为了坚持自己主张，不避刀斧之灾。“孔子适周，将问礼于老子，老子曰：‘子所言者，其人与骨皆已朽矣，独其言在耳；且君子得其时则驾，不得其时则蓬累而行。吾闻之，良贾深藏若虚，君子盛德容貌若愚……’老子修道德，其学以自隐无名为务。居周久之，见周之衰，乃遂去。至关，关令尹喜曰：‘子将隐矣，强为我著书。’于是老子乃著书上下篇，言道德之意五千言而去，莫知其所终。”《史记·老庄申韩列传》孟轲，“道既通，游事齐宣王，宣王不能用；适梁，梁惠王不果所言，则见以为迂远而阔于事情。当是之时，秦用商君，富国强兵；楚、魏用吴起，战胜弱敌；齐威王、宣王用孙子、田忌之徒，而诸侯东西朝齐，天下方务于合纵连横，以攻伐为贤，孟轲乃述唐、虞三代之德，是以所如者不合，退而与万章之徒序《诗》《书》，述仲尼之意，作《孟子》七篇”。（司马迁《史记·孟荀列传》）“庄子者……与梁惠王、齐宣王同时，其学无所不窥，然其要本归于老子之言，故其著书十余万言，大抵率寓言也。作《渔父》、《盗跖》、《胠箧》以抵訾孔子之徒，以明老子之术……其言洸洋自恣以适己，故自王公大人不能器之。楚威王闻庄周贤，使使厚币迎之，许以为相。庄周笑谓使者曰：‘千金重判，卿相尊位也。子独不见郊祭之牺牛乎？养食之数岁，衣以文绣，以入太庙，当是之时，虽欲为孤豚岂可得乎？子亟去，无污我。我宁游戏污渎之中自快，无为有国者所羁，终身不仕，以快吾志焉。’”（《史记·老庄申韩列传》）如前引所述：“春秋以后，角战英雄”、“百家飙骇”；“七国力政，俊乂蜂起”，“飞辩以驰术”。诸子著书，各有自己立言宗旨，各习所长，各专其业，持之有故，言之成理，各有家数，自成体系，各鸣所学，互不相让。因此，诸子时代真正是学术自由、百家争鸣、学术空前繁荣的时代。这种情势的出现，固然有其列国争雄、招揽人才，一国不容，去国致用的客观环境，但是就诸子主观因素考察，那种执著追求、忠于信仰、精神独立、唯理是争的品格，也是不可或缺的。

（四）百虑一致，殊途同归：会通精神

《文心雕龙·诸子》指出：先秦诸子，虽云“九流”，但“承流而枝附者，不可胜算”。“逮汉成留思，子政雠校，于是《七略》芬菲，九流鳞萃，杀青所编，百有八十余家矣。”诸子各有家数，而各家之中又有派别。“儒分为八，墨分为三”，宗师同一，弟子异派：同承师说，各执一端，附益已见，遂成殊途。孟子、荀子同出孔门，“性善”、“性恶”各务其说，乃至相诋交攻。这是学术发展的正常现象。尽管学派林立，论战纷纭，但是正如刘勰在《刘子·九流》中所说：“观此九家之学，虽理有深浅，辞有详略，偝僪形反，流分乖隔；然皆同其妙理，俱会治道，迹虽有殊，归趣无异。犹五行相灭，亦还相生；四气相反，而共成岁；淄渑殊源，同归于海；宫商异声，俱会于乐；夷惠异操，齐纵为贤；三子殊行，等迹为仁。”诸子百家，虽然各立门户，各务其说，交辩相诋，势若冰炭。但是又相反相成，深层会通，有其一致性。正如班固《汉书·艺文志》论诸子所言：“其言虽殊，辟犹水火，相灭亦相生也；仁之与义，敬之与和，相反而皆相成也。”这种一致性根本在于两端：一是共同植根于华夏民族土壤，有共同的民族文化心理素质，即共同的思维模式、致思途径和表达方式；二是有共同的目标和根本的价值取向，即拯世救俗“俱会治道”。这样在出发点和归宿点上就有了根本的一致性，因此外表虽然“偝僪形反，流分乖隔”，但根蒂则“归趣无异”、“同归于海”。这正如《易传》所说：“天下同归而殊途，一致而百虑。”因为诸子同根、同源，又有共同的学术目标，在深层处自有其会通点。

(五)"与时竞驰"、"通变无方"：开放精神

先秦诸子，各专其学，各有宗旨，自立门户，每家都以自己的独特思想，独步当时，流声后代。但诸家学说并不保守、僵化，而是"与时竞驰"、"通变无方"，就是彼此在争鸣中互相吸收融会，附益新解，不断发展。具体表现就是学派内部分裂，不特百家异术，即一家之内，弟子虽处同门，而是者引申，非者辨正，因而有所发展而出现同门异派。不仅同门异派，而且从一子家中也会发展出新子家来。《庄子·天下》："南方之墨者，苦获、己齿、邓陵子之属，俱诵《墨经》，而倍谲不同，相谓'别墨'；以'坚白'、'同异'之辩相訾，以觭偶不仵之辞相应。"孙德谦在《诸子通考》的按语中就指出："可知名家原于墨，而《墨子》之中有《经》与《经说》，为邓陵一派所传也。《韩子·显学》称墨分为三，邓陵氏在焉，则墨家之别为名家，其自邓陵始矣。"可见名家就是从墨家发展出来的。

诸子的开放另一突出表现就是在争鸣中彼此吸收、融会，丰富、发展自己。被列为儒家经典《十三经》之一的《礼记·月令》，就是吸收被称作杂家代表作的《吕氏春秋·十二纪》。被称作"六经之首"、"六经之原"的《周易》经义阐释、发挥的《易传》，现在学术界公认其为儒、道、阴阳等诸家思想之融会贯通。诸子开放、吸收、融会、发展过程中，非常值得重视的是过去一直被视作"不能自有所发明，不足预诸子之列"，到现在还未能给予足够重视的杂家所起的独特作用。江瑔在《读子卮言》第十五章"论杂家非驳杂不纯"中说："九流之学，八曰杂家。'杂'之义为'集'，为'合'，为'聚'，为'会'。故班氏言杂家'兼儒、墨，合名、法'，而杂家书之最著者，如《吕氏春秋》及《淮南子》内外篇，又皆门下食客所合作，是大抵杂家之学（非）众手杂纂，而非成于一人，即集合诸家而不偏于一说，故以‘杂’名，此其义也。”“窃以为杂家之学，名虽为‘杂’，实则一贯。”① 冯友兰在20世纪40年代与张可为合撰的《原杂家》中也认为：杂家“是应秦汉统一局面之需要，以战国末期‘道术统一’为主要的理论根据，实际企图综合各家之一派思想，在秦汉时代成为主潮。”“他们以为求真理的最好的办法，是从各家的学说，取其所‘长’，舍其所‘短’，取其所‘见’，舍其所‘蔽’，折衷拼凑起来集众‘偏’以成‘全’。”杂家“主张道术是‘一’，应该‘一’；其‘一’之并不是否定各家只余其‘一’，而是折衷各家使成为‘一’。”杂家独特的地方，就在于“混合折衷”。“道术统一”思想源于道家《庄子·天下》，但道家主张“纯一”，而杂家则主张“舍短取长”，“熔天下方术于一炉”②。如果说杂家代表作中，秦汉时期的《吕氏春秋》和《淮南子》还是“众手杂纂”的话，到了魏晋南北朝玄学思潮主导时期，特别是萧梁时代，“三教连衡，五乘并鹜”，儒道会通、佛学玄化，本土的诸子思想与外来的佛教文化融合尤为明显，从而出现了这一时期杂家的代表作，即刘勰的《刘子》最为典型。该书“明阴阳，通道德，兼儒墨，合名法，苞纵横，纳农植，触类取与，不拘一绪”，“是总结了古代诸子的学术和思想，来用古说今（王重民语）”，而且还包容了佛家的典籍资料和思想，成了诸子思想开放、发展的典型。

总之，先秦诸子的原创精神、求实精神、争鸣精神、会通精神、开放精神为中国学术留下了优良的传统，正是有了这个优良传统，中华民族学术、文化才能够成为世界上历数千年发展而不曾中断的唯一民族文化。

---

① 江瑔《读子卮言》，华东师范大学出版社2012年版，第119页。

② 冯友兰《中国哲学史·附录·原杂家》，商务印书馆1976年版。

二、继承诸子优良传统构建“新子学”学科

（一）构建“新子学”学科是历史发展的必然，时代的需要

诸子学说乃“入道见志”、“拯世救俗”之学，它的发展同社会息息相关，因此研究诸子“读其书者要在尚论其世，又贵审于所处之时，而求其有用”（孙德谦：《诸子通考·序》）。

20世纪西方资本主义，在经历了人类两次世界大战劫难之后，接受历史经验教训，在其内部产生了一定程度的自我调整和改变，从而解放了生产力，促进了经济和科技的高度发展。特别是70年代的电子工业革命，使生产领域实现了喷发式的规模发展。随着科技的发达，现代交通、通信技术的进步，特别是互联网、可视电话等先进技术的出现，缩小了世界各民族间交往的距离，改变了过去那种从远处传到的信息已成历史的现象，使得现在的资源讯息数秒钟就能达到目的地。“天涯若比邻”已不再是诗人的美好理想，而是真正的现实。资本主义生产方式以强大的经济实力为后盾，高举新自由主义旗帜，迅速向全球各个角度进军，特别是苏联、东欧社会主义阵营解体之后，经济全球化、文化多元化的速度加快了。与此同时，在20世纪70年代以美国为发源地的消费主义和物质主义，也正如美国已故思想家，即以《中国古代思想世界》闻名于世的史华慈（Benjamin I. Schwartz）教授，在1999年临终前37天写成的遗稿《中国与当今千禧年主义——太阳底下的一桩新鲜事》（译文发表在2003年1月9日《社会科学报》）所揭示：在世纪之交突飞猛进的“新科学、经济社会”中，被“在美国出现的一个日益严重的现象——如脱缰野马般的消费主义和物质主义——所占据”，“这种消费主义和物质主义借

其自我喂养的特点，加上其强度愈演愈烈以及其凌驾四方的冲击力，显示着一个令人深感不安的现象正在崛起”。史华慈教授所说的消费主义、物质主义是一头怪兽，它具有自我喂养、迅速壮大的能力，它能满足人们越来越大的物质享受欲望，但却吞噬着人的灵魂，而使人文偏枯，人性异化，使人堕落成为疯狂追逐物质利益、物质享受的被物化的经济动物。消费主义、物质主义不但使人性异化，也使社会异化，从而产生严重后果。果不出史华慈教授的预料，在他逝世不久，在美国由于金融衍生产品离本愈甚而爆发了金融危机，紧接着又出现了欧债危机。全球金融危机爆发后，美国、欧洲等主要资本主义国家经济相继遭遇严冬，资本主义制度结构性矛盾与制度缺陷的日渐暴露，引发了自由民主模式危机的讨论。贫富差距扩大、社会不公平、自然环境的严重恶化，也引起了人们对西方文明及其现代化道路的反思。

中国经过改革开放三十多年来，经济、科技发展迅速，所取得的成果令人瞩目：经济规模已跃居世界第二位；“神州”上天，“蛟龙”下海也足以表明中国迅速发展的科技水平。但是，官场腐败，贫富悬殊，道德滑坡，环境严重污染，社会矛盾突出。经济和科技的发展令国人鼓舞，产生了中国要崛起，中华民族要复兴的“中国梦”；而社会、环境的严重问题，也引起了中国到底要走什么样发展道路的反思。

百多年来，中国因落后而挨打。随着西学东渐，中国几代知识分子为救亡而反思传统、批判传统，吸取西学、崇尚西学，力图以西方科学主义、实证主义、理性主义改造建构文化，从而渐渐失去了民族思维和社会科学的话语权。在上述当今国际、国内的大背景下，又促发了学术界对百年学术发展道路的反思，提出了如何正确处理好国学、西学、马学三者关系，摆脱西方思维模式、学术框架，重构具有中国本土特色的学术系统和新文化，重新拿回民族学术话语权问题。因此，“新子学”也就应运而生。因为诸子学说兴起于中国文明轴心时期，不仅有丰富的思想资源，而且有优良传统，所以建构“新子学”学科乃历史发展的必然，也是时代发展现实的需要。

（二）还“经”于“子”，慎提“国学”

“新子学”的研究对象，顾名思义就是诸子百家学说。刘勰《文心雕龙·诸子》说：“至鬻熊知道，而文王咨询，余文遗事，录为《鬻子》。子目肇始，莫先于兹。及伯阳识礼，而仲尼访问，爰序《道德》，以冠百氏。然则鬻惟文友，李实孔师，圣贤并世，而经子异流矣。”可见原本没有“经”、“子”之分，只是把孔子、老子分为“圣”、“贤”之后才把“经”和“子”分开的。江瑔在《读子卮言》中也指出：“是可见孔孟之学，虽远过于诸子，而在当时各鸣其所学，亦诸子之一也。况《六经》为古来教人之具，而传之于道家，非孔子之作。”（《读子卮言》卷一，第六章，同前引）

什么是“经”？“‘经’也者，恒久之至道，不刊之鸿教也。”（《文心雕龙·宗经》）按照吴林伯《文心雕龙义疏》的诠释是：“说谈天、地、人的常道的书叫做经典。”（武汉大学出版社2002年版，第30页）照张光年的解释就是“阐明宇宙人生的真理，这种书就叫做经”。各家都以为自己学派的缔造者写的著作都是真理，因此都称之为经，道家称老子的著作为《道德经》，《庄子》为《南华经》，墨家也称墨翟著作为《墨经》。道教、佛教、方技等典籍称“经”者比比皆是，光是《太平御览·引书》书目，以“经”为名的书就达231部，自然儒家也不例外。至于后来目录学家分经、史、子、集四部，将儒家著作专称之为“经”，而其他著作则归之于“史”、“子”、“集”，那是在汉武帝“罢黜百家，独尊儒术”、统治者因其政治需要特别抬高儒学的结果。儒家经典《六经》就是指经孔子修订的《易》、《诗》、《书》、《礼》、《乐》、《春秋》，孔子自称“治六经”，这是他的专业，在春秋时期也就是江瑔所言：“各鸣其所学，亦诸子之一也。”所以我们今日建构“新子学”，应该还“经”于“子”，将百家一视同仁，不必再分“经”、“子”。当然儒家由于其在中国历史发展中的特殊性，自然在诸子中有其特殊地位。

近几年中国随着学术的自觉，“国学”口号也喊得很响。但是，什么叫“国学”？学术界也见仁见智，理解不一。有的认为儒学就是国学；有的主张子学才是国学；也有的认为既叫“国学”，应该包括56个民族，所以应是56个民族之学。从历史考察，“国学”概念出现于清末，是相对于“西学”提出的。1906年章太炎在《民报》上刊登《振兴国学》的广告，1920年后，清华、北大、厦大等还成立国学研究机构，其基本研究相当于现在的古籍整理和研究，范围没有超过外国所称的“汉学”。随着中国的崛起，现在国外“中国学”又成为热门，国内从事国际关系研究的科研机构与高校，也纷纷成立“中国学”研究所；“中国学”论坛和学术研讨会也频频举办。“中国学”自然也可以简称为“国学”，外延宽广，内容也杂而多端，也很容易流于空泛。因此，“新子学”不一定去争“国学”的名号。

（三）关于“新子学”学科建设

研究诸子学说，始于《庄子·天下》对诸子学术源流、得失的评论，而后《尸子·广泽》、《吕氏春秋·不二》、《荀子·非十二子》、司马谈《论六家要指》、《淮南子·要略》、司马迁《史记》中的孟、荀、老、庄、申、韩、管、晏《列传》、班固《汉书·艺文志》“诸子略”、“兵书略”、葛洪《抱朴子·百家》、刘勰《文心雕龙·诸子》、《刘子·九流》、梁文帝《金楼子·立言》、《隋书·经籍志》、焦竑《国史·经籍志》以及诸多私家著作也多有述评。至于对诸子典籍的整理、单项研究，则多不胜计。由此可知“子学”发端甚早，源远流长。但是正如刘勰《文心雕龙·序志》评论文论发展时所言：或藏否、或铨品、或泛举、或撮题，“各照偶隙，鲜观衢路”，未能形成整体、系统的研究，自然也谈不上建构专门的学科了。如本文前面提到，直到清末，章太炎旅居日本，1906 年成立国学研究讲习会，出版《国学讲习会略说》，发表《论诸子学》，遂成近代诸子学之首倡，“迄于民国，诸子学日渐繁盛，重要著作无虑二三十家”。[①] 由此可见，诸子学的产生，既有其源远流长的历史渊源，也是因为西学东渐、戛戛乎大有凌驾国学之上的形势，国人为维护自己民族话语权而产生的。

从清末迄于民国之子学研究，取得了丰硕成果，为诸子学学科建设奠定了扎实的基础，但是作为完整的学科还是不够成熟。民国时期刘咸炘就指出：“治子学之工有三步：第一步曰考校，考真伪，厘编卷，正文字，通句读，此资校雠学、文字学；第二步曰考究，各别研求，明宗旨，贯本义；第三步曰通论，综合比较，立中观，考源流。明以前人因鄙视诸子，不肯作一、二两步，而遂作第三步，故多耕疏概断割裂牵混之习。近百年人乃作第一步而局于守文，于二三步又大疏。最近数年中始多作第二步者，然误于尚异，于第三步则未足。”[②] 窃以为：一个比较成熟的学科至少要形成三个基本知识体系：（1）研究对象的典籍、资料的搜集整理与考究（个别研究与综合研究）；（2）从本学科研究实践经验中提炼、概括出来具有本学科特色的理论；（3）本学科研究的发展史。例如中文系（汉语言、文学专业）所包含的两个基本学科：汉语言：汉语（古汉语、现代汉语）、语言学、汉语史；汉文学：作家作品（古代、近现代）、文学史（含批评史）、文艺学（或称文学概论）。所以诸子学的学科建构，也应形成诸子典籍的整理、考究与诸子学概论及诸子学史。当然在此基础

---

① 张京华《读子卮言·出版弁言》，华东师范大学出版社 2012 年版。

② 《刘咸炘学术论集·子学编上·子疏先讲》，广西师范大学出版社 2007 年版，第 5 页。

上还可以派生诸多的分支研究领域。

“新子学”理论的建构最为核心的就是要从子学的实际出发，把握民族的思维模式、认知途径和表达方式，摆脱对西学知识体系的依傍，建立具有民族特点的概念、范畴，形成理论体系，绝不能套用西学知识体系简单寻找所谓“对应点”概念、范畴加以移植、附会。那样不仅无益，而且还会谬误横生。这里不妨举一个典型事例：在中国学术界，特别是历史学界长期使用、并且进入“经典”权威著作、广泛被作为无可质疑、具有极大影响的一个概念：“封建主义”。这个概念原是舶来品，是从英文 Feudalism 翻译过来的。“西方史学文献中，Feudalism 是指那种大大小小的独立王国林立的政治和社会状态。中国老一辈翻译家在翻译这个概念时，联想到战国以前王者以爵土分封诸侯而使之建国于封定区域的情形，就用古语‘封建’来翻译它。当马克思描述西欧历史发展时，他用 Feudalism 指称介乎古典罗马时代和现代资本主义之间的社会生产关系，而且他特别声明只适合用于西欧，并不能套在其他区域。问题在于打着马克思旗号的教条主义意识形态从俄国传到中国后，在封建主义问题上造成了观念的混乱。被俄国教条主义化了（主要来源于斯大林）的‘四个阶段’历史发展模式，逐渐成为学术界的正统。不计其数的学者为在中国历史上划出‘封建主义阶段’的起止点而绞尽脑汁，因而除了在先秦时期中国社会有过类似封建主义特征外，在以后的中国历史上很难找到如同西欧中世纪那种社会结构和政治制度了。从东周到清末这一段所谓的封建时期，其政治和社会结构恰恰是‘封建制度’的对立面——中央集权的官僚制度（Centralized bureaucratic system）。‘封建制度’指政治、经济、军事权力和公共权威四处分散的社会结构，而‘中央集权的官僚制度’指政治、经济、军事权力和公共权威高度集中的‘一元化’社会结构，两者正好对立。这种混淆延续甚久，80 年代中期的‘中国封建社会超稳定结构’观点争论等，都与之相关，甚至到现在还在被误用。”① 的确，依傍西学，套用西学概念，牵强附会，后果严重。“封建思想”、“封建迷信”、“封建……”直至现在还是漫天飞。一个学术概念范畴的附会，反而掩盖了对集权专制的批判。对西学的依傍，套用西哲理论系统解释中国文化应该说不是个别现象，而是一种时代潮流。台湾学者欧崇敬在其哲学专著中就有这样的概括：“自二十世纪初，我们就看到胡适借用杜威；方东美借用柏格森、尼采；熊十力借用‘唯识论’；王国维借用叔本华，共产党借用马克思、列宁，牟宗三借用康德；唐君毅借用黑格尔。我们尚可以看到借用‘逻辑实证论’的殷海光；或是借用多玛斯的天主教中国学派；或是运用罗素、胡赛尔、海格、傅柯、梅洛庞蒂等西哲理论系统思想解释中国哲学或者重建中国哲学的体系。”② 应该肯定：在国际化时代，学术必须开放，开放也是诸子学的优良传统和基本精神；但是对外开放，吸收外来文化只能作为参照系，而不能丢开民族本土文化民族思维模式，反客为主，用西学体系框架改造、取代中国本土学术。

民族是人们在历史上经过长期发展而形成的最大、也是最稳定的共同体。西方过去曾提出多种民族定义划分标准，但都难以解释和解决民族客体的存在。20 世纪 70 年代出现了“族性理论”（ethnicity），其核心概念指的是“特殊的社会文化集团及其意识”。事实上，中国古代文献和近代学者就是着重于文化认同来定义和划分民族的。《春秋》中有：“中国而夷狄则夷狄之，夷狄进于中国则中国之。”1909 年章太炎引述的“金铁主义说”对“中华”内涵作新的诠解时也说：

① 丁学良、张春田《“中国关怀”需要学术独立》，《社会科学报》2012 年 10 月 11 日。

② 欧崇敬《浑沌之知的构造》，台湾洪叶文化事业出版公司 1988 年版，第 12～13 页。

“中华之名词，不仅非一地域之国名，亦非一血统之种名，乃一文化之族名。故《春秋》之义，无论同姓之鲁、卫，异性之齐、宋，非种之楚、越，中国可以退为夷狄，夷狄可以进为中国，专以礼教为标准，而无亲戚之别，其居数千年，混杂数千百人种，而其称中华如故。以此推之，华之所以为华，以文化言可决也。”① 人类之所以有民族共同体的存在，就是因为有不同类型文化群落的存在，一个民族如果失去自己特性的文化，这个民族也就走上衰亡之路了。法国丹纳在《艺术哲学》中有这样的论述：“时间在我们身上刮、刨、挖掘，像锹子刨地似的，暴露出我们精神上的地质形态。在时间侵蚀之下，我们重重叠叠的地层一层一层剥落，有的快一些，有的慢一些。容易开垦的土质好比松软的冲积层，完全堆在浮面，只消铲几下就去掉了；接着是粘合比较牢固的石灰和更厚的砂土，需要多费点儿劲才能铲除。往下去是青石、云石、一层一层的片形石，非常结实，抵抗力很强；需要几代的工作，挖着极深的坑道，三翻四覆的爆炸，才能掘掉。再往下去是太古时代的花岗石，埋在地下不知多少深，那是全部结构的支柱，千百年的攻击的力量无论如何猛烈，也不能把那个岩层完全去掉。”他又说：“一个民族在长久的生命中要经过好几回这一类的更新，但他的面目依旧存在，不仅因为世代连绵不断，并且构成民族的特性也始终存在。这就是原始地层。需要整个历史时期才能铲除的地层已经很坚固，但底下还有更坚固得多，为历史时期铲除不了的一层，深深的埋在那里，铺在下面。”他还说：“每个民族的情形都是如此；只要把历史上的某个时代和他现代的情形比较一下，就可发现尽管有些次要变化，民族的本质依然如故。这便是原始的花岗石，寿命与民族一样长久；那是一个底层，让以后的时代把以后的岩层铺上去。”正因为如此，所以“在最初的祖先身上显露的心情与精

① 《中华民国解》，《民报》1907 年第 15 期。

神本质，在最后的子孙身上照样出现。”① 由长期历史发展、共同生活、心理经验积淀而形成的民族文化心理素质，包括人生态度、核心价值观念、思维模式、致思途径、思想、感情表达方式，这就是丹纳所谓的文化的原始花岗石。因此，构建“新子学”学科，一定要扎稳民族文化之根，继承先秦诸子优良传统和基本精神。

20 世纪 80 年代初，笔者在上海社科院经济研究所曾接待来访的一个东欧经济史代表团。座谈时，有位波兰学者说：“我们在研究中发现，我们同中国同行研究的着眼点有点些不同：你们总在研究你们的古代怎么落后，而我们倒在对你们古代为什么比欧洲先进而感兴趣。”最近海外华人学者杜维明也说：“中源远源流长的历史记忆，理应变成一种凝聚力极强的文化认同。但从鸦片战争以来，中国就成为一个变化极快但集体记忆极难保存的民族。我们都患了‘集体健忘症’，忘却乃至主动地不再记忆。特别是‘五四’以后，现代中国人、知识人，自觉地消解我们的文化，不但消解，还自觉地破坏、摧残自己的文化。所以，我们的‘文化传统’和‘传统文化’有着似乎不可逾越的鸿沟。”② 所以构建“新子学”学科应扭转这种受“欧洲中心”论影响，不应再以西学价值为唯一取向而对民族文化抱着消解乃至破坏的民族虚无主义态度。

（四）摆脱依傍，从诸子学发展的实际出发，构建“新子学”理论体系

构建“新子学”学科的核心就是如何在反思近现代百年来中国

① ［法］丹纳《艺术哲学》，人民文学出版社 1963 年版，第 350 ~ 356 页。

② 杜维明《“仁”的民族认同和世界意义》，《文汇报》2012 年 12 月 3 日。

新文化发展的经验与教训基础上，消除“欧洲中心”论的影响，摆脱一切以西学价值判断为唯一准绳和牵强比附、套用西学概念、范畴的所谓“科学”，切切实实地从诸子文本和诸子学的发展历史的实际出发，继承诸子学先贤的研究成果，经过深入研究，梳理、概括、形成一套合乎子学实际的概念、范畴、有机组成的“新子学”理论。

华夏文化的深沉积累，是以诸子为代表的思维模式、致思途径、表达方式和核心价值观念。华夏民族之所以能够像滚雪球一样不断融合各族，成为今日世界上最大的族群——中华民族，而且虽然历经千灾万劫、无数民族危机，但世界文明有古有今，而绵延数千年不曾中断的却只有中华民族，这是为什么？寻找原因可以从各个角度、不同层面加以探讨和研究，按照文化表层、中层、深层，即物质、制度行为和精神三分法的理论，笔者以为主要应从如前引用丹纳所提到的“原始花岗石”文化深层中去寻求答案。

华夏文化的源头是巫文化和史文化。考古学的新成果显示了长江流域的巫文化和黄河流域史文化的特点。“事鬼曰巫”，“记人曰史”；“巫之道由显而之隐”，“史之道，由隐而之显”①。在“轴心文明时期”的春秋战国时代，长江流域和黄河流域两大文化碰撞、交流、会通、融合，形成了以道、儒两家为代表的思维模式和致思途径：道家“以空虚为本，清净为心，谦挹为德，卑弱为行，处无为之事，行不言之教，裁成宇宙，不见其迹，亭毒万物，不有其功”；儒家“顺阴阳之性，明教化之本，游心于六艺，留情于五常，厚葬久服，重乐有命，祖述尧舜，宪章文武，宗师仲尼，以尊敬其道。”（刘勰《刘子·九流》）前者贵虚，后者崇实，在认识论上，前者着眼于智慧的追求，循玄览致智的途径；后者着眼于知识的追求，沿格物致知的路线。一虚一实，对称相辅，构成“天人相与”、“三才（天、地、

① 江瑔《读子卮言·论诸子之渊源》，第24页。

人）相参”，“推天道以明人事”的整体思维模式，以及“观物取象”、“拟诸形容”、“连类比物”、“据事取义”的思想感情表达方式。这种虚实结合、天人合一、从格物到玄览、从知识到智慧、整体把握、具象表述的思维模式，正是中华民族所独有的。正是这种独特的民族集体生活经验、心理经验长期积累沉淀而形成的民族文化深层花岗岩，支撑着民族应付环境挑战、战胜危机与劫难，得以绵延不断而获得生存与发展的最根本原因。

在人的主体对客体事物的认知深度上，知识与智慧是不同的层面。古人有：“可以授之以技，不能授之以巧”。“技”属知识层面，是可以言传的；“巧”属智慧层面，只能通过各人的体悟而难以言传的。《老子》：“道可道，非常道；名可名，非常名。”《庄子》也把知识论区分为“小知”、“大知”与“真知”。一个作家在生活积累的基础上，突然“神用象通”写出了好作品，问他为什么？答：来了“灵感”。这“灵感”就是智慧，只能靠自己体悟，而不能靠别人传授而得。一个演员进入角色，成功塑造了一个人物形象，问他为什么？他答：找到了“感觉”。这“感觉”也就是智慧，也是不能言传的。还有诸如各行各业实际操作中的“窍门”，也同属“智慧”认知层面。

道家着眼于“智慧”追求，故而提出“涤涂玄览”、“天门开阖”、“明白四达”、“不出户，知天下；不窥牖，见天道”（《老子》）的致智主张。而儒家崇实，关注社会治理，因而在知识论上偏重于经世致用，实际经验总结，着眼于知识层面追求。“格物致知”，比较接近于实证认知路线。实际上，两家对称互补，相辅相成，统一于《周易》思想体系，这便是“天人相与”、“三才（天、地、人）相参”、“推天道以明人事”的整体思维模式。

道、儒两家为代表的认识论在魏晋南北朝时期，由于玄学思潮的兴起，在道儒会通、佛学玄化大背景下，得到了进一步的综合。梁朝刘勰在《文心雕龙·神思》中提出的“神思”路线是：“陶钧文思，贵在虚静，疏瀹五藏，澡雪精神。积学以储宝，酌理以富才，研阅以穷照，训致以绎辞，然后使玄解之宰，寻声律以定墨；独照之匠，窥意象而运斤。”而在晚年著作《刘子》中，则将这条路线展开阐述，这便是前十篇：《清神》、《防欲》、《去情》、《韬光》（此显然就是通过“疏瀹五藏，澡雪精神”的“清神”途径，达到“虚静”、“玄解”、“独照”通向的智慧境界）；《崇学》、《专学》、《辩乐》、《履信》、《思顺》、《慎独》（此显然是通过“积学以储宝，酌理以富才”格物致知的途径，达到“穷照”、“绎辞”掌握丰富的知识）。知识是成事的基础，智慧乃创新的火光。这才是中华民族能够屹立不倒、中华文化绵延不断的灵魂。构建“新子学”理论体系，最重要的就是要紧紧把握住自己民族独特的思维模式、致思途径、价值取向，绝不能丢掉自己的民族魂。

（五）继承诸子优良传统、发扬诸子宝贵精神，通过“新子学”学科建设，推动中华现代文化体系的再建

诚如方勇教授所言：“我们倡导子学复兴、诸子会通、主张‘新子学’”，“非为发思古之幽情，更不是要回到思想僵化、权威严厉的‘经学时代’。”（方勇《新子学构想》）这里还要补充一句：更不是排外、拒绝吸收世界先进文明而固守所谓“国粹主义”。“新子学”要继承子学优良传统，发扬求实精神、开放精神、从经济全球化、文化多元化发展大趋势出发，贯穿古今，打通中外，因应中国崛起、中华复兴、实现“中国梦”的需要，既要融入世界，又不丧失民族根本，在继承中华优秀文化遗产的基础上，汲取世界各民族的优秀文化，构建具有时代特征、民族特色的新文化体系。为了实现上述战略目标，我们需要理清中华文化基本结构、发展意向。在这方面，南朝刘勰的《刘子》，特别是该书的《九流》篇就有重要的借鉴价值。

《刘子》产生于社会从分裂走向统一的前夕、文化思潮从“析同为异”到“合异为同”的时代，它企图集百家之长，构建一个以道体儒用、儒道互补为主体、兼容百家、一本多元的文化体系，其思路和智慧对于我们是颇有启示和借鉴意义的。事实上，《刘子》这方面的思想已开始得到海内外文化学者的关注和重视。已故的原中国思想文化研究所所长、陕西师范大学历史文化学院教授赵吉惠，在1993年就著文称：“我们今天重新肯定与确认中国文化的主体结构，对于肯定道家思想的价值与历史地位是非常重要的，这不但有理论意义，而且有实际意义。这将有助于我们寻求重建中国文化，建设现代新文化的丰富精神资源。其实，这个看法并非今天提出的新观点，而是古已有之的历史写照。南朝的思想家刘勰在其所著的《刘子·九流》中，就已经表述了观点。他说：‘道者玄化为本，儒者德教为宗，九流之中，二化为最’。这里的‘九流’，泛指多元文化，不止一家。所谓‘二化’，实际是讲的以儒家、道家为中国文化的主体。这一段话，就是对以儒、道为主体结构的中国多元文化的古典表述。这就是中国思想文化的结构，这就是中国思想文化的宏观整体与理论升华。”① 美国华人学者杜维明也说：“南朝刘勰在《刘子·九流》中肯定‘道者玄化为本，儒者德教为宗，九流之中，二化为最’，这既肯定了中国文化的‘九流’结构，又强调了其中以‘儒、道’为主体地位。”“窃以为，文化中国应当沟通中国文化内结构的多元意向，在当今中国，民族文化日益流失，要重建中国文化优秀的精神传统，不仅仅是重建儒家的优秀精神传统，同时也包括重建道家的、墨家的乃至其他各家的优秀精神传统在内。我们发掘中国传统文化资源，应该包括发掘儒家的、道家的、墨家的等等文化资源。发掘传统文化资

① 赵吉惠《论儒道互补的中国文化主体结构与格局》，《陕西师范大学学报》1994年第4期哲学版。

源之目的是为了沟通、超越传统与现代。”“所谓‘创造性转化传统文化’，就是把儒道互补的多元文化与‘现代’接通，创造生发出一种新文化，为中国现代化服务，这其中也包括吸收西方现代积极的思想文化成果在内，打通古今，又连接内外。这就是我们所认识的‘文化中国’所应该显现的博大文化气势和无限宽广的胸怀。”① 在“打通古今，连接内外”，继承诸子优良传统，发掘中国文化资源，吸收世界先进文明、包括西方现代积极思想文化成果，构建中华现代文化体系中，我们应该重视和发掘过去长期不被重视的杂家文化思想资源，应该以开放的心态，本着“各美其美，美人之美，美美与共，世界大同”（费孝通语）的精神，整合内外优秀文化成果，构建具有时代特征、民族特色、学科特点的“新子学”学科，开创“新子学”时代，推动中华新文化体系的产生。

（作者单位：上海社会科学院、上海五缘文化研究所）

① 杜维明《我看文化中国》，“文化中国网”。

“新子学”悬想

曹础基

“新子学”可作两种理解：新之子学与新子之学。方勇先生说：“新子学正是对诸子思想的重新解读和扬弃，也是借重我们自身的智慧与认识对传统思想的重新寻找和再创造。”对诸子思想的重新解读和扬弃，“诠释旧子学元典”，属于新之子学。对传统思想的重新寻找和再创造，“创造新子学元典”则属于新子之学。

新之子学与传统子学很难区分。传统子学其实也是在不断新的。每个历史时期对前贤子学的诠释评说都可谓之新。如果我们以时间作为标准来划分旧与新，这样的新就没有多大意义了。现代许多对传统子学整理研究的著作是属于旧还是新呢？真不好说。

新子之学更难。因为称得上“子”，当属“入道见志”之书。入道是高层次的，不管天道、人道，当属于有思想体系的，成学派的著作，是高出一头的，而不仅是深入一境的微观研究。“见志”又需有作者的独到见解，不能人云亦云。不能“以中国解释中国”，也不能以外国解释中国就行。实际上“新子”就是新的思想家了。如新儒学派的代表人物是否算得上呢？

“新子学”最难的还是个“新”字。“新”不是新标点，不是新解释，不是新考证，不是新编、新续，主要是新思想。什么思想是新的？你有哪些新思想？没有又何来“新子学”？

丛林里有很多种树，许多树种都是古已有之的。一种树有它的遗传基因，但土壤、水分、空气、周围环境等条件变化，是会使之产生变异的，何况现代人类掌握了杂交、转基因的技术，产生新的树种也不是不可能的。“新子学”应该是新的树种。

（作者单位：华南师范大学中文系）

“新子学”断想
——从意义和特质谈起

刁生虎 王喜英

近日拜读华东师范大学先秦诸子研究中心主任方勇教授新近发表的《“新子学”构想》（刊载《光明日报》2012年10月22日国学版）一文，深感耳目一新，受益匪浅。现就文中诸多创见谈一些不成熟的片段性感想，权作续貂之思。

首先，“新子学”的意义何在？

依笔者陋见，方教授提出的“新子学”具有重大的理论意义和实践价值。主要表现在如下两个方面：

一是“新子学”是中国历史文化发展的必然产物。近年来，国学热不断升温。正如方教授所言：“源于汉儒之见，下继清儒之说，无不以‘六经’为百术之源，统摄万端，故以经学为髓，儒学为骨，经、史、子、集为肌肤，外翼所谓全体文化学术，此类架构，可称之为‘旧国学’。”儒学在先秦时期本是子学的一部分，但随着大一统时代的到来，儒学由子学变成了经学。自从汉武帝“罢黜百家，独尊儒术”以来，经学始终是“旧国学”的主流思想，并成为大一统的学术文化专制，历经数千年而不变。子学则始终以辅助经学发展的形式出现，成为传统文化转型的桥梁。然而，尽管子学在传统文化中的地位不如经学，但其影响却是不容忽视的。德国著名哲学家雅斯贝斯在其《历史的起源与目标》中指出，公元前500年前后属于人类文明的轴心期。在这数世纪内，中国、印度和西方这三个互不知晓的地区同时出现了众多伟大的精神导师——古希腊有苏格拉底、柏拉图、亚里士多德，以色列有犹太教的先知们，古印度有释迦牟尼，中国有孔子、老子、墨子、庄子、列子和诸子百家。他们提出的思想原则塑造了不同的文化传统，也一直影响着人类的生活。“直至今日，人类一直靠轴心期所产生、思考和创造的一切而生存。每一次新的飞跃都回顾这一时期，并被他重燃火焰……轴心期潜力的苏醒和对轴心期潜力的回忆，或曰复兴，总是提供了精神动力。对这一开端的回归是中国、印度和西方不断发生的事情。”我们说，中国子学发展的历史就与亚雅贝斯所提出的轴心期理论恰相契合，其对后世的影响也是广泛而又持久的，尤其是随着近代学术文化的不断演变发展，以及多元化世界的到来，子学在“国学”中逐渐由次要地位变为中坚力量，大有替代经学的中心地位之势。故方教授“新子学”的提出可以说是历史发展的必然产物，同时也是新时代文化的必然选择。

二是“新子学”为中国文化的未来发展提供了一种新的走向。主要表现在：第一，“新子学”将成为促进“国学”进一步发展的主导力量，同时也是加快传统思想资源的创造性转化，实现民族文化的新变革、新发展的主导力量（《“新子学”构想》）。相对于经学的僵化、停滞（冯友兰语）而言，从历史磨难中走出来的子学更具有生命力、创造力以及开放性特征，因而能够更好地引领中国文化的未来发展，同时也能在中西方文化的对话中取得主动权。第二，作为一面新的文化旗帜，“新子学”不仅能够掀起复兴民族传统文化的浪潮，而且更能在继承传统文化的基础上，以自身的创造性、开放性来构建属于自己的概念与学术发展体系，为未来的“国学”发展开辟一条光明之路。第三，在多元时代的今天，人类面临着种种困扰和选择，而文化作为人类的一种精神寄托，更应该担负起引领人类走出困境的责任。而正如方教授所言：“子学系统是对宇宙、社会、人生的深邃思考和睿智回答，是在哲学、美学、政治、经济、军事、教育、技术等诸多领域多维度、多层次的深入展开”，我们应在“新子学”的引领下，重建中国学术话语，解决新时代面临的诸多困境，以适应全球化、多元化发展的时代要求。

其次，“新子学”之“新”在于何处？

方教授提出的“新子学”是相对于传统子学而言的，自然其最关键的一点就是其中的“新”字。依笔者浅见，“新子学”之“新”主要体现在如下三个方面：

一是所处时代新。春秋战国属于中国思想史上的轴心期，其典型标志是《老子》、《论语》、《墨子》、《孟子》、《庄子》、《荀子》、《韩非子》、《吕氏春秋》等大量子学元典的普遍性诞生，并对中国后世思想和文化产生了持续性的影响。以后无论是汉代的陆贾、贾谊、刘安、扬雄，还是魏晋的何晏、王弼，以及宋代以后的周敦颐、二程、朱熹、陆九渊、王阳明，乃至明清时期的傅山、王夫之等人的学术，无不属于先秦子学的阐发或延展。纵观子学发展的历史可知，子学兴起的高峰多是发生在动荡不安的时代，比如春秋战国正是由奴隶社会向封建社会转变的时期，汉末频繁的战乱，以及明清时期封建社会的逐渐解体和衰败等。尽管历史证明，处在动荡年代的子学能够更加肆无忌惮地展示其独特的魅力，但是处在和平年代的今天，文化不再完全依附于政治，而是开始独立自由的发展，子学同样充满活力地获得了高速发展。与此同时，我们还处在一个多元化的时代，不仅本国文化多元发展，国际交流也日益频繁和多元化，所以在当今全球化、多元化的全新社会背景下，文化的未来发展需要注入更加充满生命力、创造性、开放性的血液，这就决定了“新子学”的提出是顺应时代潮流的。

二是研究对象新。传统子学是与经学、史学、集学相提并论的，而方教授所提出的“新子学”认为：“所谓子学之‘子’并非传统目录学‘经、史、子、集’之‘子’，而应是思想史‘诸子百家’之‘子’。”从其对“新子学”的界定来看，主要有如下创见：第一，分类更加明确化，“子”专指“诸子百家”之“子”，同时还将传统子学中的天文算法类、术数类、艺术类、谱录类排除在外；第二，研究对象更加广泛，诸如《论语》、《孟子》等，本属子学，后在朱熹的提倡下归属于经部，现在在“新子学”的界定下又重新纳入子学的研究范围。不仅如此，方教授还主张将散落在序跋、目录、笔记、史籍、文集等文献中有关诸子百家的资料进行辨别整理，以便构成完整系统的子学系统。

三是研究方法新。传统子学研究多存在两种极端现象：一种是在研究过程中采用“以中释中”的方法，过于固步自封；另一种是过于依赖西方的思维、逻辑和方法，以至于本末倒置、水土不服。而方教授认为应该避免这种二元对立思维，主张植根于中国包罗万象的历史文化土壤中，通过汲取西方文化的精华，扬长避短，以便考镜源流，辨章学术，对中国优秀传统文化作出新的理解和阐释。具体而言，就是采用文献整理和义理探究相结合的方法，前者主要是在整理文献资料的基础上对原有诸子校勘、注释、辑佚、辑评等作进一步的梳理、归纳和总结，以构建出完整的子学体系；后者主要是在注重探究前辈们大量优秀研究成果的基础上，结合西方文化的学术发展，以深刻揭示子学的思想内容和本质目的。无疑，这是当下子学界应该着重努力的方向。

（作者单位：中国传媒大学文学院）

“新子学”研究需做到四个统一

刁生虎

2012年4月，在上海召开的“先秦诸子暨《子藏》学术研讨会”上，华东师范大学先秦诸子研究中心主任方勇教授提出了“全面复兴诸子学”的口号，并于10月22日在《光明日报》国学版发表《“新子学”构想》一文，文中就“子学的产生发展与‘新子学’”、“‘新子学’将扎根传统文化沃土，以独立的姿态坦然面对西学”、“‘新子学’将承载‘国学’真脉，促进传统思想资源的创造性转化”等三个问题进行了详细阐述。11月2日，《文汇读书周报》刊登“新子学”笔谈专版文章，再次就“新子学”相关问题进行深入阐发和讨论。由此可见，“新子学”理念已经获得当下学术界较为广泛的关注和认同。而在笔者看来，就“新子学”研究的学术立场和研究方法来说，重点需要做到如下四个统一：

历史与逻辑的统一

在传统子学的学术研究与理论探讨中，主要存在着两种对立的倾向与主张：一种是历史主义的主张，另一种是逻辑主义的主张。前者认为子学是而且只能是全部历史的一部分，这就决定了研究者的所有工作就是对以往的子学现象进行历史性的追寻与把握；后者认为子学研究不仅是一种客观规律的总结，而且也是研究者本人的一种理论创造，这就决定了研究者的主要任务是以逻辑形式来反映子学的有机进程。平心而论，这两种学术研究与理论探讨模式，各自都有其存在的合理性及得以成立的理论与现实依据，但同时也不可避免地带有自身的缺陷与不足。历史主义的研究理论与学术实践易陷入零碎而松散史料的纯客观性堆砌而导致两方面的困境：一是“只见树木不见森林”；二是在实际操作上也不可能完全做到全景式地复活并再现子学的历史画卷，因为历史是无法重演的。反之，逻辑主义的研究理论与学术实践则易于“削足适履”，以主观逻辑代替客观事实，使学术研究流于空泛而不切实际的议论。事实上，子学首先是一个历史的存在，而历史又存在于过去的时空之中，这是历史的第一重存在，也是其客观的原初的存在，而这种存在已经消失于历史那日益增厚的层累之中了。其次，书籍、文物以及我们的生活和思维方式中仍然存留着过去的印迹，真实的历史往往依赖于人类对这些存留的理解来浮现，因此历史又获得了第二重存在，即其存在于人类的理解之中，也就是说其又是一个逻辑的存在，这就决定了我们的研究必须既是历史的又是逻辑的，而且两者要达到辩证的统一。具体而言就是，一方面要充分重视子学史料的搜集整理与客观重现，另一方面也要充分注意发挥研究者本人的主体意识与学术主张；一方面要细致而又生动地描述子学文献中丰富多彩的活动与现象，另一方面也要系统而又深刻地揭示潜藏于各种纷繁复杂现象背后的普遍性与一般性的规律。

古今与中西的统一

诸子其人其书是历史和民族的存在，但“新子学”的研究却需要当代和世界性的眼光。这就需要研究者遵循古今融通和中西结合的方法开展研究工作。任何古代经典的阐释，都只能是一种“现代”化了的阐释，都不可避免地带有时代的烙印。对此，陈寅恪先生提出了一个极为经典的阐释原则：“对于古人之学说，应具了解之同情，方可下笔。……所谓真了解者，必神游冥想，与立说之古人，处于同一境界，而对于其持论所以不得不如是之苦心孤诣，表一种之同情。”（《冯友兰〈中国哲学史〉上册审查报告》）这就要求“新子学”研究者在面对史料时，一是要努力消除自己“有意无意之间，往往依其自身所遭际之时代，所居住之环境，所熏染之学说，以推测解释古人之意志”（《冯友兰〈中国哲学史〉上册审查报告》）的主观性偏颇；二是要以“史学之通识”和“纵贯之眼光”，将具体史料纳入学术史、思想史发展的历史轨迹之中，从而“与立说之古人，处于同一境界”，最终对“不得不如是之苦心孤诣”，达到一种“真同情”。由此可见，运用古今会通的原则和方法进行子学研究，不仅是必要的而且是可行的正途。钱钟书先生认为，中西文化虽然思想方法、话语模式不尽相同，但从根本上来说，却自有其相同相通之处：“东海西海，心理攸同；南学北学，道术未裂。”（《谈艺录》）各种文化都不可避免地具有自身的民族性和相互之间的异质性，但大体相同的“人性”、“生存境遇”、“人生追求”等因素，又使得不同文化之间的确可能存在共同的美感经验，这又决定了不同文化之间进行对话和达成“视域融合”的可能。因此解读子学文本的过程，就是今人与古人、东方与西方就人类共同面临的问题进行互动与对话的过程。这就决定了“新子学”研究需要自觉吸收一些西方现代哲学、语言学、美学、文艺学、阐释学乃至文化人类学理念进入论述的视野，力求在古今结合、中西融通方面有所努力。

理性与直觉的统一

这一原则的提出，正是基于中国子学这一特定研究对象而确定的。中国子学著作是诸子对其所处时代及问题理性思索的产物，但其存在形态却大多以语录体和解经（阐释）体为主，富有独断色彩，往往只下结论而没有论证，即使有论证，其论据也往往是子虚乌有的。这就决定了对子学著作的研究和把握离不开理性与直觉的相互结合。再从表现形式来说，虽然诞生于中国轴心期的子学著作富有深厚的哲理论述和高度的理性概括，但其重要组成部分却是寓言故事，而且这些寓言故事往往是以神奇瑰丽的想象和汪洋恣肆的文学笔调出之，而这杰出优美的散文及其中众多的寓言故事，却又极其形象生动地描述了当时人类的诸种复杂的精神现象，极其深刻地表现了诸子独特的哲学思想，构成了子学极其丰富复杂的思想体系，因而这些文章又是杰出的哲学论文。这就决定了“新子学”研究者不能完全用理性的眼光逻辑性地推演其中的深奥哲理，而是需要同时怀着一种充满情感、富有诗意的眼光去观照诸子其人和体悟诸子其书。这就是说，对于子学文本来说，仅靠理性把握的方式远远不够，还必须辅以直观的体验。

宏观与微观的统一

基于传统子学研究充斥着文字、音韵、训诂的微观研究而导致只见树木不见森林的局限和不足，“新子学”研究应将子学看作一个庞大的现象系统。只有注重从总体上对子学文本加以认识，才能揭示出蕴藏在其深层内部的基本规律。子学本身自有其建构材料、结构框架、外部形式以及内部格局，其在思想体系、风格表现、审美境界、思维模式、修辞艺术等诸多方面都自成一格。因此，深入探究子学的各种内在特质及其相互关系，进而揭示出潜藏于其中的基本特征和普遍规律，当是“新子学”研究的关键任务。基于此种理念，“新子学”研究者在处理子学活动和现象时，应力求从大处着眼，宏观俯仰，多维审视，动态把握，努力把子学现象和子学活动的基本风貌尽可能完整地分层次地展现出来。但是，所谓的宏观研究只是相对而言，宏观研究根本无法脱离微观考察，对任何学术规律的探讨，都必须从具体的学术活动和现象开始，都离不开对具体学术文本的探究。“新子学”研究同样如此，同样需要借助“大处着眼，小处着手”的方法，努力做到宏观把握与微观分析有机而又辩证的结合。

（原载于《社会科学报》2012年12月13日，作者单位：中国传媒大学文学院）

“新子学”刍议
——以中国文化为本位

张洪兴

2012年10月22日，方勇先生在《光明日报》发表《“新子学”构想》长文，重点阐述了三个方面的问题：一是子学的产生发展与“新子学”；二是“新子学”将扎根传统文化沃土，以独立的姿态坦然面对西学；三是“新子学”将承载“国学”真脉，促进传统思想资源的创造性转化。方勇先生多年来一直致力于子学的整理与研究工作，取得了丰硕的成果，其《庄子学史》与《子藏·庄子卷》的出版，可以说是近年来子学研究与整理的重大成果；而今方先生提出“新子学”的概念并勾勒出其基本框架，可以说是中国诸子学研究乃至中国学术研究的大事。笔者不揣浅陋，也想说几句自己关于“新子学”的想法，以求教于方家。

一、子学的基本精神

这里需要先从文化的特点说起。我们知道，人类最初跟动物本没有区别，坦身露体，茹毛吸血，当人们开始使用工具、开始保存并使用火种、开始形成语言、开始固定族群间的关系并努力附丽人生的时候，文化就产生了。文化最本质与最核心的特征是赋予人生以意义——其实，人生的意义都是人本身赋予的，不是吗？这里首先要强调的是，每个族群的文化的发生都是不一样的，以欧美为主体的西方文化是在古希腊、古罗马、古希伯来文化基础上发展起来的，商业文明是其核心内容，它重视个体价值与物质利益，赋予人生以自由、民主、平等、博爱等意义（只是针对族群内部）。而中国文化则根植于东亚依山傍海的相对封闭的自然环境之中，根植于农耕文明和宗法制社会的沃土之中，它重整体与道德修养，赋予人生以仁义、忠信、真诚等意义。从这个角度来讲，中国的文化与西方文化、伊斯兰宗教文化并没有不同，都是各族群先祖在漫长的历史进程中，从衣、食、住、行等各个方面来附丽人生，从人生为何活着、人生怎样活着、人生为何死亡、人生怎样死亡等方面来思考人生的结果，也本没有高下、优劣的区别。

回过头来再说子学。子学的产生是中国文化发展、定型的结果。我们知道，西周末年出现了“礼崩乐坏”的局面，周天子式微，宗法制观念受到了挑战，是维护发展宗法制度，还是批判、否定宗法制度？当时新兴的士阶层开展了所谓的百家争鸣，章学诚在《文史通义·原道》中说：“人人自以为道德矣……皆自以为至极，而思以其道易天下者也。”大致反映了当时的情况。儒家以恢复周礼为己任，在仁、义的原则指引下，强调君君、臣臣、父父、子子，形成了儒家所谓的仁义道德；墨家主张“兼爱”、“非攻”，要求“节葬”、“节用”、“尚同”、“尚贤”，站在小生产者的立场挑战宗法制观念；道家则标举道德的大旗，尚无贵虚，借此批判儒家学说，否定宗法制观念……动荡的时代、活跃的思想、百家的争鸣，成就了一个个中华民族文化巨人。方勇先生将子学的发展分为几个阶段，实为精当之言，兹不赘言。

子学的基本精神是什么呢？从以上论述我们可以知道，子学的基本精神即在于它的实践理性，这也是中国文化的基本特点之一。在天人合一观念的支配下，中国人的思维重整体的直觉，以整体的方式思考现实与人生。一方面，它的基本理论学说都是对现实的反思；另一方面，它又指导着人们的生活，赋予人生以意义。中国的文化是诗的，中国人的人生是艺术的。

二、"新子学"的主旨

前面说过，农耕文明是中国文化的基础之一，受自给自足的个体农耕经济的影响，中国人既能容已亦能容人，所以包容性是中国文化的主要品格，这一点从中国文化对外来宗教的态度上可见一斑。佛教在汉时传入中国，伊斯兰教在唐代传入中国，基督教在明代传入中国①，中国文化以开放的胸襟包容了它们。尤其是佛教，因其与道家学说相契合，渐渐融入中国文化，成为一部分中国人的人生信仰。在诸子"百家争鸣"的时代，儒、墨、名、道、法等诸家"争鸣"本身即是文化包容性的一种体现。

在子学的发展过程中，虽然出现了秦始皇"焚书坑儒"、以吏为师的情况，虽然出现了汉武帝"罢黜百家、独尊儒术"、儒学成为官方之显学的局面，但其他诸家的学说并没有湮没无闻，尤其是道家潜滋暗长，与儒家相辅相成，成为中国文化的主干。其实，儒家、道家就如太极图中的阴阳鱼，儒家承继《周易》乾道的功能与特征，道家承继《周易》坤道的功能与特征，二者是同源互补的，维持着一种动态的平衡。这就是中国文化的基本格局。此格局具有超强的稳定

---

① 基督教的分支曾在唐代、元代传入中国，但并没有流传开。直到明代晚期，基督教（新教）传入后，才在中国大范围地传播开。

性，而正是这种稳定性使中国文化具有了超强的生命力。从历史上看，魏晋时“五胡乱华”、元时蒙古族入主中原、清时满族一统河山，这些都没有阻断中国文化的进程，反而彰显了中国文化的生命力——中国民族命运多舛，虽经历数千年而没有亡族亡种，这本身不就是一个奇迹吗？

晚清以来，西方列强及日本的长枪大炮轰开了中国的大门，中国陷入了一百余年的灾难之中。一些有识之士希望改革图强，先是洋务运动，以“中学为体、西学为用”为号召，希望能够实业救国，但所获了了；接着是“戊戌变法”，希望从体制制度上挽救中国的颓势，也以失败结束；再就是文化的变革，从白话文运动开始，中国古代文化被批判得体无完肤，甚至连中国人世代使用汉字都成了劣等民族、未开化之民的标志，但中国的文化仍然在流传——只要中国人还在这个地球上生存，只要中国人还称之为中国人，中国的文化就不会消失。

我们简略回顾子学的发展史，回顾中国文化的发展史，就是要考虑以下的问题：中国古代文化何以具有如此强大的生命力？中国文化优秀的基因在哪里？在当前物欲横流、道德沦丧的背景下，中国文化凸显出怎样的价值？子学在中国古代文化体系中承担着怎样的角色？如何践行子学的基本精神？如何在破与立中对子学予以取舍？子学对现代文明的意义在哪里？在当前生态危机的背景下子学的价值如何体现？如何建立行之有效的中国子学话语体系以摆脱西方的话语霸权……“新子学”概念一提出，一系列的问题会接踵而来。寻找子学与中国现代化进程的契合点、发挥子学在修养人心、发展社会、实现国家民族富强进程中的作用，正是“新子学”的主旨。

三、旗帜鲜明地弘扬“新子学”

笔者曾与一学者谈论孟子，令笔者没有想到的是，该学者开口即说“孟子比不上苏格拉底”，其依据则是“孟子的批判精神没有苏格拉底深刻”。一百余年来，很多中国学者迷失在西方的学术话语里，有的以西方文化为圭臬，以西方所谓的标准来批判中国的文化，延续几千年的中国文化、孕育无数代中国人的中国文化几成万恶之源；有的在西方的价值体系中寻找中国文化存在的价值，以中国文化暗合西方学术而窃喜；有的所谓学贯中西，试图会通中西文化，但仍以西方的价值观为普世价值，试图改造中国的学术，凡此种种，不一而足。中国文化就不能有自己的文化个性吗？中国学术就不能有自己的学术品性吗？孟子与苏格拉底相比究竟差在哪里？一个农耕文明与宗法制社会孕育出的思想家与一个商业文明孕育出的哲学家，比较优劣的依据是什么？就是西文所谓的那些普世价值吗？在著名的“濠梁之辩”中，庄子最后对惠子说“请循其本”，我们现在的学术也应该来循中国文化之本、循中国学术之本，坚持中国文化、中国学术本位。其实，所谓文化一般来说不外乎器物、制度、行为、理念等几个层面，而不管是老庄、孔孟思想，还是其他诸子学说，都属于文化中理念层面的内容，而这些内容则是中华民族的灵魂。

对于西学的态度，正如方勇先生所说，我们应该“以独立的姿态坦然面对”。我们应该了解西学、学习西学、借鉴西学，但它们决不是金科玉律。西学具有深厚的学术渊源、严密的逻辑推理、完善的学科体系，这是毋庸置疑的；西学在人类文明史上具有熠熠生辉的人生理念，这也是没有问题的。但橘生淮南则为橘，橘生淮北则为枳，若强行“拿来”，主张全盘西化，在中国是没有出路的。举个最简单的例子，笔者老家在农村，那里的农民依然使用阴历、依然根据二十四节气安排农时。记得中央电视台新闻联播栏目在节目开头有很长一段时间只播报阳历的日期，取消了阴历日期的播报（后来又予以恢复），阴历就真的不合时宜、不能与世界接轨吗？一些学者亦然，借用西方的一些时髦的理论来开展自己的学术研究，结果也只是使橘为枳罢了。近些年来，中国学术研究出现了许多可喜的变化，一些学者逐渐从浮躁的心态中走了出来，开始向中国学术传统回归，这是一个良好的开端。笔者觉得，作为中国人，应该首先实实在在地做好“中国人”。在笔者想来，即便是在无数年以后，这个世界上的人也不可能都成为“美国人”。自然生态讲究多样性，人类文化生态亦然。

中国共产党十七届六中全会《关于深化文化体制改革推动社会主义文化大发展大繁荣若干重大问题的决定》指出“文化在综合国力竞争中的地位和作用更加凸显，维护国家文化安全任务更加艰巨，增强国家文化软实力、中华文化国际影响力要求更加紧迫”，要求增强国家文化软实力，全面认识祖国传统文化，加强对优秀传统文化思想价值的挖掘和阐发，维护民族文化基本元素。“新子学”的构想即是在这样的大背景下提出来的，从子学的源头入手，立足当下社会，深入挖掘子学（中国文化理念层面）中合理的、有价值的成分，建构适合中国人的新文化体系，实在是中国学人长期的战略性的任务。基于这样的考虑，我们必须要旗帜鲜明地弘扬“新子学”。

总之，学术的发展总是由破而立，中国学术经历了一百余年的痛苦的“破”的过程，现在该到了“立”的阶段了。在方勇先生倡导“新子学”之际，笔者在感到欢欣鼓舞的同时，也呐喊几声，虽人微言轻，亦略尽匹夫之责。

（作者单位：东北师范大学文学院）

谈谈关于建立当代“新子学”的几点想法

许抗生

一

我十分支持方勇教授提出的建立当代“新子学”的思想。首先，建立当代“新子学”是当前时代的召唤与需要。我国正处于中华民族再度复兴的时代，这是一个伟大的时代，是实现中华民族伟大梦想的时代。实现中华民族复兴的大业，就是我国当代最伟大的时代特征。什么是中华民族复兴的大业？要复兴中华民族什么大业？我想一个伟大民族的复兴，一是物质方面的复兴，二是精神方面的复兴。前者指经济方面，物质技术方面；后者指精神文化方面，主要是指伦理价值观，政治思想、哲学、宗教等思想形态方面。前者属于硬实力，后者属于软实力。前者表现为国力的强大和人民的富足，后者表现为治理国家和社会的指导思想和价值趋向的正确（指符合社会和时代的要求）。物质文化与精神文化，两者相辅而行，互相促进，缺一不可。犹如鸟之两翼，车之两轮，不可或缺。由此可见，我国随着经济社会的伟大复兴，与之相应，必须要有精神文化方面的伟大复兴。经济复兴是文化复兴的基础，文化复兴则是经济复兴的保证。如果没有精神文化方面的复兴，经济复兴就会失去方向，迷失道路，而夭折复兴的大业。可见在这里，精神文化方向的复兴是十分重要的，是带有根本性的复兴大业。

那么精神文化的复兴，又应走怎样的发展道路呢？在我国近现代历史上，有些人曾经提出过要走全盘西化之路。他们认为，西方的精神文化促成了西方工业化的复兴之路，而中国要走现代工业化之路就必须向西方学习，全盘实行西化，只有这样才能使落后的中国成为先进的现代工业化强国。这种观念已经为历史所证明，在中国是走不通的，是完全错误的。他们不懂得中国民族复兴之路，必须要走中华民族自己的复兴之路。今日的中国是由昨日的过去的中国发展而来，我们绝不能隔断历史。今日的中国的现代工业化之路，现代复兴之路，必须从中国的实际出发，走出一条符合中国实际的现代化复兴之路。这也就是说，要走出一条具有中国特色的现代化复兴之路。这条道路就是我党所倡导的具有中国特色的社会主义道路。这条道路既要向西方学习先进文化，尤其是学习马克思主义，同时又需要具有中国特色的思想。这就是说，要把马克思主义与中国实际和中国的文化相结合，形成马克思主义中国化，或中国化的马克思主义，作为我们的指导思想，只有这样才能真正地实现具有中国特色的社会主义现代化的伟大复兴大业。那么到底什么是中国特色呢？就精神文化层面上说，我认为所谓中国特色，主要的就是要继承和发扬中华民族的优良文化传统。这一优良文化传统，按照张岱年先生的说法，就是指优良的几千年来所形成的中华民族文化的基本精神，也可称作“中华精神”。由此可见，具有中国特色的社会主义思想学说，就是把马克思主义与优秀的中华民族文化的基本精神两者相结合的思想。由此亦可知，所谓中华民族的伟大复兴，从某种意义上说，也就是中华民族精神文化的复兴。没有中华民族文化的复兴，就不可能有中国特色的社会主义道路。这就是中华民族文化自觉之真谛所在。为此，我们应当大力弘扬中华民族优秀的精神文化传统。

二

至于弘扬中华民族优秀的文化传统，又为什么要着重提倡发扬先秦子学的优良传统，倡导建立“新子学”呢？20世纪三四十年代，学术界曾有过创建“新儒学”活动，主要是发扬宋明儒学的思想，从而出现了新理学（冯友兰），新心学（贺麟）与新气学（张岱年）的思想。尤其是五六十年代在港台地区还掀起了现代“新儒学”的思潮，并达至鼎盛时期。他们的思想虽然各有不同，但都以发扬儒学为己任。这自然是复兴与发扬中华民族文化的一种重要途径。但中华民族文化是极其丰富多彩的，绝非儒家一枝独秀的文化所能替代。发扬儒家文化，并不能等同于发扬中华民族的文化。我们的时代已经进入了思想开放、多元文化互相促进发展的时代，我们倡导的是“百花齐放、百家争鸣”的方针，要创建一个昌盛繁荣的伟大的文化复兴时代。为了达到这一目的，我们就不能只是复兴我国历史上儒家一家的文化，而是要全面复兴中华民族的优秀文化。要做到这点，就应回到先秦子学的时代，复兴先秦子学的思想。

先秦子学时代是我国历史上第一次文化大繁荣大发展的时代，也是我国历史上学术思想大解放的时代，其时出现了我国第一次学术界百花齐放、百家争鸣的繁荣局面，形成了诸子百家的学说。他们互相批评，又互相融合吸收，推进了整个中国民族精神文化的大发展。这一繁荣局面一直延续至汉初，之后由于董仲舒提出“罢黜百家，独尊儒术”的建议，并为汉王朝采纳，儒家逐渐赢得了独尊地位，成为了官方的统治思想，从而结束了繁荣的子学时代。自此之后，儒家得到了较好的发展，尤其是宋明理学，把儒家发展至鼎盛时期，而子学时代的其他各家（除道家之外，道家对魏晋玄学和道教都产生了影响）都未能得到应有的发展。由此可见，要全面复兴中华民族的文化，首先就应当复兴先秦子学时代诸子百家思想，正如西方文艺复兴运动，复兴的是古希腊罗马时代的文化思想。一般学者把古希腊罗马时代称作文明的轴心时代，我们也可把春秋战国时的子学时代称为中华民族文化的轴心时代，或者把子学时代称为中华民族学术文化的奠基时代。夏、商、西周三代，可称为中华民族文化的初始时期，尤其是西周出现了较为系统的礼仪制度，形成了所谓礼义文明，但尚没有较为系统完整的学说产生。时至春秋战国的子学时代，中华文化进入成熟期，形成众多的系统的学说和学派思想。之后中华民族文化的发展，不论是儒家还是道家，就是在这一时期的思想基础上发展起来的，所以我把这一子学时代称为中华民族文化的奠基时代。这一奠基时代，除了出现了生动活泼的百家争鸣的局面之外，从思想内容上来看，与汉以后的封建专制时代的思想亦有所不同。子学时代有较多的平等、自由、带有民主性精华的思想，而汉以来在中央君主专制集权之下，思想常有较浓重的专制主义色彩（如董仲舒的儒家、朱熹儒家等）。从这一点上说，子学时代的思想更能为我们当前时代所用，易为我们所吸取与发扬，如孔、孟、荀儒家的以人为本思想、老子的道法自然和圣人无心、以百姓之心为心的思想，庄子的平等与追求自由的思想，墨子的兼爱互利两赢的思想和尚贤、节用等思想，《老子》、《周易》、《孙子兵法》等的辩证思维，法家的变法思想与“一断于法”、“法不阿贵”的思想等。所有这些都可以挖掘出来，从当前时代的需要出发，重新加以诠释，加以发扬光大，为时代服务。

当然，我们提倡发扬子学时代的思想的同时，也不排除对宋明理学、魏晋玄学，乃至中国的佛道两教等中的一切优秀思想的继承与发扬，对于西方、东方的一切古今先进文化，我们也应该采取这一态度。也只有这样，中华民族伟大文化复兴大业才能真正实现。

三

以上讲了复兴中华民族文化，尤其应复兴子学时代思想的问题。至于如何复兴子学思想，在这里就有一个建立当代“新子学”的问题。先秦子学的思想，自然不可能直接为当前时代所用。春秋战国时代的子学思想，自有其历史的局限性，有的已经过时了，有的本来就不能为社会所用，是一些落后的东西，对于这些落后过时的东西，我们必须加以抛弃。而对于子学中的优良思想和精华部分，我们也要站在当前时代需要的立场上加以吸取，或重新加以阐释，使之符合时代的需要。在这里就有一个“扬弃”的问题，一个改造继承的问题，一句话就是重新建立当代“新子学”的问题。

那么又应如何建立当代“新子学”呢？我认为建立当代“新子学”，是一项十分艰巨的工作，绝不可能一蹴而就。建立当代“新子学”，应是一个系统的工程，这一工程至少可以分这样几步走：第一步，做好打基础的工作，即做好有关先秦子书古籍的整理工作，包括收集、校勘、注释、出版等工作，这就是我们常说的首先要读懂子书，这是研究工作的第一步。第二步，则是在打好基础、读懂子书的基础上，对子学思想展开较深入的研究，并在前人研究的基础上有所深入，提出有所创新的见解。这第二步，按照冯友兰先生的说法，是属于“照着讲”的阶段，即要研究清楚子学思想本来讲了些什么。通过这第二步，方能进入第三步，即建立“新子学”的阶段。这就是说，我们要从现代社会的需要出发，重新阐释子学思想，抛弃其过时的东西，发扬和发展其优良的思想，重新建立符合当代社会所需要的“新子学”思想体系。这第三步就是冯友兰先生所说的“接着讲”

的阶段，也就是建立“新子学”的最终阶段。由此可见，建立当代“新子学”，确是一项艰巨的系统工程，是要花大力气才能实现的，绝不是提几个口号所能奏效。

至于当代“新子学”的形式，我认为可以以“子”学形式，也可以以“家”学形式。如以“子”学，可有新老学、新庄学、新孔学、新孟学、新荀学、新韩非子学等；如以“家”学，则可有新儒学、新道学、新法学、新名学、新阴阳五行学等。总之，“新子学”的形式可以不拘一格，多种多样。

（作者单位：北京大学哲学系）

对《"新子学"构想》的建议

谭家健

方勇教授最近提出"新子学"的构想。这是比《子藏》更艰巨复杂的学术工程，需要国学界广泛参与，研讨和探索，经过相当长的时间才能逐步实现。当务所急是要认真思考，提出问题，裨补缺漏，使之更加周到完善，具备可行性。依此，谨呈三点刍议：

第一，明确"新子学"之对象和范围。

"新子学"乃相对于传统子学而言，传统子学即经史子集中的子部，其基本文献在《四库全书》中分为十四类：儒家、兵家、法家、农家、医家、天文历算、术数、艺术、谱录、杂家、类书、小说家、释家、道家。20 世纪 30 年代，世界书局出版《诸子集成》，收书 26 种。50 年代，中华书局出版《新编诸子集成》，收书 40 种，皆为思想史著作，止于隋以前。90 年代末，四川人民出版社出版《诸子集成补编》，分十二类：儒学、道家、名法家、农家、艺术、兵家、医家、历算、数术、释家、杂家、小说家，150 余种。后有续编，分七类：儒学、礼教、兵家、医家、术数、杂家、宗教。上述两编最晚者止于清末民初。这些就是目前子学的主要文献。

方勇教授认为："新子学""并非传统目录学'经、史、子、集'之'子'学，而是思想史上'诸子百家'之'子'。具体内容上，则应严格区分诸子与方技，前者侧重思想，后者重在技巧，故天文算法、术数、艺术、谱录均不在子学之列。”还说：“子学系统”“是对宇宙、社会、人生的深邃思考和睿智回答，是在哲学、美学、政治、经济、军事、教育、技术等诸多领域多维度、多层次的深入展开。”以上可以理解为他所设想的“新子学”的大致范围。

我希望进一步明确，“新子学”包括释家、道家和小说家吗？我以为，佛有佛藏，道有道藏，自成体系，似乎不必纳入“新子学”。但他们又是思想史资料，怎么处理？小说家类乃古小说，不属于思想史。方技中也有思想史资料，怎么处理？

第二，“新子学”究竟如何面对西学？

中学与西学之争，已经持续一百多年。方勇教授强调，要选择多元文化，摆脱二元对立思考的局限，既反对“迷失在西学丛林里难以自拔的自由主义”，也不取“一味沉溺于以中国解释中国的保守思维”。这些意见我赞成，而且已有不少人持同样立场。问题是如何在“新子学”中体现？依鄙人浅见，目前思想史和文学史研究中，至少有两大弊端：一是分析古代作品虚玄化，广大读者看不懂，而作者以此自矜。二是评价古人极力拔高，只讲成就，不讲缺失。前者与不适当学习西学有关，后者与盲目崇拜传统有关。

推进思想史、文学史研究中的中西结合，多元互补，应该首先解决价值观和方法论问题。在这两方面，一百年来，显然存在多种不同评价体系。古代文学、哲学皆以有助教化为基本价值，哲学史中以阴阳、名实、知行、有无、本末、理气、道器、心性等为基本范畴。这些如何向现代转化？如果“新子学”不解决根本理论性问题，仅局限于资料收集整理，注释校刊等技术层面，与传统子学有何区别？恐怕是谈不上“新子学”之“新”的。

第三，正确界定“新子学”在国学中的地位。

《构想》指出：“‘新子学’将应势成为国学新主体。”这个问题涉及对国学的总体界定，目前意见纷纭。如前所述，方勇教授主张“新子学”以思想史为对象，并不包括经学、史学、古代文学和古代自然科学史。然而在传统文目录学中，“新子学”之书只是子部中的一小部分，能够称得起国学新主体吗？它与经学、史学、文学是什么关系呢？建议多听听经学界、史学界、文学界和自然科学史界朋友的意见。目前，某些学科地位的界定，不仅是理论问题，而且涉及实际利益。某个学科一旦由二级升为一级，或由非重点升为重点，待遇大不相同。“新子学”可否宣称是“国学新主体”，必须慎之又慎，广泛听取不同意见，特别是反对者的意见。

（作者单位：中国社会科学院文学研究所）

关于“新子学”之我见

高华平

《光明日报》2012年10月22日国学版发表的方勇先生的《“新子学”构想》一文，在学术界引起了很大反响。本人读过之后，不仅深为其对“子学”研究的强烈责任感和使命感所感染，也受到很大的启发，引发了自己对“新子学”构建问题的一些思考。因此，本人愿意把自己对“新子学”建构问题的一些想法奉献出来，以与方勇先生商榷，并期待能促进学界同仁对这一问题更深入和更热烈的探讨。

一、“新子学”的性质和范围

任何一门学问的建立，必须先要明确其性质和目标。因此，我们构建“新子学”时，也必须先明确“新子学”是一种什么样的学问，它的性质、范围是怎样的？而如果从概念分析的角度来看，“新子学”这一概念的内涵最主要有这样两个方面的内容：一是它属于“子学”，二是它必是现代“新”的“子学”，而非传统的“旧”的“子学”。对于这两方面的内涵，方勇先生的《“新子学”构想》一文曾做过如下说明：

> 所谓子学之“子”，并非传统目录学“经、史、子、集”之“子”，而是“诸子百家”之“子”。具体内容上，则应严格区分诸子与方技，前者侧重思想，后者侧重技巧，故天文算法、术数、艺术、谱录均不在子学之列。由此出发，我们结合历史经验与当下新理念，加强诸子学资料的收集整理，将散落在序跋、目录、笔记、史籍、文集等不同地方的资料，辨别整合、聚沙成塔；同时，深入开展诸子文本的整理工作，包括对原有诸子校勘、注释、辑佚、辑评等的进一步梳理；最终，则以这些丰富的历史材料为基础，缀合成完整的诸子学演进链条，清理出清晰的诸子学发展脉络。

按照方勇先生的思路，“新子学”在学科属性和学科范围上有其明确的规定。首先，“新子学”主要属于（或“侧重”）思想领域，而与此前的“子部”之学属于（或“侧重”）“技巧”不同；其次，“新子学”不仅不涉及天文算法、术数、艺术等“技巧”，而且也不是仅仅重拾《论》、《孟》、《老》、《庄》等诸子经典，而是应在“结合历史经验与当下理念”的基础上，对诸子经典进行“进一步梳理和整合”，并最终“缀合成完整的诸子学演进链条，清理出清晰的诸子学发展脉络”。

方勇先生在这里提出的“新子学”构想，体现了十分明显的时代特点。依我的理解，方勇先生是要在《汉志》划分“诸子”与术数、方技等诸“略”界线的基础上，进一步明确“子学”的学科范围，将天文算法、术数、方技、艺术、谱录等排除在“子学”之外。因为我们当下的社会已是一个社会分工越来越明确、学科划分越来越精细的时代，将“侧重”于价值理性领域的人文社会科学与“侧重”于工具理性领域的自然科学领域加以区分，清理出二者的边界，这既是现代学术发展的必然结果，也是现代学术发展的现实需要，有其合理性。

中国传统学术要求士人上知天文，下知地理，“格物、致知、修身、齐家、治国、平天下”，几乎无所不能。所谓“一物不知，儒者之耻”，正是这一观念的反映。像孔子那种“百科全书式”的“全才”，一直是几千年中国士人的典范。但进入近代社会以后，“全才”基本没有了，而代之以“学有专攻”的“专才”。于是，先有人文社会科学与自然科学的分离，接着又有人文学科内部文、史、哲、政、经、法等和自然科学中的数、理、化、农、林、医等的分化。同样，中国古代的“子学”仅以先秦时期的诸子学而言，其内容也几乎是无所不包的。《淮南子·汜论训》曰：“百家殊业，而皆务于治。”先秦诸子学说中都包括有关于社会政治和今天所谓管理科学的内容，应该是毋庸置疑的。但先秦诸子学在现代学术研究中，却主要归入哲学、历史和文学等学科之中，这又说明诸子学是同时包含了这几方面的内容的。《汉书·艺文志》又说：“农家者流，出于农稷之官，播百谷，劝农桑”；阴阳家者流，“出于羲和之官，敬顺昊天，历象日月星辰，敬授民时”，等等。这些明显属于今天农学、天文学等自然科学的范围。因此，方勇先生的“新子学”的构想，将天文算法、术数、方技、艺术、谱录等划出“新子学”的范围，而“侧重思想”，这无疑正体现了现代学术发展的“新”特点，是与现时代学术发展的规律相吻合的。

当然，也必须指出，方勇先生在其《“新子学”构想》中对“新子学”的性质、范围的阐述也还有不够明确甚至互相矛盾之处。方勇先生既说“所谓子学之‘子’，并非传统目录学‘经、史、子、集’之‘子’，而是思想史‘诸子百家’之‘子’”，却又说“新子学”就是要“结合历史经验与当下理念，加强诸子学资料的收集整理”，“并在同时深入开展诸子文本的整理工作”，“再进一步验证晚清民国以来《论语》、《孟子》等著作‘离经还子’的观点，复先秦百家争鸣、诸子平等之本来面貌，并重新连接秦汉以后子学的新发展”。如果说方勇先生开始所说的“子学”之“子”乃是“诸子百家”之“子”，是准确地与传统学术之“子部”学划清了界线的话，那么他接着说“收集整理”“子学”资料，“开展诸子文本的整理工作”，乃至“清理出清晰的诸子学发展脉络”，“复先秦百家争鸣、诸子平等之本来面貌”云云，则已完全是“整理国故”的宣言，无疑正是中国古代“子部”之学的领域，是晚清民国“子学”之旧理路，称之为“新子学”是名不副实的。

我同意方勇先生所说“所谓子学之‘子’，并非传统目录学‘经、史、子、集’之‘子’，而是思想史‘诸子百家’之‘子’”，但我认为还必须对这个“子”做再进一步明确的界定，而不是如方勇先生那样实际再回到“经、史、子、集”之“子”的老路上去。这就是，当下我们“新子学”的“子”，固然是以往中国思想史上的“为学”诸子，但更应该指当代具有独立人格精神的知识个体（知识分子）。这里强调的不是学科分类意义上的一种界定，即不管是从事文科、理科或自然科学的学者，都应该是“新子学”之一“子”（只会照本宣科、人云亦云者，则应排除在“新子学”之“子”之外）；而“新子学”则应泛指当代一切学术，只要这些学术中能充分体现作者独立之学术思想。概而言之，“新子学”即当代各个参与学术活动个体之“学术”——每个参与当代学术活动的独立个体都是平等的一“子”，他们的学术就是“新子学”。那些在当代从事诸子学研究（实即“子部”研究）者固然是“新子学”之一“子”，而那些从事政治、经济、法律、文学、历史、文化，乃至于科学哲学、科学史、科学伦理等属于自然科学（或部分属于自然科学）的学者，只要他们的研究与思想史有关，就也应该是“新子学”之一“子”，而且他们很可能是为数众多和更为重要的“诸子”。因此，我们当下要建构的“新子学”，至少也应该包括章太炎他们界定“国学”时所讲的义理、考据、文章诸方面，而不应限于对古代诸子学资料的“收集整理”、“辨别整合”、并“清理出清晰的诸子学发展脉络”，也不仅是要通过文本的整理和思想史的清理，“复先秦百家争鸣、诸子平等之本来面貌”，而是要继续拓新先秦诸子着眼现实、自由开放、多元平等、百家争鸣的学术精神，创造出现时代以表达我们自己的学术思想为内容的、个性鲜明而群星熣灿璀璨新子学”。

二、“新子学”与西学的关系问题

“新子学”的建构除了要继承和发展中国古代的“子学”传统之外，同时也要面临“西学”的挑战。

“子学”面临广义“西学”的挑战，可以说自东汉佛教输入中国之后就已经开始。魏晋之际中国佛学界的“格义”，隋唐中国佛教天台、华严、唯识、禅宗等宗派的兴起，以及宋明理学融佛入儒，都可以说是中国“子学”应对“西学”的自我调适。南朝刘宋时王俭著《七志》，于“七志”之外，特附“道经、佛经”，自《隋志》之后历代目录书则附“道经、佛经”于“经、史、子、集”之外。这些实际也可视为中国古代“子学”应对“西学”之举。至近代，1910年被梁启超称为清代朴学最后一人的章太炎出版《国故论衡》，其下卷《诸子学九篇》，在在皆引西方哲学、心理学以为解说，则已肇现代“新子学”之端矣。1933年罗根泽在《古史辨》第四册《诸子丛考自序》一文中，曾将中国数千年学术思想史分为四期：（一）“纯中国学时期”；（二）“中国学与印度学之交争时期”；（三）“中国学与印度学之混合时期”或“新中国学与印度学之交争时期”；（四）“新中国学与西洋学交争时期”。这可以说是最明确的从中国“子学”与“西学”之关系着眼来划分中国学术思想史的例证，其中更包含了某种思考“子学”应对“西学”的自觉。当今世界正处于一个高度信息化和全球一体化的时代，故“新子学”的建构可以说从一开始就面临一个如何应对“西学”的问题。甚至可以说，“新子学”就是担忧“西学”可能会“强势占领中国学术领域”的一种产物。

我们构建的“新子学”该如何应对“西学”的挑战呢？方勇先生的《“新子学”构想》说：

> 中国学术既不必屈从于西学，亦不必视之为洪水猛兽，而应根植于中国历史文化的丰厚沃土，坦然面对西学的纷繁景象。子学研究尤其需要本着这一精神，在深入开掘自身内涵的过程中，不忘取西学之所长，补自身之不足，将西学作为可以攻错的他山之石。也就是说，我们需要摆脱二元对立思考的局限，以传统子学的智慧和胸襟，坦然面对西方，正确处理好子学与西学文化学术的主次关系，才能真正构建起富有生命力的“新子学”体系。

方勇先生在此提倡的“摆脱二元对立思考的局限”，“根植于中国历史文化的丰厚沃土，坦然面对西学”的“新子学”构建主张，无疑是十分正确的。从中西文化的属性来看，无论是古代的“旧子学”，还是今天所要构建的“新子学”，主要都属于“中学”（或“汉学”）的一部分，必然存在一个“中学”与“西学”的关系问题。如果把“新子学”当成一个独立的学术形态的话，那么我们在构建“新子学”时，“摆脱二元对立思考的局限，以传统子学的智慧和胸襟，坦然面对西方，正确处理好子学与西学文化学术的主次关系”，从而真正构建起富有生命力的“新子学体系”，无疑是非常必要的。

但是，从另一方面来看，方勇先生“根植于中国历史文化的丰厚沃土”，“以独立姿态坦然面对西学”来构建“新子学”的主张，也可能存在自身的前后不一致性。

首先，我们在上文已经指出，“子学”之“子”既然不是“经、史、子、集”之“子”，那么“新子学”也就只能是当下“新诸子”们学术的一种总汇，而并非某一学说（或学科）。如果说传统“子学”所对应的是代表了官方意识形态的“六艺”之“略”或“经部之学”的话，那么与“新子学”所对应的则应是“新经学”或类似的东西，而并非（或至少主要不是）所谓“西学”。在当前的学术语境下，“西学”很可能已为“新诸子”中的某一“子”所吸取、融合，并成其为“新子学”自身的某一组成部分，并已成为与“经学”或“新经学”相对应的成分。退一步说，即使与“新子学”相对应的是所谓“西学”，“西学”是“新子学”所必须回应的异质的学术文化挑战，在当下这个全球一体化的时代，我们建构“新子学”面对“西学”时主要应该思考的，似也不应该再是“摆脱二元对立思考的局限”，或所谓“在深入开掘自身内涵的过程中，不忘取西学之所长，补自身之不足，将西学作为可以攻错的他山之石”之类的问题；而应该是一个如何实行文化交融、整合和创新的问题。因为，就中国哲学思想的发展历程来看，经过古代的“格义”和近代的“反向格义”（刘笑敢语）以后，现在所面临的主要是一个如何“走出去”、整合出“新”的世界学术思想的问题，即是一个与“西学”交融、整合、创新的问题。在这样的学术背景下来谈“摆脱”中、西“二元对立思考的局限”，本身就有停留于“二元对立”思维模式之嫌，很可能会影响到“新子学”建构之“新”的时代特性。

其次，即使“西学”可以作为与“新子学”相对应的一种异质学术文化形态，但也必须看到其本身的极端复杂性。从早期的古希腊、古罗马哲学，到中世纪的宗教神学，再到近代的欧陆理性主义和马克思主义，以及随后出现的各种现代主义和后现代主义思潮，令人眼花缭乱。我们构建的“新子学”所要吸收和借鉴的，只可能是某种具体的“西学”，而不应该是一种抽象和含混的“西学”。

所以，我认为，我们构建的“新子学”不应该成为与“西学”相对应的关系，更不是相对立的关系。在某个“新诸子”之一“子”的学术思想中，“西学”可以与他坚守的“中学”观点相对应、甚至相对立；但在作为整体的“新子学”中，“西学”应该已经融汇于其中、并已成为它的一部分或它的血肉。从这个意义上讲，“新子学”之“新”，就在于它乃是一种不中不西、亦中亦西的学术。至少理想形态的“新子学”应该如此。

三、“新子学”与“国学”的关系

“子学”，不论是中国古代传统的“子学”，还是今天我们所要建构的“新子学”，都是“中学”（“汉学”）的一部分。因此，它也就必然是“国学”的一部分。很难设想一种完全独立于“国学”之外的“子学”或“新子学”是什么样的。故近代以来，先有高旭、邓实等人认为“国学”应以“经、史、子、集”为主体，后有现代新儒家熊十力、梁漱溟、唐君毅、徐复观、以至成中英、杜维明诸人，认为儒学为“国学”主导，“六经”为“国学”骨髓。要之，皆以“国学”包含“子学”，而“子学”在“国学”之中矣。20 世纪 30 年代上海世界书局《诸子集成》之《刊行旨趣》云：“夫所谓国学之本源者，‘六经’尚矣！……其出稍次于经，而价值与影响有足与经相抗衡者，则周秦诸子是已。……故诸子者，实我先民思想之结晶，亦即国学本源之所在。”已以“子学”与“经学”并重。方勇先生认为：在中国的封建时代，“整个经学的学术思维根本上深受权威主义的影响，不免具有封闭和固化的特征，这就使经学一定程度上具有了形式僵化、思想创新不足、理念发展相对乏力的病症。”在这种情况下，“‘子学’实际上已逐渐成为‘国学’的主导，这也弥补了经学单独力量存在时的种种不足”；而“如今，‘新子学’对其进行全面继承与发展，亦将应势成为‘国学’的新主体。”这即是说，在中国古代学术中，“子学”已实是“国学”的主体或“本源”，而“新子学”尤其应成为“国学”之“主体”。

方勇先生所说“近代以来‘国学’发展的主导力量，已由原先的‘经学’而演变为‘子学’”，这应该是符合事实的，因为这反映了“国学”的“内容构成与主导力量实呈现不断变化之趋势”。而方勇先生提出“新子学”要“全面继承与发展”以往“国学”的活力，使之成为“国学”的“新主体”，这实已为“新子学”构建过程中“子学”与“国学”的关系作出了明确的说明，阐明了“新子学”在当代思想文化建设中的重要地位与作用。

但我们同时也应该看到，方勇先生上述关于“国学”与“子学”、特别是与“新子学”关系的观点，也存在一定的理论困难：一是，“国学”以什么为“主导”，这恐怕既不是由“经学”决定的，也不是由“子学”决定的——当然更非“新子学”所能决定的；二是，“经学”和“子学”的范围都是不断发展变化的。《周礼·春官·乐师》：“乐师掌国学之政，以教国子小舞。”贾公彦《疏》认为此“小舞”即《礼记·内则》“十三舞勺”之“勺”，亦即《诗·周颂·酌》篇之乐章。《礼记·学记》曰：“古之教者，家有塾，党有庠，术有序，国有学。比年入学，中年考校。一年视离经辨志……”陈澔《礼记集说》云：“天子所都，及诸侯国中之学，谓之国学，以教元子、众子及公卿大夫士之子。”“比年，每岁也”；“中年，间一年也”。“离经，离绝经书之句读也；辨志，辨别其志向之邪正也。”（第六卷）这说明，“国学”至迟从西周开始已是以“经学”为“主导”了。故孔子欲恢复周礼，而“以《诗》《书》《礼》《乐》教，弟子三千焉，身通六艺者七十有二人。”（《史记·孔子世家》）而《汉书·艺文志》则谓诸子皆出于王官，即使本为“街谈巷语，道听途说者之所造”的“小说家”，也能从不知名的小官（“稗官”）那里找到源头。至近代章太炎之《国学概论》，亦以“经史”、“经典诸子”、“历史”为“国学的本体”，而将“神话”、“宗教”、“小说传奇”皆排除在外。尽管“经学”、“子学”的范围在古代也是代有变化的，西汉“立五经博士”，《论语》、《孝经》（《尔雅》列在《孝经》之下）与诸“小学”书同附“六艺”之末，而《孟子》则在“诸子略·儒家”之中，《礼记》及“《春秋》三传”亦无“经”名。直到清代，“十三经”之名才最后确定。而晚清民国，则将《论语》、《孟子》“离经还子”之呼声又起。

由以上可见，应该说在中国古代，“国学”历来都是以“经学”为主导的，而“经学”与“子学”的范围又在不断变化之中。为什么会形成这种局面呢？我认为其原因既不在“经学”，也不在“子学”，而是由“国学”的性质决定的。因为“国学”原本是“贵族子弟学校”，它自然要传播、灌输统治阶级的思想，教授那些凝结了统治阶级正统思想的“经书”，而不可能是那些由民间士人在“道术废缺”、“好恶殊方”情况下形成的“诸子学”及其著作。而很显然，如果“新子学”要成为当今“‘国学’的新主体”的话，首先就必须要使我们的“国学”成为“新国学”。因为我们的“旧国学”本是“官学”——在过去那个时代“子学”即使一时有幸成为“‘国学’的主体”，那也只是由于如儒学那样“离子入经”的缘故；而那些继续“在野”的“诸子百家”则是不可能有这样的幸运的。

现在我们构建的“新子学”之“子”，既有别于“传统目录学的‘经、史、子、集’之‘子’，是思想史‘诸子百家’之‘子’”，即现时代具有独立人格精神、进行着思想创造的自由学者、知识分子之“子”，我们所要构建的“新子学”即是这些“新诸子”们的学术活动和学术成果；那么它所能“主导”的所谓“国学”，也就只能是有别于“王官之学”的“新国学”了。以“新子学”主导“新国学”，发挥每个具有独立人格之个体的创造精神，一定能促进现时代中国学术思想真正走向繁荣昌盛，为人类的文明和进步做出重大的贡献。

（作者单位：华中师范大学文学院）

关于“新子学”的几点思考

徐国源

2012年4月，在上海召开的由华东师范大学先秦诸子研究中心举办的“先秦诸子暨《子藏》学术研讨会”上，方勇教授等提出了“全面复兴诸子学”的口号。方勇教授认为，以老子、孔子等为代表的诸子百家自诞生以来，便如同鲜活的生命体，在与社会现实的不断交互中自我发展，当下它正再一次与社会现实强力交融，呈现出全新的生命形态“新子学”。

方勇教授提出的“新子学”构想，我以为不仅仅是古代文化学者的专业课题，也是在当今全球化、新媒体时代，一个为整个文化学界提出的共同主题，非常有现实意义。当代“新子学”研究和传播，应该注意四个问题：

一是要“回归元典”。目下，大凡对传统文化包括“国学”讨论者，除了传统人文学者，还有许多是从事现当代文学和文艺学等研究的学者，他们“六经注我”式的解读，或者说感悟式的解释，不能说没有意义，但脱离了“元典”的发挥和过度阐释也有危险，那就容易成为一道“心灵鸡汤”，而造成对“经典”的误读。于丹在北大的遭遇提示我们，如今许多对传统文化怀有敬仰之心的人，已经对当下文化生产者提出棒喝，我们应该警醒。

二是要“重估价值”。我每年读两遍《论语》，感觉常读常新，觉得孔子是一个非常伟大的人，他很可爱，很有人情味，他的论说也都有一定的语境性，并非像五四启蒙运动时期一些激进的学者对孔子的批评那样，是“僵化”、“保守”的代表，甚至把中国文化之病都归到孔子名下。其实，我们应该认识到，孔子既是儒家文化的创立者，还是他之前文化的传承者，比如孔子强调的“礼”，在周代就是一种主流价值观，而且对于这个“礼”也要辩证地看，既看到它对后来封建“礼教”的影响，也要看到它对维系社会和谐秩序的正面意义。我以为，儒家的仁爱思想，道家的生存智慧，对于匡正后现代以来的社会问题，都有积极意义，有待我们进一步阐发和弘扬。

三是要展开“创造转化”。历史都具有当代性，“新子学”之“新”，其实也包括了当代学者重新认识和发掘先秦子学的“潜”意识、“正能量”。所谓“创造”，就是要充分阐发子学元典中潜藏的当代价值，使优秀文化发扬光大；所谓“转化”，我以为必须借助“古今对话”、“中外对话”等途径，使“经典”生发出现代意义，为目下社会文明、公共文明建设所用。

四是要实现“当代传播”。“新子学”不仅是学术层面的整理和研究，同样也要展开有效的文化传承和跨文化传播；“子学”中丰富的思想义理既是可解读意会的，而它故事化、生活化、形象化的言说方式，其实也是可通俗生动地传播的。如此看来，“新子学”的大众化传播，包括讲坛、影视、动漫和各种新媒体传播媒介，都能为新子学传承所用，而且是很有当下意义的。

（原载于《姑苏晚报》2012年12月23日，作者单位：苏州大学文学院）

对“新子学”的一些思考

陈福康

我国古代图书，曾经有过多种分类，但最常用、最简明的总体分类，为经、史、子、集。这一传统的“四部”分类法发端于魏晋时期，至唐人编撰《隋书·经籍志》正式确定名称和顺序，迄今已有千余年历史，历代读书人、学者和文献学家早就用惯了。清乾隆时编《四库全书》，在《四库总目》的《四部总叙》中对此作了理论总结，亦迄今无以逾之。只是至清末张之洞，将丛书独立出来，增加了一个“丛”部，变成“五部”。近人整理古代文献书目，无论是个人还是团体，民间还是官方，大陆还是台港，反复思考，虑之再三，还是觉得这个“四部”或“五部”的分类法比较适合中国历代图书的实际情况，不能随便打乱，即使有不合理处也不得不继续应用之。可见，传统的东西总有它一定的合理性。

但是，我国古代所谓的“四部”或“五部”，也并不都是在同一的标准上分的，有的部的所收标准还有点牵强。例如经部，收儒家的经典，如《易》、《书》、《诗》、《礼》、《春秋》、《乐》、《孝经》等元典和研究这些元典的著作。但附带又收入小学类书，就有点“异类”。不过总算有个理由，即这类书是研究经典必须之工具书。史部，收历史类书，包括各种正史、编年史、纪事本末体史、别史、杂史、诏令奏议、传记、史钞、载记、政书等，另外还有目录、史评、时令、地理、官职等，与史学多少都有关。以上甲乙两部之分类，历来没有太大的质疑。子部则不然。按理说，子部只应收"六经以外立说者"，即先秦诸子及后来创立思想、成一家说的著者的书，但以往该部却收入了农家、医家、天文历法、术数、艺术、小说等科技和艺术类书，还收了谱录和类书，更收了少量释家、道家类书。其实，释道两大家的书越出越多，虽然比不上儒家，但早就与之成三足鼎立之势了。古有《佛藏》、《道藏》而无《儒藏》，明代有学者提出这个问题而后来没修《儒藏》，原因就是《四库全书》已可满足另编《儒藏》的要求。《四库全书》虽不是纯粹的《儒藏》；然而《佛藏》、《道藏》也并不那么"纯"。但是，《四库全书》好像把凡是其他部收不了的书，都往该子（丙）部里塞，造成了丙部的庞杂。不过，甲乙丙三部基本还是以书的内容性质来分的；至于丁（集）部，则不是以同样的内容标准，而是主要以诗集、文集或诗文集这一外在的"集"的形式来分的，即以最古的《楚辞》及其后的各种别集、总集、诗文评、词曲等归之。这是两种不同的分法，当代有些论者实际没有研究清楚。

有学者提出："中国文化的集体智慧，保存在传统学术之中，包括经学、史学、子学与集学。从立义的角度言，四部都是一心。从分类而言，四部是体。从学术功能而言，因体见用。四部全体大用，皆不能偏废。20世纪的中国为了自强，必须走自新之路。'周虽旧邦，其命维新'。新时代有相应的挑战与机遇，维新的责任，自然落在先知先觉的知识分子身上。在集部，有新文学；在经部，有新经学；在史部，有新史学。但作为时代理性思维象征的'子学'，独落后于斯。"这一论述可以引发大家思考。指出很久以来子学的研究，落后于经学与史学，应该大体符合事实。但"经学"、"史学"、"子学"的提法，自古就有；唯独"集学"一说，则闻所未闻。如上所说，

“集部”之分类，本不与另外三部在同一标准上，“集学”又从何谈起。我们也绝不能简单地将丁部与文学画等号。盖集部固多诗文集，但文学史上必谈不可的《诗经》却在经部，司马迁的传记作品、徐霞客的游记等则在史部，《庄子》、《世说新语》等又在子部。所以，说“在集部，有新文学”继之，我认为是不对的。但该学者尖锐地指出“在经部，有新经学；在史部，有新史学”，而“作为时代理性思维象征的‘子学’，独落后于斯”，是发人深省的。

因此，“新子学”的正式提出，至少可说是令人耳目一新，填补了一个空白，提供了一个新的思路，并使“新子学”与“新经学”、“新史学”三足鼎立。当然，我们也可以说“新子学”这个名称是新的，但实际却也早就存在，或者已部分存在。“新经学”里面已有的《论语》、《孟子》的研究成果，不就是“新子学”的一部分吗？“新史学”不是把子部作为重要的史料来看待和研究的吗？

倡论者说：“所谓子学之‘子’并非传统目录学‘经、史、子、集’之‘子’，而应是思想史‘诸子百家’之‘子’。具体内容上，则应严格区分诸子与方技，前者侧重思想，后者重在技巧，故天文算法、术数、艺术、谱录均不在子学之列。”这个意思，我也是理解并基本同意的。但话又得说回来，“四部”之“子”与“百家”之“子”又是绝对不能截然分开的。有学者就提出：“‘新子学’是否包括释家、道家和小说家？佛有佛藏，道有道藏，自成体系，似乎不必纳入‘新子学’，但又是思想史资料；小说家类乃古小说，不属于思想史；方技中也有思想史数据，这些应当如何处理？”这确实是值得思考的问题。古有“六经皆史”之说，其实，从哲学、思想研究角度看，“子部”以外诸部也均为思想史资料。本来，“四部”的划分就不是绝对的。这个道理，我想以自己一直在研究的宋元之际郑思肖的《心史》为例来说明。

《心史》是一部诗文集，当然应归于集部别集类。明末以来大多数书目，如陈第《世善堂书目》、曹寅《楝亭书目》、徐乾学《传是楼书目》、徐秉义《培林堂书目》，乃至《四库全书总目》、《中国古籍善本书目》等，都是如此。但《心史》实际又隐隐有“经”的性质。明末为《心史》作序并在抗清斗争中壮烈牺牲的张国维，就认为《心史》相当于孔子之《春秋》，谓“综而论之，《春秋》为衰周之《心史》”，“《心史》为故宋之《春秋》”。在抗清斗争中九死一生的蒋臣，也认为“井底铁函（按，即《心史》），直继获麟（按，即《春秋》），虽与日月争光可也”，“《心史》名史而实经”。而《心史》原就以“史”名书，其史部之性质更为明显。明末为《心史》作序并也在抗清斗争中壮烈牺牲的曹学佺就说：“其为史也，非仅宋末元初之史也，乃天下万世之信史也！”有的学者更径直将它归于史部杂史类，如钱曾《也是园书目》就著录《心史》于卷二《史部·遗民》，章乃炜《清宫述闻》之《征引书目》列百余种史志，第四种即《心史》。至于子部，《心史》本来就有立说寓道之性质，而清人姚际恒《好古堂书目》就干脆将它列为子部杂家类，与《吕氏春秋》、《淮南子》、《论衡》、《日知录》等并列。

但从实际可行性出发，为了具体操作上的方便，严格区分一下也是有必要的。我认为，“新子学”主要之研究内容，应该还是从先秦诸子直至清末以创立新义、自成一家之说的哲学家、思想家之著作。例如顾炎武的《日知录》，清人也早就列为子学了。先秦的孔子、孟子，当然应该“离经还子”。因此，所谓“新经学”的一部分内容也可归于“新子学”。而“新子学”既然主要研究思想史，那么实际也就是史学研究之一种，也是可以算在“新史学”内的。

论者又曰：倡导“新子学”，是对诸子思想的重新解读和扬弃，也是借重我们自身的智慧与认识对传统思想的重新寻找和再创造。这样看来，“新子学”似有两大含义。一个含义是相对于传统旧“子学”而言，是从新的角度以新的理论、方法对旧有的子学著作和子学历史的重新诠释、总结乃至激活。这个还是比较容易理解和可以努力去做的。另一个含义是“建立起属于自己的概念与学术体系，以更加独立的姿态坦然面对西学”，亦即“新子学”乃相对于“西学”而言，是要创造出当代新的子学，为中国之崛起贡献出力量。这个意思就更宏大更深刻了。那么，具体应该怎么做呢？这样的“新子学”应该如何创造呢？我们应该想到，目标过于远大就迹近虚无缥缈，就可能成为一句空话。“新子学”究竟在中华民族伟大复兴中应该承担什么样的确确实实的责任呢？我愿意多多听取时贤的高论，相互讨论，一起认真思考。

（作者单位：上海外国语大学文学研究院）

“新子学”
——子学思维觉醒下的新哲学与系统性学术文化工程

玄 华

近年来，随着社会的发展和诸多重大学术工程的开启，我国传统学术研究领域在客观上已发生了诸多变化。只不过，我们常常没有充分认知到改变的发展，以致主观的学术观念无法适应客观的学术发展，致使学术发展裹足不前。有鉴于此，方勇先生于2012年10月22日《光明日报》国学版发表了长文《“新子学”构想》，试图通过建构“新子学”，以突破传统学术发展的瓶颈。该文引起了学界的广泛关注，陆永品①、卿希泰、谭家健、王鍾陵、邓国光、陈引驰、孙以昭②等传统学术研究者，以及郝雨③、王鸿生、葛红兵、杨剑龙、刘绪源、李有亮等现代文化学者分别参与了华东师范大学“‘新子学’学术研讨会”④ 和上海大学主题为“现代文化学者如何认识和评价

---

① 陆永品《〈“新子学”构想〉体现时代精神》，《中国社会科学报》2012年10月26日。

② 孙以昭《时代召唤“新子学”》，《安徽日报》2012年12月14日。

③ 郝雨《“新子学”对现代文化的意义》，《文汇报》2012年12月17日。

④ 卿希泰等《“新子学”笔谈》，《文汇读书周报》2012年11月2日。

'新子学'"的研讨会[①]，从现代中西学术发展角度对相关问题做了系统而深入的探讨。此后，华东师范大学先秦诸子研究中心又于2013年4月召开"新子学"国际学术研讨会，对相关问题作系统性讨论。恰如郝雨先生所言，"新子学"已然成为当下的学术热点，并也已在短时间内引发了一股学术新构想的思潮[②]。笔者有幸参与其间，本文仅就个人观点对"新子学"做进一步探讨。

从现有的研究阶段看，"新子学"首先是作为一个时代性的"命题"出场，但对于该"命题"内涵的理解与建构则各有不同。部分学者认为它是从"旧子学"发展而来的新子之学或新之子学，这样的看法过于局限。"新子学"不应是对应"旧子学"而言的事物，而是对完整子学的一种穿越之后的超离，并在超离之后重新回归学术文化原生态森林，并漫步于其间的现象——它应该是包括其自身、森林以及自身和森林之间漫步的现象性世界。简单而言，它应该具有两层内涵：

首先，它应该是指发掘于子学这一整体现象，在子学思维觉醒下，有别于以经学思维为主导的中国传统旧哲学的新哲学。它是我们当下的一个基本思维方式、思维原则的改变。它应该是由过去的经学一元思维到子学多元思维的变革，由自我为中心、以自我反思与回忆统摄世界的思维方式到以他者为前提、承认多元世界、以面对面方式重新理解世界的思维方式的变革，是由此而发展出一套新的哲学。

其次，它也是以这个新哲学为基础，重新发见、理解和发展传统学术、当下学术以及社会文化伦理、国家和平发展理念的系统性学术文化工程。过去，当我们面对传统学术发展困局时，总是着眼于"内容"改造：构想一个把所有"内容"——包括过去、现在、未来

---

① 路阳《现代文化学者聚会上海跨学科研讨"新子学"》，《社会科学报》2012年12月17日。

② 郝雨《文化新构想思潮涌动》，《社会科学报》2012年11月30日。

在内的完美进程，从而设计出一个方向和一系列方法。但从“内容”着眼，只会局限于“内容”本身，我们所认知的不会是“内容”的全部，而只会是部分内容。且我们所想的内容永远只会是历史与当下的有限结合。我们的设计只会落于庸俗的比附，在其诞生之初，就落后于时代，同时，该系统自身必然是封闭的，不具有真正的更新能力，最终会成为文化学术进一步发展的障碍。

现在则从“形式”着眼，只有完整把握学术发展的“形式”，才能产生符合历史和当下客观发展现实的开放性系统。这也是文化学术的开放本性使然，我们所要做的不是去创造什么、设计什么，而是去发现它，解放之前人为附加在它身上的束缚。这些人为束缚，有的就是来自我们对文化学术本身局限乃至错误的认知。只要我们从客观出发，全面认知、解放自己的思想，它们就会自我发展起来。历史上的重大学术发展，虽然大多数情况下都是不自觉的、局部的，但无不是从“形式”变革开始，“形式”一旦变革，新内容便源源不断产生，一切皆自然而然地发展起来。

“新子学”就是以此为基本原则，带来对传统学术的重新发见和对当下学术重新建构，并以此重塑社会文化伦理，为国家和平崛起提供新的理论与文化支持，基本情况如下表所示，详论如下。

	传统哲学及其学术与文化	“新子学”
宇宙观	经学思维/精神	子学思维/精神
	现代主义	后现代主义
	本质论	现象学
	超验性	内在性
	一元	多元
	本源的/原因的	发生着的/差异－延宕/痕迹
	确定性	不确定性
	疆界分明	互涉文本

续表

	传统哲学及其学术与文化	"新子学"
学术构成认知	人为主体/人动	互为主体/互动
	经学主导/人为割裂的	子学主导/客观完整的
	中心/独根	反中心/散须根
	等级序列	无序
	内容的	形式的
	固态的	动态的
学术进化方式	内容/作品/结果	形式载体/文本/过程
	结构/封闭	解构/开放
	个体/创造	大众/社会化大生产
	预谋/设计/目的	放纵/解放发生/游戏
	语义/语句组合/附属结构	修辞/符号/并列结构
	阐释/阅读	反阐释/误读
	以历史比附现在	历史、现在生发未来
	所指	能指
	距离/供阅读学习	参与/供写作
社会文化/伦理	自我中心	他者为前提
	回忆	交流
	自我反思	面对面
	纯粹/排它	混杂/宽容
	领导/教化	服务
	以史为鉴	当下相对独立
社会影响	权威/精英的/士大夫	反权威/大众的/知识分子
	偏执狂	精神分裂
	封闭的	开放的
	固化的	进化的
	人治/专制/假道德/帝国主义	法治/民主/道德/和平发展
	有限发展/阻碍	无限发展/持续解放

一、重新发见经学

传统观念一般将经学视作儒家经典的研究发展之学。《四库全书总目提要·经部总叙》即云“经禀圣裁……自汉京以后垂二千年”，皮锡瑞《经学历史》提及“经学十变”时亦曰“经学开辟时代（断自孔子删定六经为始）”，都认为经学肇兴于孔子删定六经，其本身是儒学的基本内容之一。但随着出土文献研究的深入，此观念受到了一定的冲击。郭齐勇先生曾据郭店楚简等指出：“六经之学、之教形成与传授的时间远比人们估计的要早得多。六经是先秦最基本的教材和普遍知识，‘经’并不是一家之言，而是共有资源。”① 李学勤先生亦据清华简等认为：孔子之前，《诗》、《书》、《礼》、《乐》、《易》、《春秋》等典籍的地位已有别于一般文本，“我们的所谓经，应该说在先秦已经存在”，“尽管当时还没有经学名称”②。不过，目前经学观念在本质上还未完全脱离两千年来固有陈见的影响。

经学是一个具备形而上内涵和形而下具体内容的完整而相对封闭的系统性事物。它的基本核心是“经”，呈现在基本思维和意识形态上就是认同“常”，并试图追寻“常”、呈现“常”。具体而言，经学依据本质主义理念建构自身，它认定并追寻一个根本的、唯一的、永恒的世界本源，是所谓“天”。以此为基础，对世界的产生发展采用“一生二，二生三，三生万物”的推论方式，梳理出一个疆界分

---

① 郭齐勇、欣文《中国文化与中国哲学的自觉——郭齐勇教授访谈》，《学术月刊》2003 年第 9 期，第 104 ~ 112 页。

② 李学勤《国学的主流是儒学，儒学的核心是经学》，《中华读书报》2010 年 8 月 10 日。

明、等级俨然的宇宙次序，是所谓"道"、所谓"理"。并从永恒唯一的本源出发，将所建构的宇宙次序视为超验性存在，是所谓"天不变，道亦不变"。在此宇宙观下，一切事物的本质与发展都是确定，甚至注定的。人所要做的就是对它的理解与服从，是所谓"德"。

对这些形而上的"常"进行认知、推演、论证与记述而呈现出的最基本的形而下内容单元就是经学文本。经学形而下系统又以经学文本为基础，围绕它的生产与传播，形成一整套更为复杂的文化学术体制，集中体现为王官之学体制。在王官之学体制下，王廷对经学文本的产生、传播拥有绝对权，私人无权著书立说及进行教育与接受教育。且王廷拥有经学文本的绝对解读权。经学文本原是一元论思维的产物，在其世界中存在宇内皆一之理与永恒不变的本义，其内涵不证自明，本不需要诠释，即天然权威地具有不可诠释性。但即使退一步，也仅王廷具解释权。此即所谓礼乐自天子出，经学文本编修乃天子事，大众仅需"循法则、度量、邢辟、图籍，不知其义，谨守其数，慎不敢损益也"（《荀子·荣辱》），其无权思考与诠释，只有接受、信仰与服从。

这种经学体系产生甚早，姜广辉《经学思想史·绪论一》云："'经'产生于这样的时代，当人们的精神素质尚不健全即'民智未开'的时候，却已先进入了一个生产力水平和社会化生活较为发展的时代。'经'是历史上被称作'圣人'的先觉者为人们所制定的思想准则和行为规范。"① "民智未开"之世可远溯伏羲氏时代，当时人们通过生产知识的积累，已开始对文化学术有所觉识。但一开始，学术自觉者仅少数，他们便自诩为神之子、天之子或先知圣人，将自

① 姜广辉主编《经学思想史》，中国社会科学出版社2003年版，第21页。

我对学术的觉识视作自己的神器。他们将文化学术的文本结晶尊奉为“经”，并不断强化学术私有与专制：就具体经学文本而言，三皇五帝时有《三坟》、《五典》、尧舜禹三王时为《八索》、《九丘》，夏商时有《连山》、《归藏》。当然具体情况，三五之世，春秋之际已难言之，夏商之礼，孔子已难征之。但围绕经学文本所形成的学术世袭专制却可验证于学术的积淀。《墨子·贵义》曰：“古之圣王，欲传其道于后世，是故书之竹帛，镂之金石，传遗后世子孙，欲后世子孙法之也。”金石简帛之文即经学文本的最初形态，而它的秘而不宣和内部传承便是贵族学术专制世袭的方式。《吕氏春秋·先识》曰：夏太史令终古因桀暴虐，携其图法，出奔如商。殷内史向挚见纣惑乱，载其图法，出亡之周。晋太史屠黍见晋公无德，以其图法归周。此即《荀子·荣辱》所谓“三代虽亡，治法犹存”。

降至周代，统治者上承前朝之制，中梳宗祖之德行，下征公侯之风，欲明天道，正人伦，致至治之成法而作《六经》。《六经》的独尊性和不可损益性皆超前代，是历代经学的集大成者，是当时王公侯伯修身齐家治国平天下的基本也是唯一法则。故郭店楚简《语丛一》云：“《诗》所以会古今之志也者。……《礼》，交之行述也。《乐》，或生或教者也。《易》所以会天道人道也。《春秋》所以会古今之事也。”《庄子·天下》曰：“《诗》以道志，《书》以道事，《礼》以道行，《乐》以道和，《易》以道阴阳，《春秋》以道名分。”而《荀子·劝学》也以“诵经”为第一要务。总之，从羲皇开国到西周之世，历代所奉经典虽有差异，但经学精神与体制一脉相承，可以说“经学”起源甚早，传承多世。

二、重新发见子学

经学是一个相对封闭的形态，但其内部不断壮大的同时，将不可遏止地出现分裂，原有中央集权式的学术专制必然瓦解。经学瓦解是在文化逐步下移、学术权威逐步分散中开始的。《论语·季氏》云：礼乐征伐原自天子出，后自诸侯出，又次自大夫出，终致陪臣执国命。经学权威起初在王廷，此后消解于诸侯国，最后消散于下层士。最终在世界文明的轴心时代（中国为春秋战国时），以第一代经学子学化文本（《六经》孔子修编本等）和子学元典（《老子》、《论语》、《墨子》等）的产生为标志，诞生了其对立面与否定力量——子学。

西汉以来一直将子学视作经学的附庸，即使到了清末民初，也只是把它看成国学中的一个与经学相当的部分。实际上，子学是中国学术的一种在特定历史阶段的全新发展，子学是经学发展出来的自我否定者，在本质上迥异于经学。它是对人与世界全新的发见与建构，宇宙没有先验的唯一本源，人也没有抽象固定的本质，都是在永不停休的进化发展中不断实现与呈现。且人与学术之间是互为主体关系，在相互进化中促成各自的不断实现。它将人从世界本质与抽象主宰中解放出来，重新成为自我的主人。相应的，学术也不再是对最高抽象的描述与解释，而是解放文化，解放人本身。它的形而下呈现，则主要体现在以下几方面：

首先，打破学术垄断，将教育不断普及化与大众化。无论是老子隐居沛地，传道四方，还是邓析以襦为酬，教民以讼，以及孔子有教无类，弟子三千，乃至墨子海聚贩卒，横行天下，都是对教育进行普及化、大众化的直接体现。而子学文本的直接目的也是向大众宣扬自己的学说。不论是第一代经学子学化文本（孔子所删定《诗》、

《书》、《礼》、《乐》、《易》、《春秋》，以及《左传》、《易》传等），还是第一代子学元典（《老子》、《论语》、《孙子》、《墨子》等），乃至第一代子学诠释本（郭店楚简《老子》、《解老》、《喻老》等），无不是在为大众阅读，在大众写作中诞生。此后子学的每一次重要变革，也都是与大众阅读与写作的不断扩大深入相为一体。

其次，子学对学术文本有着天然的解放性，其诞生与发展皆源于对后者的不断解放。子学的诞生始于对经学文本封闭僵化的打破，其发展也立足于对子学文本的不断解构，唐宋以后，更是围绕文本解放形成了多次文本革命浪潮。唐代，在“道易明”、“教易行”（韩愈《原道》）的基本要求之下，子学兴起了“古文运动”，将文本解放深入到自觉的“文体革命”层面。此后，宋代古文大家，以及明代前后七子、清代桐城派皆沿此既定方向继续深化。到了清代中期，则进一步深入文本语言解放层面，形成了“白话文运动”，使得文本离其大众、开放的本质更近一步。

最后，子学发见并尊崇学术多元化本性，并以此形成自身的开放体系。先秦时期就诞生了诸子百家，魏晋时又以中国佛学文本的产生为标志诞生了中国佛学流派，相对于域外佛学而言，它本身是历代子学依从学术本身，遵其开放本性，结合中国传统和当时实际将佛学的中国化，是中国自己的新学术，也是子学新时期的内容之一。清末民初又新增了以魏源、严复、梁启超、胡适等为代表的“西学”（或称“新说”）流派，西方无所谓“西学”，它是子学将中国传统学术与西方学术相结合发展出的新学说，是子学历史发展中又一个新流派、新内容。“五四”后，又有了马克思主义中国化的新思想与新学派。子学以文本进化为核心，勾连起了上至先秦的诸子百家，中及宋明的道学大师，下逮近代以来的传统学术研究者以及融通中西的思想大哲及各种新流派，始终以开放的姿态，维护学术开放多元的本性，促进其发展。

也就是说，子学通过对世界和人的本质的重新发见，对学术进行了全新的建构。它遵从学术的人性与开放性，不断普及文化，解放文本，从而消解经学的精神与体系，并以此使经学重新回归学术本身。

三、重新发见传统学术发展的客观面貌

晚清以来，高旭[1]、邓实[2]、章太炎[3]，以及以熊十力、梁漱溟、马一浮[4]、钱穆[5]等为起源的新儒家学派，及今以饶宗颐[6]、李学勤[7]为代表的新经学学派等对传统学术发展历史各有其论，但多认为传统学术是在经学的主导下发展的，其主体是经学的不断发展。该看法不符合传统学术发展的客观面貌：自子学诞生以后，中国学术的发展便围绕经学对子学的不断异化和子学对经学的不断消解展开，而且经学最终在子学的消解下，消散于子学之中，回归文化本身。现在不妨以两股力量角力的前沿阵地——儒学为例，对以加以分析。

经学在汉初即开始积极吸纳和异化儒学。首先，经学文本体系吸纳儒学经典，不断扩容。西汉初期本仅立《五经》博士，但东汉光

---

① 高旭《学术沿革之概论》，《醒狮》第1期，1905年9月。

② 邓实《国学讲习记》，《国粹学报》第19期，1906年8月。

③ 章太炎《国学概论》，曹聚仁整理、汤志钧导读，上海古籍出版社1997年版，第2～17页。

④ 马一浮《楷定国学名义国学者六艺之学也》，见《泰和会语》，复性书院刻书处1940年木刻本。

⑤ 钱穆《国学概论》，上海商务印书馆1931年版，第2页。

⑥ 饶宗颐《〈儒藏〉与新经学》，《光明日报》2009年8月31日。

⑦ 李学勤《国学的主流是儒学，儒学的核心是经学》，《中华读书报》2010年8月10日。

武时便升格《孝经》、《论语》，统称“七经”。此后，唐初明经科设《周礼》、《礼仪》、《礼记》、《春秋三传》、《易》、《诗》《书》“九经”。唐文宗又增《论语》、《孟子》、《尔雅》，合称“十二经”。宋又增《孝经》为“十三经”。后又有“十四经”、“十七经”，乃至段玉裁增益《大戴礼记》、《国语》、《史记》、《汉书》、《资治通鉴》、《说文解字》、《九章算经》、《周髀算经》等，倡“二十一经”（《十经斋记》）之说。其次，关于经学文本含义也不再强调一元性、不可诠释性，而是采用儒者所论，将其诠释性发挥到极致。如董仲舒谓“《春秋》无达辞”，依据“春秋笔法”，发挥能指，将《春秋》义变为《公羊》义，终至董氏义。朱熹进而假借考据训诂，以孔孟原句作一起头，接着全然自发己意。而陆九渊“六经注我，我注六经”、王阳明“得鱼而忘筌，醪尽而糟粕弃之”，对经学文本文字毫无依傍，则更进一步。到了现在，饶宗颐、李学勤等先生提出新经学诠释学。最后，在两者的基础上，经学文本代有新出，并以此形成了诸多经学流派。

通过以上三个层面的发展，经学似乎建构一个以《五经》为核心，以后人对其内容的不断阅读学习和在此基础上天才式的理解创新为基础的，以内容继承变化为外在呈现的相对封闭的学术体系。并以此为基础，又形成了一个以经学为核心，统摄万端，视各种思想与流派为其更多样的派生物和支裔，并具有亘古不变而等级俨然的发展序列的学术大生态。但实际上，经学的核心思维是对本质的追求，在其诞生时便认定经典内涵明确，具有权威性，不可解读性，因此其本身并不具备理念变革的动力。历史上，经学诠释文本生生不息的动力并非源于其经学自身，而是来自子学——子学对经学文本的解放与发展。表现在经学与儒学的关系上，不是经学吸纳了儒学，而是儒学用子学精神与方法消解了经学。

首先，经学专制下，经典拥有永恒不变的本义，经学文本具有

“常”的特性，私人无权修编。但子学的儒学将其视作一般文本，不断进行修编。孔子删《诗》《书》、定《礼》《乐》、赞《周易》、修《春秋》便是私人对经学元典的首次全面解构。在此基础上，汉以后经学所奉《五经》已非经学元典，且其经学经典体系自身不断扩容，正是儒学不断消解经学的体现。《论语》、《孝经》、《礼记》、《春秋三传》、《孟子》等本就是归属子学的儒学著作，而元明以来，《四书》的经学地位反有后来居上之势，此皆表明经学文本体系权威不再，大有瓦解而消散于儒学文本之势。

其次，在经学原教旨里，经典拥有永恒不变的本义，私人无权解读。但儒学依从子学精神将其视作一般文本，不断进行解构。春秋末，第一代子学元典《论语》中的诸多内容就体现了私人对经学文本的消解，而孔子直言孔子“书不尽言，言不尽意”（《系辞传》）。战国时，孟子继承了开创者消解经学的精神，并上升到“尽信书不如无书”、“以意逆志”，实践中则广泛运用“断章取义”等做法。至于董仲舒谓“《春秋》无达辞”、王弼“得象在忘言”、“得意在忘象”，以及朱熹、陆九渊、王阳明等后学的文本诠释理念，包括诠释方法、思维与方向无不是继承于子学。即使是李学勤先生等所谓新经学诠释学，也是在子学精神与方法的直接影响下，融合西方诠释学理念的产物。

最后，儒学的发展使惑传疑经思潮越演越烈。唐刘知幾指《书》“十事为虚”，《春秋》“十二未谕”、“五虚美”等；宋欧阳修排《系辞》、晁说之黜《诗序》，乃至王安石蔑《春秋》，苏轼讥《尚书》毁《周礼》等。至于二程更云：“善学者，要不为文字所梏。故文义虽解错，而道理可通行者不害也。”（《河南程氏外书》卷六）直指《左传》“不可全信”，《公》、《谷》又次之，进而质疑《春秋》成分，甚至直接调整《尚书》经文等。明清以来，疑经更有过之，康有为《新学伪经考》等有醍醐灌顶之势。这些都是子学以儒学为直接力量，对经学进行全面消解的结果。

也正是通过以上方式，子学以儒学为主要力量，对经学进行了全面消解，使后者即使在君主专制时期也日趋衰落，最终在近代西方文化的夹击下，以科举制度的废除而彻底跌下纸糊的神坛，消散于子学之中。因此，传统学术发展应该是子学主导下，各个学术的全面发展。

四、真正整合当下学术

面对当下学术，如何使其打通古今，融合中西，始终是一个关键性问题。在过去，传统学术领域的一般看法是以经学发展为主体，用经学统合万端。但这样的做法，经学学派已尝试百年，却仍未能成功，且往往造成当下学术的传统与现代、中国与世界的不断割裂。究其根本原因，经学早已消散于子学之中，虚幻之影无法担负实有的责任。且即使退一步，假使经学旧哲学尚独立真实存在，也无法承担该历史使命。因为经学下传统旧哲学所构想的学术体系，总体上处于现代主义阶段。它所采用的是本质主义思维，认定并追寻一个根本的、唯一的、永恒的世界本源，该最根源的“一”诞生了一切，相应地赋予了“人”同样的一个先验的本质。这抽象本质的流露与呈现便产生了一切文化学术，经学典籍正是最早、最集中的呈现。此后各种学术流派与内容都是在此基础上的更具体、更多样的派生物。学术进化的直接途径，则主要源于后人对经学作品内容的不断阅读与学习和在此基础上对作品内容所做的天才式的理解创新。

这样的理念，完全以先验的宇宙本质为起点，以抽象的人为主体，视之为一切学术发展的唯一动力，具体地则是以经学为根本主体力量呈现，建构了一个拥有唯一中心，基于内容的继承变化，并具有等级次序的亘古不变的发展序列。在知识内容不断增加的表面之下，并不存在基本道理与发展次序的实质性进化。整个学术思维被权威主义所包裹，崇尚的也是与之相应的精英主义理念，致使整个学术理念带有极端偏执狂的负面特质。这样的中国学术不会是一个完全的、全面的中国学术，且从一开始就趋于封闭和固化。也正因此，它会将五四以来的中国“西学”视作域外之物，未能正确认知它们的内在性关系，并在根本上无法打通古今，融合中西。

“新子学”主导下的学术理念以子学思维与精神为核心，对万物的思考已进入后现代主义阶段。它摒弃人为对本质的先验设定，强调对现象本身的还原与分析，对事物采用内在性、发生性的探索。一切本身都是多元的，事物间是一个互涉文本的关系，没有已死的过去本源，也没有僵化固定的未来终点。一切都是在不断的解构与建构、又重新解构与建构中发生。宇宙没有先验的唯一本源，人也没有抽象固定的本质，都是在永不停休的进化发展中不断实现与呈现。

在“新子学”之下，天然发展的子学与天然进化的人相互成就、互为实现，“发展的子学”的根本发展力量源于人及其一切，源于子学本身——来自于它们本身既历史具体的，又变革开放的，无固定、不抽象的发展性。子学本身呈现出固有的开放性，始终是一个开放的形态，甚至不拘泥于子学本身。它没有固定的内容，甚至范式。而在具体层面，它把握了学术多中心、散须根的真实面貌和文本生命变革的具体进化形态，更近学术的实际面貌与文化学术的本性。

同时，“新子学”之下，子学已经消解了经学，使其回归文化自身，从传统学术来说，已经实现了一种完整意义上的消融再造。同时，它也不仅促成子学的历史重建和当下发展，也促成经学重见其客观面目，重新回归学术文化本身，从而获得桶底脱落、凤凰涅槃式的全新发展。除此之外，“新子学”之下的中国文学、史学等也将从原有的经学体系中解放出来，真正呈现自身而全面发展。

更为重要的是，“新子学”发见了学术变革发展的直接动力——文本，使得古今中西学术文化有了鲜活而全息式的交互场。应该说，“新子学”使中国学术找到了一个真正发源于中国学术自身，同时又能与世界学术无缝连接的学术进化方式。

五、揭示学术进化的直接途径与最新方式

传统旧哲学认为学术进化的直接途径主要源于后人对经学作品内容的不断阅读与学习和在此基础上对作品内容所做的天才式的理解创新，其发展模式是依赖不自觉的、个体的、天才式的内容创造。但“新子学”对中国传统与当下学术发展的力量与方式有了新发见：学术进化的最直接动力来自文本及其自在的解放。

文本是学术最为直接具体的存在与发展依据，既是思想的结晶，又是具体载体，更是继续学术生产的产房。以子学为例，不论作为思想的子学，还是作为流派的子学，都是在文本中获得呈现、确立与发展。子学文本由语言文字组成，因语言本身的开放性，其语意场一直处于混沌之中。子学对这一文本特性有着天然的解放性，其诞生与发展皆源于对它的不断解放。发展的基本途径不是僵死的内容的变化，而是活的形式的变革，不是旁观的作品阅读学习，而是参与的文本写作，是不断进行着表层与深层结构变革的“文本进化”。

如子学的诞生始于对经学文本封闭僵化的打破——对经学文本不自觉的消解和在此基础上产生最初的子学元典。此后它又继承了这种文本变革传统，产生了最初的子学诠释文本，并以此生生不息。虽然当时尚处于不自觉状态，但其影响已经客观而深远。唐宋以后，在雕版印刷、机械活字印刷等事物的影响下，先后形成文本“文体革命”的“古文运动”和文本“语言变革”的“白话文运动”，当下在网

络等事物的进一步的刺激下，一个以自觉而全面的“文本变革”为核心的“新子学运动”又已应运而生。

同时，“新子学”也发见：文本变革决定了学术发展的最全面方式是社会化大生产方式。如子学的诞生源于对经学的否定，它一开始就打破教育垄断，是对教育进行普及化、大众化的直接体现开始。而子学文本撰写的直接目的也是向大众宣扬自己的学说。此后子学的每一次重要变革，不论是唐宋明清的古文运动，还是清末民国的白话文运动，都是在大众阅读与写作的不断扩大、深入之下发生，它们又同时反过来促使子学文本写作的进一步大众化、社会化，进入更具规模、更深层次的生产。这些都表明子学从其诞生伊始，文本大众化就参与其中，两者生命相连，不可断绝。子学进化的方式天然地是社会化生产模式。到了当今，也依然如此，尤其是教育前所未有的普及，以及网络等新媒介的进入，使之具备有更多有利条件与可能。

“新子学”通过对子学发展的洞察，证明学术的发展模式应当由传统人为错误认定的依赖不自觉的、个体的、天才式的创造，转变为现代的、自觉的、大规模的社会化生产。而在该过程中，不仅要自觉与历史上的研究相联系，与当下其他研究者积极互动，更要有计划地实施各种学术文本的普及化文本生产与推广工程。学术普及化是学术文本不断解放与社会化大生产的必然要求，不仅符合学术大众、开放的本质，也符合其进化的本质。它不是简单的翻译与普及，而是意味着学术文本解构和再造发展。在普及化的过程中，单就个体诠释文本看，其“质量”往往不高，但当社会化的生产力量聚集在一起时，其整体性的进化力是空前而惊人的。将专业的学术研究与大众的文本生产相结合，才会实现完全的社会化大生产，打破此前人为制造的瓶颈，从而缔造狂飙突进式的发展。

学术开放、变革、大众的本质已经从根本上决定了其进化方式必然是一种社会化大生产的方式。同时，学术变革的最直接途径——文本变革，也是在大众参与文本写作中才能发挥其至大的效果。因此，无论是从哪个方面来看，当前学术进化方式应该是自觉的、社会化的、大规模的文本生产方式。

六、重建社会文化伦理

传统社会文化伦理以孔孟程朱陆王思想为主轴，其论如孔子、子思“求诸己”（《成之闻之》），孟子“万物皆备于我”（《孟子·尽心上》、陆九渊“心即理也”（《与李宰书》），以及王阳明“心外无理，心外无物，心外无事”（《与王纯甫书》）等。其内在伦理观如同笛卡儿“我思故我在”、海德格尔“存在”等。

从表面上看，以自我反思为基本方法的伦理观似乎足以为法，实则不然。其实质是一种潜藏的自我中心主义，在我与他人的关系中，他人在我的世界中因回忆而获得确立。这种我与他人地位的内在不对等必然导致伦理上的帝国主义，最后沦落为他人即地狱的境地。也正因此，历代所哀叹的都是“世风日下，民心不古”。实际上，这个“古”也从未存在过。历史上的学术昌明未相应带来社会伦理道德的提升，直到现在，也依然如此：当前学术发展虽然存在诸多问题，但从五十年的历史来看，无疑是最为昌明的时期，但就在这样的时期，社会伦理道德却日渐滑坡。

学术进步与社会伦理发展未能同步，一个最为重要的原因就是我们一直所倡导的文化伦理并不能起到真正的作用。在他者被排斥在外之下，所进行的追求完满纯粹的自我反思，必然是无源之水、无本之木，同时也是永远飘浮在空中、无落足点的虚幻之羽。这样的反思不会形成对他者的责任，没有责任，又哪会有善意，又何来道德。按照那样的社会伦理行事，不是缘木求鱼，而是必陷公德于死地。

“新子学”则从诸子相对成立出发，获得了与列维纳斯“他者”理论相类似的新哲学伦理：他者才是自我确立的根本所在，诸如儒家之所为儒家，是相对于道家、法家等其他诸子而言，因为有了道家、法家等诸子百家，才有了儒家，而非因为有儒家，才有道家、法家。也就是说他者才是自我的依据，只有为他者负责，才能最终确立自我的存在。

在该新伦理确立后，传统“士”也将相应地完成向现代知识分子的转型。科举制度废除后，严格意义上的士或士大夫已无复存在，但与之同时，却没有诞生现代意义的公共知识分子。我们在谈到社会道德堕落之时，也会将原因归为中国缺乏真正意义上的现代公共知识分子，缺乏社会的良心。但社会伦理与知识分子之间是互为主体关系，我们无法期待在一个完全旧式的社会伦理之下，会产生出一批新的现代知识分子。知识分子之所以无法产生，最根本原因是经学为主导的传统哲学无法形成相适宜的土壤。

传统哲学下的文化伦理只能产生“士”。正如上文所论，它所用的“心学”道德伦理无法孕育出对他者的善意和责任。同时，在修身齐家治国平天下理念的作用下，“士”往往是将自己视作大众外的一个阶层，认为其天职在于用自己的理念领导、教化大众。这本身就不是现代知识分子对自身的定位。也正因此，在近百年的发展中，旧哲学没有，也不可能完成传统“士”向现代公共知识分子的转型。

“新子学”则告知我们应在子学伦理下，面对他者。由此，我们将把自己落实在大众之中，而不是在大众之外。我们的天职在于服务大众，而非教化大众。当社会伦理由原来的经学领导、教化，转变为对他者负责与服务时，我们固有的“士”自然而然地将转型为现代公共知识分子。

同时，“新子学”也将为国家进一步和平发展提供更多理论支持。改革开放至今，我国不断发展壮大，并在此前适时地提出了和平崛起理念。但即使如此，我们与周边邻国的关系仍然日趋紧张，在全球范围内，也日益感慨自己的朋友越来越少。

该现象背后的原因是复杂的，但有一点却可以肯定：传统哲学下的国家伦理难以适应新的全球化形势，经学哲学下国家伦理具有一个重要特点，即强调独尊和统摄。它认为只有在一个核心和单一统摄之下，群体事物才能稳定发展。在其作用下，国人在面对东亚及全球局势时，总有“一山难容二虎”的疑虑，并常常炫耀武力、叫嚣战争。长此以往必然破坏国家和平崛起战略，并可能陷入帝国主义的误区。而“新子学”下的国家伦理强调多元互存，任何群体性事物只有在多元格局下，才能保持良性稳定，从而促成各自的健康成长。这也为国家和平崛起战略提供了源自传统文化，又面向世界的新理论与文化支持。

余 论

纵观世界的学术文化进程，欧洲在13世纪末，随着生产力的发展、商业经济的兴起和城市化进程的深化，自意大利兴起了文艺复兴运动。而它也是从德国人哥登堡发明西方印刷术，将之印行《圣经》开始。《圣经》印行使大众开始参与神学文本的阅读与思考，促成了神学文本由表及里的变革。首先是伊拉斯谟倡导“新经学”，强调《圣经》的普及化、通俗化。它直接改变了以往以颂文韵体为主导的传播模式，开始进入散文化的自由诠释阶段。这实际上是一种文本的“文体革命”；接着，以马丁路德为代表新教派继承之，将《圣经》由拉丁文翻译为德语、英语等，则又是一次更深入的文本“语言革命”；最后，新教派强调个人对圣经的理解与解读，让大众参与到《圣经》文本的解读中，则彻底解放了文本的表层结构与深层结构，是更深层的"文本革命"。这些深刻地影响了西方的文化与学术的发展，从而激发了文艺复兴运动的全面展开，并最终促使西方走上了工业化和现代化道路。到了20世纪初，则进入了文本全面自觉阶段，使其文明进入了新纪元。相较而言，中国在11世纪前后，便以宋代"古文运动"的兴盛为标志，进入了文艺复兴时代，且于近代进入以文本"语言变革"为核心的新文化运动阶段。但时间如此漫长，却没能真正完成文艺复兴的最后一个阶段。其原因纷繁复杂，在根本处，除了西方社会的封建帝制与神学专制并非完全一体而存在冲突，而中国社会的封建帝制与经学专制紧密一体而根深蒂固外，最直接的一个原因是，中国较之西方而言，缺少严格意义上的学术传统。学术自身发展太过滞缓，其自觉时代来得太难太迟。同时，它错误地将希望寄托于经学发展，而未看清真正的学术文化主体与变革动力来自子学这一客观事实。而今庆幸的是终于在当下迎来了"新子学"，这必然促成传统学术的现代化转型，并以此全面整合当下学术，完成中华文化固有的文艺复兴，最终生产出一个全新的时代！

（作者单位：华东师范大学中文系）

关于“新子学”几个基本问题的再思考

玄　华

自方勇先生提出“新子学”命题，并初步建构其理念以来①，该话题倍受学界重视，在半年多时间里获得了多方向、多层次的探索。这在“新子学”国际学术研讨会上获得了最集中的体现，从《“新子学”大观——上海“‘新子学’国际学术研讨会”侧记》② 也可窥一斑。在讨论日趋激烈的同时，笔者也深感相关理念已发展到又一个关键期，故试对部分问题作进一步阐发，以期其进一步发展。

应该说，“新子学”作为一个固定符号，是指称一个全新的概念，它本身不可以简单割裂，更不能借此与此前的任何旧有概念相比附、对照。比如，将相关文字割裂为“新之‘子学’”或“‘新子’之学”，其实是导向与所谓“旧子学”的直接对照。这种做法是先入为主之见，会造成“新子学”内涵的狭隘化。

“新子学”作为一个概念符号，从本质上可以用任何其他词语，

---

① 方勇《“新子学”构想》，《光明日报》2012 年 10 月 22 日，第 14 版。

② 崔志博《“新子学”大观——上海“‘新子学’国际学术研讨会”侧记》，《光明日报》2013 年 5 月 13 日，第 15 版。

如“甲乙丙丁”或“ABCD”等来代替。“新子学”之所以称作“新子学”，并没有其万不能改的道理，但又之所以要如此自然地称呼，则是因为其自身与客观存在的“诸子学现象”有内在关联。“新子学”这个符号下所指的正是发掘于“诸子学现象”，又全面超越诸子学形式与内容本身的一种全新事物。

大体而言，应该包括两个层面，即哲学性“新子学”和学术文化性“新子学”。第一个层面，即理论层面，它是我们在面对自身与世界时，基本思维方式的变革，是以此而产生的一种全新的哲学，可以称之为“新子学”哲学。第二个层面，是指在这种全新哲学的观照下，对学术文化所进行的重新发见、梳理、建构和发展，可以称之为“新子学”学术文化工程。

一、作为一种全新哲学出场的“新子学”

（一）它是一种怎样的哲学

经学思维一直主导着中国传统哲学的建构，由此所建立的传统哲学其实就是经学体系下的哲学。它的核心内容是确立一元世界，因而对此加以论证、展开。具体的，它强调先验世界本源的存在，并以此赋予整个宇宙一个同一的本质。并以“道生一，一生而二，二生三，三生万物”、“易有太极，太极生两仪。两仪生四象，四象生八卦”等一元论下的生殖理念来演绎世界。

在传统哲学的视阈中，现有的一切都存在着一个绝对的、最初的本源，不论是称之为“天”、“道”、“理”，还是其他。它是空间与时间的起点，一切都是它的延伸与波动。同时，这个抽象的本质一直浸渗在万物中，或者说，万物也只是这个抽象本质的具体化而已。这是一个“理一分殊”、“万川映月”的世界。

这种一元论的世界看似井然有序，过去与未来都绳绳有迹可循。但实际上，它不过是一元论思维自身所制造出的假象而已。万物皆由“道”生殖而来，但是“道”如何生“一”，尤其是“一”如何能生“二”？一个单一、纯粹的原子如何能生殖出多元且丰富的世界？这本身就是一个巨大的问题。对于该问题的回答，一元论者总是含糊其辞。

同时，当我们要去逐层剥离这些包裹，追问它那最初的一元本体时，它会告知我们“上帝不可追问”、“道不可说”。表面上，这个一元本质与万象万物有如此紧密的关系，生殖也是如此有迹可循，但在我们追问这个问题时，它却犯了难，企图敷衍了事。这就好比有人为我们展示了有着千年传承、井然有序的树形家谱，但我们追问其最初的祖先时，却顾左右而言他。又如同那幅《清明上河图》画卷，关于市郊、城区一切都历历在目，到了皇城内部却是烟云笼罩。这仿佛是在暗示我们，在表面的有序生殖之下，彼此却不在同一个道理之中。然而我们相信的是，既然我们同在一个维度之中，那必然是在一样的阳光之下！

当一元论思维所制造的假象日渐破碎而露出一点光时，我们看到在背后的真实世界是，一个单子不能保持其自身的单一状态。如果它要作为单一事物而存在，它必然会内在地自我否定，走向自己的反面，而制造出非一元的客观世界。单一性对自身这种单一性的天然的、绝对命令式的否定，恰恰是单一性天然地无法存在的明证。当我们将整个一元论用于遮蔽过滤的帷帐扯下时，展现在我们面前的正是无数单子的自我否定，自我走向反面式的裂变。

单一原子自身的否定性裂变，恰证明了世界从来都是不可孤独而自在多元的世界。如果绝对单一原子存在，纯粹到拥有完满而绝对的孤独，这必然带来绝对的稳定，又何来突变的动因。实际上，自我的否定式突变，正是纯粹孤独可能性的证否。这是一元性不能完满存在的明证。同时，突变的发生正是源自其自身多元性的表达，以及对从始至终都存在的丰富甚至博杂无序世界的一种回应。即世界从来都是多元而丰富的。

我们一直在多元的世界中，面对他者，从而不断地自我否定地发展。生殖就是这样一种集中表现。多元世界的存在已经否定了一元论的生殖理念，绝对单一不具有生殖力，不可能单元生殖单元。实际上的生殖是多元世界中万物共同作用下的多元性生殖。且单元思维的理念中，生殖是单元与万象之间的纽带，是单元传质于万象，万象继承单元的表现。而客观的多元性生殖，更多的也不是一种继承，而是一种自我否定式的直接发展。新生物不是由对旧物的继承而来，而是在对它的否定中发生、发展。旧物也不是通过对新生物的占有，或使其对自我继承来实现价值，而是通过后者对自身的否定呈现过程性意义。

多元性是世界的自在状态，它从来如此，在多元性生殖中连续呈现。多元性的世界没有起点的位置，也没有终点的价值，一切都是在面对面的对话过程之中。因此，对于每个个体而言，不存在脱离社会而纯粹孤立的本质，是面对他者中获得自己的确立。同时，也以此进行着自我否定式的发展。它永远在多元而丰富多彩的世界中，在永不停息的自我否定式发展中。

（二）这种新哲学为什么取名为“新子学”

上述的这种哲学，本可以用世上任何符号来指称，但它之所以用“新子学”这个名词，是因为这种理念的核心内容发掘于“诸子学现象”。所谓“诸子学现象”，是指从春秋战国时代“诸子百家”到清末民初“新文化运动”，代有勃兴的多元性、整体性的学术文化发展现象。

“诸子学现象”有一个较为突出的特点是，其内部组成部分之间存在极大差异，相互诘难，乃至否定，但在客观形势上却促成了各自独特性的确立。即在学术文化上，任何诸子个体必须在面对他者，尤其是在面对多元的诸子现象本身时，才确立自身。如孔子正是面对老子、子产、墨子、韩非子等时才确立为孔子。在学术思想流派上也是如此，如道家在面对儒家、墨家、法家等时确立了自身。也就是说任何诸子个体乃至流派都是在面对他者的基础上确立自我。同时，他们的差异与诘难，却在客观上促成了自身的不断发展，呈现为诸子百家这一整体事物不断繁荣发展的客观现实。

整体性“诸子学”现象的背后，反映的正是多元性世界的基本特点。在这个世界中，诸子百家各具独特性，没有谁派生谁，谁统摄谁，谁依附谁，甚至也没谁包容谁，谁要被谁包容。在相同点与差异性之间，差异性得到了彰显。正是因为看到了彼此的差异，才确立了自我。同时，也正是因为差异，才有了彼此真正的对话、交流与共处。具体表现为，诸子个体之间总是相互诘难，甚至在理念上否定对方，表现出紧张关系，但实际上，却实现了诸子个体面对他者而自我否定式的发展。比如，儒家内部各诸子在面对其他诸子时，各有否定式发展。思孟否定孔子不谈性命而发展出心性之学，荀子否定思孟“五行”之说，发展出“化性起伪”之法，从而在各阶段实现了儒家自身否定式发展。其他诸子九流莫不如此。它们就是以此实现自身与他者，最终实现整体性诸子学的真正稳定和谐与可持续发展。

“新子学”哲学正是发掘于“诸子学现象”这个母体。但它们之间不是简单的继承或拓展。对于“诸子学现象”而言，“新子学”哲学是一个前所未有的新事物。也正因此，我们在命名时，既有联系，又有区别。比如“新子学”并不能用“新诸子学”来代替。“新子学”的“新”字除强调自身为新哲学之外，也有在文字上避免与“诸子学”的简称“子学”相混淆的作用。同时，“新子学”的

“子”发源于诸子，但并非指“诸子”。“诸子”是指思想家群体，是由多个个体组成的简单整体。“子”不是指其中的个体，也不是指它们的简单整体，而是指高度抽象化、理论化后的一种特质。“子”的本质就是“子性”，是相对于“经”单一性和统摄性而言的，一种基于多元性、开放性为内核的，整体性、个体性的统一，在“面对面”对话下，具有自我否定发展的生发力。总之，所谓“新子学”哲学，就是指发掘于“诸子学现象”，具有这种理念的哲学。

（三）该新哲学是否具有“道统”

春秋末期，诸子各拥其学，但在相当长一段时间内只是师徒相传，无所谓“家”、“流”。至战国初期，诸子才形成彼此间的相互研习，虽然还只是以诸子个体对个体的研究为主，但在一定程度上形成了流派自觉。简单而言，当时以儒家为首，墨、道、法各家相斥相生。到战国中后期，诸子间的相互研究逐渐规模化，渐从诸子个体研究扩展到流派研究。《庄子·天下》即对此有所体现，只是还相对粗糙。汉代司马谈又进一步发展，梳理为“阴阳”、“儒”、“墨”、“名”、“法”、“道德”六家。至于刘向、刘歆父子，则梳理出“九流十家”，班固《汉书·艺文志》继承之。后世诸子学理念多不出其藩篱。

即使这样，后世的研究更多的只是诸子个案的研究（包括文献与思想内容研究），真正对它们所形成的整体现象进行考察的，可谓凤毛麟角。实际上，永远无法从诸子个案研究推论出“诸子学现象”。而极少数涉及整体现象的，也只是停留在对“百家争鸣”这一现象的简单描述上，并未有自觉的“诸子学现象”研究。

且更为重要的，不论是先秦时期的归纳，还是汉代以后的梳理，都是在诸子学不自觉之下完成的。它们的所谓“诸子”，基本上只是经学思维主导下经学体系中的诸子，由其而来的诸子学也只是经学体系内对“六经”要旨的补充而已。这样的诸子学最多也只会是经学下的经学思想在诸子身上的具体体现而已，本身不可能产生“子学哲学”，更不必奢望“新子学”哲学的产生。

即以前只是在客观上存在“诸子学现象”，在主观上对它没有自觉，一般都只是侧重诸子个体的内容整理，少有整体性研究，且相关研究本身也只是经学体系下的研发而已。诸子学的真正觉醒，应该是酝酿于《诸子学刊》的创刊、《子藏》的推出和中国诸子学会的创立，其真正确立则是到“新子学”命题的提出。所谓诸子学自觉，是指将诸子学作为整体现象研究，同时将其从经学思维与体系的禁锢中解放出来，真正呈现其自身。由此，“诸子学现象”才会真正地呈现，“新子学”哲学才得以破卵而出。

“新子学”作为一种哲学，是在当下才出场的。因此，无所谓历史上的“道统”。同时，对于“新子学”哲学而言，过去无所谓“道统”，将来也不会有。“新子学”哲学是一种基于多元、开放、发展世界，面对纷繁复杂而变动不居的他者，实现自我否定式发展的哲学。它不断地释放自身固有的开放性，实现自身与整体学术的良性发展。它没有什么固定不变的内容，也无永恒的范式，因此它对“道统”之类的观念与事物，天然地具有否定性。

（四）“新子学”哲学介入学术文化发展的基本方式

“新子学”哲学对事物的把握着眼于“整体性”，强调“形式”与“内容”的统一。在实践过程中，侧重用“形式”变革带动“内容”发展。在面对事物与事物之间的对话时，则强调“差异性”。不同事物间，不论“内容”，还是“形式”，彼此间相同点甚为了了，“差异性”才是彼此间的真实关系，一般所谓的“相似性”也只是主观回避之下的差异而已。且唯有在自觉此点之后，才能形成真正的对话。

在过往的以经学思维为核心的经学体系下，一般都试图用所谓的“内容的共同点”来实现不同学术与文化的对话。但实际上，这样的共同点少得可怜，根本不足以对话，更多的只是似是而非的“内容上的相似”。这种“内容上的相似”具有极大的迷惑性，由“相似”去比附“相似”，只会落入泥塘，最后失之毫厘，谬以千里。比如，过去常用中国的“太极阴阳”与西方的“矛盾统一”、经学社会的“士大夫”与现代社会的“知识分子”、专制时代的“民本”、“法势术”和现代社会的“民主”、“法治”相比附，以期实现传统文化转化发展。但这些可怜的“内容上的相似”，在巨大的形式差异面前微不足道，因此做了百年的相似内容的比附，仍不知出路而何在，以致陷入无尽的迷茫与混乱之中。

“新子学”哲学在涉及具体学术文化时，从“形式”与“内容”的统一出发，用“文本”理念进行研究发展。“文本”是“文本形式”和“文本内容”的统一体，在本质上两者不可分离，但实际操作中，可以有意识地通过“文本形式”的变革，带动“文本内容”的发展，从而实现作为整体性“文体”的变革。

以《老子》研究为例，《老子》作为一个文本，本身就是一个始终开放、一直在发展中的事物。我们通过对历代《老子》版本的研究可以发现，相关字词句都在无尽的变化之中，篇章结构的变革也是一刻未曾停休。这些“文本形式”的变革直接带来了《老子》学的强有力发展。不仅诸子个体的学术史发展如此，如果我们视诸子学乃至整个传统学术为“文本”的话，文本形式的变革也始终是它们发展的最直接、最强大的推动力。如以文本的文体变革为核心的唐宋古文运动和以文本的语言变革为核心的白话文运动，都相应地带来了学术与文化的大发展。

“新子学”哲学不仅发现了这些现象，继而将之运用于具体的个案研究中，更是在此基础上，更进一步地全面重构了传统学术文化这一大文本的结构。即将它的构成体系由经学统摄体系转变为子学多元体系。这种形式的改变，必然带来学术文化文本在内容上的大革新、大发展。

也就是说，“新子学”哲学通过对整体性的把握，强调形式上的差异，以形式的变革带来内容的改变。它将整体性学术文化视作一个大文本，首先改变了学术文化的构成形式，直接带来大内容的新变革。同时，也以此理念深入到更细节的个案研究中，并结合其他原有的一系列研究手法，推进学术文化全面变革发展。

二、作为一种系统性学术文化工程而出场的“新子学”

（一）“新子学”学术文化工程与“诸子学”发展

“新子学”学术文化工程，是在“新子学”哲学观照下对中华文化的再梳理发展。诸子学是指对诸子思想及其现象的研究与发展。前者的范畴大于后者，后者只是前者的内容之一。同时，在“新子学”学术文化工程之下的诸子学必然与传统诸子学，乃至清末民初以来的诸子学存有本质区别。可以分别称之为“传统诸子学”、“近代诸子学”和“新诸子学”。

“传统诸子学”是指晚清以前对诸子之学的研究。它的根本特点是，研究者将“经”视作一切学术的内在核心，诸子思想只是其派生物和多样化实践。因而，诸子学也是经学系统下的诸子学，只是经学的补充而已。“近代诸子学”则是清末民初时，在西方学术思想影响下的产物。它以胡适等人的诸子研究为代表，主张经、子平等，将诸子学视作与经学等同的另外一种学术。

“新诸子学”则是子学思维与精神觉醒后的产物，是“新子学”

哲学观照下的新学术。它重新发现了诸子学的本质：诸子学不是经学的派生物或实践方面的运用，甚至也不是与经学相对等的另外一种学术，而是经学发展出来的自我否定者。诸子学在本质上与经学不同，它的发展是对经学的不断消解，其作用之一就是令经学不断回归学术文化本身，重新成为“人”的学术。在此基本理念的改变之下，对诸子学的历史与当下，乃至未来，必然会有全然不然的理解。

首先，当我们发见诸子学的特性后，从根本上区分出“经性”和“子性”，这为建构“新诸子学”体系找到了学理上的依据。也正因此，不仅先秦时期的诸子百家属于“子”，秦汉以后的思想家都属于“子”。同时，关于如何处理“儒学”的归属问题，也变得更为简单。此前在面对儒学归属问题时，总左右为难。即使把它归入诸子学，也只是依从古代四部划分原则而言，在根本上未脱离经学体系范畴。现在我们则可以依从“儒学”自身所具有的“子性”，明确其子学身份。

其次，在重新确定其基本构成后，其发展史就会有重新认知。过去没有自觉“经性”、“子性”的存在，无法看清“儒学”在经子之间的特殊性。大部分情况下，研究者都只是简单地从经学为主体出发，以经学对儒学的异化和儒学对经学的依附为据，认为经学越来越发展壮大，而诸子学越来越衰落。这实际上完全没有看到，作为子学的儒学对经学的不断消解。也就是儒学遵从“子性”，不断地消解了经学。因此，诸子学自其诞生以来，并不存在衰落，是一直在发展壮大。

最后，明确了诸子学的发展基础与基本方式。基础是文本，基本方式是社会化大生产。诸子学诞生以来，它的每一次重大变革发展，不论是唐宋明清的古文运动，还是清末民国的白话文运动，都是在诸子文本获得巨大变革之下完成的。同时，它们的发生、发展，都与大众阅读、大众写作的不断深入有关。即诸子学从其诞生伊始，文本大众化就参与其中，两者生命相连，不可断绝。诸子学进化的方式天然的是社会化生产模式。这也是我们在面对网络时代时，“新诸子学”应主动选择的基本发展模式。

总之，“新诸子学”是旧有诸子学在面对“新子学”世界时的自我否定式发展。且应明确的一点是，不可能由所谓的新老学、新孟学等研究诸子个体研究，以简单的“1+1+1=3”形式推出“新诸子学”。只有在“新子学”哲学的指导下，才能产生“新诸子学”，从而带来新儒学、新道学、新法学，及其底下各诸子具体研究的本质性变革。离开“新诸子学”，新儒学等无从谈起，最多只是传统老学、孟学的新发展，且这种发展不会是本质的变革。它不可能由此促进新道学、新儒学的产生，更不可能促成“新诸子学”的产生。也就是说只能是在“新子学”之下，才有真正的新老学、新孟学的出现，而不会颠倒发生。

（二）“新子学”学术文化工程下的“经学”转型问题

如果存在三皇时代，它应该是“神学”时代。人们对世界的理解都在各种神灵观念的支配下。神灵之下的世界，天地虽然广大，裸虫又何来自己的位置？到五帝时代，尤其颛顼绝天地通后，人开始自我觉醒。圣人将天理高悬，强调遵道而行，其鬼不神。此即“经学”的开始。

可以说“经学”是“神学”的自我否定发展而来，是人实现自我的开始，它从蛮荒时代开始，一直到夏、商、西周，对人的觉醒和实现做出了不可估量的贡献。但“经学”本身有着不可剔除的顽疾。它产生于蛮荒、惶恐之中，是为找到一个驯服阴晴不定神灵的主宰，从而走上了寻找世界本源与永恒之理的道路。更何况，是少数所谓先知先觉者带领着众人往这条路去行进。这些少数者由永恒不变的理念出发，为自己树立权威，从而形成了一元专制的学术系统，并最终禁锢了人心，异化了人。所以“经学”之路，从一开始就注定是一条不归路。更何况，多元是世界的本然状态，任何事物都会在面对他者的过程中自我否定式地发展。“经学”亦然，故它在从春秋战国时期开始，就走向了自己的反面，诞生了自我否定者——诸子学。

应该说，在诸子学诞生之后，“经学”就应该光荣地退出历史舞台，只是“经学”中的顽疾——自我中心主义与对人的异化顽固不退，一直试图异化子学以自固。于是形成了长达两年余年的“经”、“子”之争。

“新子学”哲学洞见了这一客观事实。但它不是将“经学”简单地作为自己的死敌，而是将其视作迷途的孩子。它重新发现“经学”在历史上的前后变化。尤其是春秋之后，“经学”一直处在不断消解的进程中。从“经学”自身的角度看，这应该是其自身之理的反应，是它自身的不断自我救赎。从具体进程处考察，则可以理解为，在漫长的岁月中，子学“返而辅之”，不断地用“子性”去剥离、消解经学文本身上的“经性”，让其见得本心，最终以消融于子学文本的形式，回归学术文化本身。也就说，“经学”存在一个在子学帮助下，不断从“以六经为核心的经学”成为新的六艺学术与文化的过程。

因此，“新子学”系统性学术文化工程的一项重要的内容就是重写“经学史”，客观地呈现“经学”的产生、发展、消散的完整过程，最终实现“新子学”世界中，《诗》学、《书》学、《礼》学、《春秋》学等的新发展。

（三）“新子学”学术文化工程下的中华学术文化重写

“新子学”哲学发见了学术文化中的“经性”和“子性”，重新梳理“子学”和“经学”，并以此瓦解了“经学”中最后、也是最重要的核心——经学思维下的学术体系。彻底消散了束缚在中华文化身上的经学枷锁，彰显了固有的“子性”——也就是多元性和开放性。反映在整体性传统学术文化上的最直接改变，也就是上文已提到的整个学术文化基本结构的改变。

传统学术文化的整体性结构由经学体系转变为子学体系，就是从单一统摄封闭结构转为多元并立开放构成。这种形式的改变必然带来中国学术史诸多重要观念的彻底革新，从而实现真正意义上的文学、历史等方面的重写。

应该说，传统的文学、历史等研究多是经学思维与理念影响下的事物，以传统文学研究为例，它即以经学思维与理念去看待自身与世界，所建构的文学理念与结构都是遵从经学体系而来，所写的只不过是经学体系下的文学及其文学史。比如传统观念中，传统文学以道理宣扬和情感教化为核心，建以诗歌、散文、小说序列。它将文学视作说教感化的工具，完全忽视了文学生产新道德、生产新情感的客观现实，同时将最具大众化的小说视作文学末流，也是基于其与“经学”义理最为疏远的观念。也正因此，中国“文学”才如此缺乏人性，缺乏朝气。“新子学”学术文化工程自然包括，用“新子学”理念对传统文学，尤其是小说研究进行新的梳理。笔者目前正在进行相关工作，已取得一定进展。

当然，不仅文学如此，其他学术亦然。只是相关研究皆有待进一步展开。当这些获得全方面的实践时，“新子学”必将为我们呈现与过去截然不同的学术文化世界。

小　结

如果说客观自在的“诸子学现象”如同无垠森林中一树枝叶上的蚕，“新子学”则是由其脱变而来的“蝴蝶”。“蝴蝶”散粉人间，令粉融为众生的“肉眼”，实现对万物最朴素的“看”，从而造就对包括蝴蝶、原有蚕及其所在枝叶乃至整个森林的重新梳理。因此，这一切并不是对所谓“原有时空”的取代，而是对“交互流变时空”最原初、最朴素的重新发见。令从来朴素的世界呈现其朴素自身，并以此实现本就在其中的蝴蝶、蚕、树木、枝叶，乃至整个森林的自由逍遥。

但这样的看法，乃至这样的表达，也许本身就太过缥缈，故现阶段难以有切实的回响。同样，对于传统看法而言，对“经性”、“子性”的发掘，以及对经学、子学关系的重新鉴定都极具颠覆性，故这些看法在“新子学”国际学术研讨会上一经提出，便如会议侧记所反映的那样，收获的是广泛的质疑。但这无法改变这样一个事实，它就是中华学术文化的出路！

当我们学术界在面对传统文化与当下文化的鸿沟而思维尚停留在现代性阶段，意图用经学的形而上思维与体系一统天下时，社会早已将我们抛在身后，大踏步地走入了后现代阶段。也就是说，我们当下所面对的社会是，学术文化还停留在前现代阶段、正努力着进入现代性阶段，但最底层的物质基础与社会构成已身在后现代世界中。

我们所面对的就是这样一个特殊的“后现代中国”，因此继承于传统的“新经学”、“新儒学”等不足以解决中国下半身——社会现实的后现代之忧，而纯粹的西方后现代理念无法回应中国上半身——学术文化的前现代之困。唯有发掘于中国固有的“诸子学现象”、又面向世界的“新子学”，才能整体性地予以治疗。惟有它才能贯穿于中国传统而无碍，行走于当下而能与中国社会现实乃至世界潮流无缝连接。如此，解决中国“前现代、现代、后现代交错综合症”已得良方，中华学术文化革新发展非好梦闲谈，已然在实践中。

（作者单位：华东师范大学中文系）

“新子学”方法论之反思
——基源问题研究法与创造的诠释学的知识建构过程

（台湾）赖贤宗

导 论

方勇提出的“新子学”构想，在延续与创新国学上非常具有建设性，对于中国哲学过分西化的当代研究的困境具有针对性，对于建设文化大国也具有战略性的价值。方勇说：“当下，它正再一次与社会现实强力交融，呈现出全新的生命形态——‘新子学’。‘新子学’是子学自身发展的必然产物，也是我们在把握其发展规律与时机后，对其做的进一步开掘。它将坚实地扎根于传统文化的沃土，建立起属于自己的概念与学术体系，以更加独立的姿态坦然面对西学。同时，它也将成为促进‘国学’进一步发展的主导力量，加快传统思想资源的创造性转化，实现民族文化的新变革、新发展，为中国之崛起贡献出应有的力量。”

“旧国学”以传统儒家的经学为限制，过于忽略中国哲学中除了儒家以外的思想资源，而且“旧国学”经史子集的四部分类也有其缺失。“新子学”对这些加以突破，方勇以中国传统思想家与文学家为"新子学"范围，以思想史为坐标，具有相当的建设性。"新子学"不是要回到思想僵化、权威严厉的"经学时代"，而是要继承充满原创性、多元性的"子学精神"，并且批判地继承过去，立足现在，力求发展，从而更好地建构未来。

以"道"文化为基础的统整性的本体诠释有其必要，本文探讨"新子学"在知识建构过程上所需要的方法论。本文以20世纪劳思光先生提倡的基源问题研究法，以及傅伟勋先生提出创造的诠释学，加以重检，而折中于本体诠释学的知识建构过程。

20世纪劳思光先生提倡基源问题研究法，傅伟勋先生提出创造的诠释学，乃是中国哲学的世界化与现代化之重要里程碑。如何以创造的诠释学的视点，在当代意义脉络之中，从事具有世界哲学意义的中国哲学的创造性诠释，从而进行统整性的本体诠释，具有跨文化沟通（Interculturelle Communication）之知识建构内涵，而且同时具有基源问题研究法的知识论建构之严格性与系统性，乃成为学界关注之要项。为回应"新子学"之当代创造，本文就此在知识建构的方法论上加以讨论。

一、"新子学"究竟如何面对西学

中学与西学之争，从清末至今已经持续一百多年。方勇教授既反对"迷失在西学丛林里难以自拔的自由主义"，也不取"一味沉溺于以中国解释中国的保守思维"，颇具见识。

方勇说：

> "新子学"主导下的"国学"也将继续凭借子学开放、包容、发展的特点，实现其自身的跨越式发展，我们也将重新树立民族文化自信心，更加坦然地面对"西学"。面对

“西学”，我们必将以更为开放的心态，使中国传统思想文化与西方科学理念得到完美结合，并转生为当今社会的精神智慧之源，最终发展出民族性与世界性兼备的新国学。在当今社会，我们倡导子学复兴、诸子会通，主张“新子学”，努力使之成为“国学”新的中坚力量，非为发思古之幽情，更不是要回到思想僵化、权威严厉的“经学时代”，而是要继承充满原创性、多元性的“子学精神”，以发展的眼光梳理过去与现在，从而更好地勾连起未来。

如何以“新子学”来创造新国学，面对西学的挑战，并对于当前世界的问题提出自己的解答，对于这些如何加以落实，本文从诠释学的方法论的角度，提出若干反思。

汤一介在《关于西学与中学的讨论：以诠释学为例》① 的访问稿中说：“中国有比西方长得多的解释经典的历史，并在经典解释中创造出丰富的解释经典的原则和方法，我相信，在今天我们有了创建‘现代中国解释学’的自觉的基础上，迟早会创建出不同于西方解释的中国解释学，为人类的学术文化作出我们应有的贡献。”本文在此一问题意识中，以傅伟勋先生提出创造的诠释学与劳思光先生提倡基源问题研究法为例，来探讨创建当代中国诠释学中的中国哲学的知识建构的问题。本文主要是厘清傅伟勋先生提出创造的诠释学的五个层次的知识建构过程；并以此来解说劳思光先生的基源问题研究法若是作为一种诠释活动，所具有诠释理解的知识建构过程是如何。通过以

① 汤一介《关于西学与中学的讨论：以诠释学为例》，《光明日报》2002 年 9 月 26 日。汤一介《能否创建中国的解释学?》，《学人》（第 13 辑），江苏文艺出版社 1998 年版。汤一介《再论创建中国解释学问题》，《中国社会科学》2000 年第 1 期。汤一介《三论创建中国解释学问题》，《中国文化研究》2000 年（夏之卷）。汤一介《关于僧肇注〈道德经〉问题——四论创建中国解释学问题》，《学术月刊》2000 年。

上讨论，来进行关于“新子学”、中国哲学当代诠释的方法论的反思。

笔者著有“中国哲学与诠释学丛书”，包含《佛教诠释学》、《道家诠释学》、《儒家诠释学》与《意境美学与诠释学》（北京大学出版社2008年版）。此外，还有《赖贤宗著天台佛教的解脱诠释学》（台北新文丰出版公司2010年版）。以上这些都是关于诠释学观点中的中国哲学研究。现在，想以哲学诠释学为角度，就认识论、知识建构的方式，来讨论前辈中国哲学家傅伟勋、成中英、劳思光、张立文所论述的中国哲学的研究方法。

本文集中于劳思光的基源问题研究法与傅伟勋的创造的诠释学。首先解释劳思光的基源问题研究法也可以作为诠释行动来看。其次，笔者讨论傅伟勋的创造的诠释学的五重步骤。探讨其知识建构过程。最后，以创造的诠释学的五重步骤来考察劳思光的基源问题研究法，以厘清后者的知识建构过程。此中，劳思光先生以“设准”作为基源问题研究法中评判全体理论与思想发展趋向的总枢纽，此乃是相当于傅伟勋先生创造的诠释学的第四“当谓”层次。这已经跨入“创造性的诠释”的层次，也就是一种哲学家以自身的哲学慧识来书写哲学史，乃是一种六经注我。其具体内容为何？在此，吾人厘清早期、中期劳思光先生的思想中，此一“设准”乃是“主体性”哲学，而其特色在于德性我、知性我、情意我的三分说。此一“主体性”哲学主要是就康德哲学的意义而说；其次，劳思光先生也常用“真我之境”等语词，从而所谓的“主体性”也涉及海德格尔的此有诠释学（Hermeneutik des Daseins）对于该一问题的反思。此一“主体性”哲学以“价值自觉心”为统合之原理与动力，而以“主体自由”为目标。既然以“价值自觉心”为根本与动力原理而以“主体自由”为目标，则也就有了文化开展的问题。“主体性”哲学是在“文化哲学”中得到最后的完成，然而文化是一个不断创造的过程，故此一所谓的完成也永远向前开放。

此处之文化哲学的阐明已经进入傅伟勋先生创造的诠释学的第五“必谓”或“创谓”层次。劳思光先生的文化哲学分为两种：一种是各家文化精神的观照与比较，例如关于儒家、道家、佛家，乃至于比较于希腊哲学与基督宗教。另一种是当代文化的新议题之观点中的文化哲学，主要是中国社会实践民主政治的问题。二者都是跨文化沟通的哲学。在文化哲学的讨论上，前期与中期的劳思光先生主要是以“主体性”哲学为其“设准”。

晚期的劳思光先生的文化哲学是以文化二重结构观来进行文化历程的分析①。对于早期文化哲学预设了黑格尔式的外化说，颇有不满。然而，在强调价值自觉心、真我之境的劳思光早期哲学，康德式的主体性哲学本来就容许许多诠释空间。以写作于1960年前后的《论存在主义》而论，劳思光先生的主体性哲学的主体概念也可以是海德格尔式的此有、在世存有。总之，此文不理会此中的争议，而以开放式的康德诠释以及海德格尔式的此有诠释学为观点，来阐明劳思光先生的主体性哲学此一倡基源问题研究法的设准。

二、“诠释学”的发展与主要面向与“基源问题研究法”

（一）“诠释学”的发展与主要面向

“经验分析的科学”，着重在因果关系的“说明”（explanation），

① 参见梁美仪《“历史动态观”与文化本质论》，尤其是“文化二重观与文化历程的分析”一节，收入刘国英、张灿辉合编《无涯理境：劳思光先生的学问与思想》，香港中文大学出版社2003年版。

然而，我们了解有些"人文学科、精神学科"所讨论的事物的本质并非可以用"说明"可包含在内，这也就是一般所谓"意义理解"的问题。

西方诠释学的发展阶段，基于本文讨论的需要，简论如下。

首先，"诠释学"最早是作为圣经的解经学。这样的"诠释学"乃是作为特定文本的解经的方法论，还不具有普遍意义。

其次，施莱马哈（Schleiermacher，1763—1834）建立一般诠释学。所谓的一般诠释学，将诠释学的文本对象由圣经扩大为所有的文学哲学的经典文本，例如柏拉图的《对话录》等。一般诠释学也探讨诠释学的知识建构过程，而不只是文字上的解经学。立基于语言与思考的关系，施莱马哈建立一般诠释学，他认为语言默认了思考。所以，诠释学不应只限于文字，而应扩展到人类文化的产物，所以诠释学必须由人类活动为出发点。表面上，施莱马哈似乎只扩充了范围，然而实际上有一个根本的转变，这转变在于其所要了解的不只是文字或话语的所谓客观意义，而是作者或说话人的"个体性"。个体性乃是共通于全人类的"全体生命"（All - Leben）之个体化的结果，是故施莱马哈肯定共通人性产生共通语言，进而可以具有先见、理解。那我们又如何能了解这里所谓的"个体性"呢？施莱马哈强调"同情共感"，必须投入而理解，亦即将自己投入作者的心灵中，使之重演（Verstehen bedeutet ein Wiedererleben des Bewusstseins），如此才能理解其如何形成心灵程序之深入内容，而不只是所谓客观的内容乃是表面的东西而已。

复次，狄尔泰（Wilhelm Dilthey，1833—1911）的"生命的诠释学"。狄尔泰界定诠释学为"了解用文字书写固定下来的生命表现的方法学"，施莱马哈认为诠释学只是"避免误解的艺术"，但狄尔泰所要建立的"生命的诠释学"已转变为精神科学之"知识论—方法学"基础上的生命哲学。施莱马哈的"诠释学"是要作为一种人文活动、精神活动的意义理解的学科，此中，“诠释学”是一种知识论。自然科学的研究中，着重于说明（explanation，Erklarung），乃用原因事实导出他们之间的关系。而人文科学中，强调理解（understanding，Verstehen），是由内而外的呈现方式。而狄尔泰认为所谓的“诠释”，即把某物当作在“生命关系”（Lebenszusammenhang）的某物来体验，而掌握它在生命体验上的意义。“生命的诠释学”具有如下程序：体验（Erleben）、表达（Ausdruck）、理解（Verstehen）。生命有其体验，才能进行创作上的生命表现，表现则在理解之中得以揭示其意义。

复次，在海德格尔（Martin Heidegger）的存有思想之中，“诠释学”经历了存有学的转向，强调存有学差异，破除了传统形而上学的存有神学构成，所谓“存有学的转向”是从存有思想出发，发展成为德国班堡大学瀚利希·贝克（Heinrich Beck）所说的“本体诠释学”（德文 Onto－Hermeneutik）；此外，成中英也运用英文的 Onto－Hermeneutics 一词（中文：本体诠释学），接近于中国哲学所说的体用论，体用心性之学。迦达默尔（H. Gadamer）《真理与方法》予以发扬光大，所使用的名称则是“哲学诠释学”，意味着“诠释学”不只是文本诠释的方法论，也不只是精神学科的知识论，而就是一种根本的哲学活动。乃是回到“爱智”（爱慕智慧）这一个哲学（Philosophy，Philo－sophia）的本质，海德格尔与迦达默尔的“诠释学”乃是要从存有思想的根本，来思考真理的本质，乃至于来重新进行各个领域的哲学思考。

复次，将海德格尔与迦达默尔的存有思想中的“诠释学”在“应用”（Anwendung）的领域予以发挥，则创造出有各个个别学科领域的诠释学。例如慕尼黑大学法律学院的 Arthur Kaufmann 的《法律诠释学》，此外还有美学诠释学、宗教诠释学等。

复次，将海德格尔与迦达默尔的存有思想之中的“诠释学”在

"应用"的领域予以发挥，而在方法论上有所反思，提出方法论上的创新之说，则有利科（P. Ricouer）的"象征诠释学"。可以说，"本体诠释学"、"哲学诠释学"乃是一种偏向于理论、思想为主的表达，而"象征诠释学"则是落实在文学艺术、宗教的象征运用。人的思想不是抽离挂空式的存在，是具有文化的身体。故对于文本—作者—读者的整体辩证性有着更加详细入里的把握。

最后，在"应用"的领域发挥"诠释学"的当代创造，除了上述的各个个别学科领域的诠释学，以及方法论上的创新之说之外，也有不停于诠释的理论活动，还有着重于实践上的建设性的功能与解放性的功能的"解脱诠释学"。"解脱诠释学"包含了对于意识形态的批判，包含了社会解放意味的"解脱诠释学"。此外，也包含了"解脱经验"（例如：无生、涅槃、开悟、主体自由、德性实践）的诠释此一意义下的"解脱诠释学"。

（二）"基源问题研究法"作为一种"诠释学"的实践

依据劳思光先生所说："所谓基源问题研究法，是以逻辑意义的理论还原为始点，而以史学考证工作为助力，以统摄个别哲学活动于一定设准之下为归宿。"① 可以说，劳思光先生提倡基源问题研究法具有下列几个层次：1. 文献学研究的，以文献为中心的历史批判法的层次。2. 观念史研究的层次。3. 主体性哲学的层次。4. 文化价值之哲学的层次。应该说，"基源问题研究法"也具有诠释学的意义。

劳思光先生的基源问题研究法中的文献学研究的，以文献为中心的历史批判法的层次，乃是一种作为解经学或人文经典的一般诠释学。此中，劳思光先生常常提醒价值自觉、主体性、文化精神的重要

---

① 劳思光《中国哲学史新编》（一），三民书局1984年增订初版，第15页。

性，深深具有一般诠释学的区分经验科学与人文学科的不同的诠释学的方法论意识。就此而言，不能不说劳思光先生的基源问题研究法深深具有一般诠释学、作为精神学科知识论的诠释学的趣味。

复次，劳思光先生是中文地区最早介绍海德格尔的存有思想的学者之一①，他对于实存的诠释学、此有的诠释学也是相当熟悉。因此，劳思光先生在运用基源问题研究法的时候，强调价值自觉，他所强调的基源问题研究法回归到德性我、知性我、情意我的主体性的境界内涵，来厘清儒家，道家与佛家的心性体用之说，可以说深具“生命体验的诠释学”的意味。劳思光先生早年曾经深入研究康德哲学，但是他所强调的主体性、价值自觉，固然深具康德哲学的意义，但是也具有“生命体验的诠释学”的意味。

又，他持续一生尤其是在晚年强调文化哲学之研究，乃是体认到人的思想不是抽离挂空式的存在，是具有文化的身体，故劳思光先生晚年的文化哲学对于文本—作者—读者的整体辩证性有着更加详细入里的把握，具有诠释活动的趣味。

最后，劳思光先生认为哲学思考的功能 orientative（引导的）功能或 explanatory（解释的）功能，因此哲学可以分为引导性的哲学与认知性的哲学②。他说：“中国哲学作为一整体看，基本性格是引导的哲学。”③ 中国哲学的功能在于达到“自我转化”与“世界转化”。

---

① 劳思光《中国文化要义新编》，梁美仪编《思光学术论著新编之一》，香港中文大学出版社 1998 年版。劳思光《存在主义哲学新编》，张灿辉编《思光学术论著新编之二》，香港中文大学出版社 1998 年版。其中收有劳思光 1960 年发表的《论存在主义》。

② 石元康《引导性的哲学与认知性的哲学》，收于刘国英、张灿辉合编《无涯理境：劳思光先生的学问与思想》。

③ 参见《对于如何理解中国哲学之探讨及建议》，收入劳思光《思辨录》，台北东大出版社 1996 年版，第 18 页。

中国哲学的长处在于发挥 orientative power（引导的效力）；而不像西方哲学长于思辨，重点在于 explanatory power（解释的效力），深深具有"解脱诠释学"的思想内涵。未来中国哲学的世界化，就在于如何在当代世界之中，于发挥引导的功能，在当代世界中在文化创造上达到"自我转化"与"世界转化"。

三、诠释活动的知识建构：创造的诠释学的五个进程

傅伟勋（1933—1996）是最早将诠释学引入中国哲学研究的先驱之一。早在 1972 年，因为探讨老子之"道"所蕴涵的哲理，他首次触发诠释学的想法。1983 年，傅伟勋在长篇学术自传《哲学探求的荆棘之路》中首次简明创造的诠释学的架构。1984—1988 年间，他在海峡两岸多次以"创造的诠释学"为题发表学术演讲。1989 年，傅伟勋撰成《创造的诠释学及其应用——中国哲学方法论建构试论之一》，则为创造的诠释学最具有系统性论述之长篇①。

本文从诠释学的根本原理出发，在创造诠释的五个进程之中，来阐明中国哲学的当代诠释的知识建构过程。此中包含了三大部分的知识建构的过程，首先是诠释者以文字校正与考据等文献学的功夫；以此为研究的文献基础。其次，并深入文本观念与学说的意义理解之逐步深入内容，从字面意义出发，深入到底层的意义结构，甚至是文本与前面的诠释者所未及思索的意义结构。最后，在新时代的问题视阈之中，达到具有创造性的理论创造，乃是一种跨界的诠释学。

以符号学（semiotic）的观点说之，乃是如何从语法学（syntac-

① 景海峰《解释学与中国哲学》，《哲学动态》（PHILOSOPHICAL TRENDS）2001 年第 7 期。

tic）的知识，到达语意学（semantic）的知识诠释，最后到达语用学（pragmatic）的创造性的知识诠释①。

综合上述两种说法，可以描述此处所说的创造的诠释学的知识建构过程如下：如何以语法的视点出发，或说是文献学的考据研究作为基盘，校正字型与句读，以共同接受的文法来梳理文句顺序，并自觉此一文献研究的限制，来从事知识研究。又，如何在语意学的层次，经由浅层的语意诠释，到达深层的隐而不显之语意诠释。又，从事于极深层的诠释，此乃是对于原本对原作者而言并未意识到的存在的可能性，加以创新性的揭露的诠释。最后，语言的意义受到语言运用的状态而决定，以及哲学语言的功能在于 orientative power（引导的效力），而不在于 explanatory 的效力，在新的应用领域中的语用中，来重新从事的原先的文本诠释，在跨界沟通中发挥原先的概念与说法之创发性的诠释。上述最后两者可以称为创造的诠释学的诠释，本体诠释学的跨界沟通的创造诠释属于其中之一种。

傅伟勋的“创造的诠释学”共分五层辩证的诠释步骤②：

第一，“实谓”层次：“原思想家（或元典）实际上说了什么？”（“What exactly did the original thinker or text say?”）（前诠释学）

第二，“意谓”层次：“原思想家想要表达什么？”或“他所说的意思到底是什么？”（“What did original thinker intend or mean to say?”）（析文诠释学）

第三，“蕴谓”层次：“原思想家可能要说什么？”或“原思想家

① 郑志明《论傅伟勋的佛教生死学》，《宗教哲学》第三卷第四期，1997年10月，台湾宗教哲学研究社，第131～148页。

② 参考文献：1. 傅伟勋《从创造的诠释学到大乘佛学》，台北东大图书公司1990年版。2. 傅伟勋《佛教思想的现代探索》，台北东大图书公司1995年版。3. 傅伟勋《学问的生命与生命的学问》，台北正中书局1994年版。4. 傅伟勋《从西方哲学到禅佛教》，三联书店1989年版。

所说的可能蕴涵是什么?” (“What could the original thinker have said?” or “What could the original thinker’s sayings have implied?”)(历史诠释学)

第四,“当谓”层次:“原思想家(本来)应当说出什么?”或“创造的诠释学者应当为思想家说出什么?”(“What should the original thinker have said?”, or “What should the creative hermeneutician say on behalf oh the original thinker?”)(批判诠释学)

第五,“必谓”或“创谓”层次:“原思想家现在必须说出什么?”或“为了解决原思想家未能完成的思想课题,创造的诠释学者现在必须践行什么?”(“What must the original thinker say now?” or “What must the unfinished philosophical task of the original thinker?”)(至此才算是狭义的“创造诠释学”)①

傅伟勋曾以这套“创造的诠释学”重新探讨《道德经》、《大乘起信论》元典以及道元禅学与海德格尔哲学的比较研究。对于佛教终极关怀的基本观念——缘起说,傅伟勋也以这五大层次的诠释方法,强调诠释观点的游走与意义理解之深浅不同,以缘起说为例来阐明佛教的终极实在观之整体面貌。傅伟勋称之为“整全的多层远近观”,利用“创造的诠释学”方法论来理阐明不同流派与经典的佛教教理,一一在此整体观中来安顿各种教理,使之具有相互涵摄与系统发展之关系,此即类似于古代所谓的判教。例如在天台佛学之中,有所谓的五时八教。

第一层“实谓”层次,基本上涉及文本校勘、版本考证与比较等文献学(philology)课题。这种文本校勘乃是文本研究的底盘,极为重要,尤其是对于四谛说、缘起论、二谛说、四句说等佛陀教义的研究,可以经由“实谓”层次的研究,从文本的校勘中,来厘清其

① 傅伟勋《从创造的诠释学到大乘佛学》,第10页。

原始的素朴的文本表达，脱离后代各宗各派因诠释差异所形成的复杂争论，直接掌握《阿含经》中素朴直接的表达。

第二层“意谓”层次，是表层的意义诠释，这是“依文解义”的问题，通过概念的语意澄清，以及文本意义脉络的分析，厘清前后文字面意义的表面矛盾，以及对于原思想家时代背景加以考察等工夫。这里的工作乃是元典文字的字面意义的解释的问题，涉及的是思想史中最初的元典的文字表面意义的诠释，还未涉及思想史的展开过程中对于同一元典的深浅意义与不同面向意义的展开。此处讲求的是尽量“客观忠实地”了解并诠释元典文本的意义，但是所谓的人文学科研究的“如实客观”的意义诠释，也具有其问题。这里涉及的是“语意学”（semantic）的问题。除了厘清字面表面意义之外，去除其矛盾与通贯其脉络之外，必然也涉及意义的深浅的不同层次的问题。所以，实际上，佛教思想史中，有一些基本观念如四谛说、缘起论、二谛说、四句说等佛陀教义等有不少诠释论点的差异，这些不同的意义诠释因各自有其“依文释义”的系统，因此就必须进入下列所说的“蕴谓”层次。傅伟勋认为元典思想表达可能就有着种种丰富的诠释进路，应在解义上允许各家各派有多种多般发展的路向。

傅伟勋认为：针对元典的“意谓”的语意分析，大致上来说包括三种：脉络分析（contextual analysis），逻辑分析（logical analysis），以及层面（或次元）分析（dimensional analysis）。脉络分析的主要功能，是要专就语句（字词或句子）在各别不同的特定脉络范围，析出该语句的脉络意义及蕴涵（contextual meaning and implication）。

意涵的脉胳分析，以老子《道德经》关于“无”的讨论，举例如下：

	原文	意涵：脉络分析所指	英文翻译
"无"	"无名天地之始"（首章） "天下万物生于有，有生于无"（第四十章）	"无"指谓"道始"或"道原"（Tao as Origin）	道原 （No－thingness）
	"有无相生"（第二章）	"无"与"有"构成物极必反，相反相成的"道理"（Tao as Principle）	道理 （Non－being）
	"无之以为用"（第十一章）	"无"指"道用"（Tao as Function）	道用 （Non－beingness）

逻辑分析乃是透过前后文的比对，去除表面上的或语句表达上的前后矛盾，例如"天下万物生于有，有生于无"（《道德经》四十章）与"有无相生"（《道德经》二章）在文字表面上具有矛盾。但是只要厘清这两句归属不同的脉络，厘清二者的思想逻辑，就可以消除矛盾①。

举老子《道德经》为例，以王弼本为元典而对《道德经》进行层面（或次元）分析。首先，区分出道体和道相两个层次。其次，在道相又区分为五个层面②。

① 傅伟勋《从创造的诠释学到大乘佛学》，第22页。

② 同上。

“道”	“道体”（Tao as Reality）	指形而上学的（超越任何形而上学人为思辨的）隐而不显的“道”的本身。如“道可道非常道，名可名非常名”。
	“道相”（Tao as Manifestation） 层面分析：道德与道术为道相的人生之道（The Way of Humanity） 层面分析：道体、道理、道用，属于道相自然之道（The Way of Nature）（Tao as Manifestation）	超形而上学的“常道”言，本无所谓的“道体”与“道相”的分辨。所谓“道相”，则是老子退而求其次，经由日常观察与生命体验的形上学深化，权且描述道体所彰显的样相状貌。 “道相”又可以区分为五大层面： 一、“道原”（Tao as Origin）：如“无名天地之始”、“有物混成，先天地生”。 二、“道理”（Tao as Principle）：乃指道体彰显之无物极必反，天网恢恢的自然规律。 三、“道用”（Tao as Function）：自然、无为、柔弱等辞所描述的道所彰显的自然功能。 四、“道德”（Tao as Virtue）： 五、“道术”（Tao as Technique）：皆为老子所提倡的人道，自然之道乃为老子所倡人道的本根。

第三层“蕴谓”层次，是深层的意义诠释，这是“依义解文”的问题，不只是停留在自认为“如实客观”的“意谓”诠释上，而是透过思想史上已经有过的许多元典诠释进路探讨，整理其中几个比较有代表性的进路与观点，展开其内在发展的深浅不同层次与面向，能发现元典思想所蕴涵的深层义理结构。以及依此义理可能重新安排

高低，展开多层诠释的蕴涵。这里所说的“蕴谓”层次是深层的意义诠释，所涉及思想史的展开过程之中的对于同一元典的深浅意义与不同面向意义的展开。从“依义解文”的方式，可以掌握佛教语词及其意涵的历史积淀，比如佛教的有一些基本观念：四谛说、缘起论、二谛说、四句说等，即是历史积淀的产物，是经由历史文化、语言表达、民族精神、思维方式等种种知识建构条件上的差异，以各时代的代表性佛教思想家们种种诠释学洞见为诠释活动的主轴，使原先的佛教思想彰显丰富的义理蕴涵。

在“蕴谓”层次的首要工作，在于通过思想史上已经有过的许多元典诠释进路，归纳几个较有诠释学分量（hermeneutic weight）的进路或观点，借此厘清元典思想所表达的深层义理，以及依此义理可能重新安排高低出来的多层诠释蕴涵。

以老子《道德经》的诠释为例：

总结对于老子思想深层义理的古今看法，大致上来说有：

1. 庄子、王弼以来的传统道家哲学的诠释进路；

2. 韩非子以来的法家对于《道德经》的诠释进路；

3.《孙子》兵法的兵家对于《道德经》的诠释进路；

4. 养生家、修炼家对于《道德经》的诠释进路（例如《河上公注》、龙渊子《道德经讲义》）；

5. 道教对于《道德经》的诠释进路（例如《老子想尔注》）。

第四层“当谓”层次，是极深层的意义诠释，乃是原先的元典思想家的思想体系所未及探讨而已经存在此一诠释的可能性之深层意义结构。

到了“当谓”层次，对于元典或原思想家的思想表达建立一种具有独创性的诠释学洞见与判断（a unique hermeneutic insight and judgment），设法发掘原思想体系表面结构（the surface structure）底下的深层结构（the deep structure）出来。

如庄子就是一位创造的诠释学家，亦是第一流的语言（分析）学家，我们大抵可以通过庄子的进路解决老子的"当谓"课题。

傅伟勋认为：如通过庄子的"超形而上学的突破"（trans - metaphysic）[①]，可以解开老子的道体之谜。老子仍说"道之为物"，庄子则说"道，无之极"，非有非无，亦非言（有名）默（无名）可载，超越形而上学上一切二元的对立相待，既不肯定亦不否定，而"道"本身亦是假名，乃是大化流行（appropriation，Erieignis）。有如中国大乘佛学（尤其三论宗）所言"空亦复空"，离四句绝百非，言亡虑绝而一切不可思议。庄子又时以"至无"、"无无"或"无有无有"等语，暗示有无、是非、虚实、体相等等形而上学的人为思辨所由构成的二元对立概念不足以把握超形而上学意义的不可道之道，这些概念必须统统打入于超形而上学的括号（transmetaphysical bracketing）之中，存而不论[②]。

笔者以为最能表现"当谓"层次的诠释学意义者，当数天台宗与华严宗的判教理论。在佛教诠释学之中，所谓的"判教"就是这样一种"当谓"层次的诠释学。例如天台佛学所说的的"五时八教"的"判教"，不仅接受大小乘各宗教义的形成发展乃是各有各的道理，还要去追究所有的发展理路的表面结构底下所隐藏着的深层结构。例如四谛说在天台佛学的"判教"之中被诠释为"四种四谛"，而搭配于藏教、通教、别教、圆教的化法四教的诠释角度。当能掌握到原思想体系的极深层的隐藏着的意义结构时，可以超越思想史中诸

① 傅伟勋《从创造的诠释学到大乘佛学》，第36页。"超形而上学"的重点固然在"超"（超越两边），但是回到海德格尔所说的 Metontologie（傅译为超形上学，原当为超存有学）的本义，更该衔接于海德格尔的存有思想的整个进程来加以理解。

② 傅伟勋《从创造的诠释学到大乘佛学》，第37页。

多可能的诠释进路，整理文本与原思想家的义理的整体结构与根基，依此重新安排整体的脉络意义，将以前出现过的不同层面意蕴等的深浅轻重，而为原思想家说出他应当说出的诠释话语，故是所谓的"当谓"层次。

第五层"必谓"层次。"必谓"层次是思维历程自我转化的问题，比如老子的时代没有女性主义哲学，但是可以设想老子面对当代女性主义哲学，会如何响应。《道德经》成书的时代没有太极拳，但是可以将《道德经》拳谱而诠释之。

比如发现了四谛说、缘起论、二谛说、四句说等佛陀教义等义理蕴涵与发展理路，以及深层结构的根本义理之后，应当进一步地开展佛教思想的当代意义，并且发挥其应用功能。这涉及跨文化沟通(Interculturelle Communication)、跨界沟通，也就是传统的理论遭遇了诠释者的当时代的新的理路加以践行的领域，所必然要展开的创造性诠释。如此，也可以激活佛教原有的思想体系，帮助佛教与中外各大思想传统的相互对话与交流，进行当代诠释，培养出佛教继往开来的创新力量，才能真正彰显出佛教内在的活力。

第一层"实谓"层次，是一种文献学研究。第二层"意谓"层次，是表层的意义诠释。第三层"蕴谓"层次，是深层的意义诠释，是思想史的研究。第四层"当谓"层次与第五层的"必谓"层次是属于傅伟勋先生提出创造的诠释学的创造性诠释。此中，传统佛教的判教，乃是属于第四层的"当谓"层次的诠释。第五层"必谓"层次乃是跨文化沟通（Interculturelle Communication)、跨界沟通之知识建构。

本文以诠释学的根本原理出发，在创造性诠释的五个进程之中，来阐明诠释学的知识建构过程。也就是如何从语法学的知识，到达语意学的知识诠释，最后到达语用学的创造性的知识诠释。也就是说：如何以语法的视点出发，或说是文献学的考据研究作为基盘，并自觉其限制，来从事知识研究。又，如何在语意的层次，经由浅层的语意诠释，到达深层的语意诠释，以及极深层的隐态的深层诠释。以及在语用中的跨界沟通中来从事本体诠释学的诠释。上述后两者可以称为创造的诠释学的诠释，或说是诠释学的跨界沟通的创造诠释。

经由以上阐明，吾人对于本体诠释学的知识建构过程得以厘清。同时，对于中国哲学的现代化与世界化的知识建构程序，在本体诠释学的视点之中能够更有把握。

四、基源问题研究法的知识建构

在劳思光先生提出基源问题研究法之初，它是被当作一种哲学史的研究方法而提出。劳思光先生《中国哲学史新编》（一）将哲学史的撰写方法分为四种①：（1）系统研究法；（2）发生研究法；（3）解析研究法；（4）基源问题研究法。

劳思光先生在逐一批评了系统研究法、发生研究法、解析研究法之后，又在《中国哲学史新编》（一）解说基源问题研究法：“所谓基源问题研究法，是以逻辑意义的理论还原为始点，而以史学考证工作为助力，以统摄个别哲学活动于一定设准之下为归宿。”② 此中，“以史学考证工作为助力”涵盖了所有的文献考据、历史考证等文献学研究之方法。然而只是以此为“助力”，最重要的还是劳思光先生

---

① 在《哲学问题源流论》一书中，劳思光先生以“基源问题研究法”，对世界哲学之三支，也就是西方哲学、中国哲学和印度哲学，依于各自之理论特性及主要哲学问题之起源及发展，作出清晰的阐明，乃劳先生早期具代表性的哲学著述之一。本书曾于1956至1957年间分章发表。

② 劳思光《中国哲学史新编》（一），第15页。

所说的“以逻辑意义的理论还原为始点”，也就是要挖掘哲学史之中的深层的思想结构，以此为起点。最后是要以哲学史撰写者自己的哲学观点作为“设准”来统摄个别哲学活动；从而赋予某家哲学思想以思想逻辑结构的整体性，以及探索厘清哲学史的整体发展的思想脉络。

接下来，劳思光先生叙述了基源问题研究法的三个步骤，也就是：1. 掌握一家理论的基源问题。2. 由基源问题展示一理论的全象。3. 从事全面的判断，对哲学思想的进程及趋向做一种评估。劳思光先生在此强调必须要有某种“设准”①。

在基源问题研究法的三个步骤之中，第一与第二个步骤是要厘清隐而不显的思想结构，也就是挖掘一家哲学思想的根源性的思想概念，予以厘清，并以此一核心观念为主轴，阐明此家哲学思想的理论全象。

既然其目的是要阐明一家哲学文本的隐而不显的思想结构，可以说，基源问题研究法的第一与第二个步骤，也就是：1. 掌握一家理论的基源问题。2. 由基源问题展示一理论的全象。这相当于前述创造的诠释学的第二层次“意谓”之表层的意义诠释，以及第三层“蕴谓”层次之深层的意义诠释。

然而，基源问题研究法的三个步骤之中，最关键的是第三个步骤。也就是要从事全面的判断，对哲学思想的进程及趋向做一种评估。劳思光先生在此强调必须要有某种“设准”。这相当于前述的创造的诠释学的第三层的“蕴谓”层次之深层的意义诠释，与第四层次“当谓”层次。

依据“所谓基源问题研究法，是以逻辑意义的理论还原为始点，

---

① 劳思光《中国哲学史新编》（一），第15~17页。

而以史学考证工作为助力，以统摄个别哲学活动于一定设准之下为归宿”①，劳思光先生所提倡的基源问题研究法具有下列几个层次：

（一）文献学研究的层次，以及以文献为中心的历史批判法的层次

文献学的研究方法，以文献为中心的历史批判法的层次，这属于劳思光先生所说的“以史学考证工作为助力”，涵盖了所有的文献考据、历史考证等的文献学研究之方法。

（二）观念史研究的层次

观念史研究的方法是要研究观念在历史之中的演变发展过程，例如“气”、“心”、“理”等概念经历了先秦两汉到唐宋元明清等朝代的哲学家。观念史研究本身可以运用不同的方法。例如在讨论中曾经加以批评的“系统研究法”与“发生研究法”。劳思光先生认为观念史研究的方法必须统摄于“设准”之中。

劳思光先生强调的是“设准”，而非“判准”。“判准”是 Criteria，而“设准”则是 Postulate，设准一说来自于康德哲学。在形而上学之中，“设准” Postulate 是“规导性的原理”（Regulativ），导引吾人的知识建构过程朝向整体性，例如“灵魂”理念之设准导引知识建构从而形成理性心理学。“宇宙”理念之设准导引知识建构从而形成宇宙论。“上帝”理念之设准导引知识建构从而形成神学。“设准”（Postulate）就是所谓的基源问题。

具体而言，什么是“设准”（Postulate）或说是基源问题呢？例如，在劳思光先生的中国哲学史的诠释过程之中，孔子哲学的“设准”（Postulate）或说是基源问题是作为价值自觉心的“仁”，进而

① 劳思光《中国哲学史新编》（一），第15页。

“摄礼归义，摄礼归仁”[①]。

什么是劳思光先生整个哲学史的诠释行动的最重要的“设准”（Postulate）或说是基源问题呢？乃是主体性哲学与文化价值之哲学，阐明如下。

（三）主体性哲学的层次、此有诠释学的层次

劳思光先生《中国哲学史新编》（一）以及他的早期与中期哲学对于整个哲学史的诠释行动的最重要的“设准”（Postulate）或说是基源问题，乃是主体性（Subjectivity）哲学与文化价值之哲学。劳思光先生说：“中国哲学传统之中，诚然有宇宙论、形而上学等，但儒学及中国佛学的基本旨趣，都在主体性上，而不在客体性上。”[②] 我们集中于讨论主体性哲学以下层层升进的诸层次。

（1）主体性哲学采取三分说：劳思光先生所说的主体性哲学采取三分说，他认为“自我之境”设准为三：德性我（Moral Self）、认知我（Cognitive Self）、情意我（Aesthetic Self）[③]。有时候劳先生采取四分说，就是多了一个“形驱我”，而与其他三分者并列，例如在“孔子对自我问题的态度”一段就是如此[④]。又，劳思光先生认为儒家哲学基源问题是德性我，而老庄道家则在于情意我。以儒家的生命境界在于德性我，是许多学者的通识，若只是如此从事文本的诠释活动，则只停留于五层诠释活动的第二层“意谓”层次，乃是表层的意义诠释而已。

劳思光先生此处所说的特殊者在于反复强调主体性、生命境界

---

① 劳思光《中国哲学史新编》（一），第 116 页。
② 劳思光《中国哲学史新编》（一），第 403 页。
③ 劳思光《中国哲学史新编》（一），第 249 页。
④ 劳思光《中国哲学史新编》（一），第 148～149 页。

等，颇具康德哲学强调主体性与自律（Autonomie）的特色，乃是在进行一种创造的诠释学的第三层的"蕴谓"层次，是深层的意义诠释，是思想史的研究。然而，劳先生是把"形驱我"放在与"认知我"同一层次之中。

若是此中已经包含了劳思光先生他自己的设准与评判，则进入第四层次"当谓"的诠释活动。例如讨论到孟子所论的天、性、命的关系："'心'是主体，'性'是主体性而天则为'自然理序'。'自然理序'意义甚泛，自亦可引出某种形而上学观念，但至少就孟子本人来说，则孟子并未以'天'为'心'或'性'之形而上根源也。"① 又，劳思光先生认为只有德性我是以价值自觉为内容，他主张哲学的根本目的在于穷智见德，故在三分说之中，其实是以德性我为最高。这也是第四层的"当谓"层次，是极深层的意义诠释②。已经是诠释者自己提出设准，来对诸家之说的高低先后做一个裁判。

当劳思光先生阐明自己的设准与进行对于他人的评判之时，已经进入第四层次"当谓"的诠释活动。例如劳思光先生强调主体性（Subjectivity）的哲学诠释，而批评冯友兰的客体性的哲学诠释，劳先生说："论禅宗与陆王之学时，一切观于客体性（Objectivity）的理论设准，都成为题外；因为这些学说都集中于一组关涉主体性（Subjectivity）的问题上。冯先生在这紧要界限上，看不明白……冯书虽有哲学，但并不与中国哲学的主流相应。中国哲学传统之中，诚然有宇宙论、形而上学等，但儒学及中国佛学的基本旨趣，都在主体性上，而不在客体性上。"③ 这里进入第四层次"当谓"的诠释活动，是极深层的意义诠释，乃是原先的元典与思想家的思想体系所未

① 劳思光《中国哲学史新编》（一），第197页。

② 劳思光《中国哲学史新编》（一），第148～149页。

③ 劳思光《中国哲学史新编》（一），第403页。

及探讨而已经存在此一诠释的可能性之深层意义结构。上述所说的客体性（Objectivity）的理论设准，以及关涉主体性（Subjectivity）的理论设准，都是诠释者代替原先的元典与思想家而说出的。以劳思光先生此处所强调的中国哲学主流是一种主体性（Subjectivity）的理论而言，中国哲学中的客体性（Objectivity）理论例如形而上学与宇宙论的进路乃是不重要的，或说是第二序的。而所谓的"主客统一"之说，仍然/不外乎是"以主摄客"或"以客摄主"两型。

（2）价值自觉心乃是主体三分之统合者。德性我以价值自觉为内容，而价值自觉心则统合认知我与情意我，来成就德性价值。价值自觉心的终极目的则为"主体自由"。价值自觉心是主体之能动性，或说是动力原理[①]。例如在归于先秦儒家的论述之中，阐明孔子继承周文王之礼乐传统，在礼崩乐坏的轴心时代中，提出"摄义归仁，摄礼归仁"，以价值自觉心作为核心，来重新奠定人文的基础。又阐明孟子由仁而义，荀子由义而礼的哲学史的发展过程。此中涉及思想史的观念演变的研究，乃是第三层的"蕴谓"层次，是深层的意义诠释。当涉及劳思光先生所说的理论设准，则是诠释者代替原先的元典与思想家而说出的，已经是第四层的"当谓"层次。

又，劳思光先生以为佛教之舍离是在于肯定"德性我"，乃是"主体自由"的表现，"倘吾人以'主体自由之完成'一概念界定严格意义之'德'，则儒学之化成，佛教之舍离皆为肯定'德性我'。"[②] 对于佛教如此进行诠释，而给予高度评价，这也是劳思光先生的一项具有深刻意义的创造性诠释。例如，在讨论佛教的四谛之中

---

① 劳思光《中国哲学史新编》（一），第403页。劳思光先生说："一个哲学理论，或归于主体性，或归于客体性。所谓的'主客统一'之说，仍然/不外乎是'以主摄客'或'以客摄主'两型。"

② 劳思光《中国哲学史新编》（一），第279页。

的“灭”谛的时候，说：“此所谓的灭，乃关联于主体与最高自由而言；主体作为经验自我或现象自我皆是在条件系列中，故可说是一假我，乃无罪高自由者。今说灭谛，即世要通过自觉努力以使主体自身突破此一层面，而成为最高自由之真我……以佛教自身所用词语表之，即为经论中常见之解脱或涅槃。”①

最后，劳思光先生所说的主体性哲学强调价值自觉心，则又与中国哲学之心性论传统合流。主体性概念是以价值自觉心作为本质的。然而，也不一定会落入当代哲学对于主体性（Subjectivity）的理论的批评。因为，劳思光先生解说主体性，常用的名词为“自我境界”、“真我之境”②。此处所说的“境界”、“境”乃是主客浑然一体而呈现，虽然依照劳先生的说法还是“以主统客”，但是已经不是抽离世界的独我论的空洞主体，而是在起点上就是主客浑然一体而呈现。如此，劳思光先生所说的主体性哲学就导引向生命体验的诠释学、生命哲学（Lebensphilosophie），以及文化哲学。

劳思光先生的三分说的主体性哲学，略同于康德哲学的三大批判所说的先验哲学，也就是分别是对于知、意、情的批判。劳思光先生说：“打开主体之门，有此真智大勇者，西方惟康德一人，继承者皆有所获。”③ 他又说：“我早年确实受康德哲学影响极大，因之也极重视康德哲学对中国哲学发展的正面作用。”④ 总结而说到了自己强调的“主体性”概念是来自康德哲学，而自己年轻时的文化哲学则是一种黑格尔式的理解。他写于 1998 年的《中国文化要义新编》序言

---

① 劳思光《中国哲学史新编》（二），三民书局 2010 年重印三版，第 195 页。

② 劳思光《中国哲学史新编》（一），第 249 页。

③ 参见“世界岛上文化的启航”，此处的讨论见劳思光《文化问题论集新编》，香港中文大学出版社 2000 年版，第 40 页。

④ 劳思光《文化问题论集新编》序言。

说：“我早期思想是以德国观念论及东方的儒学与佛教哲学为基础，因此，表现在文化观上，即是以文化精神为中心，而将自觉文化活动视为精神之外在化（externalization）。”①

但是，劳思光与康德的观点也不全同。劳思光先生说：“我不认为心性论必归于道德形而上学。在这一点上，我不仅与强调形而上学的中西哲学家大有不同，甚至与康德的观点也不全同。”② 康德的观点乃是批判知识是为了为信仰留空间，康德的道德的形而上学之说最后导引向“道德的信仰”。此外，有所不同之处也在于劳思光先生强调生命的理想境界与价值实践，则又归趋于文化价值之哲学。

（四）文化价值的哲学之层次：价值自觉心对世界的态度

主体性必须落实于文化之中，价值必须有其实践的场所，人文化成，方不只是孤独的空洞主题。故劳思光先生最后强调的是价值哲学。有如德国新康德学派中的西南学派，强调价值哲学与文化哲学。

劳思光早期中期思想中的文化价值之哲学还是深深受到康德、黑格尔哲学的影响，着重于精神之外在化之说。晚期劳思光的文化哲学则受到社会学家帕森斯（Parsons）的内在化之说的影响，劳思光于1998年《中国文化要义新编》序言中说：“基本论断即是以外在经验世界为‘实有’，而将所谓的内在世界看作外在实有内在化的结果。”强调人的存在不能脱离社会结构功能的影响，“社会实有原是人的社会行为或社群生活之派生物（derivative）。”③ 通过这些思考，提出“文化生活的双重结构”之说，一方面是由自觉心或自我为根本，从

---

① 劳思光《中国文化要义新编》，香港中文大学出版社1998年版，序言xii。

② 劳思光《中国哲学史新编》（一），第403页。

③ 劳思光《中国文化要义新编》，序言xvi。

而形成文化生活的外化结构。另一方面则是形成经验世界反制文化意识的内化结构①。虽然晚年的劳思光先生很少谈到海德格尔，但是他所说的“文化生活的双重结构”之说，都还是相近于海德格尔所说的此有的诠释学，人的此有乃是在世存有，不仅具有时间性的三重的存在性，例如人的此有必须面对自己的“被抛掷性”，接纳已经存在的过去性之世界，这是经验世界反制文化意识的内化结构。进而，在此中从事本真的抉择，在未来的时间性向度中来理解存有的可能性；从而在当下进行诠释活动，如此则是由自觉心或自我为根本，从而形成文化生活的外化结构。

以劳思光先生中期思想代表作《中国哲学史新编》一书来讨论他的文化哲学，文化哲学的一个大问题是价值自觉心对“世界”之态度问题。可分为下列几种：(1) 儒家：“德行我”的价值哲学在于重德，“德性我”在一事象上实现价值，故为“化成世界”之态度。(2) 希腊：“认知我”掌握经验事物之规律而表现力量，乃是“征服世界”之态度。(3) 佛教：只追求静敛不昧之主体自由，有漏皆苦，乃是“舍离世界”之态度。(4) 道家：强调“观赏世界”之态度，在老子之中说为“无为”，在庄子之中说为“顺物自然”②。

前述创造的诠释学的五个层次，第五层的“必谓”层次是思维历程自我转化的问题，以及发现深层结构的根本义理之后，应当进一步地在新时代的课题之中，开展哲学思想的当代诠释，并且发挥其应用功能。这涉及跨文化沟通（Interculturelle Communication）、跨界沟

① 劳思光《中国文化要义新编》，序言 xvi - xvii。对于文化二重结构观的阐明，参见梁美仪《“历史动态观”与文化本质论》，尤其是“文化二重观与文化历程的分析”一节，刘国英、张灿辉合编《无涯理境：劳思光先生的学问与思想》。

② 劳思光《中国哲学史新编》（一），第 278 ~ 279 页。

通，也就是传统的理论遭遇了诠释者的当时代的新的理路与实践的领域，所必然要展开的创造性诠释。劳思光先生的文化价值之哲学在此也进行跨文化沟通，以及中国传统哲学在当代文化议题的诠释开展。

由上可以知道：基源问题研究法的知识论建构具有一定的严格性与系统性，乃是中国哲学当代诠释的重要方法论。

结　论

时代已经走到了各种历史趋向相冲突的十字路口上，中国哲学传统正处于这个冲突的中心。对于中西文化的会通问题，20 世纪关心中国哲学的当代发展的思想家，就有三种基本的看法：第一种是主张中西文化是不同的文化，如梁漱溟。第二种也强调文化的民族特性，而更强调儒家文化的绝对优越性，如熊十力、唐君毅、牟宗三。第三种则以方东美、冯友兰、贺麟为代表，更强调文化的共同性与中西文化之间的互补性，而强调兼容并蓄的中国哲学在未来世界文化中的重要地位，"新子学"的构想正是属于这种。"新子学"继承充满原创性、多元性的"子学精神"，这种"新子学精神"文化观最具有当代跨文化沟通的潜力①。关于这个文化会通的理论基础可以以成中英三种辩证法阐述之：（1）西方文化的辩证法是二者取一（either…or）之冲突辩证法。（2）印度文化，如龙树中观佛学的否定辩证法，是的两者皆不取（neither…nor）之超越辩证法。（3）中国文化的辩证法，以易经哲学而言，是兼取融合（both…and）的和谐化的辩证法。尤其是中国文化和易经哲学的和谐化的辩证法可以作为未来世界之文

---

① 参见李翔海《寻求德性与理性的统一：成中英本体诠释学研究》，文史哲出版社 1998 年版，第 200 页。

化沟通与整合的媒介，所以有其文化发展之特长①。这里所说的三种辩证法是互补性的思维，皆有其特长，而能相辅相成。方勇提出“新子学精神”，主张充满原创性、多元性的“子学精神”，是和谐化的辩证法之进一步发展，是对于21世纪文化冲突的解决的一个哲学方案。

就中国面对西方近现代文化的挑战而有的启蒙与救亡而言，必须对中国哲学进行理性重构，以探索中国文化的现代化的思想基础。“五四”时代的思想家以为，由于中国没有实践出民主和个人权利这类源自西方现代社会的价值系统，和不能应付科学技术高度进步的现代世界的竞争挑战，它的生命和活力正面临着严重的威胁。民国初年以来的学者对于此一问题的解决，到了1949年之后，成为下列三种对阵的情况：自由主义派、社会主义派、新儒家哲学派，前两派为西化派，后一种则是传统派，三派在起初是互相对立，但随着时间的推移，也有部分互相融合的情况。尤其是随着政治力的转移和开放，新儒家哲学派和自由主义派、社会主义派又分别融合与互动，近年来形成中国大陆的“具有中国特色的马克思主义哲学”视点下的当代新儒家，以及海外的吸纳于自由民主社会中的当代新儒家。方勇提出“新子学精神”，主张充满原创性、多元性的“子学精神”，在面对西方近现代文化的民主科学之时，力主摆脱历史的纠葛，而直接以哲学反思，可以从现代性批判与理性重建的问题来包容包含传统儒家哲学在内的各家各派，也必须以老子、庄子等诸子百家与历代思想家与文学家的精髓来铸造“新子学”，也在西方民主科学所代表的理性传统

① 成中英《中国哲学中的和谐化辩证法》“四、和谐化的辩证法”、“五、与冲突辩证法的比较”、“六、与超越辩证法的比较”。类似的比较文化的哲学反省，参见《与成中英教授谈中国哲学》末尾，《中国哲学的现代化与世界化》，第325～331页。

之中，面对当代需要而予以重建。

《庄子·天下》主张先秦儒家出于古代的道文化的传承中，古代道文化传承在轴心时代经历了道的崩解退化与被遗忘的过程。诚如《庄子·天下》所说，古之所谓道术者是“无乎不在”，“不离于宗，谓之天人；不离于精，谓之神人；不离于真，谓之至人。”首先是“以天为宗，以德为本，以道为门，兆于变化，谓之圣人”，其次是儒家的君子之道，“以仁为恩，以义为理，以礼为行，以乐为和，熏然慈仁，谓之君子”。此后才有包含法家名家在内的百官之学，“以法为分，以名为表，以参为验，以稽为决，其数一二三四是也，百官以此相齿。”虽然，“《诗》、《书》、《礼》、《乐》者，邹鲁之士、搢绅先生多能明之。”儒家以之为自家的典籍。但是，“其数散于天下而设于中国者，百家之学时或称而道之”，但是《诗》、《书》、《礼》、《乐》属于一个更为古远的古代道文化的传统，乃是诸子百家所共享的资源。这就是充满原创性、多元性的子学精神着眼之所在。以子学的多元开创的精神，而以道文化来统整，来响应当代的问题，这乃是“新子学”的思想渊源与根本原理。

庄子所言“道术将为天下裂”，乃是因为“天下大乱，贤圣不明，道德不一。天下多得一察焉以自好”，故以道文化为基础的统整性的本体诠释有其必要。庄子所说的“道术将为天下裂”在当代越来越严重，尤其是人的异化的问题、生态环保的问题、终极关怀的问题、人文教育的问题、经典诠释的问题都面临危机，也就是“新子学”应运而生的基本目标。

本文之作就是体认到以道文化为基础的统整性的本体诠释有其必要，从而探讨“新子学”在知识建构过程上的方法论。

（作者单位：台北大学中文系、东西哲学与诠释学研究中心）

“新子学”的核心在于新

徐志啸

《光明日报》“国学”版最近整版刊登了方勇教授的《“新子学”构想》一文，文章写得不错，很有内涵分量，有独到之处。

对这篇文章，结合王锺陵教授刚才的讲话，我想谈谈我的几点想法。

首先，由我所了解的，方勇教授带领一群弟子，这些年似乎在设法构建一个体系，即由庄子学迈向诸子学，再由诸子学迈向“新子学”，从而努力建立起一个具有时代特色的子学学术体系。现在发表的文章，显然是这种设想体系的一个具体实施，并经过了与《光明日报》编辑的沟通，从而提出了“新子学”的口号。我个人认为，“新子学”这个设想非常有意思，至少在当今的学术界，是个大胆的突破，它将在历代子学研究的基础上，迈向新的历史台阶。

谈到“新子学”，马上会使人联想到“新儒学”。“新儒学”的“新”是什么含义？它同“新子学”的“新”有何区别？二者之间是否有内在联系？进一步说，儒学和子学在大范畴内应该都属于国学，那么有没有“新国学”的提法？如果有，这个“新国学”应该是什么样的？不管是儒学、子学或国学，我们加上一个“新”字，其根本的含义究竟是什么？似乎很值得探讨。

所谓子学，应该就是对诸子的研究。我们今天21世纪的子学，恐怕与两汉、魏晋、乃至明清时代的子学有所不同。这个不同，应该是指一种新的含义或概念。但这种不同与历史的子学又不应该完全对立，而是在历史的子学基础上作新的阐释，赋予新的理解，或者说，我们今天时代的子学应该在历史的子学基础上，作推进和开掘，至于如何推进和开掘，这个问题很值得探讨思考。

除此之外，西方学术应该也有子学，即西方汉学家对中国子学也有研究，西方学者对于子学的研究，当然与我们中国学者有对立的地方，但是否也有可以吸取或借鉴的地方？由此，我们所说的"新子学"，这个"新"字是否应该也有这样一种含义，即在与西方作对照比较或对话的时候，把西方有利于我们对子学继承和发扬的地方吸收过来，赋予其新的含义。这也是我们今天需要考虑的。西方固然有排斥东方的地方，但目前情况又有所变化，新儒学某种程度上即是西方对于东方学术的一种看重。王锺陵教授即将问世的专著《二十世纪中西文论史》，谈到了许多东西交融的内容，中国受西方的影响，借鉴了西方的东西，改造了自己的传统，这是西学东渐，但其实还有东学西渐，西方许多大家，包括歌德、伏尔泰、托尔斯泰，他们对中国的学问也非常有兴趣，他们的学问中有不少借鉴和学习东方中国的东西。

总之，我认为，"新子学"这个设想非常好，也是可行的，问题在于怎么在"新"字上做文章，真正打出"新子学"的旗号，开创21世纪子学研究的新天地。

（作者单位：复旦大学中文系）

重返中国传统文化最佳生态现场
——对“新子学”的一点理解

李有亮

在中国经济快速发展、国民生活质量极大提升的同时，也日益暴露出国家文化整体发展滞后、脱节的问题。其中最令人担忧的，是人们对民族传统文化的淡忘，是人们当下精神生活的“根性”缺失。许多学人出于对民族文化传承的深刻责任感和为今人寻求本土文化之源的现代理想，不断探索打通古今文化血脉的可能路径。值此，华东师范大学先秦诸子研究中心的方勇先生，以丰厚的专业探究考据为基，创造性地提出了“新子学”概念。这不仅是古代史学、文献学意义上的重要发见，更在于为中国整个现代文化学研究领域打开了一个深观历史和前瞻未来的有效通道。

下面我想从两个层面，谈谈对“新子学”的一点粗浅理解。

第一个层面，从民族文化“正源”的意义上，谈谈“新子学”的价值。

在这个意义上，我首先对“新子学”的提出者和研究者们表示我由衷的敬意。因为方勇先生在《“新子学”构想》一文中明确阐释道：“所谓‘子学’之‘子’并非传统目录学‘经、史、子、集’之‘子’，而应是思想史‘诸子百家’之‘子’。”正因为是“诸子百家”之“子”，我觉得“新子学”找到了中国文化复兴的正源，同时也切中了中国文化当下的要害。

按我理解，所谓“新子学”，就是引领我们重返中国传统文化最佳生态现场，复制民族文化基因图谱，结合当下新媒体文化语境，再造新的中国现代文化生态环境。

每一个民族都有其完整而独特的文化基因图谱，中国这个有着五千年文明史的文化古国更是如此。民族文化基因图谱是蓄涵在民族文化精神元典之中的。民族文化精神元典何在？它不应是某一家经典学说，而一定应当是一种生动、活泼、生机盎然的文化生态，正是这样一种文化生态孕育出了中国传统文化的精神元典。如此，回到诸子百家思想大碰撞、学术大争鸣的时代，回到那个“不依傍、不苟且，重独得之秘，立原创之见，倡导精神上的独立与自由”的文化生态之中，这是最为明智的选择，而非重复古往今来一代又一代学人对于王官之学的顶礼膜拜，对于“六经”的虔诚注疏，对于儒学的一家独尊。

一种良好文化生态的形成，取决于多元文化结构形态之间的内部张力。这种张力，就是一种思想价值取向上的对峙状态或紧张关系。这种对峙与紧张恰是文化生态充满生机与活力的动力源。可以说，缺乏内部张力的文化生态，要么是一种以一元压制多元的专制霸权文化，要么是一种含混暧昧的世俗功利文化，或者是这二者的混存状态。

由是联想到，我们今天讲和谐，多理解为和谐就是一团和气。其实，古人讲“和”，主要关注的是它的道德教养意义，而非学术求真意义。而我们今天往往是过于把学术研究伦理化，许多温吞、暧昧的文学批评文字即是如此。而即便是从伦理意义上理解“和”，今人也是有偏差的。孔子说：“君子和而不同，小人同而不和。”（《论语·子路》）而我们常常是把“和”与“同”相混淆了。有子也说过：“知和而和，不以礼节之，亦不可行也。”（《论语·学而》）而我们今天为了讲“和”，连基本的礼仪、规矩也都丢弃了。和谐是需要在正视矛盾、直面张力的前提下，从机制体制上进行改革创新才可能实现的，而非一味回避冲突、抹平差异、压制矛盾、消除张力。参照西方文化发展，可以看到每一次大的启蒙运动（即文化生态的失衡与重构过程），都充满着源自不同思想理念和价值立场的张力。比如，古希腊时代的思想启蒙，就是一场从宗教神话转向科学认知的文化运动，古希腊科学家（如毕达哥拉斯等）与古希腊神话（如荷马、赫西等）之间构成这场启蒙的最大张力。而在启蒙思想内部同样也充满张力，在希腊科学思想的发展中，“作为理性神学的形而上学也从这种科学中产生出来”①，这就是基督教。在文艺复兴时期、18 世纪启蒙运动以及 20 世纪 50 年代开始的所谓“第三次启蒙”运动中，从启蒙外部到启蒙内部均充满着这种不同的甚至对立的学术思想的张力，而它正是促成一种良好文化生态构建的重要动力所在。

进一步讲，多元文化之间的张力，是由于各种不同的文化思想的价值取向具有分化性、裂变性。这种思想上的分裂局面对于百家争鸣的良性文化生态的形成是至关重要的，因为在它的内部产生推动力的，是一个既处于不断变化之中、又有着自动守衡机制的复合式张力结构。在这一张力结构中，有不同思想派别、不同主张之间的对立性或差异性，也有不同思想自身内部的矛盾性、悖离性，这就形成了文化思想的多元共存和交互影响的生态格局，对于一个时代、一种社会文明的创建提供了鲜活的精神质素。

第二个层面，从传统文化的现代转化意义上，谈谈对今天构建多元文化生态的一些担忧。

任何重返传统的努力无一不是指向“此时此刻”的迫切需要的。

---

① 伽达默尔《赞美理论——伽达默尔选集》，上海三联书店 1988 年版，第 88 页。

回到中国传统文化最佳生态现场，一方面是为了给今天多元化的精神需求提供更加丰富、开放的思想文化资源，使不同的价值取向在一个相对合理的限度内都能与传统有序对接；另一方面，也是为了破解今人一切以“西”为尊、盲目沉迷于大众消费文化的精神魔咒，建设一种在东西文化主体互动式的平等对话关系前提下，以及本土文化多元共生、各取所求基础上的现代文化生态。

正是因于这样的理解，才催生出下面的一些担忧。主要有两个方面：

一是源自长期以来（近代伊始）形成的急功近利的思维方式和实践态度。

这种情形已经深入渗透到中国各个阶层、各个方面、各种人群中，其中主要体现在两类人身上：一是国家政府官员；二是知识分子群体。这两类人对于传统文化、对于“诸子之学”的传承起着至关重要的作用。因为创建一种有生机和活力的多元文化生态，不同于创建一种独立的文化思想，只需有独特的文化个性即可，多元文化生态建设是需要相应的国家制度和社会机制做基础的。但是，上述两类肩负民族文化传承重要使命的群体，今天已然面临着各自不同的现实境遇和精神困境。前者，在国家文化发展中并没有能真正体现出对民族传统文化的必要尊重和维护，而是一味被经济市场的利益原则所牵制，奉行“文化搭台，经济唱戏”的功利法则，导致了“民族传统文化传承与现代化的进程背道而驰，文化产业的发展更是缺乏民族历史厚重感”①。后者，在当下的新启蒙时代需求面前同样显得精神摇摆，思想杂芜，面目模糊，面对经济社会转型、文化生态重建的重大历史使命，显出诸多的无力感、挫败感，尤其难以付诸现实可行的具

① 章超《新媒体时代的区域民族文化传承》，《新闻世界》2012 年第 1 期，第 146 页。

体实践，致使现代国人的思想漂流状态、无意识交互影响情形可能还要持续较长一段时期。

另外，我们还面临一个历史性难题：以往所看到的充满生机与活力的文化时代，基本上都是处于世事动荡、国家分裂的年代。而一旦国体统一，进入和平时代，文化的多元化发展也就随之趋于大一统。这一点在中国历史上体现的尤为明显。所以，如何能够在人心企稳的和平盛世创建多元文化生态，才是对当下的最大挑战。

这里有一个简要的中西对比：秦王朝与古罗马，从中或许能窥见一斑。

从时间上看，二者差不多都是在公元前二三百年实现国家统一的。但是，统一之后的情形却大不相同：

秦王朝在横扫六国、实现大一统之后，为何仅 15 年就告灭亡？史学界对此有着诸多诠释。以我浅陋之见，下列两点应是主要原因：一是“焚书坑儒”，毁灭了传统文化生态。正如贾谊《过秦论》中所言：“废先王之道，燔百家之言，以愚黔首。”二是“倚法治国”，单纯倚重法治手段，严刑峻法，苛责重治。“废王道，立私权，禁文书而酷刑法，先诈力而后仁义，以暴虐为天下始。”由此严重毁灭了先秦时期创立的极富生机的多元文化生态。

相较之下，古罗马消灭古希腊各个王国之后，不仅没有废弃古希腊文化，而是积极汲取和借鉴古希腊文明中厚重的哲学文化思想（有道是古罗马在军事上征服了古希腊，而古希腊在文化上征服了古罗马。这一特点与“二战”前后法国与德国的关系也很相似）。尽管罗马人是出了名的实用主义者，但他们还是借鉴希腊人的智慧，并用在希腊人并不擅长的国家政体改革、法律及经济建设方面，从而造就了近 1500 年的帝国神话。

归结起来，国家统一是好事，但过度依赖法律，施行专制统治，毁灭文化多元共生机制，必致文化生态严重恶化，国家思想毫无张力，陷入极度僵化。如此，上乏约束，中无儒助，下失民心，就会完全失掉社会稳定的根基。

二是源自改革开放（尤其市场经济）以来日渐凸显的功利主义价值标准和俗世风气。

主要表现为“三化”：

消费化，即一切以消费为目的，包括文化艺术作品也全部被转化为精神消费产品，以至于消费成为这个时代人们的一种普遍“崇拜”。正像法国哲学家波德里亚所说的那样：“如果说消费社会再也不生产神话了，那是因为它便是它自身的神话。”① 对消费神话的盲目崇拜，无疑会对传统文化的传承、现代多元文化生态的建构造成很大阻碍。

同质化，即所有的消费对象，包括文化艺术产品，具有明显的雷同、克隆、翻版、抄袭等倾向。近来被网络写手热捧的“小说生成器”、“诗歌联想法”等网络软件，公然把文学创作当成了可以“机械化”生产、“流水线”作业的文字拼凑或格式翻版，无不反映出当今文化原创性的严重匮乏以及功利主义肆虐、恶俗风气盛行的文化现实。

娱乐化，即无限提升肉身的、感性体验的地位，持续抑制观念、意义、信仰、理性思考的重要性。受网络写作及现代新媒体传播方式影响，这种开心至上、娱乐至死的现象遍布生活各个角落，尤其青少年一代中的不少人沉湎于中，甚至成为一种无意识的生活习惯。如有学者所论：“人们从生活方式到思维模式多被大众传媒所营造的‘时尚’、‘另类’等各种欲望叙事所垄断”，“‘我思故我在’变成了

① ［法］波德里亚《消费社会》，南京大学出版社 2000 年版，第 227 ~ 228 页。

‘我买故我在’甚至‘我欲故我在’。”①

上述这两个方面长久积聚，已形成了巨大的惯性力量，并不断消解着人们的理性辨析能力，这无疑是今天创建新的优质文化生态的两大障碍。我们只有正视目前面临的严峻挑战，才能克服以往在继承和弘扬优秀传统文化过程中过于急切的心态和过于狭隘具体的目标规定，从而以一种坚毅而理性的态度，沉着而踏实的作风，深入发掘和重新设计“新子学”所启迪出的这一片全新的、宏阔的文化思想空间。

（作者单位：上海政法学院社会科学系）

① 张光芒《从“启蒙辩证法”到“欲望辩证法”》，《江海学刊》2005年第2期，第9~10页。

“新子学”的历史使命

陈广忠

中国在五千年文化发展的长河中，曾经取得了辉煌的成就，也泛起过一些逆流，出现了挫折、失误和倒退。现在，“新子学”理论的提出，意味着对于中国的传统文化，已经到了重新进行反思、创新和“正本清源”的时候。

中国学术发展经历了三个重要时期：

其一，百花齐放、百家争鸣的繁荣期，起于公元前722年的春秋时期，终止于公元前136年汉武帝的“罢黜百家，独尊儒术”，其间经历了580余年，涌现了春秋老子、孔子、管子、孙武、晏子、文子、墨子、范蠡，战国列子、庄子、孟子、孙膑、孙卿子、张仪、苏秦、邹衍、惠施、尸子、商鞅、邓析、公孙龙子、申不害、慎到、韩非子、吴起、《吕氏春秋》，以及汉初陆贾、贾谊、董仲舒、张苍、《淮南子》等思想家和著作，如群星灿烂，光耀千秋。各种思潮自由论辩，学术流派如雨后春笋，经典名著接踵而起，从而奠定了中华思想的基石。具有“子”特色的独创性、排他性的阴阳、儒者、墨者、法家、名家、道家，以及兵家、纵横家、杂家、农家、小说家等诸子百家，一起登上了中国文化的舞台，成为当时的主流。

其二，从汉武帝建元五年至1905年清廷废除科举制度，统治中国二千多年的儒学独尊的局面走向彻底终结。这个时期的特点是：首先，确立了儒学独尊的地位。在以儒家思想为核心的封建统治制度主导下，以解读五经、十三经为主的学术得到了蓬勃发展，并且成为文人仕进的阶梯。各种社会制度和道德规范，完全被禁锢在儒家的桎梏之中，从而严重阻碍了社会进步和科学发展。其次，儒学纷争，连续不断。从西汉开始的今古文经学之争，绵延二千载。谶纬经学，妖雾弥漫。宋明理学，一度风行。再次，批儒之声，不绝于耳。东汉王充《问孔》：“贤圣之言，上下多相违。”嵇康《与山巨源绝交书》：“非汤武而薄周孔。”杜甫《醉时歌》：“儒术于我有何哉，孔丘盗跖具尘埃。”李贽愤慨地说：“咸以孔子之是非为是非，固未尝有是非耳。”（《藏书提要》）戴震《与某书》：“酷吏以法杀人，后儒以理杀人。”可知儒术在这些古代著名学者、艺术家、诗人、语言学家的眼里，与官方奉为至尊的形象确实大相径庭。

其三，1905 年至 1949 年 10 月 1 日，西学东进，儒家文化衰落。在此前后，是中华历史上最为痛苦的时期：1840 年 6 月，英国发动鸦片战争，清政府被迫签订丧权辱国的《南京条约》。1900 年 8 月，八国联军攻陷北京。1931 年 9 月 18 日，日本侵占东北。1937 年 7 月 7 日，日本发动全面侵华战争。列强入侵，割地赔款。军阀混战，生灵涂炭。在半殖民地半封建社会中呻吟的一大批忧国忧民的知识分子，不断向世界寻求救国强国的良策。其间就有 1898 年的戊戌变法，1919 年的五四新文化运动。1921 年，胡适在为《吴虞文录》作序时首提“打倒孔家店”，代表落后、保守思想的儒学受到了进一步的打击。

从儒学的六经、十三经的内容上看，它也不能成为“独尊”的学问。《易》为“筮卜之事”。宋代欧阳修《易童子问》，就开始怀疑《易传》非孔子所作。有的学者怀疑《易经》也不是出自孔子之手。且出土文献《周易》也与十三经中的《周易正义》有着很大的不同。唐代孔颖达《尚书正义》，共58 篇，是夏、商、周三代的官方历史文献汇编，而从宋代吴棫开始，就开始争论其真伪，至今九百多年仍未有定论。《诗经》305篇，是古代诗歌总集，孔子赋予其“诗教”的意义。《礼》，自汉代以降，分为《仪礼》、《礼记》、《周礼》，记述的是周代官制、礼仪等规定。《乐》，记载的是音乐和乐教。现在已经失传。《春秋》，记载春秋时期鲁国二百四十二年的历史，后分为《左氏传》、《公羊传》、《谷梁传》，也仅是春秋时期的史书。《论语》，为孔子及弟子言论的语录，代表了孔子的思想，至东汉刊刻熹平石经之时（175）才列为七经之一。就是说，在孔子死后的六百五十年间，它只是作为“子”书存世。《孝经》，至唐文宗大和七年至开成二年（833—837）刊刻的石经中，才得以加入。至于《孟子》，至宋徽宗宣和六年（1124）才补刻进入十三经之中，而《汉书·艺文志》只将《孟子》排在儒家的第十一位。十三经之一的《尔雅》，则是第一部训诂学专著。

由此可知，《尚书》、《春秋》及三传，属三代及春秋中期以前的史书。《三礼》、《孝经》属政书，讲周代官制、礼制和孝道。《诗》与《乐》，是文学、艺术类著作。《周易》为卜筮书，《尔雅》属语言学中的训诂类。只有《论语》、《孟子》属于“子”学，很显然，如果不是汉武帝及其后历代统治者的强力推动和追捧，它们也很难成为“独尊”的著作。再说，除了《尚书》、《春秋》及三传等史书外，尚有二十五史；《诗》之外，尚有《楚辞》；除了专论训诂的《尔雅》外，还有文字学奠基之作《说文解字》，音韵学著作《广韵》，等韵学专著《韵镜》，方言学著作《方言》，皆可与《尔雅》相媲美。除了《礼》与三礼等政书外，尚有价值很高的《十通》。所以，将六经、十三经全部视为“国学”宝贝，是有片面性的。

“诸子百家”著作，是最能够体现中华文化精华的著作。它们是中国哲学和思想的宝库。“子”书具有两个特点：其一，是独创性。就是说，它们是思想创新的产物。其二，排他性。就是说，各“子”

都是不能复制的。自汉武帝建元五年（前136）以来的二千一百多年，尽管诸子中大部分备受历代统治者的贬损和摧残，但是其宝贵的思想财富至今仍然熠熠生辉。诸如《老子》的自然天道观：“人法地，地法天，天法道，道法自然。”《墨子》的尚贤、尚同、兼爱、非攻、节用、节葬。《管子》论人才培养和教育：“十年树木，百年树人。”《孙子》的军事思想：“兵者，国之大事，死生之地，存亡之道。”《庄子》的反腐论：“彼窃钩者诛，窃国者为诸；诸侯之门仁义存焉。”《韩非子》的进化史观：“圣人不期修古，不法常可。”阴阳家的“序四时之大顺，不可失也”（司马谈《论六家要指》）。《吕氏春秋》的天人合一架构：“上揆之天，下验之地，中审之人。”《淮南子》的法律平等观：“法定之后，中程者赏，缺绳者诛。尊贵者不轻其罚，卑贱者不重其刑。”儒家的十三部文献中，难有以上这些丰富精辟的论述。当然，儒家的《论语》、《孟子》作为一“子”，其思想价值极高。孔子特别倡扬表率的作用：“其身正，不令而行；其身不正，虽令不行。”《孟子》主张仁政：“仁者，爱人。”凡此种种，皆是先秦两汉“诸子”的独特创新思维所致，从而达到各“子”并存、不可互相取代的特殊地位。

“新子学”的兴盛是历史的必然。“新子学”的第一任务是继承：诸子学说代表了古代中国思想的精华，是诸位哲人经过长期潜心研究，创造性地提出了各自的治世、修身理论。从世界思想史和学术史上看，诸子学说绝不亚于同时代和后世西方思想家的学术观点。“新子学”的第二任务是创新：即在中国传统的诸子学说的深厚基础上，广泛吸纳西学、佛学及中华各民族的思想财富，进而创立适应于天下及中国发展大势的新的理论体系，这也是当今“新子学”的历史使命。

（作者单位：安徽大学文学院）

"新子学"的本质与使命
——围绕子学与士之关系展开

曾建华

2012年10月22日，方勇教授在《光明日报》发表《"新子学"构想》。一时间，"新子学"成为文学、哲学、历史等各领域研究者所共同关注的焦点。方勇先生将子学从传统的经、史、子、集的既定格局中解脱出来，将子学研究拓展到学术史、思想史的高度，并为今后子学的研究指明了新方向。而"新子学"势将承载"国学"之真脉，以独立、包容、开放的坦然姿态，促进传统思想资源的创造性转化，实现新时代背景下的国学复兴与文化建设。方勇先生的"构想"堪称宏大，其价值导向亦清晰可见。但"构想"着重于子学文献的搜集整理，未能深入到子学发生、演化及其文化创生的层面，因而难以完全超越"以这些丰富的历史材料为基础，缀合成完整的诸子学演进链条，清理出清晰的诸子学发展脉络"的子学传统，也就无法全面建构"新子学"之合法性与必然性，更无法从本质上区分新、旧子学之渊薮，确定"新子学"的本体使命。故笔者认为，要解决这些难题，需将子学与士人文化进行全面关联，通过对子学发生、发展及其文化建构与士人传统的变迁之间的复杂关系的考察，找出子学向"新子学"化生的根本动力，揭示"新子学"之本质，从而确立"新子学"超越于个体现象的本体使命。

一、士人阶层的崛起与子学的发生

（一）独立而具有使命感的知识阶层——士是子学的发生主体

通常学界认为子学即诸子之学，狭义的子学乃指著书立说自成一家的原创性学术；广义的子学则将后人对历代诸子及其著作的研究也纳入到子学系统中。对于子学的发生，学界皆祖刘、班，认为子学源于西周的王官之学，而诸子即“六经之支与流裔”①。然而笔者认为，子学是建构于士人思想体系之上并有别于传统元经学思想的新的学术理念②。故其发生并非一个简单的王官之学的“承续”问题，而与士人精神的逐渐萌动和成熟有着极其复杂的关系，如果不能厘清子学与士的关系，我们很容易陷入一个思维的误区，即视诸家之学为子学。

事实上，子学的发生阶段——东周之世，尚无所谓儒家、墨家、道家、法家等诸家之名，诸家之学乃是依凭于代表性的诸子百家著作

① 《汉书·艺文志·诸子略》：“《易》曰：‘天下同归而殊涂，一致而百虑。’今异家者各推所长，穷知究虑，以明其指，虽有蔽短，合其要归，亦六经之支与流裔。”

② 笔者所谓“元经学”乃是为了避免陈述上存在逻辑的误解，众所周知，冯友兰《中国哲学史》将整个中国的知识过程分成两个截然相对的时代——“子学”时代与“经学”时代。其认为，自春秋时期直到西汉初年《淮南子》的编纂这一漫长的历史时期便是我国学术文化的子学时代，而自董仲舒向汉武帝提出“罢黜百家，独尊儒术”之后直到康有为所活跃的晚清的整个儒学独尊时代则为经学时代。因此，为了区别于冯友兰先生所提出并为当今学界所普遍认同的“经学”时代，我们不妨将子学时代之前的这个“王官一统”时期称作“元经学”时代。

而确立起来的诸子思想的后定。而子学是伴随着士阶层的崛起而萌发，是士人阶层言行和思想的系统建构和多元表达（关于这一点，后文还将论及），它不是单个子的简单叠加，而是各种复杂思想交鸣碰撞的结果，它们自身彼此交融，互成体系，早已是不可分割的完整思想，故而我们绝不能简单地将子学的“子”纳入一个后定的儒、墨、道、法、阴阳、名等六家或十家的“子学”框架中，而应以一种整合的思维将“子学”研究回归到它原本的文化思想的系统中去。那么究竟该如何回归呢？难道仅凭着单一文本的缀集和断裂阐释便能建构起一座子学的“殿堂”？显然，这样的子学研究是不可能抵达我们所期许的知识层面的。我们还须寻找建构子学大厦的另一块基石，那便是作为子学发生主体的传统知识者——士，一个被“新子学”忽略，但又被国学界高度重视的文化群体。

“士者，事也。”（《说文解字》）“引申之，凡能事其事者称士。”（段玉裁《说文解字注》）古者，一国“君一位，卿一位，大夫一位，上士一位，中士一位，下士一位，凡六等”（《孟子·万章下》），士处其末，其“事”在成卫国家尊严，维护国家秩序①。尽管士只是低级贵族，却享有全面的知识权。如《礼记·王制》载：“乐正崇四术，立四教。顺先王《诗》、《书》、《礼》、《乐》以造士，春秋教以礼乐，冬夏教以诗书。”如果说子学发生以前的西周之士仅是“顺先王《诗》、《书》、《礼》、《乐》”之教的知识“接收者”，那么社会急剧变革的东周之士便是知识的诠释者。

当时代进入“天子失官，学在四夷”（《左传》昭公十七年）的春秋之世后，王权失去了原有的神性，元话语权威被打破，而以王权

① 余英时《士与中国文化》，上海人民出版社1987年版，第30页。

为核心的传统道德价值体系逐步分化，于是作为知识“接受者”① 的士走上了中国知识与思想的舞台，一跃而成为“辨然否，通古今之道”（刘向《说苑》）的通人，成为“道统”的传承者、知识的阐释者以及代表民意的“先觉者”。他们一方面跻身文教、著书立说；另一方面干谒公侯，治平天下。通过对知识文本的批判吸收和对现实社会的切身体悟，即通过“理论”与“实践”的接轨，士人们逐渐形成了独立的原创性思想，这就是最初的子学意识。它随着官学衰落、私学兴起而创生，随着礼崩乐坏、思想重建的现实需要而发展，随着士人思想体系的逐渐形成而成熟。因此子学并非元经学的延续，事实正好相反，子学从一出现便是对元经学话语的不自觉的反动和消解，其发生乃是伴随着元经学钳制下的士人阶层的逐渐觉醒而萌发，是士人思想逐渐觉醒、交融与确立的完整过程。

（二）子学的发生促进了士人思想的全面解放和价值重建

可以说，子学的发生是时代巨变在士人精神世界的集体反映，是士人思想的巨大变革。它不是一个被完成的过程，而是子学本体与其发生主体之间的互动过程，因此，子学的发生必然会进一步形成对士人的召唤和变革。这主要体现在以下两个方面：

第一，子学的发生使官学垄断被打破，全面实现了学术的开放，从而进一步解放了士人的思想，促进了士人队伍的发展壮大。韩非谓：“中章、胥己仕，而中牟之民弃田圃而随文学者邑之半。”（《韩非子·外储说左上》）便是这一时期子学思潮下社会现实的生动反映。一些通过力学而进入政治主流层面的成功士人，极大地刺激了士庶之民的学术热情，促成了学术的繁荣与开放局面。学术的开放又使

① 接收者和接受者虽然只是一字之差，却有着截然不同的内涵，接收是被动、单向的传播，接受则是主动、双向的互动与对话。

士阶层得到极大的鼓舞，使得士人地位显著提高。在占据“道统”，抗礼“政统”的同时，思想界的话语权终于回归“民间”。比如农人宁越苦于稼穑而改从“学术”，终成周威公之师（《吕氏春秋·博志》）。类似现象在春秋战国之世可说是举不胜举。它预示着一个新时代的到来，预示着子学作为士人承继道统、革新天下的新思潮的形成，战国时出现的稷下学派便是子学思潮发展到巅峰时，必然出现的意识形态领域的重新勘定。

第二，子学的发生让平民百姓获得了更多接受教育的机会，从而彻底打破了士庶界限，为子学与士的交互变革提供了现实的群众基础，并最终实现了子学系统的建构。一方面代表子学精神的思想话语以私学教育的形式得以在广大士庶阶层中传播和深化，日趋成熟。另一方面，从经学桎梏中逐渐挣脱出来的士人，往往从现实层面质疑主流思想的权威，反思苦难的根源，寻求解救的路径。对苦难现实的切身体认，又转而加剧了士人们对“经”的教条式的“事实”的不满，激发了他们以自己独立的思想去阐发“经”之“义理”的反叛情绪①。比如法家先驱邓析“以非为是，以是为非”（《吕氏春秋·审应览》），“操两可之说，设无穷之辞”（《列子·力命》），他“不法先王，不事礼义，而好治怪说，玩琦（奇）辞”（《荀子·非十二子》），他私造“竹刑”，私传法律，公然“反叛”权威，甚至不惜殒身犯刑。虢国太史嚚言：“国将兴，听于民；将亡，听于神。”贤士季梁谓“夫民，神之主也，是以圣王先成民而后致力于神。”（《左传庄公三十二年》）神的权威也遭到了质疑，一切圣王都必须“先成民而后致力于神”，这便是子学时代的典型话语。

为了使学术重返“正途”，孔门倡仁义，墨者主兼爱，道家持道

① 章太炎《与章行严论墨学第二书》谓：“经多陈事实，诸子多明义理”。

德，最终“事与愿违”地走向对元经学思想的反动与颠覆，促使学术从专制走向多元，从教条式的遵从走向独立多元的对话，从而全面引发了士人对“礼”、“法”、“君”、“民”“天”、“命”、“道”、“德”等经验或超验观念的反思和质疑，继而形成了各具特色的思想体系，此即子学系统的思想内核。。

二、子学是士人思想的系统建构和多元表达

作为子学缔造者的诸子士人是秉承元经而又具有独立思想的对话群体，是凭借自我对世界的认知，自由地阐发元经的知识传承者和文化思想的创生者。中国古代有一个重要的文化传统：“天子失官，学在四夷。”当核心价值遭受颠覆和亵渎时，作为知识者的士人们便会主动承担起重塑正统权威的“救世”之责，这突出表现在士人们的元经阐释行为中。

起初，这种阐释纯粹出于对正统的维护，其直接目的是使自己的意志得到充分有力的表达。比如春秋时期各个阶层的贵族人士都极其热衷于引用经典来阐述自己的志意，被他们引用最多的一般是往圣先贤的言论与作为儒家经典的“五经”，其中尤以对《诗》的引用最为频繁，赋诗、引诗、歌诗、诵诗等现象比比皆是。据统计，仅《左传》中所引的诗篇数目便达123篇之多，其中《大雅》40诗次，《小雅》43诗次，《周颂》、《商颂》共18诗次，合计101篇[①]。仅就现象层面看，这不过是一种简单的经典接受行为，但是从知识的层面观之，我们会发现这一现象背后所蕴藏的观念性变革：即作为接受主体

① 林思妤《〈诗经〉、〈诗序〉、〈左传〉关联问题研究》，云林科技大学汉字资料整理研究所硕士学位论文，2008年，第113页。

的士已经不再满足于对经的遵从与维护，而是借助"经"的话语权威去建构自己的知识话语，确定自我言说的合法性。

可以说，引用经典是一种不自觉的"释经"行为，其在客观上不断丰富和衍生原经意蕴，其结果是逐渐形成对《诗》、《易》等元经的新的阐释原则，简言之即所谓的"《诗》无达诂，《易》无达占，《春秋》无达辞"① 的集体认知模式，通过不断的阐释性对话，士人们逐渐建构出一个具有原始语义场性质的话语情境。凭借这一语义场的存在，无论处在何种情境下，无论用经者如何断章取义地阐释元经，都不会造成对元经的淆乱和背离，更不会因此而引发集体价值的混乱。因为士人们已经确立了一个本非"逻各斯"的"逻各斯"。

然而随着阐释、对话的进一步深化，元经的语义内涵得以不断创生，并发展为一种鲜活的思想话语，塑造了士人的精神世界，使《诗》、《书》、《礼》、《乐》成为士人精神生活的尺度与准则。正因为此，孔子才极为推许"举一隅而能以三隅反"式②的诗学阐释。比如《论语·学而》载子贡与孔子讨论士君子面对贫、富两种生存状态所应持有的姿态时，子贡很快便联想到了《诗经》中的"相关"诗句，于是孔子盛赞子贡是个会读诗的人：

> 子贡曰："《诗》云：'如切如磋，如琢如磨。'其斯之谓与？"子曰："赐也，始可与言诗已矣！告诸往而知来者。"

"如切如磋，如琢如磨"是《诗经·卫风·淇奥》中的名句，喻指君子对待自我品德与学问砥砺磨炼、精益求精，直到"止于至善"的

---

① 董仲舒《春秋繁露·精华》："《诗》无达诂，《易》无达占，《春秋》无达辞，从变从义，而一以奉人。"

② 《论语·述而》中孔子原话："不愤不启，不悱不发。举一隅不以三隅反，则不复也。"此处为求行文畅达，乃反用其义。

态度和行为。整首诗则是赞美卫武公的品质、学问与才华。从严格意义上讲，它与孔子、子贡师徒二人所讨论的话题并没有直接关系，但是“如切如磋，如琢如磨”两句又正好与他们所探讨的话题发生了语义情境上的间接关联，成了礼乐精神现实修炼的“依据”，因此，子贡才成了孔子眼中的《诗》之“解人”。

又如《论语·八佾》中还记载了子夏向孔子求教《诗经·硕人》一事：

> 子夏问曰：“‘巧笑倩兮，美目盼兮，素以为绚兮。’何谓也?”子曰：“绘事后素。”曰：“礼后乎?”子曰：“起予者商也！始可与言诗已矣。”

在这段对话中，子夏不是引述《诗》来阐明某种认识，而是直接就《诗》的内容进行阐发，只不过师徒二人还是在“断章取义”，甚至是脱离文本去阐释《诗》的意蕴。这是一种通过对诗句的联想而获得某种思想上的碰撞，并以此传播自己礼乐思想的阐释行为。类似的事例在《论语》，尤其是《孔子诗论》中并不少见。这种接受方式，与其说是对文本的阐释，不如说是借助经典文本的相关性实现自我思想的传达与文本精神的重构，而这便是子学时代所呈现的最具意义的学术方式。

随着这种“自由阐释”行为的不断深入，自然而然引发了思想界的分野。《汉书·艺文志》中“诸子百八十九家，凡四千三百二十四篇”一语，正是这一时期各种士人思想并呈局面的生动写照。他们皆以己说为是，驳议他说，争鸣于学坛，各自形成了相对独立的思想体系和价值模式。这些宝贵的言论和思想通过学术著作的形式得以保存下来，此即汉儒所谓“九流十家”。因此可以说，这一争鸣时期是子学的创生期，是子学文本得以确立其思想地位的大融合时期，是人类轴心时代的“哲学的突破”期，也是子学思想与士人精神的磨合期。这具体体现在两个方面：

一方面,"正统"权威的式微给士人们提供了一个"各言其志"的历史契机,但处在思想大转型时期的士人,这种"超越"对士人们来说又是极为艰难的,其所造成的价值矛盾也是不可避免的,这对于尚未自觉从元经学思维中解放出来的士人们来说未尝不是一种长时期的精神"恐慌"和思想"混乱"。正如韩非子所言:"海内之士,言无定术,行无常议。夫冰炭之不同器而久,寒暑之不兼时而至,杂反之学不两立而治。今兼听杂学缪行同异之辞,安得无乱乎。"(《韩非子·显学》)

另一方面,正是出于对"乱象"的恐慌,诸子才不约而同地渴望一个新的"权威"的建构,期待着重新回到元经学时代的"有序"状态。为了向元经学回归,他们各以自家学说为正统,排斥和批判其他"异端"诸说,例如"孔墨俱道尧舜,而取舍不同,皆自谓真尧舜"(《韩非子·显学》)。即便是一家之说,也不断分化,成为一个多元复合的学术体系。如孔墨之后,儒一分为八,墨一分为三。其后学虽效法先师,却于孔墨"取舍相反不同,而皆自谓真孔墨"(《韩非子·显学》)。"盖其语,人异义。是以一人则一义,二人则二义,十人则十义。其人兹众,其所谓义者亦兹众。是以人是其义,以非人之义,故交相非也。"(《墨子·尚同上》)

时代的局限以及传统经学神圣权威的不绝如缕,让尚未自觉到子学时代来临的士人们无法看到这种分化思想自我生发的巨大原创力和融合力,以至于彼此局限在自家思想的狭隘界域中,无法用一种包容的姿态参与"争鸣",反而以自我设定的方式去传承正统或重构正统。这种情形与当今时代的多元价值理念给我们造成的思想认同感的缺失如出一辙。福柯曾说:"人们有时抱怨法国不再有主流的哲学了。那可就太好了!不再有统治地位的哲学了,确实是这样,只有许多的哲学活动。一种运动,通过这种运动,经过努力,不确定性、梦想和幻象,我们从以往被认为是真理的东西中分离出来,追寻其他的规则。”①

一种权威的式微必然引发相当时期的混乱与不安，但是对于渴望前进和更新的个体或者社会来说，这种“混乱”往往是可贵的必不可少的成长阶段，它指向一个广阔的高新的视野和彼此交融的界域。事实上，“诸子之争”相辅相成地构建了当时中国最具影响力的六大思想体系，具体可参看下表：

学派	代表	价值导向与建构	知识模式
儒学	孔子、子思、孟子、荀子等	维护并重新树立六经的权威，回归传统的道德世界。	仁义原则以及推己及人的同情。
墨学	墨子及其弟子	否定六经，重建士人的精神世界。	尚同、兼爱、俭让，逻辑理性和经验变革。
道学	杨朱、老子、庄子等	超越六经，建构本体论的道德世界。	道、德、贵己重生的超越模式；经验直觉的认知模式；辩证的认知方式。
名法学	邓析、惠施、慎到、韩非、申不害等	批驳六经，建构绝对理性的价值世界。	纯理性批判的认知模式；进化的世界观。
阴阳知识学	邹衍、邹奭等	建构对宇宙及其规律的认知体系，规范自然活动的规则与社会生活的秩序。	综述阴阳，藻雪六气。以“阴阳”二气为核心建构宇宙本体、推演人事变迁的认知模式。
方术(方法)学	孙子、许行、吴起、吕不韦等	建构形而下的方法论系统，试图以某种具体的实践干预社会的发展，改变历史的进程。	针对客观存在的问题的具体认知模式。

① 福柯《权力的眼睛》，上海人民出版社1997年版，第108页。

以上六大思想体系直接建构了中国文化的内质，其中尤以儒墨道法四家影响最深，成为后世士人之四宗（文士、侠士、隐士、术士）。需要指出的是，这六大思想体系既凸显着士人内在价值的多元诉求，又作为一个有机整体构成了一个成熟的子学系统，成为后世士人的精神支柱和人格体现。这六大体系以彼此交融开放的姿态不断吸收新的思想理念，促使士人与其发生交互性嬗变，不断孕育出新的子学思想，魏晋玄学、宋明理学以及近代西学，皆是不同时代子学与士交互性影响的产物。

三、子学与士的交互性影响和嬗变

子学没有一个既定的中心，它诞生于士人对自我与他者关系的觉悟，并以此为内核所形成的一个多元对等的思想体系。这一体系不是僵化的自我呈现，而是通过文本的方式，多元地呈现出具有开放性、对话性的学术生态。在这一学术生态中，士人由发生主体转化为对话者和互释者，在不自觉的对话活动中，士人与对话文本彼此呈现，又彼此实现地演化出新的文本体系。换言之，作为发生主体的士成就了子学，而作为体系化的士人思想的子学又不断提升和拓展士的思想界域，将其凝合成为一种具有极强变革力量的价值理念的执行者，最终令其在多元的对话体系中实现子学的嬗变、重构，同时实现士人群体的自我变革。正因为如此，士人发展变革的脉络与子学发生嬗变的轨迹才会呈现出极明显的平行性和对应性，具体可见下表：

子学的变革	士人的变革	子学思想形态
创生期	诸子士人（智士）	诸子学
玄化期	儒玄士人（名士）	魏晋玄学
理化期	举子士人（学士）	程朱理学
西化期	学科士人（近代知识分子）	近代西学

（一）创生期

所谓创生期即子学在其发生阶段所呈现的本质特征，前面已有所论述，在此稍作赘言。

作为创生期的代表者，即春秋战国之际的诸子百家之士及其追随者，笔者称之为诸子士人。诸子士人代表了子学精神的张扬。孟子谓：“圣王不作，诸侯放恣，处士横议，杨朱、墨翟之言盈天下。”（《孟子·滕文公下》）正是这一时期子学精神的体现。在子学思想的光照下，作为“政统”代表的君王，其遇士态度则极其恭谨，如邹衍前往诸侯各国均受到隆重的接待和礼遇，据《史记》载：“（邹衍）适梁，惠王郊迎，执宾主之礼；适赵，平原君侧行撇席；如燕，赵王拥彗先驱。”这听起来有些夸张，但春秋至战国稷下的数百年，确是整个中国历史上最重士风，待士最隆的时期。这一时期也恰是经学彻底衰微，诸子学说大行其道的时期。它构造了一个士与君平等相待、互相尊重，甚至“君卑士尊”（在某种特定条件下）的理想世界。至秦灭六国，汉罢百家后，诸子之学藏而不用，诸子士人再次分化，或为政统代言，取悦君王；或自处边缘，退守山野。尽管如此，士人们并没有放弃自我意志的表达，他们以积极干预或退守旁观的姿态继承并发展着先秦诸子士人的精神，促使子学从发生期的争鸣走向转型期的融合，《吕氏春秋》、《春秋繁露》、《淮南子》、《太玄》、《法言》、《论衡》等融通多家之学的子学著作相继问世，一种新的子学精神也在逐渐形成。

这种新的子学主要表现为经学经典的子学诠释（即所谓今文经学），其直接结果便是进一步加速了经学经典的分化，比如汉初田氏《易》分化为施、孟、梁丘三家《易》，《诗》分化为齐、鲁、韩、毛四家，《书》分化为欧阳、大、小夏侯等家，至元始四年“六经”博士已分化为三十家之多。

此外，在子学的视野下，两汉所谓今文、古文经学之争实是子学表达对经学诉求的超越。最后这场争论也消解在博通今古文经学郑玄学派的子学接受（突破了家法与门户的局限）中，而子学精神借助所谓的"经学经典"（其本质是儒家经典，属于子学体系）得以传播和深化。由此，子学相继出现三个重大的转型期：玄化时期、理化时期和西化时期。

（二）玄化期

子学的玄化始于儒学的神学化，而大成于魏晋玄学。

武帝罢黜百家导致了士人传统的分化，一类依附正统成为文化官僚，他们多通过文章辞赋为汉王朝"立言"以博取功名利禄；另一类则采取退守的姿态，一方面以心隐、朝隐、归隐的存在方式去消解政治专制带来的生命焦虑，另一方面则以著书立说、传道授徒的学术方式坚持着儒学的道统，寄托着生命价值的诉求。在漫长的汉代，这两股士流一明一暗、一主一次地促成了子学的玄化，尤其以第一类士人对子学的改造最为显著。比如董仲舒以阴阳五行之说为内核的《春秋繁露》便可视为子学玄化之滥觞。

至西汉末年，作为子学重要内容的阴阳学思想进一步渗入儒学经典的阐释中。王莽为了复古改制，更对这种神学化的阐释原则推崇备至，从而使儒学全面玄（神）化，造成了"经学的多元"局面的出现①，并在魏晋时期形成了一个足以抗衡和改造儒学"正统"的玄学体系，即魏晋玄学。

魏晋玄学的本质是作为子学系统之一的道学与儒学精神的融合而

---

① 学界多以魏晋南北朝时期为中国经学的"多元"时期。参吴雁南、秦学颀等主编《中国经学史》第三章《魏晋南北朝经学的多元倾向》，福建人民出版社2005年版。

实现的思想创生，是士人基于时代变革而进行的思想超越和价值重建，其突出表现为对宇宙本体及自我生命的静观洞见，对一切“自然”行为的妙赏与明鉴。因此，魏晋玄学的创生主体，我们可以称之为儒玄士人，他们多超脱于政治意识形态之外，“在儒亦儒，在道亦道，运屈则纡其清晖，时申则散其龙藻”（《晋书·曹毗传》），以清玄的姿态彰显自我生命的意义和风流的品质，如“谈尚玄远”的荀灿①，“善言玄妙”的裴徽②以及“立言借其虚无”的裴頠（《晋书·裴頠传》）。

魏晋玄学是儒玄士人借助对经典的子学阐释而建构起来的新的子学思想系统。

首先，儒玄士人以道家思想与自我对超验世界的知识阐释儒学典籍，以子学化的接受方式去重构儒学经典的义理世界。比如王弼《周易注》乃是以道家的自然哲学思想为指导，来建立个体化的阐释原则，其所谓“得意忘言”、“本末体用”和“执一统众”等理念皆属子学的阐释方法，并开宋明理学义理派胡瑗、程颐、杨万里一系。此外，王弼《老子注》，郭象、向秀《庄子注》，何晏主持编纂的《论语集解》与皇侃《论语义疏》等著作也多承子学解经之旨趣，或借助《经》之文本阐发自己的思想，或汇集众家之论以瓦解《经》义的专制，经过对以“有无”、“自然”、“情理”为核心的一系列本体论问题的激烈争辩，儒玄士人最终建构出一套多元共存的子学思想体系——魏晋玄学。

其次，玄学不仅深化了本土《经》的子学化阐释，同时也对外来的佛经进行渗透。一方面儒玄士人不仅与当时的僧士往来频繁，并且有深入的交流，比如僧道安、慧远等高僧便与当时的诸多名士交接

---

① 徐震堮《世说新语校笺》，中华书局1984年版，第107页。

② 徐震堮《世说新语校笺》，中华书局1984年版，第10页。

清谈，广涉儒道。另一方面，魏晋的某些名僧名士也多半儒半佛或半道半佛，如东晋名僧僧道安、僧慧远皆精通儒学，僧支道林儒道皆修，为一时清谈高手，而名士殷浩则精通《维摩诘》、《般若波罗蜜》、《小品》诸经。

名僧与名士之间长时间的频繁对话与互渗，使得玄学的观念渗入了佛学的接受中。例如玄学术语“有无”、“本末”、“虚空”等与佛理融合后成为佛学的重要概念范畴。又如东晋般若学派之六家七宗皆与当时玄风有着极其密切的联系；僧肇《不真空论》以名实之矛盾来阐释所谓“无、有”、“色、空”问题；中国佛性论祖师竺道生以玄学“言意之辩”的方法理解佛经，并以此建立其顿悟学说。正因为此，汤用彤先生乃直指僧肇《肇论》属玄学系统①。

由此可知，具有深厚的本土文化根底并与魏晋名士交往密切的僧侣②，以玄学与传统子学作为元话语去进行佛经的接受——翻译和阐释，这就使作为外来学术经典的佛经也不断子学化，成为子学思想的重要资源。

总之，儒学与道学的交融促成了子学的玄化，从而产生玄学，而玄学与佛学的交融不仅促使佛教的中国化，更进一步丰富了子学系统，加剧了子学的进化。一个明显的事例便是魏晋玄学的本体论思想借助于佛教义理的阐释间接影响宋代理学的形成，促成子学的第二次转型。

---

① 汤用彤先生认为：“《肇论》之重要论理，如齐是非，一动静，或多由读《庄子》而有所了悟。惟僧肇特点在能取庄生之说，独有会心，而纯粹运用之于本体论。其对于流行之玄谈认识极精，对体用之问题领会尤切，而以优美有力文笔直达其意，成为中国哲理上有数之文字。”见汤用彤《汉魏两晋南北朝佛教史》，中华书局1983年版，第240页。

② 魏晋僧人多半也具有名士特征，属于半僧半士的宗教群体，如慧远、僧肇等当时最有影响力的僧人。

（三）理化期

宋明理学是科考取士制度下，士人向内寻索的结果。

南北朝以降，佛风盛行，庙宇林立，从而为仕进无门的儒玄士人们提供了一个绝佳的精神避难所。但与此同时，宗教热情的过分张扬与玄远之谈的肆无忌惮，逐渐不利于社会的统一安定和经济的有序发展，更让士人们渐渐感受到自我价值的焦虑。于是，隋朝始一天下，便致力于改变这种“乱象”，其中最为有力的措施便是科举取士。

科举的直接结果是促使原本超脱于政治意识形态的儒玄士人迅速转化为以科考为使命的举子士人。一方面，举子士人不得不接受科举考试所带来的文本内容与诠释方式的双重限定；另一方面，他们又被赋予了最自由的阐释权。这种人才选拔方式，虽然阻塞了士人向外寻求真理的渴望，但同时又极大地提高了士人向内寻索的热情，从而使各种思想的融汇成为可能，儒释道三教合流下的宋明理学便是最好的证明。

宋明理学还是子学自我变革的结果。有学者从出土文献以及所谓“伪书”的互参中看到了宋明理学对先秦儒学的思想承继，比如彭国翔先生《从出土文献看宋明理学与先秦儒学的连贯性——郭店与上博儒家文献的启示》，便“运用郭店和上博的有关儒家文献，将宋明理学和先秦儒学进行关联起来考察，具体论证了宋明理学与先秦儒学在‘性’、‘情’、‘无’这三个重要哲学观念上的连续与一贯，揭示了宋明理学与先秦儒学之间的内在连贯性。”① 魏晋玄学与北宋理学之间，更存在着直接或间接的承继关系。例如王弼《老子注》与郭象《庄子注》皆以“体、用”范畴作为解决名教与自然矛盾的学术

① 彭国翔《从出土文献看宋明理学与先秦儒学的连贯性——郭店与上博儒家文献的启示》，《中国社会科学》2007年第4期，第104～115页。

方法。至宋代理学，则进一步明确了“体用”范畴，并将其广泛应用于本体论的建构中。再如，郭象将“本性”与“天理”结合起来，启发了宋儒“性即理”命题的提出。此外，郭象《庄子注》中“内圣外王”的思想，同样被理学升华为表达理想人格的重要哲学命题，成为其社会政治学说之基石①。

可以说，从先秦的“诗无达诂”，到魏晋的“越名教而任自然”，再到宋代的“理一分殊”、“月映万川”，都体现出子学阐释原则的一贯性和变革性。程颐《伊川易传》更是直接继承和发展了王弼的解易方法，以《周易》为核心构建出来的一套独立的理学体系。

总之，先秦儒士以其原创经典，魏晋儒玄之士则通过对儒学经典的子学阐释，直接或间接地影响了宋明学士的思想，为其进一步建构一套具有指导意义的人生、政治哲学作了理论上的准备。从这个层面看，宋明理学无异于一套理学化的“新的”子学，正是基于子学的立场，朱熹才说“未须理会经”并绕开汉唐以来以《五经》所建构起来的经学系统，将《四书》独立出来取代《五经》，从而建构起以子学思想为指导的新的学术体系。因承此功，明中叶以后，整个子学呈现出极大的活力，仅李贽便有《老子解》、《庄子解》、《孙子参同》和《墨子批选》等著作问世。明清之际，更有经子平等之趋势，学士傅山在其杂记中便明言：“经子之争亦末矣，只因儒者知六经之名，遂以为子不如经之尊，习见之鄙可见。”（《霜红龛集》卷三十八）傅山于老、庄、管、荀、韩诸家，或有专书，或有专论，可谓用力甚勤。而王船山、顾亭林更以“六经责我开生面”（王夫之堂联）之气魄建构起一整套具有跨时代意义的子学化的哲学思想。

---

① 参王晓毅《浅论魏晋玄学对儒释道的影响》，《浙江社会科学》2002年第5期。

（四）西化期

宋明理学，前后相继数百年，使得广大举子士人从“我注六经”的经学桎梏中解脱出来，走向“六经注我”的自我建构，从而为先秦诸子之学在清代的复兴以及晚清子学之西学化作了思想上的准备[①]。因此，子学的西学化是一个迂折漫长而复杂显微的过程，是中西知识分子思想交融的结果。

广义上的子学西化始于明末。这一时期中西之间的交流逐渐频繁，西方传教士开始踏上东土传播基督教义。与此同时，西方学术思想亦随之东来。明季著名学者徐光启的《崇祯历书》首开清初士人学习西洋历算之风。而方以智的《物理小识》与《通雅》则开启了中土士人面向西学建构新的学术体系的进程。但徐光启与方以智的西学知识仅限于西方传教士所介绍的自然科学，并且有意识地剔除了混杂于科学知识中的宗教思想成分，这充分显示了这一时期所谓中西交流的单向性（外国传教士的单向传教）与局限性（限于对科学知识的兴趣）。随着罗马教廷传教政策的改变和清朝闭关锁国方针的推行，这种有限的中西文化沟通也过早地中断。

规模化的西学接受潮流出现在鸦片战争以后，也正是这一时期，才有了子学真正意义上的西化。一方面，外国传教士、来华洋人（西洋知识分子）将西方的科技文明和学术思想带到中国；另一方面，中国政府也大量委派留学生前往欧洲各国学习其先进的科学技术。于是原本处于封闭状态的中国学术思想受到了巨大的冲击，一种内在层面的交融变得不可避免。一时间，西方形式的学社、报刊成了中西学术交流和传播的重要阵地，一场中西思想交互式阐发的新文化

---

① 笔者所谓的诸子之学并非完整意义上的子学，而是子学的核心内容，是子学发生期的原创性经典以及后世学者对这些经典的阐释性著作。

运动由此展开。西方的哲学、宗教、文学、艺术大量进入国人视阈，而作为经学的儒家思想则不断遭受质疑。随着中西经典专著翻译工作的不断拓展和深化，传统的思想话语也受到巨大冲击，其极端表现便是白话文运动的兴起。

最值得注意的是，以学术分科为基本特征的西方学术体制彻底瓦解了中国的科举取士，从而促使举子士人不得不接受自己的学科归属，学科士人——近代知识分子由此出现。这些新时代的“士”在知识结构、角色认同、价值观念上都与传统士人大相径庭，因此他们迫切需要一种新的理念来确立自身差异的合理性。于是他们想到将“中学”思想投置到西学的理论框架中进行新的审视，这就开启了子学向现代阐释转型的西化之路，这一点主要体现在两个方面：一是子学思想的西化，比如深受西学影响的学科士人将墨学所宣扬的“平等”、“兼爱”精神附会于现代西方的民主思想，甚至从政治思想史的角度将墨学归入社会主义思想范畴。二是子学研究方法的西化。如梁启超以西方政治思想史作为理论框架来研究先秦的法家思想；胡适融乾嘉以来的考据学、西方的版本学与杜威的思维术于一炉，成功实现了学术的转型；冯友兰则将先秦诸子之学建构在整个中国哲学史的理论体系中；金岳霖更以超迈之力，融合中西哲学思想，进而建立起一套极具原创性的元学体系。

遥承此力，再辅以新的传播主体、传播媒介和理论体系，今日之子学研究者已然从二三十年代的“体用”思维中解放出来，不再停留于简单的中西结合，而是以文本阐释为核心，以传统思想精髓为根底、不断吸收新的文化思想成果，力图构建出一个开放的子学思想体系。其中方勇先生所主持的以材料收编整理为首务的“子藏”工程便是我们当代子学走向大成的第一步，而继之提出的“新子学”命题更是在此基础上的一次理论飞跃。

四、“新子学”的本质与使命

子学源于时代之丧乱与士人对元经学话语的重释和颠覆。礼崩乐坏，诸子争鸣，元经的思想遭到分解，从而宣告了子学时代的到来。但诸子思想原就本同末异，殊途同归。董仲舒倡“罢黜百家，独尊儒术”之举，就现实层面考虑，乃是要统一思想钳制人心，而就学术之初衷论，乃试图回归元经时代，重建学术正统；后世韩愈倡《原道》，李翱推《复性》，程朱求天理、陆王归本心，皆存此志。逮至近世，有志之士仍不曾放弃这种“归元”的努力。然道术既已为天下裂，此补天之想虽是可贵，却实属难能。加之西方多元价值理念的渗透，使任何试图重新归于“一统”的学术努力皆成妄念。这就宣告了以经学为中心的旧国学体系将彻底终结，而以“新子学”的建构为基本诉求的新国学体系正以必然之势成为当代学术之主体。为此，通过对子学与士的关系的厘定，我们不仅可以更好地理解新时代的子学与传统诸子学的分野，更能进一步明确“新子学”的研究范畴及其研究走向。一者，“新子学”不仅包括了先秦以来的诸子典籍之学，更涵括了自西周以来经史子集中所蕴涵的士人思想之呈现。因此，我们要做的便是尽可能实现其系统整合，以建构一个完整的中国“子学”文化系统。二者，子学与士皆“日新”。士人是子学的缔造者、传播者和阐发者，子学是士人思想的理论化和系统化建构，子学的发生从理论上支持了士人的品格，不断塑造着士人的精神世界。自先秦迄于清末民初，子学与士人之间皆存在这种相互作用的关系，并以此推动了二者的演化，促成子学和士的革新。换言之，子学一经发生便始终处在自我的变革与完善之中，是与适时而动的思想者相融合的哲学体系。在子学与士的交互作用下，子学经历了三次重要的变革：玄学的变革、理学的变革和西学的变革。这些变革的实现，反过来又促使作为变革主体的士发生相应的转型和分化，最终使士人转变为具有鲜明专业性的学科士人，即近代知识分子（对于这一点，笔者正著专文探讨），而子学也将在中西学术的作用下走向更高层面的自我建构，从而宣告了一个"新子学"时代的来临。

行文至此，一个问题我们不得不面对，既然子学"日新"，那么，"新子学"与子学之间究竟存在着何种关联？其"新"的本质何在？"新子学"又将担负怎样的"新"使命呢？

要回答以上问题，必须明确"新子学"之"新"，绝非一种简单的语义嫁接，也不仅仅是子学经典的缀集翻新，其本质是子学研究思维与方法的变革；是将子学从传统的（或者说经学的）话语体系中解放出来，以建立中国学术思想体系与现实价值的努力；是当代知识分子以当下所据有的全部学术资源，实现对以子学为主体的传统学术的重新认知与整合；是传统士人实现自我精神世界的重新建构的整个过程。因此，"新子学"虽以传统子学文献之整编为基点，却不是针对传统诸子学而言，它指向子学思想的系统化阐释和价值重构，更是汉宋以来整个学术方法和思维方式的彻底变革。

首先，"新子学"将继续秉承子学的"反叛"精神，全面而自觉地消解"经学"思维所带来的思想专制与思维局限。经学的本质特征是一元中心性，即要寻求一个绝对的"圣人意志"，并试图将这一"意志"变成全体社会成员的指导思想，因此经学从一开始便带上了"专制"的特性，其使命也就自然而然地在于代圣人行教化与统治，最终"统一"人们的思想。而子学自发生之日起便是独立、多元和开放的对话思想系统，它孕育于元经学，同时又不自觉地走向经学的对立面；它试图维护经学的统一，改变"道术为天下裂"的思想格局，却又因其本身所具有的反叛性而不断地实现着自我的建构，不期然而然地促成了经学体系的瓦解；子学是以经学思维为逻辑起点的传统士人思想的多元表达，同时又是实现士人思想变革，促使士人身份认同不断转变的内在动力。而“新子学”的诞生，则意味着子学自觉反叛的开始，意味着当代知识分子身份认同的重新确立，意味着一个新的学术时代的来临。

其次，“新子学”是子学的自我突破，是传统士人与近代公知逐渐转化为媒介知识分子的内在动力。子学延续了数千年，却始终未能突破自身的局限和对经学的依附，比如自先秦以来便有所谓“诗无达诂”的接受思想，但是却始终无法脱离“诂”的训条；魏晋玄学，一方面追求“越名教而任自然”，但是又不得不承认“名教即自然，自然即名教”；进入理学阶段后，学士虽力主“六经注我”，但是仍然默守着“理一分殊”的阐释原则。至于西学阶段，更是将“中学为体，西学为用”摆在新兴知识分子面前，试图建立一个“体用”中心。

因此，“新子学”所要追求的是一种质的改变，一种全面的自由和开放，一种全新的平等对话，其使命便是促成近代公共知识分子向大众传媒知识分子的转化。知识分子与“新子学”将互为媒介，相互承载，知识分子将不再以“社会的立法者”自居，更谈不上什么公共领域的主体，他只是作为社会生活的参与者，独立、自由且平等地表达自己的意志。而“新子学”则借助这种媒介化的表达得以自我确立、深化与延展。在大众传媒的作用下，“士”与“子学”皆得以更新以至于日新而无穷。一方面是作为发生主体的士人自身的新变：即作为学科士人与社会公知的近现代知识分子将不断转化为联系文化与大众的媒介知识分子；另一方面是子学本体方法论的变革：即由断裂的分散的个案的文本研究，向延续的系统的整体的视阈观照的转化。

总之，“新子学”不是“新之子学”，也非“新子之学”。就学术层面看，“新子学”是以士人为主体的子学的集大成，是立足于当下，着眼于未来，以期融通古今、贯注中西的子学文化工程；就思想层面看，“新子学”是新时期士人（学科士人与公共知识分子）精神世界的多元重构与角色转换。如果说子学是社会史限定学术史的时代，那“新子学”便是学术史建构自我，刊定社会进程，并影响整个世界的时代。

（作者单位：三亚学院人文学院）

我国“新子学”研究的现状与问题

高卫华 杨兰 董浩烨

2012年10月22日，《光明日报》国学版刊登了华东师范大学先秦诸子研究中心方勇教授的《“新子学”构想》一文，引起了学术界的广泛关注。经、史、子、集四部作为中国传统文化的集体智慧，具有创造性、开放性、强生命力的特征。“新子学”的提出，促使诸子之学在继集部有新文学、经部有新经学、史部有新史学之后，迎来了“新子学”的研究、传承时代。这不仅充分显示了中华优秀传统文化的绵延不绝的极强生命力，也促进了中华优秀传统文化在新时代新背景下焕发新的生机。方勇教授提出：“诸子之学从来都是当下之学——自汇聚诸子思想的诸子文本诞生伊始，伴随后人对文本的不断诠释、解构与重建，子学如同鲜活的生命体，不断发展、演变，生成一代又一代的新子学。”① 尤其在我国文化建设的当下，“新子学”的提出，是对中华传统文化的精华的再认识、再阐释、再汲取、再升华，因此也是一项重要的优秀传统文化的建设工程。

---

① 方勇《“新子学”构想》，《光明日报》2012年10月22日，第14版。

一、研究综述

《“新子学”构想》一文发表前后，学界及媒体围绕“新子学”进行了一系列探讨。本文以主题相关度为准则，选取2011年12月26日至2013年1月9日一年多来，论及“新子学”的两次会议和16篇文章进行梳理研究。通过对现有研究成果的分析归纳，我们发现“新子学”研究具有以下特征：

（一）短时间内掀起学术热潮，媒体参与度高

2012年10月22日，《光明日报》以近乎整版篇幅发表了华东师范大学方勇教授的文章《“新子学”构想》，学界和媒体迅速跟进，自此一股研究“新子学”、讨论“新子学”的热潮拉开帷幕。如附表所示，2012年10—12月，共有14篇文章从不同角度论及“新子学”。由华东师范大学主办的“新子学”学术研讨会、由上海大学新闻理论研究中心和《黄河文学》杂志社主办的主题为“现代文化学者如何认识和评价‘新子学’”研讨会，先后于2012年10月27日、12月1日举行。由此可见，关于“新子学”的研究和探讨不仅呼应及时，反应迅速，而且很快在2012年11—12月形成一个小高潮。同时，媒体参与度高也是一大特点。如附表所示，在“新子学”的研究和探讨中，多数成果发表于（学术）报刊（12篇）、网站论坛（3篇），而且媒体在这场讨论中通过议题设置等显示出很高的参与性。如《文汇读书周报》于2012年11月2日特邀卿希泰、谭家健、王锺陵等有关专家学者参与笔谈，整版刊登《“新子学”笔谈》一文，以期引起对“新子学”的进一步思考与讨论。

媒体的多篇报道及各位专家学者在媒体上对“新子学”不断进

行的深入探讨，促使“新子学”逐渐从一个构想变成一种引起社会广泛关注和思考的文化潮流，对“新子学”的解读越来越多，对“新子学”所根植的中华民族传统文化与中国当下的时代背景的剖析也越来越多。媒体的高度参与形成了一个高水准、多层面的意见集合场，为“新子学”的进一步发展营造了良好的学术和文化氛围。

（二）深厚的学术渊源和民族精神传承性

“新子学”研究在短时间迅速掀起了一股研究和报道的热潮，并不意味着“新子学”研究是“拔地而起”。“新子学”的提出和研究，都是基于对中华优秀传统文化的根源与发展的理性考察，是深入探索和不断创新的结果，凸显的小高潮是“新子学”更深远的学术渊源和民族精神传承的一种表现形式。

就个人学术研究脉络而言，早在2012年4月7—9日，《“新子学”构想》一文的作者方勇教授作为主要推动者，就在华东师范大学先秦诸子研究中心主办了一场名为“先秦诸子暨《子藏》学术研讨会”的学术会议，与会的近60位学者主要就文化强国与先秦诸子的现代价值、诸子及其学派的再认识、《子藏》编纂与古籍整理的持续推进等问题进行了深入讨论和广泛交流。而更早之前，方勇教授曾在《〈子藏·庄子卷〉：庄学文献集大成者》一文中提出“新子学”的思考与展望：“《子藏》搜遗籍，极大观，为传统子学现代化提供扎实的基础，正是‘新子学’得以正式提出的根基。”[①] 这些年来，从庄子文本到庄学史，再由庄子研究进而拓展至诸子编纂《子藏》，现在又提出“新子学”的概念，方勇教授的学术研究有着清晰的发展脉络：“‘新子学’概念的提出，根植于我们正在运作的《子藏》

① 方勇《子藏·〈庄子卷〉：庄学文献集大成者》，《文汇报》2011年12月26日，第15版。

项目，是其转向子学义理研究领域合乎逻辑的自然延伸，更是建立在我们深观中西文化发展演变消息之后，对子学研究未来发展方向的慎重选择和前瞻性思考。"① 而就文化学界的研究而言，很早以前，就有人断言我们正在迎来一个新的"子学时代"。② 展望21世纪中国学术发展前景，学者们认为，学术思想活动的个人化和民间化在20世纪90年代愈演愈烈，标志着"原创性学理与学术话语"的生成和随之而来的某种春秋战国式的百家争鸣的思想格局的到来。继经、史、集部有新文学、新经学、新史学之后，"新子学"的提出，使诸子之学也迎来了"新子学"时代，充分显示了中华传统文化的深远性、传承性和创新性。

（三）较高的学术评价和积极的建议

1. 地位："一面新的文化旗帜"

在这次研究热潮中，上海大学郝雨教授作为"新子学"研究的积极参与者，先后撰写了《文化新构想思潮涌动》③、《"新子学"对现代文化的意义》④ 两篇文章，评析和研究"新子学"，认为"作为一面新的文化旗帜，'新子学'必将在整个文化学界更大规模地激起复兴民族传统文化的时代潮流。它不仅是古代思想文化的研究范畴，也为现代文化研究者提供了全新的学术基点和方向、旗帜"。这一观

---

① 方勇《"新子学"构想》，《光明日报》2012年10月22日，第14版。

② 邵建《跨世纪的文化选择》，《南方文坛》2000年第5期，第18~21页。

③ 郝雨《文化新构想思潮涌动》，《社会科学报》2012年11月29日，第4版。

④ 郝雨《"新子学"对现代文化的意义》，《文汇报》2012年12月17日，第9版。

点将“新子学”研究的传统文化传承传播的价值、意义，提升到了一个新的理论高度。

安徽大学中文系孙以昭教授以《时代召唤“新子学”》为题，撰文表达他对方勇教授观点的赞同和支持，认为“新子学”的提出，是应当前文化交流空前密切、信息传递高效快速的时代需要而生。因此，全面系统的研究、展现诸子百家中的思想精髓，并在继承中发展创新，形成体系，有着深远而非凡的意义。《上海科技报》以《“新子学”体现时代精神》为题，对“新子学”学术研讨会进行报道时，也强调了“时代”性。总之，研究者与报道者都期待着迎接一个更加开放、繁荣的文化时代的到来，认为研究“新子学”，通过深入疏通诸子百家之说这一中国传统文化的源头，实现百家争鸣，是我国未来文化发展具有方向性的旗帜。

2. 意义：从文化源头复兴传统文化

对于一个新事物，意义判断和性质判断同样重要。“新子学”的提出已引起部分专家学者对中国文化方向性、主体性问题的新一轮再思考。在现有研究成果中，研究者大多表示了对“新子学”这一观念的认同，并从不同维度肯定了“新子学”作为一股新生力量对于复兴传统文化、解决其发展问题的独特意义。

郝雨教授提出，“新子学”对于现代文化研究以及文化发展来说，起码有四个方面的意义：第一，所谓“新子学”，就是要把我们对传统文化的研究由原来的以儒学为中国文化单一核心，转变回归到诸子百家；第二，这样一种文化研究的思路，同时也给“五四”新文化运动找到了一个合理的逻辑前提和解释；第三，在全球化时代，文化也只能是多元的，“新子学”给我们提供了现代文化环境中民族文化繁荣振兴的一个重要参照，对当下有着重要的意义；第四，“新子学”的提出，促使我们从子学中寻找到真正使我们民族具有强大发展潜力的根本，找到蕴涵在诸子百家之中的中国智慧。

上海师范大学杨剑龙教授从“五四”以来中国文化界对传统文化的态度本身剖析了“新子学”的三方面价值：一是对中国传统文化的丰厚性，研讨吸收诸子文化思想，而不是一直以来的独尊儒学与弱化其他学派；二是促进了深化研讨中国文化的全面性；三是提供了全面阐释研讨中国传统文化的可能性①。上海政法学院李有亮教授亦认为，从民族文化传承意义上看，“新子学”的价值在于引导人们重返中国文化的最佳生态，即百家、多元的争鸣。

公元前3世纪的先秦诸子之学和五四时期以解放为中心的话语体系，可视为中国思想的两个源头。先秦百家争鸣的时代是中国传统文化最繁荣、最强盛的历史阶段之一，中国文化的真正源头也自此产生。“新子学”研究诸子百家之“子”，不仅回答了中国文化真正的源头在百家而并不仅仅是儒家的问题，而且解决了对“五四”新文化运动造成现代以来中国传统文化的断裂观点的认知，找到了一个合理的逻辑前提和解释。

3．建议：界定对象和范围、厘清与国学西学的关系

（1）界定对象和范围

方勇教授主张“新子学”以思想史为对象，认为“新子学”“并非传统目录学‘经、史、子、集’之‘子’学，而是思想史上‘诸子百家’之‘子’。具体内容则严格区分诸子与方技，前者侧重思想，后者重在技巧。故天文算法、术数、艺术、谱录均不在子学之列……‘子学系统’是对宇宙、社会、人生的深邃思考和睿智回答，是在哲学、美学、政治、经济、军事、教育、技术等诸多领域多维度、多层次的深入展开”。(《“新子学”构想》) 这一界定显然具有更为广泛的涵盖度。

中国社会科学院谭家健教授和安徽大学孙以昭教授分别提出了自己

① 路阳《上海跨学科研讨“新子学”》，《文学报》2012年12月20日，第6版。

的见解。谭家健教授的《对〈“新子学”构想〉的建议》一文指出：“我希望进一步明确，‘新子学’包括释家、道家和小说家吗？我以为，佛有佛藏，道有道藏，自成体系，似乎不必纳入‘新子学’。但他们又是思想史资料，怎么处理？小说家类乃古小说，不属于思想史。方技中也有思想史资料，怎么处理？”① 孙以昭教授的《时代召唤‘新子学’》一文表示了同样的思考：“不但方技中有不少思想资料，就连天文、历数中也有些思想史的资料，对这些应如何甄别、处理。此外，开展研究固然不能离开传统的训诂与义理两个层面，使能贴近文本的原意，也要面对西学，加以比照、吸纳，还要进行多学科的综合性大文化研究。”②

以上观点也是当前“新子学”研究所面临的一个难点。方勇教授的界定涵盖度高，同时交叉性也高；谭家健教授和孙以昭教授的疑问则显示出“新子学”研究尚未走出开拓期。

（2）厘清与国学、西学的关系

方勇教授提出，“新子学”建立起属于自己的概念与学术体系，以更加独立的姿态坦然面对西学。同时，它也将成为促进“国学”进一步发展的主导力量，加快传统思想资源的创造性转化，实现民族文化的新变革、新发展，为中国之崛起贡献出应有的力量。

中国已成为世界第二大经济体，并在继续壮大，中华民族正经历着历史上最大规模的社会变革，朝民族复兴的道路大步前进。但是，如果没有以学术为核心的文化的大发展，民族复兴的伟大目标就不可能从真正意义上得以实现。任何一个民族，要想屹立于世界各民族之林，除了物质累积，文化的繁荣更不可或缺。因此，“新子学”要想

① 谭家健《对〈“新子学”构想〉的建议》，中国文学网 2012 年 11 月 28 日，http：//www. literature. org. cn/Article. aspx？ id = 73100。

② 孙以昭《时代召唤“新子学”》，《安徽日报》2012 年 12 月 14 日，第 2 版。

成为促进“国学”进一步发展的主导力量，以更加独立的姿态面对西学，就必须建立起中国学术的核心价值，以此构成中西对话。对此，苏州大学文学院教授王锺陵提出：首先，建立中国学术的核心价值应该返回到先秦典籍之中；其次，传统文化也必须在与西方话语的对话中，在解决现实困境的作用中，来鉴别其价值。针对西方的话题，对照中西两种话语，在对话中求深入、求新意；再次，子学研究的革新，需要建立一种新的诠释学；最后，经典作为民族文化之根，形成了民族文化意义空间的构筑，因此要敬畏经典。

中国传媒大学文学院副教授刁生虎则认为，运用古今会通的原则和方法进行子学研究，不仅是必要的而且是可行的正途。因此，解读子学文本的过程就是今人与古人、东方与西方就人类共同面临的问题进行互动与对话的过程，这就决定了“新子学”研究需要自觉吸收一些西方现代哲学、语言学、美学、文艺学、阐释学乃至文化人类学理念进入论述的视野，力求在古今结合、中西融通方面有所努力①。这种开放的学术研究思维，世界性的研究视野，以及对于中西平等对话权的研究设想，对于“新子学”研究的丰厚与深入，无疑都是一种有力的促进。

以上学者的研究思路，均显示出古今贯通、中西结合、视野拓展、立足于解决我国社会发展中的现实问题的学术思维及实用价值观。子学研究打破纯学术局限，成为中华优秀传统文化传承发展的一脉绵延不断的源流，从而焕发新时代的生命力。但是，如何从学理层面实现这一设想，还需要严谨的求证。

(3) 立足文本分析、统一历史与逻辑

对于“新子学”的文本分析，中国传媒大学文学院副教授刁生虎认为要做到两个统一：一是理性与直觉的统一，二是宏观与微观的

---

① 刁生虎《“新子学”研究需做到四个统一》，《社会科学报》2012年12月13日，第5版。

统一①。其中，理性与直觉的统一基于中国子学这一特定研究对象。中国子学著作是诸子对其所处时代及问题理性思索的产物，但从存在形式方面看，子学著作大多以语录体和解经（阐释）体为主，富有独断色彩，往往只下结论而没有论证。再从表现形式来说，虽然诞生于中国轴心期的子学著作富有深厚的哲理论述和高度的理性概括，但其重要组成部分却是寓言故事，而且这些寓言故事往往是以神奇瑰丽的想象和汪洋恣肆的文学笔调出之，极其深刻地表现了诸子独特的哲学思想，因而这些文章又是杰出的哲学论文。因此，对于子学文本来说，仅靠理性把握的方式远远不够，还必须辅以直观的体验。

宏观与微观的统一则基于传统子学研究充斥微观研究而导致只见树木不见森林的局限和不足。子学本身自有其建构材料、结构框架、外部形式以及内部格局，其在思想体系、风格表现、审美境界、思维模式、修辞艺术等诸多方面都自成一格。因此，只有注重从总体上对子学文本加以认识，才能揭示出蕴藏在其深层内部的基本规律。基于此种理念，“新子学”研究者在处理子学活动和现象时，应力求从大处着眼，宏观俯仰，多维审视，动态把握，努力把子学现象和子学活动的基本风貌尽可能完整地分层次地展现出来。同时，不能脱离微观考察，必须从具体的学术活动和现象开始，借助“大处着眼，小处着手”的方法，努力做到宏观把握与微观分析有机而又辩证的结合。

所谓历史，一是指认识对象本身的发展史，二是指人们对认识对象认识过程的发展史。所谓逻辑，是指理性思维以概念、范畴等思维形式所构建的理论体系。历史和逻辑的统一是指主观的逻辑要以客观的历史为基础和内容，逻辑是历史的理论再现。恩格斯说：“历史从哪里开始，思想进程也应当从哪里开始。”刁生虎副教授在《“新子

① 刁生虎《“新子学”研究需做到四个统一》，《社会科学报》2012年12月13日，第5版。

学”研究需做到四个统一》一文中提出，对于“新子学”的研究者来说，在学术立场和研究方法上也应该做到历史和逻辑的统一。究其原因，历史主义的研究理论与学术实践易陷入零碎而松散史料的纯客观性堆砌而导致两方面的困境，而逻辑主义的研究理论与学术实践则易于“削足适履”，以主观逻辑代替客观事实，使学术研究流于空泛而不切实际的议论。刁生虎建议，一方面要充分重视子学史料的搜集整理与客观重现，另一方面也要充分注意发挥研究者本人的主体意识与学术主张；一方面要细致而又生动地描述子学文献中丰富多彩的活动与现象，另一方面也要系统而又深刻地揭示潜藏于各种纷繁复杂现象背后的普遍性与一般性的规律①。

方勇教授提出“新子学”概念，在一定意义上讲，是对于先秦诸子学说研究在新形势下的革新②。因此，做好先秦诸子学说的文本分析是研究“新子学”的必由之路。

二、当前研究中存在的问题

“新子学”的概念是方勇教授站在“新子学”与传统子学、西学、国学等现行学术之间关系的角度提出来的，“新子学”的构想是学界为建立中国学派进行的自觉的理论探索，是为了努力建立起本土化的理论体系。我们认为，“新子学”之“新”的精髓，是方勇教授提到的“学界及国人对西学心态的日趋理性和成熟以及对中华文化

① 刁生虎《“新子学”研究需做到四个统一》，《社会科学报》2012年12月13日，第5版。

② 王锺陵《建立中国学术的核心价值》，见《“新子学”笔谈》，《文汇读书周报》2012年11月2日，第12版。

走向的重新思考”，而这种理论自觉必将推动本土化理论体系的建立。改革开放30年以来，中国经济社会取得了长足的发展，但同时也产生了诸多社会矛盾，因此迫切需要大批学者来发挥其智慧，系统探讨解决当前所面临的各种社会矛盾所需的各种理论和策略。在这样的时代背景下，“新子学”的提出及其推动的本土化学术理论体系的逐步建立正是题中之义，是时代发展的需要。与此同时，“新子学”所带来的理论体系的本土化，将会大规模地激发起复兴中华民族优秀传统文化的时代潮流。事实上，“新子学”不仅是古代思想文化的研究，也为当代文化研究者提供了全新的学术基点和方向。它将贯通古代与现代，建立起通畅的古今对话，从而以更加开阔的历史眼光，寻求文化研究新的逻辑起点和思维脉络。当然，对于“新子学”这一新概念，当下的研究中还存在一些问题。

（一）“新子学”的概念界定不明晰

虽然在《“新子学”构想》一文中，方勇教授已经对“新子学”进行了阐释，但并未对“新子学”的概念进行严格的界定。这一方面显示方勇教授对于“新子学”研究的谨慎态度，但同时也给“新子学”的后续研究带来一系列问题。目前的研究成果显示，只有少数学者对“新子学”的研究对象和研究范畴的界定存在疑问，并希望“新子学”的概念早日得到完善和确定。而更多的研究和讨论则集中在对“新子学”的价值判断和研究方法上。

子学的意义本身就具有多元性，诸子百家各张其说，互相争鸣，对“新子学”的研究，我们也应该本着冲突与互补、丰富与多元的态度。“新子学”作为一个新生事物，从其发轫到完备，必然有一个漫长而复杂的过程，我们并不期望“新子学”概念的界定毫无争议，相反，我们认为更多的思想碰撞，不同的观点交锋更有利于“新子学”的发展和完善，百家争鸣才是我们对现代和今后的中国文化环境的期待和践行。

(二) 参与研究和讨论者范围较窄

根据“社会科学报”在线2012年12月10日刊登的《现代文化学者聚会上海跨学科研讨“新子学”》一文和《文汇读书周报》2012年11月2日刊登的《“新子学”笔谈》一文报道，目前参与“新子学”研究和讨论的专家学者所在的高校，上海有5所、北京有1所、厦门1所、苏州1所，由此可以看出，“新子学”当下的研究学者主要集中在上海，以上海为中心，波及北方的北京和东部沿海地区的苏州和澳门两地。这不难理解，“新子学”的提出者是华东师范大学的方勇教授，因为心理和地理上的接近性，华东师大所在的上海地区的专家学者应是对此观点接触最早、反映最快和了解最多的，故研究也应该是最多的。但是，我们应该看到，学术观点的探讨和研究不应该有地域之分，在上海提出的“新子学”概念不应该仅仅在上海一地及其周围小范围讨论，这也是目前存在的问题。我们认为，“新子学”当下研究者过于集中在上海，反映出对于“新子学”的研究仍处于小范围、小规模的阶段。要推动“新子学”的发展，首先要解决的便是在更大地域范围内进行研究和探讨。

从研究成果来讲，“新子学”不仅仅是古代文化学者的专业课题，也是在当今全球化、新媒体时代，一个为整个文化学界提出的共同主题，非常有现实意义。但是，目前“新子学”的研究者在数量上还是少数，研究成果也较少，并且多集中在专家、教授等高知群体中，虽然有少数记者和博主参与讨论，但其势极微，广大的古代文化相关专业学者和社会公众，尚未在这场初起的讨论中发出自己的声音。此外，从学科背景而言，虽然我们说“新子学”不仅仅是某一学科或少数学科学者的专业课题，但不难发现的是，目前的研究成果多来源于古代文化、宗教学、哲学等学科，传播学、社会学等专业研究或综合研究还未被纳入。

在更大的范畴上来讲，“新子学”不仅仅是一项学术探讨，应当还有其更宏大的设想或方向。从传播学角度而言，现有的“新子学”研究中，报刊等大众传播媒介的作用明显，不管是对相关会议的报道，还是刊登专家学者的文章，或是进行议题设置，都体现出了大众传播媒介在传承和传播中华民族传统文化中的独特作用。不过，对于媒介化社会而言，这样的传播力度和广度显然不够。正如詹姆斯·W. 凯瑞所言：“一个民族的文化是一种文本的集合体，这些文本自身也是集合体”①，而且“现代传播手段已经极大地改变了人们的体验和意识，改变了人们兴趣和感觉的构成，改变了通常人们对活着与对所处社会关系的认识。”② 要想更好地促进“新子学”的发展，不仅要做好学术层面的整理和研究，同步展开有效的大众传承和跨文化传播也很有必要。诸子百家中蕴涵着深刻的传播思想，将其本身蕴涵的传播思想与现代传播技术、手段结合起来，通过更加生动、畅通、有效的模式来故事化、生活化、形象化地传达“新子学”中丰富的思想义理，实现包括文字、讲坛、影视、动漫和各种新媒体在内的整合传播，是很有必要而且大有裨益的。

三、对我国“新子学”发展的建议

（一）认识“新子学”意义，厘清“新子学”概念

从民族复兴的宏伟意义上看，“新子学”的研究有着广阔的发展前

① 詹姆斯·W. 凯瑞《作为文化的传播》，华夏出版社2005年版，第42页。

② 詹姆斯·W. 凯瑞《作为文化的传播》，第1页。

景。我们正处在实现中华民族伟大复兴的关键点上，而要实现真正意义上的民族复兴，文化是不可或缺的一部分。华夏五千年历史所积淀的悠久文明不应该沉睡在历史的长河中，作为国家和民族软实力的最重要组成部分，中华民族传统文化的振兴已经成为题中之义，而方勇教授的“新子学”构想恰好在这个关键的时刻出现，可以说是适逢其时。

从“新子学”出现的背景方面看，其研究有着极大的现实意义，并且能直接转化为现实生产力，发展前景良好。改革开放以来，随着我国社会经济的飞跃发展和国际地位的不断提高，国际交往也日益频繁，所面临的各个方面的诸多社会矛盾也日益突出，因而迫切需要大批的思想家来发挥其智慧，系统探讨解决当前所面临的各种社会矛盾所需的各种理论和策略。因此，方教授所提出的“新子学”构想，具有十分重大的理论意义和现实意义。

同时，“新子学”的提出也给我们民族提供了一个文化繁荣的契机。子学的意义本身就是多元的，诸子百家各张其说，互相争鸣，必然存在着冲突与对立，而这冲突与对立更为多元文化的形成提供了平台。方勇教授的“新子学”构想，正是对子学的丰富和多元。关于“新子学”的研究，能使学者把传统传承下来，把其中的精义发挥出来，把其中丰富的可能性展现出来，然后让同时代人或者后人来重新审视、重新选择，提供一个选择的可能。

中华民族传统文化博大精深、源远流长，“新子学”的提出和研究为复兴民族传统文化提供了新的契机，“新子学”体现了全球化、新媒体时代的客观要求和时代精神，但同时，时代也考验着“新子学”。厘清“新子学”的概念，是促进“新子学”更好发展的当务之急，也是重中之重。

当然，正本清源只是我们研究“新子学”的基础，在全球化和媒介化社会，“新子学”要想在信息洪流中举起大旗、引领思想，还必须做到传道有方。

（二）上行下达，传道有方，实现“新子学”多方位传播

首先，整理典籍、著书立说，丰满“新子学”的内容。

纵观中国思想传播史，无论思想激变如何，学术思想的传播始终遵循内容为王的准则，而这一准则，在当今社会，仍然是不变甚至是更为重要的。《子藏》搜遗籍，极大观，为传统子学现代化提供扎实的基础，是“新子学”得以正式提出的根基，也为“新子学”的发展提供了绵延动力。但是，我们也应当清楚地看到，仅有《子藏》作为“新子学”的内容支撑，是远远不够的。浩如烟海的国学典籍成就了东方思想之美，“新子学”的发展，也需要更多的典籍、新说来从根本上推动。

其次，塑造大家、吸引大众，增加“新子学”的传道者。

孔、孟、老、庄作为大家，为诸子学说的发展做出了常人难及的贡献。同样，“新子学”的发展，也需要更多的学术大家的推动。目前，“新子学”的提出和发展已经有了方勇教授、郝雨教授等学术大家的鼓与呼，但正如前面所言，当下的“新子学”还呈现在小范围学术讨论的状态，更多具有相关研究的专家学者还没有参与进来。一方面，我们需要几位巨擘高举大旗；另一方面，我们更需要越来越多的专家学者高声呼吁。就如说一位学者的参与可以联动一所高校，那更多学者的参与，就是千万学子的参与。

当然，如果说“新子学”永远只作为一种精英文化和学术思想囿于大家之间而远离大众，那其生命力也会因丧失民众智慧而堪忧。诸子之学从来都是当下之学，只有将“新子学”的发展与各个阶层的社会大众的生活关联起来，吸引大众的关注，借助大众的智慧，“新子学”方可以大有发展。

最后，善用媒体、设置议题，提升“新子学”的关注度。

众多大众媒体的参与，是“新子学”研究中的一大特点。在媒

介化社会，单靠一部分人凭借口授、文章、书籍作为介质来传播思想，其传播范围不仅较小，而且传播力会因众多信息流的冲击越来越弱。媒介技术的发达使社会进入大众传播时代，大众媒介尤其是电子媒介大大地改变了大众接受信息的习惯，也改变了大众的思维方式。正如一部《百家讲坛》可以掀起国人的国学热，电影《孔子》、《墨攻》可以激起西方人对中国思想的好奇心，这些传播力，都是广泛而细致的。制作更多图文并茂、声画俱佳的视听作品，将文化性与娱乐性结合起来，利用报纸、电视等设置议题，吸引大众的关注，进而自觉参与讨论、传播，这都是传播“新子学”的有效途径。

（作者单位：中南民族大学文学与新闻传播学院）

附表：

序号	日期	名称（文章/会议）	作者及其所属学科	发表刊物/网站			其他
				会议	刊物	网站	
1	2011年12月26日	《〈子藏·庄子卷〉：庄学文献集大成者》	方勇，庄子学家		《文汇报》		版次：15
2	2012年4月7～9日	“先秦诸子暨《子藏》学术研讨会”	60余位学者	“先秦诸子暨《子藏》学术研讨会”			华东师范大学先秦诸子研究中心主办
3	2012年10月22日	《“新子学”构想》	方勇，庄子学家，华东师范大学先秦诸子研究中心主任		《光明日报》		版次：14
4	2012年10月26日	《〈“新子学”构想〉体现时代精神》	陆永品，中国社会科学院文学研究所研究员		《中国社会科学报》		版次：08

续表

序号	日期	名称（文章/会议）	作者及其所属学科	发表刊物/网站			其他
				会议	刊物	网站	
5	2012年10月27日	《“‘新子学’学术研讨会”在沪举行》				中国新闻网	http://www.sh.chinanews.com/pageurl/20121027213355 7.html
6	2012年11月2日	《“‘新子学’学术研讨会”在沪举行》	朱自奋，记者		《文汇读书周报》		版次：02
7	2012年11月2日	《“新子学”笔谈》			《文汇读书周报》		第12版（专版）
8	2012年11月16日	《学术界“新”字头构想一时涌动》	朱自奋，记者		《文汇读书周报》		版次：02
9	2012年11月19日	《关于〈“新子学”构想〉》			《光明日报》		版次：14
10	2012年11月28日	《对〈“新子学”构想〉的建议》	谭家健，中国社会科学院文学研究所研究员			中国文学网	http://www.literature.org.cn/Article.aspx? id=73100
11	2012年11月29日	《文化新构想思潮涌动》	郝雨，上海大学影视学院教授		《社会科学报》		版次：04
12	2012年11月30日	“现代文化学者如何认识和评价‘新子学’”	复旦大学等现代文化专家参会	新媒体时代民族文化传承研讨会			上海大学新闻理论研究中心和《黄河文学》杂志社主办

续表

序号	日期	名称（文章/会议）	作者及其所属学科	发表刊物/网站			其他
				会议	刊物	网站	
13	2012年12月14日	《时代召唤“新子学”》	孙以昭，安徽大学中文系教授		《安徽日报》		版次：02
14	2012年12月13日	《“新子学”研究需做到四个统一》	刁生虎，中国传媒大学中文系副教授		《社会科学报》		版次：05
15	2012年12月10日	《现代文化学者聚会上海跨学科研讨“新子学”》	路阳，记者		“社会科学报”在线		
16	2012年12月17日	《“新子学”对现代文化的意义》	郝雨，上海大学影视学院教授		《文汇报》		版次：09
17	2012年12月23日	《关于“新子学”的几点思考》	徐国源，苏州大学文学院教授		《姑苏晚报》		版次：02
18	2013年1月9日	上海大学葛红兵教授谈“新子学”	文学论坛			文学论坛	http：//1w45.com/a/xuejieyaowen/20130109/37. html
共计				2	13	3	

追寻“诸子问题”的现代解答

——对“新子学”发展的一点思考

聂学慧 刘思禾

前 言

有诸子学，也有“诸子问题”。一般来说，诸子学总是和子部文献相关，按照儒、墨、道、法等各家的流别和经学对举。而“诸子问题”则是先秦诸子思想的内在问题意识，核心就是讨论中国式的天下秩序如何建构（或者中华帝国的建构），这一问题既是面向现实的，也充满理论内涵。历代子学都是在这一原型基础上的发展。现代“新子学”的开拓，就是继承先秦诸子学的这种精神，以“诸子问题”的关切为中心点，面对现实，探索理论，在中国问题与中国语境中讨论现代中国的可能性问题。我们认为这是“新子学”理念的内涵所在①。

回顾当代中国的思想话语，其中真正有影响力的阵营当属长期居

① 关于“新子学”的提法，参方勇先生《“新子学”构想》，《光明日报》2012年10月22日。

于正统的“马克思主义”意识形态体系，风行的自由主义学说，以及渐渐兴起的“政治儒学”①。这些学说，都在讨论中国向何处去、中国的道路如何走的问题。各家论断或有可商榷的地方，学术水准或有高下，不过都是发时代之思，可说是中国思想的显明代表。而在这一场合中，子学是缺场的。诚然，近代以来诸子学复兴，学术成果也非常丰富，但是主要成绩也还在广义的“整理国故”框架内，并未

① 马克思主义是共产主义中国的革命理论，统治了中国思想和学术界几十年。今天实际上已经失去了话语力量，其理论的僵化日益严重，很多时候处于独白的境况中。其在当代的分支主要有老左派（毛派）、新左派和中国特色社会主义派（邓派），其中中国特色社会主义派是主导三十年来中国社会发展的主要理论。自由主义自严复起开始传入中国，其发展谱系经胡适、殷海光等传承相当成熟。不过大陆当代的自由主义学说是伴随着文革后经济自由化而来，经济自由主义是追随弗里德曼等的新自由主义理论而来的，90 年代后期露头的政治自由主义则主要是通过对欧美自由主义学说的系统梳理，引申出对当代重大问题的结论。90 年代后期发生的“自由主义与新左派”之争，是自由主义走向主流话语的重要转折点，这一学说的基本观念已经占据了高校和社会舆论的主流，诸如自由、权利、宪政已经成了汉语基本词汇。政治儒学，也有学者称作儒家宪政的，是对现代新儒家的一种推进，试图在政治道路上结合儒家和自由主义原则。随着蒋庆先生《政治儒学》的出版，儒学研究摆脱了学术圈子进入公共话语，渐渐为世人所知。2008 年以北京学术界为中心的《中国文化论坛》“孔子与当代中国”讨论，讨论的焦点就集中在政治儒学上，这可以看出其实际影响。近几年来秋风、张千帆等自由主义学者也加入这一阵营，政治儒学俨然成为一时显学。2012 年《儒生归来》丛书的编辑可以视作为儒家学者群体的自觉宣示。总的看，较之马克思主义和自由主义，政治儒学缺乏理论和人员的系统性，可以视作认同儒家基本原则现代价值学者的松散联合。

突破学术界的范围。这与中国学术传统中子学的地位是不相称的①。子学传统作为一个整体，如何自我转进，面对当代思想的发展，这是一个严肃的问题。今天讨论子学的发展，当在中国现代思想的发展格局中求之，深化“诸子问题”的当代探索，思想开放的同时着力把握原初智慧，这是追寻“新子学”发展的一个关键。

一、先秦子学是“诸子问题”的展开

首先要明确的是，子学和四部分类法下的子部文献是两个概念，虽然和子学相关的典籍基本集中在子部文献中。今天我们看到的传统书目（如《汉志》、《隋志》、《四库全书总目》），是依据经学优先的原则历史地形成的，基本上可以视作官方立场下的书籍编目学。以我

① 诚然，在某种意义上儒学是子学的一支，政治儒学的发展是子学的一个侧面，但是作为子学的儒学其特质是否在政治儒学中得以体现，这是一个问题。我们认为，学术研究当然是开放的，所有的学者都会对政治化的研究保持距离，对古典时期经学独尊、压制异己保持警惕，这当是一个共识。儒学或者经学在中国历史上占据主流地位，这是一个历史事实。同时，也要看到，儒学本身无法完成全部工作，它自身的弊端也需要反省，这就意味着在经学一统镜像之后有一个一体多元的格局。一体不能否定多元，多元也应该承认一体。这里的关键是摆脱独尊正统的帝制经学心态。我们提出“诸子问题”，就是指出有这样一个超出“经学”与“子学”之上的中国问题意识，这就有可能摆脱经学优先的四部分类法影响，而有一个新的视角来看待中国思想问题。

们的观点，四库分类法下的子部之学不是理解中国学术的理想入口①。子学的界定还要从学术史的角度入手。

对于子学的学术史定位，一般有两种说法，一是认为子学是经学的流裔（班固《汉志》，《隋志》）。二是认为诸子是立说的著作（四库馆臣，近代学者）②。这里涉及子学渊源和学术特质。问题的关键是经子关系如何界定。

最初，经和子实际上是学术老传统和新传统的区别。经（六艺、王官学）是古老的学术传统，子学是春秋战国时的新学术，经学是藏在官府的官学，子学是以论说为中心的私学③。就这两个传统而言，现代人一般有一个看法：经学僵化，子学自由，一个和专制皇权结合，一个是学者的自由争鸣。这些理解无疑都有晚清以来的反传统

① 历史上其他的学术分类方法能够更好地帮助我们理解古代学术，除了常见的经学分汉宋、今古文之外，刘宋时期儒、玄、史、文四分法，唐代科举诗赋与经学并重，宋代以后的三教，清人讲的义理、考据、辞章。在这些分法中，义理学是最接近我们今天理解的诸子学实质的，而今天则一般习惯上称作中国“哲学”。

② 近代学者如章太炎、吕思勉、張舜徽，依照班固《汉志》的说法，以诸子出于王官。这一认识直到章太炎仍然坚持。胡适虽然反对这一看法，依据《淮南要略》以为诸子起于救弊，但是也无法提供一个有力的解释，而只是空泛地谈应世而作。诸子的兴起当然是应世之作，但是其渊源为何依然没有解决。班固的说法固然生硬，但是承认诸子学和六艺（王官学）有渊源关系，这当是无法否认的。当然，诸子各家与王官学的关系有远有近，这需要细致分析。

③ 这一情况在汉代的书目中都有反映。《汉志・六艺略》、《诸子略》就是对这一思想变迁的反映。此时史部尚未独立（《史记》纳入春秋类），集部为楚辞类，而诸子就是各家文集（余嘉锡说）。不过，汉人的观念是经学为中心，这就造成六艺优先和儒家优先两个判断。从历代的目录来看，经学后来流衍为庞大的解释系统，子学则相对萎缩，慢慢成为各类书籍的一个大杂拌。

味道。公允地看，我们应该把经学理解为以周人的礼乐文明为原型的完整的政教体系①，中国历代王朝都是以这个原型为文化模板和中心的，这实际是一种历史的要求。经学所表达的观念和思想系统可以视作一种社会文化的底层存在，是文明体的基石（明清人就常说儒家是粮食店）。而子学则是一种上层存在，是一种对底层的反思和解释。经学的特点是稳定性（当然它也有开放性的一面，会陆续吸收新的具有稳定价值的注释性著作，如王弼的《易注》，朱子的《诗集传》等，由五经到十三经就是这样一个过程）。比较而言，子学是时代的学问，无论先秦诸子，还是汉代今文学（如董仲舒），魏晋玄学，以至于宋明理学，无不是每个时代学术和思想发展的表征。这样一种底层与上层的关系，大概是经学和子学的一种基本关系。当然，这样理解的经子关系已经超出了四部分类法意义下的经学和子学，而变成从“诸子问题”这一视角出发基于学术史的新解释。

以这样的定位来看子学，其典型形态当然是先秦子学②。先秦子学是对周文化（王官学）的一次彻底反省，也是对未来世界构想的一次大竞赛。先秦子学最根本的论题有二：讨论治的问题，讨论道的问题。以今天的话说，就是寻找中国的发展道路或者政治社会新框

---

① 《书》提供了政治合法性论证，《诗》、《乐》提供了生活模型和情感模型，《礼》提供了整套规范体系，《易》提供了神秘信息传达的技术体系。《春秋》提供了政治伦理的话语体系，这是对前者的总结和提升。

② 对于先秦子学的流派分析，习惯上还是遵循汉人的讲法（今人如李零先生有新的讲法）。我们这里暂且按照这一讲法，《汉志》十家简化为九流，九流简化为六家（《论六家要指》），六家又以儒、墨、道、法四家为主。这四家又可分为两类，儒、道和墨、法。前者有源有流，有道有术；后者则基本是前者的寄生产物；前者是道德主义和自然主义的，后者则是现实主义和功利主义的。我们的分析也主要以四家为主。当然，有很多处于各家之间的思想，此处不作细致分析。

架，并且寻找前者所奠基的根本基础或者最高依据①。当时的诸子百家，无论是哪一家、哪一派，都是面对当时的时代问题和天下大势，聚焦秩序重建，深思利弊难易，给出自己的回答。这样的思想竞赛，就是“诸子问题”的真实内涵，其中包含的问题意识和表达形态是中国思想最显豁的元表达。

理解诸子学自身的脉络，如何定位儒家是一个关键的问题②。儒家是三代尤其是周文化的继承者，又在秦汉时代重建帝国文化，更是其后几千年的正统，它最能体现诸子学的特质。实际上，儒家在诸子学中一直处于中枢地位，这句话的意思是，儒家一直在争鸣的中心，

---

① 章太炎说：“九流皆出王官，及其发舒，王官所弗能与；官人守要，而九流究宣其义。”（《诸子学略说》）吕思勉称之（《先秦学术概论》书目问答）。道路是个有意味的词语，直到今天仍旧以诸子的用法使用，“道行之而成”（《庄子·齐物论》）。如果我们放弃“哲学”的方式来理解道，或者关于道的文本，道无疑是一种混合了规范、方法、原理、技巧的东西。今天说的“走社会主义道路”在某种意义上就是古人所说的循道。

② 理解子学最麻烦的还在对儒家属性的认定上。经学本来是儒家的家学，但是历来目录学中经学和儒家还是二分的。这意味着在对待经学的一般传统时，儒家内部也是有不同取向的。比如在汉志中，儒家单立，但是提升了《论语》、《孝经》（汉人以为曾子所作），这又显示了作为经学的儒和作为子学的儒之间复杂的关系。说儒家是六经传统的守护者和阐释者这当然没有问题，但是这二者之间是有距离的。董仲舒的《春秋繁露》归类就是个难题，四库馆臣列其于春秋附录。最明显的例子是理学，《宋史》单列“道学”，这就把传经和阐释二者间的距离拉大了。清代号称经学兴盛，却没有几部有影响的独立著作，这从另一个侧面反映了二者间的关系（戴震《孟子字义疏证》在当时是不受重视的）：是侧重于解释经典还是独立发言（无论是形式还是内容），这是区分经学之儒和子学之儒的关键。

是其他诸家攻击的对象①，也是各家问题意识和思想框架的先导者。儒家讨论政教问题（这是周人的老传统），也讨论纯粹的道德性问题（这是孔门新话题）②，也适应时代构想新的帝国形态（这是孟、荀、董的课题）。他们相信，既然曾经有过一个神圣的天下秩序实现的时代③，思考的中心当然是一个合理的天下秩序如何安置的问题，于是谈礼，谈仁，谈天，谈道，谈心，谈性，谈大一统，无不是这个问题的展开。反过来看，我们也能理解儒家的敌人在思考什么。墨子不满儒者的贵族性，要一个更开放的权力和社会结构（尚贤就是今天的开放党禁）；道家根本否认大一统文明重建的可能和必要，转而设想完全小规模文明体的可行性（小国寡民），激进者则放弃对现实政治秩序的思考（庄子）；法家则激进地推进统一权力为主导的帝国新模型，这是墨家底层精英专制论的版本升级。这其中，墨家和法家从现

① 近代以来理解先秦诸子，平视各家是基本的取向。这个当然有其道理，但是别忘了近代诸子学的复兴是以反经学（即反儒学）为基调的。回顾历代正统的看法，当然是儒家居中，其他各家是偏至之学（如班固）。我们认为，就诸家各申其说相互辩驳而言，当然是诸家均等。但是其中儒家居于中心地位，这点应该明确。

② 我们今天使用的道德一词基本是 Moral 或者 Ethic 的对译，依照儒家来说，道德问题的中心不是道德原则是什么的问题（如亚里士多德和康德），也不是道德情感问题（如卢梭），而是人的内在道德能力问题。儒家对人性有深刻的理解，人是亲缘关系中的结合点，这一关系既是自然的，又是社会的，最后也是政治的。这一问题在孔子那里由混融的仁所指点，对德做了内转式的解释，这一努力后来则明确为心性问题（思孟开始）。儒家依据道德性来重建秩序，这就是常说的以仁补礼。

③ 儒家对三代的想象在现代人看来非常的可疑。即使经过考古学家们的努力，尧舜禹已经日益进入严肃的历史叙述中，把三代作为一个黄金时代的想象（今天我们能看到的主要是《尧典》、《皋陶谟》、《禹贡》三篇）仍旧是无法让人信服的。不过，就孔子最为推崇的周公而言，今天的学者也承认礼乐文明的确是真实和辉煌的。这是儒家信心的一个来源。

实主义和功利主义反儒，道家从复古主义和自然主义反儒，这就构成了一个构想世界新秩序的思想谱系。当然，这之间有很多相互交涉的地带，各个学派内部也有不同的倾向，因而思想界呈现为丰富和多元的态势。对诸子时代的学者而言，一个巨大的延续了几千年的传统崩塌了，思想界要寻找新方向。那个时代和今天一样，失去标准，没有方向，社会又在不停息地巨变，这些推动着人们去应对，去思考。痛苦和希望，迷惘和热情，同时存在。究其根底，王纲解纽的时代造就了诸子学，诸子学本身是对时代课题的回答。

在评价先秦诸子学的问题上有不同的观点，古人多以为诸子学是衰世之学，近代学者多视之为学术自由的黄金时代。分歧实际取决于站在什么立场上看待子学。如果我们在整个学术史的视角上理解先秦诸子学，虽然它是一个过渡时期的产物，但是它阐发的“诸子问题”却一直在后世回响，这是它真正的意义①。

二、“诸子问题”与帝国逻辑的演绎

现代学者研究诸子学总有一个遗憾：先秦诸子之后再也没有黄金时代了，似乎之后就是长时期的空缺，然后到了晚清才又复兴。当然，学者们研究各代学术，发掘出历代诸子学的诸多成绩。不过不能否认的是，战国之后的确没有那么多彩和创造力十足的时代了。

我们觉得这里存在一些理解的误区。先秦诸子学揭开了“诸子问题”，即天下秩序的构想，或者关于大一统的帝国模型的论辩。这一构想或论辩在观念上演示了中华文明建构的基本维度，其事实上在

---

① 人们习惯说轴心时代，这个说法恐怕是有问题的。张京华对此有辨析，见《中国何来“轴心时代”?》，《学术月刊》2007 年第 7 期、8 期。

后世构成一个母题，与中华帝国的演进有着极为密切的关系。

从历史的角度看，春秋战国时期是封建和郡县两种天下秩序的转折点，诸子学是两种天下秩序之间过渡性的学术，它根源于三代文化，它的主题也是围绕升级版天下秩序而来的。当这个秩序经由法家和儒家共同努力完成后，诸子学实际上已经完成了其历史使命，诸子各家或者汇入主流，或者终至消失。秦汉以后的中华帝国有自己完整的思想和话语结构，我们可以称之为帝国逻辑①。诸子学基本融入了这个帝国逻辑之中。以司马谈《论六家要指》所述六家为例，墨家和名家消失，儒家最终独大，道家退隐，法家则与儒家合流。具体地说，儒家独占了名义上的合法性论证，给出了一个完整的秩序论(当然各个时代的差异很大)。道家成为体制的反对派，不时冒一下头。法家在帝国体系中提供了法律支撑和统治技巧（朱子称法家就

① 假如我们把中国的帝制文化界定为皇极一统模型（二词分别取自《洪范》和《公羊传》)，那么这个传统大致有如下几个要点：

1. 推崇一个神圣性的中心，全体是围绕这个中心的。中心或者中央观念成为一种思维习惯。

2. 中心和其他部分是一种上和下、尊与卑的关系，这一关系由系统的礼制来维系。亲疏远近的关系构成一切组织和活动的基础，这种关系基本由血缘和权力两种原则交织而成。

3. 整个系统有一个连续性的统序维度，以此为正邪之分。

4. 对此中心有一个道德性要求的共识，即最高位的领导者负有最大责任，而能享受最大荣耀，而其他各层的成员无权参与最终决断。

5. 社会是分层的，精英层和民众层（官和民）是基本的结构。教化和暴力是维系系统的必要手段。精英有义务服从中心，民众有义务服从上层。

是尊君卑臣），律学（刑名）为后世必不可少的传统①。而阴阳家提供了一套宇宙论和历史论的间架结构，成为秦汉帝国一个基本的思考间架。墨家消失了，原因在于其最重要的主张尚贤被吸收进帝国逻辑中，功利主义的精英专制又为法家实现，已经丧失了独立存在的理由。名家作为最具知识兴趣的学派，因为离政教问题太遥远，淡出思想界不足为奇（可以想想庄子对惠施的态度）。儒家和法家的结合，在汉代表现非常明显，董仲舒立足于今文公羊学，吸收阴阳家思想而为儒宗②，而汉人治律治国者多为酷吏，汉宣帝自称“杂王霸而用之”，这遂成为历代统治的传统。谭嗣同称之两千年秦政，某种意义上诚然有之。儒法合流实为历代帝国的一个基本形态。

就帝国逻辑而言，儒法合流是主流。儒家和法家都在为这个系统做辩护。相对来说，儒家更强调责任和道德要求，法家强调权力运行和执行力。儒家有导君从善的传统，法家有权谋的传统。只不过法家后来失去了明显的代言者，而事实上却是实际政治自身的运行逻辑罢了。这个形态基本就是儒家和法家的联合。法家的确深深触及了大规模社会国家权力运作中的中枢问题，而这是儒家无法理解的③。

而与之相对的，真正对帝国逻辑作反抗的是道家。儒者有独断的倾向（所谓“吾曹不出如苍生何”，这一倾向可称作道德的傲慢），

① 瞿同祖《中国法律与社会》谈到中国法律的儒家化问题。但是在法律的实施上，特别是我们今天称作公法的部分，基本是法家的精神，是重罚主义的。史华慈谈到过正统儒家对法家暴力倾向的容忍，见《寻求富强：严复与西方》，江苏人民出版社2005年版，第7页。

② 阴阳家到了宋代，随着以正朔、禅让、封禅为中心的政治学的衰落，才最终失去影响力。

③ 儒家和法家的区别在于：君权是否有限、暴力的使用范围和是否承诺政治伦理上。但是这种差别在政治实践中有时仅仅是程度的差别。后世称诸葛亮、张居正为法家，虽说查无实证，也是事出有因的。

法家有惨酷的倾向，二者结合在一起，自然是道家的天敌。在秦末、西汉末年[①]、东汉末年，帝国出现大规模危机时，道家就以黄老、玄学的形态出现，这是帝国逻辑的内部结构。儒道两家代表了我们文明基本张力的维度，自在还是秩序？增进还是弱化关联？教化还是无为？一个维度僵化了，就需要拉伸另一维度加以调适。在某种意义上，说儒道互补是中国士人的基本人格结构，不妨说是帝国逻辑的内在反映[②]。由此可见，诸子各家已经汇合为一个帝国模式，而其在历史的演进中又以不同的形态表现出来。

这一模式支撑了秦汉魏晋隋唐时期，直到慢慢壮大的佛教（以禅宗为代表）侵蚀这一模式，禅学大兴，帝国模式才受到重大冲击。宋初开始，思想界的基本冲突也由儒道对立转向儒释对立（宋代儒生每每释道并提，但是释家总是作为主要对手，老庄道教只是并提而已）。但是其显示的帝国内部的冲突却是同一结构的。帝国衰落，子学复兴，基本如此。清代经学复兴，不过是文献研究复兴的假象，经学本身是僵化的和缺乏生命力的[③]。直到今文经学复兴，经学才有其意义。此时诸子学复兴，正是帝国逻辑衰微的结果。

因而我们可以说有两个诸子问题，一个是春秋战国时期各家论战、在野催生的统一体的想象，另一个是秦汉之后各家在历史实践中汇成一体，内部互动，转为帝国内部多维的机制。因而，诸子问题根本上是帝国模型自身的问题。如果我们放弃汉人以来的经子分立的思

---

① 西汉末年王莽称帝，大批士人隐逸，道家思想兴起，可参《后汉书》及崔骃的作品。

② 有学者梳理道家思想和中国政治的关系，如吕锡琛《道家道教与中国古代政治》，湖南人民出版社2002年版。

③ 清代没有真正的儒者，没有大的思想家，没有经典著作。这是满人统治和士人萎缩的双重结果，见杨念群《何处是江南：清朝正统观的确立与士林精神世界的变异》，三联书店2010年版。

路，那么所谓的经学和子学关注的是一个对象，不过是我们这个文明体的基本逻辑而已。古典子学就是以“诸子问题”为对象，以思想性的讨论为特征的中国古代学术传统，是和帝国逻辑密切相关的思想探险。

三、“诸子问题”在中国哲学史框架下的掩蔽

清中期以来的诸子学发展，最初是作为经学研究的余绪存在的，如毕阮、王念孙等人，在俞樾那里仍旧如此。但是到了章太炎，则已成为重镇，这是诸子学一大变。至民初，诸子学又一大变，一是疑古之风席卷学界，诸子文献的真伪成为三代史外最大的话题，其中老子真伪问题最突出，其他很多诸子也有涉猎。这一风气至今未息。另一大变化更为根本，诸子学通过中国哲学史这一新形态完全纳入现代学术体系，实际上构成了中国哲学史的主干。我们看胡适、冯友兰的哲学史，基本是讨论子学（佛教哲学是另一大块）。这一框架在后来的哪怕是激烈的批评者那里如劳思光、任继愈等的哲学史中，仍旧如此。今天的《新编中国哲学史》仍是如此。

如何看待诸子学以中国哲学史的方式描述，这当然是个大问题①。显然，在传统的学术格局中，以纵贯的方式梳理思想问题，这是从未有过的（即使是《宋儒学案》也只是接近资料汇编，更别提

---

① 哲学界的学者讨论这个问题很多，但是大都还是从“哲学”内部出发讨论。我们更需要从诸子学的视角看待这个问题，这会得出完全不同的理解。关于哲学化的问题，最好的代表是现代新儒家。这个哲学化最成功的学派受到儒学内部学者（徐复观、余英时、蒋庆）激烈批评，这非常有案例价值。

对先秦诸子和玄学的全面清理了)。公允地说，哲学史这一现代叙述形态，的确让中国人对历史上的思想系统有了清晰完整的认知。但是，哲学史研究给诸子学穿上新衣服的同时，也出现了严重的误读。

诸子讲的是“哲学”吗？如果我们把哲学看作是对思想的反思①，那么除了道家有一点哲学的味道外（名家和后墨涉及逻辑问题），其他各家学说显然不是哲学。诸子当然在反思，他们反思的是作为历史遗产的周文，一切讨论都是从天下秩序崩溃开始的。当以哲学的框架来分析诸子时，一切问题都转换为专门的思辨问题，诸如本体论知识论之类，而完全忽略了诸子学的根本关注点。

举例来说：哲学史受制于“哲学”一语的西方界定，无法关注诸子讨论的治论，至少是关注的不足。以逻辑系统来重构也不适合诸子学，因为中国的观念都是弥散性的，而非分析的。比如道、气等贯穿于各个领域的分析，根本是无法简单定义的。再比如，在诸子学中根本没有本体论（ontology），儒家的讨论是以道德性为中心的，道家以自然为中心，墨家以一统为中心，法家以君权为中心，无一直接讨论本体论问题。其讨论道，也非理念之道，而是“道行之而成”的道，固然有玄妙之处，却绝非理念化的形而上观念，此点不明，诸子学的哲学化就是“汉话胡说”。

再次，子学最重工夫，而“哲学”最重理论。于是在哲学史中凡是关乎工夫的学问都被忽略掉了②。还有，子学实际是儒家和各家

① 这大概算是研究西方哲学学者们的共识了，其原点当然还是古希腊哲学。当然，如果说有一个新的哲学定义可以统摄古希腊和先秦的思想（比如赵汀阳尝试的），那么说中国有哲学也未尝不可。问题的关键不在于是否使用哲学这个术语，而是是否尊重中国学问的基本特征。我们在史华慈的先秦思想史研究中看到非哲学史的面貌。

② 参杜保瑞《功夫理论与境界哲学》，华文出版社 1999 年版。

的论辩，其中关涉的是帝国逻辑的内在纠缠，而这在哲学史的框架下是无人关注的，但这是诸子学真正的问题。我们的确通过哲学研究看到诸子的精美辩才（不管经历了多么大的现代改造），但是完全无法把诸子和三代以及秦汉的主要问题沟通起来，诸如礼制和大一统等话题因为不是哲学的就被忽略不计了。当然，诸子学的确涉及了西方哲学讨论的问题（最有说服力的是名家），但是我们应该知道，重要的不是有无相类似的东西，而是主流的问题和结构是否一致。因而，我们认为以哲学的方式来解读诸子就是一种错置。哲学研究让我们丧失了整体上理解诸子学的可能性。这实际上阉割了诸子学。

那么，哲学史模式到底掩蔽了什么内容？我们尝试着从一个专门论题入手。诸子学讨论的一个问题是命或者命运（古希腊的哲学家对此是不关心的，有趣的是嘲弄哲学家的古希腊戏剧家关注这个问题）。诸子讨论命，源于先秦儒家一种根本的困惑：天命（如周人所宣称的）如何下达而成为历史和人的命运？如果有天命作为最高真实，为什么现实如此无望？如果没有天命作为最高真实，古典的文明又是如何兴盛的？这里的曲折和晦暗让孔子也不免忧心忡忡。老子（暂且认定为《道德经》的作者）对此种迷惑保持距离，而把眼睛抬得更高，去看天之上的道。墨子对天只是简单的功利性的肯定，而不去（或许是不能）作更深的探讨，到了韩非则完全失去了讨论的兴趣。这个问题直到董仲舒才再一次拾起，作为给帝国奠基的思想基石。对这一基本追问的态度实际上是诸子思想的一个纵切面，让我们理解他们思想的内在逻辑，其中的核心还是天下秩序建构的底层追问。这样的关切显然不是教科书意义上的“哲学”问题，却是中国读书人挥之不去的喟叹。子学真正的生机在于重新焕发“诸子问题”所具有的问题意识和方法意义，而这在哲学史模式中是无法做到的。

这里还要简单谈谈思想史模式。近代早就有对哲学史不满的学者，转而以思想史的方式重新解释古代经典。但是如同一般人看到的，大多数思想史还是大号的哲学史[①]。所以即使我们转向思想史，也是同样的问题：怎么按照诸子学的脉络去写作？

总之，如何使子学研究从哲学史模式中走出来是现代子学发展的关键。

四、“诸子问题”讨论的一个尝试

作为真正有穿透力的思想传统，子学今天到底能够有什么可供开掘的呢？我们理解“新子学”的中心问题还是如何在现代语境中解释“诸子问题”，看看各家的思路在这个转型过程中究竟扮演什么角色[②]。下面暂以道家为例加以说明。

关于道家的研究已经太多，不过，大部分比附式的研究让我们离道家越来越远[③]。那么道家在今天究竟能给我们带来什么新的思路呢？我们主要从道家和自由主义概念的互诠上来看待这个问题。

以讲权利这个概念为例，今天中国人讲权利基本就是讲自己的要求，而这一要求完全是自我界定的，也就是说，大多没有 right 本身

---

① 侯外庐学派、葛兆光和史华慈大概是不同写作方式的代表。

② 中国当代有一个理论描述自身失效的问题，现在无法找到一个准确定义中国的理论。以自由主义为例，自由主义者借用专制说来解释中国传统政治某种程度上是不切合的。今天中国的实际政治运作和外在的描述（不管那种描述）是脱节的，不符合自身的逻辑。对待近代以来“天变了”的基本情境，我们还缺乏有效的解说架构。

③ 比如最著名的说法是道家讲的是自由和平等，这么一个简单的比附完全掩盖了道家自己的意涵，也妨碍我们理解自由和平等。实际上，我们完全可以用道家去批评自由和平等说，而不是去依附。

要包含的正当的意味①。今天权利话语盛行，但是权利的内涵却很少有人理解②。因为权利根本上是一个确立界限的问题（严复的翻译真是抓住要害），这在西方语境下就是一个个人和政府划界的问题（穆勒），权利要以法律形式确立二者的交往规则。而在中国，这个界限事实上从来就没有过，我们一直是一个混成一团的社会。中国有一个大一统的观念模式，这表现在宇宙观和形而上学上就是一切混而为一，说得好是混融，说得不好的就是一团糊涂。而在现实中就是从中枢一直推出去（修齐治平），环环相扣，丝丝相连，大圈子套小圈子，小圈子套大圈子。无论是儒家还是法家都不曾认真考虑过普通民众正当权利的问题，民众只是承担责任，当然政府的核心也是承担它的责任。

有意思的是，道家思考了这个问题，这给我们一个从中国思想内部理解权利概念的可能性。真正给观念划了界限的是庄子。庄子真正讨论了异己者（他者）问题。他从儒墨之是非出发，讨论了差异性是存在的基本样态。这就导向对周人礼制的深恶痛绝，庄子的问题是：除了礼教系统之外，是否还有另外一种可能的架构？如果不是政治或者社会层面的，至少是纯粹存有层面的多样态是否真实可能？他讲齐物，就是承认万物彼此之间互不统属，而各归于其自身。庄子也讲到万物的整一性，不过那是一种协作关系，而非统摄性的关系。但是庄子留下的问题是，他拒绝对政治作建设性的讨论，而宁愿舍弃这一领域。后世的学者不满意这样的处理，对此做出修正，其中最重要

① 比如在当下的拆迁中，政府不顾民众利益，民众也不顾政府的要求，双方完全在做无标准的混战。政府任意划定标准，呼喊权利的民众往往也弄不清自己的正当要求到底在哪里，而被污为刁民。

② 古代中国为什么没有权利意识，夏勇讨论过。这大概是一个伪问题。《中国民权哲学》第四章，三联书店2005年版。

的人物是郭象。

郭象通过性分概念的推衍，导出一个多元论的构想，万物各任其性，自然成理，即使是圣人也无权去干涉，这是对大一统政治文化的一个反弹。郭象真正革命的地方是划界，用他的话说，就是找到性之“分”。每个个体都找到自己的分，不要过，也不要不足，性分自足，不需他手，政治的核心就是对这一分做出保障。当然，与法律界定的权利不同，分不是刚性的也无法明晰，但是它的确是大一统王权要尊重的，它反而构成了大一统王权的基础。在郭象那里，尧、桀、许由，一个圣人，一个昏君，一个逃离者，都有其分，各有其理。这就完全颠覆了儒家的说法，所以宋儒惊讶地说：“尧无是处桀无非，此语堪惊与人违?”（陈藻）既然没有整齐一切，那么要做的就是尊重多样性，因而柔性政治和弱君政治就是郭象当然的结论。这是古典时代中国最接近自由主义的论说了。在郭象那里，重要的不是个体和政府的冲突，而是相互冲突的存有者之间的协作问题。政治奠基于差异性、平等性、多元性，而指向和谐之可能。政治的目的不是为了造就一个理想的秩序，而是呵护社会内在的生机与秩序，也即社会的自组织能力。圣人在形式上与万物平列，圣人无心本质上就是要求充分的社会自治，这都显示了郭氏政治思想的包容性。他重视的不是法律的界定（事实上也不可能），而是对君权和个体之间的双向弱化。这一讨论，实际是庄子精神对帝国逻辑的一次反击。郭象的讨论当然有很多问题，但是的确显示了一种新的可能性。

我们知道魏晋时代的政治在传统儒家那里是不正常的，即使是现代史学家也以之为皇权变体，但是从古典自由主义的视角来看，这是对大一统王权柔性形态的一次探讨，有其积极意义。虚君共和在清末成为一时风气，郭象要的恐怕也是这个。郭象的问题是：在一个要维系大一统模型的帝国中，如何保障不过分侵害个体或者下层？就今天来说，自由主义很难有办法处理中国的大一统传统，而这一传统恐怕是无法取代的，至少无法简单取消掉①。这时道家的意义就出来了。在今天的语境下解释道家的新形态，有助于我们切入中国政治传统的内部肌理中去。中国历史上经常是儒法结合，同时也有儒道结合。我们不知道现代中国会不会有一个新的儒道结合的可能，无论如何，这是一个有意味的方向。

结　语

现代子学研究的基本前提是，中国已经汇入现代性的洪流中，作为参照系的巨大背景消失了，权威已经远去，一切言说都要从面对当下开始。我们今天的处境和先秦诸子时代是最接近的，我们这个时代呼唤“新子学”。先秦子学的根本就是面对时代课题而思考，今天的“新子学”也要有这样的期许。“新子学”不是目录学意义的子部之学，而是一种蕴涵中国问题和表达方式的新中国学。而“诸子问题”作为中国政治与文化的元表达，是我们理解自身的初始境遇，也是面对现代性的思想起点。“诸子问题”显示的中国传统智慧能否在建构现代中国的过程中居于中枢（或者底座）的地位，保持其基本结构，这是最大的问题，也是一个迄今无解的问题。无论如何，我们相信，中国会有一个现代的文化体系，真正的困难也许是：在这一体系的建构中，中国的诸子学能有什么贡献？就此而言，“新子学”要面对现

---

① 闫步克和福山都提醒读者注意中国政治传统的特殊性，及其生命力。闫步克《以“制度史观”认识中国历史》，《理想政治秩序：中西古今的探求》，三联书店2012年版，第147页。弗朗西斯·福山《历史视野中的中西政治秩序》，http：//www.21ccom.net/articles/qqsw/qqgc/article_2013010874550.html。

实，构想未来，去承担自身的命运。

（作者单位：北京语言大学汉语学院、东北师范大学古籍所）

关于弘扬“新子学”的建议

蒋门马

自从2012年10月22日《光明日报》刊登华东师范大学先秦诸子研究中心方勇教授的《“新子学”构想》以来，引起了社会各界的强烈反响，大陆、港、澳、台、韩国及新加坡学术界纷纷作出积极响应。“新子学”构想的提出，目的在于更好地传承中华民族传统文化，以顺应时代发展的需要。为了更好地弘扬“新子学”，这里提出十条建议。

一、明确弘扬“新子学”的目的

弘扬“新子学”的目的，就是传承中华民族传统文化，提高全民文化素养，提升国家文化软实力。

党的十八大报告指出：“文化是民族的血脉，是人民的精神家园。”但当今中国学校教育的不是中华民族的传统文化，而是西方的科学技术和思想文化，现实生活中亦到处充斥西方的物质文化产品，体现西方的科学技术和思想文化。长此以往，中国人民将丧失精神家园，亦不知中华民族的血脉为何物，西方国家无须武力征服中国，中华民族自然乐于臣服！

中国道教协会第二任会长陈撄宁说：“武力侵略，不过裂人土地，毁人肉体，其害浅；文化宗教侵略，直可以夺人思想，劫人灵魂，其害深。武力侵略我者，我尚能用武力对付之；文化宗教侵略我者，则我之武力无所施其技矣，若不利用本国固有之文化宗教以相抵抗，将见数千年传统之思想一朝丧其根基，四百兆民族之中心终至失其信仰，祸患岂可胜言哉！”①

“新子学”，作为中华民族传统文化最重要的组成部分，是最具代表性的中华民族传统文化。学习研究弘扬“新子学”，就是传承和弘扬中华民族传统文化，提高自身的文化修养，就是“天下兴亡，匹夫有责”，客观上亦将提升国家文化软实力。

二、敬畏传统文化经典

“新子学”经典都是“入道见志”之书。中华民族传统文化以道为终极究竟。孔子说：“朝闻道，夕死，可矣。”（《论语·里仁》）因为“道之尊，德之贵，夫莫之命而常自然。”（《道德经》五十一章）在古人，是信得过，“故道之所在，圣人尊之。”（《庄子·渔父》）现代人不相信有道，学校教师亦无道，因此教师沦落为教书匠，不传道而传授科学知识，教授谋生手段，于是现代人迷惘了，人到底要怎样才能生活得自由、幸福、快乐？但我国古人是清楚的，就是要得道！庄子说：“古之得道者，穷亦乐，通亦乐；所乐非穷通也，道得于此，则穷通为寒暑风雨之序矣。”（《庄子·让王》）因此得道之人根本没有普通人这样的心理烦恼。然而现代人不志于道而志

① 陈撄宁《道教与养生》，华文出版社2000年版，第10页。

于名利，不求修道得道而求荣华富贵，企求社会对自己的接纳和肯定，把自己的幸福和快乐建立于自己不能主宰掌控的外在事物和社会关系之上，得之则喜，失之则悲，狂狂汲汲，不能自已，犹且轻蔑和漠视传统文化经典。独不思，作为“形而下”器物的古董在今天尚且具有惊人的价值，更何况承载着中华民族传统文化至高无上的“形而上”之“道”的传统文化经典，难道真的过时落后，毫无价值？

英国军事记者、军事理论家、战略学家巴塞尔·亨利·李德·哈特爵士（Sir Basil Henry Liddell Hart）为美国准将格里菲思（Samuel B. Griffith）翻译的《孙子兵法》（The Illustrated Art of War: The Definitive English Translation, Oxford University Press, 2005）一书所作的《序》中说：“有一位黄埔军校毕业的中国军官曾多次来访，告诉我说，中国军校采用我和富勒将军的书作为主教材。我就问他：也采用《孙子兵法》吗？他回答说，大部分年轻军官认为，《孙子兵法》是古代经典，应当尊敬，但在使用机械化武器的时代，就已经过时，因此根本不值得研究。我回应说，《孙子兵法》这本薄薄的小书，涵盖了我写的二十多本书中所论述的几乎所有的战略和战术；他们现在就该好好地去研究《孙子兵法》了。总而言之，《孙子兵法》不但是研究战争的最佳入门书，而且也是研究战争相关各方面的最佳常用参考书。”（本文作者自译）中华民族传统文化经典大多经历类似的尴尬处境。

“在山泉水清，出山泉水浊。”（杜甫《佳人》）《周易》、《老子》、《论语》、《庄子》等“新子学”经典，是我们中华民族传统文化的本源，亦是我们的祖先留给后世子孙取之不尽、汲之不竭的智慧源泉。知识可以学习继承和不断拓展，后人可以站在前人的肩膀之上；但是智慧和修养既无法继承，更不可能躐等而上，后人亦未必能超越前人。这就是传统文化经典之所以具有永恒价值的根本原因。

如果把中华民族传统文化比附于西方的理论学说，也看作是一种虚构的理论，按照西方的逻辑思维进行知识学理上的研究，这是对中华民族传统文化的歪曲和误解。中华民族的传统文化，是一种治内的精神修养，是智慧的涵养，重在身心的体悟，成为一个真正的人，而不在纯理论的建构。学习传统文化，就是以传统文化经典为导师（最理想的是有得道高人的教导），真履实践，修养身心，增进智慧，变化气质，真切体验到自己人生的幸福、社会关系的改善和融洽，其发展的结果是人人成为身心健康和谐的人，自然造成一个和谐的社会。对传统文化经典的学习理解体悟，确实需要有一个较长的时间过程，才能领略到传统文化经典的永恒魅力，从而对传统文化生起一种由衷的心服和敬意（郑玄曰：心服曰畏），爱国主义精神亦不需要人为教育就能油然而生。这是每一个学习传统文化的人必定会经历的事，更是研究弘扬“新子学”的人所应该具备的素养。

三、重新校勘训注“新子学”元典

“新子学”元典，由于时代久远，文本在流传过程中难免会有讹脱衍倒等错误，例如现今流传的《庄子》文本错误至少有两百余处。现今不断有出土的古代文献及世界各国各大图书馆藏书可供利用，还有方勇教授总编纂的《子藏》各卷陆续出版，具有前代学者所无可比拟的优越条件，因此绝大多数元典需要重新校勘，以保证元典文本尽可能正确，否则“差之毫厘，谬以千里”，以讹传讹，将直接影响“新子学”的健康发展。对元典文本进行校勘，这是最为关键的一步，所有后续事宜都建立在此基础之上，意义最为重大。

校勘元典依据的是历代流传的版本，虽说版本越早，就越是接近原著，但亦未可一概而论。各版本有差异的文字，要断定其是非正误，实非容易。历代学者多根据类书旧注等资料进行校勘，看似可信，其实颇成问题。向宗鲁说：“类书、古注，其所引用，恒多节省，且同经刊写，岂独无误？改难就易，又所不免。自非确有据依，未容轻以改窜。”① 管锡华说：“我们通过对他书引文与原文的细致比较考察发现，不仅类书的引文不可尽信，一般书籍的引文和注解的引文同样都不可尽信，因为这些引文同样都不完全忠实于原文。”② 就是元典的古注同样不可以用作校勘正文的唯一依据，因为注释文字往往会增字解经，或注释者的思想与原作者不尽相同，文字表述就会有差异。如果对传统文化没有深刻的领悟，对元典没有深入的研究和理解，既不相信古人，又不尊重古书，仅凭小学知识，以个人的主观臆见，来推断元典文本的是非正误，则聪明才智之士鲜有不沦为妄改古书之“浅人”③！岂不知“瞽者无以与乎文章之观，聋者无以与乎钟鼓之声。岂惟形骸有聋盲哉？夫知亦有之。”元吴师道《战国策补注序》谓：“事莫大于存古，学莫善于阙疑。”允为校勘古籍之圭臬！

古人一生往往只留下一部著作，短的如《道德经》、《孙子兵法》，只有五千余言；长的有几十万字，都是古人一生心血的结晶。但由于“古今异言，方俗殊语”等客观因素，这些传统文化经典的字面意义尚不易懂，更遑论其深层含义，故必须加以训注，以疏通其文义。若能依据师传有本的郑玄等汉儒的训诂材料，《说文》、《方言》、《尔雅》等可靠的字书，以免望文生义之弊，一个人一生专治一经，专通一子，数十年后，几十位“新子学”专家可以提供全部“新子学”经典较为可信的训注本，为后世留下最可宝贵的传统文化经典读本。

---

① 向宗鲁《说苑校证》，中华书局 1987 年版，《叙例》，第 4 页。

② 管锡华《汉语古籍校勘学》，巴蜀书社 2003 年版，第 218 页。

③《诸子学刊》第八辑《庄子斠议》一文可供参阅。

当然，在校勘训注“新子学”元典的过程中，“新子学”专家们应当时常进行交流，除了论文刊登于《诸子学刊》之外，网上论坛是较为理想的交流平台，并每年或每隔数年组织全国或国际的学术研讨会，以促进“新子学”研究稳定有序发展。

四、重新把“新子学”元典翻译成外文

综观传统文化经典的现有外文译本，极少有令人满意的。究其原因，中外译者对传统文化的理解终究有限，而元典又过于深奥，实难通达。如理雅各布（James Legge）、翟林奈（Lionel Giles）、阿瑟威利（Arthur Waley）等杰出的外国汉学家，他们的译作亦错误甚多。而中国翻译者仅仅依靠查阅字典，依据别人的现代汉语译文翻译元典，实在是一大笑话！有的甚至完全以自己个人的主观理解随意翻译，更是令人啼笑皆非。

翻译者必须是某一元典的研究专家，自己对元典有精深的研究，对传统文化有深刻的体悟（中医经典翻译者必须精通中医），并精通某一门外语及其文化，这是传统文化经典翻译者所必须具备的素养。一个人一生能够翻译出一两部传统文化经典，就是非常了不起的成就。译作等身的翻译大家，对于翻译传统文化经典是不太可靠的。法国的雅克阿米欧（Jacques Amyot）用了十七年时间译出普鲁塔克的《希腊罗马名人比较列传》（The Lives of the Noble Grecians and Romans），英国的查普曼（Chapman）用了十八年时间译出《伊利亚特》和《奥德赛》（The Iliad, Odyssey），这些译作本身亦成了经典。

若能把全国的“新子学”翻译者组织起来，建立如唐玄奘时期那样规模宏大、组织齐全的译场，并邀请外国专家学者的参与，以弥补中国翻译者在语言文化上的局限。几十年后，中华民族传统文化经

典的外文翻译可以基本完成。

“新子学”的对外译介，还可以依托分布于世界各地的孔子学院、中国传统文化中心等，开展各种形式的教学、培训、讲座、学术交流等，以促进“新子学”进一步走向全球。

随着中华民族传统文化经典的对外译介，中华民族传统思想文化流传到全世界各地，中国的文化软实力必然大幅度提升，也许几十年后的世界，就是中国拥有国际话语权的天下。

五、创建“新子学”网上论坛

网上论坛最大的便利之处，就是打破时间、空间和信息的限制，无论何时，无论何地，无论何人，都可以在此学习，互相交流探讨，互相帮助。在现实生活中难以实现的事，可以在网上论坛实现。

网上论坛可以发布信息，传递学界最新动态，给注册会员提供交流的平台。任何人都可以浏览阅读。论坛注册会员可以上传和下载数据，发表自己的观点，提问求助，回答别人的问题，提供各种帮助，结交志同道合的朋友。论坛管理员及各级版主可以对注册会员及其发表的帖子进行管理，确保论坛有序发展。论坛内部的搜索引擎，可以对论坛内帖子，实现标题及内容的全文检索。网上论坛的功能很多，便于信息的流布和注册会员间的交流。

要弘扬“新子学”，创建“新子学”网上论坛必不可少，势在必行。

六、建议学校教育中纳入传统文化教育

弘扬民族传统文化，从最长远的历史眼光来看，要考虑到最坏的可能性，如行星、彗星撞击地球等毁灭性的天降灾难，诺亚和大禹时代的大洪水等自然灾害，以及其他种种异常情况：图书毁于水火之灾，电子产品无用于蛮荒之地，甚至现今高度发达的科技文明毁于一旦，这个时候，如何保存民族传统文化，使得能够长存于天壤，永传后世？

其实我国古人早就有非常简易且行之有效的解决办法：除了钟鼎刻石、藏诸名山之外，就是所有中华人从小都熟读传统文化经典，并能书写，因此无论何时，无论何地，只要有中华人存在，就有中华民族传统文化存在！

《周易》、《老子》、《论语》、《庄子》等“新子学”经典，是不可能立即被全部理解和消化吸收的。古人教训童蒙，就是让他们把传统文化经典读得烂熟，一字不差地牢牢记在心头，待他们经验阅历达到相应水平境界时，自然就能够逐渐理解和领悟。这是我国最传统的教育方法，亦是最优异的教育方法。记在心里的东西，既不怕遗失或被人抢走，亦不怕水火刀兵的毁灭，又可以随时随地体会祖先的教导，借以不断提高自身的修养，获得真实的受用，真的是“学而时习之，不亦乐乎！”（《论语·学而》）即使没有任何外部条件，亦可以口耳相传，教授子孙后代。

这项工作，人人可做，但总体上不若从学校教育体制上实行全民传统文化教育。九年义务制教育中纳入传统文化经典的传统汉字读本，不要求学生理解记忆，只要求学生熟读能写。即使有过目不忘的超强记忆力，时间久远，亦难免遗忘失真，就会有误，但读得烂熟之

后，就不需要记忆思考，自能脱口而出，就能保证准确无误。熟读，就是要求学生把传统文化经典几十遍几百遍地朗读，读得滚瓜烂熟，最好能学会用古人的吟唱法以保护嗓子，助长兴味。当然还要会写，最好用毛笔书写。

只有全民族的文化素养提高，各行各业的人才能根据自身的专业特点去从事相应的弘扬传统文化的工作，从而使国家文化软实力的提高真正落到实处，而不是仅仅依靠少数专家学者做一些相关的事。

七、演绎“新子学”影视作品

“新子学”元典，首先一定是图书。元典的各种注释本及现代阐释本，最根本的载体仍然是图书。图书具有不可替代的至高无上的地位。其次，各种音像制品亦宜大力开发，以方便各类人群的选择学习。

故事总是具有迷人的力量。人们对于故事的偏爱，从古到今，从小到大，未尝改变。如何把“新子学”经典中的深奥道理演绎为人们容易理解接受的故事，进而拍摄成电影或电视，从而影响普通大众，教化普通大众，改变整个社会，这是文学界、影视文化界人士应当肩负的一项重大使命。

电影、电视节目，以其声色俱备、形象生动的特点，最为广大观众喜闻乐见。当今时代，无论是广告策划，还是教育娱乐，电影、电视都具有无可比拟的优势。因此弘扬“新子学”就要有效利用这一媒体，无疑可达到事半功倍的效果。在电影、电视节目中植入外文字幕，或配音为外语，流传到国外，就是间接地宣扬中华民族传统文化。

只有文学家、编剧、导演、演员等影视文化界人士用心学习传统文化，在现实生活中真切体验到传统文化的可贵，并不断藉以提高自身文化修养，才能制作出真正体现“新子学”思想精神的电影电视，《功夫熊猫》就是较好的一个例子。

八、用心探究“新子学”中的经世之道

中国绝不进行多党轮流执政、三权分立、两院制。政治上是如此，在经济管理及其他方面，又为何要照搬西方经验？西方国家的管理方法，是与他们各自的政治、经济、历史、文化等方面协调一致的，但中国“取其精华，去其糟粕”，用在自己身上后，就东一块，西一片，活脱脱一件“百衲衣”，虽然亦能蔽体保暖，但毕竟不伦不类；还容易产生橘化为枳①、水土不服的问题。

“新子学”经典中可能找不到适合当今中国国情的具体管理经验，但儒家有“修身、齐家、治国、平天下”之道（《大学》）。国家天下都能治平，怎么可能连企事业单位都管理不了？我国古代就有“内圣外王之道”（《庄子·天下》）。葛洪说：“一人之身，一国之象也。故知治身，则能治国也。”（《抱朴子内篇·地真》）司马承祯答唐睿宗问时就说“国犹身也”（《旧唐书》卷一九二）道家认为，要治理好一个国家，执政者尤其离不开个人自身的修养，《大学》亦谓“自天子以至于庶人，壹是皆以修身为本。其本乱而末治者，否矣。”我们可曾见过，连自己事务都管理不好的人，就能管理得好企事业单位？《汉书·艺文志》谓：“道家者流，盖出于史官，历记成败存亡祸福古今之道，然后知秉要执本，清虚以自守，卑弱以自持，此君人

---

① 《晏子春秋·杂下之十》：“橘生淮南则为橘，生于淮北则为枳，叶徒相似，其实味不同。所以然者何？水土异也。”

南面之术也。”企业家及各级管理人员，何必舍弃自家珍宝，却去沿街乞讨？只要用心学习传统文化，用以修养自己的身心，去体悟最根本的大道，一旦豁然贯通，自能“吾道一以贯之”（《论语·里仁》）。这个时候，管理方法尽可由我创造，西方的管理经验亦可为我所用。但正如庄子所说的：“苟得于道，无自而不可；失焉者，无自而可。”（《庄子·天运》）

九、研究开发体现“新子学”思想精神的商品

思想精神是看不见摸不着的，总需要有一个表现形式，或者说需要有个载体，才能让人确实感受到它的存在、它的优越和伟大。如何把无形无象的思想精神转化为有形可见且能产生商业利润的物质产品，并通过这些产品体现中华民族传统文化，这是各行各业所要解决的一个重大课题。这个领域最需要有创意，因此亦最能有创新，而且易于创造巨大的物质财富。

其实这并不是需要有专业人才才能做到的事，只要人人学习体悟传统文化，自能在日常的工作生活实践中涌出一些新想法，加以实行，就是创新。创新并不是什么大难事，只要改变一下思维方式，时时刻刻体悟大道，就能随处触发灵感，实现创新。

因为这些物质产品是以中华民族传统文化为其内涵，因此外国若是仿造，那无疑是在帮助宣扬中华民族传统文化，若是开发属于他们自己民族特色的物质产品，就能打破所谓的“全球经济一体化”和“文化同质化”，保持和促进全球经济文化的多元发展。

商品是如此，服务亦是如此，其他各方面亦无不如此。当人人都能用心学习体悟传统文化的时候，不但人人的文化素养不断得到提高，全社会的精神文明亦将因之而不断提升，物质产品就会更加丰

富，更能适合人们多层次多方面的需求，社会将更和谐地发展，世界亦因“和而不同”（《论语·子路》）而更加精彩。

十、保护和弘扬传统方技和手工艺

现代中国落后于西方发达国家的，是科学技术，不是文化。科学技术不是文化，文化绝对不是科学技术。科学技术极大地改善了人们的物质生活条件，创造了极为便利的交通交流工具，但是大自然与人类的和谐共存状态，在短短几十年内被严重破坏，生存环境日趋恶化。军事技术的落后，确实会影响国家的命运，比如遭受他国的欺侮甚至奴役。因此，必须大力加强科学和技术的研究。如今，全国人民每餐必加碘盐，食用转基因大豆油或转基因玉米油，怪模怪样变味的非时令蔬菜水果、转基因饲料喂养速成的肉类；而欧盟国家及民众坚决抵制转基因农作物，2009 年 5 月美国环境医学科学研究院报告称：“一些动物实验表明，食用转基因食品有严重损害健康的风险，包括不育、免疫问题、加速老化、胰岛素的调节和主要脏腑及胃肠系统的改变。”中国科学家仍信誓旦旦地要把转基因大米搬上餐桌。这里撇开可能隐藏比鸦片更巨大的阴谋之外，就是对科学的极端迷信，恐怕真的会让中国人民成为真正的“东亚病夫”，其后果实难想象。

由于没有传统文化的熏陶，人们丧失精神家园，只顾眼前，唯利是图，道德日益沦丧，社会信用成为严重问题。更可悲的是，由于“劣币驱逐良币”的效应（Bad money drives out good，Gresham’s Law），导致民族传统方技和手工艺正在变质、失传和消亡。针灸（acupuncture and moxibustion）是最具中华民族传统文化特色的方技，因其神奇的疗效，得到全世界医学界的承认和肯定，于 2010 年 11 月 16 日被列入“人类非物质文化遗产代表作名录”。中华武术，闻名于全世界，“中国功夫”（Chinese kung - fu）尽人皆知（这是电影的宣传效果）。这类幸运儿，毕竟是少数。虽然是少数，但针灸和武术的高深境界，因为现代人没有中华传统文化的修养而无法领悟，正在失传。最具民族传统文化特色的中国，正在逐渐丧失民族特色，成为西方科技的附庸。

中华民族传统文化正在被遗忘，中华民族传统的方技和手工艺正在消亡，皮之不存，毛将焉附？眼看着中华人民正在丧失精神家园，中华民族的血脉正在被无形地宰割，作为一名中华儿女，我们应该做点什么？

（作者单位：宁波广播电视大学外语系）

继往开来 创新学术

傅璇琮

20世纪以来，我国古典文化研究取得了令人瞩目的成就，作为古典文化研究重要组成部分的子学研究也取得了长足的进步和发展。本次会议，以“新子学”为题，颇有创新性，这对新时期的子学研究与传统文化研究有进一步的推动意义。

近年来，我与华东师范大学先秦诸子研究中心的接触颇多，而连接彼此的桥梁就是子学研究。2012年我应邀参加该研究中心主办的“先秦诸子暨《子藏》学术研讨会”，在会上作了《古籍整理与中华文化传承创新》的发言。数月前，我再次接到该研究中心寄来的关于“‘新子学’国际学术研讨会”邀请函。因此近来我便对“新子学”进行了一些思考，总体说来有以下三点看法：

一、“新子学”应追本溯源，继承传统

“新子学”是新时期提出的新理念。不管是一个理念，还是一种学说，都有它产生的源头。这个源头在哪里，它是如何发展演变的，需要考察清楚。

方勇教授在《“新子学”构想》一文中明确提出“‘新子学’是子学自身发展的必然产物”、“所谓子学之‘子’并非传统目录学‘经、史、子、集’之‘子’，而应是思想史‘诸子百家’之‘子’”。我认为这一说法还是比较准确的。“新子学”的源头，当为诸子百家之学。传统经学中以孔、孟为代表的儒家学说也应当归于“新子学”的范畴。“新子学”根植于诸子百家之学，是在传统子学、经学等传统文化、学术的滋养之中成长而来的。较之相对保守的传统经学，“新子学”的学术体系更具有开放性和多元性；较之相对松散的传统子学，“新子学”更具有综合性和系统性。“新子学”研究，要认识到传统文化、学术的奠基意义，对于“新子学”的直接源头诸子元典更是要高度重视，要对其开展全方位、多维度的深入研究。

关于诸子学的发展演变，我认为需要花大力气做整合梳理工作。随着学术史研究的不断深入，针对传统经典的系统全面研究不断涌现，子学的研究也迎来了新的发展契机。事实上，自晚清以来，学术格局已发生了极大转变，传统经学逐步失去其长久以来所占据的学术主导地位，以儒学为主导、经学为骨髓的旧国学逐渐失去活力，而包括孔孟儒学在内的“新子学”却在迅速崛起，并将成为“新国学”的主导力量。“新子学”的出现，无疑顺应了历史潮流。自先秦以降，历朝历代都对子学予以不同程度的重视，至今，子学的研究著述可以说是汗牛充栋。然而受传统思维方式潜移默化的影响，传统子学中直观性、随意性、零散性的研究较多，具有较强思辨性、系统性的论著相对较少。“新子学”一方面要注重对传统典籍的整合、整理工作，进一步加快子学文献整理的进程；另一方面，要在原始文献的基础上，进一步完善子学研究体系，厘清“新子学”整体的发展演变轨迹。

值得特别提出的是，诸子百家之说多是涵盖文史哲多层面的综合学说，因此“新子学”发展轨迹的全面梳理也不能单纯从某个方面入手，而是应该提倡一种综合研究视角。打通文史哲是“新子学”研究的客观要求。

二、“新子学”应继往开来，创新学术

中国古典文化研究，一方面是古典文化发展史研究，另一方面则是中国古典学术史研究。“新子学”应归属于后者，即从学科属性角度讲，“新子学”应是中国古典学术史的主要分支之一。学术的发展离不开学史的建构与积累，人们必须有专题学术史意识，具有系统的学术史是一个学科发展成熟的重要标志。回顾中国古典文化研究，学术史研究相对薄弱。传统子学学术史研究，虽然成果颇丰，但在深度与广度上还有较大的提升空间。“新子学”要进一步加强学术史的研究，要在传统子学的基础上继往开来，创新学术。

一门学问，越是发展，就越是要综合，要对现有的成果进行及时的概括和总结，以便将这些成果及时有效地传达给学界，从而使研究者们能够及时借鉴、推陈出新，而不是在原有的水平上重复已知的结论。只有这样，才能使学术研究从已有的基点出发向前延伸。因此，我们一方面要对现有的成果进行科学的归纳，把能够成立的、符合历史实际的观点作为定论肯定下来；另一方面，要力求打破已有的格局，创设新思路，开创新学术。这两种工作，前者是学术研究中必不可少的学术积累，是基础；后者是在前人成果基础上的向前开拓，是创新。能够作为定论的点积累越多、成果越丰厚，基础才能更扎实。只有在扎实深厚的基础之上，才能不断涌现出高品位的创新，从而将学术研究向更高层次推进。

传统子学研究进展到现在，各种论点、说法已经很多了，我们应该将现有成果，无论是理论阐释的，还是文献考证的，做一次系统的

梳理，择选那些能够固定为定论的成果，汇总起来，建立一个子学的资料库。在此基础上，充分发挥学术界的群体优势，将诸子百家、三教九流之说的成果予以整合、梳理，在完善各“子”研究史的基础上，吸取三教九流之说中的精华，从而在整体上构建诸子百家学术史研究体系，将子学研究作整体的推进，从而达到继往开来、开拓创新的目的。唯有如此，才是符合新时代要求的“新子学”。

三、“新子学”应保持特性，着眼国际

子学是中华文明的有机组成部分，它蕴涵并表征了中华民族的文化精神和艺术精神。我们正处于现代化建设的新时期，正在向全世界展示中华文明所取得的辉煌成就和中华民族全面振兴的灿烂前景。新形势下的“新子学”应该保持中华文明的民族特性，向全世界展示中国学术的优势和为世界学术所作出的贡献。

任何一个民族的文化能够走向世界化，其基础必须是高度的民族化。如果缺失了民族化特性，是不可能以独立姿态屹立于世界民族之林的。中华文明是早熟的文明，历史悠久，特色鲜明，它所取得的辉煌成就在全世界范围内也是相当突出的。改革开放以来，中国传统的文化学术价值受到越来越多世界人民的认可，不少西方学者已经比过去更深切地理解和领会到中国学术对世界学术的意义。然而还有不少研究者热衷于以西方思想、西方观念、西方方法为唯一准则，去归纳、评价和衡定中国古典文学，以至于在古典文学领域中出现了大量以西方现代文学理论诠释中国古典文学的倾向。我们并不否认，西方具有进步意义和科学价值的思想、观念、方法，能够开拓古典文学研究的领域，扩展古典文学研究的视角，并从一定程度上促进古典文学研究的发展。西学中用是学术研究向前推进的一种表现，在当前形势

下，具有一定的必然性和必要性。但是，西学中用不能演变成全盘西化，各国之间的文化交流有两个基本条件：一是对本民族的文化有深切的认识和热爱；二是对其他外来文化有清醒的体察和理解。若在一知半解的情况下生搬硬套，那无论是用外国方法解读中国学术，还是用中国方法解读外国学术，都是不科学的。因此，我们不能妄自菲薄，要清醒地认识到我国传统文化和学术的民族性、独特性，在此基础上，着眼于国际，把中国的学术推向全世界。

方勇教授在《“新子学”构想》一文中提出的“新子学”将扎根传统文化沃土，以独立的姿态坦然面对西学，体现出一种尊重热爱传统文化的自觉态度和着眼国际视野的开放眼光。新时期“新子学”的研究，应进一步拓宽视野，吸取西方近现代较有科学意义的学术思想、观念和方法，一方面要更加清醒地认知“新子学”的民族特性，充分阐释我国古老文明的价值；另一方面也有必要把我们的民族文化学术在世界学术的大范围内，作公平客观的比较。“新子学”既是中国的，也是世界的。本次“新子学”国际学术研讨会，也必然对全世界范围内的子学研究起到良好的推动作用。

以上三点是我对“新子学”的一些思考，在此与大家讨论交流。当然，一个新理念、新学科的建立，并不是提出理念就可以的，其类属、内涵、外延及研究方法还需要进一步予以规范。“新子学”国际学术研讨会为我们提供了一个很好的讨论平台，希望广大同仁以此为契机，继续深入开展对“新子学”的研讨，力争推动“新子学”研究继续向纵深发展，从而更好地传承中华传统文明，开创具有时代性、民族性、世界性的崭新学术！

（作者单位：清华大学中国古典文献研究中心）

“新子学”的学术针对性、时代意义思考

李似珍

作为华东师大的教师、参与方勇教授《子藏》项目的团队成员之一，我为方勇教授的学术成绩而感到高兴。他能够从做《子藏》到考虑新子学的构想，学术上是一个飞跃。他所做的虽然是古典经籍的整理，但出发点则在于中国现代，现在又进入了对思想、文化传承的思考，体现了知识分子的时代感与社会责任担当，所以很能引起学术界的共鸣。

“新子学”的意义是多方面的，其中有一个就是对近代以来新文化探讨传统的继承。刚才王锺陵先生说到，现代中国人有一个与近代联系的问题，这里是否体现了“接着讲”的问题。关于这个问题，我们哲学系的开创者、我的导师冯契先生曾对我们讲过。他告诉我们所谓“接着讲”，是冯友兰先生讲的“思想史无非是两种讲法，一种是照着讲，一种是接着讲”。照着讲当然没有生命力，接着讲则意味着要继承传统，有针对性地做好历史与现实的结合之事。对于现代中国学术文化来说，有很重要的事情，就是要接着中国近代讲。这是因为中国近代是一个特殊的历史时期，面对中国在现实经济、军事等方面的落后，自然就对与之相关的中国主流意识形态儒学思想体系提出疑问。“五四”时，又提出了新文化运动的口号。但是由于当时我国

的民族矛盾迫切，文化方面的问题提出来很多，却来不及分辨、获得深化，而是匆匆地涉略而过。建国以后，我们采取的是重新开创新学术体系的方式，而对过去近代时人提到的问题采取了不再承继的态度。所以冯契先生认为80年代之后我们有许多的问题要重新面对，重新去思考，这样就出现了“接着讲”的问题。当然在新时代条件下，这样做并不是要求跟着前人的路数讲，而是要回答曾在中国进入近代之后面临的如何做好传统文化与现代社会思想之间的衔接之事。从这个角度去理解，方勇老师提出“新子学”，便是在我们现时期做的这样一件“接着讲”的事情。

讲“新子学”从某种意义上可以说是针对类似于“新儒学”、“新经学”的社会思潮而言的。这方面的思考与对立应当说也是从近代中国就开始了的。早在晚清时期，康有为等人已经对传统经学有了新的理解和新的关注，之后，当时学术界对中国文化的发展有了很多新的关注，涉及面很广，除了经学，还有西学、科学、宗教学（包括佛学、基督教、道教等等），提出了相关的学说、思想，“子学”也在这样的社会条件下被提出来过。当时子学的复兴从一定意义上可说是对经学传统的一种否定，也就是要求对当时提倡的“新儒学”的倾向作出修正。从这个角度讲，我们现在子学的提出也是有这样一种针对性。20世纪90年代以后，我们重新开始考虑文化问题，最开始关注的就是经学和儒学，我们现在做的好多就是儒学或经学的路数，这种儒学的提倡，涉及各个方面，除了思想上的重现，还有一些诸如制度、仪式、行为操守规定等方面的内容，但是到一定程度，做得很过的话，也会做不下去。近几年电视台转播过全球的祭奠孔子的仪式，但效果并不好。形式方面不能够真正代表它的思想内核的东西，儒学在近代就被发现存在问题，现在也没有真正得到解决。我看到最近报纸上还有刊登文章，说用什么来教我们的学生，是说现在我们还是不知道用什么思想文化去教我们的学生，这也就是方勇教授提出建立“新子学”的原因。就像在近代，梁启超、章太炎等学者提出子学就要求在思想界有新的提倡，即在当时社会进行百家争鸣，这与方教授文章里所讲的原创性和多元化是一致的。联系过去的历史，我们或许可以对他的“新子学”倡导，有更多的理解。

具体落实“新子学”，会遇到许多的问题，我想到的第一个问题是在多元的诸子中是否要有主体的导向。由于诸子众多，各自的思想差别很大，不像儒学体系主旨明确，有师承关系，有构建成的系统框架，特别到了宋明时期，儒学的学脉系统是较为清晰的。王锺陵先生指出，“新子学”的提倡当以老庄为核心价值观念，那就遇到了其他各家地位如何摆的问题。我想这里还是有一个梳理主线、框出分类脉络等的问题存在的。方教授文章里给出了几条线索，它们分别为：学术理念、思维方式、表述形式、思想内容。是否应当有个更为集中的系统框架？还是注重多元，倡导多样性的结合？希望能有进一步的考虑。

第二个问题是子学与儒学、经学的关系。方教授在文章中引了冯友兰先生的话，冯先生讲到了经学和子学两种不同的风格，一个比较滞重，另一个比较活泼，有灵性，这里面带出来的问题是怎么判断两者关系以及两者之间是不是有一种相辅相成，这是针对近代时人的相关思考而来的。我想在现代社会条件下的“新子学”提倡，可能也会遇到这个问题。由于现在讲的子学中，包括了某些儒学中的人物，如何为他们的思想观点划界就成为我们早晚要面对的问题，需要我们作出进一步的分辨。

第三是方教授在文章中提出了有关天文、数学等自然科学部分，不进入子学范围。我认为从论著收集范围的划界角度讲是应该这样做的，但从思考范围的涉及而言则不必限定得过于狭窄。其实西方人的学术里面，哲学、宗教和科学是分不开的几块，他们讲宇宙观和本体论，认为是与人分不开的方面。这种思想观点值得我们重视。其实在中国历史上，人们也曾有过这方面的关注，如戴震是清代重要的经学家、思想家，也是《四库全书》子部算学类编撰的负责人，他经过了解，确定了中国传统数学中的十本代表作（其中有《九章算术》、《周髀算经》等）。在此基础上，他自己还写了一本相关的算学书，因为他觉得通过阅读这些著作，学到了有关的思维方法，所以据此而悟出了其中的道理。这里就有子学原创的学术基础方面的贡献。同样的启示也可以追溯到天文学、医学等方面。西方人讲广义的文化，包括了自然科学等内容，我们现在想深入地探讨子学，可能还是要拓宽视野、打开思路。

（作者单位：华东师范大学哲学系）

时代召唤“新子学”

孙以昭

十数年来，方勇教授的学术研究，从庄子文本的搜集、梳理到庄学史的探讨，再由庄子研究拓展到诸子研究，脉络清晰、步履稳健，既踏实勤奋、埋头苦干，又目光敏锐、勇于创新。近年来，方勇教授主持编纂《子藏》大型学术工程。2012 年 4 月在上海召开的由华东师范大学先秦诸子研究中心举办的“先秦诸子暨《子藏》学术研讨会”上，他还提出了“全面复兴诸子学”的口号。接着，2012 年 10 月 22 日，又在《光明日报》“国学”版上发表《“新子学”构想》一文，阐发当前子学研究应由全面系统搜集资料转向广泛深入地探究其义理的构想。对方勇教授所倡导的“新子学”这一宏大抱负，我深表赞同，并深感振奋。

在我国传统文化中，子学是最具创造性、鲜活力，而又对自然、社会与人生最具深邃思辨和睿智应对的部分。子学兴起与发达的时代也都是具有多元文化并起共存，互相吸纳交融而又彼此对立、不断冲突，充斥着危机感的时代。春秋战国、汉末、明清之际、晚清，莫不如此。当前也是如此，不但中国，整个世界都处在一个多元化而充斥着竞争和危机的时代。我们现在有作为主流的意识形态，有传统文化，又有西方思想，也存在着风险和危机。所异于往昔、不可同日而语的是，经济日渐繁荣，科学技术突飞猛进，思想观念不断更新，与世界各国的交流空前密切，信息传递快速之至。这样的时代，召唤着“新子学”的产生，“新子学”正适时而出，应运而生！如果我们能够全面搜集资料，深入开掘、系统研究诸子百家中的思想精髓，并对有关方面加以继承发展创新，形成体系，以供社会各方抉择、借鉴，它将无愧当今，启迪后世，有着深远非凡的意义。但总体而言，“新子学”比《子藏》更加复杂、更为艰巨。对此，我有几点胜说刍议：

一、要明确界定“新子学”的研究对象与范围。方勇教授认为“新子学”之“子”，乃是思想史上“诸子百家”之“子”，这说得很对；但是说“具体内容则严格区分诸子与方技，前者侧重思想，后者重在技巧，故天文算法、厘数、艺术、谱录均不在子学之列”，则有待商榷。不但方技中有不少思想资料，就连天文、历数中也有思想史的资料，对这些应予以甄别、处理。

二、开展研究固然不能离开传统的训诂与义理两个层面，使之尽量贴近文本原意，同时也要面对西学，加以比照吸纳，还要进行多学科的综合性大文化研究。子学博大精深，其思想及问题涉及诸多学科，尤其在庄学研究和墨学研究上更是如此。《墨子》中有力学、光学、几何学和机械制造学，《庄子》中不但有大量的养生学，还有生物学、物理学和地理学，这些都需要我们吸纳相关学科的专家、学者参加，进行通力合作，才能真正弄清一些问题。

三、既然称为“新子学”，就不但要全面深入地搜集、梳理前人之作，阐发其思想精义，也应该撰写出新的“子学”著作，主要用现代的语文体写，也可以用文言文写。

四、条件成熟，可以正式成立或将现有机构转化成“新子学”研究中心、“新子学学会”，以全面深入开展此项学术思想工程。

这里，我想用以下十二句话来结束这篇短文并表达我对“新子学”的赞同和期盼之情：重视传统，面对西方；资料先行，思想阐扬。梳理继承，不断创新；利国利民，百家争鸣；全球视角，臻于大成；而今而后，无愧先人。

（原载于《安徽报》2012 年 12 月 14 日，作者单位：安徽大学中文系）

《“新子学”构想》体现时代精神

陆永品

方勇教授《“新子学”构想》论文，2012年10月22日在《光明日报》发表后，立即引起学术文化界的广泛关注。该文论述了三个问题，我想就其中的“‘新子学’将承载‘国学’真脉，促进传统文化思想资源的创造性转化”，谈点感想和看法。

该文说“新子学”将承载国学真脉，而成为国学的新载体。即是说，“新子学”不同于以往学界议论的旧国学。旧国学以儒家“六艺”（或称“六经”）为载体，范围狭窄，观念陈旧僵化，不符合时代发展潮流。有的学者仍然坚持马一浮（1883—1967）当年的“旧国学”观。马一浮说：“六艺者，即《诗》、《书》、《礼》、《乐》、《易》、《春秋》也。此是孔子之教，吾国二千余年来普遍承认一切学术之源皆出于此，其余都是六艺之支流。故六艺可以该摄诸学，诸学不能该摄六艺。今楷定国学者，即六艺之学，用此代表一切固有学术，广大精微，无所不备。”（《泰和宜山会语·楷定国学名义》）马一浮对国学的楷定，只是一家之言，早已成为过眼烟云。西汉大儒董仲舒“罢黜百家，独尊儒术”的主张，汉武帝也只是实行一时。司马迁父子的《论六家要指》，对儒、道、墨、法、名、阴阳诸家之得失给予恰当的评论，并不认为儒家能一家独尊。儒家主张恢复旧礼制、厚葬和轻视女性等思想，违背历史潮流，是行不通的；故孔子周游列国，到处碰壁。著名历史学家和考古学家李学勤先生近日说：“我在前不久举办的‘《文史》创办50年出刊百辑纪念座谈会’上提到，现在大家很喜欢讲国学，并掀起一阵阵‘国学热’。但我认为，目前在国学研究方面有时还有很多缺点，最明显的是浮躁、空疏、功利，这三条与传统文化的根本点，即沉潜的、切实的、非功利的、超越的刚好相反。所以，国学这么发展下去肯定会出现问题。”① 李学勤先生的告诫，应当引起学术文化界同行的重视。当今，在世界各国成立了几百所孔子学院，这是我国与外国学术文化交流的政治需要，是学习汉语、宣传中国的一个窗口。孔子学院并非只宣传儒家学说，这是人所共知的道理。

“新子学”继承和发扬诸子百家优秀传统文化，体现了当今的时代精神。诸子百家有其丰富的优秀传统文化内涵，诸如儒家以仁为核心的理念、“民为贵”的民本思想；墨家“兼爱”、“非攻”、“强本节用”的主张；法家“不别亲疏、不殊贵贱，一断于法”的法治思想；道家劝人向善、谦虚退让、少私寡欲、超脱旷达、与时俱化，尤其庄子关于“齐物论”、与天为一的哲学建树及其“法天贵真”、“复归于朴”，只可意会而不可言传的美学思想等，对后代学术文化的发展皆产生深远的影响。鲁迅评价庄子说：“汪洋辟阖，仪态万方，晚周诸子之作莫能先也。”（《汉文学史纲要》）郭沫若亦评价庄子说：“庄子在中国文化史上的确是一个特异的存在，他不仅是一位出类的思想家，而且是一位拔萃的文学家……秦汉以来的一部中国文学史差不多大半是在他的影响之下发展。”（《庄子与鲁迅》）

应当看到，儒、道、墨、法在春秋战国时代已经成为四大“显

① 《以“二重证据法”推动历史学和考古学的发展——访历史学家、古文字学家李学勤》，《中国社会科学报》2012年10月31日。

学”，是中华民族文化的四大坚强支柱，是取之不竭、用之不尽的文化源泉。所以说，让“新子学”成为“新国学”的主体，是明智之举，应当成为发展中华民族文化的重要战略思想。

方勇教授在文章中说，“新子学”将成为“国学”的新主体，即是说“新国学”的涵盖面更加广泛，内容更加丰富，应当包括我国古代诗词曲赋小说等优秀传统文化。由此说明，“新子学”具有更加开放、丰富、包容的文化特点。

《“新子学”构想》是突破陈腐观念的创新理论，自然会有其不足之处，应当逐渐予以完善。这里只说两点，以供参考。其一，先秦法家“不别亲疏，不殊贵贱，一断于法”的法治思想，对于当今制订依法治国的国策，有其积极的借鉴作用。《“新子学”构想》也应当强调法家的重要历史地位。其二，《“新子学”构想》说，道家在四项内容方面，“于纷繁世界之外，‘清虚自守’、‘澡雪精神’”，如此概括，似乎稍嫌不足。应当改为：道家清虚自守、少私寡欲、劝善立德、谦逊退让、澡雪精神、图难于易、图大于细、与时俱化以及法天贵真、复归于朴等，颇受世人青睐。

事物总是在发生变化的，一成不变的事物是不存在的。国学的内涵也应当随着历史的延伸而增加新的内涵。旧国学是如此，新国学也应如此。这是历史发展的必然规律。

“新子学”成为新国学的主体，在国势昌盛、经济繁荣的今天，不仅能继承我国的优秀传统文化，汲取外来文化精华，推动中华民族文化空前的大繁荣大发展，还会促进中华民族文化更加富有活力和创造性。

一花独放不是春，百花齐放春满园。我们将会迎来百花齐放、百家争鸣的万紫千红的春天。

（原载于《中国社会科学报》2012 年 10 月 26 日，作者单位：中国社会科学院文学研究所）

站在子学发展的时代制高点上

钟明奇

学术研究当以有胸襟者为最上，有胸襟则自能脱心志于俗谛之桎梏，自成高格，自有境界。方勇先生在其《南宋遗民诗人群体研究》一书的《增订版自序》中说："做学问且须有大格局。"方先生做学问自出手眼，胸襟宏阔，故其研究由庄子而及诸子，由诸子而及整理、编撰皇皇巨著《子藏》。然方先生并不满足于此，兹复由对有关诸子研究浩瀚的文献资料的整理，走向对诸子甚为深入的义理的阐发，以宏大的气魄与开拓者的勇气，在整体上构架"新子学"，这无疑是他研究诸子学的又一大手笔。

发表在2012年10月22日《光明日报》"国学"版上的《"新子学"构想》一文，是方先生有关"新子学"建构的核心纲领。在这篇文章中，方先生高屋建瓴地提出了他有关"新子学"的基本设想。全文共分三个部分。第一个部分为"子学的产生发展与'新子学'"；第二部分为"'新子学'将扎根传统文化的沃土，以独立的姿态坦然面对西学"；第三部分为"'新子学'将承载'国学'真脉，促进传统思想资源的创造性转换"。在笔者看来，《"新子学"构想》第一部分讲的是有关子学发展的旧与新的问题，第二部分讲的是有关子学发展的中与西的问题，第三部分则指出子学经过历史的发展，其实已经成为“国学”的主体，也即传统文化转型为新文化的主力军。

在第一部分中，方先生以发展的眼光，勾勒了子学发展的历史进程，进而指出：“当子学的历史发展得以完整呈现后，其固有概念则自然而然地冲破以往陈见的束缚，重新确立起兼具历史客观性与现时创新性的概念。”学术研究总是强调继承与发展，往往有一个返本开新的问题，是故研究《红楼梦》，有“新红学”之说；研究儒学，有新儒学之说；研究仁学，有新仁学之说，如此等等。这几乎可以说是学术研究的一般规律。方先生提出“新子学”的可贵之处在于：不是一般地强调学术发展的“苟日新，日日新，又日新”，而是有着极其强烈的现实关怀。方先生在文章中说：“从历史中走来的子学，其灵活多样的方式、鲜活的思想内容，总与丰富多彩的现实世界保持着交互相通的关系”，“过去，它（按，指诸子学）曾不断催生人们的新思维，鼓舞激励着历代仁人志士；而今，在我国改革开放逐步推进、国家实力持续提升、全球化意识不断增强而国人对子学进一步发展的意愿越来越强烈的大背景之下，子学正再一次与当下社会现实强力交融，律动出全新的生命形态——‘新子学’！”是可知方先生之构建“新子学”，决不仅仅是就学术而论学术，做死的学问，而是想从子学极为悠久的历史传统中，寻找为当下现实服务的宝贵的鲜活的思想资源。这实体现了一位杰出的学者从事学术研究所具有的令人钦佩的时代使命感。

方先生对有关子学发展的中与西的问题也作了很好的阐述。时代不同了，中国当下几乎所有的学术研究，都会面临一个中与西的问题，即中国学术与西方学术之间关系的问题。子学的发展自然不能例外。子学诚然是中国固有的学术，但不可否认的是，它如同中国其他富有思想的学术那样，同样具有普世的价值。在一个世界开放的时代，研究具有普世价值的学术，如果仅仅局限在中国传统的学术视野里，我们自然不能更好地阐发它的价值。唯有用世界学术的眼光与胸襟，我们才能避免卑处一隅而鲜观衢路的境地。不过，所谓用世界学术的眼光，并不是仅仅以西释中，唯西方马首是瞻，而是如方先生所说，在深入开掘诸子学自身内涵的过程中，不忘取西学之所长，以补自身之不足，即将西学作为可以攻错的他山之石，由是坦然面对西学。“中国学术既不必屈从于西学，亦不必视之为洪水猛兽，而应根植于中国历史文化的丰厚沃土，坦然面对西学的纷繁景象。”方先生如此掷地有声地阐述中西学术研究之间的关系，不仅仅是“新子学”研究所应取的态度，其实也是当下一切学术研究所应取的科学的态度。

从宏观的角度看，子学诚然也是“国学”的一部分。建构“新子学”，毫无疑问必须恰切地处理好“新子学”与“国学”之间的关系。《“新子学”构想》一文第三部分，方先生深察古今，俯瞰百代，深刻地指出随着近代学术的日益发展，尤其是通过“五四”以来子学与“西学”之间起承转合的变化发展，子学早已经使自身成为“国学”发展的主导力量，即“国学”的主体。惟是之故，在新的时代，“新子学”一定能承载“国学”真脉，促进传统思想资源的创造性转换。概乎言之，方先生始终站在子学发展的时代制高点上，思考子学发展的新方向，这在相当程度上，也是在思考中国文化的未来走向。

“我们必将以更为开放的心态，使中国传统思想文化与西方科学理念得到完美结合，并转生为当今社会的精神智慧之源，最终发展出民族性与世界性兼备的新国学。”我们坚信，方先生对“新子学”的这一构想，经过不懈的努力，一定会成为现实。

（作者单位：杭州师范大学中国古代文学与文献研究中心）

“新子学”对现代文化的意义

郝　雨

2012年10月22日，《光明日报》以近乎整版篇幅发表了著名庄子研究者方勇教授的文章《“新子学”构想》，立刻引起国内外文化学界的广泛关注。可以预见，“新子学”作为一面新的文化旗帜，必将在整个文化学界更大规模地激越起复兴民族传统文化的时代潮流。而且，这样一个看似只属于古代文学、古代哲学以及古代思想史领域的课题，并不仅仅是一个古代文化的研究范畴。它也为现代文化研究者提供了新的学术方向。

概括而言，子学产生于文明勃兴的“轴心时代”，是以老子、孔子等为代表的诸子百家汲取王官之学精华，结合时代新因素创造出来的新学术。自诞生以来，子学便在与社会现实的不断交互中繁荣发展。时值当下，它正再一次与社会现实强力交融，呈现出全新的生命形态。“新子学”是子学自身发展的必然产物，它坚实地扎根于传统文化的沃土，建立一套更加完善的概念与学术体系，并以更加独立的姿态坦然面对西学。同时，它也将成为促进“国学”进一步发展的主导力量，加快传统思想资源的创造性转化，实现民族文化的新变革、新发展。

子学在现代学术格局和学科分类中，虽然只是属于古代文学与古代文化的一个研究领域，但是，"新子学"的提出，却并不仅仅是古代文化以及传统文化研究者的本学科专业课题，它实际上为整个文化学界提出了一个共同的主题，即我们今天的文化传承的真正源头与主体性的问题。中华民族文化的伟大复兴，是仅仅复兴儒学，还是要找到民族文化的百家之源？尤其是对于现代文化研究者来说，当今中国的现代文化进程，其根本的历史渊源和文化依据到底在哪里？

今日的文化研究，不能总是把古代与现代完全割裂。"新子学"一定要建立起通畅的古今文化对话，从而以更加开阔的历史文化眼光，寻求文化研究的新的逻辑起点和思维脉络。

"新子学"的提出肯定会引起整个文化界对中国文化方向性、主体性问题的新一轮再思考。而对于现代文化研究以及文化发展来说，我认为起码会有四个方面的意义：

第一，所谓"新子学"，就是要把我们对传统文化的研究由原来的以儒学为中国文化单一核心，转变回归到诸子百家。先秦诸子百家的时代是中国传统文化最繁荣、最强盛的历史阶段之一。在百家争鸣的时代，中国文化的真正源头产生了。但在汉以后，统治阶级开始独尊儒术，百家争鸣的局面随之被扼杀。今天，我们应该意识到中国文化真正的源头在百家，而并不仅仅是儒家。

第二，这样一种文化研究的思路，同时也给"五四"新文化运动找到了一个合理的逻辑前提和解释。大家知道，"五四"新文化运动是一场思想解放运动。当时最鲜明的旗帜就是"打倒孔家店"，就是要反对以儒家为核心的传统文化、封建文化，就是要反传统。但是，现在有些学者认为，现代以来中国传统文化的断裂是由两次历史事件造成的，一次是"五四"新文化运动，另一次是"文革"。所以，有人从20世纪八九十年代就开始倡导新儒学，认为把儒学接续起来才能继承中国的传统文化。但是，如果说当年"打倒孔家店"是错误的，那就必将涉及对于"五四"新文化运动的历史评价问题。

新文化运动是我们中国的文艺复兴，促进了中国文化的现代化。但是新儒学这一派强调：一切现代的信任危机、道德滑坡、人文精神的式微都是由于我们把传统文化丢掉了，所以我们必须复兴传统文化，而复兴民族文化，按照他们的常规思路就是复兴以儒家文化为核心的传统文化。这就无形之中陷入了一种传统与现代到底孰是孰非的悖论。而现在把“新子学”的概念提出来之后，这个问题就不存在了。因为我们要复兴和继承传统文化，应该继承的是百家时代的一种繁荣的、全面的中国传统文化。而为什么“五四”时代要“打倒孔家店”、要反儒家？一旦把一个民族的文化由百家局限到一家，由一家统治思想领域几千年，那肯定会造成民族文化的萎缩。文化是需要活力的，活力是需要竞争和多元的。所以“五四”新文化运动站在这样一个角度来看，就没有问题了。那时的所谓反儒家，反的是由于传统的专制体制而造成的独尊一家的文化局面，所以以反儒家为主要目标的“五四”新文化运动，就是把以儒家为核心的传统思想推翻，根本改变思想专制的大一统文化局面，从而进入以人为本的文化现代化。这就有了合理的解释了。独尊儒术是我们民族文化衰败的原因之一，而新文化运动中断了儒家为核心的专制性的文化，就是文化历史的大势所趋。因此，我们今天的复兴不能独尊儒术，不能视其为唯一。我们现在要在“新子学”的旗号下寻找到中国文化的真正源头，我们要重启百家争鸣的文化局面。

第三，在全球化时代，通信科技与新媒体高速发展，世界已经成为“地球村”，文化也只能是多元的。我国汉代能够罢黜百家是因为传播技术落后，生产方式也非常低下，人的交往和对媒介的依赖不是很强，而且当时文化的普及率不高，思想也不是很活跃，独尊儒术相对容易。但是现在，在网络传播发展充分的条件下，人们已经拥有了相对自由的表达和交流空间。在这样的媒介新环境中，未来文化的发展一定是多元的。当年我们文化的繁荣正是由于百家争鸣的局面。所以，"新子学"并不只是要更深入地研究诸子百家的文本含义，并不仅仅是回到故纸堆里去挖掘老祖宗的学术观点，而是强调它对当下的意义。"新子学"给我们提供了现代文化环境中我们民族文化繁荣振兴的一个重要参照，我们应该建立起如同当年百家争鸣的一个新时代。

第四，"新子学"的提出，并不只是仍然把子学作为一个学科来进行专业研究，并不只是要在学术理解和阐释上让它继续深化，更不是把它作为局限在其传统考据本身的一种学问。我们要从子学中寻找到真正使我们民族具有强大发展潜力的根本，最需要找到的就是蕴涵在诸子百家之中的中国智慧。

（原载于《文汇报》2012年12月17日，作者单位：上海大学影视学院）

以诸子的精神面对现实
——“新子学”的任务浅议

吴 勇

无论中西方，轴心时代的思想家都以极强的原创性思想影响着千百年来的人类历史和文明。春秋战国时期，诸子蜂起，中华民族的文化由“王官之学”发展出子学，民族文化从此走向繁盛。民族文化的传承绝不能割裂“现代”与历史，诸子的精神经受了2000余年的检验，经历了自身的嬗变和与异族文明的融合，它的生命力是世界文明史上绝无仅有的。但在近现代，西方思想的传播，特别是进化论和马克思主义的传播，对传统文化又一次构成了极大的挑战，比历史上佛教带来的挑战更为严峻。虽然中国共产党成立后一直强调要继承优秀的民族文化、强调马克思主义中国化，但传统文化自身并不能因此而置身事外，要从自家的历史中寻找根基，以诸子的精神面对现实，吸收各种外来文化特别是马克思主义的精华，继续前进，积极入世、与时俱进，发展出子学的新形态。

一、先秦诸子面对的现实

春秋战国时期是诸子蜂起的时代，针对宇宙、国家、政治、人生及生命等方方面面，诸子百家提出了针对性非常强而又极为自由的学说，他们之间或互相诘难，或互相借鉴，但都敢于捍卫心目中的真理。这与春秋战国时期特殊的环境相关。

春秋战国时期的一个特点是中央与地方势力此消彼长。平王东迁之后，周王室逐渐走向式微，诸侯却强大起来。王室衰微导致周礼等“王官之学”渐失效用，当礼仪胜过礼义的时候，礼仪也不能保全，不仅诸侯敢于僭越，民间生活也明显失据。这就是说，在周王室军事上丧失了讨伐诸侯的实力之后，其影响民间的力量也在慢慢失去，从而在整体上走了下坡路。与之相对，诸侯国失去王室的保卫，不得不图自保和自强、不得不谋求军事的强大和统治的方法。军事上，周礼要求大国不过三军，而晋国在文公之后甚至扩充到六军，悼公时曾有裁减，但也保留了四军。三家分晋之后的魏国，其“魏武卒”令当时诸侯闻风丧胆。壮大军事力量和采用先进的战法在当时不仅是一个系统工程，而且需要解放思想，如公元前638年的泓之战，宋襄公即因固守军礼而败，他以“仁义无敌”称霸的梦想最终破灭。

春秋战国时期的另一个特点是“问题”迭出。诸侯的崛起及相互之间的战争、吞并，导致了一系列问题，如国家的存亡强弱、人民的去留、生产能力的提高、人心的向背等。事实上，诸侯面临的问题比当时周天子面临的问题更为复杂。这些问题都需要解决，从而需要人才和新的理论。这种需求是人才和理论蜂拥的强大推力，齐、晋、楚、吴、越等国的称霸就是因为得到了人才，为各国作了示范。先秦诸子正是在这样的环境里发展出了儒、道、兵、法、农、墨、阴阳等各家，他们都针对当时的现实提出了自家学说，都以解决诸侯国的现实问题为己任。

春秋战国时期与后世迥然不同的一个特点是，统治者对社会的控制力相对较弱，人们也重义轻死。孟子说“春秋无义战”，诸侯征战是存国和强国的手段，对国内的控制就是相对次要的了，这是人才可以流动的一个原因。同时，周礼渐失效用，诸侯国自己的治国思想不能立即建立，也希望民间能够提供有效的理论架构，这是诸子学说涌现的一大原因。但在民间，正因为缺失主流价值观，各种思想交错流行，人人自有信念，在战乱年代，留名比留命得到了更多的信仰，这是人们重义轻死的原因。反映到士阶层，即是他们能够捍卫理论学说的自由。对生命价值的极度推崇和当时的人身自由，是后世不可再现的条件。他们“杀身成仁”的卫道精神是应当继承的，却也是最难的。

二、后“轴心时代”诸子面对的现实

秦王朝建立后，废封建而立郡县、以法治国而焚书坑儒，一方面增强了对社会的控制力，打击了传统的士阶层即知识分子。另一方面，统一帝国的建立及治国思想的强力推行，使得国家层面不再需要纷繁的理论，只需要民间承认并遵守现行的治国方略。法家思想成功地使秦国统一了全国，但是也失去了“法”的根本，最终导致秦王朝短命而亡。汉朝建立后，黄老学适应时代要求成为官方学说，但封国及民间仍然可以有自己的学说，子学进一步融合。武帝后，儒学开始确立独尊地位。儒学的长盛不衰，事实上是为“法”提供了根据，统治方法就是仁孝与刑罚并用，从而既控制了社会，又笼络了人心。王权得到加强其实是封建中国统一的前提，适度约束王权又是稳定的保障。这样，以儒家思想为主导，辅以法的手段，社会主流价值观及统治方法一步步得到巩固，诸子学其他形态便主要在民间发展，但它们的辅助意义也为官方或半官方重视。

东汉时，儒家思想似乎也走进了误区，谶纬迷信风行，它对社会人生的解释与引导能力大为减弱，这意味着儒学需要新的发展。魏晋时黄老思想吸收儒家思想，发展出玄学，成为主流意识形态。这是道家与儒家思想的又一次重要融合。而借着玄学之风，两汉之际传入的佛教开始大肆传播，对传统的儒道均构成严重挑战。但是传统子学以真理为主要追求目标，从而避免了宗教战争，也为自身的发展赢得了机会。《弘明集》记载魏晋南北朝时期儒道与佛教的论战，儒道往往处下风，但三家关注的焦点都在于什么样的理论更能够服务现实和人生。在论战中，三家相互吸取对方精华，改造自身，历经500余年，佛教终于完全中国化，禅宗成为中国最大的宗派。儒学也发展出了宋明理学，道家则借鉴佛教发展出中国本土的宗教道教，传统的道家思想继续抚慰着人们的心灵。

自秦汉建立统一的封建中央政权之后，中央对地方、政府对民间的控制力得到了加强，这意味着人的自由相对减少，但也不再像战国时期随时面临生命的威胁。这种状况导致两方面的影响，一是安身立命比立德、立功、立名更为重要，死义之士多为墨家余响；二是无从选择国家与君主，言论需在现行的框架下进行，这就决定了不会出现轴心时代那样的原创思潮。但是，先秦诸子为现实、为人生服务的精神并未改变，这就使得我们缺少如西方那样纯粹思辨的理论，我们的民族总是打着“复古”的旗帜来改变现实，总是依赖注、疏经典来发挥自己的学说。注、疏的形式反映的是承续传统、服务现实的实质。

宋明时期，生产力得到了较大的提高，资本主义萌芽开始显现，人的自由意识和自我意识开始觉醒。魏晋以来儒道与佛教的融合逐步完成，而佛教对生命的高度重视必然刺激着人们对自由和人性的渴望。诸子人格独立的精神在这种形势下的迸发就是离经叛道，诉说的其实是对约束王权、解放个性的期盼。朱子理学与阳明心学的共同出现，除了个人道德修养的共同诉求之外，方向却是有异，体现了封建王权与个人自由的张力。因此，清朝虽然仍以朱子理学为官方学说，但遭到了戴震等人的严厉批评，这种批评透过考据等耗费知识分子心力的学术体现出来的仍然是对现实的强烈关注。

近现代以来，西方凭借发达的科技深重地影响着中华民族，进化论、马克思主义等西方学说的传播给传统学术带来几近毁灭性的打击，列强的坚船利炮又严重打击了族人的自信心。但是，保国保种之心、师夷长技以制夷等口号所反映的仍然是先秦以来士子的心。

三、建立“新子学”的任务

从轴心时代以来，思想家们生存的环境发生了几次重要转变，一是秦汉统一全国，中央集权制代替了封建制，他们的人身权和言论自由权相对减弱，话语权受到国家意识形态的制约，其影响即是轴心时代终结，思想的原创性减弱，必须沿着既有的思想路径前行；二是魏晋时佛教的广泛传播，本土思想家要面对异族思想的挑战，在排斥与融合间作出选择，其影响是儒释道三家相互借鉴、取长补短，开创了唐宋以后中国思想文化的新局面；三是近现代西学的传播，西方的科学与民主理念及其分析逻辑思维方式得到了官方的认可，其影响是传统学术难以为继，传统的思维方式被西化，儒学沦为民间学术而不再是官方哲学，我们正在经受着被严重边缘化的残酷现实。

自春秋战国以来，知识分子的遭际虽然在不断变化，但他们为了国泰民安，为了普通人的安身立命和尊严而努力和不惜牺牲自我的精神是一脉相承的。他们立足现实，要成全人之为人，所有的玄思皆为了家国天下。孔子周游列国是为了弘扬仁爱精神；老庄教人成全生命，看破世间是非；司马迁忍辱偷生也要“究天人之际”，书写的正是大写的“人”字；张载“为天地立心，为生民立命，为往圣继绝学，为万世开太平”的宏愿，正是千百年来知识分子的写照。

当前，马克思主义虽然是主流意识形态，但它的中国化是离不开传统诸子的精神的，而要建立“新子学”，这恰恰是一个机遇。建立“新子学”的任务，就要心怀家国天下，心胸开阔，以真理为唯一目标，客观面对诸家理论，勇于发展自身。

第一，要整理典籍，但更要关注诸子的精神面貌。典籍是我们了解诸子及其思想的门径，这是个基础性工作，其重要性自不待言。但建立“新子学”还要从中找到不变的核心价值观，没有核心价值观的传承就不是对传统的传承，也无从谈起开新。在核心价值观的背后我们可以发现诸子的精神面貌究竟是什么，我们今天的知识分子与他们相比有哪些变化，有哪些仍然在坚守，有哪些应该坚守。以历史的眼光看待历史与现代，分清诸子的历史语境和当前的现实语境才能明确理论发展的方向。

第二，摒弃近现代以来形成的民族文化虚无感和自负感，理性审视西学与中学的共性与差异，勇敢承认西学的长处和自身的不足。没有开阔的心胸、不能以真理为唯一准绳是无法做到的，家国天下的使命也无由完成。但是，真理并没有被谁掌握，真理总是在不断的辨析中接近。一如佛教东传，辨析了500年才获得了多方共赢的局面，中学与西学的比较较之更为复杂，我们更不应该拘泥于理论的形式和森严的学科壁垒，而应该各自确立一个核心的价值，在这个价值的标准下检讨。

第三，认真检讨中西方思维方式，大胆吸取西方思想，特别是与中国传统文化有很多共通性的马克思主义，发展出自身的新形态。思维方式的转变，即以整体性思维驾驭分析性思维，坚持理想与务实的统一，或许是传统思想转型的方向。而对马克思主义的态度还需要清除苏联的影响，并认识到中国特色社会主义理论其实是传统的经世济国理念的结果。部分从事中国哲学研究的学者回避谈论马克思主义，而这并不能够使传统哲学向前发展。学术界也早有人提出中、西、马对话，我以为学者并不必三家皆通，就具体问题的讨论是非常重要的。思想的活跃、对社会现实特别是学术现实的关注和参与是各种思想前进的必由之路。

第四，思想既要高屋建瓴、高瞻远瞩，也要落实到民生日用，只有这样才能渗入人心，具有生命力。传统文化之所以能够几千年绵延不绝，就在于它既能够指导国家行为，又能够安顿生命、处理日常事务。这一点在学术界似乎并没有获得足够重视，或者学者们往往在观念上重视而行为上轻视。

（作者单位：安徽省社会科学院《江淮论坛》杂志社）

借力诸子　开拓中国学术新途径

何美忠

当今中国的思想文化领域可以说是西学泛滥，儒学挣扎，“中国化”的声音一直流于空谈，学界可说是一片乱象。虽说乱，但乱中也有亮点：学界有识之士普遍认为，在国家实力迅速上升之际，重建中国学术体系，提升中国学术在世界学术界的地位，已是刻不容缓之事。在此当口，《子藏》编纂出版，诸子学再兴，尤其是方勇教授独树一帜地提出“新子学”构想，实在是正当其时，其当下意义不可低估。

那么，诸子学的再兴，“新子学”的构想，能否给中国学术界，特别是国学研究带来新气象？诸子学的再兴，“新子学”的构想，对扼制西方思想文化的泛滥能否发挥一定的作用？诸子学的再兴，“新子学”的构想，能否为中国特色的学术体系的建立贡献力量？值得期待。

诸子学与儒学一样虽然都是旧学问，但汉以后儒学独尊，成为官家主流意识形态，诸子学则被长期边缘化，这是它与儒学的最大不同之处。也正因为诸子学不入官家法眼，反而使它在某种程度上更多地保留了华夏思想文化成熟期的原初状态。提倡“新子学”，再兴诸子学。追寻诸子，就是追寻华夏原初精神，就是追寻中国学术之根。一个民族的思想文化学术都是生发于这个民族的远古根脉。先秦诸子的可敬可贵之处，即在于他们能以其非凡的思辨力和深邃精妙的文字，将远古以来我们民族所创造和积蓄的思想文化财富，以自己的理解和自己的方式，总结记述在他们的著作中，儒、道、法、墨、名、阴阳等各家都为此做出了自己的独特贡献。易思维、道观念、仁思想、法意识、兼爱、逍遥、阴阳、名辩、轻重、兵法，等等，都是先秦诸子为我们留下的珍贵财富。他们为今天创造建构全新的具有中国特色的社会主义思想文化体系，提供了取之不尽、用之不竭的思想源泉。追寻诸子，无疑可以让我们更清楚地认识自己的学术根脉，提高我们的文化自信心，帮助我们摆脱因长期受西学浸淫而造成的学术上的困窘之境，激励我们去开辟中国自己的学术道路。

同时，体现在诸子身上的那种活跃的思维，独异的精神，广阔的视野，神驰八极的精神世界以及以标新立异为傲的首创意识等，这些华夏精神中固有的思维活力因子，也正是眼下中国学人最缺少的质素；而要重振中国学术，最需要的恰恰就是这些质素。长期以来，由于“独尊儒术”，唯“儒”是从，国人的思想被嵌制在官家主流意识形态之中，读经、注经、释经成了文人的唯一作业，舍此没有真学问，非儒之诸子不是被排斥，就是用来注经、证经，充当儒之“羽翼”。儒家斥墨家为“禽兽”，批名家为诡辩，畏天命，畏大人，畏圣人之言，独异者被视为异端，后儒甚至对持异端思想者施以严酷迫害，如李贽的遭遇即为一证。由此，造成了中国文人思维固化、创造力严重退化。中国有着数千年不间断的历史，却缺乏影响世界的“软实力”，原因或许正在于此。从这一点来说，再兴诸子学，追寻诸子，就是要继承和发扬先秦诸子的首创精神，使华夏学人本有的创造性思维重新回归，打通被堵塞了的思维之途，唤醒被麻痹了的思维神经，让国人从“述而不作，信而好古”的僵化模式中解脱，激发出被抑制已久的创造活力，让思维世界重新焕发出夺目的光彩，超越诸子，走向现代，创建与中国的世界地位相匹配的中国学术、中国思想、中国哲学。

此外，先秦诸子那种独立不羁的学者精神也具有无穷的榜样力量，我们应该借力诸子，来克服或隐或显地存在于我们身上的文化屈从意识。这种文化屈从意识，存在且长期得不到克服，对中国学术事业的健康发展十分不利，是眼下中国学术界最令人不安的问题。依附权贵的屈从，泥古不化的屈从，崇洋媚外的屈从，都需要克服，而眼下最需要克服的是崇洋媚外的屈从，因为在中国，所谓精英分子中，崇洋媚外者甚多。这些学术精英逢洋必捧，逢中必贬，对西学崇拜得五体投地，而对中国学问则无论古今，皆弃如敝帚，不屑一顾。言必称希腊，师必从西方，每介绍一位西方学者，莫不以大师相称；每引进一部西方著作，莫不以精品冠之；凡西方思想皆“先进”，凡西方学问皆“现代”，唯西方马首是瞻，观之令人心寒。当然，中国学者不应该拒斥西学，也没有必要拒斥西学，近代以来的情况证明，中国学者具有海纳百川的胸怀，从不拒绝借鉴和吸收外来文化，这是由中国学问的先天包容性决定的。有容乃大，正是这种包容性才使中国思想文化如此丰富多彩并延续数千年之久。但是文化包容性是母体文化对外来文化的吸纳与融汇，对学者来说，是在文化自信基础上，自觉地对外来文化进行有选择的采纳和吸收，而不是照搬，更不是屈从。文化包容与文化屈从二者有着本质的区别，文化包容精神应该提倡，而文化屈从意识则应该克服。我们应该趁诸子学再兴的机会，借力诸子，从我们的头脑中驱逐这种文化屈从意识，让中国学术事业健康发展。

有一点应该特别指出的是，提倡“新子学”，寻求诸子学的再兴，也不应该与目前出现的儒学热形成对垒局面，而应该是彼此兼容交汇，在争鸣中推动中国学术的新发展。实际上，儒学就在诸子中，更是诸子中之佼佼者，只是由于长期处于“独尊”地位，不免养成了傲视非儒诸子的坏脾气，这种唯我独尊的思想不过是历史的残存，虽然还不时地出现在今儒身上，但它不应该成为中国古今学术大融汇、大发展的阻力。在今天这样一个开放的时代，任何自我封闭的做法都是不可取的，这不仅不利于自身的发展，更不利于中国思想文化和学术事业的发展。无论是诸子学研究还是儒学研究，都应该是开放式的，绝对不能画地为牢，自我封闭。期望中国学坛能够出现百家争鸣、相互切磋，共襄学术大业的新局面。

追寻诸子，重建中国学术的想法不是始于今天，早在20世纪初在新文化运动的推动下诸子学就曾一度十分兴旺，胡适就曾说过：“非儒学派的恢复是绝对需要的。因为在这些学派中可望找到移植西方哲学和科学最佳成果的合适土壤。”（《先秦名学史》，学林出版社1983年再版）今天西学对中国文化思想学术乃至人民生活的影响，较之胡适所处的时代，可以说有过之而无不及，且无论是旧儒学还是新儒学，都已无力抗衡西学，当此之际，诸子学再兴，其重要性是不言而喻的。胡适确有先见之明，但他欲借诸子以移植西学的主张，我本人并不赞同。我以为不同文化可以取长补短，彼此吸收，相互交融，却不可移植，实际上也从来没有任何一个国家或民族移植别国文化为自己文化。日本文化受中国文化影响最大，但我们不能说日本移植了中国文化，只能说它学习借鉴中国文化，从而创造了自己的文化，即便现在日本文化中仍然可以见到中国唐文化的遗存，但那也是日本化了的唐文化，而并非原汁原味的中国唐文化。日本文化自有其独特个性，其与中国文化的区别是显而易见的。胡适的移植说，是他缺乏文化自信的一种表现，移植的结果也不甚理想，不中不西，不伦不类。哲学家金岳霖就曾批评《中国哲学史大纲》说，胡适的这部著作给人一种“奇怪的印象”，不像是中国人写的，倒像是“一个研究中国思想的美国人”写的。

当然，我这样说也不是要否定胡适的《中国哲学史大纲》。应该说，胡适的这部著作在中国学术现代化的发展进程中，无疑具有里程碑的意义，这是必须肯定的。在肯定这一点的同时，我们也应该看到胡适诸子学研究工作中的不足。他的《中国哲学史大纲》暴露出来的问题说明，中国学者在向西方学习的时候，主体意识不可缺位，要以中为主，以西为辅，不能颠倒主次。中学与西学之间可以进行比较研究，可以融会贯通，但不能比附，不能移植，不能简单地以西方思维方式阅读诸子。中国学术话语权之所以丧失，主要是因为中国学人主体意识的缺位以及文化屈从意识的作祟。今天再兴诸子学，应该吸取前辈的经验教训，在重新找回中国学术话语权、重建中国学术体系的伟大工程中，有意识地借鉴先秦诸子所创设的学术理念和概念术语，创造出新的具有现代特性的中国学术话语，用中国学术话语表述中国学问，重塑中国学术在世界学术界的地位。

诸子学研究无疑是一种学术事业，但我以为，在当今华夏民族大复兴的时代，任何学术都是和民族、国家的命运相系的，我们要创建以世界为舞台的全新的中国学术事业，就不能让自己躲在“象牙塔”内，拘泥于所谓“纯学术”；而应该学习先哲那种以天下为己任的担当精神，将学术研究与民族的复兴紧密地结合起来。其实诸子学研究根本就无法回避政治，除了子学本身先天带有一定的政治色彩之外，要想使子学研究服务社会，服务现实，就必然地与社会与政治发生关系。更何况构建中国学术新体系，重建中国学术话语权，让中国学术走向世界，这本身就是一个与政治相关涉的繁重任务，任何有抱负的学者都会清醒地认识到这一点。当然，我这样说并非是主张把子学研究与政治捆绑，我只是认为我们的学术研究不应该是象牙塔里的事业，而应该为中华复兴事业做出自己的贡献。

中国可追溯的历史长达五千年，其中近三千年有文字记载，并延续至今，不曾间断。这一世界历史上仅有的现象，充分证明华夏原初精神无疑是一种充满开拓意识的创造性精神，不然我们就不可能在历经磨难之后还能屹立于世界民族之林，并继续创造着新的奇迹。因此，可以毫不含糊地说，创造性思维乃是中华民族固有的思想文化因子。这些极其珍贵的思想文化因子就保存在先秦诸子的著作中。提倡诸子学，就是开启这座宝库，开掘这些被摒弃已久的宝贵财富，让它为创建具有现代意义的中国学术大厦做出贡献！

（作者单位：河北保定学院中文系）

“新子学”与中华文化整体传承

郝　雨

“新子学”的提出，是2012年度的一个重大文化事件。2012年10月22日，《光明日报》以近乎整版篇幅发表了著名庄子学家方勇教授的文章《“新子学”构想》，立刻引起国内外文化学界的广泛关注。10月27日，先秦诸子研究中心在华东师范大学召开研讨会，就此主题进一步深入讨论，《中国社会科学报》、《文汇读书周报》等各大媒体纷纷进行报道，更推动了这一崭新提法的学术影响。2013年4月，上海召开“‘新子学’国际学术研讨会”，更大规模地促进研究进一步深入和发展。

20世纪以来，中学与西学之争一直是一个纠缠不清的问题。“新子学”在处理中西文化未来的研究上有新的思路。同时，它也将成为促进“国学”进一步发展的主导力量，加快传统思想资源的创造性转化，实现民族文化的新变革、新发展。

一、“新子学”与“新儒学”之辨

相对于“新子学”这一概念，有人很可能会提出一个疑问，即

“旧子学”是什么？其实，“新子学”的概念并非针对“旧子学”而言，或者说，根本就没有什么“旧子学”一说。如果一定要为“新子学”找到一个挑战对象，应该说，或多或少、或明或暗地就是针对“新儒学”而提出的。而且，这样一个看似只属于古代文学、古代哲学以及古代思想史领域的课题，并不仅仅是一个古代文化的研究范畴。它也为我们现代文化研究者提供了全新的学术基点和拓展了新的方向。

为什么这么说呢？概括而言，子学产生于文明勃兴的“轴心时代”，是以老子、孔子等为代表的诸子百家汲取王官之学精华，结合时代新因素创造出来的新学术。自诞生以来，子学曾经以其强大的生命活力，建构了中国文化最繁荣的历史阶段。但是，长期以来，我们对中国传统文化的理解一直困陷于一个巨大的误区，认为只有儒学才是中华文化的核心构成，甚至是中国传统文化的唯一代表性思想，而且还一直把这样的结构看成理所当然。“新子学”的提出，直接涉及了我们今天的文化传承的真正源头与主体性的问题。中华民族文化的伟大复兴，是仅仅复兴儒学，还是要找到民族文化的百家之源？尤其是对于现代文化研究者来说，当年的新文化运动，否定独尊千年的儒学，到底有没有错？而当今中国的现代文化进程，其根本的历史渊源和文化依据又到底在哪里？

当然，“新子学”概念的提出并不是相对于旧子学而言，不是先对旧子学做一个界定，然后对旧子学有一个新的超越而来的。实际上，“新子学”的概念所针对的是“新儒学”，因而我们需要对“新子学”和新儒学的概念做一个深度的剖析。首先需要明确的一个要点：“新子学”和新儒学二者在总的文化方向上是一致的，都是要振兴民族文化、传承民族文化、复兴中华文化。其区别则在于：新儒学对儒家思想的基本判断是认为在中国文化的发展中，儒学、儒家始终是处于核心的、贯穿的、主体的以及主导的地位。新儒学认定，儒家有史以来就是处在中华文化的核心部位。而“新子学”和新儒学的根本区别即在于：它不认为只有儒家、只有儒学才是中华文化的核心构成，而是认为，诸子百家才是中华文化的真正源头。

新儒学对中华文化的核心认定，对儒家的价值判断，潜藏着一种逻辑，即认为儒家思想的核心地位是天然合法的，是必然的，是历史自然形成的。把儒家思想贯穿了几千年的中华文化的这样一种状态合法化，这样的一个过程和走势是理所当然的。但事实真是如此吗？

让我们回顾一下儒学一统天下的局面是怎样形成的：汉代董仲舒罢黜百家，独尊儒术。显然这是人为造成的，是当时占据特殊政治地位的文化人，为了适应封建统治的需要而造成的。因为到了汉代，大一统的封建的国度建立起来之后，普天之下莫非王土，率土之滨莫非王臣。要以一人之力控制整个国家，这种控制不仅体现在权力上、政治上、经济上、体制上，而且要深入到人的思想里去，思想上的高度专制就是这样开始的。这种倡导，又符合历朝历代统治者的需求，因而它不断地被强化与接受，儒家一统天下的局面也因之一直延续下来。虽然如此，但这真的是合法合理的吗？是历史必然如此吗？这就是问题所在。“新子学”概念的提出，让我们明白了儒学一统天下本身就值得怀疑，因为它并不是历史自然形成的，其中有非常强烈的人为因素。既然是人为的，几千年之后的我们还有必要将其继续发展下去吗？“新子学”的“新”，就是力图寻找到中华文化的真正源头，让国人认识到我们需要传承的文化内涵到底是什么。

二、给出新文化运动反儒学的逻辑合理性

我在《中国现代文化的发生与传播》一书中谈过，中国文化历史的发展被分为两个大的阶段：传统文化和现代文化。现代文化的历

史分水岭就是五四新文化运动。具体时间是1915年陈独秀在上海创办《青年杂志》，标志性事件就是《青年杂志》的发刊辞。该发刊辞传递出符合现代文化标准的观念和主张，从此开启了中国现代文化的进程。而现代文化在其整个发展过程中，主要攻击的对象就是儒家，集中的目标就是孔子，当时的口号是“打倒孔家店”。鲁迅是整个过程中当之无愧的旗手，他发出了对于四千年传统文化“吃人”的呼喊。如果理所当然地认定儒家思想是中国文化的核心思想，那么就产生了一个悖论：新文化的价值如何评判？新文化运动把中国文化带入了现代化，这段路是不是真的走错了？这就是问题所在。如果我们改变一下思路，不再认为儒家文化是理所当然的，是中国文化的主体，那么就可以做这样一些解释。为什么鲁迅当时提出来，中国四千年的文化都是“吃人”的文化？当汉代提出“罢黜百家，独尊儒术”之后，封建思想精神上的高度统一、高度专制，才是把中国文化带入死胡同的根本原因。所以思想文化“百家争鸣，百花齐放”才是文化构成的一种科学状态。这种封闭、专制、高压在精神上和思想上延续了几千年之后，就造成了精神上的委靡、麻木、愚钝。鲁迅笔下的人物也都是如此。当时的人仿佛不需要思想，只需要服从，一切都规定得非常具体和严格，譬如对于女人来说，就要做到笑不露齿、行不摆臂，规范十分严格。在这样高度专制的思想统治下，试想我们的文化还能够有生机和活力吗？

鸦片战争之后，中国在世界列强面前屡屡战败，根源不简单的是封建帝王的昏庸无能，不仅仅是武器不如西方的船坚炮利，而是文化的问题，国人精神的迟钝、麻木。到了19世纪后期，许多志士仁人寻求强国之路，却一直找不到正确的方法。洋务运动学习西方的技术，师夷长技以制夷。戊戌变法学习西方的制度，也很快失败。辛亥革命完全西化，仍然行不通。最后找到根源问题在于文化。所以新文化运动的革命对象就是传统文化，由此才真正改变了中国文化的性质。用新颖有活力的西方文化冲击中国的传统文化，打倒孔家店，这就是新文化运动的意义。

如果我们认为新文化运动、打倒孔家店、反儒学，走错了，那么中国文化的方向到底在哪里呢？导致中国文化最后衰落甚至灭亡的根本原因，其实就在于过于独尊一家，没有内部的更新、碰撞，文化是没有自我发展的活力的。

问题在于，“新儒学”这样的一些学派，有一种继承的观念，认为儒学才应该是我们的核心。尤其是“文革”以后，再经过改革开放，进入市场经济，而市场经济的快速推进又导致了精神的滑坡、道德的沦丧。现在假馒头、假奶粉、毒酒等问题屡屡发生，很多人归结为新文化运动和“文革”对于传统文化的两度断裂，并由此提倡复兴传统文化，试图以传统文化来抵御市场经济对于人心和道德的侵蚀，并认为传统文化的核心就是儒家思想，为了继承和振兴传统文化，首先就要倡导儒学。所以“新儒学”就主张要把儒学振兴起来。这样的倡导，如果是完全合理的，对新文化运动的价值的认定，就产生了矛盾和冲突。

“新子学”的提出，则对新文化运动、反儒学运动给出了一个符合逻辑的解释。几千年来，儒学就贯穿在民族文化的发展当中，但是它并不是天然合法的。振兴中华民族文化，并不能以振兴儒学作为核心倡导，源头应该在子学，诸子百家才是中国文化的真正源头和繁荣标志。尤其是最近几年很多学者在争论这一问题时，容易陷入孰是孰非的认识，但我们既不能否定五四新文化运动的价值，同时又要振兴中华文化。在这一关系中，究竟要把哪个作为核心？解决这一问题，便能确定未来中国文化的发展方向。

三、文化多元化的必然选择

文化的发展不可能是单一的，中华文化发展的教训就是长久以来独尊一家。其实每一家都充满智慧，都有自己的哲学思想。而无数被这种一元文化扼杀的现象都说明这一独尊的错误，我们必须要强调多元。

另外，当今世界处于全球化时代，随着新媒体的高速发展，整个世界正在成为“地球村”。现在看来，全球化是一种状态，其趋势无法阻挡。不过全球化刚提出时，也曾引起过恐慌，国际上许多学者都忧虑地思考未来的全球化是否就是美国化。因为美国是世界上最强大的国家，在物质上、精神上相比他国占据强势。而且由于其产品风靡全球，这些商品也充当了传播美国文化价值观的作用，例如现代的微软、麦当劳等美国产品早已深入我们的生活，它们本身携带美国文化种子，隐藏着美国文化的基因，使用者在长期使用中会不知不觉被改变。

当年，就全球化这个问题，世界顶级学者曾齐聚莫斯科共同探讨，而媒体有关这一研讨会的报道用了《莫斯科上空的阴霾》这一标题，可见整个舆论对于当时的全球化所抱有的心情是沉重的。不过全球化毕竟是大势所趋，如今早就已成为共识，甚至地球村也已经被广为接受。所以在这种时代背景下，想用一种文化一统天下简直是痴人说梦。为了适应这种格局，我们的文化不能再单独倡导儒家思想，而应回归多元，吸取中华文化的各家所长。

不得不说，我国古代能够实行独尊一家是有其原因的，例如汉代能“罢黜百家”是因为当时传播技术相对落后，生产方式也非常低下，人际交往和对媒介的依赖不是很强。小国寡民的农耕生产方式下，要独尊一家并在思想上进行控制还是容易的，而且当时文化的普及率不高，思想也不是很活跃，所以强调独尊是能够做到的。但是，在网络传播时代、自媒体时代，人们早已习惯自由发表、自由讨论、自由表达，想要用一种思想、一种声音来取代众声是不可能的。所以文化必然是多元的，而多元的时代必然需要多元的思想、多元的大师，诸子时代的文化状态就正是今天的镜鉴和参照。也为我们提供了今后文化大繁荣、大发展的新思路。

总之，在全球化背景下，试图通过复兴一种文化传统而复兴整个传统文化是不可能的。在当下，要想找到一种适应全球化和当今社会的文化传统，就必须回归百家。只有回归到这种多元状态，中华文化才能真正迎来复兴。

四、对传统文化思想资源的深度开发

我们要从子学中寻找到真正使我们这个民族具有强大发展潜力的根本，最需要找到的就是蕴涵在诸子百家中的中国智慧。诸子时代，中国的这种民族智慧体现得最为充分。所以，“新子学”的提出，不是仅仅强化其在学术方面的基础研究，而是要开启促使民族振兴的智慧之源。在整个人类发展史上，中华民族的智慧启蒙极早。五千年的中国文化闪耀着中国智慧的辉光，蕴涵着无穷的思想的力量，同时也有着高度完备和发达的思维体系，是一种真正的“聪明”之学。而诸子百家的学说涉及哲学、政治、经济、军事、法律、制度、自然科学等各个方面，各家在思辨中不断发展、完善，完美展现了中国智慧大爆发时的无比绚烂的迷人姿彩。“新子学”的倡导，就是要对子学当中蕴涵着的中国智慧进行一次全面发掘和梳理，为当今世界的人类社会发展提供更加丰富的智慧资源。

如果能够对“新子学”的倡导给予认定，那么未来对于“新子学”的研究就是一种深度开发，就是对中国文化、中国智慧、中国精神的一种深度开发。中国先贤充满智慧，各家理论博大精深，并非只有孔子思想。百家中的中国智慧不胜枚举，例如以“修身、齐家、治国、平天下”这句名言来说，这一贯被认为是对人生奋斗的过程追求，而且长期来被当作一种反动思想，因为其最终目标是要平天下，是要实现集体主义目标，否定了个人价值。对这句话的一般性理解不用多说，但是通过研究，我认为这句话并不是否定个人价值，而恰恰是从个人出发，尊重个人的价值，而最后的“平天下”也是个人价值的终极表现，这与西方人文主义的价值认定是非常接近的。这句话的深层意蕴是在鼓励个人价值，而且反推可以是天下平则国治，国治则家齐，个人最后才能身修，才能实现个人的价值。

诸子百家充满智慧，即使不做纵向的挖掘，仅仅就横向而言也极富价值。每个人都需要为家庭、事业打拼奋斗，这是我们生存的一种必然常态。而百家思想也充满着这种常态化的生存哲学，能够为我们应付生活中的各种事务提供借鉴。同时，传统思想对于现代的治国理政也不无启发，例如习近平所说的“不能因为一己之私把世界搞乱”，这句话就充满着一种内圣外王的气度，暗里隐含着深深的处事哲学。正所谓“明者因时而变，知者随事而制”，这都是传统智慧的表露。

另外，在做人修养上，传统文化也能给予我们极有价值的指导。就我个人而言，我本人心态平衡，身体很好。例如有一年去五台山开会，会议结束后主办方安排游山活动，山景之一为“鲁智深醉卧山门处”，此处无他，只有一把仿制的鲁智深大禅杖，并且有广告写着谁能举起八次有奖，同行很多年轻人都举不起，我试举一次发现没什么问题，于是一连举了八次，并且又多举了几次。其实我从未单纯为了健身而去锻炼，去强健体格，我身体好的原因就在于我明白“天人合一”的道理，明了每个人都是宇宙的一部分，每个人都凝结着宏观宇宙的信息，所以说在生活中不违反自然规律，让自己的生活习惯尽量与自然界契合，那么身体就能接受到整个宇宙的能量。所以我从来不主张黑白颠倒，不赞同熬夜，这种对身体的伤害不是通过进健身房就能弥补的。在这种天人合一的哲学指导下，我从来不迷信那些所谓的养生哲学。正是这四个字，让生命充满活力，让生命保持健康。以此类推，如果能参透其他传统思想，就更能对人生、社会有明白的理解。

子学中充满中国智慧，充满人文精神。“新子学”特别注重将诸子整合为中华文化的核心架构，作为中华文化的名牌，对于整体把握传统文化精神有着特殊意义。希望全体有能力者都来参与！

（作者单位：上海大学影视学院）

“新子学”与中华文化之重构

汤漳平

在中华民族伟大复兴的进程中，实现中华文化复兴是最深层次的问题，也是最关乎全局的问题。然而中华文化的现状如何？怎样实现中华文化的复兴等问题，思想界、文化界至今并未真正形成共识。20世纪以来的一百多年间，较大规模的讨论集中在三次：即20世纪初至二三十年代对传统文化的批判；20世纪80年代掀起的文化热；21世纪的方兴未艾的国学热。在有关中国文化论争中，因主张的不同而形成三种不同的派别。虽然时间过了一百多年，但这三种不同认识依然各自有深厚的社会基础，只是在不同历史时期因不同的社会环境在认知上出现变化而已。为此，应当着手进行中华文化的重构。

自20世纪初，近百年间，对传统文化的不断批判，尤其是“文革”期间的全面摧残，造成全民对本民族传统文化普遍的漠视与疏离，以至明显出现断层。尽管在改革开放后的三十多年间，特别是近二十年来，从中央到地方都在大力倡导保护与传承优秀中华传统文化，加大物质和非物质文化遗产的保护力度，而民间的“国学热”也方兴未艾。然而，对深层次的、作为中华传统文化精髓的元典理论的研究与传承，支持的力度仍显不足，尚缺乏行之有效的规划与措施。在此基础上谈复兴中华文化，显然缺乏坚实的基础。为此，应当立即进行优秀传统文化传承体系的建设。这是一项十分复杂的系统工程，“新子学”正是在这种背景下提出，它应当作为传承中华文化的基本内容和进行中华文化重构的基础。国民教育中的道德思想教育，应当立足于养成教育，突出和加大中华文化课的教学内容，使学生具有最基本的中华文化底蕴和心志健全的人格修养。

一

一百多年来，有关中华文化的讨论，一直是学术界乃至社会各方人士共同关心的话题。虽然这种讨论在不同时期和不同历史条件下，显现出了高潮与低谷的不同态势。

21 世纪以来，有关中华文化的现状如何，如何实现中华文化的复兴等议题再次引发争论，并已成为学术界讨论中心内容，且显然有愈演愈烈之势。其实，这场讨论的重点是中国应当走什么样的路以及如何走的问题。体制内外，出现了许多具有不同主张的团体与学术派别，而网络微博的出现，更使得许多无法见诸报刊的观点和主张得以为世人所知晓，从而呈现出建国六十多年来前所未有的活跃状态，颇让人联想起中国历史上出现的处士横议、百家争鸣的局面。关于“新子学”的学术研讨，便是大家关注的众多问题中突出的一个。

我国当前正处在一个特殊的发展阶段，改革开放以来的三十多年间，社会生活的方方面面发生了前所未有的巨大变化，但也存在许多严重的社会问题，如果处理不好，必将给我们的国家和民族带来灾难性的后果。因此，围绕如何处理和解决这些问题，许多学者秉持中华民族传统士人的“以天下为己任”的可贵精神，大胆提出各种意见和建议。即以近期而言，方勇的《“新子学”构想》（《光明日报》2012 年 10 月 22 日）、牟钟鉴的《“新仁学”构想》（《光明日报》

2012年11月4日）、刘梦溪提出的以“敬”来重建中华文化的信仰之维（《中国文化报》2013年2月22日刊载《重建中华文化的信仰之维——〈中国文化报〉记者对话刘梦溪》）、秋风（姚中秋）在《凤凰卫视·世纪大讲堂》中提出的有关礼乐文化的重建，以及众多学者就复兴儒学、传承国学、经学等问题所作的种种建议，其目的都是希望复兴中华文化。当然，也有些人认为，中国文化虽是一个传统，但与当今全球化时代并不衔接，因此已失去生命力，大家应当接受的是西方的制度与价值理念，等等。那么，在众多建议和主张中，如何进行区分和选择出最适宜当代中国社会发展的道路？这就如同医生给病人开药方，必须在诊断准确之后，才能确保所开药方药到病除。而要做到这一点，有必要就百年来中华文化讨论中的问题作一次简略的梳理，在认清现状和问题的基础上，确定应当做哪些工作。

二

百年来的中华大地，用天翻地覆来形容是一点也不为过的。在20世纪的百年中，中华民族经历了社会变革的一系列重大事件：封建帝制的推翻与中华民国的建立；军阀混战、北伐；抗日战争；三年内战直至中华人民共和国成立；建国后的前十七年、“文革”十年动乱、改革开放的三十年，等等。

社会的巨大变革必然带来文化方面的相应重大变化，而且文化的讨论，往往是社会大变革的先声。虽然，如前所说，一百多年来，这种讨论没有停歇过，但比较大规模的讨论集中在三次：即20世纪初到二三十年代对传统文化的批判；20世纪80年代掀起的文化热；21世纪的方兴未艾的国学热。

从20世纪初到二三十年代，正是中国社会经历重大变革的时期，辛亥革命推翻了曾经统治中国长达两千多年的封建帝制，建立了"中华民国"。虽然此后曾经出现袁世凯称帝、张勋复辟和北洋军阀混战等状况，但也不过是社会大变革后短暂出现的无序状态而已。辛亥革命的意义，在于它是兼具民族与民主革命的双重性质，这是中华民族历史上意义十分重大的事件，任何贬低这一革命成果的说法都是出于无知。

在辛亥革命前后，围绕中西文化的讨论，其实是19世纪的几次中西文化论争的继续。虽然在辛亥革命前，主要围绕"立宪"和"共和"之争而分成改良派与革命派，但面对清政府的腐败无能，两派都认为应当从政治体制方面进行改造，同时对民众进行启蒙，即所谓开启"民智"。

辛亥革命之后，争论的重点转入中国应当走什么路的问题。"五四"之所以被称为新文化运动，就在于提出"打倒孔家店"，以批判作为中华文化传统的封建主义的意识形态，儒家文化理所当然首当其冲。在反对权威的传统思想的同时，新文化运动提出了民主、科学的口号（即德先生和赛先生），这是从西方传入的新思想。新思潮的传入，确实让人耳目一新，很快成为最时髦的口号。

在五四时期及二三十年代有关中国文化的论争中，因各自主张的不同而形成三种不同的派别：

一是"全盘西化"派。这主要是由接受西方教育的一批学者提出的，以胡适为代表。虽然"全盘西化"的提法至1929年才正式出笼（见《中国今日的文化冲突》，英文版《中国基督教年鉴》），但其思想由来已久，后来胡氏以"充分世界化"来替代"全盘西化"[①]，胡氏的观点在知识分子中接受面很广。

二是社会主义思潮派。这是以陈独秀、李大钊为代表的一批左翼

① 《充分世界化与全盘西化》，天津《大公报》1935年6月21日。

知识分子，他们受苏联十月社会主义革命胜利的影响，提出中国应当走苏联的道路。马克思主义的学说在五四运动前已作为一种西方社会思潮被介绍到中国，但开始时并没有产生太大影响，而苏联十月革命的成功，遂使马克思列宁主义学说在各种社会思潮中脱颖而出。中国共产党的成立，孙中山的新三民主义的提出，都使这一思潮影响愈加扩大。

三是传统主义派。其著名人物为梁启超、梁漱溟、辜鸿铭、严复等。他们有感于西方在第一次世界大战后暴露出的种种弊端，提出以东方文化进行补救，如梁漱溟，是比较早进行东西文化比较的学者，他在比较了中国文化、印度文化、西方文化各自的优劣后，提出以孔子为代表的儒家文化是人类文化的理想归宿，认为“世界未来的文化就是中华文化复兴”（《中国文化要义》）。然而在当时强烈的反传统、反封建的社会氛围中，他们的主张并未引起太大反响。

自近代以来清政府不断丧权辱国，造成积弱积贫的局面，中国人在反思历史时，将一腔怨气和仇恨发泄到传统文化上，中华文化被指为落后的根源。如人们认为汉字难读难写，导致落后，必须废除，代之以拼音文字；中医不科学，应当取消，1929 年南京国民政府就准备正式决议取消中医议案，只是迫于社会舆论的压力才收回成命；而学校教育中全面引进西方的教育体系，取消了“读经”的课程。如是等等。

20 世纪 30 年代发生的抗日战争，确实如一些学者所言，因为民族矛盾的上升，使“救亡图存”成为全民族的头等大事。只是到了抗战结束之后，围绕“民主”与“独裁”的争论声再次响起。

中华人民共和国的成立，使历史进入了一个新的时代。从 1949 年至今的六十多年间，可以前三十年与后三十多年作为分界线。前三十年指 1949 年到 1979 年，这是以党的十一届三中全会作为阶段划分。

在前三十年间，虽然提出对传统文化要批判继承，取其精华，弃其糟粕。但实践证明，在前三十年中，对传统文化的主要倾向是批判为主，在“厚今薄古”的口号下，语文教材中的古代文学内容越来越少，代之以现代文、政论文甚至社论。在“一边倒”的指导思想下，全面学苏联的体制，以“全盘苏化”替代“全盘西化”，将辛亥革命后逐步摸索建立起来的一些有益的制度，例如大学中的学术民主制度、教授治校制度等全部推倒。甚至将学不学苏联的学派上升到政治问题，例如遗传学上，唯米丘林学派是正确的，赞同摩尔根的基因学说就是政治问题。至于梁漱溟的城乡一体发展论、马寅初的“人口论”等，均受到批判。

在意识形态方面，批判的对象更是一个接一个。如对电影《武训传》的批判，对俞平伯《红楼梦》研究的批评，对胡适的批判，对胡风的批判，直到在知识界、文化界全面开展“反右”，随后又在干部队伍中进行反右倾、拔白旗，等等。尤其1957年在知识界、文化界开展的反右和1958年的拔白旗，从事古代传统文化研究的许多著名学者首当其冲，遭受批判。

长达十年的“文革”时期，对文化教育的摧残达到登峰造极的地步，以中央名义发表的1966年《五一六通知》为起点，在“横扫一切牛鬼蛇神”的口号下，提出“高举无产阶级文化革命的大旗，彻底揭露那批反党反社会主义的所谓‘学术权威’的资产阶级反动立场，彻底批判学术界、教育界、新闻界、文艺界、出版界的资产阶级反动思想，夺取在这些文化领域中的领导权”。(《中国共产党中央委员会1966年5月16日通知》) 长达十年的“文革”对中华文化的全面摧残，使之将永远被钉在人类文化史的耻辱柱上。非常遗憾的是，虽然在“文革”结束后，中共中央曾作过一个决议，否定“文革”，但根据“宜粗不宜细”的原则，在此之后，对这场涉及十几亿人的史无前例的文化大摧残，却不曾作过认真深刻的批判。“文革”发生至今已近五十年，然而我们对这段历史的研究，人为设置了许多禁区，或采取遮遮掩掩的态度，严加管制，以至于许多年青一代对此真相知之甚少，有些人还以为是在中国实行民主的先例，确实十分荒诞，令人啼笑皆非。

在十一届三中全会提出的实事求是和思想解放的路线之后，经历了拨乱反正，社会生活的许多方面，开始进入正常状态。然而，对于曾经给我们国家和人民带来深重灾难的十年“文革”是如何产生的，它和中国传统文化之间有着怎样的联系？怎样避免类似的灾难在中国重演，这是诱20上个世纪80年代“文化热”的主要原因，应当说这是百年来第二次关于中国文化的大讨论，只可惜是一场中途夭折的讨论。

那么，如何评价这场讨论？我以为，当时参与者大都是满腔热情参加讨论的，也提出了诸多发人深省的问题。然而当我们回顾这段历史时，也不能不遗憾地指出，这场原本十分严肃的中华文化大讨论，后来被引入了歧途，成为又一次对中华传统文化的大肆挞伐和批判。《河殇》是作为其代表而出现的，这部电视政论片1988年夏天播出，影响巨大。遗憾的是，这部电视片如片名所示是为起源于黄河文明的中华文明唱的一首挽歌。电视片中，作者不惜以民族虚无主义的文化观来诠释中华民族的发展史，作者自称是“旨在唤醒全民族的反省意识”。然而电视片中所指出的民族文化发展道路则是“全盘西化”。虽然，作为文化讨论，各抒已见并无不可，但是以这样的基调来讨论中华文化，而且又是通过中央电视台来播出，其影响又显然不同。很明显，在这次讨论中，大家希望对建国以来发生的问题做一次清算，但又不敢直言现实中的一些敏感问题，结果就延续五四的话题，再一次将板子打到传统文化上。

20世纪80年代发生的这一场有关中华文化的讨论热潮，因后来发生的1989的政治风波而中断，这不能不说是历史再一次留下了遗憾。当然90年代之后，有关文化的讨论依然在进行，但内容已经转了向，更多研究的是有关地域文化的问题，形成所谓“文化搭台，经济唱戏”的格局。这种地域文化的研究，虽不及80年代那样具有影响全国的大声势，但毕竟也应被视为中华文化研究的一种向下延伸的趋势，有其自身存在的意义和价值。况且，不同的地域文化与族群文化本来就是中华文化的不同分支，深入研究不同的地域文化与族群文化，也有益于我们加深认识中华文化的丰富性与多样性。

近来，对于中华文化的研究，又再次引发社会的共同关注。或许它将能成为百年来的又一次讨论热潮。关于这一热潮产生的背景是，经过三十多年的改革开放，我国的综合国力已发生很大变化，中国共产党十六届全国代表大会提出的在21世纪中叶实现中华民族伟大复兴的宏伟目标正越来越清晰地展现在世人的面前，这是13亿中国人共同的“中国梦”。然而，中华民族的伟大复兴，必须有中华文化的复兴作为其中的一项重要内容。中华文化的繁荣兴盛，是中华民族伟大复兴的显著标志。2012年8月，国家发改委社会发展研究所所长杨宜勇发布了一份报告——《中华民族伟大复兴进程监测评价指标体系构建及其监测》。报告认为，2010年中华民族复兴指数为0.6274，也就是说其任务已完成百分之六十二，网上顿时大哗。其原因就在于，所谓的中华民族复兴，包括了物质和精神两个方面的成果，物质方面成果可以量化，而精神建设方面成果则难以量化。十六届六中全会提出实现中华民族复兴，就包括四个方面内容：政治、经济、社会、文化。这四个方面，恐怕只有经济方面是容易用数字说得清楚的，其余三个方面，其中所蕴涵的大量内容，真不知是如何量化的？

虽然如此，这份报告提醒了我们，距离执政党所提出的在21世纪中叶实现民族复兴的目标，所剩余的时间已经不多。如果我们国家能够平稳地发展下去，不出现大的波动，那么，至2050年，实现预定经济目标还是比较有把握的。但是不能再采取现有的严重浪费资源和污染环境的方式。而其余的三个方面呢？政治改革虽然也在迈小步地进行，但显然远远落后于客观形势的需要，因此才出现全社会都要求深化体制改革的呼声。至于社会的和谐稳定，各种关系的理顺，实在还有太多的事要做。而文化方面的内容，就更丰富了，它不是办多少所学校，出多少本书，拍多少部电影之类的问题，而是涉及全民族的文化素质、人文修养、创新能力和水平等各方面的重要因素。这些年来，关于人际关系的扭曲，道德伦理的失范，贫富悬殊的增大，特权阶层的形成等，正是在这些问题上大家的议论最多，意见最大。许多研究者认为，这些问题的产生，与中华优秀传统文化的失落密切相关。因此，必须建设优秀传统文化传承体系，必须进行中华文化的重构。

三

透过历史的空间，我们首先可以清楚地认识到，一百多年来有关中华文化的讨论，均发生于国家与民族面临重大历史转折的时期。“敢问路在何方?”便不得不求助于中华文化的研究视野。毫无疑义，在中华民族伟大复兴的进程中，实现中华文化复兴是最深层次的问题，也是最关乎全局的问题。

20世纪初期，在新文化运动中形成的三派，无论是以陈独秀、李大钊为代表的社会主义派或是以胡适为代表的全盘西化派，虽然都在“打倒孔家店”的旗帜下共同批判传统文化，但他们的传统文化根基却是相当雄厚的。他们之所以一致批判传统文化，是看到封建统治者利用传统文化中的封建意识长期毒害民众，维持专制统治而发出的一种寻求思想解放的口号，固然在当时有其偏颇之处，但处于开启民智和反对数千年封建统治所造成的愚民思想，还是有其必要性和合理性的。他们中的一些人，到晚年时又在反思中回归传统。至于维护传统一派，其实也是既有深厚的传统文化根柢，又深具世界眼光的一批学者，如康有为、梁启超、王国维、严复等，他们是在对中西文化作细致比较之后，在认真思考的基础上，提出要保护传统文化中的精华，防止发生西方文化已出现的弊端。如果我们联系第一次和第二次世界大战的背景，便不难理解他们的立场和动机了。

然而，反观20世纪80年代的那次中华文化的讨论，我们就不能不遗憾地指出，许多在那里跟着嚷嚷批判传统文化的人，本身就没有什么传统文化的根柢。就以《河殇》的创作者而言，假如他多少有点传统文化的常识的话，断不至于大肆宣扬和美化西方的对外侵略扩张，而批判中国自古以来奉行的"讲信修睦"的主张，并以此作为人际关系与国际关系的准则与理念。东方中华文化圈的形成，是以自先秦形成的"五服"制度为基础扩展而来的。所谓"五服"，最早见于《尚书·禹贡》，指的是从京畿起，五百里甸服，五百里侯服，五百里绥服，五百里要服，五百里荒服。距离京畿越远，对中央王朝承担的责任越轻。这种早期治理国家的蓝图，成为秦汉之后的两千多年间，中国处理内部的汉族与少数民族关系、处理中国与周边国家关系的行为准则。当"远人不服"时，"则修文德以来之，既来之则安之"。(《论语·季氏》) 不提倡轻易出兵攻打。中国历朝历代，大体上都遵从这一原则，由此而形成了东方范围广阔的中华文化圈，应当说这也是中华文化圈中所有国家普遍认同的基本原则。当然，如果说曾经有过例外的话，那就是日本人常提起的元朝曾派兵进攻日本。但如同鲁迅说过的，成吉思汗并不是我们的"汗"。

从20世纪的80年代至今，又过了三十年，在这三十年间，弘扬优秀传统文化，建设优秀传统文化传承体系的问题被提出，大批古代著作得到出版，今人的相关论著也俯拾即是，国学也屡屡出现在视频和讲坛上，这是在拨乱反正之后出现的可喜的状况，应当说在一定程度上弥补和纠正过去对传统文化所推行的极左政策的偏颇。可是有人却由此惊呼，“国学”已经热过了头。实际情况果真如此吗？笔者在一篇文章中曾指出，这种看法实则只看皮毛而不看实质。中央电视台四套开设了《百家讲坛》，面对大众普及传统文化，确实引起广大群众的关注，这原本是正常的现象，值得提倡的做法。可是后来有少数人借普及国学之名作秀、炒作，为自己谋取私利，便引发大家的恶感，有人因此以为“国学”已经热过了头。然而他们却没有看到，今日“国学”的学习与研究，其实还停留在表面上，并未能真正深入到民众之中，尚缺乏广泛的民众基础，因此如何说国学热过头？要说热也不过是一种“虚热”。现在一般民众对传统文化的熟悉和了解程度，还远远低于文盲充斥的旧社会。尤其是经过这么多年对传统文化的不断批判，在一些人心目中，传统文化等同于封建糟粕、等同于落后保守的思想，这种看法已经根深蒂固，一时难以改变。加之教育方面长期缺少这方面的教学内容，造成全民对本民族传统文化普遍漠视和疏离，在此情况下，大谈“国学”已经热过了头，不知从何说起？

我以为，虽然时间过了一百多年，但从20世纪形成的三种不同认识依然各自有深厚的社会基础，只是在不同历史时期因不同的社会环境在认知上出现明显变化而已，因此严格说起来，我们的思想界、文化界对相关问题至今并未真正形成共识，对于中华文化应当如何复兴的重大问题，并未形成比较一致的认识。尽管在改革开放后的三十多年间，特别是近二十年来，从中央到地方都在大力倡导保护与传承优秀中华传统文化，加大物质和非物质文化遗产的保护力度，而民间的“国学热”也方兴未艾。然而，对深层次的作为中华传统文化精髓的元典理论的研究与传承，支持的力度仍显不足，尚缺乏行之有效的规划与措施。在此基础上谈复兴中华文化，显然缺乏坚实的基础。为此，当前有一项十分重要的工作，就是要进一步解放思想，鼓励大家共同参与和总结这六十多年的经验教训。十一届三中全会已有过成功的经验。作为执政党，要像习近平同志所说，要容得下尖锐的批评。要发动党内外人士畅所欲言，尤其是逆耳的忠言。《孟子·公孙丑上》中说："子路，人告之以有过，则喜；禹闻善言，则拜。"我们难道不应有这种气度吗？遗憾的是，做到这一点非常不容易。尤其在思想理论研究中应当有更为宽松的气氛，禁区太多，将严重影响到整个民族的创新思维能力和和认识水平的提高和发挥。

四

2011 年 10 月，党的十七届六中全会通过的《中共中央关于深化文化体制改革推动社会主义文化大发展大繁荣若干重大问题的决定》中提出，要"建设优秀传统文化传承体系。优秀传统文化凝聚着中华民族自强不息的精神追求和历久弥新的精神财富，是发展社会主义先进文化的深厚基础，是建设中华民族共有精神家园的重要支撑。要全面认识祖国传统文化，坚持保护利用，普及弘扬并重，加强优秀传统文化思想价值的挖掘和阐发，维护民族文化基本元素，使优秀传统文化成为新时代鼓舞人民前进的精神力量"。

笔者认为，这一段话，对传统文化的地位，在当代中国的意义与重要性是提得比较到位的。尤其是谈到"建设优秀传统文化的传承体系"，这一点十分重要。

中华文化是世界文化史上历史特别悠久，独立发展而成，保存又十分完整，传承达数千年的优秀东方文化。它具有强大的生命力，并曾经在世界文化史上作出过自己独特的贡献。它也是公元前 5 世纪前后，世界文化史上"轴心时代"的几大源生地之一。而在此后的二千多年间，随着不同区域文化向外传播，中印之间、中西之间文化交流的日渐频繁，印度的佛教于东汉即传入中国，而中国的儒、道思想乃至宋明理学思想也在西方的文艺复兴之后传入欧洲，并影响了西方的人文主义思潮的形成，甚至于包括马克思的社会主义思潮。因此，在西学东渐之前，从17世纪中叶起，更有一东学西渐的过程。英国著名科学史家李约瑟博士在其《今日中国的过去》中认为：“辩证唯物主义渊源于中国，由耶稣会士介绍到欧洲，经过马克思主义者们一番科学化后，又回到了中国。”有学者曾对这个过程进行过认真的考察①。我不明白，作为中华文化的传承人，为何要对本民族的传统文化妄自菲薄？

近代以来，由于清政府的腐败无能而导致国力的衰弱，对其进行批判是理所当然的。然而更进一步推论出是中华文化的缺陷而导致落后挨打的结论，其实是毫无道理的。近百年来，一轮又一轮地对传统文化的糟蹋和践踏，对于曾经哺育我们民族成长的中华文明毫无敬畏之心，我不知道世界上有哪个民族曾经这样自虐过。子孙不孝，累及祖先。难道一个孩子成了杀人犯，就一定要到他的祖先那里去追寻是否有犯罪的遗传基因吗？而百年来对中华传统文化的穷追猛打，其逻辑推理岂非和此一致？例如，由于许多企业的失去信誉，让人对中国的诚信度产生怀疑，于是学术界也有人到传统文化中去寻根，岂非荒唐？其实，中国古代就有关于“诚信”的丰富思想，原本可以经过现代阐释而获得新的生命，完成观念的现代转型。因此，动辄批判传统，其实是打错了目标。当今社会运作中所以出现诚信缺失，道德滑坡，假、大、空泛滥，难道与自20世纪50年代开始的所谓大跃进时期的浮夸风没有关系吗？这股不正之风延续多年，并没有得到很好纠正，即使改革开放后依然有大量造假现象，这能算到传统文化的头上吗？鉴于历史的教训，我认为，我们应当更多地从自身工作上找原

① 参阅张允熠《试论马克思主义哲学的国学脉渊源》，《中国社会科学院研究生院学报》1998年第1期，第1~14页。

因，而不是动辄去找所谓传统文化的问题。

当然，之所以发生这种现象，有其客观原因，“传统与现代的内部紧张，常常被扭曲成传统与现代的外部对立，于是，否定传统就常常演变成否定自己”。① 在百年来的中华文化论争的中西古今之争中，我们不正看到这样的一种状况吗？是的，我们在讨论的是中华文化的复兴，这是有一个质的规定性，即首先它是“中华文化”，而非其他种类的文化，那么，失去传统意义的“中华文化”，它能走向何方？离开了最能代表民族传统的文化，就像人想拔着自己的头发离开地球一样，能够做得到吗？

所以，重构“中华文化”的前提，是应当真正知道所谓“中华传统文化”是什么，如果对此一无所知，谈何重构？但是，要让传统文化的精髓为广大民众所了解，所熟知，却是一项相当艰巨的工作。在很多人心目中，一提传统文化，就是京剧，就是清朝的大辫子。否则我们难以解释为什么在当今舞台和电影电视中，居然有那么多的清宫戏。现在北京过节时举办的庙会，也都是一群穿清宫服饰的男女在那里扭腰摆舞，而电视剧《康熙王朝》的片头曲，活脱脱是当代版的《东方红》。有人说中国是一个健忘的民族，虽然说得比较尖刻，但并非毫无道理。许多人似乎不知道清兵入关时曾有过残暴的“扬州十日”、“嘉定三屠”，不知道中国的人口竟然从明末的近亿人减少到清初的1600万。而那些惨遭杀戮的，首先是中华民族的优秀人物。

要建立有关中华优秀传统文化的传承体系，无疑十分正确，而且应当将此作为最重要的基础性工程。但是，不能低估这项工作的艰难程度。在传承体系的建设中，有的是比较容易做到的，例如当前各地确定非物质文化遗产传承人的问题，这是一个比较直观的问题，做起

① 转引自赵峰《中华文化复兴的先务》，人民网2011年11月17日。

来难度并不大。而要建立有关传统文化的核心价值理念的传承体系，其工作就要艰难和复杂得多，因此，必须有周密的规划和完善的顶层设计。这有可借鉴的实例，如台湾1966年底开展的“中华文化复兴运动”。大陆在这一年开展了所谓的“文化大革命”，其结果不言而喻。此时在台湾的蒋介石，提出要保护中华文化，以与大陆的“文革”分庭抗礼。经过几十年的努力，如今海内外的中国人一致认为，台湾所保存的中华文化比大陆要多。如果我们认真探究一下那时台湾的状况，则不难发现，当时推动这一运动的现实基础并不比今天大陆强，一方面是台湾从日本的殖民地回归不过二十年时间，在日本侵占的长达半个世纪里，日本人曾不遗余力地摧残中华文化在台湾的基础，企图以日本文化取而代之。到1966年，台湾虽然光复二十年，但日本统治时期所形成的影响依然十分强大。而美国当时又在台湾内部大力扶植“台独”势力，挑动种族冲突与族群分裂。

台湾的中华文化复兴运动注意从青少年抓起，从整理优秀古籍抓起，在学校中加强语文教育与中国史教育，使之成为对青少年进行国学知识与民族文化知识教育的普及工程，以此凝聚台湾社会对国家与民族的认同感。这场中华文化复兴运动，其效果已得到全社会的公认。当然，这种从基础抓起的工作，需要一个较长的时间，至少是二三代人的努力始能看出其效果。我们应当有一种紧迫感，从现在做起，从年轻的一代做起，将传统文化的学习和教育列入从小学至大学的整个过程。只有熟知传统文化，才能从中区分出何为精华，何为糟粕。否则，弃其精华，取其糟粕来治理国家，是一件十分可怕的事，我们在这方面所经历的教训还少吗？

五

中华文化的重构是一项复杂的系统工程，它包含有多方面的内容，包括传统的文化知识体系，文化思想构成，文化制度安排，教育体制的革新以及表达方式的转变等。

民族传统文化的自觉传承毫无疑义是重构中华文化的基础。但是，我并不认同当前一些主流说法，似乎民族文化的传承就是经学与儒学的传承。虽然长期以来，儒学一直受到封建时代各个不同阶段统治者的褒扬，成为两千年来的显学。然而，中国传统文化的结构是多元的，是先秦诸子共同创造了中华文化的基础，历朝历代所有富有成就的学者也都精通诸子百家之学。我们断不可到今天反而画地为牢，仅仅去弘扬儒学而丢掉其余百家之学（甚至应包括后来传入中国并已中华化了的佛学）。这些其实都已形成中华传统文化中密不可分的知识结构体系。我们应当广博地熟知先贤创造的中华文化传统的精华，并经过重新的阐释，使之成为今天重新建构中华文化的基础，从而实现中华文化的现代转型，并由此形成立足民族传统、又具有现代意识的中华民族价值观。上述这段话，是我 2012 年 9 月在福建莆田举行的一次有关中华文化传承体系建设的会议上发言的内容，后来我读到方勇先生有关“新子学构想”的文章，特别高兴，因为这篇文章正好十分详细地论述了中华文化的发生、发展过程，子学与“经学”之关系，“新子学”对西方文化的吸取与融会，如何以“新子学”承载“国学”真脉，以促进传统思想资源的创造性转化等。文章论述得入情入理，是经过认真思考后撰写而成的。

诞生于我国春秋战国时代的子学，是那一代士人智慧的结晶，是那个时代的士人在继承、吸收中华民族长期积累下来的优秀民族文化和传统经学精华的基础上，根据时代变化提出的各种治世方略和社会理想，是中华民族在长期社会生活和生产实践中积累的最宝贵的精神财富。许多子学著作，不像后代的一些个人的创作，仅反映其个人的思想和认识能力。笔者在十多年前写过一篇小文《对先秦文化的重新体认》，专门讲的就是这个道理。司马迁的父亲司马谈有一篇《论六家要指》，指出诸子中六家学说的来源与承继关系及各自的优长与局限，其实已包含了这方面的意思。当然，自战国之后的两千多年间，中华民族优秀人物有如群星灿烂，其创造的思想精华，不断丰富和充实着中华民族的文化宝库，这些无疑都是我们应当认真学习和继承的。因此，“新子学”的提出，更具有包容性。况且子学本身也包括儒家的学说，如孔孟学说。不过我们必须强调的是，应该弘扬的是元典的儒学，而不是汉代以后变了味的专门为封建统治阶级服务设计的那一套。中华文化要复兴的是传统中的优秀文化。

“新子学”之所以适合今天的需要，还在于它所具有的开放性，进入全球化时代的今天，只固守旧的一套，是十分荒诞的。时代的发展要求推陈出新，因此，应当广泛吸取世界各国文化中的精华，使之为我所用。在世界文化广泛交融的今天，如何吸取各种文化的精华，经过消化吸收，为我所用，值得认真思考。许多被认为是普世价值的东西，应当大胆加以回应和吸收，这应当是“新子学”所具有的题中之义。其实，这并非新问题，所谓自由、民主、法治、人权等口号，从“五四”以来，就一直是我们努力争取实现的目标，为什么现在竟然成了问题？况且在中华传统文化中，本来就蕴涵着丰富的具有人类普世价值的内容，我们应当认真加以发掘和整理。记得1990年我在中央党校学习的时候，当时西方提出有关“人权”的问题，我们处于被动、不敢大胆回应的状况，让人感到很不是滋味。当然，后来我们开始了与西方的对话，也发表了人权白皮书，阐述了我们的人权观和在这一领域所取得的成就，同时不断改进各方面的工作，这就是很大的进步。中华文化的重构，是以现代的眼光从传统的中华文化中选择那些经过现代阐释能适合今日社会发展需要的内容，同时广泛吸取世界各民族文化的长处，融会形成新的充满生机活力、具有强烈时代性的一种文化。

在中华文化的建构中，如何建立适合我国国情的教育体系，应当是重中之重的带有全局性与关键性的问题。中华传统教育自有其良好传统，在上古三代就已经产生了影响后代数千年的“庠序”教育。《礼记·学记》载：“古之王者，建国君民，教学为先。……古之教者，家有塾，党有庠，术有序，国有学。比年入学，中年考校。一年视离经辨志，三年视敬业乐群，五年视博习亲师，七年视论学取友，谓之小成。九年知类通达，强立而不返，谓之大成。”这段话翻译成现代汉语就是：古代的帝王，其立国和治民，以教育为先务。古代的教育，25 家设“塾”（25 家为一“闾”）；一党设“庠”（五百家为党）；一“遂”设序（12500 家为遂）；一国之中设“太学”。每年新生入学，隔年考试，考察他对经文的理解及兴趣爱好的走向；三年考察学业是否专注，是否能融入群体和睦相处；五年考察他是否博学笃行，亲近师长；七年考察其学识是否有独到的见解，善于选择结交朋友；这些都能做到的，就叫小成。到了九年，就要掌握门类比较齐全的知识，触类旁通，有独立的意志，而且不违背师训，这就叫大成。

《礼记》记载的是先秦时期的学术思想，教育方法，典章制度，自然和今天大不相同，但从这段话中，我们看到古代是如何重视养成教育，它着眼于人的基本素质的培养。这种教育理念，至今依然有参考的价值。

中华传统教育最终是以儒家的“仁义礼智信”作为士子人格养成的准则。“达则兼济天下，穷则独善其身”的人生哲学，使中国传统的知识分子具有忧国忧民和承担社会责任的优良传统。于是达者效命国家，贡献其聪明才智；穷者著书立说，设帐授徒，传道解惑，因之形成中华文化教育独特的传承体系。

中华文化应当是当前对学生进行思想教育的极其重要的内容，是养成教育，而不是上党课。我们建国后学校中的思想教育，有成功的经验也有失败的教训，要进行总结，可以说，那些脱离实际的理论教育，必然是失败的，哪怕你用再多的时间来进行所谓的灌输。

而自辛亥革命尤其“五四”之后，当帝制被推翻，我们的教育又注入了西方元素，出现了蔡元培当校长时期的北大的教育模式。虽然被称为资产阶级的新教育体制，其中实则包含着许多现代教育理念，因此，吸引了不少中西学养兼备的文化名人来此任教。在20世纪二三十年代，北大、清华、复旦就有一批这样的文化名人，他们奠定了现代大学教育理念的基础，这在当时是与世界大学的教育模式同步合拍的。

建国以来的六十多年间，我们曾做过各种教学改革与实验，既有可供今日教育吸收的经验，也有可借鉴的教训，按理说，我们应当有理由在此基础上，形成一个比较完整的适应当今改革发展要求的教育体系，然而这些年，社会上对教育的批评声浪甚高，难道不值得认真反思吗？

当然，教育不过是社会的一部分，教育出现的问题，不应仅由教育部、学校来负责，而应是全社会来共同反思。因为教育是一个系统工程，教育体制、教育环境、学校教学的内容，尤其重要的是理想信念的教育，是否能真正使学生理解和愿意接受，很重要的问题在于它是否合乎社会实际。如果学校教的一套和社会流行的一套对不上号，学生怎么会心悦诚服地接受呢？这诸多方面的问题，如果得不到解决，所谓传承优秀文化传统就是空谈。

以“新子学”作为传承中华文化的基本内容，由浅入深，选择和编写出一套适合从小学到高中学习的教材，用十二年的学习时间，学生完全具备最基础的中华文化知识。大学阶段，在通识课中设立相应内容即可，以利于进一步的深入学习和提高。也许有人会提出学生负担太重的问题，其实很好办，将中华文化融入现有的政治课即可，相信对学生用处更大，学生也会更愿意学。我们当前思想品德教育中存在着一个误区，即把马克思主义经典课等同思想品德教育。我以为，马克思主义是党的指导思想，而不应代替国民教育。国民教育应当立足于养成教育，让学生成为心志健全、知识丰富、品格高尚、视野开阔的一代新人。中华文化课其中所蕴涵的丰富的内容，直接关系到学生的人格修养、价值观、理想信念等重要问题，比起那些脱离实际的教条来，作用不是更大吗？先秦时代产生的子学，是中华文化智慧的宝库，在其产生之后的两千多年间，对世界文化发生了重大影响，对西方的文艺复兴起到积极的推动作用。今天，我们在大力弘扬和复兴中华文化的进程中，更应当对这一座宝库进行深度开发，实现其现代转型，为中华文化的重构奠定坚实的基础。

我们提出应当进行中华文化的重构，也是从世界发展的全局来观察和认识的。其实，不仅中国在研究中华文化如何重构的问题，西方也进行着文化的自我审视。许多学者从20世纪初至今，一直在认真探讨西方文化中存在的不适合当今时代发展的弱点和危机，开始对西方文化的反思与批判。他们首先是返回自身文化的源头，审视历史，重新认识自己，寻找新的出发点。在这一过程中，他们特别重视以中国文化作为参照系，并从其他非西方文化中吸取新的内容，以便在第三个千年实现差别共存与相互尊重①。

以上几个方面不过是我个人不成熟的看法，敬请大家批评指正。

（作者单位：闽南师范大学文学院）

① 参阅乐黛云《中国文化与世界文化的重构》，《文史哲》2008年第3期。

“新子学”与中华文明之未来

李若晖

百余年前，胡适之先生作《中国哲学史大纲》，以诸子之学为中国哲学之主体与主脉，而以印度哲学为辅。在历数中国古代哲学发展各阶段之后，适之先生论中国哲学之未来曰：“我们中国到了这个古学昌明的时代，不但有古书可读，又恰当西洋学术思想输入的时代，有西洋的新旧学说可供我们的参考研究。我们今日的学术思想，有这两个大源头：一方面是汉学家传给我们的古书；一方面是西洋的新旧学说。这两大潮流汇合以后，中国若不能产生一种中国的新哲学，那就真是辜负了这个好机会了。”①

毋庸置疑，20世纪的中国哲学取得了辉煌的成就，但是同时也存在着根本性的问题。这问题，已经成为今日推进中国哲学继续发展的重大障碍。

20世纪初叶，先贤们建立中国哲学史的方法，如蔡元培为胡适

① 胡适《中国哲学史大纲》上册，上海商务印书馆1919年版，第9～10页。

《中国哲学史大纲》所作序言所言："不能不依傍西洋人的哲学史。"① 冯友兰则有更为具体的方法论论述。其《中国哲学史》开篇即言："哲学本一西洋名词。今欲讲中国哲学史，其主要工作之一，即就中国历史上各种学问中，将其可以西洋所谓哲学名之者，选出而叙述之。"② 冯氏且进而言曰："吾人本可以中国所谓义理之学为主体，而作中国义理之学史。并可就西洋历史上各种学问中，将其可以义理之学名之者，选出而叙述之，以成一西洋义理之学史。就原则上言，此本无不可之处。不过就事实言，则近代学问，起于西洋，科学其尤著者。若指中国或西洋历史上各种学问之某部分，而谓为义理之学，则其在近代学问中之地位，与其与各种近代学问之关系，未易知也。若指而谓为哲学，则无此困难。此所以近来只有中国哲学史之作，而无西洋义理之学史之作也。以此之故，吾人以下即竟用中国哲学及中国哲学家之名词。所谓中国哲学者，即中国之某种学问或某种学问之某部分之可以西洋所谓哲学名之者也。所谓中国哲学家者，即中国某种学者，可以西洋所谓哲学家名之者也。"③ 这种"找相同"的模式，虽然有利于在短时间内写出首尾完具的中国哲学史，并能进而牵合所谓中国古代哲学与西方哲学相糅杂，多快好省地做出当代中国哲学的"创新"，但是这一模式所带来的弊端也是很明显的，而且其导致的后果也非常严重，一直影响至今。哲学是以逻辑为基础的理论思维，具有极强的体系性特征。即便是在西方哲学内部，比较两位哲学家对同一问题的观点时，也决不能忽视其理论体系的差异，更何

① 蔡元培《胡适〈中国哲学史大纲〉序》，载胡适《中国哲学史大纲》上册，《序》第1页。

② 冯友兰《中国哲学史》上册，《三松堂全集》第二卷，河南人民出版社2001年版，第245页。

③ 冯友兰《中国哲学史》上册，《三松堂全集》第二卷，第249页。

况以中西文化与理论形态的巨大差异，简单地“找相同”，又怎能不破毁中国哲学的固有理论体系！

当然，出现这种情形，相当程度上也与中国哲学本身没有显性的逻辑方法论体系有关。但是我们绝不可以因此就认为中国哲学只是一盘散沙，毫无体系可言。在重构中国古代哲学的进程中，我们要有耐心，要细致地推敲揣摩古代哲人的言说，寻绎与复活其固有方法论，并以之建构显性的中国哲学逻辑方法论体系。在这一过程中，西方哲学逻辑体系是非常好的参照系统，可以给我们重要的启示和帮助。同时我们也必须注意，西方哲学在此仅仅只是方法论的参照，而不能直接进入中国哲学体系，其逻辑方法不能，其具体知识内容更不能——于是西方哲学便仅为助产士，而非造物主。我们非常赞同梁漱溟的话：“中国的形而上学，在问题和方法两层，完全同西洋人印度人两样……我们更根本重要应做的事，就是去弄清楚了这种玄学的方法。他那阴阳等观念固然一切都是直觉的，但直觉也只能认识那些观念而已，他并不会演出那些道理来；这盖必有其特殊逻辑，才能讲明以前所成的玄学而可以继续研究……不过我们一定可以知道这个方法如果弄不出来，则中国一切学术之得失利弊，就看不分明而终于无法讲求。我们又相信除非中国文明无一丝一毫之价值则已，苟犹能于西洋印度之外自成一派，多少有其价值，则为此一派文明之命根的方法必然是有的，只待有心人去弄出来罢了。此非常之大业，国人不可不勉！”① 毫无疑问，只有发掘并复活中国哲学自身方法论，并以之建构出中国哲学自己的理论体系，才能为当代中国提供一个最为基础的理论话语平台——须知，当今中国的种种乱象，无论是象牙塔中的哲学还是名利场中的政治，都与它们共处于20世纪中国哲学打造的洋

① 梁漱溟《东西文化及其哲学》，北京商务印书馆1999年版，第122～123页。

泾浜话语平台密切相关。也只有发掘并复活中国哲学自身方法论，并以之建构出中国哲学自己的理论体系，才能发展出中国自己的理论体系，才能与当代西方哲学进行平等对话，也才能有中西方文化的真正平等交流，也才能有中国与西方国家的真正和平共处！

西方哲学体系的基础是概念。与西方哲学的概念不同，中国哲学所使用的"名"是包含着经验内涵的。事实上，我们无法在中国古代哲学中建立类似西方哲学那样的哲学概念和日常语言词语的区分①。为了使"名"的内涵得以明晰，我们主要使用区分与分析两种方法。"名"之分析我已经在别的文章中讨论过②，故本文仅讨论"名"之区分。

《荀子·正名》："万物虽众，有时而欲徧举之，故谓之物。物也者，大共名也。推而共之，共则有共，至于无共然后止。有时而欲偏举之，故谓之鸟兽。鸟兽也者，大别名也。推而别之，别则有别，至于无别然后止。"③ 荀子之"别名"乃是不断区分的下位概念，我们借用来表示平列二"名"的区分。"别名"使"名"获得确定的哲学意义。

如果我们打算使"名"成为中国哲学的基础，就必须使之成为理论体系中被严格区分，亦即被严格划定了界限的个体。在此，被划定界限的"名"凭借被划定的界限与他者相区分，并获得自身独一无二的规定性。换言之，所谓异于他者，实即仅与自身相同。于是，

---

① 孙中原《中国逻辑研究》："中国古代逻辑家说的名，是语词和概念的统一体。"北京商务印书馆2006年版，第250页。

② 参李若晖《老子道论——让哲学说汉语的一次尝试》，载《哲学分析》2011年第1期，第103页。

③ 王先谦《荀子集解》，北京中华书局1988年版，下册，第419页。"徧举"原作"偏举"，从俞樾说改，见俞樾《诸子平议》，台北世界书局1991年版，第164～165页。

“名”之区分应采取A与A－形式，也只有如此，才能在此基础上建构真正的“名”之理论体系。

并且，这一区分形式决非如某些冬烘先生所批评的，是给中国古典穿西装，而是于古有据的。

《论语·为政》：“子游问孝。子曰：‘今之孝者，是谓能养。至于犬马，皆能有养。不敬，何以别乎？’”① 这是说，犬马都能够供养其亲，如果在养之中没有敬意，就与犬马无别了②。可与斯言对观者，如《礼记·坊记》引孔子曰：“小人皆能养其亲，君子不敬，何以辨？”郑《注》：“辨，别也。”③ 在此，孔子乃是以是否“敬”区分“孝”与“养”。这无疑是严格的A与A－式。我们还可以基于孔子的区分，将“孝”定义为“有敬之养”，从而初步建立其逻辑化的孝论体系。《礼记·哀公问》载孔子曰：“古之为政，爱人为大。所以治爱人，礼为大。所以治礼，敬为大。敬之至矣，大昏为大。大昏至矣！大昏既至，冕而亲迎，亲之也。亲之也者，亲之也。是故君子兴敬为亲，舍敬是遗亲也。弗爱不亲，弗敬不正。爱与敬，其政之本与！”④《说苑·修文》引孔子曰：“无体之礼，敬也。”⑤ 可见孔子非常强调敬⑥。先秦儒家典籍中相关论述甚多，《礼记·祭义》，曾子

---

① 刘宝楠《论语正义》，北京中华书局1990年版，上册，第48～49页。

② 参蒋绍愚《〈论语〉的阅读与理解》，载蒋绍愚《汉语词汇语法史论文续集》，北京商务印书馆2012年版，第320～322页。

③ 《礼记注疏》，上海古籍出版社2008年版，下册，第1968页。

④ 《礼记注疏》，下册，第1915页。

⑤ 向宗鲁《说苑校证》，北京中华书局1987年版，第497页。

⑥ 参李若晖《“德”“位”分合——孔孟复礼与华夏德性政治之奠定》，载《清华大学学报》2012年第5期，第104页。

曰：“孝有三：大孝尊亲，其次弗辱，其下能养。”① 又曰：“亨孰膻芗，尝而荐之，非孝也，养也。……众之本教曰孝，其行曰养；养可能也，敬为难。”②《孟子·离娄上》：“曾子养曾皙，必有酒肉。将彻，必请所与。问有余，必曰有。曾皙死，曾元养曾子，必有酒肉。将彻，不请所与。问有余，曰亡矣，将以复进也。此所谓养口体者也。若曾子，则可谓养志也。事亲若曾子者可也。”③ 曾元供养曾子，只有外在的礼仪，而无内在的礼义，亦即无敬意，纯为“养口体”，同于孔子所谓“犬马之养”。曾子养曾皙之“养心志”，斯可谓“孝”矣。又《吕氏春秋·孝行览》亦言：“养有五道：修宫室，安床笫，节饮食，养体之道也；树五色，施五采，列文章，养目之道也；正六律，和五声，杂八音，养耳之道也；熟五谷，烹六畜，和煎调，养口之道也；和颜色，说言语，敬进退，养志之道也。此五者，代进而序用之，可谓善养矣。”④ 基于《孟子》所言而又加详。然而，从哲学逻辑的角度看，孔子以“敬”区分“孝”与“养”，奠定了严格的 A 与 A －区分“名”的逻辑形式。而孟子的“养心志”与“养口体”的 AB 式，实不足以构成真实的逻辑区分。因为我们还可以再追问，“养心志”与“养口体”又如何区分？倘若仍然以 AB 式回答，那么最终不过是开中药铺似的列出两长串名单，这除了益发使人糊涂，根本谈不上建构逻辑化的理论体系。

孟子虽然在区分“孝”“养”时未能遵循孔子所开创的 A 与 A －式，但并不是说孟子对这一逻辑形式截然排斥。在更关键的理论场

① 《礼记注疏》，下册，第 1843 页。

② 《礼记注疏》，下册，第 1844 页。

③ 焦循《孟子正义》，北京中华书局 1987 年版，上册，第 524 页。

④ 许维遹《吕氏春秋集释》，北京中华书局 2009 年版，上册，第 308 页。“序用”原作“厚用”，从王引之说改，见王念孙《读书杂志》，江苏古籍出版社 2000 年版，第 1025 页。

合，孟子仍然摸索到了这一逻辑形式。《孟子·公孙丑》上：“以力假仁者霸，霸必有大国。以德行仁者王，王不待大，汤以七十里，文王以百里。以力服人者，非心服也，力不赡也。以德服人者，中心悦而诚服也，如七十子服孔子也，《诗》云：‘自西自东，自南自北，无思不服。’此之谓也。”① 从逻辑形式来看，孟子先是从对待“仁”的方式的角度区分“霸”“王”，提出“以力假仁者霸”，“以德行仁者王”，这显然是AB式。但孟子没有停留于此，而是进一步阐述了自己的思想。“仁者爱人”，因此对待“仁”的方式实质上就是对待“人”的方式。于是对待“仁”的两种方式被转化为对待“人”的两种方式：“霸”是“以力服人”，“王”是“以德服人”。无疑，这还是AB式。再进，对待“仁”与“人”的不同方式，必然产生不同的效果。如何检验不同的效果？标准即是西周初年周公制礼作乐所确立的原则：人心向背。此即《孟子·万章上》引《泰誓》所言：“天视自我民视，天听自我民听。”② 于是孟子终于从人心是否“服”的角度，以A与A－式区分了“霸”与“王”：“霸”为人民“非心服”，“王”乃人民“中心悦而诚服”。

我们还可以在古人的A与A－式区分的基础上进行进一步发掘其哲学意蕴。《春秋》庄公二十九年：“夏，郑人侵许。”《左传》：“凡师，有钟鼓曰伐，无曰侵，轻曰袭。”杜《注》：“伐，声其罪。侵，钟鼓无声。袭，掩其不备。”孔《疏》：“《释例》曰：侵、伐、袭者，师旅讨罪之名也。鸣钟鼓以声其过曰伐。寝钟鼓以入其竟曰侵。掩其不备曰袭。此所以别兴师用兵之状也。”③ 关于“伐”与

① 焦循《孟子正义》，上册，第221～222页。

② 焦循《孟子正义》，下册，第646页。

③ 《春秋左传注疏》，载《十三经注疏》，台北艺文印书馆2007年版，第6册，第178页。

“侵”、“袭”之区分，《国语·晋语五》展示得更为清晰：“宋人弑昭公，赵宣子请师于灵公以伐宋。公曰：‘非晋国之急也。’对曰：‘大者天地，其次君臣，所以为明训也。今宋人弑其君，是反天地而逆民则也，天必诛焉。晋为盟主，而不修天罚，将惧及焉。’公许之。乃发令于太庙，召军吏而戒乐正，令三军之钟鼓必备。赵同曰：‘国有大役，不镇抚民而备钟鼓，何也?’宣子曰：‘大罪伐之，小罪惮之。袭侵之事，陵也。是故伐备钟鼓，声其罪也；战以錞于、丁宁，儆其民也。袭侵密声，为蹔事也。今宋人弑其君，罪莫大焉！明声之，犹恐其不闻也。吾备钟鼓，为君故也。’乃使旁告于诸侯，治兵振旅，鸣钟鼓，以至于宋。”韦《注》：“轻曰袭。无钟鼓曰侵。陵，以大陵小也。”① 在赵宣子看来，“无钟鼓”的“侵”“袭”其实质都是“陵”，亦即韦昭所谓“以大陵小”，是依仗强力，而非伸张正义。只有“备钟鼓，声其罪”的“伐”，才是伸张正义。由此，我们可以发现，虽然《春秋》之义，“侵”、“伐”、“袭”皆为“师旅讨罪之名”，但在赵宣子看来，只有对罪状进行公开声讨，通过公开，将罪状诉诸每一个人的理性与正义感，也就是只有具有形式正义的“伐”才能真正伸张正义。“侵”、“袭”作为战争进行的具体方式虽然可以用于伸张实质正义，但是其本身缺乏正义的形式，因此不是真正的正义。于是，赵宣子确立了三大正义的形式原则：

一、只有公开才能真正保障正义。只有公开才能诉诸每一个人的理性与正义感，才能最大限度地去除其他因素对正义的利用与损害。

二、形式正义高于实质正义。只有具有形式正义的手段，才能真正达至正义的目的。

三、目的不能证明手段正确。具有正义的目的，不能用于论证不具有形式正义的手段之使用的正当性。

---

① 《国语》，上海古籍出版社1978年版，下册，第397~398页。

非常令人痛惜的是，赵宣子并未明确表述出这三条原则，后人也未能抽绎出这三条原则。为此，中华民族在其历史进程中付出了惨痛的代价。

今天，无论是在行动中，还是在思想中，我们都必须牢记，形式比实质更为根本！

（作者单位：复旦大学哲学系）

“新子学”笔谈

10月22日，《光明日报》“国学”版刊登了华东师范大学先秦诸子研究中心方勇教授的《“新子学”构想》一文。文中系统论述了诸子学的产生、发展及其富于创造性、开放性、充满生命力的特征，并对子学与西学的关系、子学在国学中的地位等问题提出了不同于以往的看法，引起了学术界的广泛关注。本报特邀约有关专家学者参与笔谈，以期引起对“新子学”的进一步思考与讨论。——责任编辑：朱自奋

时代需要“新子学”

卿希泰
（四川大学宗教研究所所长）

我读了方勇教授的《“新子学”构想》一文，对他所倡导的“新子学”观念表示十分赞同。

方勇教授认为：“子学系统，代表了中华文化最具创造力的部分”，是对“宇宙、社会、人生的深邃思考和睿智回答，是在哲学、美学、政治、经济、军事、教育、技术等诸多领域多维度、多层次的

深入展开”。对于子学的这个界定，我表示同意。

子学兴起的第一个高峰是在春秋战国时代，当时社会正从奴隶制向封建制转变。在这样一个大转变也是大动荡的时代里，一些思想家面对社会上出现的种种问题，努力探讨救世济人的良策。由于各家观点不尽相同，从而出现了诸多思想派别的互相辩论，当是时，百家争鸣，盛况空前。诸子学说正是先秦时代精神的精华，其不仅对促进当时哲学思想的发展具有重要作用，而且对整个传统哲学思想的发展也具有很大的影响。

明清之际，随着封建社会内部资本主义因素的萌芽和商品经济的发展以及市民运动的日益兴起，封建社会进入了缓慢解体、逐步衰落的阶段，即所谓“天崩地解”的时代。正如毛泽东同志所说：“中国封建社会内的商品经济的发展，已经孕育着资本主义的萌芽，如果没有外国资本主义的影响，中国也将慢慢地发展到资本主义社会。”在这样一个社会大变动的时代里，充满着各种各样的社会矛盾与人生问题。因而，代表时代精神的思想家，也提出了各自不同的观点和学说，以期解决当时所面临的诸多社会矛盾。这些在新的历史条件下迸发出来的启蒙思想家的学说，是否也可以称之为近代的子学？对此，不知方教授意见如何？

改革开放以来，随着我国社会经济的飞跃发展和国际地位的不断提高，国际交往也日益频繁，所面临的各个方面的诸多社会矛盾也日益突出，因而迫切需要大批的思想家来发挥其智慧，系统探讨如何解决当前所面临的各种社会矛盾的理论和策略。这就充分地表明了：时代需要“新子学”！因此，方教授所提出的“新子学”构想，具有十分重大的理论意义和现实意义，我很支持。

对《“新子学”构想》的建议

谭家健
（中国社科院文学所研究员）

方勇教授最近提出“新子学”的构想。这是比《子藏》更艰巨复杂的学术工程，需要国学界广泛参与，研讨探索，裨补缺漏，使之更加周到完善，具备可行性。依此，谨呈三点刍议：

第一，明确“新子学”之对象和范围。

“新子学”乃相对于传统子学而言。方勇教授认为：“新子学”“并非传统目录学‘经、史、子、集’之‘子’学，而是思想史上‘诸子百家’之‘子’。具体内容则严格区分诸子与方技，前者侧重思想，后者重在技巧，故天文算法、术数、艺术、谱录均不在子学之列。”我希望进一步明确，“新子学”是否包括释家、道家和小说家？佛有佛藏，道有道藏，自成体系，似乎不必纳入新子学，但又是思想史资料；小说家类乃古小说，不属于思想史；方技中也有思想史资料，这些应当如何处理？

第二，新子学究竟如何面对西学。

中学与西学之争，已经持续一百多年。方勇教授强调，要选择多元文化，摆脱二元对立思考的局限，既反对“迷失在西学丛林里难以自拔的自由主义”，也不取“一味沉溺于以中国解释中国的保守思维”。这些意见我赞成。然而在新子学中，如何将其具体实现？

推进思想史文学史研究中的中西结合，多元互补，应该首先解决价值观和方法论问题。古代文学、哲学皆以有助教化为基本价值，哲学史中以阴阳、名实、知行、有无、本末、理气、道器、心性等为基本范畴，这些如何向现代转化？“新子学”如何处理这些根本的理论性问题？

第三，正确界定新子学在国学中的地位。

《构想》指出：“新子学，将应势成为国学新主体。”这个问题涉及对国学的总体界定，目前意见纷纭。在传统目录学中，“新子学”之书是子部中的一部分。它是否能够真正成为国学新主体？它与经学、史学、文学存在什么关系？这些还应当广泛听取各界朋友的不同意见。

建立中国学术的核心价值

王锺陵
（苏州大学文学院教授）

中国已然成为世界第二大经济体，并正在继续壮大之中，这是中华民族复兴的基础。然而，没有以学术为核心的整个文化的发展，民族复兴的伟大任务就不可能真正完成。经济强大，文化昌盛，是民族复兴缺一不可的两翼，并且，昌盛的文化对于经济的持续发展也是不可或缺的。因此，必须建立中国学术的核心价值。

如何建立中国学术的核心价值？

第一，应该返回到民族文化的根源——先秦典籍之中。文化原型在现代条件下的启动——启动的过程，同时也就是意义因革衍生的过程——才能使我们返回到民族文化生命的最深的泉源。“新子学”的概念，在我看来，就是对于先秦诸子学说研究在新形势下的革新。对于一个民族独特的文化意义的深根固本，及其在新的条件下的开掘、发展，是一个民族高扬其生存价值的集中体现。

第二，不是“接着讲”，而是“对着讲”。中国思想文化的发展应该是在全球化中发挥自己的优长。那种仅仅接着在漫长的专制制度下形成的传统话语所说的话，很可能产生继续为旧事物、旧现象服务的效果；并且，传统文化也必须在与西方话语的对话中，在解决现实困境的作用中，来鉴别其价值。因此，我们需要“对着讲”，针对西方的话题，对照中西两种话语，在对话中求深入、求新意。

第三，子学研究的革新，需要建立一种新的诠释学。子学研究向来有训诂与义理两个层面，这两个层面的研究首先都需要努力贴近文本的原意。自我的解释应该与文本的原意有密切的关联，当然也可以拓展开来。重要的是，不能在不懂得文本原意的情况下，随心所欲地加以解释。

第四，要敬畏经典。经典是民族文化之根，经典形成了民族文化意义空间的构筑，因此经典是不容亵渎的。后现代削平深度的倾向在中国也日益弥漫，经典也成为不良媒体与德里达所说的“媒体知识分子”消费的对象。只顾自己赚钱，而无视、亵渎以至破坏民族文化之根，乃是一种文化犯罪的行为。解构主义哲学家德里达晚年时说过，今天，亟需“对媒体权力制造的普遍话语发起战争”，“反抗并不意味着应该避开媒体。在可能的情况下，应该发展并帮助媒体多样化，让媒体负起这同样的责任”。

从全球文化脉络的角度看“新子学”的意义

邓国光

（澳门大学教授、澳门中国哲学会会长）

宏观当下整体的文明，皆处于生成发展的互动状态，活跃异常。而中国文化源远流长，经历过种种挑战与危机，文化机能的新陈代谢，亦极为强韧。文化精英以其高度智慧与洞见能力，先知先觉，超越眼底种种变幻与成见，一本良知理性，引导文化，走出歧路。

中国文化的集体智慧，保存在传统学术之中，包括经学、史学、子学与集学。从立义的角度言，四部都是一心。从分类而言，四部是体。从学术功能而言，因体见用。四部全体大用，皆不能偏废。20世纪的中国为了自强，必须走自新之路。“周虽旧邦，其命维新”。新时代有相应的挑战与机遇，维新的责任，自然落在先知先觉的知识分子身上。在集部，有新文学；在经部，有新经学；在史部，有新史学。但作为时代理性思维象征的“子学”，独落后于斯。

可幸的是，方勇教授提出“新子学”，如此整个四部学术能共同在相同方向上各显辉煌。“新子学”过滤芜杂的伪饰，醇化子学的本质，重建中国学术话语，启动思想，发愤人心，重振灵魂，积极解决新时代的深层次困扰，而期向未来生活世界的整体幸福。就世界文明格局的重新调整而言，这是非常重要的一步。中西之间的学术世界，因中国学术“义理”的重新释放，形成了整体道义自觉的正能量，自然可以进一步和谐通融，让全球同心同德，合力解决当下危机，为万世开太平，意义异常重大。

方教授的热诚宣言，自然流出此心此愿，此力此业，拜读后深为佩服。正大抱负，其不凡处一洗平庸固陋。时代有人，文化复兴乃是必然。感触之余，谨缀片言，以申敬重的衷情。

“新子学”的现代文化意义

郝　雨

（上海大学影视学院教授）

“新子学”的提出，显然不仅仅是古代文化研究者的本学科专业课题，而是在当今的全球化、新媒体时代，为整个文化学界提出的一个共同主题，并明确了当今文化传承的真正源头与主体性。它回答了：中华民族文化的伟大复兴，是仅仅复兴儒学，还是要找到民族文化的百家之源？对于现代文化研究者来说，当年的新文化运动否定独尊千年的儒学，到底有没有错？而当今中国的现代文化进程，其根本的历史渊源和文化依据又到底在哪里？

作为一面新的文化旗帜，“新子学”必将在整个文化学界更大规模地激起复兴民族传统文化的时代潮流。它不仅是古代思想文化的研究范畴，也为现代文化研究者提供了全新的学术基点和方向、旗帜。我们的文化研究，不能总是把古代与现代完全割裂，壁垒森严，互不交通。“新子学”的话题一定要把古代与现代打通，建立起通畅的古今对话，从而以更加开阔的历史眼光，寻求文化研究新的逻辑起点和思维脉络。

“新子学”的提出，势必引起整个文化界对文化问题的新一轮重新思考：第一，把我们对传统文化的研究由原来的以儒学为中国文化单一核心，转变回归到诸子百家，也就是把中国文化的源头回溯到诸子百家时期。这样定位，对复兴传统文化是更准确的。第二，这样的文化研究思路同时也给“五四”新文化运动找到了一个合理的逻辑的起点和解释。有些学者认为，现代以来中国传统文化的断裂是由于“五四”新文化运动把儒家否定推翻了。“新子学”告诉我们，儒家不应该是我们中华民族文化的唯一，而恰恰因为人为地将其独尊才导致了后世中国民族文化的衰败。我们现在就要在“新子学”的旗号下，寻找到中国文化的真正源头。第三，全球化时代，文化只能是多元的。“新子学”的提出，就是要重建百家争鸣的局面。

多元时代的文化传承与选择

陈引驰
（复旦大学中文系教授）

这些年来，方勇教授的学术研究有一清晰的发展脉络，从庄子文本到庄学史，再由庄子研究进而拓展至诸子，近年来编纂《子藏》，现在又提出“新子学”的概念。相信“新子学”不仅仅是一项学术探讨，应当还有其更宏大的设想或方向。

我们知道，子学发达的时代都具有多元思想、多元文化并起、交融或者冲突、对立的特点，先秦、汉末、晚明、晚清皆如是。现在所处的也正是多元的时代，有主流的意识形态、传统思想、西方思想，所以提出“新子学”思想是十分切题的，与我们的时代有很强的相关性。

多元的时代同时也是危机的时代，子学也是危机时代的产物。先秦子学兴盛、百家争鸣，却也是天下大乱的时代。子学发达的汉末、明末、清末也都是危机时代。现在这个时代，不仅仅是中国，从整个世界的角度而言，都存在着许多问题，同样也是危机时代。从这个意义上讲，“新子学”是要提供一种思想资源来应对这样的危机时代，因而是十分必要的。

子学的意义本身就是多元的，诸子百家各张其说，互相争鸣，必然存在着冲突与对立，其中有哪些可以供我们借鉴？学者、思想者是要把传统传承下来，把其中的精义发挥出来，把其中丰富的可能性展现出来，然后让同时代人或者后人来重新审视、重新选择，提供一个选择的可能。如果我们能够将子学的丰富与多元、冲突与互补，都展现给后人，让后人可以做选择，这就尽到了我们的责任，是一个非常有意义的工作。

“诸子禅”：全新的中国禅宗

吴 平

（华东师范大学图书馆古籍部主任、教授）

任继愈先生曾经指出，春秋战国时期的诸子百家争鸣是中华文化发展的第一次高潮，隋唐时期禅宗的形成与发展则体现了中华文化发展的第二次高潮。我认为，在这两次文化发展高潮之间应当有着必然的联系。禅宗的形成与发展，是强大的、血气方刚的儒道文化面对印度佛学的挑战而作出的必然选择，也可以说是子学融合佛学的成功之作。

孔孟思想直接影响到禅宗的形成与发展。如孟子主张人性先天至善，人之不善是因为后天没有发其善端、尽其性；又认为人人都有成善的天性，都可达到至善，即“人皆可以为尧舜”。而慧能之所以认为人人皆可成佛，显然是受到了孟子思想的影响。

禅宗受老庄思想的影响也很深。如慧能要求徒众在现实世界中“来去自由”，在日常生活中“自在解脱”，这明显是受到了庄子“无待”、“逍遥”思想的影响。同庄子相比，慧能更突出了主体“心”的地位，慧能所说的“自由”，也就是“心”的“自由”。在慧能看来，进入自由境界也就意味着成佛，而一旦悟道成佛，就可获得极大的自由。

禅宗就是这样在儒道文化的母胎中完成了中印文化的交融，孕育出全新的中国禅宗，我们可以称之为“诸子禅”。这种中国特色的禅宗，既避免了儒家所缺乏的理性思辨之短，又弥补了道家缺乏具体生活内容之不足，同时也抛弃了佛学中繁琐的学风，其充满活力的创新精神正体现了“新子学”的特色。

（原载于《文汇读书周报》2012 年 11 月 2 日）

现代文化学者讨论“新子学”纪要

2012年12月1日，在上海召开了“新媒体时代民族文化传承——现代文化学者视野中的‘新子学’”研讨会，本次研讨会由上海大学新闻理论研究中心、《黄河文学》杂志社联合主办。本次会议特邀约有关专家学者参与研讨，以期引起对“新子学”的进一步思考与讨论。会议由上海大学新闻理论研究中心主任郝雨主持。现摘录部分发言予以刊登：

郝　雨

（上海大学教授、博士生导师、上海大学新闻理论研究中心主任，本次研讨会主持人）

今年10月22日《光明日报》“国学”版以近整版篇幅发表了著名庄子学家方勇教授的文章《“新子学”构想》，立刻引起国内外文化学界的广泛关注。10月27日，华东师范大学先秦诸子研究中心召开研讨会，就此主题进一步深入讨论，《中国社会科学报》、《文汇读书周报》等各大媒体纷纷进行报道，更加推动了这一崭新提法的学术影响。可以预见，“新子学”作为一面新的文化旗帜，必将在整个文化学界更大规模地激越起复兴民族传统文化的时代潮流。而且，这样一个看似只属于古代文学、古代哲学以及古代思想史领域的课题，并不仅仅是一个古代文化的研究范畴。它也为我们的现代文化研究者提供了全新的学术基点和方向、旗帜。

概括而言，子学产生于文明勃兴的“轴心时代”，是以老子、孔子等为代表的诸子百家汲取王官之学精华，结合时代新因素创造出来的新学术。自诞生以来，子学便如同鲜活的生命体，在与社会现实的不断交互中自我发展。时值当下，它正再一次与社会现实强力交融，呈现出全新的生命形态，于是，“新子学”应运而生。“新子学”是子学自身发展的必然产物，它将坚实地扎根于传统文化的沃土，建立一套更加完善的概念与学术体系，并以更加独立的姿态坦然面对西学。同时，它也将成为促进“国学”进一步发展的主导力量，加快传统思想资源的创造性转化，实现民族文化的新变革、新发展，为中国之崛起贡献应有的力量。

我们认为，子学在现代学术格局和学科分类中，虽然只是属于古代文学与古代文化的一个研究领域，但是，“新子学”的提出，却显然并不仅仅是古代文化以及传统文化研究者的本学科专业课题，它实际上是在当今全球化、新媒体时代，为整个文化学界提出的一个共同的主题，即我们今天的文化传承的真正源头与主体性的问题。中华民族文化的伟大复兴，是仅仅复兴儒学，还是要找到民族文化的百家之源？尤其对于现代文化研究者来说，当年的新文化运动，否定独尊千年的儒学，到底有没有错？而当今中国的现代文化进程，其根本的历史渊源和文化依据又到底在哪里？

我们的文化研究，不能总是把古代与现代完全割裂，壁垒森严，互不交通。“新子学”的话题一定要把古代与现代打通，建立起通畅的古今文化对话，从而以更加开阔的历史文化眼光，寻求文化研究的新的逻辑起点和思维脉络。

为此，这次的讨论将以新媒体时代的民族文化传承，尤其是文化传承主体性的问题作为主要议题。我们这些现代文化研究者，如何看待和认识“新子学”的提出，希望与会者能够有更新的观点和视角。

杨剑龙
（上海师范大学教授、博士生导师、上海师范大学都市
文化研究中心主任、上海市人民政府决策咨询特聘专家）

我是研究中国现当代文学的，我也研究城市文化学，对于传统文化尤其是“五四”以后中国文化的走向也有些想法和思考。有人说“五四”造成了中国传统文化的断裂，因为新文化运动批评孔孟、批判儒家，但是细细来想，在当时社会历史转型时期，用鲁迅的话来说是一种“文化偏至”，就像房间太黑暗了想开窗，就要先提出拆房顶。像鲁迅这样一些“五四”新文化运动的先驱者，他们虽然反孔，但他们并不反儒家，儒家的一些传统的东西他们还是遵循的，他们反的是儒家文化中对人的压制、对人性的压制，所以鲁迅提出“立人”，周作人提出“辟人荒”，虽然表达方式不一样，但是都把“人”放在重要地位。他们反对儒家文化的君臣父子伦理体系把人缩小到不成为“人”。新文化运动先驱者们的国学根柢都是很深的，他们从事研究也好、创作也好，对中国文化的传承是有目共睹的。

我仔细看了方教授的这篇文章，我想谈谈“新子学”提出的意义和价值。

首先，文章突出了中国传统文化、哲学思想的丰富性。以前我们把中国传统文化简单化了，好像一说中国传统文化就只有儒家，儒家的代表就只有孔子，谈“五四”也是说“五四”把儒家文化之脉割断了，将中国文化的传统割断了。读方教授的这篇文章，谈到了中国文化的丰富性，不光是孔子、孟子，还有庄子、荀子、墨子，等等。这种丰富性这么多年来我们过于把它简化了，也弱化了。所以现在谈国学也好，谈传统文化也好，在很多时候就觉得有点捉襟见肘，没有深入盘算我们的家底，其实我们的家底很丰厚，很多时候都把祖宗的

产业给忘了，确实是这样的。我有几次到韩国去，感慨最深的是韩国的大学生都在读孔子、孟子、老子、庄子，而中国大学生却不读了。当时我是和钱谷融先生一起去的，他在韩国有五个博士学生，这五个博士知道钱先生到韩国，他们都放下手里的工作，围在钱先生边上，钱先生在韩国几天他们就陪了几天。对先生的这种恭敬，这种师道尊严，是发自心底的尊重。钱先生是个大家，在韩国每天吃泡菜，后来忍不住了，跟学生说今天能不能给我吃一顿中国菜，于是学生们就带他到首尔的一家中国菜馆“皇”，菜价是在中国时的十倍。透过这个细节，可以看出韩国人对中国传统文化的尊重和汲取，而我们却淡忘了祖先的传统文化。现在的大学生大多学西方，以西方文化为标准，学现代派和后现代派，却数典忘祖，忽略了对中国传统文化的传承。在研究中国当代文学的过程中，我感受到当代作家、诗人们，在改革开放以后，他们所注重的大多是西方，尤其在诗歌创作方面，许多诗人把中国古典诗歌的传统忘却了，中国当代诗人们很少去读唐诗、读宋词、读元曲，这样创作出的诗歌怎么会写得有中国魅力呢？他们学现代派、后现代派，也常常只是一些皮毛。

第二，文章提出了深入研究、传承中国文化的全面性。我们讲文化大发展、大繁荣，不能忘却对于文化传统的传承，传统的这些文化到底好在哪里、长在哪里？中国不断加快走向世界的步伐，在世界各地建立了许多孔子学院，孔子学院讲中国文化，究竟讲到哪个程度？孔子学院是不是简单的就是汉语学院？好多孔子学院仅仅是汉语学院，根本没有讲中国文化，讲也没有讲到位。我特别赞赏方先生他们在整理的子学典籍，中国传统文化、中国的子学中充满了智慧，值得我们进一步整理和研究。

第三，文章提出了全面阐释中国文化传承的可能性。新国学也好，旧国学也好，在全面深入整理研究的基础上更多地做一些尝试，包括胡锦涛同志提出的“八荣八耻”，在整体上还是中国传统的。但我们在某些时候的总结概括是欠妥当的，甚至有些口号也是荒谬的。我看到有很大的标语写“践行八荣八耻”，践行“八荣”可以，践行“八耻”怎么行呢？改革开放以后，中国把封闭已久的门户打开了，看到了外面的世界很精彩，之后很长时期我们是向国外“拿来”。在其过程中，我们常常过于看重西方，过于把西方看成评价的标准。我曾经与顾彬先生有一番对话。我批判顾彬，说他对中国文学评价的标准是西方文化中心论，他提出中国当代作家都不懂外语。我说写作肯定是母语写作，为什么德国作家不用中文写作呢？顾彬的话有的还是很有道理、很深刻的，比如他说，最看不起中国文化的是中国人，确实有这种现象，有些人向西方献媚，以骂中国而讨好西方。

“新子学”阐释的当代方式。现在我们怎么来阐释“新子学”？“新子学”是一种历史传统、文化传承，放在当下，肯定要有一种当下的意识。

首先，应该回归百家争鸣的历史语境，给我们的感觉是在那个时代有那么多丰富的思想成果，也正是来自于当时百家争鸣的语境。当代中国的文化语境、政治语境应该更开放，容忍不同意见，容忍争鸣，真正的学术争鸣，而不是人身攻击。现在看来，那么多的文化精品正是那种开放的时代氛围中产生的，思想是没有禁忌的，争鸣是没有边界的，只有这样一种氛围才可能产生真正伟大的思想者。

第二，“新子学”阐释的当代语境，应该崇尚以人为本。当年鲁迅批判儒家，也提倡以人为本。儒家文化的根本是和谐，人与人之间的和谐；老庄倡导人与自然的和谐，通过人跟自然的和谐相处，来达到一种比较好的境界。这些思想的关键还是以人为本，用我们现在的话说，是让生活变得更美好，而不是束缚思想，使人们生活得更糟糕。所以“新子学”的阐释始终应该崇尚以人为本、与人为善。

第三，应该融入现代人的现代思考在内，传承几千年的“子学”在当时的情境下产生，到今天怎么和当下人的思维思考结合，这就要融入现代人的一些思考内容，甚至一些思维方式。做史学研究的也好，做文学研究也好，要思考怎样把中国文化经典中的长处传承并融会至当下，古为今用。同时，我们也应该看到传统中的某些弊处，“取其精华，去其糟粕”，真正使中华民族在走向世界的过程中，追求一种文化自强、自信、自傲。

葛红兵
（上海大学中国文学创意写作
研究中心主任、博士生导师）

2004年我在新加坡南洋理工大学做访问教授，之前新加坡试图复兴儒学，邀请西方的新儒学专家来，在基础教育中统一讲授儒学，但到2004年基本上就宣布放弃了，这个实验应该说是失败了。我理解儒学应该做现代化转型，才能适应当下需要，但是这种转型仅靠儒学一家是做不成的，也不可能对现代社会有真正的促进作用，甚至在新加坡是遇到了全社会的抵触，不仅仅是其他教派的人从民族情感、民族思想的角度来抵触，就是华人也很抵触，所以就不了了之。前几年，国内也有一个“国学运动”的提法，主要的想法就是恢复儒学，而且恢复的是汉以后的儒学，以尊孔为中心。这种尊孔实际上在现代也演绎过，比如袁世凯当时举行尊孔大典，祭天祭地都有过，但是以失败告终。导致这些问题的根本原因，我认为是对中国思想的两个根本源头缺乏深刻的研究，我自己也感到现当代的作家、学者们其实是缺乏这方面研究的。这次会议请了各方“诸侯”来，跟作家、现当代学者交流，非常有意思，它不仅仅是儒学内部的讨论，而且是开放的。

中国思想的源头有两个，一个是公元3世纪之前先秦的子学，方勇教授说得非常好，是正本清源的一种说法，不是儒学一家；第二是“五四”时期的以“解放”为中心的文化运动。这两种思想在中国到底有没有成功呢？我宁愿用失败来形容它们。比如说“五四”，以“解放”为核心，“五四”开始的时候叫文化解放，所以叫文化革命；到了1949年以后，变成了阶级解放；八十年代又变成了思想解放，至此，以“解放”为核心的话语体系已经有一百年了。如果解放了一百年还在谈解放，证明“解放”这个话语体系也是失败的。

中国古代的思想我倒宁愿读先秦诸子，始源意义的儒学，孔子的儒学，跟后世的很不一样，比如孔子的身体论，他的舍身论跟贵身论是结合在一起的。孔子提舍身，也提贵身，他不同于孟子，也不同于汉代以后的儒学观点，孔子的舍身说跟庄子的赤身说也是平等交流的，融合在一起构成了一个大的系统。后世，恰恰把这些最原始的中国思想遗忘了。方勇教授这个时候提出这么一种观念，一个是意味着这个时代对传统思想的自信，也意味着这个时代构成了条件。西方每一次进步都会回溯到古希腊，当初尼采的整个思想都是回到古希腊，他的酒神精神也是回到古希腊。海德格尔也是回到古希腊。中国现在也有一个正本清源、如何回到源头的问题，现当代学者和整个中国思想界都应该有这么一个心态，重新回到民族文化的根源当中去。就这个点上来说，我认为，“新子学”任重道远。

第一，“新子学”整体研究、整体性阐释实际上还没有完成。社会上大量充斥着以讹传讹的认识，包括对《论语》。其实“论语系统”是针对古代君王的话语系统，比如孔子所说的“女子与小人难养”，如果是对一般人说的话，就直接说女子和小人你要离开他一点。“论语系统”是对君王和皇上说的，皇帝你要离身边的那些后宫里的女人远一点，要警惕皇子们争权。再举个例子，“敬鬼神而远之”，很多人认为，这是说，对鬼神我们要敬重它，但平时你要远离它。“远”是不是“远离”的意思呢？其实不是。皇帝是孤家寡人，在这个世界上，他要为下面的人垂范，他只能做什么呢？就只能敬天、敬鬼神，用他对待鬼神的这种尊敬的态度，来为下面的人垂范。

他通过祭祀鬼神，推己及人，推广给我们看。始源意义上的子学系统怎么解释，儒学和其他的各种子学怎么互相解释，也存在很大的问题，这是我的一个想法。

第二，中国的子学系统是世界上比较少的、没有完成现代化的一种思想系统。古希腊的思想系统有崇尚科学、崇尚人性、人本、崇尚世界本源的思辨，这些是完成了现代化的；基督教哲学也是完成了现代化的。中国先秦的子学系统一直没有进行一次现代化，“五四”时期是彻底通过否定子学系统来完成跟现代接轨，“五四”时期的现代话语系统甚至整个白话文系统翻译方法都是从日本来的，这就构成了整个中国文化的断裂。子学系统完成现代化，在今天依然任重道远，子学系统跟现当代社会文化现状的接轨也存在很大的问题。我常常想到鲁迅先生当年说的，我们拿着自己的文化在全世界挂一遍，那个时候拿梅兰芳到处挂，鲁迅就觉得很担忧，我们现在也是拿着孔子到全世界去挂，花那么多的钱到处办孔子学院，国内也在办。有时候我看到举办封禅大典仪式、祭孔仪式，包括去年在北京进行的祭天仪式，感到很担忧，这是真正的孔子思想吗？是汉语言最原始、最有光芒的思想吗？希望今天的讨论，包括方勇教授提出的话题，不仅仅是在古代文学或者是古代思想界引起重视，也要引起当代的理论界、哲学界、作家系统的高度重视。

刘绪源

（作家，批评家，曾任《文汇月刊》编辑、《文汇读书周报》副主编、《文汇报》副刊“笔会”主编）

对“新子学”的研究我可能关注不够，但是郝雨先生告诉我《光明日报》整版刊登了方勇先生的文章后，我认真看了，感觉研究这个问题非常有意义。提出“新子学”，其实是突出了中国古代最辉煌、最百花齐放的时期，也是呼吁我们重新进入这样的时代。

但我也听说了一种观点，即与“五四”联系起来，有朋友认为，如果把“五四”新文化运动也理解为一场“新子学运动”，即把它的意义理解为反孔、反儒从而恢复了子学的百花齐放、百家争鸣，那就能为“五四”作出有力辩护。这样说的用心，当然是好的，然而“五四”时的“反孔”，恐怕不会是为了恢复诸子百家，不是为了恢复古代的各家而去“打倒孔家店”的，而是为了要引进西学。问题的核心在于鲁迅先生说的“铁屋子”，中国这样的“铁屋子”如果不打破，西方的那些东西进不来，中国就没希望。这才是“五四”的精神指向，所以才会反“孔家店”。

中国文化有一个非常特殊的情况——中国没有本土宗教。西方中世纪曾经“政教合一”，中国没有宗教，一直到“五四”前，一直是“政文合一”，我们的文化跟政权紧密地联系在一起，铁板一块，这就是“铁屋子”。这样的情况下，对当时的体制、政权，想要冲击、突破，就只能从文化方面先来突破。中国为什么会出现“五四”，要否定一切，要打倒孔家店，其实跟这种“政文合一”的巨大压力有关。正是在这种特殊情况下，出现了对“孔家店”的批判，同时也附带批判了其他，有了打倒一切、怀疑一切的趋向。这个趋向有它的合理性和必然性。而到现在，就需要深思这个问题了：当时打破了这一切，到后来，政权也更迭了，文化也批判了，但民族自尊心没了，文化的自豪感没了，然后，新的政权建立了，新的体制建立了，我们现在又开始提倡“国学”，下一步我们将会走到哪里？我以为，有一种可能，就是又回到“政文合一”的老路上去。政府非常拥护国学，这道理很简单，越提倡国学越爱国，与此同时，民族矛盾越来越大，这以后，有一个情形是非常危险的，即走向“政文合一”的民族主义，对此我们不能不警惕。如果重新回到民族强盛、国家强盛、领土第一、全民动员，以为领土是最主要的，其他都是次要的，而文化又与政权合一了，这就又回到铁板一块的时代了，那是不可思议的。所以，又出现了另外一些声音，比如在我们《文汇报》上，就发表过舒先生的《国学质疑》。舒芜先生本人就是古典文学专家，他把大量的工夫花在古典文学研究上，对古典文学充满热爱。其实他担忧的也是这样一种现象，就是否定“五四”，否定当时对“政文合一”现象的批判，再走回到“政文合一”的轨道上来。在中国，像这样反反复复走回来再走回去的事，实在太多了，过去的中国历史就是这样写的，轰轰烈烈，但并没有实质的进展。这一点我觉得是要引起注意的。“打倒孔家店”的提出，导致了后来的混乱局面，那时有一个意见就是要走全盘西化的路，现在看来全盘西化的路走不通，因为所谓西化，其实也很复杂。中国需要重建民族文化和文化自豪感，原来的文化中的一些积极因素、元素是不可能丢开的。然而，现在需要理清楚，很容易被忽略的恰恰是西方政治、文化中一些我们必须吸收进来的东西，这一部分，就是所谓“普世价值”，包括自由、民主、人权、法制等。这是人类思想文化的精华，是先进文化，是人类的共同财富。这些如果不进来，即便建立了新的体制，这个体制的核心价值还是老的。现在把传统文化恢复一部分，恢复了民族自豪感，可如果没有这些先进的共通的东西，到最后还是老的文化，还是晚清或更早时期的自豪感，那就没有实质的进步。这一部分为什么叫“普世价值”？因为它是任何国家任何民族都要走的路，承认也好，不承认也好，早也好，晚也好，埃及、利比亚、叙利亚都要走这条路，只是早晚问题，它是人类文明的共同成果。

我们国家现在的情况，很明显的两点：一是舆论不健全，一是法制不健全。舆论监督不健全，国外的政府都是在骂声中生存，在骂声中前进，这很正常，但我们是在歌颂声中、在讲好话中、在拥护中生存、前进。虽然打倒了“孔家店”、批判了民族文化，但这些旧的东西（类似于山呼万岁）却没有改变，新的东西没有进来。我们提倡国学、提倡传统文化、建立民族自豪感，但那些新东西还得要进来，还得讲。这一点不达到，“五四”的目标就没有达到，就还可能退回到“五四”以前。

“新子学”的研究为什么大家看了之后都很振奋呢？因为它的精神，是有现代性内容在里面的，它跟普世价值有共通的地方。那个时代如果没有这样的精神存在，思想不会这样发达，不会出现百花齐放的局面。现在我们必须重建一个百花齐放、人人都能说话、符合普世价值的氛围。由此看，提倡“新子学”，确实有巨大意义，而且也很及时。

这里还要谈一点关于儒家的问题。我在前不久跟李泽厚先生有过几次对话，出版了两本书——《该中国哲学登场了?》和《中国哲学如何登场?》（上海译文出版社2011年、2012年版）。李泽厚先生所谈的“中国哲学”，包含的主要是儒家的观点。西方哲学到今天，走到“后现代”，走到了一个死胡同。在这样的情况下，中国哲学有很多可以补充西方哲学。儒家有其特长，有一些特别好的东西，尤其是“一个世界”的思想，即不认为有两个世界。西方有宗教，我们没有宗教，儒家不讲“怪力乱神”，它注重日常生活。比如祭祀，它主要是一种道德上、精神上的东西，儒家的这种思想是西方哲学所没有的，这是它本质的东西。还有乐生，这个恐怕儒家比老庄更强调，即强调要生存，要活下去，非常务实，不消极。“天行健”就是一种积极务实、不断努力、不断向前的精神。这种脚踏实地的精神和西方哲学确实有不一样的地方。李泽厚认为，西方哲学是一种“思辨的智慧”，思辨发展到后来，到“语言学转向”以后，其实就走向了一个死胡同。中国是一种“生存的智慧”，他说的“中国哲学登场”，就是指用生存的智慧去填补西方的智慧，用我们对日常生活的热爱去填补海德格尔，填补后现代。强调儒学，我觉得跟“新子学”的精神并不矛盾，当然儒家也有它不合理的一面，越走到后期儒家问题越大。“新子学”也并不是对儒家的全盘否定，它是要发掘更多民族文化的因素，来促成一种百花齐放的局面。

但我们还须清醒地认识到，提倡“新子学”，不可能成为一个轰动性的事件，像当年提倡“实践是检验真理的标准”那样的轰动效应，恐怕不可能有。原因很简单，所谓子学，都是历史文献，都是几千年前古代知识分子运用古代的思想、语言解决古代问题的。而现在，我们面临的是那么复杂、那么严酷的现实问题，西方大量的文化涌进来，面对这样一种全新的生活，中国现代的知识分子要思考当下的问题，要用现在的语言来论述、探讨当下，子学可以成为我们今天的一种参照，但是很难成为主流化的东西，主要还是一种文献参照。但能做到这一点，它的任务也就完成了，这就够了。

作为文献参照，我想有几个工作可以做。第一，就是像方勇教授现在在整理的五千种书，这是很基本的工作，是非常重要的，大量的文献整理出来，才有可能被普及。第二，就是刚才有的朋友说的，要做到现代性的转换，子学是古典文献，怎么向现代性转换，大量有现代性价值的东西怎么让它发掘出来，这里边有很多工作要做，哲学、教育工作者、文化工作者，包括作家、文学创作者，都有大显身手的余地。第三，它是一种思想整理，也是一项普及工作，像郭文斌先生在做的那些书，怎么样把古代文献、古代知识分子的思考，那些用古文写的东西，变成今天大家感兴趣的故事、名言、寓言，即使作为一种传说深入人心，哪怕变成很多碎片，也不要紧，普及工作就是这样，它可以飞入寻常百姓家，飞到大人小孩的心里，影响我们民族的精神。这些工作都是有意义的。

姜琍敏
（中国散文学会副会长、《雨花》主编）

说起来，我也算个文化人，创作文学、编辑杂志，不知不觉也逾三十年了。我从小也爱读书，但读的多半是文学作品或浅显、简明的文化读本，且“好读书，不求甚解”；所以至今仍可谓才疏学浅，腹中空空。这个“学”，就是国学底蕴、经史子集。除了“文革”后补读大学时约略涉及一些皮毛，基本上是个空白。形成这种状况大致有两个缘由。一是我和多数50年代出生的同龄人一样，经历过众所周知的非常人生。在最该书斋苦读的年龄去接受“再教育”了；二是在真正该再教育即有可能补习一些思想文化知识的时期如改革开放以后，却因工作碌碌和倦于文学写作而缺乏系统的修养。说来惭愧，我对“国学”的理解，很长一段期内也就如一般认识一样，局限于将其与孔孟儒学等同起来。诸子百家、百家争鸣这些概念，头脑中模糊也有一些，但究竟是哪些子，哪些家，争鸣些什么，几乎摸不着头脑。就是所谓孔孟之道，最初对其认识也歪打正着地来自臭名昭著的“批林批孔”运动。有意思的是，“克己复礼”、“必也正名乎”、“己所不欲，勿施于人”等孔子言论，在大批判时对我产生的竟是相当大的向心力。改革开放之后，我才逐渐对《论语》之外的庄、老、墨等子学有了一些渐进的了解和兴趣，并深深为其蕴涵的独到而“新颖”的世界观和生命哲学所吸引。尤其是庄老道学、禅宗佛学等学说，对我乃至“文革”后信仰缺失的大批同时代人所产生的影响和精神支撑是极其重大而积极的。但坦率说，我对此的了解仍处于“围城”之外的徘徊阶段。最初的认识竟来自于风行一时的台湾蔡志忠的漫画，后来才生吞活剥地看过些南怀瑾先生的著述。但是，尽管浅薄，尽管孤陋，我对中国传统文化的博大精深可谓叹为观止，对其敬畏和向往也可谓与日俱增。

正是出于这样一种潜意识，当获悉“新子学”概念的提出，读到方勇教授《“新子学”构想》之大作，心底产生的是一种本能而由衷的亲切与认同感。盖因新时期以来，随着国门大开，各家西学纷至沓来，各逞风骚；传统文化也旧瓶新酒，大行其道。表面上看来是一派繁荣，实际上百花倒是放了，而百家则未见怎么争鸣。尤其在传统学术方面，汉武帝时代“罢黜百家，独尊儒术”的影响似乎仍在暗暗地起着作用。以至谈到国学似乎就是大办孔子学院，而诸子百家的思想价值并未得到充分系统、在普及与提高两个层面上的详尽研究与发掘，使渴求精神营养的我辈及许多沉迷于功利生活或网络思维的年轻人，在博大丰富的子学宝藏面前，要么几乎仍处于“不知有汉、无论魏晋”的懵懂状态，要么就是有眼不识金镶玉或望而却步。

有句话叫“是金子总会闪光”，实际上并不尽然，金子也会因无人开采、淘洗而久埋于泥沙之下。同样，诸子百家的精神价值也像金矿一样，没人能否定其价值所在。因历史和现实的种种原因，许多对当今社会具有深长意义的精神瑰宝，它们在历史上虽然也曾有过几度辉煌、几番兴盛，但总体来说，至今还相对沉寂地湮埋于岁月的泥沙和歧见的迷雾之中。它们需要更多的专家学者俯下身去，深入探究，加以发掘、提炼而使其闪现出精神价值，从源流上丰富我国的思想文化宝库，并在实践中指导我们的现实生活。所以，我非常赞同方勇先生的看法：“当今世界已非西方文化中心的时代，文化多元化是人们的必然选择。中国学术既不必屈从于西学，亦不必视之为洪水猛兽，而应根植于中国历史文化的丰厚沃土，坦然面对西学的纷繁景象。子学研究尤其需要本着这一精神，在深入开掘自身内涵的过程中，不忘取西学之所长，补自身之不足，将西学作为可以攻错的他山之石……在国势昌盛、经济繁荣的今天，全面复兴子学的时机已经成熟，‘新子学’正以饱满的姿态蓄势待发……中华文化的未来，必将是在继承传统的基础上的不断的创新发展。诸子学作为中华传统思想文化的主体，必然是未来思想文化的重要组成部分，是促进中国重新崛起成为世界中坚的有生力量之一。”

我期待并坚信着这一天的到来。

王宏图
（复旦大学中文系教授）

诸子百家学说大量涌现的先秦时期，是中国古典文化孕育成形的轴心时期。在数千年漫长的历史进程中，儒、道传统在中国文化发展中发挥了主导性的作用。

尽管众多学派在日后并没有获得一呼百应的巨大影响和众人仰视的尊贵地位，但它们以各种不同的方式参与塑造了中国的文化特性，成为丰富繁杂的文化资源的有机组成部分。

在21世纪中国重新崛起的大背景中，如何重建、重塑中国的文化价值和文化自信成了刻不容缓的当务之急。方勇教授新近提出的“新子学”的构想，无疑为中国文化的再创造开拓了一条崭新的通道。中国文化的复兴和重建，除了与域外文化的对话外，不应离开对传统思想资源的盘点启动，而作为传统思想资源一个重要组成部分的诸子百家之说，恰恰能在这一过程中起到始料不及的重要作用，焕发出新的思想活力。

传统在文化发展的进程中发挥着不可替代的重要作用。任何变革创新，离开了传统资源的滋养，都难逃昙花一现的命运。然而，重视传统在文化变革的作用，并不意味着对传统规范亦步亦趋，不敢越雷池一步，并不意味着无视鲜活生猛的当下经验。人们与传统的关系是一种动态、富于建议性的对话关系，也只有在这一当今与传统的对话中，思想才得以激发、孕育，结出新鲜的果实。用俄罗斯文艺批评家巴赫金的话来说，思想从来不是单声道的独白，“恰恰是在不同声音、不同意识相互交往的联结点上，思想才得以产生并开始生活”，“思想就其本质而言是对话性的”。思想史上不少经典是用对话体写成，便证实了这一点，如开创西方哲学史先河的柏拉图的“对话”和狄德罗的《拉莫的侄儿》便是最为典型的例证。

此外，未来中国文化的复兴，无疑应带有鲜明的中国印记，但这并不意味着人们可以固守在民族主义的樊篱中，可以恬然自得地以坐井观天的方式应对当今日趋全球化的世界。在当今社会，思想的流动和交流越来越突破原有的国家和地域民族的界限，我觉得，“新子学”给我们的一大启示是，除了将传统资源发扬光大外，还应开展中国文化与各国文化全方位的对话，借此启动中国传统内在蕴涵的活力，同时也大规模地汲取域外思想资源，以丰富、发展自己。只有这样，中国文化的复兴将不仅改写现有的中国文化版图，而且也将改变世界文化的现有格局与秩序。

景国劲
（集美大学教师教育学院院长）

我对子学的学习不够，所以我是以子学研究圈外人的身份来谈一点感想。

第一，我们要有警惕感，尽管《光明日报》将《“新子学”构想》刊登后冲击很大，但在如今商业化、世俗化的时代里，或者说消费社会的语境中，其冲击到底有多大，大约不能期望得太高。

第二，“新子学”以及“新子学”的发展能够起到多大的作用，还有待于实践去检验。也许难以期望它对中国文化、中国学术有很大的冲击，但是它的价值是很大的。“新子学”的提出，方向上大家都不反对。过去对传统文化的认识太简单了，实际上传统文化我虽然不够了解，但我凭感觉认为它是一个很复杂的系统。比如说尊孔也罢，被历代统治阶级利用也罢，都是把它简单化了。为什么简单化呢？是为了利用它，因为它有利用价值。

这是我要指出的两个警惕，也是对我自己的提醒。

第三，文化的传承是国家的文化战略，特别是当前语境跟以前的语境不大一样，所以这是非常有必要的。另外一个方向就是文化的输出，比如孔子学院，它是不是全面透彻地在输出中国文化，确实值得考虑。无论如何，作为国家的文化战略，意义是输出，是内部积极传承，目的则是为了创新。我想，这个方向，包括方教授提出“新子学”，都是没错的，我们也期待“新子学”有更新的东西。这个新的东西不仅仅是对子学的阐释，也是一项很重要的工作。方教授在进行一个这么大的工程，对于很多现代的学者，不仅是现代文学研究者，还有其他各种学科都应该去参与进来，不断地赋予它一些新的内涵，譬如“新子学”与当代怎样结合？“新子学”的包容量到底有多大？要研究，不能夸海口，需要扎扎实实去做。从整个文化传承角度来讲，肯定不能只传一家，也不能只传书本里有的多家或“新子学”。除此之外，还要重视的一点是地方文化，特别是民间文化，这块也是很重要的文化传承。现在包括社区教育、学校教育特别是中小学教育，都很重视这一块。

第四，除了学术研究之外，传承是全社会的工作，所以我关心三个问题——传承什么？谁在传承？怎样传承？除了前面讲的宏观务虚的内容外，还要落到实处，落到效果上。传承是很有必要的，大家都谈到了，我觉得更重要的是年青一代，从社会角度来说，他们更需要继承这些东西。所以中小学、大学是工作重点，至于作家、学者有其自由选择，比如说我就选择现代派，你不能说是不对的。

我想，“谁在传承”是全社会的责任，其中包括中小学的老师，知识分子，这个阶层应该更有责任。当然用何种方式传承就有很多选择，像刚才几位学者所撰写的著作畅销于世就是一种传承方式。我更关注的是，这些东西能够进入中小学、大学的课程、教材里去，这种传承才具有可持续性。这是带有普世意义的工作，不是靠几个人就能完成。这个工程除了整理子学文献之外，怎样将它传承，怎样再置换入新的东西进去，一是要从中小学开始，灌输到课程中去。这个工程有普及性，也有时效性，但只有这样，才能使它有可持续发展，而不是仅仅作为一个话题提出来，然后整理几部书就完了。从这个角度讲，我对这方面的期待倒是比较大，不敢说它冲击有多大，因为文化是慢工夫，一定要对它有正确的估计。

“新子学”，按照我的理解，它不是一个很严格的学术术语，它是一种状态的描述，或者是一种方向性的倡导。要具体确立一个名词解释也许很难，它更需要的是我们去实践。实践之后，这个概念自然就丰满起来了，比如说去整理、研究，比如说要把现代的内容囊括进去。至于怎样让它有更新的内涵，还要灌输到中小学教育以及大学本科教育中去。这个工作真要做起来，工作量是比较大的，而且也是有时效的。现在做学术就是这样，很多老百姓都不关注你，关注的是冠冕堂皇的东西。比如说文化搭台，它要的是经济效益，实际上整个把传统文化扭曲了，然后再拍成电视剧，戏说这个，戏说那个。所以中小学教育很重要，要传承就要从中小学开始，这是一代又一代的事，不是说我们这些学者之后另外一批学者做现代派，基础工作还是在教育，特别是基础教育，以及高校大学生的教育。现在世俗的、商业的、非文明的东西太过泛滥，我们不说社会，仅仅在文化系统、教育系统，这些现象都太多。于此，我们责任重大，因而我本人下一步也会努力去完成一点微不足道的工作。

范松楠

（中国传媒大学传播研究院2011级博士生）

由于传播学的学科背景使然，我尤其关注本次研讨会中的“新媒体时代”这个字眼。“新子学”作为我国民族文化中的精髓，在当今时代面临着如何传承和革新的严峻挑战。随着信息技术和数字技术的发展，我们早已迎来了全球范围内的“新媒体时代”。当互联网、手机和其他具有互动功能的移动终端成为人们日常生活中的重要对象时，“新子学”自然也需要借助这一新兴媒介力量达到传承民族文化、影响人们价值理念、重塑和谐生活的目标。

以“新子学”为代表的中华传统文化中包含着大量为我们民族所津津乐道的文化观念，比如以和为贵、仁爱天下、天人合一，等等。这些宝贵的思想遗产在当今中国社会转型、文化价值体系失范的现实情况下，更凸显出其重要价值。如何使蕴藏在“新子学”中的思想遗产摆脱仅仅是文化精英之谈资这一“高高在上”的姿态，转而以更加亲民、通俗易懂的方式走进老百姓的日常生活，成为指导人们生活的内化了的规范？只有解决这个问题，民族文化的传承才落到实处。而新媒体具备及时性、便捷性、互动性等媒介属性，堪称是将“新子学”推向普通民众的重要中介。至此，如何体认并开掘新媒体在“新子学”发展过程中的重要职能，是新媒介时代背景中民族文化传承的重要子命题。这个问题的妥善解决，一方面有利于民族文化的昌盛，另一方面也有利于文化产业的繁荣。因此，这个命题需要文化学界和传播学界的同仁们共同的努力。

（计虹、白新茹根据录音整理，并经各位发言者审定）

诸子学略论

杨国荣

诸子之学，兴起于先秦。从思想史上看，那是一个群星灿烂的时代：一大批富有创见的思想家喷涌而出，蔚为思想史之奇观。就社会身份而言，诸子属广义的“士”；从思想文化的品格看，诸子又是中国思想史上最早形成自身思想系统的思想家。在狭义上，诸子之学与先秦时代相联系；在广义上，作为创造性思想家的“诸子”以及与之相关的“诸子之学”则不限于先秦而绵延于此后中国思想的整个历史衍化过程，这一过程在今天并没有终结。

一

诸子之学的内在特点，可以从不同方面加以理解。在历史的层面上，诸子之学首先具有思想和文化的承继性或延续性。诸子百家，尽管各有创见，但并非完全没有思想之源。历史地看，在诸子之学形成之前，《诗》、《书》、《易》等元典已出现，它们对诸子的思想具有不同意义的影响，这一点，从诸子在其著述中每每引用《诗》、《书》等文献，便不难看到。孔子曾提到“述而不作，信而好古”，其中的

“述”代表了对以往历史的延续、承继。当然，这并不是说，孔子完全不“作”，毋宁说，这里强调的是以“述”为“作”的前提。尽管与思想立场、观点的差异相联系，诸子对以往思想的侧重、取舍等方面有所不同，但在与此前的思想发展存在历史联系这一点上，又具有相近的趋向。

诸子之学的历史承继性，同时体现在更广的社会历史文化层面。早在汉代，班固在《汉书·艺文志》已提出“诸子出于王官”之说，认为“儒家者流，盖出于司徒之官”、“道家者流，盖出于史官”、“阴阳家者流，盖出于羲和之官”、“法家者流，盖出于理官”、“名家者流，盖出于礼官”，等等。此说之源，又可追溯到刘歆的《七略》。直到近代，章太炎在《诸子学略说》中仍肯定这一看法。认为诸子中的某一学派源于历史上的某一职守，这种简单的一一对应自然未必合乎历史的事实，然而，从另一角度看，以上观点似乎又多少有见于诸子之学的兴起与以往的历史文化发展之间并非毫无关联。质言之，“诸子出于王官”之说不必拘泥于其中的具体历史结论，其意义应当从肯定诸子之学具有宽泛意义上的历史承继性这一角度去理解。

诸子之学的另一个重要的方面——在某种意义上是更为重要的方面，是它们所具有的思想突破性。相对于以往对世界及相关对象的理解而言，诸子之学确实富有思想的创造性。尽管学术立场不同、思想倾向各异，但各家各派都基于对时代问题以及宇宙人生原理的不同理解，提出了自己核心的观念，并由此建构自身的思想系统。如孔子提出了“仁”的观念，并以此为宗旨，建立起一套儒学的体系；老子提出了“道”、“自然”等概念，由此形成早期的道家学说；墨家提出了“兼相爱”、“交相利”等观念，由此成为与儒家并列的另一显学，如此等等。通常以所谓“轴心时代”指称诸子所处的历史时期，这里的“轴心”隐喻，也基于诸子的思想创造。先秦时代如同西方的古希腊，是新的、创造性思想体系形成的时代，它所具有的思想原创性、突破性，使之成为后继思想发展的历史之源。从汉魏，到隋唐、宋明，直到近现代，中国思想的历史发展，总是不断回溯到先秦时代。

从另一角度看，诸子之学所展现的思想突破，同时也体现了思想历史发展的间断性。近人如胡适提出“诸子不出于王官论”，此说既在历史层面有见于诸子与王官之间作简单对应之弊，也蕴涵更广层面的意义：如果说，“诸子出于王官”之说从一个侧面触及了诸子思想的历史承继性，那么，肯定“诸子不出于王官”，则意味着确认诸子之学包含对以往文化思想的突破、超越这一面。

宽泛而言，对诸子之学的思想旨趣以及内在关切的问题，可以借用后来司马迁说过的两句话来概括，即：“究天人之际、通古今之变”。诸子之学的具体内容当然复杂而多样，但从最广的层面看，则各家都在不同意义上涉及以上两个方面。所谓“究天人之际”，包括对人和自然、人与超越的对象或超验存在之间关系的理解。诸子从不同角度涉及这一类问题：事实上，天人之辩，便构成了先秦诸子论争的基本问题之一。儒家之主张仁道原则以及天命观念、墨家之重兼爱和天志、道家之强调“道法自然”和“无以人灭天”，等等，都从不同方面展现了对天人之际的理解。这里既有价值观上注重自然原则与突出人道原则的分野，也有形而上层面对“天”的不同规定。

“通古今之变”中的“古今”不仅仅是个时间概念，其中也包含着具体的历史、文化、政治内涵。从一定意义上说，前述“诸子出于王官”的看法也关乎这一方面的问题：“王官”包含政治、文化的历史内容，认为诸子之学与“王官”具有相关性，也表明诸子之学涉及广义的政治、文化内容。先秦时期与天人之辩相关的另一重要论题，是礼法之争，礼法问题在实质的内容方面关乎政治主张、治国原则：究竟“道之以政，齐之以刑”，还是“道之以德，齐之以礼”？礼法之争同时与王霸之辩相涉：应当实行仁政、王道，还是实行霸道？诸子之间就这些问题展开了多方面的论争，其中涉及对理想的政治体制、社会形态的不同理解。这种论争在形式的层面与广义的古今问题相涉：礼制、王道，往往表现了以三代等为代表的理想（古），法治、霸道则体现了当时的形式（今）。事实上，直到近代，古今问题依然包含多方面的政治、历史内容，如作为近代思想重要论争的“古今中西”之争，其中“古今”的形式之下便包含在历史走向、政治道路的选择方面的不同立场和取向。

在诸子之前，“究天人之际”的问题，常常与巫术活动相纠缠，后者又主要与“巫”及后来的“祝”、“宗”、“卜”等相联系：在相当长的历史时期中，“巫”或“祝”、“宗”、“卜”等被赋予沟通天人（上传下达）的功能：一方面，他们向天表达人的意愿和要求；另一方面，他们又向人传达天的意志。在此意义上，“巫”或“祝”、“宗”、“卜”等既是天人之间的桥梁和中介，又是把握天人关系的“专家”和“权威”①。广义之“巫”对天人关系的理解和处置，首先以“巫术”为途径和形式，巫术在总体上则包含神秘的、超自然的方面。这样，在巫师、巫术的层面，对天人关系的理解和把握，也总是相应地具有某种神秘性。就“通古今之变”而言，在诸子之前，“古今”问题所涉及的社会、政治、思想、文化等方面的内容，往往由“王官”或官方化的政治意识形态所垄断。作为传统社会政治、

① 历史地看，广义的“巫”经历了从宽泛的巫术活动主持者到逐渐职业化的过程。按《国语·楚语》的追溯，历史上曾出现过所谓“家有巫史”的时期，尔后颛顼“命南正重司天以属神，命火正黎司地以属民”，形成“绝地天通”的格局，这意味着沟通天地成为使广义之“巫”的专职。尽管这一记叙并非严格意义上的历史描述，但其中亦折射了某种历史衍化的过程。“巫”的专职化，一方面使之成为具有“专业”性质的“权威”，另一方面也广义之“巫”本身成为某种特殊阶层，并与官方形成了一定的关联，“祝”、“宗”、“卜”等职的出现，也从一个侧面体现了这一趋向。

文化活动重要内容的“制礼作乐”，以及礼制的传承和损益、对礼乐的规定、解释，便主要由王朝的最上层所主持。这种状况，与“学在官府”的历史背景具有相关性。

然而，在诸子出现之后，以上情况便发生了变化。“究天人之际”不再是广义之“巫”这一阶层的专利，“通古今之变”也非“王官”或具有官方性质的意识形态所垄断。作为诸子社会依托的“士”既不同于“巫”，也有别于“王官”，但在某些方面却“兼有”二者的身份和功能，而作为其思想代表的诸子则开始承担原来由巫师和王官所专断的“究天人”、“通古今”之事。这是一种十分重要的转换，其意义不仅在于天人之间的解释者、古今过程的通变者之变更，而且更在于“究天人”、“通古今”所涉及的内容与形式的实质性变化：相对于巫师借助巫术沟通、解释天人关系所呈现的神秘形态，诸子所展开的天人之辩更多地具有现实的内容和理性的形式；相对于“王官”所体现的官方化意识形态而言，诸子对古今关系形式之下所涉及的政治、文化、历史内容的阐释与理解，更多地表现为个性化、独创性的思想系统。如果说，前者涉及超自然的、神秘化的把握世界方式向理性化的把握方式转化，那么，后者则意味着“王官”化（官方化）的思维方式向个性化的自由思考转化。后一方面的衍化，在逻辑上伴随着从学在官府到私人讲学的历史变迁。尽管与历史的承继性以及当时具体的时代背景相联系，诸子的思想并没有完全摆脱神秘性，但较之此前的“巫师”、“王官”，诸子的思想无疑具有更多的理性内容与自由的形式。事实上，先秦的百家争鸣，便既展现为一个理性思考的过程，又表现为诸子之间的自由相争和讨论。

从思想史的角度看，在诸子之学中，不仅可以看到经与史之间的相通性，而且也不难注意到经和诸子之间的相关性。先秦时期当然还没有形成经学，不过，如前所述，《易》、《诗》、《书》等后来成为经学领域经典的典籍却已存在。从王阳明到章学诚，都曾提出“五经皆史”或“六经皆史”之说，其中强调的是“经”与“史”之间的统一性。广而言之，除了经史之间的这种交融外，后来成为经学载体的经典及相关理论与诸子之学也呈现内在的关联。一方面，后来成为经学重要经典的《诗》、《书》等文献不断为诸子们所引述，并构成他们思想的重要来源，从中可以看到后来成为经学载体的经典、文献对诸子的影响。另一方面，诸子中的一些重要人物，如孔子、孟子，其思想后来成为经学的重要内容，其著作则在后来成为经学典籍的重要构成。在中国思想的尔后历史衍化中，有所谓经、史、子、集之分，与之相关的是经学与史学、经学与诸子之学的分野。然而，从历史的源头看，后来被作为经学的思想内容与诸子之学之间，并非彼此截然隔绝。如后文将进一步讨论的，这种交融，也制约着中国思想的尔后发展。

二

诸子之学所具有以上特点，包括历史的承继性和延续性、思想的突破性和创造性，以及诸子学与后来成为经学的思想内容之间的相容性，在中国思想的发展过程中，本身不断得到延续。在汉代，有董仲舒、扬雄等人物，他们在思想上承继了包括先秦在内的以往思想系统(扬雄甚至在形式的层面也依循传统经典，如其《太玄》仿周易而作、《法言》以《论语》为效法对象)，但又具有思想的创造性。同时，他们也体现了经、子之间的沟通：一方面，如董仲舒，在经学形成之后，已成为重要的经学家，另一方面，他们又有自己个性化的思想系统，可以视为汉代的“诸子”。后来“董子”、“扬子”之称谓，也从一个方面体现了其思想品格与诸子的相近性。魏晋时期，诸子的思想一度呈复兴之势，除儒之外，道、墨、名家等思想都得到了多方面的阐发。王弼、何晏、嵇康、郭象等是其中的代表性人物。王弼有《周易注》，何晏有《论语集解》，郭象有《庄子注》，等等，其中既可以看到思想的历史延续，也不难发现其思想的创见。同时，在王弼、何晏那里，经学与子学之间也呈现内在的相融性，而他们本身则既是经学家，又是魏晋时代的诸子。隋唐时期，韩愈、柳宗元、刘禹锡等，同样体现了“述”与“作”的统一，既上承传统思想，又在新的历史条件下对传统的儒学作了进一步的阐发。就其思想品格而言，他们也可视为隋唐时代的“诸子”。宋明时期，理学基于儒学传统，又对其作了新的发展。以北宋五子而言，他们对经学都有相当深入的研究，对以往传统经典也作了种种诠释，在这一意义上，他们的思想无疑体现了历史的承继性。但同时，北宋五子又各自形成了非常具有创造性的思想体系，可以看作是是宋代有创见的“诸子”：事实上，“五子”这一称谓，也体现了他们与诸子的思想联系。在这里，历史的承继性、思想的创造性与突破性，以及经学与子学之间的相融，同样得到了展现。

至清代，诸子之学作为研究对象进一步受到重视：清代从某种意义上再次体现了诸子学的复兴，当然，这种复兴首先表现为先秦诸子学作为研究对象得到了关注。与之相关，从主导的方面来看，尤其是在乾嘉学派那里，清代诸子之学的研究主要侧重于文献的考证、训诂、校勘等。不过，清代诸子学的研究并不仅仅限于这些方面。后来龚自珍对乾嘉学派的学术做了带有总结性的概括，在评价乾嘉学派的代表人物之一阮元的学术研究时，他便区分了阮元所涉及各种学术的领域，包括训诂、校勘、金石、史学、典章制度，等等，与此相关，他还特别注意到“性道之学”，将“性道之学”列为阮元学术研究的重要方面。所谓“性道之学”，也就是关于性与天道的追问和沉思，其中涉及现在所说的带有思想性、哲学性的创造性思考，对“性道之学”的关切，表明即使在以诸子作为实证性研究对象的乾嘉时期，当时学人的思想依然关注思想的创造性，从而在实质的层面也同时上承了先秦诸子注重思想创造的传统。

在近现代，诸子之学进一步成为重要的研究领域。近现代诸子之学研究的重要特点，表现为把诸子之学放在现代学科背景下加以讨论。梁启超、章太炎、胡适等，都已开始从文学、历史、哲学等学科的角度，对诸子的典籍、思想作现代意义上的考察和阐释，诸子之学的研究则相应地取得了现代学术的形态。如前所述，自汉代到近代，诸子之学的研究与阐发，往往与经学相涉，与之相联系，诸子之学所具有的思想创造传统固然仍得到延续，但思想的这种发展又离不开经学的背景，后者作为正统化的意识形态从不同方面制约着思想的衍化。由此，诸子之学与经学的关系也呈现较为复杂的格局：一方面，在经学的发展中，诸子之学所内含的个性化创造传统并没有消失，即使是经学家，本身也常常同时是相关时代有独特思想品格的诸子；另一方面，意识形态化的经学，又每每在价值观念等层面对自由的思考形成了某种限定，所谓“思不出位”，也从一个层面体现了这一点。相对于此，近代以来，随着经学的终结，思想发展（包括对诸子之学的研究）已由经（学）子（学）交融，走向二者的脱钩，后者的意义当然并不在于否定思想发展的前后承继，而是展现为摆脱经学作为正统意识形态所蕴涵的以上限定。从某种意义上说，步入近代以后，特别是新文化运动之后，先秦那种自由立说、自由讨论的思想景观再度出现，近现代的思想家则在新的历史条件下继续“究天人之际、通古今之变”，并在上承以往思想资源的同时，通过创造性的思考，形成不同的思想系统。

三

进入21世纪之后，伴随着向传统思想的不断回溯和反思，诸子之学也受到了不同层面的关注，所谓“新子学”的提出，便从一个方面体现了这一点。从前面所论可以看到，就实质的方面而言，诸子首先是有创见的思想家，诸子之学则相应地表现为个性化的、创造性的思想系统。在这一意义上，诸子之学是通过创造性思考自然形成的，而不是外在或人为地“建构”起来。与此相联系，如果以“新子学”作为学术、思想发展的目标，则这种“子学”显然不是通过外在的人为“建构”所能形成的，而应当是新的历史背景下对宇宙人生、社会历史、现实问题的创造性思考的产物。这里需要区分两种形态：其一，以历史上的诸子之学作为研究对象，其二，通过创造性的思考，形成新时代的诸子之学。前者属学术史、思想史的对象，后者则是新的思想系统本身的形成和发展。严格意义上的“新子学”，主要与后一形态相联系，它意味着在新的历史条件下形成新的思想者和新的思想系统。

如前所述，诸子之学以历史的承继性和思想的创造性及突破性为其内在品格。“新子学”或新的思想系统的形成，同样涉及以上方面。这里，可以借用现代哲学家冯友兰的说法，从“照着讲”和“接着讲”两个方面来理解思想的发展。宽泛而言，“照着讲”主要侧重于历史的维度，包括从历史角度对以往经典做具体的实证性研究，诸如训诂、校勘、文献编纂、文献整理，等等。这方面的研究涉及对以往思想的回顾、反思，既应把握历史上的思想家（诸子）实际说了些什么，也应总结其中具有创造性和生命力的内容，从而为今天的思考提供重要的思想资源。

与“照着讲”相关的是“接着讲”。从思想的发展与诸子学的关联看，“接着讲”更多地近于诸子所体现的思想突破这一内在品格，它意味着延续诸子注重思想创造的传统。事实上，自近现代开始，具有创造性的思想家总是在“照着讲”的同时，又以不同方式“接着讲”。以区分“照着讲”与“接着讲”的冯友兰而言，其思想便可首先上溯到传统理学中程朱一系，从他本于传统的程朱理学这一方面看，冯友兰的思想无疑包含“照着讲”这一面。然而，他同时又吸纳西方现代新实在论的哲学，并通过融合程朱理学与新实在论而对传统理学作了独特的发展，由此形成所谓“新理学”。“新理学”之“新”，便体现了“接着讲”，而“新理学”本身则可视为“接着讲”的产物。广而言之，今天学术思想的发展，同样也离不开“接着讲”。

以近代以来中西思想的互动为背景，“接着讲”无法回避中西思想之间的关系。20世纪初，王国维在《〈国学丛刊〉序》中已提出：“中西二学，盛则俱盛，衰则俱衰。风气既开，互相推助。且居今日之世，讲今日之学，未有西学不兴而中学能兴者，亦未有中学不兴而西学能兴者。”这里既涉及国学研究的具体进路，也关乎更广意义上思想发展的方式。在中西之学已相遇的历史背景下，“接着讲”同时展开为中西之学的交融，从更深沉的视阈看，这种交融具体展开为世界文化的建构与发展过程。就世界文化的发展而言，中国思想传统与西方的思想传统都构成了重要的资源，而世界文化的发展，则以二者的互动为其重要前提。这一意义上的“新子学”，同时展现为世界文化发展过程中创造性的思想系统。相对于传统的诸子之学，以上视阈中的“新子学”无疑既获得了新的内涵，也取得了新的形态。

作为思想发展的相关方面，“照着讲”与“接着讲”无法分离。任何新思想的形成，都不能从“无”开始，它总是基于前此的思想演进过程，并需要对前此思想范围而进退之。“照着讲”的意义，在于梳理以往的思想发展过程，敞开前人思想的丰富内容，由此为后继的思想提供理论之源。在此意义上，“照着讲”构成了“接着讲”的出发点。然而，仅仅停留在“照着讲”，思想便容易止于过去，难以继续前行，这不仅无助于新思想的生成和发展，而且将限定以往思想的历史意义，甚而窒息其内在的生命。就此而言，在“照着讲”之后，需要继之以“接着讲”。“接着讲”的基本精神，是突破以往思想或推进以往思想，而新的思想系统的形成，则是其逻辑的结果。进而言之，从现实的过程看，“照着讲”与“接着讲”总是相互渗入：“照着讲”包含对以往思想的逻辑重构与理论阐释，这种重构与阐释之中，已内含“接着讲”；“接着讲”基于已有的思想发展，其中也相应地内含“照着讲”。

今天谈“新子学”，在实质的层面应当注重思想发展过程中“照着讲”与“接着讲”的统一。“照着讲”意味着思想的历史延续，“接着讲”则指向新思想的创造性发展，二者的如上统一，既在历史传承的层面体现了传统意义上的诸子之学沟通历史的承继性和思想的突破性这一特点，也在现实发展的维度上为形成具有个性的创造性思想系统提供了前提。

（作者单位：华东师范大学人文学院）

诸子形态的流变及诸子范围的界定

李桂生

“诸子”之学是国学之重要一块。“诸子”，又称“诸子百家”，最早出自战国时庄子与荀子的著述中。《庄子·天下》云：“百家之学，时或称而道之。”① 《荀子·解蔽》云：“今诸侯异政，百家异说，则必或是或非，或治或乱。”② 汉代司马谈《论六家要指》首列儒、道、墨、法、名、阴阳为先秦诸子六家。东汉班固继承刘向、刘歆父子之《别录》、《七略》，撰《汉书·艺文志》，又把诸子增至“九流十家”。由此，后世所指“诸子”，多沿袭汉志之称谓。而所谓“诸子学”，则指注释、整理、研究“诸子”之学问。

魏晋南北朝，“诸子”范围有所分合与增删。但这一时代之目录著作，所指“诸子”，基本仍承汉志之说。例如，荀勖《新簿》乙部著录古诸子家、近世诸子家、兵书、兵家、数术的图书；王俭《七志》分经典志、诸子志、文翰志、军书志、阴阳志、术艺志、图谱志；阮孝绪《七录》有经典录、纪传录、子兵录、文集录、技术录、佛录及道录。它们在“诸子”范围界定上与汉志无多大区别。

---

① 王先谦《庄子集解》，《诸子集成》，中华书局1960年版，第216页。
② 王先谦《荀子集解》，《诸子集成》，第258页。

“诸子”范围发生较大变化是在隋代以后，其范围有逐渐扩大的趋势。《隋书·经籍志》首开经、史、子、集之图籍分类法，并把汉志之《诸子略》、《兵书略》、《数术略》、《方技略》合并为子部：“合而叙之，为十四种，谓之子部。”①《新唐书·艺文志》、《宋史·艺文志》之子部均有十七类，而且各类目基本相同。如《新唐书·艺文志》之丙部子录除著录儒家、道家、法家、名家、墨家、纵横家、杂家、农家、小说家、阴阳五行外，还把天文、历算、兵书、杂艺术、类书、明堂经脉、医术列入其中。

隋唐至明清，不论史志目录、官修目录，还是私家目录，“诸子”的范围都比汉魏时的“诸子”范围大很多。如《明史·艺文志》子部共有十二类；《四库全书》和《清史稿·艺文志》子部均有十四类，其立目完全相同；《崇文总目》子部有十六类；《通志·艺文略》子部有十一类；《郡斋读书志》子部有十六类；《直斋书录解题》子部有二十类。而子部类目最多者，要数明代高儒《百川书志》，其子志著录有儒家、道家、法家、名家、墨家、纵横家、杂家、兵家、小说家、德行家、崇正家、政教家、隐家、格物家、翰墨家、农家、医家、卫生术、房中术、卜筮家、历数家、五行家、阴阳家、占梦术、刑法家、神仙家、佛家、杂艺术、子抄、类书共三十类图书。

由上可知，“诸子”有广义与狭义之分。广义之“诸子”除了汉志所指“诸子”之外，还包括医药、术数、方技、房中术、卜筮、历法、占梦、神仙、佛家、杂艺术等。狭义之“诸子”，则基本指汉志和魏晋目录书所称之“诸子”。

然而，“诸子”及“诸子之学”并未随着清朝的覆亡而终结，而是代有兴发，不绝如缕。近现代，在内忧外患的背景下，在民族艰危的环境里，在中西文化的交汇中，涌现了大批思想学术先驱，如魏

① 魏徵《隋书》，中华书局1973年版，第1051页。

源、龚自珍、梁启超、康有为、王国维、章太炎、刘师培、鲁迅、胡适、李大钊、陈独秀、蔡元培、林语堂、严复、黄侃、熊十力、陈寅恪、郭沫若、钱穆、冯友兰、徐复观、梁漱溟、陈鼓应等。他们忧国忧民，怀思抱术，奔走呼号，著书立说，在思想学术上开一代新风，形成了“近现代诸子”。

是故，所谓“诸子”，从历史形态看，可以分为“传统诸子”与“近现代诸子”；从学术形态看，可以分为“狭义诸子”和“广义诸子”。“传统诸子”又分两类：一是先秦至汉魏的“狭义诸子”，二是隋唐至明清的“广义诸子”。“近现代诸子”既是对传统诸子的继承与发展，又在学术形态上有极大的改变，是“诸子学”发展到近现代的转型。我们很难用传统的诸子类目来划分近现代诸子的流派，尽管近现代诸子中有“新儒家”、“新道家”、“新法家”之学术，但近现代诸子已从根本上有别于传统的“诸子”，最重要的一个区别就是近现代诸子能够融汇中西，在当今世界的“春秋战国”时代，其思想、学术视野真正具有“全球性”。所以，“近现代诸子”是更加广泛意义的“诸子”，亦可称为“新诸子”。

可见，一代有一代的思想学术，一代有一代的界定标准。诸子之学，前后相继，而又代有创新，故“诸子”之含义总是处于发展变化之中。《文心雕龙·诸子》云：“自六国以前，去圣未远，故能越世高谈，自开户牖。两汉以后，体势浸弱，虽明乎坦途，而类多依采，此远近之渐变也。”① 我们既不可以先秦汉魏之“诸子”来衡量隋唐以后之“诸子”，亦不可以隋唐以后之“诸子”来涵盖所有时代之诸子。故以笔者之陋见，界定“诸子”之范围，当遵循以下原则：其一，大凡诸子，皆关注宇宙、社会、政治、民生、道德等，并从“道”的高度来审视之，只是解决问题的方案各有不同。正如《文心

① 刘勰《文心雕龙》，上海启智书局1934年版，第64页。

雕龙·诸子》云："诸子者，入道见志之书。"① 其二，大凡诸子，其旨在于学术创继与思想阐发，不在逞才使情与雕章琢句。萧统《文选序》云："老庄之作，管孟之流，盖以立意为宗，不以能文为本。"② 其三，大凡诸子，皆以整体眼光看世界，多论及社会方方面面的问题，故有"蔓延杂说"之特征。对此，刘勰《文心雕龙·诸子》有精辟见解，云："若夫陆贾《新语》，贾谊《新书》，扬雄《法言》，刘向《说苑》，王符《潜夫》，崔幂、一、寔《政论》，仲长《昌言》，杜夷《幽求》，或叙经典，或明政术，虽标论名，归乎诸子。何者？博明万事为子，适辨一理为论，彼皆蔓延杂说，故入诸子之流。"③ 刘勰之所以把上述诸书归入"诸子"，就是因为虽"适辨一理"，但"皆蔓延杂说"。

基于以上，儒家经学之部分典籍实际上亦应归于诸子范畴。先秦之时，儒家书非经书。《诗》、《书》、《礼》、《易》、《春秋》本非孔子所作，但经孔子整理过，并以之教授弟子，故于汉武帝时列为官学，成为"儒家经学"。东汉以降，儒家之《论语》、《孝经》亦归入"六艺"或经部，上升为"经"。至宋代，《孟子》亦抽离子书，入于经书。何谓"经"？《隋书·经籍志》云："夫经籍也者，机神之妙旨，圣哲之能事，所以经天地，纬阴阳，正纪纲，弘道德，显人足以利物，藏用足以独善，学之者将殖焉，不学者将落焉。大业崇之，则成钦明之德；匹夫克念，则有王公之重。其王者之所以树风声，流显号，美教化，移风俗，何莫由乎斯道？故曰：'其为人也，温柔敦厚，《诗》教也；疏通知远，《书》教也；广博易良，《乐》教也；洁静精微，《易》教也；恭俭庄敬，《礼》教也；属辞比事，《春秋》

① 刘勰《文心雕龙》，第62页。
② 李善《六臣注文选》，中华书局1987年版，第3页。
③ 刘勰《文心雕龙》，第63页。

教也。’”① 由此可知，所谓“经”，就是统治者认为具有经纬天地、燮理阴阳、治国安邦、严明纲纪、弘扬道德、成就功名、教化万民、移易风俗之价值的典籍。在所有图籍之中，地位最高；在思想教化当中，价值最大，是统治阶级用以统一思想学术的最重要的书籍。今日编纂子书，若仍把儒家之《论语》、《孝经》、《孟子》等奉为“经书”，则有食古不化之嫌。我们应以今日之学术思维审观古代之学术，以发展变化之眼光对待中华传世之典籍。是故，《论语》、《孝经》、《孟子》诸经典，当恢复其“子学”的本来面目。

综上所述，隋唐以后之目录著作所载录之方技、术数、卜筮、历数等“诸子”，多半属于自然科学范畴，并非思想意义上的“诸子”；有些类目从名称看，虽属思想意义范畴，但其立目并无学派依据，如德行家、崇正家、政教家、隐家、格物家等，亦不足以称“诸子”。所以，“诸子”范围之界定当以《汉书·艺文志》之“诸子略”为基本依据，而删去小说家，增加兵家。具体说，诸子包括儒家、道家、墨家、法家、名家、阴阳家、纵横家、杂家、农家、兵家，共计十家。

（作者单位：黄冈师范学院文学院）

① 魏徵《隋书》，中华书局1973年版，第903页。

"新子学"与儒学、经学的关系及其在传统文化中的地位

孙以昭

客岁四月，方勇教授在华东师范大学先秦诸子研究中心举办的"先秦诸子暨《子藏》学术研讨会"上，提出了"全面复兴诸子学"的口号，接着十月又在《光明日报》上发表《"新子学"构想》一文。"新子学"的提出，不但引起了学术界的广泛关注，并且由此揭开了子学研究的新篇章，这里，就本文所拟之题，谈谈个人的肤浅看法。

一

要明确"新子学"与相关学科的关系，必须先弄清"新子学"与旧子学的关系。

这里我们所称的"旧子学"，乃是别于方勇教授所提出的"新子学"而言，过去无此名称，一般称为"诸子学"，亦称"诸子百家"，指先秦至两汉的各派学者或其思想与著作，其间有一个扩大增益的过程。"百家"之称，战国时已有，见《庄子·天下》、《荀子·解蔽》，不是确数，乃指学派之多而言。最早评论先秦各学派思想的著

作是《庄子·天下》，它将先秦学术各派分为六家，共墨翟、禽滑厘，宋钘、尹文，彭蒙、田骈、慎到，关尹、老聃，庄周，惠施十一人，汉初司马谈在《论六家要指》中又将汉初学术思想上的派别分为阴阳、儒、墨、法、名、道德（即“道”）六家。《史记·贾谊列传》称：“廷尉乃言贾生年少，颇通诸子百家之书。”后《汉书·艺文志》又因袭西汉末年刘歆所辑之《七略》，编著有《诸子略》，著录先秦至汉初诸子百八十九家，举其成数称“百家”。以后“诸子学”的内涵逐渐扩大，既指先秦至汉初诸子百家学术之总称；也指研究诸子之学问，包括对诸子及其著作的研究和佚子、佚书的研究，历代学者研究诸子的研究等。晋以后，诸子学的研究对象又有所扩大、增益，包括后代的著名思想家在内，《隋书·经籍志序》引南齐王俭《七志》：“二曰《诸子志》，纪今古诸子。”另外《隋书·经籍志》还把兵、天文、历数、医方等也列于子部，也就是将《汉书·艺文志》中之《诸子》、《兵书》、《数术》、《方伎》之“略”，合而叙之，《汉书·艺文志》之九流十家，加上兵、天文、历数、医方，共14种。近代国学大师章太炎先生在《论诸子学》一文中明确指出：“所谓诸子学者，非专限于周秦，后代诸子亦得列入，而必以周秦为主。”这就将旧子学的范围与重点规定得极为清楚，是为经典之论。

“新子学”对于旧子学来说，主要是继承与发展的关系，也就是说有同有异，同中有异；同是继承，异为发展。这里就“异”的方面谈几点脞说刍议。

第一，产生的时代背景有很大的不同。在我国传统文化中，子学是最具创造性，最具鲜活性，而又对自然、社会与人生最具深邃思辨和睿智应对的部分，它兴起与发达的时代也都是具有多元文化并起共存，互相吸纳交融而又彼此对立，不断冲突，充斥着危机感的时代，春秋战国、汉末、明清之际、晚清，莫不如此。当前也有相同之处，不但是中国，整个世界都处在一个多元化而充斥着竞争和危机的时代。我们现在有作为主流的意识形态，有传统文化，又有西方学术，也存在着风险和危机。所异于往昔的是，经济日见繁荣，科学技术突飞猛进，思想观念不断更新，国力日益强盛，与世界各国的交流空前密切，信息传递迅捷之至，这样的时代召唤着"新子学"的产生，"新子学"正适时而出，应运而生！

第二，就时间断限与收录范围方面来看，"新子学"与旧子学有很大的不同，要延伸和广泛得多。《隋书·经籍志》收录的子学著作时间截止到魏晋南北朝，集历代子书文献之大成的《子藏》亦然，因其时诸子百家的特点比较明显，而研究子学的著作《子藏》则原则上截止到1949年，并考虑适量收入今人所辑之出土文献数据，如《道家部·庄子卷》最后一部书就是今人叶蓓卿所辑之《敦煌庄子残卷附黑水城庄子残本》，"新子学"的子学著作时间应同于《子藏》，而研究子学著作的时间则应放宽至近年。至于收录范围，"新子学"则相当广泛，不但要将子学著作和研究著作几乎一网打尽，而且要将集部中的有关子学的著作与资料一并收录，要将镶嵌与散落在史籍、序跋、笔记、札记中的有关重要思想与资料，予以辑佚、辑评、校勘和注释，还要有选择地甄别收录天文、历数、医方等门类的数据，《隋志》"子部"原有这三项，前已述及。这将是比《子藏》更为艰巨更为庞杂的学术工程，需要从浩繁的卷帙中披沙拣金，聚金成丘，工作量极大，至为艰辛。

第三，"新子学"必须在继承传统的训诂诠释与义理探究的基础上，顺应时代，加强理论探索与参照，吸纳与融入西学，建立一种新的学术研究体系。

就当前来说，训诂与义理这两个传统的研究层面固然极其重要，应该努力使之符合或贴近古人文本的原意，但是也还要充实与补充一些新的思路与方法，那就是理论与西学。就理论而言，主要是我国传统的文论、史论，也还要参照马列文论和吸纳西方文论，这对深入研究“新子学”，无疑具有重要的参考和借鉴意义，就西学说，除了吸纳西方重要文论外，主要则是西方的科学技术知识和思维方式。子学博大精深，古人于学无所不窥，见闻广博之至，不像现在学科越分越细，学者知识面过于狭窄，研究社会人文科学的学者不懂数理化，研究自然科学者则对文史哲不甚了了。古代学人，尤其是思想家，其著作中提到的问题涉及诸多学科，《庄子》和《墨子》尤为突出，《庄子》中不但有大量的养生学，还有生物论、物理学和地理学。《墨子》中自然科学的成分更多更深，有力学、光学、几何学和机械制造，这远不是现今的文科学者所能涉足其中的。据笔者所见到的研究《墨子》的著作中，除去谭家健先生在其专著《墨子研究》中有利用现有研究成果专章介绍与论说《墨经》中的自然科学、力学、光学和几何学外，只有任继愈先生的胞弟任继亮先生所写《〈墨经〉对科学的贡献》一文最为详尽深刻，虽然他也参考了杨向奎、谭戒甫等文史研究者的著作，但因他是研究经济学的，与自然科学较邻近，也比较熟悉，写出的文章自然非同寻常，其中有很多图解，部分复原了当时墨子学派的学者借助图解、实地演示、师徒传授进行教学的情景。这就充分说明“新子学”需要我们吸纳相关学科的专家、学者参加研究，进行通力合作，才能真正弄懂弄清一些问题。

第四，既然称为“新子学”，就不仅要全面深入地进一步对原有诸子进行校勘、辑佚、钩沉、整合、辑评、注释和研究，阐发其精义，也应该撰写出新的子学著作，以展示当代的思想认识水平和文化风采，主要用现代的语体文写，也可以用文言文写。

二

在谈“新子学”与儒学、经学的关系时，也必须对儒学与经学的实质与异同有一定的了解。

所谓儒学，简言之就是孔子所创立，以崇奉孔子“仁”、“礼”、“中庸”等思想为主而又在历代不断有所增益变化的儒家道德伦理学说。但其间又有个产生与演变的长期发展过程。20世纪初章太炎先生撰有《原儒》一文，他把“儒”的概念含义的发展变化，分为三个阶段：由孔子以前就存在，泛指术士的儒，到指以礼、乐、射、御、书、数以“教民”的知识分子，再到孔子时成为“祖述尧舜，宪章文武，宗师仲尼，以重其言”这一派学者的专称。其间凡三变，章氏以“达名”、“类名”、“私名”称之。后来，胡适作《说儒》，郭沫若作《驳〈说儒〉》，或发挥章论，或批驳胡说，然而，都未能脱出章氏的窠臼，章之论说仍不失为较可信的一家之言。事实上，孔子以后的儒家学说在不断变异，不但孟子、荀子之学说有异，汉以后的各家学说更是各不相同。梁任公在《清代学术概论》中指出：“自汉以来，……故正学异端有争，今学古学有争，言考据则争师法，言性理则争道统，各自以为孔教，而排斥他人以为非孔教，……浸假而孔子变为董江都、何邵公矣，浸假而孔子变为马季长、郑康成矣，浸假而孔子变为韩退之、欧阳永叔矣，浸假而孔子变为程伊川、朱晦庵矣，浸假而孔子变为陆象山、王阳明矣，浸假而孔子变为顾亭林、戴东原矣。”周予同先生在《经今古文学》中指出：“这话颇能痛快地指斥中国数千年学术冒牌失真的弊病。”但是换一个角度看，它也充分说明了儒学与后面要谈到的经学于传承中存在着历代有变异的事实。它既说明学术并无一以贯之的传统，也说明学术在不断地因人因时而异，只是较孔子的儒学是近真与有所发展还是失真与偏离甚远而已。

至于经学一词，出现较晚，始见于《汉书》：“（宽）见上（汉武帝），语经学，上说之，从问《尚书》一篇。”（《儿宽传》）“邹鲁守经学，齐楚多辩知……”（《邹阳传》）又宣帝纪本始四年诏书中也提及“经学之士”。自从汉武帝立五经博士，“经”就变成了特指儒家学派尊崇的孔子亲传五经著作的专称。所谓经学，就是指封建社会的官僚和士大夫对儒家经典著述的阐发和议论，他们通过对经典的阐发与议论，来指导当时的国家政治与社会生活，以体现古代社会的道德标准和价值倾向。它的范畴较儒学为窄，但它是儒学的核心与制高点，也是中世纪中国的主要统治学说。

由此可知儒学与经学在范畴上有大小宽窄的不同，很多学术大家身兼二任，既是儒学家，又是经学家，但也有少数大家在这两方面显现出很大的悬殊。如孟子在儒家史上有很高的地位，他继承和发展了孔子创立的儒家学说，奠定了中国封建社会孔孟之道的基础。他除了阐扬孔子的仁学思想，还主张实行“仁政”，“制民之产”，反对兼并战争，还提出了“义”的观点，提出“性本善”、“养浩然之气”、“尽心”、“尽性”、“知天”等一系列在中国儒学史和中国思想史上有重大影响的命题。但在经史上却无多建树，地位不高，他对“经书”只是重在“序”和“述意”（赵岐《孟子序》），他在传经方面也只是注意确立由孔子到自己的道统，而不怎么注意解释章句，综核古事。荀子则不然，虽然他对战国时期的儒家学说作了某种程度的综合，提出了“隆礼”、“重法”的主张，并且提出“平政爱民”（《荀子·王制》）、“节用裕民”（《富国》），发展了儒家“德治”、“仁政”的思想，主张“礼”、“法”结合，“天下为一”；但是由于他主张不法先王，不敬天地，否认命运、人性本恶诸说，与封建中央集权国家的需要不合，因而被摈弃于道统之外。荀子在儒学中的地位远不如孟子显赫，但荀子在传经事业上却有很大的贡献，他实在是孔子以后儒家的传经大师。清汪中《荀卿子通论》说：“荀卿之学，出于孔氏，而尤有功于诸经。”认为荀子“于诸经无所不通”，“荀卿之学，实出于子夏、仲弓也。”近人刘师培在《经学教科书》中又进一步列出《孔子传经表》，指出《春秋》学的传授，三传均出于子夏一派，而荀子则是《谷梁》、《左传》的直接传授者。又如韩愈，他不仅恪守孔孟之道，而且还继承孟轲、董仲舒的儒学传统，推尊尧、舜、禹、汤、文、武、周公、孔、孟之道，用儒家的道统反对佛教的法统，并尊孔子为中国最高的圣贤（《处州孔子庙碑》）。他撰写了一系列弘扬、阐述儒家思想的文章，最具代表性的是“五原”，即《原道》、《原性》、《原毁》、《原人》、《原鬼》，可称“醇儒”、“大儒”，在儒学史上有相当高的地位。但韩氏在经学史上却乏善可陈，他与李翺合撰的《论语笔解》，不仅篇幅短小，缺乏文采，而且擅自疑经、改经，如释“宰予昼寝”，竟然将“昼寝”说成“画寝”之误，真是“匪夷所思”。这与开宋儒怀疑经传之先河而有时失于穿凿附会的啖助、赵匡、陆淳三人的《春秋》三传研究，根本不能相提并论。

下面先谈“新子学”与儒学的关系。应该说“新子学”与儒学的关系非常密切，而其间又有一个演变的历史过程。论述及论及先秦学术流派的著作，计有：《庄子·天下》、《尸子·广泽》、《荀子·非十二子》、《荀子·天论》一节、《荀子·解蔽》一节，《韩非子·显学》一节、《吕氏春秋·不二》一节、《淮南子·要略》一节、《太史公自序·（司马谈）论六家要指》、《汉书·艺文志·诸子略序》、《汉书·艺文志·兵书略序》、《汉书·艺文志·数术略序》、《汉书·艺文志·方技略序》、《韩诗外传卷四》一节，共14篇。其中《庄子·天下》分述墨翟等11人为六家，已见前引，《尸子》书早散佚，清汪继培有辑本，甚不完整，仅十得其二三，《尔雅·释古》邢昺所引《广泽》之一节，仅八十余字，最重要的有“墨子贵兼，孔子贵公，皇子贵衷，田子贵均，列子贵虚，料子贵别囿”二十五字。《荀子·非十二子》列它嚣、魏牟，陈仲、史鳅，墨翟、宋钘，慎到、田骈，惠施、邓析，子思、孟轲，仲尼、子弓等十四人。《荀子·天论》列评慎子、老子、墨子、宋子四人。《荀子·解蔽》批评墨子、宋子、慎子、申子、惠子、庄子六人。《吕氏春秋·不二》评论老聃、孔子、墨翟、关尹、子列子、陈骈、阳生、孙膑、王廖、儿良等十人。《韩非子·显学》主要论述“显学”儒、墨两家，并指出孔子死后，儒分为八，墨子死后，墨离为三。《淮南子·要略》列论太公之谋、儒者之学、墨子、管子、纵横、刑名、法七家。司马谈《论六家要指》列论阴阳、儒、墨、名、法、道德六家。《汉书·艺文志·诸子略序》于司马谈“六家”外，又加列纵横、杂、农、小说，是为“九流十家”，而列儒家为首，以为“其可观者九家而已。”《汉书·艺文志·兵书略序》于“兵家”内又列权谋、形势、阴阳、技巧四种。《汉书·艺文志·数术略》列序天文、历谱、五行、蓍龟、杂占、刑法、数术七种。《汉书·艺文志·方技略序》列序医经、经方、方中、神仙四种。《韩诗外传》卷四列范睢、魏牟、田文、庄周、慎到、田骈、墨翟、宋钘、邓析、惠施十子。可见，不但儒学原在“子学”之内，常被排在前列，而且天文、历法、数术亦在其内，“子学”内容极为庞杂，而“新子学”当然包孕更为丰广了。

至于“新子学”与经学的关系，则既经历了由分到合，“升子为经”，再由合到分，“离经还子”的过程，又具有你中有我、我中有你的复杂关系。

前已论述，先有儒学，后有经学，而且儒学的范畴大，经学的范畴小。经学虽是儒学的核心，但只是其中一部分，绝不能等同于儒学。经学中的经典是“六经”即《易》、《书》、《诗》、《礼》、《乐》、《春秋》；或者去《乐》，称为“五经”。《论语》、《孝经》、《大学》则附于《汉书·艺文志·六艺略（经部）》之末，而《孟子》则列于《汉志》之《诸子略》中，也就是说在汉代《论语》介于经、子之间，地位还不是很高，而《孟子》则列于子学内。《隋书·经籍志》也是如此，将《孟子》列于子部儒家内。后来经的范围及领域不断扩大，唐文宗开成二年（837）用楷书刻十二经，除唐时原列之"九经"《易》、《书》、《诗》、三礼、三传外，加《论语》、《孝经》、《尔雅》，遂有"十二经"之称。直到南宋，《孟子》才正式由子部上升到经部，成为"十三经"中最后一部经典①。这个过程的演变发展，与当时政治、文化上的需要有关。后来元郝经首先提出"六经皆史"说，清章学诚又继之加以阐发，到20世纪初，章太炎先生、刘师培等则夷六经于古史，于是恢复了《论语》、《孟子》的子学名分，这就使得经、子关系经历了由分到合，《论语》、《孟子》升格为经，再由合到分，《论语》、《孟子》"离经还子"，恢复还原先秦百家争鸣、诸子平等的本来面目的演变过程。

经、子关系中的我中有你、你中有我的情形，可从以下两点来看。从经方面看，有的经中就包括有不少子学的内容和成分，如《周易》的经、传俱是如此。经中的阴阳这两个认识论的最高范畴，就是通过观物取象、万物交感的观念来标明和演示事物发展变化的现象和规律的。而《系辞传》则更是在通说解释《易》义的过程中，充分表露了作者的哲学观点：

> 易与天地准，故能弥纶天地之道。仰以观于天文，俯以察于地理，是故知幽明之故；原始反终，故知死生之

---

① 唐陆德明《经典释文》一书，列《周易》、《古文尚书》、《毛诗》、《周礼》、《礼仪》、《礼记》、《春秋左氏》、《公羊》、《谷梁》、《孝经》、《论语》、《老子》、《庄子》、《尔雅》等14部书为经典，为之注释，《孟子》未列入，因唐代《孟子》不为经，而《老子》、《庄子》自西晋以来为世所重。陆氏生于陈季，犹染六朝谈玄之余波遗风。

说；……一阴一阳之谓道。……生生之谓易，成象之谓乾，效法之谓坤，极数知来之谓占，通变之谓事，阴阳不测之谓神。……是故蓍之德圆而神，卦之德方以知，六爻之义易以贡。……八卦成列，象在其中矣；因而重之，爻在其中矣；刚柔相推，变在其中矣；系辞焉而命之，动在其中矣。……阴阳合德而刚柔有体，以体天地之撰，以通神明之德。

从这些话中可以看出，它是把《易》理同自然界的基本范畴和发展规律结合起来申述和探讨的，以体现作者的哲学观点。又如《尚书》虽是我国上古历史文献和部分追述古代事迹著作的汇编，但是其中《洪范》一篇也是研究我国古代哲学思想和政治思想的重要文献，“五行”说就首见于此篇：

水曰润下，火曰炎上，木曰曲直，金曰从革（顺从人的要求变革形状），土爰稼穑。润下作咸，炎上作苦，曲上作酸，从革作辛，稼穑作甘。

“阴阳”和“五行”，本是我国古代人民在认识客观世界过程中逐步形成的两个认识论范畴，两者都有朴素辩证法和朴素唯物论的成分和因素，并且各自别行，不是一回事。《周易》不谈“五行”，《尚书·洪范》不谈“阴阳”。到了战国年间，那些医士和方士才将二者合而为一，并且摸索总结出了“五行”相生相胜的原理。阴阳五行学说后来对医学和武术特别是太极拳有着极为重要的影响。

又如《礼记》，它是儒家经学史中的一部重要的礼学论文集，但其中有不少篇目含有丰富的子学思想。《礼运》说：“夫礼，必本于太一，分而为天地，转而为阴阳，变而为四时，列而为鬼神。”这就是当时对宇宙本体的解答，认为自然界显示着最高的宇宙法则，原始的“太一”产生宇宙万物；后来强调人的行为应当合于天地，以及天人关系，这里也有涉及。《乐记》云：“地气上升，天气下降，阴阳相摩，天地相荡。”又说：“小大相成，始终相生，倡和清浊，迭相为经。"虽然讲的是音乐，实际上是宇宙万物对立统一规律在乐理中的运用，与老、庄特别是庄子的有关论述相近相通。至于以后从《礼记》中抽出而搭配成"四书"的《大学》和《中庸》，更是实质上在讲哲学中的方法论和本体论。另外，就是有的经如《论语》、《孟子》，原为子学著作，经的领域扩大后才包含进去的。

至于子学著作中有关后来经学的成分与因素，还是不少的，主要有以下记载。

> 《庄子·天下》："《诗》以道志，《书》以道事，《礼》以道行，《乐》以道和，《易》以道阴阳，《春秋》以道名分。"①
>
> 《庄子·天运》："丘治《诗》、《书》、《礼》、《乐》、《易》、《春秋》。"
>
> 《庄子·徐无鬼》："横说之则有（原文作"以"）《诗》、《书》、《礼》、《乐》……"
>
> 《荀子·儒效》："故《诗》、《书》之归是矣。《诗》言是其志也，《书》言是其事也，《礼》言是其行也，《乐》言是其和也，《春秋》言是其微也。"
>
> 董仲舒《春秋繁露·玉杯》："《诗》、《书》序其志，《礼》、《乐》纯其养，《易》、《春秋》明其知。"

这些资料主要是概括评述"六经"的性质及其作用，论"六经"之德，自以《庄子·天下》最为准确，时间也最早；《荀子·儒效》之论，有的同于《天下》，亦尚可，但较之《天下》之论尚有差距，又缺少了《易》。董氏所论，分为三组，未免朦胧《诗》、《书》，笼统

① "《诗》以道志"六句，为《庄子·天下》之原文，古无异词，马叙伦《庄子义证》、闻一多《庄子章句》疑此六句为注文误入正文，今人亦有从马、闻二氏之说者，然只可备一说，尚未可信为定论，因仍从原文古义。

《礼》、《乐》，颟顸《易》与《春秋》了。《论语》中亦有两处论及，因其书地位特殊，所论又不全面，仅提及《诗》、《书》、《礼》、《乐》，故未予列出。

三

认识与了解了“新子学”与儒学、经学的关系后，我们再进一步评述“新子学”在传统文化中的特殊地位。

首先，“新子学”的内容极其详赡丰富，它不但囊括了古代诸子百家的全部内容，而且也涵盖了四部中其他三部经、史、集内的相关部分和西学中的有益养分以及现代有关的科技思想和最新研究成果。也就是说，“新子学”将融子学、儒学、经学、史学与文学为一体，形成一种新的学术研究体系，从而将我国传统文化推进到一个新的发展阶段。

其次，在理论参照与方法运用上，“新子学”大有可为。理论方面我们不但有丰博的古代文史理论，有深刻的马列文论，还有值得参照的西方文论。西方长期流行“天人二分”理论，而“天人合一”则是我国传统文化中最有价值的思想理念之一。在避免大自然生态平衡惨遭破坏和人类横遭“惩罚”与“报复”方面，“天人合一”说自然远胜于“天人二分”说，但对于阻碍科学发展的神学目的论而言，“天人二分”说也自有其一定的进步性。在方法运用方面，不但有由来甚久的训诂注释与义理研究两个层面，还有传统的辩证思维，习惯于用变化论、矛盾论和中和论来分析事物和一切，而且也吸纳了西方尤其是欧美的思维方法，即运用逻辑思维来分析事物和一切。这种思维的特点是强调世界的同一性、非矛盾性和排中性。这种思维方式也就是分析思维，即在思考问题时，不像辩证思维那样追求折中与和谐，而是从一个整体中把事物分离开来，对其本质特征进行逻辑分析。这两种思维方式各有特点，也有所偏颇，前者过于注重同一，后者过于强调差异，综合而用之，则臻于完善。

再次，"新子学"既然在内容、观念、理论、方法等诸方面均有扩充、更新、建树、吸纳和突破，就应在不断完善的基础上建立一种新的诠释学，并随之逐渐形成一个新的研究体系，写出新的子学著作，以适应时代的需求，为社会提供参考。

最后，以上所论，是"新子学"在传承和发展传统文化方面的地位和作用，我认为"新子学"在传播我国传统文化方面，也负有不可替代的使命。

近代以来，由于西方国家在政治、经济、军事、科技方面日益进步，遂产生"西学东渐"的观念。近人容闳有著，原以英文书写，名为《My life in China and America》，自述其经历太平天国、洋务运动、维新运动等重大历史事件和生平从事教育、政治、经济等活动，清末（1909）出版于美国，后被释成中文以《西学东渐记》之名出版。此书旨在说明中国如欲富强，"则非行一完全之新政策，决不能恢复其原有之荣誉"，主张"借西方文明之学术以改良东方之文化"，使"老大帝国，一变而为少年新中国"。很明显，"西学东渐"的观念就是指现代性的、文明的西方来改造前现代的、不文明的中国。改革开放以来，我国的各方面情况有了极大的进步和改变，经济日益繁荣腾飞，科学技术迅猛前进，国际地位空前提高，我国的传统的文化早已影响着西方，老子曾被美国《纽约时报》列为 100 名世界文化名人之首。据联合国教科文组织的统计，在世界文化名著译成外国文字出版发行数量的排名中，老子的《道德经》仅次于《圣经》，排名第二。2004 年 11 月 21 日全球第一所孔子学院在韩国首都首尔挂牌。截至 2010 年，在美国、英国、俄罗斯、加拿大、希腊等 90 多个国家和地区建立有孔子学院和孔子学堂，采取因地制宜、灵活多样的办学形式，教学汉语，推介中国文化。又据中央电视台报道，美国华人近日向白宫请愿，要求美国政府将春节定为法定假日。又据美国《侨报》分析，随着华人在美数量的大幅度增长和亚裔文化影响力的扩大，未来春节可能成为全美法定假日。而纽约州早在2005年就把春节列为了法定假日。另外，2013年美国、法国、新西兰、加拿大、日本等国家发行蛇年生肖邮票，而美国在二十年前就已发行我国生肖邮票。今年加纳、圭亚那、坦桑尼亚、格林纳德、利比亚、塞拉利昂六国又首次联合发行一组中国生肖邮票。如果“新子学”一旦正式形成，中国文化传播的速度将会更快，世界各国的孔子学院的教学内容将会更加丰富和高层次化，将会形成“东学西进”的局面，这是我们当代“新子学”学者的神圣历史使命。

需要指出的是，当一种当代原创的中国“新子学”、中国文化向西方传播，不但被西方接受，甚至为西方所主动追求，形成“东学西进”时，并不意味着“西学东渐”已经成为历史或即将结束，由于西学在某些方面仍然具有相当的先进性和领先地位，我们对西学的吸纳、融化应该是持续的、长期的和毫不动摇的。这样就会形成一个良性的东西方双向学习交流与借鉴的局面，从而推动与促进世界性的学术与文化大繁荣时代的到来。它将谋利于当今，造福于后世，惠及全球，永载史册！

（作者单位：安徽大学中文系）

新国学的内在结构探析
——以新经学、“新子学”为主

韩　星

一、国学概念及其演变

“国学”这个词已经存在了几千年，原指国家学府，如古代的太学、国子监等，后来伴随着王朝更替，国学逐步由小学演变为高等学府，由贵族子弟学校演变为优秀庶民子弟也可进入的学校，并可经过考试，量才授官。到了清末，国学成为国家最高层次的学校。但不管怎么变，“国学”在中国古代实际上指的是学校。

现在我们经常用的“国学”概念是指学问、学术，产生于清末西学东渐、文化转型的历史时期，相对“西学”而称“中学”，后改称“国学”，这样就完成了由“国家设立的学校”向“我国固有的文化、学术”意义的转变。它兴起于19世纪末、20世纪初，20年代始盛；在中国大陆，文革结束后思想学术自由逐步有所恢复，中华传统文化学术的空间逐步扩大，80年代后“国学”复起至今。

近代以来，人们对于“国学”的界定仁者见仁，智者见智，众说纷纭，莫衷一是。大概主要原因是近代以来中国文化处于激烈的变革时期，也可以说是过渡时期，中西古今文化交流冲突，国学没有也不可能确立自己相对独立的疆域、规范、典范。但大致可以肯定，近代的“国学”概念主要是相对于新学、西学（外学）而寻求中国学术文化的地位，凸显中国学术文化的自身特征，很大程度上泛指中国传统学术文化。

近代的“国学”概念后来又相继演变出“国粹”、“国故”等概念词。有感于亡国灭种的危机，清末民初有一批知名学者，形成了一股以“研究国学，保存国粹”为宗旨的学术文化思潮。他们以陶铸国魂为号召，一边进行学术研究，一边从事政治与文化活动，文化保守特点尤为明显，在社会上赢得了广泛影响，被称为“国粹派”。“国学”、“国粹”两词难分轩轾，都流行于20世纪初年，蕴涵爱国知识分子文化反思的意义。他们把文化传统冠之以“国”，包含了深厚的爱国情结。当然，两者内涵不无差异。“国粹”以“国学”为依托，而“国学”更为宽泛。一般来说，“国粹”的重心在“粹”，不无保守色彩，以国粹派为代表；“国学”的实质在“学”，没有明确的思想倾向，论者包括国粹派及其以外的许多学者①。由“国学”、“国粹”后来又发展出“国故”一词。其实“国故”一词也是古已有之，在中国古代，“国故”一词是指国家遭受的凶、丧、战等重大变故。到了晚清，“国故”增加了新的含义，即“朝掌（章）国故”，用来专指典章制度。“五四”新文化运动期间，新旧文化激烈交锋，“国故”一词流行开来，大有取代“国学”之势，“旧派”“新派”国学家都使用了“国故”一词。为了弘扬国学，章太炎除了发行《国粹学报》，还出版《国故论衡》，明确地将语言（文字、音韵、训诂）、文学（文学界说、历代散文、诗赋）、诸子学等一并纳入，进一步拓展了“国故”的传统含义，大致勾勒出近代“国故”

① 罗检秋《也说“国学”》，《文史知识》2000年第1期。

一词的涵盖范围。由于章太炎的声望和影响，“国故”一词开始广为人所接受。于是，“国学”又有了“国故”的称谓。王淄尘在《国学讲话》中说：“国学之称，始于清末。首定此名之人，今已无从确知。……庚子义和团一役以后，西洋势力益膨胀于中国。士人之研究西学者日益众，翻译西书者亦日益多，而哲学、伦理、政治诸说，皆异于旧有之学术。于是概称此种书籍曰‘新学’，而称固有之学术曰‘旧学’矣。另一方面，不屑以旧学之名称我固有之学术，于是有发行杂志，名之曰《国粹学报》，以与西来之学术相抗。‘国粹’之名随之而起。继则有识之，以为中国固有之学术，未必尽为精粹也，于是将‘保存国粹’之称，改为‘整理国故’。研究此项学术者称为‘国故学’，简称‘国学’。”① 随着“五四”新文化浪潮低落，“国学”一词在30年代得到普遍承认和运用，“国故学”则销声匿迹。

关于国学的定义，严格来说，到目前为止，学术界还没有做出统一明确的界定。名家众说纷纭，莫衷一是。现在所说的“国学”一般有狭义、广义、泛义之分。

狭义的国学专指中国传统的思想文化（精神文明、意识形态）方面，诸如历史、哲学、伦理、宗教、语言文字、文学、艺术、政治、经济、法律等，具体指以文字为载体的文献及其思想观念体系。尽管涉及的门类甚多，内容广泛，但传统的精神文明是以儒学为核心的中国传统文化。

广义的国学是与中国传统文化等同的概念。文化包括物质文明、制度文明、精神文明三个方面，这三个方面加起来就是广义国学的内涵，可以说是一门无所不包的学问，甚至可以说就是中国传统文化的代名词。

---

① 王淄尘《国学讲话》，世界书局1935年版，第1～3页，转引自《辛亥革命时期期刊介绍》第二集，人民出版社1982年版，第339页。

泛义的国学，如台湾学者龚鹏程近来撰文指出：“国学，在晚清，具体内涵其实是指经学，因此绝没有一个弄诗词戏剧的人会被称为国学大师。到了‘五四’以后，国学变成了史学，胡适、傅斯年所谓‘整理国故’，均是将国故视为史料而整理之，史学家钱穆也写过一册《国学概论》。如今呢？国学也者，范围指涉大异于前，实只是中国学问之概称。中国固有之学问，如经学、宋明理学、佛教、道教、孙子兵法、诗词歌赋，固然都可列入国学之林，就是中国学人、文化人想要发展成具有‘中国性’、‘中国特色’的学问，亦都可以号称为国学。”① 这应该是对“国学”的泛称，不是严格意义上的界定。

一些学者还提出“大国学”概念。

季羡林先生生前认为，“国学应该是广义的‘大国学’的范畴，不是狭义的国学。既然这样，那么国内的各地域文化和56个民族所创造的文化，就都包括在‘国学’的范围之内。”② 国学不是“汉学”“儒学”等狭隘的国学，而是集中全国56个民族文化财富于一身的“大国学”：从齐鲁、荆楚、三晋、青藏、新疆等，到敦煌学、西夏学、藏学、回鹘学、佛学等，都是“大国学”的研究范畴。

中国人民大学2005年成立国学院，首任院长冯其庸先生曾专门到医院与季羡林交流看法，一致认为“大国学”教育应以多民族共同创造的涵盖广博、内容丰富的文化学术为主要内容③。“很明显，‘大国学’蕴涵着中国作为由56个民族组成的大民族家庭的和谐统一的思想精髓。这个思想告诉并告诫我们的是，中国真正广义的

① 钱穆《国学新世代》，《文讯》2005年，第241期，第11页。

② 季羡林《各地域和56个民族的文化都是“国学”》，来源：人民网。

③ 周宁《季羡林留给中国“大国学”观念》，2009年7月20日，来源：新华网。

‘国学’，应该是由56个民族共同创造的所有文化核心思想的集萃，同时这所有的文化思想又是一脉相承、相辅相成的，它们构成了一个整体的中国文化。”①

海外国学大师饶宗颐先生还提出了“华学”概念。

一直以来，汉学是一门西方的关于中国的知识系统，是西方人发起的对中国文化所进行的研究。国学则是中国人对自己传统文化进行的研究。而饶宗颐对汉学、国学有不同的看法。他觉得，中华民族的文化不应该简单地被名称割裂开来，中国还有少数民族，在外还有华人。他们都有自己的文化，也都促进了中国文化的发展。如果要一个称呼，应该叫“华学”。1997年，他创办了大型学术刊物《华学》。华侨大学校长贾益民认为饶宗颐提出“华学”的概念，更具包容性，也更容易为外国朋友以及华人华侨所认同，因此意义非常重大。另外，“华学”概念的提出也符合历史发展的史实。华学融合了我们历史上的汉文化、少数民族文化以及海外华侨华人的文化，可以说它是世界范围内所有中国人沉淀下来的文化，在文化上符合“大中华”的概念②。饶宗颐提出的“华学”理念，也就是涵盖西方所说的“汉学”与中国所说的“国学”而会通为一的学术理念，实际上就相对于中华文化，可以避免政治化，可以兼顾海外华人的文化认同。有学者从“国学”这一称谓的弊病出发，力主饶宗颐的“华学”说。倡导将中国古代学术、现当代学术、汉民族主体文化和少数民族文化，以及海外华人华侨传承、流布、创造的中华文化，作为一个结构

---

① 欧东衢等《关于“大国学”思想的理论与现实解读》，2009年8月12日，来源：新华网。

② 林野《东方鸿儒饶宗颐：华学才是对中华民族文化的最好概括》，《都市时报》2011年12月27日。

整体，搭建起古今中外文明交流发展新的平台①。

鉴于“国学”概念的界定，学术界多有分歧，中国人民大学纪宝成校长撰文指出：“国学可以理解为是参照西方学术对以儒学为主体的中华传统文化与学术进行研究和阐释的一门学问。它有广义与狭义之分。广义的国学，即胡适所说的‘中国的一切过去的历史文化’，思想、学术、文学艺术、数术方技均包括其中；狭义的国学，则主要指意识形态层面的传统思想文化，它是国学的核心内涵，是国学本质属性的集中体现，也是我们今天所要认识并抽象继承、积极弘扬的重点之所在。”② 这个界定比较明确，但其中谈到的以西方学术为参照来研究国学，则引发了学术界的异议，如楼宇烈在《中国国学研究的回顾与展望》一文中说：“应当承认，借用西方文化的一些基本观念来比照中国文化的某些观念，以及运用实证分析的方法来梳理中国文化中原来比较模糊的概念和理论，在一些领域与一定范围内确实促进和提高了中国‘国学’研究的水平，但同时不可忽视的是，西方文化中的某些基本观念以及分析的方法与中国传统文化的根本精神和思维特点存在着极大的差异。因而，套用这种研究方法整理或诠释出来的中国传统文化，有时离其原来的意蕴不知相去几何。然而更令人担忧的是，长期在西方思维方式和研究方法的影响下，如今已没有多少人能真正把握中国传统文化的原来意蕴了。”③

对此，笔者认为，国学研究形成于20世纪中西古今文化冲突、交流、融会的历史时期，已经不可能完全脱离既有的话语环境。我们

---

① 肖云儒《称“国学”为“华学”是否更好——序〈岘峰山人说〉》，《西安交通大学学报（社会科学版）》2008年第1期。

② 纪宝成《重估国学的价值》，《南方周末》2005年2月26日。

③ 楼宇烈《温故知新——中国哲学研究论文集》，北京商务印书馆2004年版，第575页。

今天已经处在一个中西不可分隔的对话的时代，不可能完全离开西方学术思想谈中国思想学术，而是应该在继承批判百年来国学发展成就的基础上，对五四新文化运动的矫枉过正进行反思和调整，深入发掘中国传统文化的思想精华，在重新确立中国文化主体性基础上，我们以自己的文化传统为主体来吸收消化外来文化，同时以自己文化传统为主体来参与世界多元文明的融合。

二、新国学与新经学、“新子学”

（一）当代学界关于“新国学”讨论

1991年，《学人》杂志第一期中的“学术研讨笔谈”首次对“新国学”进行了普遍而深入的阐释，主要立足于国学观念中的陈规陋习、思想办法僵化以及中国20世纪80年代以来学术空泛的现象进行讨论，希望建构一个有标准、有中华民族特征而具有世界意义的学术体系。传统国学研讨似乎不能满足我们的时代、文化语境、世界文化格局、现代民族精神等的需求，所以得在国学的根柢上重新考虑它们参与我们文化心理构造、民族文化特质建立的方式和办法，这就是提出“新国学”概念的目的，即试图对国学观念进行重新审视或批判以构建能够涵盖中国学术的全部成果的“新国学”概念，真正表现中国学术的主体性、独立性与整体性，为中国文化的复兴奠定深厚的学术基础。

1993年，袁行霈教授在《国学研讨》发刊辞中说：“国学作为固有文化传统的局部，曾经渗进民众的心灵，直接间接地参与理想生活……”在其后与记者的谈话中他也说道：“国学并不是一个封闭的体系，研讨国学并不是复古，而是为了如今和将来。因而要抱着开放的态度，把国学放在世界各民族文化大格局中加以研讨……使之为中国现代化和世界全人类文化的进步做出奉献。这样，就是有别于旧国学的新国学了。”①

2005年，王富仁教授发表了《“新国学”论纲》的长篇宏论，更深入全面地探讨了新国学的内涵，他定义“新国学”说：它“不是一种学术研究的方法论，不是一个学术的指导方向，也不是一个新的学术流派和学术团体的旗帜与口号，而只是有关中国学术的观念。它是在我固有的‘国学’这个学术概念基础上提出来的，是使它适应已经变化了的中国学术现状而对之作出的新的定义”。与一般学者对新国学界定不同的是，他把“五四”以后生成和发展起来的中国现当代文化，特别是由陈独秀、李大钊开其端的中国现代革命文化，以鲁迅为主要代表的中国现代社会文化，由从事外国文化的翻译、介绍和研究的学者和教授创造出来的大量的学术成果也都纳入到“新国学”的概念中②。

北大教授钱理群说：“‘新国学’的理想主义，更表如今它对‘精神归宿’的考虑与呼吁……‘新国学’这个学术概念对于我们是至关重要的，就是因为，只有这样一个学术观念，可以成为我们中国知识分子文化的、学术的和精神的归宿。”③

2008年，方克立先生在《创建适应时代需要的新国学》中提出：

新国学是在吸收前人一切有价值的研究成果，包括乾嘉

---

① 袁行霈主编《国学研究》第三卷，北京大学1995年版，第657页。

② 王富仁《“新国学”论纲》上，《社会科学战线》2005年第1期。

③ 钱理群《我看“新国学”——读王富仁〈“新国学”论纲〉的片断思考》，《文艺研究》2007年第3期。

学派和“疑古”、“信古”、“释古”学派，以及章太炎、梁启超、王国维、胡适等人的有价值的国学研究成果的基础上，以马克思主义世界观和方法论为指导原则，全面总结和清理前人给我们留下来的学术文化遗产，构建中国传统人文学术，包括中国古代史、中国文学史、中国哲学史、中国经学史、中国政治思想史、中国宗教思想史、中国科学思想史……等等的新学科体系，形成对于中国古代社会和传统思想文化的真正科学的认识。①

刘勇教授指出：“从目前来看，‘新国学的讨论的确是致力于清理中国‘内部的学术结构问题，还未转过身来对中国学术与世界学术之问题进行深入的思考。而这一点，无疑是‘新国学’讨论应该继续深入的地方，惟其如此，‘新国学’才能拥有更大的发展空间，也才能真正完善自身的历史定位。”② 同时他就这个问题做了深入探讨。

从以上这些对新国学概念的讨论，可以看出，改革开放三十多年来，特别是进入21世纪，在中华民族伟大复兴，中国传统文化复兴的大趋势下，学术界对国学的研究也越来越重视，并且有了强烈的现代意识，提出有别于古代、不同于民国时期的新国学，不断拓展和深化国学的研究领域。

（二）新经学

早在20世纪30年代，马一浮就提出了“六艺该摄一切学术”的“新经学”（现代新儒学）思想，其具体内涵：一曰“六艺统诸

---

① 方克立《创建适应时代需要的新国学》，《光明日报》2008年8月4日。

② 刘勇《全球化浪潮下的知识主体性重构——“新国学”讨论及其向度之观察》，《中国现代文学研究丛刊》2004年第4期。

子”，二曰“六艺统四部（指经、史、子、集）”，三曰“六艺统西学”。他声称“六艺不惟统摄中土一切学术，亦可统摄现在西来一切学术”。即以六艺来统摄一切的精神与文化，统摄一切传统与西方的学术。而他所谓“六艺”，即指儒家的《诗》、《书》、《礼》、《乐》、《易》、《春秋》这“六经”①。马一浮的学术思想是以中国文化的整体观消弭古今、汉宋、朱陆和儒佛道之纷争，用世界主义的文化观寻找中西文化融合之路，纳西入中，以中国之六经统摄西来学术的新经学②。

当代学者提出“新经学”这一概念已有二十余年。1988 年，党跃武教授发表《新经学浅论》，认为：

> 自“五四运动”喊出了“打倒孔家店”的口号，作为推崇封建大道的旧经学基本上已经完成了它的历史革命。然而，经学并不能因此而消亡。思想的多元化和本能的否定，使得新经学迟迟没有得以构建，不论是其理论框架还是其内容涵义，都还接近于空白，至少可以说是零星的。一个历史的事实需要引起我们足够的重视：几千年的封建社会中，经学体现了其思想根基，而漫长的封建历史，至今对人们产生着重要的影响。“古为今用”的观点既为新经学的产生提供了科学的方法，也为新经学的产生提供了需求。随着最近几年来，一种中国文化寻根的热潮的出现，一种全方位反思的出现，人们已经认识到中国文化的发展是无法割裂的，是一

① 马一浮《论六艺该摄一切学术》，《马一浮集》第一册，浙江古籍出版社 1996 年版，第 12 ~ 19 页。

② 袁新国《马一浮学术思想新探——消弭古今汉宋、纳西入中的新经学》，《国学学刊》2011 年第 3 期。

> 个发展的系统（虽然这种系统的发展是相当缓慢的），而从作为“学问之源”的经学中寻找中国传统文化和现代文化的联络和更新，则成为一种理论上和实践上的必然和可能。①

他还提出了新经学研究至少应该包含的几个方面，如对经学文献的整理、对经学历史的研究、对旧经学观的否定、对经学文献价值的辨析、经学研究引入现代科学手段等。这大概是当代最早提出“新经学”概念的一文。

“新经学”概念提出的标志，应是2001年11月2日，著名国学大师饶宗颐在北京大学百年纪念论坛上作了《新经学的提出——预期的文艺复兴工作》的发言，后来他又写成《〈儒学〉与新经学及文艺复兴》一文发表在《光明日报》。他说：

> 我们现在生活在充满进步、生机蓬勃的盛世，我们可以考虑重新塑造我们的新经学。世界上没有一个国家没有他们的Bible（日本至今尚保存天皇的经筵讲座，像讲《尚书》之例）。我们的哲学史，由子学时代进入经学时代，经学几乎贯彻了汉以后的整部历史。“五四”以来，把经学纳入史学，只作史料来看待，不免可惜！……经书是我们的文化精华的宝库，是国民思维模式、知识涵蕴的基础；亦是先哲道德关怀与睿智的核心精义、不废江河的论著。重新认识经书的价值，在当前是有重要意义的。②

---

① 党跃武《新经学浅论》，《江西图书馆学刊》1988年第2期。

② 饶宗颐《〈儒学〉与新经学及文艺复兴》，《光明日报》2009年8月31日。

何正波撰文指出[1]，所谓“新经学”是相对传统经学而提出的一个新概念。“新经学”则以国学（在这里，国学特指中国固有的思想文化学术）为研究对象，超越传统经学以儒家文化为主的研究范式，根据“古为今用”的指导思想全面总结、吸收春秋战国以来中国各家思想学术的精华，推陈出新，是国学之经学。“新经学”是一种广义经学，举凡道、武、医、佛等各家的著作都称“经”，并且各家都有自己的经学。传统经学特指儒家经学，是狭义的经学。今天我们重提经学，自然不能局限于儒学一家，而应该博采众长、推陈出新，是为“新经学”，亦即广义经学。“新经学”的提出，为国学研究指明了一个方向。研究国学，首先就要研究影响国学发展的基本学派及其代表著作，这正是“新经学”的研究范畴。

我认为，传统经学以儒家六艺、六经为中国文化代表性的经典，是有其历史渊源和合理性的。孔子经过整理，发掘了这些典籍的思想蕴涵，同时用它们来教育学生，全面地继承了上古以来的传统文化，代表了中国文化的正统。正因为如此，儒经被看成是古代圣人的精心制作，是安身立命、治理国家和规范天下的大经大法。如班固在《汉书·儒林传》中说：“古之儒者，博学乎《六艺》之文。《六艺》者，王教之典籍，先圣所以明天道，正人伦，致至治之成法也。”这就强调了儒经的来历及其政治教化功能，显示了儒经神圣性的一面。今人熊十力也说：“夫儒学之为正统也，不自汉定一尊而始然。儒学以孔子为宗师，孔子哲学之根本大典，首推《易传》。而《易》则远绍羲皇。《诗》《书》执礼，皆所雅言，《论语》识之。《春秋》因鲁史而立义，孟子称之。《中庸》云仲尼祖述尧、舜，宪章文、武。孟子言孔子集尧、舜以来之大成。此皆实录。古代圣帝明王立身行己之

---

① 何正波《论“新经学”之初步构建》，TCE 文化工作室 http://blog.sina.com.cn/s/blog_4a554f450100v433.html。

至德要道，与其平治天下之大经大法，孔子皆融会贯穿之，以造成伟大之学派。孔子自言‘好古敏求’，又曰‘述而不作’，曰‘温故知新’。盖其所承接者既远且大，其所吸取者既厚且深。故其手定六经，悉因旧籍，而寓以一己之新意。名述而实创。是故儒学渊源，本远自历代圣明。而儒学完成，则又确始于孔子。但孔子既远承圣帝明王之精神遗产，则亦可于儒学而甄明中华民族之特性。何以故？以儒学思想为中夏累世圣明无间传来，非偶然发生故。由此可见儒学在中国思想界，元居正统地位，不自汉始。”① 这就非常清楚地论证了儒经作为中国文化正统的历史原因，孔子所继承的是远古至他那个时代圣王立的精神遗产，吸收了深厚的营养，开创了儒家的学统。由对儒家经典的诠释和普及而形成了经学传统，从西汉武帝开始，儒家的经学便成为官方意识形态，并逐渐成为主流的文化形态。历史上，皇权以经学作为统治的思想来源，社会以经学作为秩序的价值准则。历代的官方版刻经籍、社会启蒙读本、民间乡约村规，在思想观念上都与儒家经学有密切的关系。由于社会发展的广泛需要，经过历代学者的不断诠释，儒经成为中国文化的代表性经典，经学不断丰富，以至于成为学术的主流。因此，儒经的地位是中国文化自身发展的必然，不仅仅是汉代以后统治者提倡的结果。

与此相应，儒学在中国文化中起着主体性的地位。余英时先生说：“儒家教义的实践性格及其对人生的全面涵盖使它很自然地形成中国大传统中的主流。”② 钱穆指出：“儒家思想是中国文化的一根大

---

① 熊十力《读经示要》卷二，《熊十力全集》第三卷，湖北教育出版社 2001 年版，第 747～748 页。

② 余英时《士与中国文化》，上海人民出版社 1987 年版，第 143 页。

梁。”① 儒学深刻地影响着中华民族的哲学、文学、艺术、伦理、宗教、科技、医药以及政治经济各方面的发展，在中国文化发展过程中历史地形成了主体地位。因此，新国学还是要以经学及其建立其上的儒学为核心或主体，即“以儒学为主体，以经学为核心”②。

（三）“新子学”

方勇教授《“新子学”构想》一文2012年10月22日在《光明日报》发表后，引起学术文化界广泛关注。他提出：“‘六经’系统包含了中华学术最古老、最核心的政治智慧，因而在历朝历代均受到重视，西汉以降一直被尊为中华文化的主流思想而传承至今。子学系统则代表了中华文化最具创造力的部分，是个体智慧创造性地吸收王官之学的思想精华后，对宇宙、社会、人生的深邃思考和睿智回答，是在哲学、美学、政治、经济、军事、教育、技术等诸多领域多维度、多层次的深入展开。比起经学系统，子学系统在传统观念中的地位虽有不如，但其重要性却丝毫不见逊色。它们共同构成中华文化的两翼，为东方文明的薪火相传奠定了深厚的思想基础。”③ 这个观点笔者基本能够接受，因此也同意邓国光先生的看法：

> 中国文化的集体智慧，保存在传统学术之中，包括经学、史学、子学与集学。从立义的角度言，四部都是一心。从分类而言，四部是体。从学术功能而言，因体见用。四部全体大用，皆不能偏废。……在集部，有新文学；在经部，

① 钱穆《中国文化丛谈》第2册，台北三民书局1975年版，第372页。

② 李学勤《国学的主流是儒学，儒学的核心是经学》，《中华读书报》2010年8月4日。

③ 方勇《“新子学”构想》，《光明日报》2012年10月22日。

> 有新经学；在史部，有新史学。但作为时代理性思维象征的“子学”，独落后于斯。可幸的是，方勇教授提出“新子学”，如此整个四部学术能共同在相同方向上各显辉煌。①

也就是说，20世纪以来，相比较新文学、新经学、新史学，“新子学”没有形成整体力量，只有作为一家一派的分散子学，如新道家、新法家、新墨家等。方勇教授现在提出“新子学”的构想，首先把子学作为整体凸显了出来。所谓诸子的提法，在春秋战国、诸子百家争鸣时代都没有，到了汉人才逐渐整理、分类、概括先秦学术思想流派为“九流十家”，即后世所谓“诸子百家”。在中国经过了20世纪诸子百家争鸣时代之后，方勇教授现在独具慧眼，对近代以来的诸子复兴思潮做出了整体性的概括总结，提出了“新子学”构想，非常及时，非常必要。但是对下面所说笔者不敢苟同：

> 清末以来，子学更是参与到社会变革的激流中，化身为传统文化转型的主力军。尤其是它通过“五四”以来与“西学”之间起承转合的变化发展，早已经使自身成为“国学”发展的主导力量。如今，“新子学”对其进行全面继承与发展，亦将应势成为“国学”的新主体。……倡导子学复兴、诸子会通，主张“新子学”，努力使之成为“国学”新的中坚力量。②

这是不符合有清以来中国思想史发展的史实，特别是怎么解释现代新儒家的学术思想成就和在20世纪产生的巨大影响？对此，谭家健先生对这一观点也提出质疑：

> 《“新子学”构想》指出：“新子学，将应势成为国学新主

① 邓国光《“新子学”笔谈》，《文汇读书周报》2012年12月2日。
② 方勇《“新子学”构想》，《光明日报》2012年10月22日。

体。”这个问题涉及对国学的总体界定，目前意见纷纭。如前所述，方勇教授主张新子学以思想史为对象，并不包括经学、史学、古代文学和古代自然科学史。然而在传统文目录学中，“新子学”之书只是子部中的一小部分。能够称得起国学新主体吗？它与经学、史学、文学是什么关系呢？建议多听听经学界、史学界、文学界和自然科学史界朋友的意见。目前，某些学科地位的界定，不仅是理论问题，而且涉及实际利益。某个学科一旦由二级升为一级，或由非重点升为重点，待遇大不相同。新子学可否宣称是“国学新主体”，必须慎之又慎，广泛听取不同意见，特别是反对者的意见。①

笔者以为，大力弘扬“新子学”时也应该看到“新子学”的局限性，给予适当的学术定位。姜广辉先生说：在中国实际的历史中，“子学”的地位从来就不那么高。近现代的中国哲学史、中国思想史著作过于突显“子学”的历史地位，若从信史的角度看，不免有拔高之嫌。经学支配中国思想界两千年，这是实际的历史。作为历史学家应该承认这段历史，解释这段历史；而不应以个人之好恶抹煞这段历史，改写这段历史②。

这里以中国哲学史学科的构建为例来说明。近代以来中国学界引进西方哲学，建立中国哲学史学科，怎么处理与传统学术体系的关系，就成为当时学者探索的重大学术问题之一。胡适站在西方哲学的角度批评中国古代“经学与哲学的疆界不明”的毛病，强调“经学与哲学究竟不同：经学家只要寻出古典经典的原来意义；哲学家却不

---

① 谭家健《对〈“新子学”构想〉的建议》，中国文学网 http：//www.literature.org.cn/Article.aspx？id=73100。

② 姜广辉《新思想史：统合经学与子学》，《中华读书报》2013 年 1 月 16 日。

应该限于这种历史的考据，应该独立地发挥自己的见解，建立自己的系统”，因此提出，“经学与哲学合之则两伤，分之则两收其益”①。后来冯友兰也强调中国哲学史必须与经学分离而独立，以西方哲学为蓝本来建立中国哲学史的学术范式。他们这样把哲学与经学相分离的认识现在看来也是走向了另一个极端，实际上他的哲学史写作是抛开了经学传统，纯粹以子学的眼光来写作中国哲学史的，这就出现了讲中国哲学史以子学为主，摆脱经学的“失根”现象，使中国哲学史几乎成了无源之水、无本之木。正如有学者所指出的：“在中国古代两千多年的历史中，经学一直是社会的指导思想，自《庄子·天下》篇、《汉书·艺文志》以及后世关于经、史、子、集的文献分类等等，有关传统的思想文化的陈述都是以经学为纲统合子学的。后世无论多么伟大的思想家，其影响都是无法与儒家六经相比的。而两千年间的一般知识分子可以不读诸子百家之书，但很少有不学儒家经典的。若一部中国思想史（或哲学史）著作不包括经学的内容，你能说它是信史吗？即以子学而言，中国思想家（哲学家）的问题意识，多是从经学衍生出来的，许多哲学命题所讨论的正是经学中的问题，你如果不懂经学，如何能正确地理解那些命题呢？所以我认为，如果一位中国思想史（或哲学史）教授不懂经学，那他就没有资格讲授中国思想史或中国哲学史。……一部中国思想史或中国哲学史著作，若没有经学思想的内容，就等于没有了文化的根基和价值的本原，那岂不成了无源之水、无本之木？”②

---

① 姜义华主编《胡适学术文集·中国哲学史》（下），中华书局 1991 年版，第 1071 ~ 1072 页。

② 姜广辉《新思想史：统合经学与子学》，《中华读书报》2013 年 1 月 16 日。

三、新国学的内在结构探析

古代“国学”的分类和构成有一个演变的过程。《汉书·艺文志》对国学有一个基本的分类，将其分为六个部分。第一部分：六艺。指《诗》、《书》、《礼》、《乐》、《易》、《春秋》六部经典。六艺有大六艺，小六艺。大六艺，就是六经。小六艺是六种技术：礼、乐、射、御、书、数，是具体培养人的人格和各种技能的。第二部分：诸子百家。有儒家、道家、墨家、法家、名家、阴阳家、农家、纵横家、小说家等。第三部分：诗赋。第四部分：兵书。第五部分：术数。第六部分：方技。房中术、医术都是方技。

西晋荀勖的《晋中经簿》将六略改为四部，即甲部录经书（相当于六艺），乙部录子书（包括诸子、兵书、数术、方技），丙部录史书，丁部为诗赋等，这就奠定了四部分类的基础。东晋李充所编《晋元帝书目》根据当时古籍的实际情况，将史书改入乙部，子书改入丙部，这样，经、史、子、集四部分类已略具雏形。四部体制的最终确立，体现在《隋书·经籍志》中，这部实际上由唐初名臣魏徵所编的目录，正式标注经、史、子、集四部的名称，并进一步细分为40个类目。从此，四部分类法为大多数史志、书目所沿用。

《四库全书》分为经、史、子、集四部，但以经、子部为重，尤倾向于经部。经部分为“易类”、“书类”、“诗类”、“礼类”、“春秋类”、“孝经类”、“群经总义类”、“四书类”、“乐类”、“小学类”“石经类”、“汇编类”，主要是儒家经典和注释研究儒家经典的名著。史部分为“正史类”、“编年类”、“纪事本末类”、“别史类”、“杂史类”、“诏令奏议类”、“传记类”、“史抄类”、“载记类”、“时令类”、“地理类”、“职官类”、“政书类”、“目录类”、“史评类”、“汇编类”。子部分为“儒家类”、“兵家类”、“法家类”、“农家类”、“医家类”、“天文算法类”、“术数类”、“艺术类”、“谱录类”、“杂家类”、“类书类”、“丛书类”、“汇编类”、“小说家类”、“释家类”、“道家类”、“耶教类”、“回教类”、“西学格致类”。集部分为“楚辞类”、“别集类”、“总集类”、“词曲类”、“闺阁类”。中国古代经史子集四部分类以经为根，史子为干，集为枝。根、干、枝构成国学大树的整体，较全面表明了我国古代学术文化的结构与体系。正如明代学者胡应麟在《少室山房笔丛》卷二中所说：“经、史、子、集，区分为四，九流百氏，咸类附焉，一定之体也。”

近代以降，这一传统的结构与体系与经过了革命性的转变。左玉河先生考察了以注重通、博的中国传统“四部之学”怎样在形式上完成了向近代分科性质的“七科之学”转变的过程，大约从 19 世纪 60 年代开始，到 20 世纪初大致成形，到“五四”时期基本确立，到 20 世纪 30 年代最终完成。从“四部之学”到“七科之学”的转变，实际上就是从中国文史哲不分、讲求博通的“通人之学”向近代分科治学的“专门之学”的转变①。这一转变是革命性的，与近代以来中国社会革命性的变革是相互呼应的，但是对于这一转变的利弊得失，功过是非，现在有越来越多的学者在进行反思。

方朝晖教授通过仔细研究儒家学术分类方法，并与西方学科范畴进行比较发现，“儒家学说的分类体系是建立在不同的逻辑之上，摧毁或放弃儒学固有的分类体系，就是对儒家学说内在精神的人为阉割。大体来说，西方学科范畴是对于人类‘认知’的目的而建立起来的，而儒家的学术分类体系则是服务于人格的成长和人生的终极关怀等实用的需要而建立起来的。前者遵从的是‘知’的逻辑，后者

① 左玉河《从“四部之学”到“七科之学”——晚清学术分科观念及方案》，《光明日报》2000 年 8 月 11 日。

遵从的则是‘做’的逻辑。20 世纪中国学术史的一个重要特征就是，把本来不属于‘认知’范畴的学术强行纳入到‘认知’性的学术范畴之中，从而导致几千年来绵延不绝的中国古代学术传统的人为中断”。① 这一判断笔者认为是基本符合事实的。他还批评今天的学科体系说：

> 今人将经、史、子、集的分类系统彻底打乱，按照现代西方学科分类系统所划定的领域，将其重新归类，即按照文、史、哲、政治、经济、法律、社会、教育……等领域划界分类；例如将《诗经》归入“文学类”，《尚书》归于“政治学类”、“三礼”根据情况可以分别归入“政治学”、“伦理学”、“文化学”等类；《周易》似乎应归于“哲学类”或“杂类”，《春秋》应归于“历史学类”，等等。这样做表面上看很合理，但实则不然。因为它严重忽视了儒家学术分类思想的一系列内在依据的根本合理性：首先，儒家的学术思想将“六艺”或“五经”作为一个完整的、不可分割的整体。……按西方学科体系将“六艺”归入六门不同的学科，使之分为六门不相关联的学术，从学理上看固无不可，但“六艺”或“五经”内在的关联和整体性则遭到了忽略，而在儒家学说史上，这种内在关联和整体性恰恰具有特殊的意义。其次，在儒家学说史上，“六艺”或“五经”一直处于群学之首、万学之源的特殊地位，按照这一思想，一切古代其他领域的学问均可视作围绕、阐述“六艺”、“五经”的某一方面，或以“六艺”、“五经”精神为

---

① 方朝晖《现代中国学术的命运与前途》，《天津社会科学》2002 年第 3 期。

依据的产物。①

今天的学科体系是按照现代西方学科分类系统划分的，是20世纪中国社会全盘西化在学术研究和教育体系中的反映，对中国古代有机整体的学术思想分类体系进行了全面肢解，根本没有考虑到经过两千多年形成的“四部之学”有一系列内在依据的根本合理性，实际上从学术根本上解构了中国文化，其影响是深远的，后果是严重的。

在近代“四部之学”向“七科之学”转变的过程中，我觉得张之洞1903年提出的“八科分学”方案最佳。他将大学分为经学、政法、文学、医、格致、农、工等八科43门，并具体规定了各分科大学所包括的学科门类，其最大特点是将“经学”列为群学之首，单独开设了“经学科”，并在“经学科”设置了11门，强化了经学的研究门类。尽管张之洞在经学、文学科的设置上存在着不少值得批评的谬误，但“八科分学”方案，初步奠立了中国近代学术分科的基础，大致划定了近代中国学术的研究范围。中国传统学术中的经学、史学、文学在“经学科”和“文学科”中得到保存，晚清时期引入的各种“西学”门类，在“政法科”、“格致科”、“农科”、“工科”、“医科”和“商科”中确定下来②。可惜这一有价值的方案没有得到认可，后来在1913年初，当时的教育部公布了《大学令》、《大学规程》，对大学所设置的学科及其门类作了原则性规定：“大学以教授高深学术，养成硕学闳材，应国家需要为宗旨。”大学取消了“经学科”，分为文科、理科、法科、商科、医科、农科、工科等七科，直至今日。

---

① 方朝晖《现代中国学术的命运与前途》，《天津社会科学》2002年第3期。

② 左玉河《从“四部之学”到“七科之学”——晚清学术分科观念及方案》，《光明日报》2000年8月11日。

今天，在重建新国学的时候，我们又不约而同地想起了中国传统经过两千多年形成的“四部之学”。“关于‘国学’的书籍虽称‘浩如烟海’……直到今日，经、史、子、集的四分制，还在广多的应用。这种分类法，在现代目录家看来，自然是毫无意义。但在一般研究‘国学’的人，却还以为没有打破的必要，因为有它的历史的意义和价值的存在。”① 郭齐勇先生说：“国学是中国传统文化的通称，但基础是四部之学。传统学术的经、史、子、集四部之学，即是国学独立的研究对象，故说国学没有独立的研究对象是不对的。”② 蒋庆先生说：“‘国学’就是以‘四部’为形式特征、以‘经学’为学术本源、以‘理学’为义理核心、以子史集为辅翼流裔的‘六艺之学’。”③ 具体说，经学是四部的总纲、主脑，这与秦汉以后儒家中国文化的主流和主体密切相关，它凝聚着华夏文明根源性的基本价值理念、原创思想观念。经和子中的儒家部分、道家部分以及佛教部分主要是讲“义理”，也是国学中的主干部分，反映了中华民族精神家园的丰富多彩和实践特征。

不仅是构建新国学的学术体系需要在“四部之学”的基础上，清代中叶以后流行的义理、考据、辞章、经世四分科也有其现实意义。这一划分是有深远历史渊源的。西汉时，随着经学的发展，经学研究出现章句、义理和训诂三门分支学科。所谓章句，即章节和句读。所谓训诂，即解释字词的本意。所谓义理，是指经籍包含的意义和道理。三科的出现是中国学术发展的反映。到北宋时，逐渐出现所

---

① 谭正璧编《国学概论讲话》，光明书局1934年版，第9页。

② 郭齐勇《新试谈“国学”学科的设置》，《光明日报》2010年8月25日。

③ 蒋庆《以中国解释中国——回归中国儒学自身的解释系统》，见“孔子2000”网。

谓文章之学、训诂之学与义理之学的分野。明清以后，作为经学研究的四种分科——义理之学、考据之学、经济之学与文章之学的名称，逐渐为学者通用。清代学者们在总结前人学术发展及其思想的基础上明确而集中地论述了这一问题。如曾国藩说："为学有四，曰义理、曰考据、曰辞章、曰经济。义理者，在孔门为德行之科，今世目为宋学者也。考据者，在孔门为文学之科，今世目为汉学者也。辞章者，在孔门为言语之科，从古艺文及今世制义诗赋皆是也。经济者，在孔门为政事之科，前代典、政书及当世掌故是也。"①

当代学人对新国学的内在结构的探讨多从国学学科定位角度出发，一般认为新国学应该是一个学科整体，其分科办法既要遵从国学传统，强调国学的独特性，也要与时俱进，与民国时期以西方的分科法为基础进行划分不同。詹杭伦教授提出：

> 国学有一定的学科构架。国学以经、史、子、集作为研究主体的学科构架应该是可以形成共识的。……经、史、子、集不仅是目录学上的典籍分类，而且体现了中国传统文化的学术流别，……国学以经史子集作为文献载体或研究对象，从学问或学术的角度，又可以划分成义理、考据、辞章、经世四个门类。考据之学是接受和检验知识之学，由外向内，应该达到至真的境界。辞章之学发抒情意，描状自然之态，由内向外，应该达到至美的境界。义理之学是体，经世之学是用，体用结合，内外兼修，旨在造福人群社会，最终达到至善的境界。义理、考据、辞章、经世之学，综合为用，结合成一个整体，表现出国学的丰厚意蕴。
>
> 国学的文献载体是经、史、子、集，国学的学术门类是义理、考据、辞章和经世之学。从学科分类的角度来看，我

① 《曾文正公全集·文集》卷二。

们认为，国学以国学研究作为一级学科，以国学基础（小学）、国学方法、经学研究、诸子学研究、史学研究、集部研究、国学与宗教、国学与少数民族文化、国学与社会习俗、国学与出土文物、国学与海外汉学等作为二级学科。①

成中英教授指出：“国学是中国人对自己的学问的梳理，里面当然包含了很多层次。但我认为最主要的，还是经史子集，经代表核心的价值理念，子代表哲学的思考，史代表理历史的回忆和记载，集代表整体的人类情感的回馈和表达。经史子集是中国人对自己的经验历史与智慧财富的开发。”②

袁济喜教授说：“国学四部不光是目录学的概念，而且蕴涵着现代学科的意思在内。一般说来，经部、子部相当于现在的哲学学科，史部相当于历史学科，而集部接近于现代的文学学科，这也说明国学与现代西学学科分类是可以互相兼容的，不存在水火不相容的问题，当年的北大与清华国学门，也是将四部与现代学科互相融合的。从学理上来说，我们完全可以在现有的学科平台上来振兴国学。”③

显然，新国学的内在结构还得在传统经学的基础上建立起来，特别是经、史、子、集四部之学和义理、考据、辞章、经世四科之学不能割断，在确立中国学术主体性的前提下，文史哲和社会科学诸多学科共同参与，结合现代学术发展和西方学科划分进行更深入、细致、全面的整合，重建新国学的学科结构，使新国学真正成为一级学科。

---

① 詹杭伦《什么是国学?》，《中国文化报》2007 年 12 月 10 日。

② 梁涛《国学、经学与本体诠释学——成中英教授访谈录》，《国学学刊》2010 年第 1 期。

③ 袁济喜《百年孤独话国学》，《国学的新视野和新诠释》，河北大学出版社 2011 年版，第 30 ~ 31 页。

四、新经学、"新子学"的关系与互动

（一）新经学与"新子学"的关系

传统上认为孔子为百家之祖，诸子乃"《六经》之支与流裔"。

所谓孔子为百家之祖，刘向在《别录佚文·诸子略辑略》中说："昔周之末，孔子既没，后世诸子，各著篇章，欲崇广道艺，成一家之说，旨趣不同，故分为九家，有儒家、道家、阴阳家、法家、名家、墨家、纵横家、杂家、农家。""昔仲尼没而微言绝，七十子丧而大义乖，故春秋分为五，诗分为四，易有数家之传；战国纵横，真伪分争，诸子之言，纷然殽乱……"这就是说，孔子之后，后世诸子因旨趣不同，各成一说，分为九家，但都"崇广道艺"，这里的"道艺"就是指六艺，《周礼·地官·乡大夫》："正月之吉，受教灋于司徒，退而颁之于其乡吏，使各以教其所治，以考其德行，察其道艺。"贾公彦疏："察其道艺者，谓万民之中有六艺者并拟宾之。"而孔子一生以六艺教授学生，六艺为儒家思想的大本大源。所以，可以说诸子起于孔子死后，即以孔子为各家的开山祖。

刘向还把起于孔子以后的诸子思想分为九流十家，并指定其皆出于王官：

> 儒家者流，盖出于司徒之官，明教化者也。道家者流，盖出于史官，明成败兴废，然后知秉要特权，故尚无为也。阴阳家者流，盖出于羲和之官，敬顺昊天，以授民时者也。法家者流，盖出于理官者也。名家者流，盖出于礼官；名位不同，礼亦异数，孔子曰：必也正名乎。墨家者流，盖出于清庙之官，茅屋采椽，是以尚俭；宗祠严父，是以右鬼神；

> 养三老五更，是以兼爱；选士大射，是以尚贤；顺四时五行，是以非命；以孝示天下，是以尚同。纵横家者流，盖出于行人之官，遭变用权，受命而不受辞。杂家者流，盖出于议官。农家者流，盖出于农稷之官。此九家者，各引一端，高尚其事，其家虽殊，譬犹水火相灭亦相生也。舍所短取所长，足以通万方之略矣。又有小说家者流，盖出于街谈巷议所造。（《汉书·艺文志》）

刘氏的诸子出于王官说，自班固以下即有争论，到了近代更遭遇一些学者的质疑，但诸子学说不可能是无源之水，无本之木，虽不能绝对说诸子出于王官，但联系《庄子·天下》“道术为天下裂”的判断，诸子与西周王官之学有一定源流关系当无可异议。孔子顺应“学在官府”向“学移民间”的历史潮流，创立私学，主张“有教无类”，“以《诗》、《书》、《礼》、《乐》教，弟子盖三千焉，身通六艺者七十有二人。”（《史记·孔子世家》）《诗》、《书》、《礼》、《乐》本属于古代王官之学，其传授也限于贵族之间。至孔子之时，“周室微而礼乐废，《诗》、《书》缺”（《史记·孔子世家》），于是孔子对其进行了编定、整理，并运用于教学之中，使其由贵族垄断的学问一变而成为一般民众的知识修养，这样才有可能形成诸子百家。这就说明儒家与诸子是同源于王官之学，但与诸子比较起来，孔子则又是源头。刘向在《七略佚文·诸子略总序》中还说：“诸子十家，其可观者九家而已。皆起于王道既微，诸侯力政，时君世主，好恶殊方。是以九家之术，蜂出并作，各引一端，崇其所善，以此驰说，取合诸侯。……今异家者各推所长，穷知究虑，以明其指。虽有蔽短，合其要归，亦《六经》之支与流裔。”这就进一步说明诸子百家乃“《六经》之支与流裔”。《汉书·艺文志》又认为“儒家者流，……游文于六艺之中，留意于仁义之际。祖述尧、舜，宪章文、武，宗师仲尼，以重其言，于道最为高。”《韩诗外传》卷五也云：“儒者，儒也，儒之为言无也，不易之术也，千举万变，其道不穷，六经是也。”这样，儒家产生之时是作为诸子之一，但由于对六艺、六经的情有独钟，游文于六艺之中，体道于六经之典，就使得儒家有了超越其他诸家的深广的学术文化基础。这样，也就历史地形成了六艺、六经、孔子与诸子的源流本末关系，成为其后处理儒学与子、史、文学关系的基本原则。

对此，章学诚《文史通义·诗教》论道：“战国之文，其源皆出于六艺，何谓也？曰：道体无所不该，六艺足以尽之。诸子之为书，其持之有故而言之成理者，必有得于道体之一端，而后乃能恣肆其说，以成一家之言也。所谓一端者，无非六艺之所该，故推之而皆得其所本；非谓诸子果能服六艺之教，而出辞必衷于是也。《老子》说本阴阳，《庄》、《列》寓言假象，《易》教也。邹衍侈言天地，关尹推衍五行，《书》教也。管、商法制，义存政典，《礼》教也。申、韩刑名，旨归赏罚，《春秋》教也。其他杨、墨、尹文之言，苏、张、孙、吴之术，辨其源委，挹其旨趣，九流之所分部，《七录》之所叙论，皆于物曲人官，得其一致，而不自知为六典之遗也。”

近人马一浮在《因社印书议》中也说：“窃谓群籍皆统于六艺。……儒者以六艺为宗本。诸子亦原出于六艺，各得其一端。”在《复性书院简章》中说：“书院以综贯经术、讲明义理为教，一切学术该摄于六艺，凡诸子、史部、文学研究皆以诸经统之。”这是由于“六艺”为中国学术文化之源头，其后任何学说均不可能与此源头无关。

但是，近代以来经学式微，西学东渐，中国传统的学术结构体系被打破、被解构了，经学首当其冲，遭遇史无前例的批判和打击，特别是学界对经学的学术解构影响更为深刻致命。

说到经学与子学，确实自从汉武帝“罢黜百家，表章六经”之后，经学在两千多年历史的长河中一统天下，处于独尊地位，而子学则处于附属的地位，到了明清以后经学越来越出现了僵化和停滞，所以冯友兰在《三松堂自序》指出：“‘经学’和‘子学’，两面对比，‘经学’的特点是僵化、停滞，‘子学’的特点是标新立异，生动活泼。”再加上经学在历史上居于支配地位时间太长，起了思想专制的负面作用，近代以来引起了学者的普遍反感，在20世纪文化激进主义独领风骚，多元思潮纷纭迭起的时代，大家几乎不约而同有一种共识，即认为经学思想僵化、经验教条，如以古史辨派为代表的经学研究就是代表。1951年，顾颉刚就说：“董仲舒时代之治经，为开创经学，我辈生于今日，其任务则为结束经学。……清之经学渐走向科学化的途径，脱离家派之纠缠，则经学遂成古史学，而经学之结束期至矣。特彼辈之转经学为史学是下意识的，我辈则以意识之力为之，更明朗化耳。”① 因为经学有许多弊端，到了现代社会已经没有存在的意义了，今天的经学研究就是要有意识地把经学变成史学，促进经学时代的结束。周予同用阶级分析的观念来研究经学，认为：“所谓‘经’，是指中国封建专制政府‘法定’的以孔子为代表的儒家所编著书籍的通称。”② 并称经“只是一个僵尸，穿戴着古衣冠的僵尸，它将伸出可怖的手爪，给你们或你们的子弟以不测的祸患。”③ 对此，有人指出：

> 以上学者对“经”的研究呈现出不期而遇的一致性，即是要否定“经”、打倒“经”。其研究心态是反传统的，甚至如陈寅恪所说“对古人之文化应具有了解之同情”都没有，所以可以说他们研不研究无关紧要，因为结果已经很

---

① 顾颉刚《致王伯祥》，《顾颉刚学术文化随笔》，中国青年出版社1998年版，第295～296页。

② 周予同《什么是经学》，《周予同经学史论著选集》（增订本），上海人民出版社1996年版，第656页。

③ 周予同《僵尸的出祟——异哉所谓学校读经问题》，《周予同经学史论著选集》（增订本），第604页。

> 明确了，“经”是“史料”、“僵尸”。……其研究角度是回避“经”问题本身而迂回从侧面出发，其研究心态是抱着中国传统文化不如西方近代文明的态度，其研究目的就是要打倒“经”，其研究结果基本上达到了瓦解中国文明的意图，并在一定程度上摧残了近代以来国人对中国文明的自信度，而至于其所要构建的价值取向则正被当下学界所反省。①

所以，我们应该抱着陈寅恪所说的“了解之同情”的态度来反思近代以来的经学研究，正确地认识经学及其发展演变的历史，正确地估量经学的现代价值，正确地定位经学与子学的关系。对此，马一浮在《因 *Chinese – Renaissance society* 印书议》中也说：“窃谓群籍皆统于六艺。……儒者以六艺为宗本。诸子亦源出于六艺，各得其一端。”在《复性书院简章》中说：“书院以综贯经术、讲明义理为教，一切学术该摄于六艺，凡诸子、史部、文学研究皆以诸经统之。”这是由于“六艺”为中国学术文化之源头，其后任何学说均不可能与此源头无关。

其实所谓经学僵化、教条、专制，主要是汉代以后经学神圣化、神秘化、政治化、法典化所产生的流弊，早期经学则完全不是这样。早期经学在孔子整理的六经基础上继续进行阐释，它对经典的诠释是自由的、开放的，同时由于存在以六经为源头的子学诸子百家，他们或苦思冥想，或结交同道，或游说四方，或组织团体，或参与政治，几乎不受经济、政治体制的制约，从不同角度对宇宙时空、社会秩序和个人存在以及相互关系进行自由的学术探讨，交流争鸣，提出了许多思想观点，使华夏民族的理论思维在这个时期获得突飞猛进的发展，成为中国思想文化史上最辉煌的一页。这样，早期经学不但没有

---

① 符思毅《民国时期经学观念考论》，“孔子2000”网站。

压制思想创造，反而造成“百家争鸣”的生动局面；而它对于古代经典的传承，则使其在思想创造的同时，并没有割断与传统的联系，而是保证了中国思想史的连续性，保证了中华民族基本的价值取向，促进了中华民族的团结与凝聚。

即使汉代以后至清末的经学，也不是死水一潭，凝固僵化，也是以穷通变久的基本规律不断更新发展，正如《四库全书总目提要·经部总叙》所云：

> 自汉京以后垂二千年，儒者沿波，学凡六变。其初专门授受，递禀师承，非惟诂训相传，莫敢同异，即篇章字句，亦恪守所闻，其学笃实谨严，及其弊也拘。王弼、王肃稍持异议，流风所扇，或信或疑，越孔、贾、啖、赵以及北宋孙复、刘敞等，各自论说，不相统摄，及其弊也杂。洛闽继起，道学大昌，摆落汉唐，独研义理，凡经师旧说，俱排斥以为不足信，其学务别是非，及其弊也悍①。学脉旁分，攀缘日众，驱除异己，务定一尊，自宋末以逮明初，其学见异不迁，及其弊也党②。主持太过，势有所偏，才辨聪明，激而横决，自明正德、嘉靖以后，其学各抒心得，及其弊也肆③。空谈臆断，考证必疏，于是博雅之儒引古义以抵其隙，国初诸家，其学征实不诬，及其弊也琐④。要其归宿，则不过汉学、宋学两家互为胜负。夫汉学具有根柢，讲学者以浅陋轻之，不足服汉儒也。宋学具有精微，读书者以空疏

---

① 如王柏、吴澄攻驳经文，动辄删改之类。

② 如《论语集注》误引包咸夏瑚商琏之说，张存中《四书通证》即阙此一条以讳其误。又如王柏删《国风》三十二篇，许谦疑之，吴师道反以为非之类。

③ 如王守仁之末派皆以狂禅解经之类。

④ 如一字音训动辄数百言之类。

薄之，亦不足服宋儒也。消融门户之见而各取所长，则私心祛而公理出，公理出而经义明矣。盖经者非他，即天下之公理而已。

成中英先生也指出经学有一个不断扩大、增加甚至取代、转移的过程，这是经学发展的必然现象。而这种经学的更新是以典范的转移为基本特征的。什么是典范的转移？“先秦是一种典范，汉代又是一种典范，宋明是一种典范，清代也有典范。典范一旦形成，就主要在典范里面谈问题。但典范又是变化的，这样就呈现出经学的发展。需要不需要典范呢？经学嘛，是大经大法；价值系统，是为社会提供规则规范，维护社会的稳定。所以不能变来变去，要保持相对的稳定，但经义一旦固定下来，又面临僵化、教条化的危险。这样，就需要新的典范出来。而且需要对经学经常进行哲学的思考，以寻求新的典范。”① 每一次经学的发展都是典范的转移。

（二）新经学与“新子学”的互动

典范的转移还涉及子学的创新性、经典性及其上升为经典的问题。早期儒家学者学孔、孟、荀都重视经典，但他们对经典抱有一种开放、自由、灵活的态度，立足现实，创造出社会人生之学，也就是子学，构成了早期经学发展的系统，“早期经学的发展靠的是生命哲学，是对人性的认识，是一种价值论和伦理学，我认为这是经学的实质内涵。这些内容是一种真实的体验，包含了个人的生命感受，而不只是文字的简单解读，我们所说的经学应该是这样的。”② 由于其创

① 梁涛《国学、经学与本体诠释学——成中英教授访谈录》，《国学学刊》2010 年第 1 期。

② 梁涛《国学、经学与本体诠释学——成中英教授访谈录》，《国学学刊》2010 年第 1 期。

造性、经典型，后来就上升为经，如《论语》、《孟子》、《孝经》等。当然，历史上这种子学升格为经是有特定的历史背景，往往也有其局限性，如宋明理学把《论语》、《孟子》、《大学》、《中庸》升格为经，凸显的是天道性命内圣之学，忽视了《荀子》、《春秋繁露》、《中说》等礼乐制度外王之学，所以今天有学者提出“新四书”，不同意传统上《论语》、《大学》、《中庸》、《孟子》“四书”代表了儒家道统的观点。而认为早期儒学其实是一个更为丰富、开放、包容性的精神传统，可以代表这一传统的应是《论语》、《礼记》、《孟子》、《荀子》四部书，可称为“新四书”。今天儒学研究的一个任务，便是把《荀子》纳入儒家的核心经典之中，呼唤儒家礼的复兴。在此基础上，统合孟荀，建构仁礼统一的儒学思想体系①。也有学者提出“五经七典”来重构儒学核心经典系统。他所理解的儒家核心经典系统应该指儒学孕育和奠基时期最重要的儒学经典。五经为孔子所手订，乃夏商周三代的文化积淀，隐含着中国文化基因，孕育着儒家生命，其经典地位是不可动摇的。从孔子到孟荀，为儒学的奠基期。这个时期的儒学，群星灿烂，学派林立，著作迭出，繁荣之至，世称显学。现存儒学奠基期最重要的经典可新编为七：《论语》（附《论语》类文献）、《子思子》、《公孙尼子》、《子车子》、《内业》、《孟子》、《荀子》，总称“七典”，与五经合称“五经七典”②。

在今天中国思想学术的多元发展中，新经学与“新子学”之间也一直在互动，但新经学（儒学）无疑仍然起着主导作用。黄蕉风发文说：

---

① 梁涛《应将〈荀子〉纳入儒学的“新四书”》，《中华读书报》2011年3月2日。

② 郭沂《五经七典——儒家核心经典系统之重构》，《人民政协报》2006年12月18日、2007年1月15日连载。

> 80年代末90年代初兴起的新道家、新法家、新墨家等新子学学派，也大多以（大陆/港台）新儒家作为自己的参照系。与新儒家不同的是，新道家、新法家、新墨家缺乏构建独立的“道统—政统”体系的能力；……缺乏这样的历史文化资源。面对资讯科技迅猛发展、多元文明交汇共在的全球化时代，新子学在未来中国有怎样的可能性与限度，取决于其在“返本开新”的路径上做出怎样的选择和改变。
>
> 新子学学派的崛起和发声，至始至终脱离不了“儒家的言说传统”。因为新子学与新儒学的争夺角力，是属于中国文化内部的“小传统”与“大传统”的相咬相吞。从形态学的意义上，“儒墨斗法”“儒法之争”“儒道之争”的外在形式有变，内里实质却没有变。当新子学汲汲于与新儒学争夺当代中国文明价值的现代诠释话语权时，经常忘记了如果没有“儒家”作为其比较和参照的对应物，那么自身就很难开出独立的特属于“新子学”的政治哲学话语和传统。先秦虽曰百家，然诸子共享的“公共文本”，却也不出《诗经》、《尚书》、《易经》等范围。故就文化传统内部而言，以儒家言说传统为主要模式的近两千年的中国文化形态，已经差不多将诸子百家的异质性化合为以儒家言说传统为主的同一性。其表现不但在周初诸子百家对公共文本的诠释上，更表现在“独尊儒术”之后诸子学处理公共文本的方法论上。①

这就比较细致地从“新子学”的角度分析了新儒学与“新子学”在现时代中国多元文化思潮下互动的实际状况，对于我们更好地理解和定位新经学和“新子学”的关系及其互动很有启发。

---

① 黄蕉风《我对当代大陆新儒家及新子学学派的一点怀疑》，http：//www. 21ccom. net/articles/sxwh/gxxc/2013/0227/77876_ 8. html。

五、重建道统，传承学统

因为中华文化近代以来主要是“失本”，所以要正本清源，固本培元，即回归中华文化的源头，在回归中创新，而固本的学术基础就是国学。所以，国学就不是传统文化的某一领域，某一方面，某些内容的一般意义上的学术研究，不是在现代学术分化之后的重新简单相加。这样的研究其实已经很多了，但没有抓住其文化精神、精蕴、精义，做的是单纯“术”层面的工作，而没有与“道”联系起来，不是在道统摄下的浑然一体的有机整体。其根本原因就是“道统”的破坏，以及由此引起的本末的倒置，体用的颠倒等①。所以，道统的重建应该是“新国学”的核心和目前的主攻方向，而道统的重建与学统又不能分开，是在学术基础上的重建，具体说就是在经学基础上重建儒家道统。

道统和学统密切联系，相辅相成。文字、文本的研究是学术方面，形成学统，但更重要的是文字、文本背后所表达的宇宙、社会、人生之道，历代儒者通过阐发这些宇宙、社会、人生之道形成了道统，担当起中华民族核心价值观的构建。历代经学通过担当重建道统的学术任务，使中华文化的道统若隐若现，若断若续，但是一脉相传，绵延不绝。近代以来中国文化可以说是道丧学绝，最突出的表现是辛亥革命以后在中国的教育体系中没有了经典教育，中华民族成了抛弃自己经典的民族。

经学所表达和传承的思想内容无疑是非常丰富的，但核心是什

---

① 韩星《国学——中华文化的固本之学》，《深圳商报》2007 年 4 月 27 日。

么？这得从“经”的含义谈起。经，《广雅·释诂》：“经，常也。”《孟子·尽心下》：“君子反经而已矣。”朱熹注：“经，常也，万世不易之常道也。”《白虎通义·五经》云：“经所以有五何？经，常也。有五常之道，故曰‘五经’。”《孔丛子·执节》：“经者，取其事常也，可常则为经矣。”桓谭《新论》曰：“经者，常行之典。”《韩诗外传》卷二：“夫道二，常之谓经，变之谓权。”可见，古人把经训为常、常道。与此相应，历代儒者都把经典看成是载道之书，研读、诠释经典是为了求道、明道、得道、行道。

今人熊十力在《读经示要》第一讲开宗明义即说：“经者常道也。夫常道者，包天地，通古今，无时而不然也，无地而可易也。以其恒常，不可变改，故曰常道。夫此之所宗，而彼无是理，则非常道。经之道不如是也。古之传说，而今可遮拨，则非常道，经之道不如是也。戴东原曰：‘经之至者道也’，此语却是。”①

徐敬修在论述“经学之意义”时说：“‘经’常道也，即不可变易之道也；以不可变易之道，载之于书，谓之‘经籍’。古人称经之昭著，如日月经天，江河行地；盖惟其为常道而已，惟其为不可变易之道而已，此就经之大体言之也。”②

王节说：“盖经者，吾国先民数千年来精神所系者也，政教号令准于是，声明文物源于是，世风民情日用起居安于是。实为历代体国经野化民成俗者必循之道，必用之器。……经者，常也，举世共循之常道也。……比类而观，可见经者，世之常道，人之通径，记前人所经之政教得失，以垂则于将来，而为后人经纬万端，经纶世务，经营

---

① 熊十力《读经示要》卷一，《熊十力全集》第三卷，湖北教育出版社2001年版，第569页。

② 徐敬修《经学常识》，上海大东书局1931年版，第1页。

事业，经纪人群之道具。”①

饶宗颐说：“‘经’的重要性，由于讲的是常道，树立起真理标准，去衡量行事的正确与否，取古典的精华，用笃实的科学理解，使人的文化生活，与自然相调协，人与人之间的联系，取得和谐的境界。”②

所谓“经是常道”，一方面是说经中包含了某些永恒、普遍的核心价值，有超越时空的意义；另一方面也是说经是可以被不断诠释，不断丰富的，所以它是“常道”。由于“经”在传统中有“常道”、“常理”的含义，“经”所呈现出来的是文字，它所承载的则是“道理”。读经、诵经、注经、研经，其最终的目的是为了理解和把握小至百姓日用，大至宇宙天地的道理。正因为如此，对儒经的诠释、研究和普及都要将把握经典的“道”作为最高的追求，即《汉书·艺文志》所说的儒者“于道为最高”。

我们可以从孔子重建道统，开创学统的历史贡献中得到启示。

首先，就道统而言，孔子生长在一个礼崩乐坏、天下无道的时代，他对道有了自觉的意识，这就是通过对礼乐文化的历史反思来“悟道”，所体悟出来的是历史之道、人文之道，使上古三代的历史超越了时间的局限，成为儒者的社会理想和精神信仰。具体说，孔子通过对六经的诠释苦心孤诣要找回的“道”，就是指儒家孜孜以求的古者先王之道，是尧舜禹汤文武周公一脉相承的文化传统，它代表着儒家文化的价值理想和最高典范。孔子的“道”自然是承继春秋以来中国文化由天道转到人道的这一历史趋势而进一步探讨的，其传统

① 龚鹏程主编《读经有什么用：现代七十二位名家论学生读经之是与非》，上海人民出版社2008年版，第32页。

② 饶宗颐《〈儒学〉与新经学及文艺复兴》，《光明日报》2009年8月31日。

资源主要是礼乐文化，其价值指向基本上是人文精神，其最后的归宿大体上是社会政治秩序的重建①。在阐述孔子诠释“六经”的宗旨时，《白虎通·五经》云：“孔子所以定五经者何？以为孔子居周之末世，王道陵迟，礼乐废坏，强陵弱，众暴寡，天子不敢诛，方伯不敢伐，闵道德之不行，故周流应聘，冀行其道德。自卫反鲁，自知不用，故追定五经，以行其道。”孔子自卫返鲁之后，自知王道不行，遂通过师儒传习的方式明道、存道、守道。因此，孔子是儒家道统谱系中承前启后的中心人物。他观殷夏所损益，追迹三代之礼，删定《六艺》，仁体礼用，仁智双彰，“尽人道之极致，立人伦之型范”②。孔子不但是其前两千五百年历史文化积累的集大成者、守成者，也是上古三代历史文化的反省者，还是其下两千五百年历史文化演进的开新者。虽然，孔子未有道统之言，但他谓天之历数尧、舜、禹递相传授，亦实启发了孟子的道统思想。上古三代圣圣相传之道，因孔子而点醒，而显彰，而守而不失，绵绵常存③。因此，我们应该理解当年朱熹的话：“此道更前绍圣贤，其说始备。自尧、舜以下，若不生孔子，后人去何处讨分晓？”④ 这些说法并不是夸大其词，而是深刻的见解。

后世儒者深契孔子整理六经之意，强调经以载道，以经见道，特别重视经典蕴涵的道——核心价值。汉儒视儒经为古代圣人的精意制作，是安身立命、治理国家和规范天下的大经大法。如冀奉在《奏封事》中说：“臣闻之于师曰，天地设位，悬日月，布星辰，分阴

① 韩星《孔学述论》，陕西师范大学出版社2008年版，第1~2页。

② 牟宗三《历史哲学》，广西师范大学出版社2007年版，第83页。

③ 罗义俊《中国道统：孔子的传统——儒家道统观发微》，“孔子2000”网站。

④ 《朱子语类》卷九十三。

阳，定四时，列五行，以视圣人，名之曰道。圣人见道，然后知王治之象，故画州土，建君臣，立律历，陈成败，以视贤者，名之曰经。贤者见经，然后知人道之务，则《诗》、《书》、《易》、《春秋》、《礼》、《乐》是也。《易》有阴阳，《诗》有五际，《春秋》有灾异，皆列终始，推得失，考天心，以言王道之安危。"① 是说天地以"道"视圣人，圣人见"道"作"经"，以"经"视贤者；贤者见经而知人道之务，以言王道之安危。这样，圣贤通过经典就代天宣化，经典当然就体现了天道，具有神圣性。

其次，就学统来看，孔子把自己当时所能够见到的古代典籍差不多都进行了整理，集古帝王圣贤之学之大成，形成了《诗》、《书》、《礼》、《乐》、《易》、《春秋》"六经"。他的学术旨趣是"述而不作"，即对古典文献只是整理而不是创作，实际上是在整理过程中表达自己的思想观点，"有述有作"，"述中有作"，开创了后来注经的学术传统，遂成一家之学，形成了儒家学派。马宗霍说："古之六艺，自孔子修订，已成为孔门之六艺矣。未修订以前，六艺但为政典，已修订以后六艺乃有义例。政典备，可见一王之法；义例定，遂成一家之学。法仅效绩于当时，学斯垂教于万祀。"② 熊十力也说："儒学以孔子为宗师，孔子哲学之根本大典，首推《易传》。而《易》则远绍羲皇。《诗》、《书》执礼，皆所雅言，《论语》识之。《春秋》因鲁史而立义，孟子称之。《中庸》云仲尼祖述尧、舜，宪章文、武。孟子言孔子集尧、舜以来之大成，此皆实录。古代圣帝明王立身行己之至德要道，与其平治天下之大经大法，孔子皆融会贯穿之，以造成伟大之学派。孔子自言'好古敏求'，又曰'述而不作'，曰'温故知新'。盖其所承接者既远且大，其所吸取者既厚且深。故其

① 《汉书》卷七十五《眭两夏侯京翼李传》。

② 马宗霍《中国经学史》，上海书店1984年影印本，第9页。

手定六经，悉因旧籍，而寓以一己之新意，名述而实创。是故儒学渊源，本远自历代圣明。而儒学完成，则又确始于孔子。"[①] 这样，由孔子开创的儒家思想是通过对古代文化典籍的诠释来表达和发挥的，而这些文化典籍所代表的中国古代文化又是通过和依赖于儒家的诠释不断发扬光大，而传承至今的。

孔子开创的这一传统对日后中国经典诠释产生了重要影响。在一定意义上，"述而不作"成为了中国经典诠释的基本形式特征。换言之，孔子之后，通过"传先王（贤）之旧"进行传述和创作，成为中国经典诠释的基本形态。这一点在作为中国传统学术之正统的儒家经学中得到了鲜明的表现。由孔子开创的"学统"意识在汉唐正史的《儒林传》、《艺文志》、《经籍志》便已有明朗表现，即以经学为源，以儒家为宗，以子学为流。宋明时期朱熹的《伊洛渊源录》、周汝登的《圣学宗传》、冯从吾的《关学编》以及清初孙奇峰《理学宗传》、汤斌的《洛学编》等学术史著作，更体现出强烈的"学统"观念。康熙年间熊赐履著《学统》一书，上起孔子，下及明末，"为之究其渊源，分其支派，审是非之介，别同异之端，位置论列，宁严勿滥，庶几吾道之正宗，斯文之真谛，开卷了然，洞若观火"[②]，系统梳理评判了从先秦到明代各派学术的发展脉络、思想观点及其主要代表人物，分别将其划归正统、翼统、附统、杂统、异统五个门类，力图讲明儒学之源流派别，接千古正学之统，"以垂教于天下后世"[③]，集中反映了熊赐履崇正距邪、立言卫道、捍卫理学正统地位的学术

---

① 熊十力《熊十力别集·读经示要》，中国人民大学出版社 2009 年版，第 136 页。

② 熊赐履《学统自序》，徐公喜、郭翠丽点校《学统》，凤凰出版社 2011 年版，第 17 页。

③ 高裔序，徐公喜、郭翠丽点校《学统》，第 14 页。

立场。

近代以来，我们传统的“学统”断裂，而我们引进西方的哲学史、思想史研究概念、范畴、模式又产生了许多问题，至今“学统”没有接续起来，所以提出重建问题。而且，不仅仅是“学统”的重建，更进一步还要在“学统”的基础上重建道统。近代以来中国文化的核心问题就是传统道统断裂，民族精神涣散，国家政治分裂，至今未能统一。这就急需我们学者在“学统”的基础上完成重建“道统”的历史任务，以为我们的国家确定重心，为我们的民族确立方向。

（作者单位：中国人民大学国学院）

走出经学时代
——儒家哲学现代化的范式转换

杨少涵

一、“经”还是“子”：儒学的当代论争

近一个世纪以来，儒学的命运由两千年来的大红大紫，忽而变得“花果飘零”、“孤魂野鬼”而命悬一线。但就是这不绝一线，近二十年来又呈现出星火燎原的复兴之势。由此也引来了一系列的辩论，比如关于“儒教”之辩①、“儒家伦理”之辩②、“国学”之辩③以及最

① 李申《二十年来的儒教研究》，《宗教与世界》1999年第3期；任继愈主编《儒教问题争论集》，宗教文化出版社2000年版；邢东田《1978～2000年中国的儒教研究：学术回顾与思考》，《学术界》2003第2期；韩星《儒教问题：争鸣与反思》，陕西人民出版社2004年版。

② 郭齐勇《儒家伦理争鸣集——以“亲亲互隐”为中心》，湖北教育出版社2004年版；邓晓芒《儒家伦理新批判》，重庆大学出版社2010年版；郭齐勇《〈儒家伦理新批判〉之批判》，武汉大学出版社2011年版。

③ “国学讨论专辑之一”，陈明主编《儒家邮报》第117期，2010年。

近的“新子学”讨论[①]。以上争辩，涉及儒学在国学中的地位、在现代社会的功能发挥及其与诸子学说的关系等重大问题。这些问题进一步约化，可以归结为这样一个总问题：在现代中国社会，儒学到底要扮演一个什么样的角色？借用中国传统的学术语言来说，这一总问题可以这样来表达：在中国社会的现代化进程中，儒学的角色定位和功能发挥到底应该是“经”还是“子”？

这里的“经”与“子”有两层含义：一是指角色之间的关系，二是指学者们对待这种角色之间关系的态度。就角色之间的关系来说，“经”与“子”反映的是两种完全不同的生态环境：“经”表示一个角色处于垂直的笼罩地位，而其他角色则处于从属的被支配地位；“子”则表示各角色处于并列的平等地位，各角色可以彼此取补，亦可以互相竞争。就我们学者对待这种角色关系的态度来说，“经”与“子”反映的是两种完全不同的学术心态：“经”表示学者认可并积极追求自己所研究的对象能够在政治等现实关系中获得一种笼罩性、垄断性地位；“子”则表示学者希望所研究对象能够在一个自由的学术氛围中进行平等的学术对话与交流。总之，这里所说的“经”与“子”既是指一种关系事实，也是指一种学术态度。

儒学到底应该属于“经”还是“子”？根据“经”与“子”的第一层含义，这一问题其实就是要问：在儒学与其他学说的关系中，儒学是处于一种笼罩性的地位，还是处于与其他学说平列的地位？据此我们可以将儒学分为“作为经的儒学”（这里简称之为“经儒”）和“作为子的儒学”（这里简称之为“子儒”）。根据“经”与“子”的第二层含义，这一问题其实就是要问：作为儒学的研究者，是要将儒学放在独尊的地位来看待并积极追求这种独尊地位，还是保持平等

① 方勇主编《诸子学刊》第八辑，上海古籍出版社2013年版；“新子学”国际学术研讨会会议论文集。

的心态来看待并希望儒学与其他学说能够处于平等的竞争关系？据此我们可以将儒学研究者的态度分为“经”的态度和“子”的态度。

以上关于儒学的辩论有两个明显的阵营：一方是儒学的彻底拥护者，学界一般称之为“原教旨儒家”，另一方则直视儒学为“毒瘤”，必欲除之而后快，我们可以称之为“儒学的仇视者”。这两方可以说是“儒学与其敌人”的关系。但在现实的辩论中，双方阵营中很少有这么彻底之人，即使个别彻底之人一开始可能也不是这么彻底，或者说起初可能只是一种倾向，但为了替自己的这种倾向辩护，双方就不得不步步后退，以至于越退越远，越走越极端，于是儒学及其敌人的距离就越推越远。最后的局面是原教旨儒家越是鼓吹儒学，儒学的仇视者对儒学的攻击就越是起劲；反之亦然，儒学的仇视者越是仇恨儒学，原教旨儒家对儒学的鼓吹就越是来劲。两个极端之间是一些对儒学秉持一种同情态度的学者，我们可以称之为“儒学的同情者”。最近兴起的“新子学”的一些倡导者，就是这种中间声音的突出代表者。

儒学的一般推崇者认为，儒学即使“屈尊”与当今中国主流意识形态联合也应该处于“经”的位置。而原教旨儒家对于儒学之“经”的地位之强调则更加极端，他们认为只有儒学独尊，才能应对和解决中国社会现代化进程中暴露出来的一系列问题。而儒学的同情者以及“新子学”的倡导者承认有所谓“子学精神”，并希望以一种纯正的学术心态来正视儒学的现代遭遇和生存境遇，强调儒学与诸子之学应共处于一种平等的竞争关系中。

“新子学”的基本构想之一是儒学应“离经还子”。当然“新子学”之“子”也需要进一步分析。如果“新子学”之“离经还子”仅仅是在研究对象上将儒学“还原”到先秦诸子百家时代之“子儒”，“新子学”就仍然不能完成儒学现代化的任务。正如下面将说到的，即使在先秦“子儒”那里，也有需要抑弃的内容。如果“新子学”之“子”表达的是一种学术研究的态度，那倒是可以接受的。也就是说在当今中国的国学研究中，儒学研究者需要保持一种平等的研究态度和宽容的学术心态，自觉将儒家及其典籍从“经”的位置走下来，并坐到与道、墨、法、名、阴阳等诸家平起平坐的位置上来研究。“离经还子”或“夷经为子”的地位转换并不会使儒学失去什么，反而是从思想深层还儒学以本真面目。

当然，“新子学”的态度并不否定历史，也不预测未来，既不能是历史虚无主义者，也不能作预言家。在很长的一段时间里，曾经的历史事实是：国学的主流是儒学，儒学的核心是经学①。在先秦史书与后世信史中，“子学”的地位一直卑微，很少有哪个“子”（思想家）的名字或思想被这些史书单独提及②。“新子学”不否认这一点。未来可能会出现这样一种现象：经过今人的研究，儒学对中国的政治生活与人们的精神世界重新发挥主导性影响。对此，“新子学”不进行任何预测。“新子学”只是强调一种当下的学术态度：作为学者，作为儒学研究者，应该具有“子”的态度，而不是“经”的态度；无论儒学曾经具有或未来可能达到多么高的“经”的地位，今天的儒学研究者都应当秉持各家思想学说平等交流、公开讨论的态度，不要过多地期望儒学具有或应当具有对其他学说之笼罩性、垄断性的“经”的地位。

---

① 李学勤《谈经学与文献学的关系》，《河南师范大学学报》2005年第2期；《国学与经学的几个问题》，《湖南大学学报》2006年第2期；《国学的主流是儒学，儒学的核心是经学》，《中华读书报》2010年8月4日。

② 姜广辉《新思想史：整合经学与子学》，《中华读书报》2013年1月16日。

二、“子儒”的思想面向与政治诉求

冯友兰在两卷本《中国哲学史》中将整个中国古代哲学史划分为“子学时代”与“经学时代”。这一划分的对象虽然是整个中国古代哲学史，但其划分的标准却是以儒学的历史为基本参照的。在这一划分中，子学时代的儒学或儒家，即上面所说的“子儒”；经学时代的儒学或儒家，即上面所说的“经儒”。在关于儒学的辩论中，推崇儒学的正方往往会论证说儒学具有刚健精进的精神性格和开明宽容的学术态度，而仇视儒学的反方则常常会指控儒学具有抑遏人性的思想因素和独裁专断的历史事实。正方在论证时所举之例多是子学时代之“子儒”，即使用的是经学时代的材料，也总是站在“子儒”的角度来解释；而反方在指控时所举之例多是经学时代之“经儒”，即使用的是子学时代的材料，其解释的角度却是“经儒”。有时甚至会出现一种更为吊诡的现象：出自儒学的同一则材料，正反双方却从中解读出两种完全相反的意义。

之所以会出现这种情况，我想是因为辩论两方犯了“打包性错误”。所谓“打包性错误”，是指把多方面的表现打包并归于一个名称，然后对这个名称进行单方面的评价。儒学的推崇者和原教旨儒家认为儒学尤其是“子儒”一好到底，自身没有毛病，两千年来儒学所造成的弊端不是儒学自身的问题，只是人们用坏了儒学。而儒学的仇视者则认为儒学尤其是“经儒”其本身就坏，于是就埋怨儒学独尊把国人从灵魂深处到社会生活都败坏了。这正反两方面其实都是由于“打包性错误”而将儒学简单化了。

但问题是人们何以会犯这种错误？“子儒”何以能够变成“经儒”？子学时代的儒学何以能够在经学时代定于独尊并成为中国两千

余年的笼罩性思想？我认为除了政治需要等外在因素外，必定还有“子儒”内部的某种特殊性质或特殊倾向，这种性质或倾向使其能够满足政治的需要。而且这种性质或倾向应该是先天的，也就是说在先秦“子儒”那里就已经具有这种性质或倾向。如果“子儒”压根儿就没有这种性质或倾向，即使外在的需要再怎么强烈，儒学也不能满足那些需要，当然也就不能获得基于政治需要而来的独尊地位。所以在先秦“子儒”那里，其思想也不是铁板一块，也必定具有多种面向，必定有其“经”的思想因素。

“子儒”的理论面向到底有哪些呢？韩非子说孔子没后儒分为八，但这个说法历来费解，根据目前的材料，几乎难以确定韩非子所说之“八”到底具体何指①。于是利用《论语》里的材料来寻绎“子儒”的思想面向，就不失为一种可行的方法。比如子贡曾说：“夫子之文章，可得而闻也。夫子之言性与天道，不可得而闻也。”（《论语·公冶长》）子贡在此说了孔子思想的三个方面：文章、性和天道。孔子这三个方面的思想其实表达了先秦“子儒”的三种理论面向：“文章”即“子儒”之礼乐教化的外在面向，“性”即“子儒”之道德仁性的内在面向，“天道”即“子儒”之宗教性的面向。这三种面向的深化发展即构成先秦儒学之三派，即重礼之外向派、重仁之内向派和重天之天道派，三派各自的集大成者分别是荀子、孟子、《中庸》与《易传》②。

先秦“子儒”的三个思想面向可以自成一套学问。“子儒”之礼

---

① 关于儒学的分化，最早的说法是韩非的“儒分为八”。但其说过于简略，甚至许多人名难以对号入座，现在已难窥其旨。而且就韩非所划归的孔门传人来看，其学术特色亦不甚明朗。参见梁涛《郭店竹简与思孟学派》，中国人民大学出版社 2008 年版，第 86 页。

② 杨少涵《中庸哲学研究》第一章，花木兰文化出版社 2013 年版。

乐教化的面向可以再细分为两途：一是礼乐教化之实施，即儒学在言行举止、社会生活、政治设计等方面的呈现；二是礼乐教化所据之教材，此即“经儒”所谓“六艺”或“六经”。顺着前者可以发展出儒家之政治哲学，但此“政治哲学”只是“关于政治的哲学”，重点在哲学而非政治；顺着后者可以发展出儒家之“古典学”，即围绕儒家几部经典所进行的训释、诠解、考证等学术研究。“子儒”之内在仁性的面向即儒学关于道德心性、道德实践方面的学说。按照《庄子》的说法，这是儒家的“内圣”之学。儒学如果能在这一方面强探力索，进行系统的哲学论证，必将发展出一种纯理论且具有儒家特色的道德哲学。“子儒”之天道思想可以说是儒家之终极关怀和儒家之形而上学。这种形而上学可作三面解：一是哲学性的终极关怀，即在哲学论证过程中必然会推导出一个无条件者；二是宗教性的终极关怀，即对此无条件者给予一种态度，相信它真实存在，并能够对现实人生的精神生活予以影响；三是道德实践性的终极关怀，即无论是通过哲学论证还是通过宗教认定，所获得的终极的无条件者给人以一种信心与信念。比如孔子说“天生德于予”即属这种信心与信念。第一种理解属于一般的思维活动，第二种理解属于宗教信仰，第三种理解属于道德实践。

除了以上三种理论面向，在先秦“子儒”那里还有一个最明显也可以说是传统儒学之最大的思想性格，即强烈的政治关怀或政治诉求。按照《庄子》的说法，这是儒家的“外王”之学。孔子周游列国，“干七十余君无所遇”（《史记·儒林列传》），但乐此不疲。孔子门人亦多求干禄、为政。孟子、荀子也曾游说于诸侯之国，宣传其政治主张，并寻找实现其现实诉求的政治力量。这些都可以说是先秦“子儒”强烈政治诉求性格的必然外显。而且这种思想性格可以说是“子儒”精神之结穴，“子儒”的一切旨趣几乎都要归结到这一点。

三、“经儒”的学术特征及其影响

任何具有强烈现实诉求或以社会现实问题为指向的思想流派总希望其相应理念与设计在现实中得到实现①。儒学先天就具有一种强烈的政治关怀和现实诉求。但直到汉武帝时代，这种关怀与诉求才变为现实。当然汉武帝采纳董仲舒“罢黜百家，独尊儒术”的建议，并不表示他本人在骨子里对儒学有多少感情或兴趣。他之推重儒学更多的是出于政治需要。而儒学的一些思想因子也正好迎合了这种需要，同时儒学的政治诉求之实现也需要这种政治需要。政治需要儒学其实是在利用儒学，儒学需要政治其实也是在利用政治。儒术独尊使双方达成了一种“双赢”局面：儒学变成儒术，这满足了政治的需要；儒术得以独尊，这满足了儒家的需要。将两者挽结在一起的就是“经学”。经学极盛，“子儒”便彻底转变成“经儒”。

从这个转变过程可以看到，“经儒”的第一个特征是政治化。为了保持其在政治生活与精神世界的话语霸权，“经儒”将孔子圣人化，将六经神学化。这又形成了“经儒”的第二个特征即神学化。儒家经典成为万世之法，甚至可据以解决一切现实问题，于是就出现了“以《禹贡》治河，以《洪范》察变，以《春秋》决狱，以三百五篇当谏书”② 等荒唐之事。同时，儒家经典也不能再被自由地解读，而是必须严守师法与家法，以至于“师之所传，弟之所受，一

① 干春松《制度化儒家及其解体》，中国人民大学出版社2012年版，第25页。

② 皮锡瑞《经学历史》，北京中华书局1959年版，第90页。

字毋敢出入；背师说即不用。师法之严如此”①。这就形成了经学的第三个特征，即著述方式的章句化。

儒学的政治化，要求儒学要继续利用政治就必须始终被政治利用。两汉经学时代，政治利用儒学的有效手段是投放定量的、有限的博士官位和免徭高俸等“禄利”（《汉书·儒林传》）。儒学成了政治的精神加工厂，政治需要什么，儒学就供应什么②。“儒学”彻底变为“儒术”，“学随术变”，儒学就失去了自身的独立性③。失去独立思考的儒学能有多大的批判性？这是颇令人怀疑的。而创造性往往源于其批判性，失去思考独立性的最终代价必然是思想创造性的缺失。

如果说儒学的政治化是以儒学的思想创造性缺失为代价，那么儒学的神学化则是以包括其他学派在内的整个思想界的创造性缺失为代价。当儒家经典被神学化为万世常法，其他一切学说皆成歪门小道，即使不被完全取缔，也必然为儒家经典所笼罩。先秦诸子争鸣的思想氛围和互相攻难的学术风气不复存在，荒谬的灾异之说和谶纬之谈渗入学术生活与思想世界，最终的局面只能是整个学术界与思想界的“万马齐喑”。

两汉经学家的著述形式近三十种之多，但基本上都是笺、注等章句形式④。这种引经据典式的“笺注主义”⑤ 可以用“章句化”一词来概括。这种方式对于名物训诂、字词考订可能有其长处，但其

---

① 皮锡瑞《经学历史》，北京中华书局 1959 年版，第 77 页。

② 顾颉刚《秦汉的方士与儒生序》，上海古籍出版社 1998 年版，第 6 页。

③ 朱维铮《壶里春秋》，上海文艺出版社 2002 年版，第 89 ~ 90 页。

④ 许抗生、聂保平、聂清《中国儒学史·两汉卷》，北京大学出版社 2011 年版，第 359 页。

⑤ 王葆玹《古今兼综——两汉经学》，万卷楼图书公司 2001 年版，第 21、51 页。

“非论证性与模糊性”① 对于思想创构与理论创发却弊端重重②。这些弊端可以归结到一个词，即繁琐。繁是繁复，琐是琐碎。繁复之极以至于《尚书·尧典》的篇目能说十余万言，对于哲学创构来说无关紧要的“曰若稽古”四个字竟能解释两三万字。(《新论·正经》)学者“幼童而守一艺，白首而后能言”(《论衡·效力》)，哪里还有精力和时间进行思想创发？琐碎即成片断而不系统，中国古代著述中的哲学思想只能是星光乍现，让人难以遽捉。

政治化、神学化与著述方式的章句化成为两汉经学家心头的“三座大山”，严重束缚了两汉哲学的创造性发展。两汉四百余年，有影响的哲学家和哲学经典乏善可陈，在一般的哲学史著作中，除了少数几个人，其余不是“没有多少东西可讲”③，就是“无不匆匆带过”④。如果说儒学的政治化与神学化的不良影响在民国以后日趋衰微，著述方式的章句化对中国哲学的影响则一直延续至今。著述方式章句化的典型特征是思想对经书的依赖。依赖的程度可有高低之不同。高度的依赖是学者思考任何问题，首先想到的是经书怎么说，然后才是自己怎么看⑤。低度的依赖是学者虽然已有某种看法，但最后还是要到经书里寻求佐证。这两种程度的章句化形式，用陆象山的话

① 李湘云《儒家道德的非论证性和模糊性》，《江淮论坛》2011 第 3 期。

② 刘泽华《汉代〈五经〉崇拜与经学思维方式》，《社会科学战线》1993 年第 1 期；高晨阳《中国传统经学思维方式片论》，《山东大学学报》1992 年第 3 期；王雅《经学思维及对中国思维方式的影响》，《社会科学辑刊》2002 年第 4 期；张觉力《刍议传统经学思维方式及其对创新的桎梏》，《党史文苑》2004 第 4 期。

③ 李学勤《国学与经学的几个问题》，《湖南大学学报》2006 年第 2 期。

④ 马勇《中国儒学》，东方出版社中心 1997 年版，第 132 页。

⑤ 王葆玹《古今兼综——两汉经学》，万卷楼图书公司 2001 年版，第 21、51 页。

说即“我注六经”与“六经注我”。“我注六经”与“六经注我”共出现三个概念：我、注、六经。“我”是著述者，“注”是著述形式，“六经”是取材范围。但无论是“六经注我”还是“我注六经”，“我”的思考范围逃不出“六经”，“我”的思考方式都是“注”。“我注六经”与“六经注我”只不过是“我”与“六经”在“注”的过程中所占量之比重孰多孰少，并没有质的不同，都仍然是一种章句化形式。“我”都没有真正的独立性，都没有从“六经”及对其“注”中解放出来，而是一直淹没在对“六经”之“注”中。

如果说两汉经学的著述是高度的章句化，那么宋明心学大家的著述则属低度的章句化。陆象山曾将其学归于“因读《孟子》而自得之”①，“自得”即自己的看法，“因读《孟子》”则是到经书里寻求佐证。王阳明龙场悟道后接着做的事是“证诸《六经》、《四子》”②，所悟之道是获得自己的看法，“证诸《六经》、《四子》”则是到经书里寻求佐证③。按照明儒罗整庵的说法，这叫“取证于经书”④。由此可见，清儒顾亭林“经学即理学”⑤与方以智“藏理学于经学”⑥

---

① 陆九渊《语录下》，《陆九渊集》，北京中华书局1980年版，第471页。

② 王守仁《朱子晚年定论》，《王阳明全集》，上海古籍出版社1992年版，第127页。

③ 余英时《清代思想史的一种新解释》，《历史与思想》，联经出版社公司1979年版，第128、144页。

④ 罗钦顺《困知记》卷下，北京中华书局1990年版，第37页。

⑤ 这句话为全祖望概括顾炎武的一句话时所说。见全祖望《亭林先生神道表》，《鲒埼亭集》卷十二，《全祖望集汇校集注》，上海古籍出版社2000年版，第277页。顾炎武原话为：“古之所谓理学，经学也。”见顾炎武《与施愚山书》，《亭林文集》卷三，万有文库本，上海商务印书馆1937年版，第232页。

⑥ 方以智《青原山志略·凡例·书院条》，康熙八年本。

之语，的确道出了“古代仅有‘经学’，没有所谓‘理学’”① 的学术真相。这也是经学时代中国哲学著述方式的一个共相，正如冯友兰所说，“自董仲舒至康有为，大多数著书立说之人，其学说无论如何新奇，皆须于经学中求有根据，方可为一般人所信爱。”②

四、儒家哲学现代化的范式转换

无论曾经有过什么样的辉煌，也无论一些人对它有多么深的情感，事实是作为经学的儒家哲学已经成为历史。今天争论的焦点无非是从经学时代走出来以后③，儒学到底如何适应现代社会。这个问题我们可以称之为“儒学的现代化”。“儒学的现代化”可以从政治、文化、经济等多种意义、多个层面来开放地理解，这里仅从哲学的层面来理解，指的是将附着在传统儒学身上的政治化、神学化、章句化等非哲学因素剥离掉，从而使儒学以一种纯哲学的姿态融入中国现代哲学甚至是世界现代哲学。

儒学现代化的首要工作是去政治化，亦即政学分离。儒学的政治化使儒学自身大受其害，直到今天仍予人口实，遭人诟病。儒学必须自觉地远离政治而不是积极地靠近政治，才能不为政治利用，也才能

① 余英时《清代思想史的一种新解释》，《历史与思想》，第144页。

② 冯友兰《中国哲学史》上册，《三松堂全集》第二册，河南人民出版社1988年版，第370页。

③ 当然，儒学到底走没走出经学时代，也可以讨论。比如朱维铮耗时十年从文化史的角度考察中国走出中世纪的历程，考察的结果却是一个连他自己都无法回答的结论：“中国有没有走出‘中世纪’?”见朱维铮《走出中世纪》增订本《小引》，复旦大学出版社2007年版。朱先生所说的“中世纪”大致相当于儒学的“经学时代”。

独立自由地发展。所以我认为所谓复古更化的“政治儒学”千万别实现，如果真再有个汉武帝推行这种主张，儒学必定再次被政治利用，再次被败坏，再次讨人厌。而且如果儒学在意识中老是想着向政治靠拢，其结果也必定是再次被政治利用。所以只有儒学自身主动去政治化，自觉地与政治拉开距离，才能真正现代化。

儒学还必须自觉地去神学化，亦即（宗）教学分离。儒学必须自觉地脱去塑造生命、拯救灵魂的救世外衣，“儒教”之争才能不平自息。当然，儒学神学化的社会土壤已经失去，现在只能在一些孔庙里当作一种历史文化欣赏来表演。如果一直保持这种状态，未必不是好事。但如果进一步将这种状态硬性地向民间社会甚至教育体系推销、推行、推广，那就没有必要了①。当然，如果是为了普及传统文化知识，提高国民的文化素养，像一些儒学推崇者所提倡的那样，在家庭社会中进行读经活动，在学校教材中适当增加儒家经典的分量，这却是必需的。而且关于这一点，儒学的仇视者不但不能阻止，也不必阻止，更阻止不了。

儒学现代化的第三步工作是研究方式的去章句化。章句化的著述方式是一种片断化的书写方式，不利于系统的哲学表达。在重写中国哲学史的讨论中，一些学者曾提出“哲学性的诠释”②、“训诂哲学”③、“经学哲学”④ 等方案，以改进中国哲学的书写方式，以便传统哲学更好地与现代哲学接轨。但这些说法没有触及问题的根本，仍

---

① 朱宗震《给儒学一个准宗教的地位——兼谈儒教不能进教育系统》，《探索与争鸣》2007 年第 5 期。

② 刘笑敢《经典诠释与体系建构：中国哲学诠释传统的成熟与特点刍议》，李明辉编《儒家经典诠释方法》，台北喜玛拉雅基金会 2003 年版，第 35～36 页。

③ 张丰乾《训诂哲学初论》，《现代哲学》2004 年第 3 期。

④ 严正《五经哲学及其文化学的阐释》第六章，齐鲁书社 2001 年版。

然只是“六经注我”的现代版本，而“六经注我”仍然是一种低程度的章句化。所以这些提法不能完成儒学现代化的任务。去章句化要去一切章句化、各种程度的章句化，不但要去“我注六经”，也要去“六经注我”。去章句化后的儒学研究是一种纯哲学表达，这里暂且用“思辨儒学”来概括。“思辨儒学”即以“儒家的真精神”为观照，对现代社会人生中的大问题“一无依傍地独立进行纯哲学的研究”，而不要总是想着引经据典、于儒家经典中找证据。

当然这就需要弄清两个问题：一是何谓“儒家的真精神”？二是何谓“一无依傍地独立进行纯哲学的研究”？“儒家的真精神”是指先秦“子儒”关于礼乐教化的制度设想或设计、道德仁性、道德实践的终极关怀等精神向往。“一无傍依地独立进行纯哲学的研究”包括三个要点：一是根据现代社会人生的实际状况，引出具体的论题；二是紧扣这些论题，进行系统而完整的理论论证；三是通过论证，得出自圆其说的结论。论题可以是思想性的，也可以是现实性的，但这种现实性并不是参与现实，而是从理论上对现实进行理论的考察与论证。论证必须具有系统的完整的形式，而不能是片断式的灵光乍现。结论必须能自圆其说，而不能前后矛盾。整个过程不必从经书中找问题，所以也不必从经书中找证据，也就不必采用经书的章句方式。当然，去章句化并不反对儒家经典的章句性研究，比如今人所从事的“集注”、“集说”等工作，也不反对研究儒家经典章句，比如对朱子《四书章句集注》进行研究。对于古典学、文献学、历史学工作者来说，这些工作还是必须做的，而且其研究成果对于儒家哲学研究者而言，也是需要参考的。

所以思辨儒学就是在儒家的真精神的观照下，对现代社会人生中的大问题，给予一无傍依的系统的哲学思考与论证。可惜到目前为止，中国哲学界鲜有这种著“作”（不是著“述”）。比如牟宗三哲学的儒家精神不可谓不真，其问题意识不可谓不大，其结论也不可谓不自圆其说，但是其主要著述如《心体与性体》等在论证方式上所采用的仍然是一种传统的章句形式，所以严格来说仍然不能算是一无依傍地进行系统的独立思考。如果牟宗三能够完全以一种“自说自话”的方式进行，而不要边引边说，夹述夹议，可成“一无依傍地独立进行纯哲学的研究”。

总之，儒学要想更好地适应现代社会，更好地融入当今世界，必须要现代化。要完成儒家哲学的现代化，就必须“走出经学模式”①，进行研究范式的现代转换。这种转换就是由“经”向“子”的转换，而其前提就是儒学的去政治化、去神学化、儒学研究的去章句化。有人呼吁“当代中国发展需要哲学家的声音”②，但如果没有完成现代化的范式转换，儒学即使不会失语，也不能发出自己的最强音。只有将捆绑在儒家哲学身上的政治、宗教等多余因素割除，儒学研究才可能真正实现现代化，儒学的真精神才能在现代中国真正发扬光大。

（作者单位：华侨大学哲学与社会发展学院）

① 李申《走出经学模式》，《人民论坛》1998 年第 1 期。

② 张艳涛《当代中国发展需要哲学家的声音》，《江淮论坛》2009 年第 1 期。

“新子学”视野下微观解读一例
——重读《论语·八佾》

郝 雨 路 阳

任何一部文化经典，都可以说是一座文化富矿，对其文化内涵的发掘，常常会从中发现取之不尽的资源。当然，作为数千年传承下来的文化典籍，今人对其内涵及意义的解读，也常常会出现完全不同的观点，以至于对某些作品的学术研究难有止境。前人取得的研究成果，无疑为我们提供了重要的参照和进一步理解的依据，然而也很难避免出现诸如曲解原意或是过度重视字面考据而忽略整体语境的全面把握等问题。

“新子学”的提出，不仅为传统文化的传承在大方向上提供了新的思路，也在微观上为那些容易产生混淆的文本解读带来了转机。例如对《论语》的解释就有很多值得重新研究的必要，因为《论语》这种对话式的高度浓缩的语录文本，往往有着很复杂的语境以及字面背后的含义，今人的解读如果不能补充其对话中的某些语言空白，而仅仅从字面上予以逐字逐句的注释，就极易跑偏原意，对文章整体思路更无法准确把握，更不用说深入领会其博大精深的思想内涵。笔者对《论语·八佾》中孔子与子夏的一段对话就有全新的理解，特抛砖引玉，就教于方家。

一

《论语·八佾》中载有一段孔子与子夏的对话：

> 子夏问曰："巧笑倩兮，美目盼兮，素以为绚兮"，何谓也？子曰：绘事后素。曰：礼后乎？子曰：起予者商也，始可与言诗已矣。

一直以来，针对这句话的解释并不统一，其主要分歧在于对"绘事后素"的理解上，第一种观点认为是彩色要涂绘于素色白底之上，即"绘事后于素"；第二种观点认为绘画的最后一道工序是上素色，即"绘事达于素"；第三种观点认为繁华落尽归于平淡，即"绘后乃素"。

"绘事后于素"的观点以朱熹为代表，朱熹《论语集注》云："绘事，绘画之事也；后素，后于素也。"意思就是要在白色的底子上才能作画。他又说："素，粉地，画之质也；绚，采也，画之饰也。言人有此倩盼之美质，而又加以华采之饰，如有素地而加采色也。"① 按朱熹的解释，"素"如同美女倩盼之"粉地"，"绚"为"采色"，前者为"画之质"，后者为"画之饰"，绘画需要先有素色的底子然后才能施以五彩，就如同女性要先有天生美质，然后施以粉黛才能更美丽一样，仍然是说要先有白色或素色的底子然后才能绘以其他颜色。而且朱子在别处也进一步强化此说，《朱子语类》卷二十五有云：

> 问："伊川云'美质待礼以成德，犹素待绘以成绚'，却似有质须待礼，有素须待绚。"曰："不然。此质却重。

① 朱熹《四书章句集注》，北京中华书局1980年版。

素以为绚，言人有好底姿容材质，又有口辅之美，盼倩之佳，所以表其质也。此见素以为质，而绚以文之也。”①

在此，朱熹以问答的方式继续强调了“质”重于“文”，“素”先于“绚”的道理。朱熹的解释有别于前注，而且自此以后，有关这段问答的解释理解开始变得日益复杂起来，后世学者也多有持此观点者。李泽厚在《论语今读》中解释此段文章为：子夏问道：“‘美的笑容，酒涡微动；美的眼睛，黑白传神；洁白纸上，灿烂颜色。’这是什么意思？”孔子说：“先有白底子，而后才绘画。”子夏说：“那么礼在后吗？”孔子说：“启发我的是你呀，这样才可以与你讲诗了。”② 明显是借用朱熹的解释。杨伯峻在《论语译著》中的解释是：子夏问道：“‘有酒窝的笑脸笑得美呀，黑白分明的眼流转得媚呀，洁白的底子上画着花卉呀。’这几句诗是什么意思？”孔子说：“先有白色底子，然后画花。”子夏道：“那么礼乐的产生在‘仁义’之后了？”孔子道：“卜商啊，你真是能启发我的人。现在我可以同你讨论《诗经》了。”③ 由此看出杨伯峻对此段话的注解仍然没有超出朱熹的解释。

“绘事达于素”的观点以东汉经学家郑玄为代表，他注曰：“绘画，文也。凡绘画先布众色，然后以素分布其间，以成其文。喻美女虽有倩盼美质，亦须礼以成之。”④ 意思是说绘画要先把各种颜色分布妥当，然后以素色分布其间才能画出好的作品，就如同女子虽有姣好的面容也需要礼仪修养来衬托。郑玄有东汉最大的博学家之名，遍

---

① 朱熹《四书章句集注·论语集注》卷二，《四库全书》经部，上海古籍出版社1987年版。

② 李泽厚《论语今读》，生活·读书·新知三联书店2004年版。

③ 杨伯峻《论语译注》，中华书局1980年版。

④ 何晏集解、刑昺疏《论语注疏》卷三，《四库全书》经部。

注群经，是兼通古文经学和今文经学的大家。由于他的权威性，他提出的"画缋之事后布白采"之说影响至深。何晏《论语集解》引郑玄注曰："绘，画文也。凡绘画，先布众色，然后以素分布其间，以成其文。喻美女虽有倩盼美质，亦须礼以成之。"也正是采用这一观点。

梁代皇侃则疏之云："如画者先虽布众采荫映，然后必用白色以分间之，则画文分明，故曰绘事后素也。"① 此处皇氏的观点显然与郑玄相同。清代大儒戴震云："诗言'素以为绚'，'素'以喻其人之娴于仪容；上云'巧笑倩'、'美目盼'者，其美乃益彰，是之谓'绚'；寓意深远，故子夏疑之。'绘事后素'者，郑康成云：'凡绘画，先布众色，然后以素分布其间，以成其文。'其注《考工记》'凡画缋之事后素功'云：'素，白采也；后布之，为其易渍污也。'是素功后施，始五采成章灿然，貌既美而又娴于仪容，乃为诚美，'素以为绚'之喻昭然矣。"② 又刘宝楠《论语正义》云："'素以为绚'，当是白采用为膏沐之饰，如后世所用素粉矣。绚有众饰，而素则后加，故曰'素以为绚'。"③ 其解释都与郑玄解释一脉相承。

另外，当代学者陈晓娟、杨贤宗详细考证了商周的画缋工艺过程，从技术上和相关文献记载上对该段文字做了解释。他们认为从绘事工艺的实际操作过程来看，可以解释为：彩绘的最后一道工序是用素色进行点画或勾勒。因此得出了"绘事后素"是在白色或素色的底子上作画的说法是讲不通的结论④。

---

① 何晏集解、皇侃疏《论语集解义疏》卷二，《四库全书》经部。

② 戴震《孟子字义疏证》，《戴震全集》第一册，清华大学出版社 1991 年版，第 200 页。

③ 刘宝楠《论语正义》（上），中华书局 1990 年版，第 89 页。

④ 陈晓娟、杨贤宗《"绘事后素"辨义》，《北京理工大学学报（社会科学版）》2011 年 8 月。

“绘后乃素”的观点，即所谓繁华过后归于平淡的观点主要以南怀瑾为代表。南怀瑾在《论证别裁》中有一小节讲解“淡泊以明志”时，就是以此段对话作为例证。南怀瑾将此段对话译为：子夏求教于孔子：笑容迷人而俏皮，眼睛美丽而传情，在白底上画了很漂亮的图画。要怎么理解这三句话呢？孔子回答说：绘画之后方显素色可贵。子夏追问道：“是不是说我们在礼仪的形式背后更要注重‘礼’的精神？”孔子不得不感慨子夏之智，赞许他说得很对，而且启发了自己，算是真正懂得诗了①。

南怀瑾分析说，“绘事后素”蕴涵着深刻的人生哲理，为人要从绚烂归于平淡，返璞归真。也就是说一个人不要沉迷于繁华，至少不应该太过分，要讲究一个“素”，也就是平淡，这和孔子所说的“素富贵行乎富贵，素贫贱行乎贫贱”息息相通。于是乎南怀瑾感慨：唯大英雄能本色，是真名士自风流，这是中华传统文化的立场，也是中国文化里讲人生的道理。南怀瑾的分析与其著作的风格和其本人的追求有关，而且这种轻松而意味深远的解读也比较合乎现代人胃口，因此这种解释也是很流行的观点。

以上三种观点，都是从字面上解释对话含义。事实上，这段对话是一场师徒间心照不宣的、触及思想层面的深度交流。二人都是话里有话，假论“诗”而实言“礼”，所言超出字面意思又能相互理解；之所以是高层次交流，是因为两人讨论的是儒家思想的核心“礼”的地位问题，表面上波澜不惊，暗地里波涛汹涌。如果我们在理解时仅停留在字面意思的考据上，而不能把握住具体语境的话，则不仅不能准确把握原意，而且对文章所蕴涵的深层意义和逻辑思辨更难以体察，因为二人的本意并非在单纯讨论诗。

① 南怀瑾《论证别裁》，复旦大学出版社 2005 年版。

二

我们认为，要想充分理解这段对话的真实意义，首先必须把握住文章前前后后的整体语境，设身处地地还原当时二人对话的真实过程与场景；其次则必须要通过合乎逻辑的推理，完整补充对话中属于言外之意的语言留白。只有在微观词义和宏观语境上正确把握对话，才能在一种真实的立体情境中深刻理解其真意，而不是仅仅在具体词意上进行考察论证。

首先，我们知道孔子的思想核心是"仁"与"礼"。而又特别将"礼"放在最核心位置上，而且一再强调"礼"是用来规定次序高下、进退处事、立事做人的关键，"不学礼，无以立"（《论语·季氏》），"道之以德，齐之以礼，有耻且格"（《论语·为政》）都是说的这个问题。当然孔子"礼"的思想对当时礼崩乐坏的社会状况确实能发挥一定作用，但是对于抽象的理念过分注重，以及对周礼的极度推崇显然也有不当之处。特别是就"礼"这个问题上，我们知道孔子欲恢复的"礼"是周礼，而周礼早就是不符合时代发展的行为规范，被时代淘汰本无可厚非，国家治理最根本上还是要落脚在经济发展和法治进步上来，倘若完全依靠道德伦理规范，即通过"君君臣臣父父子子"这种等级森严的唯一方式来调节社会秩序是会有很多不利后果的。子夏正是意识到孔子思想中过度重视"礼"这个问题而感到疑惑，于是，才借机对这种极度推崇"礼"的观念的不当性作出了发问。

由于《论语》的语录体特征，有很多背景性的内容是被省略的，我们可以进行合乎逻辑的补充和推理。首先，二人已经事先多次就"礼"的问题产生过交流。《论语》作为片段式的语录体文本，语言空间很大，它对具体事件的记录往往是不全面的，这也是后世理解出现偏差的主要原因。但是从问题的走向来看，我们可以推测子夏对“礼”这一问题的疑问是由来已久的，与孔子也是早有请教的。其次，二人对两个问题的内在衔接也是心知肚明的。正因为两人早就此问题产生过交流，因此两个问题的衔接内在上是合乎逻辑的。

我们分析对话情景应该是这样的：由于孔子对自己的“礼”思想高度认同，并将其置于安邦治国的首要位置，并作为整个儒家思想的核心部分。而子夏在日常学习思考中对孔子“礼”的思想产生了疑惑，特别是孔子将“礼”放在极为重要的位置上就更让他想不通，但是对老师心存敬畏的子夏又不能直接提出对这一重大命题的质疑。于是就用《诗经》里可以用来发挥的几句诗来提问。当然，就子夏的学识而言，对“巧笑倩兮，美目盼兮，素以为绚兮”这三句诗，他并非不能理解，而只是巧妙的将其作为引子而已。孔子听后便大致明白了子夏的意图。这里我们也可以推想，孔子之前也对子夏的疑问进行了思考，因此顺着其意作出了“绘事后素”（先有白色的底子，然后才能作出绚丽的画作）的回答。而当子夏的“礼后乎?”（礼就是这个底子吗?）提出时，孔子明白问题还是在“礼”上。这一疑问非常重大而且不无启发，孔子又早有思考，于是，其回答看上去与所问无关，却暗含了对于子夏问题的肯定。

通过补充，该对话的语言空白也大致明了，那么这段话是否应该这样理解：

子夏问道：“‘巧笑倩兮，美目盼兮，素以为绚兮’是什么意思?”孔子说：“得先有白色的底子，然后才能作出绚丽的画作。”子夏说：“那‘礼’，（是绚丽画面之前的那个“底子”呢?）还是‘底子’之后的那个绚丽画面呢?”（质疑孔子过分重“礼”）孔子说：“启发我的人是你啊，现在我可以与你讨论诗了。”（不正面作答，却充分肯定子夏的质疑精神与思考能力）。

子夏能在这么重大的问题上向老师提问，而实际上更是质疑，在当时何其可贵？而孔子明明知道他是在怀疑和动摇"礼"的地位，反而对其默许甚至直接赞许，也可见我们的传统文化中所具有和认可的反叛意识。

三

我们在考察并解释这段对话时，一方面得理解其深刻的思想，另一方面不妨对其所蕴涵的思维过程、辨析方式和逻辑论证进行更加深入的探究，而这也正是对这些文化经典所作出的更有价值的理解和吸收。从对话的整体看来，师徒二人的思维交锋的逻辑深度主要呈现在以下四个层面：

首先，预设主题，引人入彀。

擅长举一反三的子夏在研读《诗经》过程中产生了疑问，这便是对儒家思想有关"礼"的重要性的反思，而且这个疑问又不免对孔子核心思想提出了挑战。作为徒弟我们知道子夏极为尊师重道，他不可能当面质疑孔子"礼"的思想，因此只能巧妙地先用其他问题导入自己的真实意图。这便需要一个预设的主题，子夏通过论诗这个孔门子弟常常用以学习讨论的方式来做引子，通过这个引子来预先设定好主题，把老师的思路引向自己的真实问题上来，即论"礼"。

而这里需要注意的是，子夏必须对孔子对这个预设主题的作答心里有把握才行，否则被引向其他方面则毫无意义了。聪明的子夏当然对此心知肚明，他料到孔子会作出诸如"绘事后素"之类的回答，然后才将自己的真正问题顺势提出。预设的主题像设下一个圈套引孔子进入，而孔子也不免"上当"，并被引到一个新的角度去考虑"礼"这一问题，总体看来子夏的提问方式实在是高明之极。

其次，由浅入深，提升主旨。

这主要是就问题的逻辑性和重要性而言。在逻辑层面，两个问题呈现出环环相扣逐步推进的状态，首先，我们知道子夏在提出这句诗的时候并非不能理解其意思，而是作为一个引子来提出，在这个问题后面自然就是他的本意。其次，在预料到孔子将如何作答并得到自己所要的答案时，子夏便提出自己的真正问题：“礼后乎?”而且第一个问题得到的答案是“在素色的底子上才能作画”，而第二个问题又进一步问：“礼是否就是治国时的素色的底子?”逻辑缜密，由浅入深。在重要性层面，“诗”与“礼”在儒家思想中的地位自然不言自明。前者是六经中的经典要义，侧重启发人、教育人，后者则是孔子思想的核心之一，是治国救民的大道。

同时，就孔子而言，子夏所问问题的节节深入、步步紧逼，自然让他也得往深层次去考虑。在由论诗而给出“绘事后素”的答案，然后到讨论“礼的重要性”这一经典命题的过程中，孔子对子夏问题的走向也是心中有数的，而且当子夏充满机锋的转折将问题升级到新的层面时，孔子是感到情理之中而又意料之外的。情理之中是因为孔子知道子夏的问题绝对没这么简单，因此顺着他的问题作出子夏期望的回答，并相应地得到了子夏进一步的提问。而意料之外则是子夏能够通过读诗就触及自己思想的核心层面，并且进行了质疑反思，而且在某种程度上也给孔子自己开辟了一种认识“礼”的新思路，这对孔子而当然是一种惊喜。

再次，借助权威，增强力度。

我们在论证某一观点的时候，如果能引证权威观点来说明问题，往往能让论证更加严密有力，同样子夏也意识到这点，他用《诗经》来作为自己第一个问题的文本出处并非随意为之，而是借着对《诗经》这部权威著作的提问来烘托出自己的真正问题。我们知道《诗》、《书》、《礼》、《乐》、《易》、《春秋》六经中，《诗经》是排在第一位的，正如前文所述，《诗经》是孔子整理的重要文本，孔子是非常重视的，他对《诗经》有着很高的评价。对于《诗经》的思想内容，他说“诗三百，一言以蔽之，曰：思无邪。”（《论语·为政》）形容《诗》的特点，则曰：“温柔敦厚，诗教也。”（《礼记·经解》）孔子甚至说：“不学诗，无以言；不学礼，无以立。”（《论语·季氏》篇）正因为如此，孔子培养学生，非常重视他们对《诗经》的学习，认为研究《诗经》可以培养联想力，提高观察力，学习讽刺方法，可以运用其中的道理侍奉父母，服侍君主，从而达至修身、齐家、治国、平天下的目的。

子夏在提问时很切中孔子思路，特以问诗来引出问题，正是深刻理解了《诗经》的重要性和权威性，并借助这一权威来让其真正的问题的提出更有力度。也正是在《诗经》问题之上，才会让孔子觉得问题更加难以简略回答，因为已经对一个重要的文本进行了解释，如果用这个解释的逻辑来解释其他问题而不能自圆其说的话，自然会置身于被动的处境。因此他才欲与子夏“言诗”来进一步解释，而不是一言以蔽之了。

最后，潜在逻辑，跨越链接。

就这个问题而言，子夏的两个逻辑是滴水不漏的，而且呈现出表面、内在两个逻辑。表面的逻辑是用第一个问题提出，即画画要在白色的底子之上，那么做事情就要先有基础才能有所进展。而且“绘事后素”的意思也是由孔子说出来，就对提问者更有利了。内在逻辑是，治国也需要在一定的基础之上，不能凭空而论，单靠一些虚的东西。而事实上孔子又是如此重视“礼”的思想，那么这就不禁让子夏疑惑，“礼”就是治理天下的基础吗？两个逻辑环环相扣，紧密交织，而且非得等第二个问题正式提出，回答者才会真正明白其真正的问题指向。

这里的逻辑过程是，先用一个已经很重大也很广为人知的逻辑推理方式来让人肯定，而一旦得到自己所需的答案时便顺势提出新的问题。而新的问题又往往更重大、更有意义，而且用第一个问题的逻辑推理方式不足以解答，因此便有着“以子之矛攻子之盾”的效果。事实上这种潜在的逻辑是很具有杀伤力的，即便孔子也只能暂时避其锋芒。而且这两个问题的连接极为紧密，呈现环环相扣状态，决然不能以其中之一的逻辑来解释另外一个问题，倘若不假思索地回答第一个貌似简单的问题，则必然会走进设问者设下的圈套，然后陷于被动处境。纵观之下，不得不令人惊讶于二人思维的变换之敏捷和逻辑推理的缜密。

总之，我们在阅读经典文本时，首先不能仅仅停留在字面意思的解读上，而是应该了解文意更深层的文化和思想内涵，并能补充空白，做到把握全局，体会其真正核心思想。其次，也应该学习古代经典中逻辑缜密的思维方式，这对我们的观点表达和思想逻辑都极为有益。在这场讨论中，师徒二人以《诗经》开端，又以《诗经》结尾，对话过程中四处闪烁着智慧之光，而且充满哲理性的思辨，颇具思想意义和学术价值。

（作者单位：上海大学影视学院）

21世纪“新子学”与新道学的研究课题

［韩国］金白铉

一、序言

“21世纪是开放、疏通及新游牧的时代。所以停驻、独占和膨胀的知识和文明的时代即将告终。相对于风水恒动的大自然的人类中心主义，相对于东方的西方知识霸权和东方主义（*orientalism*），阻挡文化疏通的封闭性的民族主义和文化霸权主义，否定多元文化的宗教基要主义，歧视少数人的多数人的暴力，划分边疆与中心的独断思想，都即将告终。由此而促进了以独占、排斥为原理的西方主流宗教和理性中心主义及东方主流的儒教文化优越主义的反省。有鉴于此，我们举办了‘第一届仙 & 道国际学术大会’，为重新探索被西方异化的东方和被儒教文化排斥、压抑的基层文化，以开拓新学问的视野。”①

上文引用于2009年在韩国举办的‘第一届仙 & 道国际学术大会’旨趣文。而且方勇教授说：“在当今社会，我们倡导子学复兴、

① 《神明文化研究》2009年第1辑，第112页。

诸子会通，主张‘新子学’，努力使之成为‘国学’新的中坚力量，非为发思古之幽情，更不是要回到思想僵化、权威严厉的‘经学时代’，而是要继承充满原创性、多元性的‘子学精神’以发展的眼光梳理过去与现在，从而更好地勾连起未来——我们倡导‘新子学’，正是对诸子思想的重新解读和扬弃，也是借重我们自身的智慧与认识对传统思想的重新寻找和再创造。”① 如此可知，我们与方勇教授之间有相近的学问方向。

现代工业文明文化在20世纪的确经历了深刻的危机，暴露出自身的一些严重的弊端。因此，为了解决现代主义的后遗症，在西方出现了后现代主义哲学，而慢慢成为21世纪西方哲学的主导地位。因此，21世纪哲学应该是“西方后现代主义哲学”和“新子学”的会通才有其出路。但是，吾人认为当今的西方后现代主义哲学有两个缺点，第一是只会批判而还没找到答案，第二就是和西方传统哲学一样，理论性太强。

针对晚周弊病而发的老庄思想，与针对西方的现代工业文明文化而提出的后现代主义之间有很多的类似性。但是，不同于理论性和批判性为主的后现代主义，而能开21世纪出路的老庄玄理的精髓，就在于通过实践性的“为道”工夫论而体认的无为自然之道。因此，本论文先反思现代化问题，考察信息社会中的“新子学”意义，然后探讨肯定开辟21世纪出路的“新道学”的研究课题。

二、反思现代化与信息社会的“新子学”

1840年的鸦片战争不只是中国与英国之间的冲突，而且是西方

① 方勇《“新子学”构想》，《光明日报》2012年10月22日。

基督教世界与东方儒教世界的冲突。战争的结果是西方基督教世界成为世界中心，而东方儒教世界变成了世界的边缘。所以东方人学习西方的现代工业文明，就是学西方的现代主义①。这就是西化、现代化。

现代主义文化，就是现代工业文明文化，是以近代性意义的科学、古典物理学为其根基的。近代性意义的科学重视绝对性、客观性、普遍性、必然性等。因此，在“学习西方”的口号下，东方人也以“科学”、“客观性”、“合理性”等为标准用语。由于近代性意义的科学，现代主义文化特有的普遍化的技术理性与无所不为的人本主义成为新的霸权。现代主义文化，就是现代工业文明文化社会的结构是金字塔形态的。因此，为了占领上端而发生了无数弱肉强食的竞争。如此，产生殖民帝国主义、文化优越主义，以及强调唯一性、单一性的文化。

现代主义文化在20世纪的确经历了深刻的危机，暴露出自身的一些严重的弊端。因此，为了解决现代主义的后遗症，在西方出现了后现代主义。后现代主义批判成为新的霸权的普遍化的技术理性与无所不为的人本主义。如此，为了克服现代工业文明的后遗症而诞生的后现代主义，已经占据21世纪西方哲学的主导地位。

后现代主义接受了新科学、现代物理学的影响。新科学、现代物理学重视相对性、特殊性、盖然性等。而且后现代主义重视身体哲学，重视边陲，也重视互为文化主体性以及多样性文化。21世纪，现代工业文明社会转变为信息社会。现代工业文明社会的信息系统是从上到下、下向式单行道形态的。但信息社会的信息系统（如*SNS*）是双行道形态的。后现代主义所说的社会结构是网络（*net*）形态的，

---

① 金白铉《神明文化序说》，《神明文化研究》2009年第1辑，第10页。

就不是集中于中心的形态，而是分散于边缘的形态。

20世纪研究东方哲学的人也大体说用西方哲学，尤其是用现代主义哲学的方法与范畴来研究东方哲学，因而大部分人遗漏或歪曲了东方哲学的精髓。换言之，20世纪中国哲学家通过现代主义哲学来解释中国传统哲学。如冯友兰先生借新实在论哲学，牟宗三先生借康德哲学，但他们的哲学与现代主义哲学一样都有其界限。有的学者用后现代主义哲学来解释东亚儒学，以期望找出21世纪新儒学的出路，即所谓身体哲学。后现代主义反对文化优越主义，而主张互为文化主体。但是儒学很难脱离与基督教思想一样的文化优越主义，就是说儒教思想可算是与基督教思想一样典范性的现代主义性思想。吾人认为找到21世纪新儒学的出路是比较困难的。方勇教授也说：“整个经学的学术思维根本上深受权威主义影响，不免具有封闭和固化的特征，这就使经学在一定程度上具有了形式僵化、思想创新不足、理念转展相对乏力的病症。”（《“新子学”构想》）因此，当今东方人要继承充满原创性、多元性的“子学精神”。

产生于晚周的老庄思想，与针对西方的现代工业文明文化而提出的后现代主义之间，确实有很多的类似性。有的学者以后现代主义解释老庄思想，吾人认为如此解释有断章取义的嫌疑。老庄玄理与后现代主义之间的类似点，不如惠施的名理与后现代主义之间的类似点多。所以用后现代主义来解释和说明老庄思想时，容易丢掉老庄思想的精髓。

21世纪哲学主体不在于贵族或士大夫，而在于普通民众。就是说，21世纪哲学应当是民间哲学，是民间生活文化哲学，这就是21世纪新道学应当开拓的哲学。21世纪东方人的口号应当是妙合东西哲学、文化，就是以东西方的哲学、文化精髓的妙合，来开展迈向21世纪的新道学。因此，发掘新道学精髓，就是最首要的事。

三、新道学的神明之道

一般认为，儒家所说的道是内圣外王之道，道家所说的道是无为自然之道。但是严格地讲，道家所说的道，可分为三种：老子的道是无为自然之道，黄老学的道是自然无为之道，庄子的道是逍遥齐物之道。吾人认为，如果内圣外王之道就是圣王之道，即儒家所说的道，那么可以说内神外明之道，就是神明之道，即道家所说的道。

许抗生先生说："除了'神明'原指的神祇之外，在道家著作中其含义较为丰富，概括起来说主要有这样两方面的内容：一是指宇宙本原的神妙作用，因此也有的道家著作直接把'神明'解释作宇宙本原'道'的；二是指人的精神作用与智慧，当然人之所以有这样的智慧也是体现了'道'的神妙作用的。"① 郑开教授说："'神明'一词包含了丰富的文化意涵，由原初的鬼神引申出了哲学意义：既可以描述自然宇宙过程的神妙不测，又提示了超乎一般知识（感性和理性知识）之上理性直觉（觉解和证悟），还用以表示'道高物外'的精神境界，同时也显示了作为自由实践的艺术的本质。而这种哲学意义又反过来深刻地影响了道教理论的形成及其特征。由此可见，'神明'观念及其文化意涵十分重要，甚至可以说它在某种程度上代表中国乃至整个东亚文化圈的文化基层和根本特征，所以值得深入而彻底的研究探讨。"②

---

① 许抗生《道家的神明文化》，《神明文化研究》2009 年第 1 辑，第 47～48 页。

② 郑开《道家心性论视野中的"神明"》，《神明文化研究》2011 年第 2 辑，第 49 页。

其实，神明之道不是道学独特的道，而是与儒学、佛学共有的特征，就是东方哲学具有的共通特征。因此比较于西方传统哲学，东方神明之道的特征如下：

（1）内在超越：西方哲学所说的存有与基督教所说的上帝都是外在性的。因此，牟宗三先生说是超绝性、超离性概念。它们是外在性而超离性的东西。道家所说的道与儒家所说的天，以及佛教所说的佛，都是内在性而超越性的。因此，无须到外面找寻，而是向内复归。

（2）有限无限：西方的基督教说，无论如何人只是有限的存在，上帝才是唯一无限的存在。东方的道家与儒家以及佛教都说：人虽然有限，但可以无限。

（3）工夫境界：西方传统哲学重视概念分析与论理学以及思辨哲学，就是重视用头脑的理论性的理性。东方传统哲学重视解悟与工夫以及精神境界，就是重视用胸怀的实践性的体认、直觉。

（4）阴阳五行：西方传统哲学的二分法思维方式，在形式逻辑上强调○与×，在辩证逻辑上主张矛盾与对立的统一，就是讲正与反的合。因此，如此的思维方式在现实世界中容易出现二元对立的斗争。东方哲学所说的阴阳，不是阴气与阳气两个实体概念，而是属性作用，是相对性的概念。因为阴阳之气就是浑然之气在作用上有所分别而已。高怀民教授说：“阴阳原是一太极之流转，以其流转中有往有来，故分阴分阳，是以阴阳之相对，非太极自性之差别，乃流转作用之移位而生。阴阳以其互相流转，故阳变入阴，阴变入阳。”① 如此，阴阳概念可以改变西方传统哲学的二分法的思维方式既有的问题。

许抗生先生说：“‘神明’这一概念在道家创始人老子的《道德

---

① 高怀民《大易哲学论》，台北成文出版社 1978 年版，第 209 页。

经》著作中尚未出现，但‘神明’这一概念在道家思想中所具有的含义已经有了一定的阐说。在老子的著作中神与明两者是分开来加以论说的。”① 又说：“老子认为‘道’是无为无欲无意志的自然存在物，所以它并不是神灵，然而它却能产生天地万物，就其具有产生天地万物的能力，是天地万物的根本而言，老子也把‘道’称之为神。”② 又再说：“老子是以宇宙万物的最高本原‘道’视作为‘神’(谷神) 以知道得道而获得最高智慧称作为‘明’的。”③ 到了庄子，已明确地说出“神明”这一概念：“古之所谓道术者，果恶乎在？曰：无乎不在。曰：神何由降？明何由出？圣有所生，王有所成，皆原于一。”(《庄子·天下》)

林云铭说：“神者明之藏，明者神之发，言道术之极也。”④ 唐君毅教授说：“以神明言灵台灵府之心，尤庄子之所擅长。神与明之异，唯在‘神’乃自其为心所直发而说，‘明’则要在自其能照物而说，故明亦在神中。”⑤ 王邦雄教授说：“道术是有道有术，有体有用，道有内在的神体，也有外发之明用。提问‘神何由降，明何由出？’自答：‘圣有所生，王有所成。’何由就是术，术是引道通路。道术是道体即体起用，当体流行，上之神降由下之圣，上之明出为下之王，神体明用，神降为圣，明出为王。形上之道，其运无乎不在，神体内在为人间之圣，明用下照为人间之王。从上下直贯而言，神明是上，圣王是下。从内外横通而言，神圣是内，明王是外。神明是圣王的超越根据，神圣是明王的内在根源，是既超越又内在之全体大用

① 许抗生《道家的神明文化》，《神明文化研究》2009 年第 1 辑，第 48 页。
② 许抗生《道家的神明文化》，《神明文化研究》2009 年第 1 辑，第 49 页。
③ 许抗生《道家的神明文化》，《神明文化研究》2009 年第 1 辑，第 50 页。
④ 转引于陈鼓应《庄子今注今译》，中华书局 1988 年版，第 856 页。
⑤ 许抗生《道家的神明文化》，《神明文化研究》2009 年第 1 辑。

的终极原理。此上下内外是一，上之神明，降为下之圣王，内之神圣，出为外之明王，上下直贯内外横通统合为一。道术其运无乎不在，上下内外整体是一，故为‘皆原于一’。”①

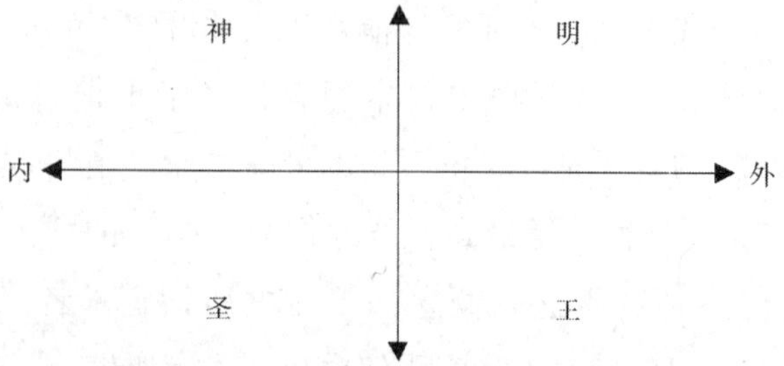

因此《天下》篇接下来说“配神明而其运无乎不在”的古之人：“古之人其备乎！配神明，醇天地，育万物，和天下。泽及百姓，明于本数，系于末度，六通四辟，小大精粗，其运无乎不在。”蒋锡昌注：“神明者，即自然之称。言古之道人与自然为配合，与天地为一体。”(《庄子哲学》)《天下》篇还进一步说明了神明与古之道术的关系：“以本为精，以物为粗，以有积为不足，澹然独与神明居，古之道术有在于是者。关尹老聃闻其风而悦之。”“芴漠无形，变化无常，死与生与，天地并与，神明往与！芒乎何之，忽乎何适，万物毕罗，莫足以归，古之道术有在于是者。庄周闻其风而悦之。”

如此可知，老庄心目中的古之人的古之道术可说是神明之道，也是内神外明之道。而且“不离于宗，不离于精，不离于真的天人、神人、至人，是在‘上而内’之神的位置，以其不离，与道为一，是为神体本身；以天为宗，以德为本，以道为门，兆于变化之圣人。是在‘上而外’之明的位置，已走离天道实体，发为明用，以返照朗现其自己，故有兆于变化的明照智用”。② 因此，“体悟道的存在、

① 王邦雄《儒道之间》，台北汉光文化事业公司 1987 年版，第 106 页。
② 王邦雄《儒道之间》，台北汉光文化事业公司 1987 年版，第 108 页。

把握道的真理于是等价为焕发神明，可知神明乃是道的同义语，或另一种表述”。[①] 如此的神明之道具有的特征及其意义如下：

（1）无名无言：西方传统哲学是理论性比较强的观念哲学，可算是名理哲学。新道学继承“不可道”、“不可名”的玄理，由此超越观念哲学的界限。

（2）向内为道：强调“向外为学”而产生的西方传统观念哲学与后现代主义身体哲学的界限，开展“向内为道”的虚静专气与性命双修的工夫论。

（3）浑然一体：西方传统形而上学喜欢说单一性、纯一性以及全一性。因此，强调普遍性而容易抹杀多样性。浑然一体性指称自然而然的普遍性与特殊性之间的和谐统一之道。混一、混成、浑化、混沌等，都是表现浑然一体性。由此开展无秩序的秩序、多样而统一性的文化。浑然一体性可以把主体与客体、体与用、形而上与形而下、先天与后天等二元对峙的范畴，有机地融合在一起。这就是神明的精神境界中自然而然呈现的妙合之道。

四、新道学的妙合之道

老庄著作中没有“妙合”这一词，但是混一、混成、浑化、混沌等都表现出浑然一体性，可算意味着妙合。老子所说的“众妙之门”就意味着有与无、无欲与有欲等的妙合。老子又说：“古之善为士者，微妙玄通，深不可识。”（《老子》第十五章）“微妙玄通”就表现了妙合作用。庄子所说的“道通为一”也意味着妙合。但庄子使用“妙道”这一词：“夫子以为孟浪之言，而我以为妙道之行也。”

---

① 郑开《道家形而上学研究》，宗教文化出版社2003年版，第143页。

（《庄子·齐物论》）“客曰：‘吾闻之，可与往者与之，至于妙道；不可与往者，不知其，慎勿与之，身乃无咎。子勉之！吾去子矣，吾去子矣！’”（《庄子·渔父》）。

“玄妙”、“神妙”、“奥妙”等，都表现了“妙道”的作用。因此，“妙合之道”可成为“道学”传统的特质。这就是21世纪信息社会最适合的道。

“妙合之道”具有如下的特质。

（1）玄览真知：后现代主义批判工具性的理性而主张身体哲学。新道学为了克服工具性理性的界限而主张玄览与真知。老子说：“涤除玄览，能无疵乎？”（《老子》十章）玄览就是认识主体与认识对象成为妙合的主客合一的直觉。

老子说：“知常曰明”（《老子》十六章），“自知者明”（《老子》三十三章），“见小曰明，……复归其明”（《老子》五十二章）。如此可知，“明即智慧，是则由虚静而生者。……在虚静中，观复以归根，复命，知常，即是明照万物之各在其自己也”。[①] 并且庄子所说的“以明”不仅是开放的心灵，而且是“自见而已矣”的物我双忘、主客合一的真知。

庄子说：“臣以神遇而不以目视，官知止而神欲行。”（《养生主》）。他在此所说的“神遇”与“神欲”就是超越后现代主义所说的身体哲学的认识论，就是超越性的直觉力。这是由主客合一的虚静之心中开展出来的真知。由如此主客合一的虚静之心开现出来的“以明”就是“同于大通”（《大宗师》）的直觉，也是“去小知而大知明”（《外物》）的大知，“且有真人而后有真知”（《大宗师》）的实践性的真知。由此进一步说，庄子所说的“虚室生白，吉祥止止”，就说明主客合一的虚静之心具有的创造力。如此的创造力不是

① 牟宗三《现象与物自身》，台北学生书局1984年版，第430页。

人为造作而得到的，而是自然而然的虚静心，是无心状态的真人所具有的妙合的真知产生出来的创造力。

（2）正言若反：为了突破西方传统哲学具有的思辨理性的界限，继承老庄“正言若反”的思维方式，亦即辩证性的逆说与吊诡、诡谲的言辞为“以道观之”的表现方法。老子曰：“为学日益，为道日损。损之又损，以至于无为，无为而无不为。”（《老子》四十八章）老子通过无为的工夫而体认无不为的功效。如此，老子体会到了实践性的辩证逻辑，在此，“无”不具有“*non*”、“—”、“非”的意义，而有超越性的意义。这就是正言若反式的妙合逻辑。如此的辩证妙合逻辑就是创造性的思维方式。

老子曰：“明道若昧，进道若退，夷道若纇，上德若谷，大白若辱，广德若不足，建德若偷，质真若渝，大方无隅，大器晚成，大音希声，大象无形，道隐无名。”（《老子》四十一章）“大成若缺，其用不弊，大盈若冲，其用不穷，大直若屈，大巧若拙，大辩若讷。”（《老子》四十五章）“曲则全，枉则直，洼则盈，敝则新，少则多，多则惑。是以圣人抱一为天下式。不自见故明；不自是故彰；不自伐故有功；不自矜故长；夫唯不争，故天下莫能与之争。古之谓：‘曲则全者。’岂虚言哉！成全而归之。”（《老子》二十二章）“天地之所以能长且久者，以其不自生，故能长生。是以圣人后其身而身先，外其身而身存，非以其无私耶？故能成其私。”（《老子》七章）

如此的正言若反式辩证逻辑，在庄子则表现为“天下莫大于秋豪之末，而大山为小；莫寿于殇子，而彭祖为夭”等诡谲言辞，又表现为“无用之用”或“不知之知”等，亦即“无 *O* 之 *O*”或“不 *O* 之 *O*”等逻辑形式。因而，这成为超越二元对立矛盾的超越性的妙合逻辑。所以如此实践性而体认性的“正言若反式妙合逻辑”，可以克服理论性而思辨性的西方传统形式逻辑及其辩证逻辑具有的界限。这就是在“道学”当中“妙合之道”具有的传统性特质。

五、神明与气化之妙合

吾人通过在中国现代哲学家中具有代表性的二位教授而分为两个系统，就是把老子的“道”诠释为客观实有的冯友兰教授系统，与把老子的“道”诠释为主观境界的牟宗三教授系统。冯友兰教授将“道”理解为“万物所以生之总原理”，就是以道为客观实有。所谓客观实有的诠释形态，也就是将道的形而上意义理解作独立在人类心灵之外、客观自存的超越实有。牟宗三教授将“道”理解为主体修养所证的“主观心境”，就是以道为主观境界①。由此，可以理解冯友兰教授喜欢朱熹理学而牟宗三教授喜欢阳明心学之原因。

无论如何，老子思想对于一个当代的研究者而言，有着许多难以克服的困难。吾人认为，如果老子的道都具有客观实有的层面与主观境界的层面的话，那庄子的道则具有倾向于主观境界层面，黄老学的道具有倾向于客观实有的层面。并且可以说，“河上公注”解释的道具有倾向于客观实有的层面，“王弼注”解释的道具有倾向于主观境界的层面。在此，如果说吾人自己的观点的话，吾人简单而笼统地先说，老子的道具有主观境界所说的绝对的主体性与客观实有所说的绝对的客观性，就是“物我双忘”、“主客合一”的道。吾人试想通过韩国的“东学”所说的“天主”来理解老庄的道。

韩国东学创始人水云崔济愚（1824～1864）说：“侍者，内有神灵，外有气化，一世之人，各知不移者也。”② 如果通过水云崔济愚

① 袁保新《老子哲学之诠释与重建》，文津出版社 1991 年版，第134～135 页。

② 崔济愚《东经大全·论学文》。

的思想，吾人理解老子的道具有的客观实有层面与主观境界层面的话，水云崔济愚以“内有神灵”来说主观境界层面，也以“外有气化”来说客观实有层面。水云崔济愚的弟子海月崔时亨解说：“内有神灵者，落地初赤子之心。外有气化者，胞胎时，理气应质而成体也。”[①] 又详细地解说：“吾人之化生，侍天灵气而化生。吾人之生活，亦侍天灵气而生活。何必斯人也，独谓侍天主。天地万物皆莫非侍天主也。彼鸟声亦是侍天主之声也。万物生生，禀此心此气以后，得其生成。宇宙万物总贯一气一心也。”[②] 如此可知，水云崔济愚所说的“内有神灵”与海月崔时亨解说的“天灵、一心”概念能帮助吾人理解老子的道具有的主观境界层面，水云崔济愚所说的“外有气化”与海月崔时亨解说的“天气、一气”概念能帮助吾人理解老子的道具有的客观实有层面。

吾人认为老子的道一面是绝对性的客观实有，另一面也是绝对性的主观境界，就是说老子的道具有绝对性的主客合一性。如此，东学所说的天主也是具有绝对性的主客合一性的。因此，通过客观实在与主观境界的妙合，换言之，通过主观性的神明境界与客观性的气化世界的妙合，需要先解释21世纪新道学所说的道的新含意。

六、气化世界的民间生活文化

如果神明为妙道的内在表现，那气化就是妙道的外在表现。就算是说，神明与气化在玄妙的妙道中开展妙合作用。吾人用可称之为“主客合一”、“物我双忘”的老庄哲学的机制来理解时，神明境界开

---

① 崔时亨《海月神师法说·灵符呪文》。

② 崔时亨《海月神师法说·灵符呪文》。

展妙合作用，就可以考察气化世界开展的妙合作用。如此观点下，21世纪的新道学举“道法自然”、“生命尊重”的旗帜，须得探究气化世界中的民间生活文化。

庄子说：“气也者，虚而待物者也。唯道集虚。虚者，心斋也。”（《人间世》）吾人认为庄子的“虚而待物之气”与孟子的“浩然之气”一样，都是通过工夫而达到的精神境界。因此，庄子的“虚而待物之气”与孟子的“浩然之气”都是主客合一的气，也都是天人合一的气。就是说，庄子的虚而待物之气与孟子的浩然之气，如果从宇宙论的层面讲，都是“塞于天地之间”的气、“游乎天地之一气”、“通天下一气”（《知北游》），如果从工夫论的层面讲，都是内在于体内的精神境界上的气。但是孟子所说的天是仁义道德之天，庄子所说的天是无为自然之天。如此，孟子所说的天与庄子所说的天的含意不同，因而孟子的浩然之气是配义与道而展现仁义道德，庄子的虚而待物之气是自然生命之气而展现逍遥齐物之道。庄子所说的气是包括物质与精神的自然生命妙合之气。因此，21世纪新道学由对于自然生命妙合之气的新解释，需要创造出气化世界的民间生活文化。

21世纪新道学的哲学主体为民间生活文化哲学。其哲学最重要的两个主题就是“道法自然”与“生命尊严”。道法自然思想为了治愈现代工业文明具有的无所不为的人本主义的后遗症，抑止人为造作，开展自然而然、自然和谐的生活态度。生命尊严思想为了治愈现代工业文明具有的物神崇拜思想，外在的气化世界为生命流变的有机性世界。生命交流的生活文化，重视如慈爱俭朴节约等生活态度。

以“道法自然思想”与“生命尊严思想”为基础，是为了创造出在气化世界中的民间生活文化，因而需要更深更广博的研究内容如下：

（1）清净生态：人类在什么样的空间生活才好？众所周知，现代工业文明带来了环境污染与生态界破坏。为了克服这些问题，新道学应当妙合新科学，而创出新风水文化。就是说，创出流行自然生命之气的空间文化。一方面实践环保运动，阻止乱开发；另一方面努力研究与自然可以共呼吸的园林艺术与室内装修。

（2）健康养生：人类如何健康地生活？现代工业文明带来了人造食品与精神疾患（包含自杀）问题。为了克服这些问题，在治疗不如预防的观点下，排除政治性与商业性而开展道学所说的“性命双修”的现代化民间化运动，并积极开发重视生态循环的自然农法，还需要现代化如传统发酵食品等的安全食品的现代化，进一步通过传统医学现代化建立预防医学系统。

（3）创新艺术：新道学的艺术活动不能脱离健康养生。艺术活动本身应当成为一种体会道的工夫。因此表现在神明的妙合，逍遥自在的精神境界上，通过思维的转化与破格想象以及反转性的妙味等来创新艺术。用仙话等素材，可以发挥新的创造性与想象力。尤其网络空间就是新道学可以开展丰富新艺术活动的最好空间。

（4）休闲仙游：为了超脱政治社会体制下的方内活动，建立亲自然的休闲活动，也建立新洞天福地而创建新仙院或新仙居，然后创出21世纪仙游。

（5）玄德寿福：“生而不有”“长而不宰”等为最高品德的生活，因而可以创造寿比南山、福如东海似的民间生活文化。

（6）小国寡民：“壮大不道”，所以21世纪新道学追求不同的小而多的社团、小区之间和谐共存的民间生活文化。

（7）互为文化：现代工业文明下产生了西方殖民帝国主义，也强化了基督教文化优越主义与霸权主义。文化优越主义认为对方文化是野蛮性的、异端性的、恶魔性的文化，所以容易消灭或毁损对方文化。庄子认为所有万物都有自己本身的价值。如此，新道学也主张互为文化主体性，所以要秉持开放性而尊重对方文化的思维方式，换言之，不同而和的原则下，应当主张多样性的文化。

七、结语

20世纪东方人学习了西方的现代工业文明文化，就是学习了西方的现代主义哲学。这就是西化、现代化。现代主义哲学、现代工业文明文化以普遍化的技术理性与无所不为的人本主义为中心。从理性与人本主义角度看，西方的现代主义哲学与东方的儒学之间有很多类似的地方。因此，20世纪学习西方时，东方的新儒学有很大的贡献。

现代主义文化在20世纪的确经历了深刻的危机，暴露出自身的一些严重的弊端。因此，为了解决现代主义的后遗症，在西方出现了后现代主义，并且东方人几乎已经学好了西方的现代主义文化。到了21世纪，现代工业文明社会转变为信息社会。因此，21世纪东方哲学的最重要的课题不在于西化，而是在于创造出妙合于后现代主义哲学、顺应信息社会的哲学。这就是说，耕作新道学的最好时期终于到了。

庄子云：“吾在于天地之间，犹小石小木之在大山也，方存乎见少，又奚以自多！计四海之在天地之间也，不似礨空之在大泽乎？计中国之在海内，不似稊米之在大仓乎？”（《秋水》）如此可知，中国人喜欢说的所谓“国学”说不定只是为了富国强兵的封闭性的中国之学，但21世纪的“新子学”，尤其是新道学必须要开出全球性的天下之学。

21世纪新道学继承继往开来、法古创新的精神，也顺应21世纪的信息社会。由此，21世纪新道学应当开拓民间生活文化哲学。有的学者认为宋明理学才是真正的道学，周濂溪才是道学宗主。在韩国，有的儒学者认为朝鲜朝的朱子学就是道学。吾人则认为，儒学就是儒学，道学就是道学，儒学不能强夺“道学”这一概念。

众所周知，道家所说的道是无为自然之道，这就是道学中永远不变的道的含义，但随着时代的变化，道学所说的道，其强调之处也要变化。21 世纪是信息社会，就是发扬光大道学的最好时期，尤其是无为自然为道的道学。吾人在此，强调神明之道与妙合之道，而要开出 21 世纪新道学的出路。

我们知道，用西方哲学用语来解释东方传统哲学时，多会曲解东方传统哲学的本意。因此，21 世纪新道学应该努力实现东方传统哲学用语的现代化，如神明境界、气化世界、自然和谐等。

蒙古、中国、韩国（包括朝鲜）、日本、越南等东亚地区具有悠久的共通历史文化传统。因此，21 世纪“东亚道学”研究的主要范围应当是蒙古的萨满文化，中国的道家与道教文化，韩国的萨满教与仙道以及新宗教文化，日本的神道文化，越南的民间信仰为主的本土文化。众所周知，国家或民族概念为文化分类的重要概念。但国家民族概念不是永恒的。在此，先尽量努力展现消除国家民族观念的东方历史文化地图。然后谨慎地提出意见，就是“小国寡民”精神与“互为文化主体性”为原则之下，希望先建立“东亚道学联谊会”而互相仙游，然后进一步慢慢全球化而建立“国际道学联谊会”。

上面所说的 21 世纪新道学的旨趣，就是《神明文化研究》的旨趣，也是“神明文化研究所”必须要走出的道路，但还是粗浅的素描而已。

（作者单位：韩国国立江陵原州大学校哲学科）

“仁义”、“智”、“化”视域下的津田左右吉《老子》研究审视

——21世纪诸子研究的地球村背景思考

许建良

任何学术研究都是当下的研究，都是时代的研究，因此，无法逾越时代的平台。诸子思想研究作为中国古代思想研究的门类，既不能照搬历史而无视时代要求，也不能局限于时代要求而无视客观的文本；既不能局限于我们自己习惯的思维框架而无视海外的思维样态，最终导致由臆想先行而导致的文化资源利用选择频道狭隘性带来的损失，也不能拘泥于海外的视点而轻视研究的地缘性因素，最终导致简单依归西方审视框架而由其行为所带来的对自己本有思想的陌生和无视的缺陷。审视中国思想研究的现实，在不断翻新的研究交响曲中，虽然反映海外中国思想研究的成果不少，但无疑侧重在翻译和介绍的层面，在中国古代思想史的平台上，反映对这些成果系统评价性的方面，迄今仍然是无人问津的死角。我想这正是客观现实赋予我们在21世纪开辟诸子研究新象的绝佳机会，是时代赋予中华学子的重大责任。我们不能关起门来进行所谓的研究，也不能离开我们在地球村里的地位来评价具体思想效应的正当性。本文对日本汉学界的中国思想研究家津田左右吉（简称津田）依归“仁义”、“智”、“化”来研

究《老子》的分析，就是这方面的尝试，以求学界同仁思议①。

一

要顺利演绎如题所示的主题，在总体上勾勒津田老子研究的主旋律，无疑也是为人所容易接受的视角，这也成为本文的切入口。

在20世纪日本汉学界的中国道家思想研究中，不得不重视的有武内义雄、津田左右吉和松本英一等。武内义雄以《老子原始》(1926)和《老子的研究》(1927)在日本汉学界掀起中国思想研究的实证主义的旋风，前者是他在京都大学时的博士学位论文；津田以《道家的思想及其展开》(1927)在日本汉学界塑造了自身的老子道家研究丰碑；松本英一则以《老子的新研究》演绎推进加深了日本汉学界老子研究的年轮。而在《老子》成书时代的问题上，津田和武内义雄有较多的相似性，概而言之，就是认为《老子》的成书较晚。

在津田看来，《老子》最初不是一人之作，是持有类似思想的几个人的集合。这种运思在时间的维度上，无疑前置着不是一时之作的假设，因此，思想之间的不完全统一性的存在似乎也可以得到理解；在这个意义上，津田认为，“《论语》、《孟子》中没有提到老子也是当然的事情”②，尤其是“孟子批判当时的异端，但没有提到老子的

---

① 津田左右吉的先行研究，可参考刘萍《津田左右吉研究》(北京中华书局2004年版)、《津田左右吉的老子研究》(刘韶军《日本现代老子研究》，福建人民出版社2006年版，第212~298页)等。

② 津田左右吉《道家的思想及其展开》，日本东京岩波书店1939年版。

名字，所以是孟子以后成立的"。[①] 当然，津田得出这样的推论并不是在无视史学研究成果的基础上演绎的，尤其对《史记》里孔子学礼于老子的故事，他认为"是依据《庄子·天道》里的'孔子西藏书于周室。子路谋曰：由闻周之征藏史有老聃者，免而归居，夫子欲藏书，则试往因焉。孔子曰：善。往见老聃，而老聃不许，于是缙十二经以说'的记载而形成的"[②]；在总体上，"老聃是后世被称为道家之学的思想有了以后，为了赋予《老子》作者以权威而假设的架空的人物。这从《庄子》那里也可明白，诸如黄帝、神农的言语，以及广成子、南郭子綦的故事都是这样，老子最终仅仅是伪造出来的乌有先生，没有其他解释……《老子》的思想主要是从对儒家的反抗心产生出来的，这样考虑基本上不会有大错。《庄子》里的孔老对话的故事，也是这种精神的继承和发展"。[③]

---

① 《道家的典籍·老子》，第14～15页。

② 《道家的典籍·老子》，第16页。对《老子传》孔子称赞老子"犹龙邪"、《庄子·天运》"孔子见老聃而语仁义。老聃曰：'夫播糠眯目，则天地四方易位矣；蚊虻噆肤，则通昔不寐矣。夫仁义憯然乃愤吾心，乱莫大焉。吾子使天下无失其朴；吾子亦放风而动，总德而立矣，又奚杰然若负建鼓而求亡子者邪？夫鹄不日浴而白，乌不日黔而黑。黑白之朴，不足以为辩；名誉之观，不足以为广。泉涸，鱼相与处于陆，相呴以湿，相濡以沫，不若相忘于江湖！'"（第522页）"孔子见老聃归，三日不谈。弟子问曰：'夫子见老聃，亦将何规哉？'孔子曰：'吾乃今于是乎见龙！龙，合而成体，散而成章，乘乎云气而养乎阴阳。予口张而不嗋，予又何规老聃哉。'"（第524～525页）等记载，武内义雄也认为本传记载的老子的话语是当时道家惯用的套话，并一定是孔老见面时提出来的；本传第二段的世家问礼的纪事，也是道家后学虚造而架空的空论。（参照《老子原始·老子传·史记老子传的批判》，《武内义雄全集》第五卷《老子》篇，日本东京角川书店1978年版，第13～14页）

③ 《道家的典籍·老子》，第27页。

津田的推测，与当时日本汉学界的道家研究倾向体现着一致性，如武内义雄在比津田的《道家的思想及其展开》早一年完成的《老子原始》里，认为"《老子》五千言成书当在《庄子·胠箧》之后、韩非子解老、喻老之前、秦汉之际……老子的出世在孔子、墨子之后。"① 然而，审视日本思想家的研究，他们除有文献方面的考量外，情感的因素也不能完全排除，如武内义雄就说过："儒家和道家最初的动机是一样的，共通的精神也是相同的。如果从逻辑的层面来说明中国古代的民族信仰的话，儒家的出现具有当然性；同理，在儒家主张在逻辑的层面推广扩展开来的话，扩展开来的地方正是道家学说成立之地，从中国思想发达的过程来看，首先有儒家的产生，然后有道家的产生，依据存有的传说，儒家的鼻祖孔子出生在道家鼻祖老子以后，后来的出版的多数的中国思想史都认为道家在儒家之先，我一点也不赞成。"（《老子的研究（上）序说·绪论》，第98~99页）② 这一事实无疑降低了他们重视的文献客观事实的力度③。

二

从具体文献的概念出发，判断《老子》后出也是津田的重要研

---

① 武内义雄《老子原始·老子五千文的性质·五千文成立的年代》，《武内义雄全集》第五卷《老子》篇，第78页。

② 武内义雄《老子原始·老子五千文的性质·五千文成立的年代》，《武内义雄全集》第五卷《老子》篇，第78页。

③ 在老子道家研究上表现出的同一性，可能在一定程度上与日本的民族性有着内在的联系，这是有待深入研究的一个课题。

究方法之一，首先映入眼帘的是“仁义”这一概念①。

① 津田的研究成果的时间在1927年，这不禁使我想到近代学者梁启超1920年的《老子研究》，他认为，老子“和孔子是见过面的，见面不知在哪一年。清儒阎若璩，据《礼记·曾子问》篇，说是在鲁昭公二十四年（前518），孔子三十四岁。（四书释地续）林春溥据《庄子·天运》篇，说是在鲁定公八年（前501），孔子五十一岁。依我看来，后说较为可信。因为孔子五十岁以后，思想像很变，大概是受了老子的影响。我们为什么研究这些年代呢？因为要知道老子是什么时候的人。孔子五十一岁见老子的话若真，老子若是长孔子二十岁，那时应该七十多岁，若长三十岁，应该八十多岁了。”（梁启超《老子哲学（1920年）》，张品兴主编《梁启超全集》第五册，北京出版社1999年版，第3110页）但是，梁启超后来从海外留学回来后，对自己1927年时的观点进行了大修正，认为：“孔子学说，最主要者为‘仁’。仁之一字，孔子以前，无人道及，《诗》及《尚书》二十八篇，皆不曾提到。以仁为人生观的中心，这是孔子最大发明，孔子所以伟大，亦全在此。《老子》书中，讲仁的地方就很多，‘失德而后仁，失仁而后义’，这全为孔子而发，假使孔子不先讲仁，老子亦用不着破他了。此外压倒仁字的地方正很多，如‘天地不仁，以万物为刍狗’，‘上仁为之而无以为’，‘大道废有仁义’，‘绝仁弃义，民复孝慈’等语，可知老子之作实在孔子的‘仁’字盛行以后。不惟如此，义之一字，孔子所不讲，孔子只讲智、仁、勇。仁义对举，是孟子的发明。而《老子》书中，讲仁义的地方亦很多，可知不惟不在孔子之前，还许在孟子以后。孟子辟异端，他书皆引，未引《老子》一句，其故可想而知。这种地方，离开事迹的考据，专从文字下手，虽觉甚空，然仍不失为有力的佐证。此外，尚贤，是墨子所主张的，《墨子》有《尚贤》篇，而老子有‘不尚贤使民不争’一语。天道鬼神，是墨子所信仰的，墨子有《天志》篇、《明鬼》篇，而老子有‘以道莅天下其鬼不神’一语。旁的不问，专从思想系统入手，《老子》一书，似在孔子以后，墨子以后，甚至于孟子以后啊。从前说九流各家，道家最古，儒家次之，其说非是。应当以儒家为最古，道家亦儒家盛行后一种反动，为儒家之对敌的学派。”（梁启超《儒家哲学（1927年）》，张品兴主编《梁启超全集》第九册，第4963页）这里必须注意的是，他采用的方法显然是受到了西方实证主义思想的影响，而这一方法也正与津田不谋而合，显然，津田肯定也吸收了实证主义思想的营养。这是值得重视的现象。

津田认为，“《老子》十八章有‘大道废，有仁义’，在《论语》里没有‘仁义’连用的例子”①，显然，《老子》在《论语》之后。上面提到孟子批判当时的异端时没有提到老子，据此，也自然形成了津田的“反对孟子的《老子》虽排斥仁义，但没言及礼乐，礼字的出现仅仅在三十八章”②。我们必须注意“仁义”和“礼”。

《论语》里虽然没有仁义这一概念的用例，但仁的用例有110个，义的用例有24次。仁义在《孟子》中出现27次，其系统完备性在当时无人可以企及。《老子》中仁义虽仅此一例，但就仁和义单独的用例而言：仁有8次，义有5次。我认为，如果仅以仁义为准则的话，推测《老子》在《孟子》之前也完全可能。但问题的关键不在这里，最为根本的是如何准确理解《老子》的“大道废，有仁义”。就上面揭示的资料而言，津田认为《老子》排斥仁义；此外，他还认为，“‘大道废，有仁义’，不过是老子侧重道的运思和论述，与《老子》整个的思想倾向相符合，前后不是必然的因果关系，‘大道废’不是‘有仁义’的原因或条件”③。

首先，津田做出《老子》排斥仁义的结论，依据的不仅有“大道废，有仁义”，而且有“绝圣弃智，民利百倍；绝仁弃义，民复孝慈；绝巧弃利，盗贼无有”（《老子》十九章）的内容，即使无视郭店楚墓竹简的“绝仁弃义，民复孝慈”为“绝伪弃诈，民复季子”的最新资料，就津田时代所依据的《老子》而言，也无法得出老子排斥仁义的结论。下面的资料可以为证：

上德不德，是以有德；下德不失德，是以无德。上德无为而无以为，下德为之而有以为。上仁为之而无以为，上义

① 《道家的典籍·老子》，第14页。

② 《道家思想的展开·仁义礼乐的否定》，第384页。

③ 《〈老子〉的思想及其渊源·〈老子〉的思想》，第108页。

为之而有以为，上礼为之而莫之应，则攘臂而扔之。故失道而后德，失德而后仁，失仁而后义，失义而后礼。夫礼者，忠信之薄而乱之首。前识者，道之华而愚之始。是以大丈夫处其厚，不居其薄；处其实，不居其华。故去彼取此。（《老子》三十八章）

作为“乱之首”的“礼”，是源于“前识”的产物。老子的“前识”者，虽然是预设的规范，预设规范的依据不是万物，而是人，而这“人”也主要是个人，不是关系中的人，落实到具体的生活中，则是以血缘关系为界限的，所以，这是背离大道的浮华彰显，是走向愚蠢的开始。在道—德—仁—义—礼的序列中，道居于最高的层次，礼居于最低的层次；这一序列是人类文明轨迹发展走向的象征。所以，利用仁义、礼仪来进行社会秩序的整治，在文明的阶梯上，不是最佳的选择，但这是人类文明发展之必然。不过，这是客观的事实，人类文明实践的经验昭示，人类理性的进步，虽然缩短了宇宙之间万物的距离，但是在很大程度上，也使人背离了自然，而背离自然这一事实的客观后果，又把人类带进了危机的中心；换言之，人类的文明史是一部限制人性和冲破人性限制的拉锯战。对老子而言，这一拉锯战的目的是尽量接近人性本有轨道的追求，这就是“处其厚”、“处其实”。因此，仁义虽然不是最佳的状态，但也是无法回避的事实，利用仁义来进行现实社会秩序的治理，是人类理性做出的适时的选择；“大道废，有仁义”也说明了这个意思，强调大道是最佳的状态，其次是仁义，虽然不是最佳，但是无奈之必然。所以，老子没有排斥仁义的意思，只是对仁义进行了客观的审视和评价，提醒人们现实仁义的局限性。

其次，“大道废，有仁义”没有必然的因果关系。显然这一运思是无法成立的。为了分析的便利，下面将引出《老子》十八章全文：

通行本：大道废，有仁义；慧智出，有大伪；六亲不和，有孝慈；国家昏乱，有忠臣。

帛书甲本：故大道废，案有仁义；知慧出，案有大伪；六亲不和，案有孝兹；邦家昏乱，案有贞臣。

帛书乙本：故大道废，安有仁义；知慧出，安有〔大伪〕；六亲不和，安有孝兹；邦家昏乱，安有贞臣。

竹简本：故大道废，安有仁义；六亲不和，安有孝慈；邦家昏□，□有正臣。

帛书本和竹简本的“案”或“安”的出现，自然就有力地否定了津田前后不存在必然关系的结论；不过，津田无法看到这些资料，我们当然也无法以此为据来否定其论点。

但是，津田的时代，他完全能够看到《老子》的其他版本，在傅奕本里，在前两个“有”字的前面有“焉”字，即“大道废，焉有仁义；慧智出，焉有大伪”；范应元本里同样有两个焉，不过具体位置与傅奕本不同，即“大道废，有仁义焉；慧智出，有大伪焉”。显然，津田没有对“焉”字的存在对语法形成的影响这一点引起任何的注意。其实，“焉有”可以说是《老子》的一个语言现象，此外，还有“信不足，焉有不信焉”（《老子》十七章）。不过，即使无视帛书和竹简的文献资料，通行本《老子》十八章的文献，在这四组关系里，前后完全是一种条件或因果的关系。以“大道废，有仁义”为例而言的话，中间的标点可以省略，即“大道废有仁义”。这样的话，“有”就是动词，“大道废”是主语，有承担谓语的功能，“仁义”是宾语，主谓宾非常完整，前者显然是后者的条件和原因，后者是前者的发展和结果。大道的缺场正是仁义登场的条件，这也与前面分析的老子以道为最高存在状态的运思一致。老子的时代，仁义等已经严重偏离本有的轨道，成为一种禁锢万物本性发展的杀人工具，成为追求社会稳定这一徒有虚名的虚假符号，朝着道德技术化的道路迈进，道德自然情感的本有因子逐渐被挤出了道德的舞台。老子上面说的“薄”与“华”指的就是道德自然情感的现状，在这一层面得到厚实发展的就是技术化的道德，这是完全由外部强摄的东西，而不是人的自然情感的奔放，是人依据外在社会的现实做出的理性选择。仁义是客观的需要，但不是最高的存在，因此，老子的结论是，人类必须追求的“厚”与“实”是基于万物本性的社会制度的文化，真正的道德是内在有德与外在有德的一致，忽视内在而偏执一隅的追求只能导致朝技术化的单一方向发展。所以，老子推重“天地不仁”、“圣人不仁”，这是远离现实仁义而走向与大道合一的真正的仁义的追求，老子的目光是非常锐利的①。

三

在以概念来审视、判断《老子》在孟子以后的维度上，津田选取的第二个概念是“智”。他说：

> 《老子》排斥智，可能也有源头，这就是《孟子·离娄上》的“天下之言性也，则故而已矣。故者，以利为本。

① 同时参考他对《老子》“道”的看法：“基于《老子》里有‘仁义’的概念，如果是在孟子倡导仁义以后成书的话，老子排斥仁义则主要是对抗孟子。老子在首章就非难世俗的所谓道，其实，在老子之前，主要阐释道的是儒家，尤其是孟子。诸如《论语·里仁》里的‘吾道’，《孟子》的《公孙丑下》、《离娄上》、《告子下》、《万章上》有‘尧舜之道’，《滕文公上》、《离娄上》有‘先王之道’，《滕文公下》有‘圣人之道’，《公孙丑下》、《离娄上》有‘古之道’，《滕文公上》有‘周公仲尼之道’，《滕文公上》有‘夫道一而已矣’，都有明确的解释，极端排斥异端，据此传道给人的感觉非常强，而且到了极点。”（《〈老子〉的思想及其渊源·〈老子〉的思想渊源》，第141～142页）这也是值得商榷的。

所恶于智者，为其凿也。如智者若禹之行水也，则无恶于智矣。禹之行水也，行其所无事也。如智者亦行其所无事，则智亦大矣。天之高也，星辰之远也，苟求其故，千岁之日至，可坐而致也”。这让人感到其中暗示着当时存在着以智为违背自然从而排斥的论说……但《孟子》的讨论是否有后人的加笔，仍然也是个问题。①

虽然在这一问题上，津田没有十分的肯定，但在无法于其他方面进行排斥的情况下，他的推论仍然是一种运思，自然也必须对此进行具体的讨论。

（一）孟子“智”为人性固有因子的思想

智在《孟子》里出现33次，其数量之多也说明了孟子对智的重视程度。

1. “是非之心，智也”。

在智的问题上，最应引为注意的是孟子对它的界定，这就是何谓智的问题。

首先，“是非之心，智之端”。众所周知，在中国人性思想史上，孟子不仅是最早揭起性善旗帜的思想家，而且对性善进行了最为完备的规定。儒家的开创者孔子在人性论上给我们留下的最为著名的思想就是“性相近也，习相远也”（《论语·阳货》），孔子虽然没有直接明言本性何谓的问题，只是粗略地昭示了先天的本性是没有多少差异的，后天的习得存在巨大的差异，但这一运思本身无疑给后人提供了丰富想象的无限空间，而孟子就是描绘无限想象图画的最好的艺术家之一。孟子在讨论人都有“不忍人之心”即同情之心的问题时，称此为“恻隐之心”，它与其他“羞恶之心”、“辞让之心”、“是非之

① 《〈老子〉的思想及其渊源·〈老子〉的思想渊源》，第161页。

心”成为人之所以为人的四个必要因素，四者缺一就失去人的资格，即：

> 恻隐之心，人皆有之。羞恶之心，人皆有之。恭敬之心，人皆有之。是非之心，人皆有之。恻隐之心，仁也。羞恶之心，义也。恭敬之心，礼也。是非之心，智也。（《孟子·告子上》）

> 无恻隐之心，非人也；无羞恶之心，非人也；无辞让之心，非人也；无是非之心，非人也。恻隐之心，仁之端也。羞恶之心，义之端也。辞让之心，礼之端也。是非之心，智之端也。人之有是四端也，犹其有四体也；有是四端而自谓不能者，自贼者也。谓其君不能者，贼其君者也。凡有四端于我者，知皆扩而充之矣，若火之始然，泉之始达。苟能充之，足以保四海；苟不充之，不足以事父母。（《孟子·公孙丑上》）

作为“智”的“是非之心”，与作为“仁”的“恻隐之心”、“义”的“羞恶之心”、“礼”的“恭敬之心”，是人所共有的。也就是说，智是一种“是非之心”；“心”是一种能力，这里指的是辨明是非的能力。不过，孟子告诉我们，对人而言，这四种心并不是成熟的样态，而是一种萌芽即“端”，孟子称为“四端”，人有四端犹如有四体。不过，对完整意义上的人而言，先天持有的四端，仅仅是一种机会，一种选择；如果选择扩充它们，就能走向“保四海”的通途；如果无视这种机会和选择，即使侍奉父母也不够。

显然，智作为辨别是非的能力，不是成熟完整的样态，只是一种可能的条件。

其次，作为萌芽状态的智是“我固有之”。孟子说：“仁义礼智，非由外铄我也，我固有之也，弗思耳矣。故曰求则得之，舍则失之，或相倍蓰而无算者，不能尽其才者也。”（《孟子·告子上》）“铄”

的本义是熔化，引申义有渗入的意思，这里用的就是引申义。仁义礼智不是从外部渗入到人的本性之中的，而是本性本来就有的，即"固有"，是"弗思"而得的存在。这里的"求"就是前面说的"扩充"的实践，这种实践通向得性，得性的过程也就是"尽其才"的具体演绎。

在此，需要注意的是，在人性的大厦里，孟子把它们分成两部分：一是智等四端的先天性的存在，二是扩充后的社会性的存在。扩充是从先天走向社会的桥梁，如果不在后天的实践中扩充辨明是非的能力，那就无法完成社会人从事社会工程的任务。

再次，"仁义礼智根于心"。孟子一方面讲恻隐、羞恶、恭敬、是非之心，另一方面在讨论君子时又讲"君子所性，仁义礼智根于心"（《孟子·尽心上》）。也就是说，仁义礼智的源头在心，显然，此心非彼心，这里的心表示持有这种能力的器官即脑；孟子虽然是讨论君子的，但从内容的一致性而言，君子与人在人性的先天性的方面，并没有根本的差异，这是必须明确的。

最后，四端中的差异性。虽然四端是人的必然因子，但它们在孟子的心目中并不是同一层次上的存在，"仁之实，事亲是也。义之实，从兄是也。智之实，知斯二者弗去是也。礼之实，节文斯二者是也。乐之实，乐斯二者"（《孟子·离娄章句上》），就是最好的佐证。这里的"实"可以理解为实践，智的实践是对仁义的认知即"知"，其他礼、乐也是对仁义的"节文"和快乐；在这个意义上，孟子的智的范围就无形地被限制在道德认知的层面上了，这也是不得不正视的。

2. "智，譬则巧也"。

智作为四端之一虽然是人的必要而必然的因子，但在四端中，仁义始终成为礼智行为的依归，尽管孟子这一运思不是静态维度上的思考，而是动态认识论角度的立论，但在孟子智的运思里，这仅仅是理论层面的话题。在实践的维度，孟子同样有精密的分析。

在人社会化的实践过程里，圣具有比智更为重要的位置，孟子说：

> 伯夷，圣之清者也；伊尹，圣之任者也；柳下惠，圣之和者也；孔子，圣之时者也。孔子之谓集大成。集大成也者，金声而玉振之也。金声也者，始条理也；玉振之也者，终条理也。始条理者，智之事也。终条理者，圣之事也。智，譬则巧也。圣，譬则力也。由射于百步之外也，其至，尔力也。其中，非尔力也。（《孟子·万章下》）

“智之事”宛如“金声也者”，属于“始条理者”；“圣之事”仿佛“玉振之也者”，属于“终条理者”。这里牵涉到古代音乐的知识。金声、玉振讲的是打击乐的事情；“钟磬”就是两种打击乐器，其中空。“金”指“钟”，由青铜制成；“玉”指“磬”，其字下面是“石”，它正由玉石制成，而“玉，石之美者，有五德，润泽以温，仁之方也”（《说文解字》），说明玉石的质感和品性都非常好，用它来统御和调节声音就具有绝妙的效果。在这个意义上，就产生了“玉振金声”说法的可能，其意思是演奏古乐，以钟发声，以磬收韵，集众音之大成。

联系智和圣来说明的话，由钟发出的声音，在音乐的平台上，无法达到优美动人的境地，只有配上“磬”，才能走向美妙。能兼具两者的只有圣者，所以是“终条理者”；智者只有钟的能力，所以是“始条理者”。在这个意义上说，智主要在技巧的方面即“譬则巧”，圣主要在力量的方面即“譬则力”；如果对此举例而言的话，就好比射箭，射到百步之外在于力，这是圣的功夫；但是能否射中目标，决定权并非力而是巧，这属于智的方面。在孟子看来，圣力是无法依靠后天的努力而获得的，而智巧是可以通过后天的努力来弥补的。这也正好与孟子设定智为萌芽的运思相一致，萌芽的智如果不加以扩充，连侍奉父母也不够。

这个层面上智持有有为性是非常明显的事实，下面的资料也清楚地佐证这一点：

爱人不亲反其仁，治人不治反其智，礼人不答反其敬，行有不得者，皆反求诸已，其身正而天下归之。（《孟子·离娄上》）

天下之言性也，则故而已矣。故者，以利为本。所恶于智者，为其凿也。如智者若禹之行水也，则无恶于智矣。禹之行水也，行其所无事也。如智者亦行其所无事，则智亦大矣。天之高也，星辰之远也，苟求其故，千岁之日至，可坐而致也。"（《孟子·离娄下》）

"治人"是孟子的一个重要概念①，表示治理、统治的意思。"治人不治反其智"说的是"反求诸已"的事务，对人进行治理，但客观的结果是"不治"，这样的情况就必须"反其智"即回过来检查自己的智。虽然孟子也认为如果能够自然无为行事，诸如大禹治水，这是大智的行为，但是一种假设；现实生活中人们厌恶"智"的行为，是因为它过于穿凿附会，即"为其凿"。孟子在此没有否定人为的重要性。

孟子虽然强调"则故"的重要性，"故"如果从故常来进行理解的话②，显然具有积极的意义。但孟子对"故"有明确的规定，这就是"以利为本"，正是在这个意义上，他提出"求其故"，譬如面对"天之高"、"星辰之远"，如果能够"求其故"，就能够实现"千岁之日至"，这是对功利的追求，而这种追求就是智的具体内容。

---

① 参考《孟子·滕文公上》："劳心者治人，劳力者治于人；治于人者食人，治人者食于人；天下之通义也。"

② 参考《庄子·天运》："变化齐一，不主故常。"

3. “仁且智”。

在实践的层面，孟子的智还有更为精妙的图画。在前面的分析中，已经提到孟子的“始条理者，智之事也。终条理者，圣之事也”；在序列上，圣居于智的上位，在于它具有“玉振之”的机能，而玉本身就与仁存在着深层的联系，即上面提到的“玉，石之美者，有五德，润泽以温，仁之方也”，就是最好的说明。不过，就仁与智而言，孟子也有独到的见解，对此的明辨，自然为本题深入讨论的必然内容。

在孟子那里，说到“仁者”和“智者”，即：

> 齐宣王问曰：交邻国有道乎？孟子对曰：有。惟仁者能以大事小；是故汤事葛，文王事混夷。惟智者为能以小事大；故大王事獯鬻，句践事吴。以大事小者，乐天者也。以小事大者，畏天者也。乐天者保天下，畏天者保其国。（《孟子·梁惠王下》）

天下与国相比，无疑居于重要的位置；前者与仁者相连，后者与智者相接；仁者的特点在“能以大事小”，智者的特点在“以小事大”；仁者是“乐天者”，智者是“畏天者”。显然，仁者与意欲和情感相连，智者则与环境和功利相关；仁者持有内在理性的自觉，智者迫于外在境遇的选择。智者虽然居于仁者之下，但孟子并没有否定智者。

正是在上面分析的基础上，孟子提出“仁且智”，认为这是走向圣的唯一通途。在孟子看来，“孔子曰：‘里仁为美；择不处仁，焉得智？’夫仁，天之尊爵也，人之安宅也。莫之御而不仁，是不智也。不仁不智，无礼无义，人役也。”（《孟子·公孙丑上》）显然，“不仁不智”为人所役，而智的任务就是对仁的选择，这一点与前面分析的“智之实”是认知仁义的运思相一致。孟子又说：

> 昔者子贡问于孔子曰：夫子圣矣乎？孔子曰：圣则吾不能，我学不厌而教不倦也。子贡曰：学不厌，智也；教不

倦，仁也；仁且智，夫子既圣矣。夫圣，孔子不居，是何言也！(《孟子·公孙丑上》)

燕人畔，王曰：吾甚惭于孟子。陈贾曰：王无患焉。王自以为与周公，孰仁且智？王曰：恶！是何言也？曰：周公使管叔监殷，管叔以殷畔。知而使之，是不仁也。不知而使之，是不智也。仁智，周公未之尽也，而况于王乎？贾请见而解之。(《孟子·公孙丑下》)

孔子虽与周公一样具备仁智的品性，但不承认自己是圣。这里明确把仁与智的整合界定为圣。正是在这个意义上，孟子强调从历史博物馆中学习圣王，是明智的举措，即孟子曰："离娄之明，公输子之巧，不以规矩，不能成方员；师旷之聪，不以六律，不能正五音；尧舜之道，不以仁政，不能平治天下。今有仁心仁闻，而民不被其泽，不可法于后世者，不行先王之道也。故曰徒善不足以为政，徒法不能以自行……遵先王之法而过者，未之有也。圣人既竭目力焉，继之以规矩准绳，以为方员平直，不可胜用也。既竭耳力焉，继之以六律正五音，不可胜用也。既竭心思焉，继之以不忍人之政，而仁覆天下矣。故曰为高必因丘陵，为下必因川泽；为政不因先王之道，可谓智乎?"(《孟子·离娄上》)因循先王之道是明智的举措，显然这与孔子的价值取向完全一致，与后来荀子的法后王是相异的。

值得注意的是，与孟子的仁智相反，法家管子推重的是从智到仁的价值取向，"信之者仁也，不可欺者智也。既智且仁，是谓成人"①，就是具体说明。"信之者仁"就是使人相信，或者诚实地依归本性而行为就是仁；"不可欺者智"说明的也是智是信实不可欺的，不然就不是智的表现，这里展示了道德与智慧的相关性，结论是

① 《管子·枢言》，戴望《管子校正》，北京中华书局1954年版，第66页。

“既智且仁，是谓成人”。必须注意的是，“智”在“仁”的前面，具有首要的意义。在一定的意义上，无疑给我们昭示着没有离开智慧的仁，这样的人就是“成人”；不过，就管子的智的内涵而言，我们很难找到他与孟子的分水岭：

日益之而患少者惟忠，日损之而患多者惟欲。多忠少欲，智也，为人臣者之广道也。为人臣者，非有功劳于国也，家富而国贫，为人臣者之大罪也。为人臣者，非有功劳于国也，爵尊而主卑，为人臣者之大罪也。①

有天爵者，有人爵者。仁义忠信，乐善不倦，此天爵也。公卿大夫，此人爵也。古之人修其天爵，而人爵从之。今之人修其天爵，以要人爵，既得人爵，而弃其天爵，则惑之甚者也。终亦必亡而已矣。（《孟子·告子上》）

养心莫善于寡欲。其为人也寡欲，虽有不存焉者，寡矣。其为也多欲，虽有存焉者，寡矣。（《孟子·尽心下》）

对忠的推重、对欲望的节制，是管子给我们勾勒的图画。但孟子对忠“不倦”的运思，以及对“寡欲”的肯定，显示了与管子基本一致的追求取向。

总之，孟子对智的规定虽然源于人性，但由于它仅仅是“端”，无法满足人的社会化实践历程使用和支付的需要，所以，人的社会化生活要求人必须对此进行扩充，这样的话，智就带上了社会性的因子和特性；就智而言，孟子的思考则侧重在人为技巧的方面，也就是人为的方面，而不是自然无为的强调，而这些与他对仁的推重相一致。

（二）老子的智

在通行本老子里，“智”出现8次，对此津田认为：“《老子》认

① 《管子·枢言》，戴望《管子校正》，北京中华书局1954年版，第66~67页。

为，由于产生了知，故大道被废弃，这是历史维度的考量，依据抛弃知的行为来治理国家、生成民利，这是政治视野的考量。这在前面已经讨论过了。在此要讨论的知是作为知识和人心的驱动运作的智，以此为两个方面，实际上有以此为有害无益的东西的原因，以知识言说的‘知者不言，言者不知’（五十六章）、‘知不知上，不知知病’（七十一章），是言说人如何量定运用知识的，而不是考虑智或知识本身的性质等问题的。这个为后来的道家所继承。”① 实际上，审视老子的智，其内涵绝对不限于津田的概括。其思想主要表现在以下几个方面。

1. 智的真义。

老子通行本里讨论到“慧智”的问题，这不同于一般所说的智慧，慧智可以说是异化的智慧，“慧智出，有大伪”（《老子》十八章）就是最好说明，“大伪”之“大”，甲骨文字形，象人的正面形，有手有脚；“伪”合“人”与“为”而成，人为之，非天真也；大伪无疑是严重的伪诈的意思，而这不是原来本有的，是在慧智产生后有的现象，是大道缺位的自然结果。老子也说“知人者智，自知者明。胜人者有力，自胜者强”（《老子》三十三章），显然，智与力相类，明与强同属，老子虽然没有对它们进行否定，但在敬爱之趋向的阶梯上，后者无疑居于较高的位置，这种智是老子正面意义上的使用例，属于智慧的行列；无论是慧智还是智慧，都与智相连，或者说都是智，不过具有不同的内涵，这是认识老子智的前提条件。

2. 弃绝智巧。

津田看到的老子的智，“绝圣弃智，民利百倍”（《老子》十八章）是其主要的依据，而这里的智就是智巧意义上的智，是智的异

① 《道家思想的展开·关于知的考察及齐物说》，第435页。

化的形式，这种智老子无疑是否定的。今天我们看到的郭店楚墓竹简里的“绝智弃辩，民利百倍”的文献，“绝智”与“弃智”意义相同，完全可以说弃绝这种异化的智是老子一贯的思想。关于这一点，可以通过以下的资料来进行进一步的证明。

首先，智就是“巧”。老子说：“天下多忌讳，而民弥贫；民多利器，国家滋昏；人多伎巧，奇物滋起，法物滋彰，盗贼多有。”（《老子》五十七章）“人多伎巧，奇物滋起”在竹简本里是“人多智，而奇物滋起”，这里以“智”置换了“伎巧”，这个意义上的智，显然就是异化了的智慧，这也可以反证老子否定的智是智巧，当然，津田无法看到竹简，我们也不能仅以此为证据来辩证他的观点。

其次，河上公和王弼的注释也是从“巧”的方面切入的。现摘引如下：

河上公：人多技巧，奇物滋起。人谓人君、百里诸侯也。多技巧，谓刻画宫观，雕琢章服，奇物滋起，下则化上，饰金镂玉，文绣彩色日以滋甚。

王弼：民多智慧则巧伪生，巧伪生则邪事起。

河上公的“技巧”和通行本的“伎巧”，可以说是相同意义的概念。王弼的注释也是紧贴原文进行的，把“伎巧”解释成“巧伪”，这来自于“多智慧”，所以，非常明显，这里老子讨论的智是智巧，不是智慧。这些资料津田是可以看到，而且他也是从此出发的。

3. 智与社会生活。

道家老子的出发点始终是社会现实，关注社会治理是他的一个重要课题和任务。他认为“民之难治，以其智多。故以智治国，国之贼；不以智治国，国之福”（《老子》六十五章），这里的智显然也是智慧异化的一种形式，老子对其是否定的。如果统治者以智巧来治理国家的话，对民众而言就是灾难，所以称为“国之贼”；而远离智巧，依归自然无为的轨道来处理社会一切事务的话，民众就会获得展现真实情感的自由空间，所以称为"国之福"。

"国之福"也是民众力量得到最大限度发挥和积累的实践，它不依据离开具体个人的评价标准来评价个人，"是以圣人常善救人，故无弃人；常善救物，故无弃物，是谓袭明。故善人者，不善人之师；不善人者，善人之资。不贵其师，不爱其资，虽智大迷，是谓要妙"。(《老子》二十七章）就师、资所牵涉的对象而言，它既包括了善人，也涵括了不善人，因此也就是一切人。"无弃人"、"无弃物"是对一切万物的涵括，万物在宇宙的舞台上找到了属于自己的明确位置；如果对师、资采取"不"的行为之方的话，那就不是明智之举，老子称为"虽智大迷"，而不是大智若愚。

4. "知者"和"智者"。

"知者"、"智者"在通行本里同时可以看到，可以视为同义词；"知者"的"知"应读为第四声。就知者而言，老子认为，"知者不言，言者不知"（《老子》五十六章）①、"知者不博，博者不知"(《老子》八十一章)。"不知"的"知"也应读为第四声，两者都是指智慧而言，意思是：有智慧的人不轻易言说，轻易言说的行为不智慧；有智慧的人不广博，广博的行为不做深入的认知。老子对"知者"即有智慧的人是肯定的。

另一种情况是智者，老子的运思可以帮助我们加深理解其智。老子说：

> 不尚贤，使民不争；不贵难得之货，使民不为盗；不见可欲，使民心不乱。是以圣人之治，虚其心，实其腹；弱其志，强其骨。常使民无知无欲，使夫智者不敢为也。为无为，则无不治。(《老子》三章)

帛书乙本"使夫智者不敢为也"为"使夫知者不敢，弗为而已，则

---

① 竹简本为"知之者弗言，言之者弗知"。

无不治矣”。“智”,《古逸丛书本》、《道藏本》、《道藏集注本》均作“知”。河上公本解释智者为“智虑深，不轻为”；王弼解释为“智者，谓为也”，这里的为当然是有为。如何确定智者的内涵规定，只能依据资料本身。依据帛书本和其他几个版本，这里应该作“知者”，而不是有智慧的人，陈鼓应解释为“自作聪明的人不敢多事”①，值得参考。陈鼓应也是从智巧的方面来理解的，而智巧意义上的智，老子是否定的。

就文献而言，圣人对民和知者存在同样的担忧，所以，通过“不尚贤”、“不贵难得之货”、“不见可欲”的方法，来使民众达到虚心、实腹、弱志、强骨的状态。这在本质上，圣人采取的是“使民无知无欲，使夫知者不敢为”的自然无为的方法，这实际带来的是社会的真正治理即“无不治”。无知指的不是什么知识都没有，而是不把一己的偏见强加于他者，即看外在世界时不带任何先入之见②；无欲指的当然也不是没有欲望或不去欲望什么，而是不把自己

① 陈鼓应《老子今注今译》，北京中华书局2003年版，第88页。

② 参考“‘无知’经常被翻译为‘no - knowledge’，实际上意味着没有某种由本体论存在决定的知识，这些知识假定现象后面有某种不变的本体。以一种否本体论存在为基础的知识涉及‘非宇宙论’思想：这种思想并不预设某种‘单一秩序’的世界以及各种相应的知性配备。因此，它是非理性的认知（unprincipled knowing）。这种认知不借助于那些决定某一现象的存在、意义或行动的规范或原理。‘无知’提供事物之‘德’——它的独特性和关注点——观念，却不生成关于事物的类概念或一般性知识。总而言之，‘无知’是对每一适逢现象‘道德’关系的一种领会，提供的是对‘德’这特定焦点及其所释场域‘道’的认知”。《哲学引论》，［美］安乐哲（Roger T. Ames）、郝大维（David L. Hall）著，何金俐译《道不远人——比较哲学视域中的〈老子〉》，学苑出版社2004年版，第49页。

的欲念强加于他者，或者为了实现自己的欲望而破坏他者的欲望实现①。总之，知与欲必须在与外在他者的共存共作中进行和完成；对知者自然也必须进行一定的制御和给予一些约束，使其行为不逾越自然无为的轨道。

孟子的智与老子的智是完全相异的，孟子对何谓智等有详细的规定。就智是技巧这一点而言，孟子与老子的观点虽然具有相似性，但孟子强调的是智可通过后天的努力来完善，并通过与仁的结合而通向圣。老子把技巧层面的智界定为智慧的异化样态，选择了否定这一与孟子完全相反的方法。孟子对"如智者若禹之行水也，则无恶于智矣。禹之行水也，行其所无事也。如智者亦行其所无事，则智亦大矣"的讨论，虽然显示了与老子在智的问题上的一致性，不过，这没有成为孟子的结论，而是他得出结论过程中所依据的证据之一，也正是在这里，完全有理由得出孟子是对老子思想的批判，在孟子"若"的假设中出现的"行其所无事"的"无事"正是对老子无事的审视。不过，他的结论是老子所倡导的无事在他的社会只能在假设中才能变成现实，这是非常明显的。这恐怕是津田没有想到的，也是

---

① 参考"'无欲'就不是停止欲望或没有欲望，而展现的是谦恭的欲望（deferential desire）的成就。欲望，当它是基于同这个世界的非强制性关系（无为），和对这个世界的反映性认知（无知），那么，它就不是靠占有、控制或毁灭定形的欲望，而纯粹是由赞美和欣赏塑造的，它是敬意。由那些理想的东西引发的欲望是因为它们值得欲求。但是那些值得欲求的东西本身也必须是谦恭的，即它们不能要求被期望，要求被期望就是在运用某种类似催眠术的东西控制欲求者。在一个充满过程和现象的世界里，事物间的区分都只不过是约定和暂时的，欲望的预测根据的是个体在任何既定时刻都可以'放开'的能力。正是在这个意义上，我们说'无欲'是一种非分解、非客体化的欲望。"《哲学引论》，［美］安乐哲（Roger T. Ames）、郝大维（David L. Hall）著，何金俐译《道不远人——比较哲学视域中的〈老子〉》，第51页。

津田所不希望的。

四

基于“化”这一概念，津田也认为老子文本是在孟子以后出现的。下面就对这一问题进行具体的梳理。

1. 孟子的“天下化”。

《孟子》里“化”出现5次，体现的一个共同点就是“圣人化人”①。具体资料如下：

> 天下大悦而将归己，视天下悦而归己犹草芥也，惟舜为然。不得乎亲，不可以为人。不顺乎亲，不可以为子。舜尽事亲之道而瞽瞍底豫，瞽瞍底豫而天下化，瞽瞍底豫而天下之为父子者定，此之谓大孝。(《孟子·离娄上》)
>
> 夫君子所过者化，所存者神，上下与天地同流，岂曰小补之哉！(《孟子·尽心上》)
>
> 君子之所以教者五，有如时雨化之者，有成德者，有达财者，有答问者，有私淑艾者。(同上)

舜通过自己的“事亲之道”的大孝行为而化育了天下、“君子所过者化”、君子五个教化手段之一就是“有如时雨化之者”的“化之”，都是圣人对民众的化育；在五个教化手段里，且“化之”排在五者

① 津田左右吉认为：“‘化’字在《孟子》里也能看到，诸如《离娄上》有‘瞽瞍底豫而天下化’、《尽心上》的‘君子之所以教者五’之第一就是‘如时雨化之者’（这存在是孟子自己的思想还是后人添加的疑问），就‘化’而言，儒家的思想就自然存在接近《老子》思想的情况。”《〈老子〉的思想及其渊源·〈老子〉的思想渊源》，第151页。

之首。不仅如此，孟子对“化”的功效也有一定程度的思考，这就是认为化具有及时雨对作物的效果。

一人对他人的化育，无疑贯彻着人为性，这是在分析孟子“化”这一概念时的自然引论。

2. 老子的“自化”。

《老子》“化”出现3次，如下：

> 故圣人云，我无为而民自化，我好静而民自正，我无事而民自富，我无欲而民自朴。（《老子》五十七章）
>
> 道常无为，而无不为，侯王若能守之，万物将自化。化而欲作，吾将镇之无名之朴。无名之朴，夫亦将无欲。不欲以静，天下将自定。（《老子》三十七章）

在老子的图画里，圣人或侯王和民或万物构成具体的关系，在这一关系里，前者通过自己的无为行为来履行自己对关系维持的职责，无为行为带来的客观效果是民或万物的自化、天下将自定。

必须注意的是，孟子的“天下化”与老子的“万物将自化”、“天下将自定”，虽然有一定的相似性，也就是说，“天下化”和“万物将自化”、“天下将自定”都是客观结果上的描述，但在本质上是相异的，前者源于圣人的有为，后者来于圣人的无为；不仅如此，而且后者传递着一个强烈的信息，就是万物自然得到化育，因为圣人的无为给万物实现自身的价值提供了宽广的空间，正是在这里，津田认为“‘化’这一概念在道家的书里可以经常看到，但其意义却不一样，《老子》五十七章的‘圣人云：我无为而民自化’，是原样继承了孟子论说的王者化民的运思，另外，三十七章的‘道常无为，而无不为，侯王若能守之，万物将自化。化而欲作，吾将镇之无名之朴’的情况也一样，作为侯王之事也相同，从上面引文的后面是‘无名之朴，夫亦将无欲。不欲以静，天下将自定’（五十七章有

‘我无欲而民自朴’）来看，也非常明确”[①]，把孟子的王者化民等同于老子的自化。

通过上面的具体分析，可以清楚地看到，无论从仁义切入，还是从智、化立论，都无法找到支持津田《老子》晚于《孟子》的结论。就智而言，孟子虽然也从技巧的角度来加以界定，但他又认为这种技巧可以通过后天的学习而得到加强，而且通过仁与智的结合，可以走向圣，而老子视智巧意义上的智为真正智的异化样态而提出“绝智”，体现了与孟子儒家完全不同的价值取向。显然，津田的“说道也好，论教也好，从广义上说，都是继承儒家的东西；说政治之术，也不过是对儒家思想的因袭；道的内容、教的内容、术的内容，也都是对儒家尤其是孟子反抗的声音，这样的话，理解《老子》是不困难的”[②] 结论，是难以成立的；而津田的“如智者若禹之行水也，则无恶于智矣。禹之行水也，行其所无事也。如智者亦行其所无事，则智亦大矣”（《孟子·离娄下》）运思中的“行其所无事”的假设，正是基于老子无事的运思；他承认老子的无事行事是大智的行为，不过，他审视时代的结果是，人性中智的“端”，仅仅为人的社会性提供了一种可能性，可能性成为现实的关键是是否对本性进行扩充，不能进行扩充就无法成为或完成社会人的任务担当，选择了与道家老子相异的价值追求。

不仅如此，更为关键的是，尽管津田本人无法知道后来竹简的出土对深化老子思想的认识承担了重要的职能，但仍然可以以此来支持我判断的可行性和正当性。众所周知，竹简中的儒家文献里有一篇《性自命出》，这实际上不仅仅是一篇儒家的文献，而且是对性、命思想发展演绎历史轨迹的总结。在这一视野上，完全可以说，“命”

① 《道家思想的展开·天人关系及宇宙观》，第474～475页。

② 《〈老子〉的思想及其渊源·〈老子〉的思想渊源》，第145页。

的概念的出现在性之前，这是文献告诉我们的故事；《论语》、《孟子》都有性的讨论，但《老子》里没有关于性的讨论，而《老子》里有3处关于“命”的讨论，“致虚极，守静笃，万物并作，吾以观复。夫物芸芸，各复归其根。归根曰静，是谓复命。复命曰常，知常曰明，不知常，妄作，凶”（《老子》十六章），对命的内涵的规定不仅清晰而且深刻。显然，津田“从老子的赤子、婴儿能至（靠近）德上说，这显然与孟子的四端说相通，那里有性观念的痕迹。这样的话，就可以说，《老子》实际上最单纯地、最直接地继承了孟子的学说”① 的结论，是无法让人信服的。忽视《老子》里没有性的出现，不仅是津田，其他如武内义雄也是这样，所以，津田等日本学者虽然开启了从概念的出现来判断文献时间先后的方法，但他们仍然囿于狭隘性的一隅，而乏于全面性的衡量。“性”这一概念的情况就是明证，他们之所以没有对“性”进行重视，是因为《老子》里没有出现“性”，而这也正是《老子》早于孔孟的有力证据。

（作者单位：东南大学哲学与科学系）

① 《〈老子〉的思想及其渊源·〈老子〉的思想渊源》，第146~147页。

从老子之道的当代诠释看“新子学”之“新”

林光华

一、可说之道与不可说之道

《老子》中关于道的最重要的文本是第一章、第二十五章与第四十二章，此三章也最难解，其中第一章尤为重要，因为它奠定了《老子》的问题意识，提出了“不可道”之道。什么是可道之道，什么是不可道之道，如何理解不可道之道？这是整个《老子》的核心问题。为便于分析，这里把《老子》第一章分为五句：

道可道，非常道；

名可名，非常名。

无名天地之始，有名万物之母。

故常无欲，以观其妙；常有欲，以观其徼。

此两者同出而异名，同谓之玄，玄之又玄，众妙之门。①

“道可道，非常道”，即道可以说，但可说的道不是“常道”。毫无疑问，老子重视的是那个不可说的“常道”。“常道”，帛书本作“恒道”，汉代“避孝文帝刘恒讳，改‘恒’字为‘常’”②。帛书“恒”处对应的简本作“亘”。李零认为“亘”就是“恒”字③。《甲骨文字诂林》曰：“象回环之形。”④ 从其字形来看，“亘”与水之回旋的姿态有关。《说文》曰：“亘，求回也，……古文回，象回字形，上下所求物也。”段注曰：“回者，转也。《易》‘屯’卦曰‘盘桓’，‘桓’意当作‘回’，‘盘’意当作‘般’，舟之旋曰‘般’。”⑤ 可见，“亘”与舟、水有关，是对舟在水中上下、左右摇荡的写照。《说文》曰：“恒，常也。从心舟，在二之间上下，心以舟施，恒也。‘亘’，古文恒，从月。”⑥ 可见，“亘”与“恒”写法不同，但都与月、舟有关。段注曰：“谓往复遥远而心以舟运旋。历久不变。”⑦ “历久不变”，是指这个动态的运行过程一直如此，而不是静止不动的意思。

---

① 王弼注、楼宇烈《老子道德经注校释》，北京中华书局 2008 年版，第 1 页。以下《老子》引文及王弼注皆出自此书，只在首次出现时注明章数，不另出注。

② 高明《帛书老子校注》，北京中华书局 1996 年版，第 221 页。

③ 李零《郭店楚简校读记》，北京大学出版社 2002 年版，第 4 页。

④ 于省吾主编《甲骨文字诂林》，第三册，北京中华书局 1996 年版，第 2223 页。

⑤ 许慎撰、段玉裁注《说文解字注》，上海古籍出版社 1981 年据经韵楼藏本影印，第 681 页。

⑥ 许慎撰、段玉裁注《说文解字注》，上海古籍出版社 1981 年据经韵楼藏本影印，第 681 页。

⑦ 许慎撰、段玉裁注《说文解字注》，上海古籍出版社 1981 年据经韵楼藏本影印，第 681 页。

“恒”字有“变动”之意，与“亘”吻合。《诗经·小雅》曰：“如月之恒，如日之升”。郑笺：“恒，弦升出也，……月上弦而就盈，日始出而就明。”① “恒”本指月亮上升而逐渐呈现为“盈”的状态，相反则呈现为“亏”的状态，这意味着事物在盈、亏之间的变动，与前文讲的“亘”的意思也相通。可见，“恒”含有“变动”之意，这从通行本的“常”字很难看出，“恒道”的重要特征在于既“长久”又“变动”，恒道是“变动”中的“长久”。

如何理解“恒道”之不可说？该章第二句随即给出了提示：从命名的角度来看，“恒道”对应的是“恒名”，此“名”也就是第三句中的“无名”。二十一章曰：“其名不去，以阅众甫。”王弼注：“无名，则是其名也。”“恒道”是一个名称，名称只是个方便说法。“恒道”不能用语言去命名，因为有语言处就有人这个主体，所说之物是人这个主体的“对象”，而“恒道”在人之先，它原本不是人的“对象”。

第三、四句都是从两面来说两个不同的道，“无名”、“无欲”对应的是“恒道”，“有名”、“有欲”对应的是“道”。“恒道”不可说而“道”可说，这个“道”是人产生之后要效法的对象，是自然之法则，即二十五章所说的“人法地，地法天，天法道”的“道”。“恒道”与“道”不是对立的关系，这就是第五句要总结的，二者同出，两相结合，这才是宇宙万物的奥妙所在。

其中第三句“故常无欲，以观其妙；常有欲，以观其徼”是根据帛书本断句。但句意上有很多疑问，需要先厘定。此句推敲起来最为费解：“无欲”观尚可理解，为什么还要作“有欲”观？王弼注：“故常无欲空虚，可以观其始物之妙。……欲之所本，适道而后济。

① 阮元校刻《十三经注疏》，北京中华书局1980年影印世界书局阮刻缩印本，第412页。

故常有欲，可以观其终物之徼也。”王弼似乎也看到了“有欲”观的难解，所以将“欲”系于“道”，将“有欲”释为本乎“道”的欲，即观道之如何使万物归终，这其实是把“有欲”扭转成“无欲”，不是很有说服力。东晋孙盛已提出质疑：“旧说及王弼解，妙谓始，徼谓终也。夫观始要终，睹始知著，达人之鉴也。既以欲澄神，昭其妙始，则自斯以已，宜悉镇之，何以复须有欲得其终乎？”高明指出：“老子主张虚柔静观，无为无欲，‘常有欲’则背其旨，焉能观物之边际或归止？”① 严灵峰也指出：“老子以致虚守静以观万物反复，而‘有欲’则不虚静矣；又岂可‘观徼’乎！”② 因此，他自“无”、“有”处断句。

敦煌三本与唐景龙本作“常无，欲观其妙；常有，欲观其徼”，王安石以来采取此种断句的人很多，但多是受《庄子·天下》“建之以常无有”句的影响，视“常无有”为“常无”、“常有”的合并③。但常无、常有的主语毕竟是人，人是发出“观”这个动作的主体，什么叫人常有、常无，还是要归到人的心灵状态上去说。“常无”就是常无欲，“常有”就是常有欲，还不如帛书本从“无欲”、“有欲”处断句更直接。严灵峰是把“无”、“有”作为人观照道的两个角度，在义理上是成立的，自无观，观道之妙，自有观，观道之徼。但问题是，把“无”、“有”作为一种观照角度主要是庄子的思想，在《老子》中并不明显。《老子》中，“无”、“有”单独出现时是独立的概念，譬如“天下万物生于有，有生于无”（四十章）。“无”与一个

---

① 高明《帛书老子校注》，第226页。

② 严灵峰《老子达解》，台北华正书局2008年版，第11页。

③ 如钱基博《读〈庄子·天下篇〉疏记》，高亨《〈庄子·天下篇〉笺证》，见张丰乾主编《庄子天下篇注疏四种》，北京华夏出版社2009年版，第126、208页。

动词连用是《老子》中更为常见的，如“无知”、“无为”、“无忧”、“无欲”等。其中“无欲”另有四处：“常使民无知无欲”（三章）、“常无欲，可名于小”（三十四章）、“夫亦将无欲”（三十七章）、“我无欲而民自朴”（五十七章）。所以，在第一章中自“无欲”断句应更符合老子的用词习惯，“有欲”、“无欲”相对而出，也符合上文“无名”与“有名”相对而出的书写风格。

《说文》曰：“观，谛视也”，段注曰：“审谛之视也。《谷梁传》曰‘常事曰视，非常曰观。’”① 首先，老子之“观”不是一般意义上的观看，而是审慎地、专注地观，是一种洞察。前面的“无欲”也就是王弼说的“空虚”之意，即没有明确目的、没有太多主观意志。“有欲”所观的内容是“徼”。帛书本作“所噭”，高明认为“噭”即“徼”，从蒋锡昌作“求”讲②。但前面的“其”从前句代指“道”，道法自然，道是无求的，所以此讲法不通。敦煌本“徼”作“皦”，意思是“光明”，朱谦之认为此与上文“妙”字对文，但是“妙”在这里含有“开始”的意思，不如河上公、王弼释“徼”为“归”③、“归终”更为恰当。事实上，“噭”与“徼”、“皦”是同音字，在意思上应有共通之处，因有“求”而“显”，“显”到极处则“归”，三个字的含义并不矛盾。

由此再来看“无欲”、“有欲”，会发现，这里的“欲”并不是一般所认为的“贪欲”④（*greed*）之意，而是“意欲”（*will*）、意向（*intention*）之意，即“想要达到某种目的”⑤。“欲”在这里不是名词，而是取“想要”之意的动名词，因此是中性的。此与《礼记·

---

① 段玉裁《说文解字注》，第408页。

② 高明《帛书老子校注》，第226页。

③ 河上公著、王卡点校《老子道德经河上公章句》，北京中华书局1993年版，第2页。

④ 段玉裁《说文解字注》，第411页。

⑤ 张永言主编《古汉语字典》，成都巴蜀书社2003年版，第768页。

乐记》的“感于物而动，性之欲也”① 之“欲”（动念）、《论语·为政》的“从心所欲，不逾矩”② 之“欲”（欲求）更为接近。也就是说，“欲”在这里并不都是贬义词，而是中性词。所以该句可理解为：无意无执，来洞察道创生万物的微妙；有意有执，来洞察在道的作用下万物的归趣。

综上所述，老子用可说、不可说来描述道的两种不同状态，用无欲、有欲描述观道的两种心灵状态。“不可说”是指无法直接定义。不可说的是“恒道”，“恒道”在空间上是“至大”，在时间上是“恒久”，它没有一个实心作为立足点让人去把握，因而“不可说”。但“可说、不可说”这样的描述框架在今天的语境下比较含混，“不可说”尤其容易让人误解为神秘主义。因而笔者援引两个现代哲学词汇——“非对象化”与“对象化”来加以限定。《老子》第二十五章、第四十二章同样蕴涵着这两个不同层面的道，一并列举如下：

章节＼道	非对象化的道	对象化的道
第一章	道可道，非常道；名可名，非常名。无名天地之始，有名万物之母。	故常无欲，以观其妙；常有欲，以观其徼。
第二十五章	有物混成，先天地生，寂兮寥兮，独立不改，周行而不殆，可以为天下母。吾不知其名，字之曰道，强为之名曰大。大曰逝，逝曰远，远曰反。故道大，天大，地大，王亦大。域中有四大，	而王居其一焉。人法地，地法天，天法道，道法自然。
第四十二章	道生	一，一生二，二生三，三生万物。万物负阴而抱阳，冲气以为和。

① 阮元校刻《十三经注疏》，第1527页。

② 程树德《论语集释》，北京中华书局1990年版，第76页。

第二十五章之所以从“而王居其一焉”断开，是因为主体人出现了，这时候原初天地人道合一的混沌之“域”就产生变化了，变得有区别、有区分了。但这并非是贬义，只有这样，人才能法那个对象之“道”，或者说，“道”才能作为自然的法则被掌握，使人生活得更好。但是，如果没有原初之“域”，就没有这个可效之“法”。“域”是非对象化的“恒道”，“法则”是对象化的“道”。

第四十二章之所以从第一个“一”处断，因为“一”代指可说之“道”，同第三十九章所说的“天得一以清”的“一”。不能说“道”生“道”，所以开头的“道”字应指“恒道”，“道生一”，即不可说的“恒道”对象化为可说的“道”①，也即进入语言的领域中。在语言领域中的对象化之“道”，被给予的基本含义是宇宙本原，本原之道即“一”、“一”产生了“二”，“二”即“天地”（或“阴阳”），“三”即“天地人”（或“阴气、阳气与和气”），“三生万物”即人参赞天地，天地人共同创生万物。因此，从“道生”二字之后，一、二、三、万物，都是对象化世界的事。这一章一般被解释为“宇宙论”或“宇宙生成论”，其实只是表面看来如此。一、

① “道生一，一生二”的结构类似于周敦颐《太极图说》中的“无极而太极。太极动而生阳，动极而静，静而生阴，静极复动。一动一静，互为其根。分阴分阳，两仪立焉。”“道生一”即“恒道生道”，在结构上相当于“无极而太极”。为什么不直接说“道生万物”或“太极生阴阳”呢？因为“恒道”与“无极”都是没有自性的，没有实体意义上的独立性，只是用来说明“道”与“太极”的特性：道不是一般的规律，而是恒道，太极不是一般的源头，而是无极。从而强调后面的“二”与“一”，“一”与“道”之间不是割裂的，而是逐渐实现、从隐到显（从非对象到对象）的关系。生完了，道没有消失，而是进入了物中。因此，无论将“二”对象化为“天地”还是“阴阳二气”，都不能忽视这种原本的关联。对周敦颐“无极”的解释，参见张祥龙《拒秦兴汉和应对佛教的儒家哲学》，广西师范大学出版社 2012 年版，第 271 ~ 274 页。

二、三作为数字并不是简单地代表宇宙创生的不同阶段，而是有深刻含义的。“一”代表混沌未分的状态，“二”、“三”代表宇宙生成的结构、方式，“二”是一个相交的结构，相交才能生，“三”是一个稳定的结构，稳定才能持续地生下去。如果仅仅是为了表达宇宙论，老子为什么不直接说“道生万物”呢？这里“一、二、三”的深意在于：第一，表明生成的结构、方式或原理；第二，表明道与万物（包括人）的关系，恒道显示为可说的道，道分为二，二分为三，三生万物，因此万物中皆含道。这正好印证了第一章所说的“常无欲，以观其妙；常有欲，以观其徼”，通过万物的始、终能观道，如果物中无道，如何能自物观道呢？这一道物关系在老子这里已经奠定，只是到庄子的“（道）在屎溺”（《知北游》）[①]、王弼的“在方而法方，在圆而法圆”（第二十五章注）才显题化。

尽管非对象化的道不可说，但人有说道的冲动与本能，有定义道的需要。那就要看从什么角度去说，角度不同，所说的道也不同，其哲理特征也有差异。具体来说，可以分为三个角度，概括如下：

道 角度	含义	喻体	现代表述	哲理特征
自道言道	自然	橐籥	宇宙整体自生自化的运行特征	非对象化
自人言道	朴	婴儿	至真至朴的理想人性	对象化—非对象化—对象化
自物言道	根	玄牝	万物生成的根源与根据	对象化

从道的角度说，道即“道法自然”（二十五章）之“自然”。河上公注：“道性自然”[②]，道的本性是自然，即本来如此，它是活泼泼

① 郭象注、成玄英疏《南华真经注疏》，北京中华书局1998年版，第429页。

② 王卡点校《老子道德经河上公章句》，第103页。

的宇宙整体生命，按照自己的方式运作不息，这种原本的运行状态是最“自然”，最长久的，因此值得人效法。如叶维廉所描述的，自然是“物我、物物互参互补互认互显的圆融世界”①，在这个世界中，物我不分。此种自然的运行机制可以用第五章的“橐龠”来表示。“虚而不屈，动而愈出”，比喻自然之虚空无为与变动不居的特质。人就在这自然的大化运行之中，无法去说清楚它所沉浸其中的境域，而只是自然而然地与万物一道运行。但人能感受到大道，要将其描述出来，就需要另一番工夫了。

从人的角度说，道即“道常无名，朴虽小”（三十二章）之“朴”，也即第十章“载营魄抱一，能无离乎？专气致柔，能婴儿乎？”中婴儿的特性。老子之所以用问句，说明他深知人很容易离开至朴之性，因此也才有“复归”之说。朴是理想的人性。人由至朴的本性开显出的情境可以称为“道境”，它本身是非对象化的，当人站出来追忆它、描绘它时，它才成为“对象”。人通常会经历一个“闻道——为道——体道——悟道——离道——言道”的精神历程，从哲理特征上说，即从“对象化”（闻道、为道）到“非对象化”（体道、悟道）再到“对象化”（言道）的过程。当然，前一个“对象化”的“对象”是模糊的，是自我感觉，后一个“对象化”的“对象”是经历了与道合一的体悟而更加清晰，具有真实性、客观性的对象。

对象化的道可知、可识、可得、可失、可修、可为、可守、可法、可用、可循。这就是《老子》中所谓“道冲而用之”（四章）、“执古之道”、“惟道是从”（二十一章）、“人法地，地法天，天法道”、“朴（按：即道）散则为器，圣人用之则为官长”（二十八

① 叶维廉《我们今天为什么要讲道家精神》，见《比较文学与世界文学》2005年第2辑，第504页。

章)、“以道佐人主者”(三十章)、“道常无名，朴虽小，天下莫能臣也”、“大道泛兮，其可左右。万物恃之而生而不辞”(三十四章)、“上士闻道，勤而行之”(四十一章)、“为道日损”(四十八章)以及“古之善为道者”(六十五章)等所表达的“道”，此“道”与动词相连，是人之对象，指导着人的生活，其作用当然也很重要。

非对象化的道则不可知、不可识、不可说，“迎之不见其首，随之不见其后”(十四章)。所幸，《老子》第十五章、第二十章提供了了解此道的线索。第十五章曰：“善为士者”(按：帛书作“善为道者”)深不可识，言下之意，他所体的道本身也是深不可识的，故有“豫兮若冬涉川，犹兮若畏四邻，俨兮其若容，涣兮若冰之将释，敦兮其若朴，旷兮其若谷，混兮其若浊”的特殊体会，这种如履薄冰的心情，不是因为对某个确定对象的“怕”，而是对某个不确定东西的“畏”，对环绕着自己的这份未发之情势的敬畏、好奇与探险。这章显然是借为道之人的体会来显示道本身的特征。第二十章曰：“众人熙熙，如享太牢，如春登台。我独泊兮其未兆，如婴儿之未孩。儽儽兮若无所归。众人皆有余，而我独若遗。我愚人之心也哉！沌沌兮！俗人昭昭，我独昏昏；俗人察察，我独闷闷。”如果说前一章是人对道境的模糊感受，这一章则可看作达到此道的现实条件。只有在现实中超越俗人的视野、胸襟，不惜以另类的姿态出现，才能领略这“不笑不足以为道”的境界。非对象化之道是让人神往的，也是最难达到的。正如苏轼所说“不识庐山真面目，只缘身在此山中”(《题西林壁》)，亦如禅诗“尽日寻春不见春，芒鞋踏遍陇头云。归来笑拈梅花嗅，春在枝头已十分”(《宋女尼悟道诗》)所隐喻的，寻春如同骑驴找驴，终不知驴。不去寻春，则春光自现，因为春不是对象。道就相当于“庐山真面目”和“春已十分”的境界。

从物的角度说，道即“玄牝之门，是谓天地根”(六章)的“根”，即“根源”。“玄牝”是个比喻，比喻万物所从来处，也即万物的母体。与“有名万物之母”、“可以为天下母”的“母”是相通的，它既是生者，也是养者。“根源”与“根由”、“根据”不同：“根源”重在“来源”（*origin*），“根由”重在“原因”（*cause*），“根据”重在“依据”，即一物“之所以然”的“根基”（*basis*），老子侧重的是“根源”意。这几个词在当代表述中常常被混用。“母”、“根”的用法与含义与“宗”或“主”又有所不同。老子说道“似万物之宗”（四章），而不“是”万物之宗。老子强调道“衣养万物而不为主”（三十四章），所以道不能直接说成是“主”。这是因为“宗”和“主”在字面上有控制、宰制的意味，显得有为。此道是可说的，是确定的，因此是对象化的，但它不是实体。

二、道的当代诠释反思

古代老子诠释系统除了魏晋之后受佛教的影响，不涉及其他外来视野，总体上是在中国传统内部进行的。这一诠释传统尤其重视老子的非对象化之道，以王弼为代表，其将道诠释为“无”，“无”可以说是非对象化特征的最极致的表达。当代本土学者的诠释多受英美分析哲学、欧陆哲学等西方思潮的影响，各有侧重，形态多样，老子的问题意识反而淡化了。本文将侧重于对象化之道的诠释类型称为“对象化诠释”，侧重于非对象化之道的诠释类型称为“非对象化诠释”，二者兼有或不作区分的诠释类型称为“混合型诠释”。

道的当代诠释分类表①：

---

① 本表受启于刘笑敢先生《“反向格义”与中国哲学研究的困境——以老子之道的诠释为例》，《中国哲学与文化》第一辑，广西师范大学出版社2007年版，第10～36页。与其分类不同，选取的个案代表也有所不同。

个案 类型	学者	代表作	对道的诠释	时间
对象化诠释	吕振羽	《中国政治思想史》	创造宇宙、统治宇宙的最高主宰	1955
	严灵峰	《老子达解》	“绝对”之体	1971
	张松如	《老子校读》	物质世界的实体；宇宙本体； 普遍规律	1979
	古　棣	《老子通》	独立于人之外并创造万物的绝对精神	1991
	冯友兰	《中国哲学史新编》	万物的共相	1992
	侯外庐	《中国思想史》	超自然的绝对体	1992
	劳思光	《中国哲学史》	形而上之实体；泛指规律	1993
混合型诠释	方东美	《生生之德》	道体、道用、道相、道征	1964
	陈　康	《老子哲学中“道”之意义》	（静义）本源、贮藏之所、楷式；（动义）生；长；反复之历程	1964
	唐君毅	《中国哲学原论》	贯通异理之道、道体、道相、德、生活之道、心境人格状态之道	1973
	傅伟勋	《老子的概念“道”》	道体、道原、道理、道用、道德、道术	1973
	刘福增	《老子哲学新论》	道说、道路、道理、准则	1987
	袁保新	《老子哲学之诠释与重建》	价值世界的形而上基础	1991
	王　博	《老子思想的史官特色》	本原、言说、法则	1993
	林语堂	《老子的智慧》	道之德、道之训、道之体、力量之源、生活准则	1994
	杨儒宾	《先秦道家“道”的观念的发展》	形而上实体的道、心灵修养之道、自然的规律或法则、同德之道、应物之道	1999
	刘笑敢	《老子古今》	总根据与总根源	2006
	陈鼓应	《老子注译及评介》（修订增补本）	实存意义的道；规律性的道；生活准则的道	2009
	赖贤宗	《道家诠释学》	本源的道；我们能够与本源的道构成关系的道	2010
	杨　义	《老子还原》	宇宙的本体、宇宙发生的动力、落实下来的生命过程	2011

续表

类型\个案	学者	代表作	对道的诠释	时间
非对象化诠释	牟宗三	《中国哲学十九讲》	主观心境修养证成的“境界”	1986
	张祥龙	《海德格尔思想与中国天道》	构成性的境域；生存的顶极形态	1996
	王庆节	《解释学、海德格尔与儒道今释》	恒道（带有某种神秘性的、天地万物的生生不息、死而复生的自然过程）	2004

“对象化诠释”的特点是直接套用或间接使用西方传统形而上学的概念来解释道，这一类是当代老子诠释早期的特征，而具有拓宽视野的积极意义，但其弱点是很难摆脱西方传统形而上学的二元分立思维的影响，容易割裂道、物的关系；“混合型诠释”的特点是对道进行分类解释，全面、稳妥，但其弱点是对不同层面的道之间的关系阐述得不够清楚，没有从根本上解决二元分立的问题，譬如形而上之道究竟是如何“落实”到形而下层面的，形而上、形而下之间仍然是隔的；“非对象化诠释”的特点是多受西方当代哲学以及佛教哲学的影响，大多是研究现象学及海德格尔哲学出身，他们不再用实体化、二元论、认识论、形而上学的思路方法来诠释道，而是注重道在人的实际生活经验中的开显，重视对非对象化之道的诠释，重新回到老子的问题意识上去。其中牟宗三对道家的境界论诠释有开山之功①，王庆节的分析也很有见地，而张祥龙的诠释最为系统，最具代表性。所以这里以张祥龙的诠释为案例。

张祥龙是研究海德格尔出身，有比较哲学的方法与视野。他认为海德格尔与老子的内在相通之处正在于海德格尔前期的“缘在”（*Dasein*，又译为“此在”）、后期的“缘构发生”（*Ereignis*，又译为

① 详见拙文《论牟宗三对老子之道的诠释》，见《哲学与文化》2010年第5期，第129～146页。

"本有"）与老子之道都具有非对象化、非现成性的特性。他将老子之道诠释为"终极处境中的构成之道"①、"生存的顶极形态"②，简言之，道是一种构成性的"境域"，既不是客观对象，也不是主观境界。"境域"具有两个根本特点，一是"构成"（*constitution*），二是"生存"（*existence*）。

"构成"即非现成的、不可对象化把握、总在生成之中的意思。类似《庄子·齐物论》中说的"葆光"，"注焉而不满，酌焉而不竭，而不知其所由来"③。张祥龙用的"构成"一词来自德文*Konstitution*，与之相对的是"现成者"（*Vorhanden*），即"某种可以被非境域地（*non-contextually*）把持的对象"④，如理念、实体、本质、形式等。他认为，"任何'存在'从根本上都与境域中的'生成'、'生活'、'体验'或'构成'不可分离"⑤，因此人的认知过程"必然要涉及那些模糊的、晕圈状的，处于一与多、有与无之间的'边缘域'（*Horizont*）"⑥。

老子之道体现了这种模糊的"边缘域"，它打破了一切现成的、对象化的存在，其重要根据之一是第四十章"反者，道之动；弱者，

---

① 张祥龙《海德格尔思想与中国天道——终极视域的开启与融合》，北京三联书店1997年版，第281页。

② 张祥龙《海德格尔思想与中国天道——终极视域的开启与融合》，北京三联书店1997年版，第296页。

③ 郭象注、成玄英疏《南华真经注疏》，第46页。

④ 张祥龙《中华古学与现象学》，济南山东友谊出版社2008年版，第159页。

⑤ 张祥龙《中华古学与现象学》，济南山东友谊出版社2008年版，第159页。

⑥ 张祥龙《中华古学与现象学》，济南山东友谊出版社2008年版，第160页。

道之用”。张祥龙认为：“‘反’首先是对根本的无常局面的认识，其次提示出适应于这种局面的对策，‘反’意味着绝不可依靠任何现成者，而总是在它们的反面和反复中看出道的动向”[1]，也就是说，道并不是一个不变的“实体”或“理念”，而是要通过不断的“反”来构成态势以显示自己。他说：

> “弱”、“柔”、“虚”、“静”、“冲”等等，是老子用来表示道的一组“无形大象”。它们透出的“妙”义是：在一切具体法则的终结处，并没有更高级的存在者和法则，而只能是一种“柔弱”到再无一丝一毫现成性可循的纯势态。[2]

他认为老子之道的柔、弱、虚、静等特点，决定了道不是一个现成可把握的对象。柔弱，所以能化；虚静，所以能动。老子曰：“致虚静，守静笃，万物并作，吾以观复”，张祥龙解释说：“真正的虚极和静笃必是一种壁立千仞的终极情境，其中一切都失去了现成存在性。”[3] 他看到的是“虚”所张开的态势和情境，是“险境”，也是“胜境”。他并没有忽略这句话的主语——“吾”，但并不将“虚静”仅仅理解为工夫修养所达到的心灵之静，而是强调静的“切身”性，即不仅是心境上的宁静，还包括“吾”所处的实际情境和态势。

“境域”的第二个根本特性——“生存”，其本质是“时间性”(*Zeitlichkeit*)。“时间性”意味着实际生活中最深层的非对象化、非现成的情绪状态和根本处境，如海德格尔说的“操心”、“畏”、“闲谈”、“语言”、“将来”、“向死存在”等概念所揭示的特性那样。张祥龙认为老子有着深度的生存关切，其玄妙的思想既是超越又是蕴藏于活生生的生存实际中的，这体现在《老子》中丰富的人生现象，

---

① 张祥龙《海德格尔思想与中国天道》，第281～282页。

② 张祥龙《海德格尔思想与中国天道》，第282页。

③ 张祥龙《海德格尔思想与中国天道》，第282页。

如“母、赤子、屋室、器皿、舟舆、天地、仓廪、弓矢、小径、大道、山谷、水流、江海、鸡犬……”① 这些现象在老子的思想中既非形而上也非形而下的，而是被作为原本就包含终极体会的人生实际加以思考和描绘的。他说：

> 老子思想的特点在于直接关注生存本身的问题，不管它指社稷的存亡，还是指个人的生存。而且，更关键地，他不再将人与国的生存视为一种现成目的，可以通过某种外在的手段（富足、节信、尚同、礼仪、伦常、法术等等）维持住。对于他，生存或生命有它自身的构成机制和视域。②

言下之意，道并非一个固定的、具体的法则或规律，却又有它自身的规定性，这规定性并非来自外在的神明或内在的良知，而来自于“生存”本身。道“既非原则，亦非另一个更高级的实体世界，而就是这个人生世界的顶极形态、自然形态”③。

因此，道作为“构成着的生存境域”，意味着它是“一个事先的、在那儿给你准备好的这么一个态势，一个意义的态势、意义的可能；……它已经有了某种趋向，但是这个趋向在很大程度上还没有特化（按：特殊化、对象化）。这就是所谓的 *horizon*（视域）的意义。”④ 正是这个不确定的“视域”或“游戏空间”、“自由空间”使一切意义的生成成为可能。这与牟宗三所引的“地带”一词是同源的。“境域”思想确实与老子之道有相通之处，道的“非常名”、“不自生”（七章）、在“帝之先”（四章）以及“惚兮恍兮”（二十一章）、“视之不见”、“听之不闻”、“迎之不见其首，随之不见其后”

---

① 张祥龙《海德格尔思想与中国天道》，第 293 页。
② 张祥龙《海德格尔思想与中国天道》，第 294 页。
③ 张祥龙《海德格尔思想与中国天道》，第 298 页。
④ 张祥龙《中华古学与现象学》，第 220 页。

的特性在此视野下可以得到一个义理上的解释。

张祥龙这一非对象化的诠释，贡献在于在当代再次将《老子》诠释的重心带回到“非对象化的道”上，接续了韩非子、河上公、王弼的非对象诠释脉络，直面《老子》的显题。但他的诠释亦有局限，一是他过多地受胡塞尔“构成性”思想尤其是海德格尔的境域发生思想的影响，重视意义构成的方式，而忽略了老子之“生”主要是就宇宙创生而言，而不是就人生普遍的“意义”之生成而言。老子之道确实有构成性的一面，但同时也有实在的一面，即作为宇宙创生之“母”虽然不是“实体”，但确实实际存在、先在，而不是随机构成的。如何在道的虚与实的双向特征中取得平衡、获得一个准确的描述，还有待商榷。二是其援引的海德格尔的生存论思想是否适合《老子》还是个问题。老子有对人类生命的普遍关怀，譬如反战思想，但对个体生命的实际生存状况是不关注的，譬如人的不安、困顿、恐惧、自由、梦境、自我等，这些都是到了庄子才成为显题。海德格尔的生存论分析虽然是普遍性的分析，但是建立在个体生命的实际生存状态之上的，是通过“此在”（*Dasein*）来说“存在”（*Sein*），相当于从“个体生命”来展现“道”。这与老子的思路是不同的，在老子这里，至多可以说“道”是“个体生命”能体会的、修习的，而不能说“道”是从个体的实际生存感受中提炼出来的。一个是自天言人，一个是自人言天。

三、子学之“新”：诠释的还元

《老子》是先秦子学的经典之一，基于上文对《老子》的解读，以下尝试提出一些方法论上的思考。首先，诠释何以成为今天的一个问题？伽达默尔说：“只有当再没有强有力的传统把人们的立场吸引到它自身之中，只有当人们发现自己同一种他从不属于或者他根本不能不加疑问地接受的陌生传统相遇时，才会清楚地显现出解释学问题。”① 这正切中了当代中国哲学研究的现实问题：传统文化的陌生和对西学涌进的焦虑。诠释虽然在中国古代的注疏系统中已经存在，譬如王弼对老子的诠释，郭象对庄子的诠释，但在当代无疑更加突出。因为，它提示了一种面对经典的新的方法、新的态度。本文认为，子学之“新”首先就应该新在方法上。

其次，诠释的目的是什么？伽达默尔说：“解释学的出发点是构筑桥梁，在过去中重新发现最好的东西。”② 我们也可以说，当代子学研究的方法论原则正是要回到元典，重新发现那些最根本的东西。但这不是历史意义上的僵硬的还原，而是诠释学意义上对“元典”之“元意”的还原。为了将二者区分开来，本文将它称为“诠释的还元”。这一方法既不是单一的历史考证的方法，也不是放开尺度任意读解，而是用严苛的态度，严谨地进入“思”本身，用自觉的生命经验进入元典，发掘其最根本的、最好的东西，还元典以元气、正气。

诠释的还元是建立在“前理解”上的与文本的对话，这一对话调动的是一个人的全部生命信息、生存经验、知识结构、人格个性、时代背景甚至学术信仰等。它们以一种严格的方式而不是任意的方式介入经典解读之中，与经典实现最终的“融合”，旧东西没有抛弃，新思想自然出来。诠释的还元，不是回到历史意义上的“元典”，而是回到哲学意义上的“元典”。具体说，它回到的是“元典”的“元意”，而不是“原意”。通过诠释，元，不是西方“元语言”意义上

① 汉斯·格奥尔格·伽达默尔著，夏镇平、宋建平译《哲学解释学》，上海译文出版社2004年版，第46页。

② 伽达默尔《哲学解释学》，第27页。

的“元”，而是《周易·乾卦》“元亨利贞”意义上的“元”。《彖》曰：“大哉乾元，万物资始，乃统天。”①“元”是“始”的意思，万物资始本身就是伟大的，是原初生命力的爆发，意味着未来无限的可能性，并且为这样的未来预备好了正能量。“始”作为开端本身就含有“正”的意思，“正”才能“统天”。所以“元”与后面的“利”、“亨”、“贞”一样都是褒义词。“元典”是至大中正之典籍，是后世思想的源头活水。元典是一个民族文化最“开始”、最“正宗”的东西，是一个民族的思维方式的奠基，它具备与当代人的生命经验相碰撞、相融合并息息相关的基因而能常温常新，经得起历史的考验。

但是，当代老子诠释还远远没有放开，在诠释的路上还走得不深、不远，其中一个重要的原因是：原意焦虑，即建立在“前见”上的“视域融合”能否回到古人的“原意”。这种“原意焦虑”需要先从理论上面对、解决，诠释才能更有效地进行。

首先，“原意”不是静态、客观、现成地存在在那里，等着后人穿越历史回到那个特定的历史阶段、特定的人身上去“取来”的东西，而是在后人与之不断的“谈话”中活着、由谈话者参与而揭示出的“共同意义”。伽达默尔说：“这种有意义的东西本身就是可以理解的，并且作为这种可理解的东西，它本身不会促使人回到他人的主观性中去。诠释学的任务即是阐明这种理解的奇迹，理解并不是一种充满神秘感的灵魂的分享，而是对共同意义的参与活动。”②因此，以对象化的方式去求取“原意”无异于刻舟求剑，它遗忘了时间性，在时间的河流中，改变的不仅是我们这些解读者，元典本身也在改

① 李修平撰、潘雨廷点校《周易集解纂疏》，北京中华书局2004年版，第35～36页。

② 汉斯·格奥尔格·伽达默尔著，洪汉鼎译《真理与方法》（II），北京商务印书馆2010年版，第71页。

变，这不仅是版本流变和注释传统意义的改变，而是“意思”、“意义”的改变。伽达默尔说：“认为我们可以置身于时代精神之中，以该时代的概念和观念而不是以自己的概念和观念来思考，并以此达到历史客观性，这只不过是历史主义天真的前提。”① 时间，也不应该被粗糙地切分成过去、现在，而是应该看作我们理解一切文本的基础。我们不是跨越漫长的时间界面去抵达封存在过去的某个文本的意思，而是站在此刻生存时间的点上迎接经过历史的自动淘洗而漂流到我们手里的生命。

“一切人类生命由之生存的以及以传统形式而存在于那里的过去视域，总是已经处于运动之中。”② 回到绝对的“原意”毋宁说是一种刻舟求剑式的一相情愿的理想性诉求。这也庄子批评六经皆“糟粕”、王弼一扫汉代注经方法的真正用意所在。当代老子研究中的原意焦虑，除了受历史主义思维的影响，可能也受到科技思维的“客观性”诉求的影响，这一点在西方是诠释学史早期的特征，“施莱尔马赫以及他之后的19世纪科学由于超出了这种调解古典文化和基督教的‘特殊性’，并以一种形式的普遍性看待诠释学任务，于是成功地确立了诠释学与自然科学的客观性理想的一致性。”③ 海德格尔所做的正是通过“诠释学循环”和“生存论论证”扭转了这一“客观性”的取向，伽达默尔继承了海德格尔的取向，并且更加注重“理解”这一活动本身的特性，从而开出了他的诠释学方法。

伽达默尔对“原意”问题不是没有思考过，他说：“我们为了理

① 汉斯·格奥尔格·伽达默尔著，洪汉鼎译《真理与方法》（II），北京商务印书馆2010年版，第78页。

② 伽达默尔《真理与方法》（I），北京商务印书馆2010年版，第430页。

③ 汉斯·格奥尔格·伽达默尔著，洪汉鼎译《真理与方法》（II），北京商务印书馆2010年版，第414页。

解某个他物而必须把自身置于这个他物中，似乎成了一个合理的诠释学要求。然而，我们可以追问，这样一种说法是否也表明我们无法达到我们所要求的理解呢?”① 我们进入古人，进入所谓的“原意”，本身就是一个无法达到的理想性要求。这一要求反而容易束缚“理解”活动的进行，成为人们不去深入“理解”文本或客观看待他人之“理解”的借口。真正的问题在于，理解的本质是一种双向度的“谈话”，而不是单向度的“求取”。我们面对的是一个等待“谈话”的活文本，而不是博物馆橱窗里的文物。伽达默尔把它称为“传承物”，非常生动、准确，它是被“传”到我们手中的，在“传”的过程中被不断激活也不断丰富。伽达默尔这一认识根植于他对“世界”概念的认识，他认为：“世界从来就不是某个混沌初开的世界，而是不断地遗留给我们的世界。”② 这是个非常深刻的见地。今天我们所看到的一切，都是一代一代、一人一人“不断地遗留”给我们的，都有他们影子的叠加，正如我们每个人的身上有父母、祖父母、曾祖父母等留下的各种外貌、性格痕迹一样。因此，文本无法在时间上被断裂为过去与现在、历史与当下。我们解读文本，表面上是回到那个时代那个人，实际上是带着我们这个时代这个人的信息密码进入的。所以，“视域融合”不仅是不可避免的，而且是符合理解活动本身的客观要求的。

其次，原意焦虑所担心的“前见”，并不是那么容易就能进入到我们所解读的文本中去的。前见的实际内容和能起到的实际作用都是不确定的、非现成的，而是由其与其所遇到的对象共同决定的。“前见”是随机调动起来的，并且有自组织能力。调动起哪些东西、如

① 汉斯·格奥尔格·伽达默尔著，洪汉鼎译《真理与方法》(II)，北京商务印书馆2010年版，第428页。

② 伽达默尔《真理与方法》(II)，第633页。

何组织它们以构成我们“理解”的桥梁，都不是单向主观决定的，而是由我们与我们所面对的文本的谈话过程来共同决定的。如伽达默尔说：“占据解释者意识的前见（*Vorurteile*）和前见解（*Vormeinungen*），并不是解释者自身可以自由支配的。”① 与文本对谈的过程是当下的、随机的、不由其中任何一方控制。我们也无法事先确认“前见”中哪些会阻碍我们的谈话，哪些会成为最终的共同意义。谈话，意味着双方相互渗透、相互吸引，既有我又忘我，既投入又知道自己在投入，从而达到最大限度的融合。可以说，解读元典是严肃而严谨，艰难而充满挑战的事，是全部生命经验、知识积累、至真性情的调动，是“心有戚戚焉”的相互感染与感动。当然，这个过程不是一下子就能完成的，而是要经过“诠释学循环”来最终达到，在循环往复的理解中，偏见被剔除出去。这个循环在本质上就“既不是主观的，又不是客观的，而是把理解活动描述为传承者的运动和解释者的运动的一种内在相互作用（*Ineinanderspiel*）”②。人在其中并不是扮演一个主宰的角色，甚至不是主动的，伽达默尔对此有生动的描述：

> 谁想理解一个本文，谁就准备让文本告诉他什么。因此，一个受过诠释学训练的意识从一开始就必须对文本的另一种存在有敏感。但是，这样一种敏感既不假定事物的“中立性”，又不假定自我消解，而是包含对我们自己的前见解和前见的有意识同化。我们必须认识我们自己的先入之见（*Voreingenommenheit*），使得本文可以表现自身在其另一种存在中，并因而有可能去肯定它实际的真理以反对我们自

---

① 伽达默尔《真理与方法》（I），第418页。

② 伽达默尔《真理与方法》（I），第415页。

己的前见解。[①]

文本不是静态的、无生命的存在，而是“另一种存在”。这“另一种存在”意味着它在向我的敞开中存在，在彼此相融的“境域”里，才有真理的自行展开。这时，文本在向我们说话，我们的角色只是聆听，它不是中立的，也不是被动的，而是主动的诉说者，当然它需要引发它诉说的研究者或解读者的存在。所以，一个好的研究者与解读者也需要具备聆听的“敏感”，诱发文本以其自身的方式展现，唯此，我们才是最适当的聆听者，这时的解读者既不是没有前见，也不是消解了自身的主观因素，而是保持着最充分的敞开性，让文本中的真理走向人，人同时也迎向它，二者达成真正的“融合”。伽达默尔说：“一个文本可以开始说话。然而，当它真的开始说话的时候，它并非简单地说它的语词，那种总是相同的、无生命的、僵死的语词，相反，它总是对向它询问的人给出新的答案，并向回答它问题的人提出新的问题。”[②] 这种基于理解、出于理解、达到更深理解的双向问答才是诠释的本质所在，这样的诠释也才是合理的。

最后，诠释过程中的“前见”并不必然带来误读，如何让“前见”更好地发挥作用，这取决于解释者的能力与自律。伽达默尔说：

> 在这种循环中包藏着最原始认识的一种积极的可能性。当然，这种可能性只有在如下情况下才能得到真实理解，这就是解释（*Auslegung*）理解到它的首要的经常的和最终的任务是不让向来就有的前有（*Vorhabe*）、前见（*Vorsicht*）和前把握（*Vorgriff*）以偶发奇想和流俗之见的方式出现，而是从事情本身出发处理这些前有、前见和前把握，从而确

---

① 伽达默尔《真理与方法》(I)，第382页。

② 伽达默尔《哲学解释学》，第58～59页。

保论题的科学性。①

如何避免“前见”以偶发奇想和流俗之见的方式出现，这就是能力的问题，能力不同，诠释的结果不同，达到的诠释境界也不同。

综上所述，“原意焦虑”必须放下，“理解”才能真正开始，“新子学”也才能“兴”起来。“原意”意识应该作为诠释中的自省与自律，而不必成为诠释中的负担和阻碍。

2012年4月，华东师范大学先秦诸子研究中心举办“先秦诸子暨《子藏》学术研讨会”，会上提出了“全面复兴诸子学”的口号②，方勇先生作《“新子学”构想》一文，阐述了其纲领性的想法，这对子学的复兴无疑是具有感召意义的。子学之“新”体现在很多方面，本文认为研究方法上的“新”是当代“兴”子学的关键，这意味着因各种原因歪曲已久的文本将再一次开始向我们说话。我们要在与先哲的对话、质询、问答甚至博弈中才能达成真正的“理解”，完成“诠释的还元”。方勇先生说：“站在‘新子学’的立场上来看，迷失在西学丛林里难以自拔的自由主义既不可取，一味沉溺于‘以中国解释中国’的保守思维同样不足为训。”（《“新子学”构想》）诠释的还元，因为面向“元典”而能避免“迷失”，因为双向“对话”而能避免“保守”，是值得继续探索的。

（作者单位：中国人民大学国学院）

---

① 伽达默尔《真理与方法》(I)，第378页。

② 方勇《“新子学”构想》，《光明日报》2012年10月22日，第14版。

“新子学”与当代人的生活幸福
——以《老子》之“身”为例

江　峰

“新子学”命题的提出，对阐发、开新、活化中国传统多元文化极具价值意义。一是可以激发诸子之学的活性因素，使之在新的时代语境之下，能够转换新的文化生存形式，形成新的文化存在形态，增生新的文化发展能量；二是可以弘扬诸子之学的文化精神，从文化本根上促成中国人的文化自觉、自信与自尊，以振兴中华民族，实现美好的“中国梦”；三是可以传承诸子之学的思维模式，在一定程度上消减“五四”以来传统文化断层的负面影响，并凭借诸子之学的良性思维促进中华民族文化生产力的提高，维系全球性的文化生态平衡。

“新子学”何以昌盛？我认为，其中一个关键之处就是要在新的时代语境下，推动诸子之学与当代人现实生活的有机契合，使之能够从文化深层有效地导引当代人的幸福生活。所谓生活幸福，一般来说，是指人们在社会生活中所感受到的一种舒适、愉悦、和谐而又稳定的情感状态。在当今社会的现实语境下，人们的生活幸福在物质基础、精神载体、话语系统、价值取向、表达符号、艺术形态、文化元素、生态环境等内容与形式的诸多方面，都较过去时代的人们发生了翻天覆地的变化。然而，无论人们的生活幸福在内容与形式上如何变化，都不可能抽离出主体灵肉相合的人本之"身"而孤立地存在。这就充分显示，生活幸福所依所托的人本之"身"，作为生活幸福的必然要素，具有不可替代的本体意义。正因如此，先秦诸子百家都特别注重立足于人本之"身"的生命本位来探讨幸福。如杨朱就从人本之"身"出发寻求在世的幸福，强调贵"身"，认为对于自己的身体，哪怕是一根毫毛，都要悉心呵护，不可损伤，以至于不拔一毛而利天下。这些基于人本之"身"的幸福思想，都有益于丰富当代人生活幸福的致思路向，增添当代人生活幸福的文化元素。

那么，《老子》作为中国传统文化的深根，其中又有哪些关于生活幸福的思想意蕴？实际上，《老子》的生活幸福思想极其丰富，这可以通过其多个原点得以敞亮，尤其是在《老子》关于人本之"身"的话语系统中，寄予了诸多生活幸福的寓意，体现出生命本位的鲜明特色。《老子》之"道"本就必然地内隐着生活幸福之道，生活幸福之道则通过人本之"身"而映现《老子》之"道"。不过，对于《老子》人本之"身"的生活幸福意蕴，自来少有人专门探究。本文力图从《老子》之"身"的四个主要方面，即终"身"说、退"身"说、观"身"说、无"身"说出发，推究、揭示其对于当代人生活幸福的价值意义，以期有利于探索当代人生活幸福的常道、法式、体验与境界。

一、《老子》终"身"说与当代人契合宇宙天地的生活幸福之道

意象幽深高远的《老子》可谓烛照无限，它通观宇宙天地万物，极力透亮"大道"枢机，引导人们"致虚极，守静笃"，矢志不移地

追寻“大道”，不断超升于“虚无妙境”，诚心诚意地守静，努力趋向于智慧的极点。它启示人们：只有在心灵虚静之下，在高远清明之境，才能获得大智大慧，体察到万物孕育、生长、死亡这样生生不息、周而复始的奥秘与妙窍。萋萋而生天地之间的芸芸众生，其个体的人本之“身”，即是一个融合于宇宙天地的生命结点，一个可以呈现意义世界的神秘符号，一个灵魂与肉体相互依凭的实体存在，因而其何以幸福存世，必定也蕴涵着无限的本原奥秘与妙窍。《老子》为人们开示了诸多人生的至理常道，而其终“身”说，更是直接意指世人如何得以“殁身不殆”、“没身不殆”、终“身”不勤、“无遗身殃”等，推究的正是一条人本之“身”长久于宇宙天地之间的生活幸福之“道”。其隐含着这样的意义：只有与宇宙天地相契相合，遵循这种终“身”说的至理常道，才能获得存世的生活幸福。《老子》此说可具体地理解为：

第一，“复命”“知常”而“殁身不殆”。老子曰：“夫物芸芸，各复归其根。归根曰静，是曰复命，复命曰常，知常曰明。”（《老子》十六章）纷纭变化的万物，最终都要回归于生命的根源。万物回归到自己的生命根源，就可归于纯静，回复到真我的自然本性。而只有回复到真我的自然本性，才能“知常”而明智，体悟到宇宙的永恒法则，明辨“真我”与“假我”，从而顺应常道，获得长久的生活幸福，做到“殁身不殆”而终其“身”。又曰：“不知常，妄作，凶。”（同上）当今一些人不能解悟宇宙真正的永恒法则，也就是“不知常”，往往容易轻举妄动，任意行事，结果就极有可能给自己带来凶险，招来祸殃。而如此无知“妄作”，又何谈生活幸福呢？

第二，“复守其母”而“没身不殆”。老子曰：“天下有始，以为天下母。既得其母，以知其子。既知其子，复守其母。没身不殆。”（《老子》五十二章）天地万物都有作为“开始”的本源，这就是“道”。“道”创生了天地万物，因而它就是天地万物之母。而如果知道了天地万物是“道”之所生，就应该知道“道”为母而万物为子，“道”为体而万物为用，懂得契合宇宙天地之“道”，秉守而不失去它。一个人若能做到“复守其母”，那么，即使他陷入危险之境，也不会感到不安和恐惧，而能够悠然、安详地享受到终“身”的生活幸福，因为他已复归于大“道”怀中了。然而当今一些人往往只知作为其“子”的物、我，总以自我为中心对待一切，对作为其“母”的“道”不能正确地去认知、去体悟，因此常常背“道”而驰，使自身陷入存世的各种困扰与烦忧之中，这样又怎能获得生活幸福呢？

第三，塞“兑”闭“门”而终“身”不勤。老子曰：“塞其兑，闭其门，终身不勤；开其兑，济其事，终身不救。”（《老子》五十二章）这真可谓《老子》寓意生活幸福的警世箴言。人都有“欲望之口”、“六贼之门”，即眼、耳、鼻、舌、身、意，一个人要使自身契合于宇宙天地之“道”，使“精、气、神”与其所依托的自然肉“身”和谐平衡而不外驰，获得生活幸福以至终“身”，就必须注意闭塞住自身的“欲望之口”、“六贼之门”。若能做到这样，他就会终其一生受用不尽，不必通过劳心费力的勤苦，就可以契合宇宙天地之“道”，获得无限的生活幸福了。反之，如果他不知道闭塞住这声色货利之门，而争名逐利于滚滚红尘之中，那么，就如老子所说：“五色令人目盲；五音令人耳聋；五味令人口爽；驰骋畋猎，令人心发狂；难得之货，令人行妨。”（《老子》十二章）他也就终生不可救药，更不用说因循宇宙天地之“道”，获得长久的生活幸福了。

第四，“复归”“习常”而“无遗身殃”。如果说“复命”“知常”突出的是从本根上回归到大“道”之母怀抱的话，那么“复归”“习常”强调的则是在动态中向大“道”之母的怀抱趋赴的过程。老子曰：“见小曰明，守柔曰强。用其光，复归其明，无遗身殃，是为习常。”（《老子》五十二章）那些能够洞察精小细微事物的人，必定是心地明静的人；那些能够通透和恪守柔弱法则的人，必定是真正强胜的人。因此，当今人们生存于世间，不仅要重视“知常”，善于通过自身光明的心性去体悟宇宙与人生的真谛，去反思和寻求生活幸福之“道”，更重要的是还要懂得习“常”，善于契合宇宙天地之“道”，将生活幸福的常道贯穿到现实生活之中，做到终“身”按照宇宙自然的法则行事，这样才能避免世间的人为祸患，获得生活幸福，而趋于长生久视。

二、《老子》退“身”说与当代人实现存世价值的生活幸福法式

从《老子》来看，世人契合宇宙天地之“道”，不仅要做到知“常”、“习常”，还要善于“用常”。老子所谓“常德不离，复归于婴儿。”（《老子》二十八章）即是说那些持守着永恒的美好德性的人，因为善于“知其雄，守其雌”，一如穿绕于崇山峻岭下的溪流，自处其下，反而能为众流所归。这样的人，就好像回归到了婴儿状态，“身”本天然，纯真无邪；老子所谓“常德不忒，复归于无极”（同上），即是说那些真正心地光明的人，因为善于“知其白，守其黑”，反而看起来就像昏昧无知的傻子。这样的人，具有包容广大的内在涵养，又能和众人打成一片，丝毫没有自傲自大的表现，完全回复到了无计无识、浑然忘我的本原状态；老子所谓“常德乃足，复归于朴”（同上），即是说，那些真正荣光的人，因为善于“知其荣，守其辱”，反而能够守持“低下贱卑之道”，这样的人，就好比幽深的山谷可以虚受一切，其德性充盈自在，又如山中尚未雕琢的木材，呈现出真实与敦朴。由此体察老子所论及的这些“用常”之法，即可感受到，老子存世理念的一个重要特征，就是强调“退”而复归。

其退“身”说正是这样，告诫世人，应善于“用常”，“退”而复归，在创造生活幸福的路途，在自身系统的内外境域，寻求各种宜时适机、合乎“常道”的生存法式，以充分实现自身的存世价值，获得无限的生活幸福。《老子》退“身”说所及生活幸福的法式，主要包括：不可“以身轻天下”，要退而重其“身”根；不可“富贵而骄”，要功遂“身”退；不可先“身”而居，要后身以身先等。

第一，退“身”守本而正处尊位。老子曰：“重为轻根，静为躁君。”（《老子》二十六章）这就是说，稳重原为轻浮的根基，清静本是躁动的主宰，“是以君子终日行，不离辎重。虽有荣观，燕处超然”。（同上）“君子”在终日的行藏之间，应保持自心的稳重清静，而不可有轻浮之心；不管其身份何等荣贵，生活何等华美，都要安然柔和，超然处世，而不可有纷扰之心。由此，也就能够安稳、宁静地感验到基于自“身”本根的无限的生活幸福。老子由此告诫人们：“奈何万乘之主，而以身轻天下？轻则失根，躁则失君。”（同上）一些拥有万辆兵车的大国君王，为什么不为人们所拥戴，而失去自“身”的本有尊位，为天下所轻呢？其中一个根本的原因，就是由于他们不知以自身的修持为重，而轻浮妄动于声色货利之间，失去“身”之本根，其身份自然就轻了，其自取灭亡也就由此而开始了，丧失本有的尊位也就是必然的了。而本有的尊位既已丧失，他们长久的生活幸福又从何而来？人生苦短，而当今许多人追名逐利，轻浮躁动，失去了“身”之本根，忽略了“人”是目的，因而在世一途，却未能细细地咀嚼、玩味、品尝到真正的生活幸福。可见，因顺与借用宇宙天地之“道”，去掉一切轻浮躁动之气，退“身”守本而正处尊位，理当是当今人们实现自身存世价值，获得长久生活幸福的退“身”法式。

第二，功遂“身”退而应合天道。老子还从如何因应“天之道”来引导人们实现自身的存世价值，获得生活幸福：“持而盈之，不如其已。揣而锐之，不可常保。金玉满堂，莫之能守。富贵而骄，自遗其咎。功遂身退，天之道。”（《老子》九章）这就是说，做人应该懂得进退的分寸，知道凡事不可自夸自大，而要适可而止。那些过于自信自满的人，往往就如元精满盈，自溢而出，得不偿失。因此自视其高，还不如居下自制来得安谧恬适。自恃才智聪明而且锋芒毕露的人，不可能受人爱戴与拥护，反而会招人嫉妒与排斥；金玉虽然珍贵，却是身外之物，那些富有之人，即使金玉堆积满堂，一旦生命临终，也不可能将其带走。所以世人应懂得调适身心、修炼性命，珍惜自我身中金玉，蓄养“性命之真常”，这样才能与天道相契相合。富贵之人如果能破除骄傲自满的心态，他人也就必定会以谦恭之心予以礼敬。倘若贪恋富贵，又骄傲自得，势必会使人嫉妒反目，这就是自取祸殃的开始。“知止可以不殆”（《老子》三十二章），做人做事只有知道适可而止，懂得功遂“身”退，才能契合天道，消除种种危险与祸患，从而获得终身的幸福吉祥。可见，功遂“身”退而应合天道，也应该是当今人们实现自身存世价值，获得长久生活幸福的退“身”法式。

第三，后“身”外“身”而退重其“身”。老子曰：“天长地久，天地所以能长且久者，以其不自生，故能长生。”（《老子》七章）“天地”为什么能够这么长久？这是由于“天地”不自己生长自己，而生长万物。正是因为它不为自己，而为万物，所以它能长生久远。“是以，圣人后其身而身先，外其身而身存，以其无私，故能成其私。”（同上）圣人明白这个道理，所以善于效法天地的处事方式。他虽将自身置之于人后，但他的灵性反而在人之上；他虽将自身置之于度外，但他的真元却长久存在；他没有私心，也不以自己的私心行事，但反而成就了自身的伟大，受人敬仰，能够达到自己的意愿。老子在这里可谓进行了一种基于宇宙天地与人生至理的宏阔、深刻而又辩证的理性反思。由此可以推论，当今的人们行为处事，就是要懂得除去私心，将他人他事置于自身自事之前，这样反能成人成事，实现自身的存世价值，获得更多的生活幸福。否则，为人处事一味从自身出发，以自我为中心，就会适得其反。老子又曰："江海所以能为百谷王者，以其善下之，故能为百谷王。"（《老子》六十六章）江河湖海之所以能成为百川众流之王，就是因为它们善于处在低下之地，能够广纳百川众流。在老子看来，德行高尚的圣人具备江河湖海般的胸怀，因而对民众言语谦下，而能高居万民之上；将自身置于民众之后，而能统领万民。他的地位虽然在民众之上，但是人民并不感到他的压迫；他处理天下大事，民众也不感到个人的私利受到妨害。所以天下的人都乐于推举他、拥戴他。正是由于圣人从不与人相争，因此天下没有人能够胜过他。老子鲜活的辩证妙论，使人感悟到：要实现自身的存世价值，获得长久生活幸福，就要善于处下而不争，把握退而重其"身"这一智慧的生存法式。

三、《老子》观"身"说与当代人保持德福一致的生活幸福体验

生活幸福作为人们在现实生活中的一种自我情感体验，总是与人们的德性修养紧密关联的。康德基于人的自由意志，强调德福一致，突出了超脱于人本之"身"的感性束缚的幸福。他说："一个摆脱了感性束缚的自由意志总是可以对自己的道德行为所配得的幸福抱有合理的希望的。"① 在他看来，超脱于人本之"身"的感性束缚，就可

① 邓晓芒、赵林《西方哲学史》，高等教育出版社2009年版，第225页。

以获得具有自由意志的德性幸福。而新托马斯主义者、宗教哲学家雅克·马利坦则基于其宗教信仰，强调德福一致，重视精神幸福对于物质幸福的决定意义，突出了归顺神性的“人神融合”的幸福。他说：“人作为个体的物质幸福是以精神幸福为前提的。离开了精神的东西，离开了对神的归顺，个人的物质幸福就只是坏东西。”① 在他看来，未来理想的社会所追求的是个人精神的幸福而不是物质财富的普遍满足，“这个社会引导人们趋赴的不是创立尘世的幸福”，“而是一个超自然的目标：进入上帝的生命”。② 他把“人神融合”的社会称为“纯人的社会”，只有在这里，每个人的灵魂才能享受到“真福”，由此他召唤人们以在世的容忍换取超世的幸福。然而，与他们不同的是，老子基于人本之“身”的生命本位，强调德福一致，重视以“物”观“身”，以“身”观“身”，即以他物观照自我之“身”，以自我之“身”观照他人之“身”的幸福体验，突出了自我身心修持的德性幸福。具体地，《老子》观“身”说可理解为：

第一，以“物”观“身”而不辱不殆。老子从人本之“身”出发，追问说：“名与身孰亲？身与货孰多？得与亡孰病？”（《老子》四十四章）声名与人“身”比较起来，哪一样更值得亲近呢？人“身”与货利比较起来，哪一样更值得重视呢？得到身外的声名，与失去真我永恒的生命，哪一样为害更大呢？这样，老子通过对声名、货利等身外之“物”与人本之“身”的得失存亡进行比较，自我反照，十分明确地突出了一种对于自我德性修持的幸福体验与价值偏好。其告诫说：“是故，甚爱必大费，多藏必厚亡。”（同上）那些贪

① ［法］雅克·马利坦《个人与公益》，载《现代美国哲学》，中国科学院哲学研究所西方哲学史组编，商务印书馆1963年版，第210页。

② ［法］雅克·马利坦《个人与公益》，载《现代美国哲学》，第404页。

爱物质名利，过分地要求满足欲望的人，必定要劳心费力，付出沉重的代价；那些贪财癖物，喜好藏珍积宝的人，必定是藏积得越多，越有可能招人嫉妒怨恨而身遭横祸。老子由此以人本之“身”的生命为本位，进一步推论说：“知足不辱，知止不殆，可以长久。”（同上）知足而不贪求的人，其身心自然会无忧无虑，这样就能远离羞耻、侮辱；知道适可而止的人，其生命就不会面临各种凶险危害，这样就能做到长生久安，获得无限的生活幸福。当今许多人，正是过于争名夺利，不知适可而止，巧取豪夺，贪得无厌，因而常常自取其辱，招惹祸殃。比如，有的庸医缺乏医德，不能救死扶伤，只知敛财癖物，甚至失去人性，逾越道德底线，为了钱财把病人开肠剖肚，晾在手术台上，结果遭到了世人的唾弃，这样他也就永难体验到真正的生活幸福了。可见，《老子》以“物”观“身”启示了世人：只有超越一切物性贪念的束缚，以自我身心的德性修持为基础，在知足、知止的良好生存心态下，才能充分体验到那种长久的生活幸福。

第二，以“身”观“身”而体知真德。如果说以“物”观“身”是以身外之“物”为参照，体验人本之“身”的德性幸福的话，那么以“身”观“身”则是以他者之“身”为参照，体验自我之“身”的德性幸福。老子透过宇宙天地而反思说：“善建者不拔，善抱者不脱，子孙以祭祀不缀。”（《老子》五十四章）天地之间，有形的东西最终总是要消失，而“道德”则是能长久地存在，不容动摇的。这是为什么呢？因为它无形地内化于众人心中，众心如手挽手一样联合起来，就能使这种“道德”抱成一团，而不会离散松脱。这样的“道德”，可以说，没有什么力量能够肢解消散它了。因此，那些高德的圣人去世后，仍有社稷宗庙为子孙万代祭祀，其德行可谓相传不绝。而“道德”起于人心，化于人心，“修之于身，其德乃真”（《老子》五十四章），圣人正是注重自身的修养，所以他的德行才如此完善，他的心中也就充盈着真正永恒的幸福。老子由此引导人们，以“身”观“身”，即以人为镜，反观自照，以自我的身心体验，去观照别人的一切作为，就可以复归于自心自性，体知世间真正的德行，感受到永恒的生活幸福。当今许多人正是由于不能做到以“身”观“身”，通过自我的身心去体验真正的德行，因而总是执著于那些俗世的癖欲而不能放牧其心、“大其心”，这样必定很难有效调适自身的幸福心念，体验到永恒的生活幸福。可见，《老子》以“身”观“身”，就是以他者之“身”反照自“身”，它启示世人：只有使自我的身心体知到真正的德行，自觉地调适自我的幸福心念，才能充分体验到长久的生活幸福。

四、《老子》无“身”说与当代人超脱自我困扰的生活幸福境界

生活幸福作为人们生存于世所趋向的一种理想状态，在人类思想史上往往以人本之“身”为主轴，构成了各种不同的意义境界。德谟克利特从人本之“身”出发，肯定的是一种基于民主与自由的生活幸福境界，他说：“在一种民主制度中受贫穷，也比在专制统治下享受所谓幸福好，正如自由比受奴役好一样。”① 亚里士多德从人本之“身”出发，憧憬的是一种理性的生活幸福境界，他说：“对于人，符合于理性的生活就是最好的和最愉快的，因为理性比任何其他的东西更加是人。因此这种生活也是最幸福的。”② 叔本华从人本之

① 《古希腊罗马哲学》，北京大学哲学系外国哲学史教研室编译，商务印书馆1961年版，第120页。

② 《古希腊罗马哲学》，第321页。

"身"出发，勾勒出的则是一种悲情主调下极乐安宁而无以企及的幸福之境。他认为，人生即苦难，幸福难得，而解脱苦难在于否定生存意志，实现"意志转向"："自愿完全禁欲，是苦行的第一步，也就是否定生存意志的第一步。它以这种方式否定了那种超出个人生命对意志的肯定，同时也以此宣告了：随着这个身体的生命的结束，身体所显露的意志即行消亡。"① 而只有实现"意志转向"，通过从事哲学，洗涤消除生存意志；通过从事艺术，达到主体与客体的交融，自我与对象的合一；通过禁欲、绝欲，达到"寂灭中的极乐"、"不可动摇的安宁"，才有可能趋于这种幸福之境。然而，与他们不同的是，老子则更多地侧重于从人本之"身"出发，以生命为本位，创构一种"无身"的生活幸福境界。具体而言，《老子》无"身"说可作如下理解：

第一，"无身"忘我而宠辱不惊。老子从人本之"身"出发，探究人们为何常常会有"宠辱若惊"的不良得失情态："何谓宠辱若惊？宠为下，得之若惊，失之若惊，是谓宠辱若惊。"（《老子》十三章）因为世人过于注重"宠爱"与"羞辱"的差别，所以一旦遇到外来的宠爱或者羞辱，就会感到惊慌失措，得到它也惊慌，失掉它也惊慌，这就叫做"宠辱若惊"。这种"宠辱若惊"的不良得失情态，常常会使人们陷入自我困扰之中而难以超脱，造成了其自我心理的杂乱烦忧，自我情感的庸俗卑下，自我人格的低级卑微，而其生活幸福境界更是显得虚无缥缈。如何消除这种"宠辱若惊"的不良得失情态，做到宠辱不惊，从而臻于美好的生活幸福之境呢？《老子》寓示，那就要做到"无身"而忘我。高尚的圣人对于宠辱得失之所以能采取超然的态度，就是因为他明了"宠辱若惊"的本质根因就在

① 《西方现代资产阶级哲学论著选辑》，商务印书馆1964年版，第14页。

于：人们太过看重自我之“身”以致使自我之“身”成为了一种精神的负累。因此，他追求“无身”而忘我，能够在精神上忘却自我之“身”，做到宠辱不惊，从而消除了由自我之“身”招致的种种祸患，进入了与“道”契合、无限美好的生活幸福之境。可见，当今的人们要实现存世的价值，获得长久的生活幸福，也需要效法圣人，“无身”而忘我。而一个人倘若能够如此，那么他在现实生活中，也就不会为了自我那些渺小卑微的荣辱得失，而过分地执著于学历、权力、职位、业绩、薪金之类，也可以做到宠辱不惊了。

第二，“无身”无累而无忧无患。人们生存于世，对于生活幸福的美好感受很大程度上都是被现实生活中这样那样的祸患意念所消解的。尤其在现代商业社会中，人们总是处于不断趋于冷淡的陌生人生活状态之中，各种祸患意念随时都可能轻而易举地摧毁掉其生活幸福。这正如黄集伟在《没有朋友》中引述的美国法学家弗里德曼对此所描述的那样：“当我们走在大街上，陌生人保护我们，如警察；或威胁我们，如罪犯。陌生人扑灭我们的火灾，陌生人教育我们的孩子，建设我们的房子，用我们的钱投资。陌生人在收音机、电视或报纸上告诉我们世界上的新闻。当我们乘坐公共汽车、火车或飞机旅行，我们的生命便掌握在陌生人手中。如果我们得病进医院，陌生人切开我们的身体，清洗我们，护理我们、杀死我们或者治愈我们。如果我们死了，陌生人将我们埋葬。我们燃烧着想要寻找一块坚固的地基与一个持久的最后据点，以期在这上面建立一座能上升到无穷的高塔。可是我们整个的基础破裂了，大地裂为深渊。”① 那么，人们的生活幸福为何常常会受到这样那样的祸患意念所消解呢？对此可能有多种答案，而老子则以生命为本位进行了深刻的反思，认为其根因就在于人们对于自我人本之“身”的过重担忧。换句话说，人本之

① 黄集伟《没有朋友》，《经济观察报》2002 年 11 月 25 日。

"身"实际上就是成就种种祸患的本原根由。"何谓贵大患若身？吾所以有大患者，为吾有身，及吾无身，吾有何患？"（《老子》十三章）人本之"身"为什么会成为祸患呢？因为人活在世上，便有生老病死。一个人倘若能在精神上忘记自我的存在，那他还有什么生老病死可以困扰的呢？既然能够"无身"进而在精神上避免了生老病死的困扰，那他也就不会有担忧祸患的种种苦恼了。有高尚德行的圣人与众不同之处，就在于他总是能够进入"无身"之境，所以他不会有由于自我之"身"所带来的任何物质与精神的负累，那些祸患得失对于他来说丝毫不起作用了。"故，贵以身为天下，若可寄天下；爱以身为天下，若可托天下。"（《老子》十三章）正是由于"无身"无累，所以他能够达到无忧无患的幸福之境。虽然得到尊贵荣耀，但是他并不把这当作自身所有。而认为自身的尊贵是天下人的尊贵，自身的荣耀是天下人的荣耀。他普爱天下，因而也就能托起天下。可见，当今的人们要实现存世的价值，获得长久的生活幸福，也需要效法圣人，努力趋于"无身"无累，这样也就可做到再烦也能想通，有理也能让人，有权也能低调，不富也能知足，以至无忧无患，而不断趋于长久的幸福之境了。

（作者单位：黄冈师范学院政法学院）

庄子学跃进“新子学”的变与不变
——符号解构、文本对话、隐喻创发之历程

（台湾）钱奕华

一、前言：儒道思维互转与互补

百家争鸣的诸子黄金时期，奠基了王官之学、诸子之学分途之流。“王道既微，诸侯力政，时君世主，好恶殊方”（《汉书·艺文志》）的时代背景下，百家相搏又相融，尤以孔、孟、老、庄，影响最巨。儒道二端，在同中有异、异中求同的态度下，杂糅了彼此相近的观点，“其言虽殊，譬犹水火，相灭亦相生也；仁之与义，敬之与和，相反而皆相成也”。（同上）

儒家与道家继承与总结了华夏民族长期发展中所累积起来的经验和智慧，《易》曰：“天下同归而殊途，一致而百虑。”儒道之间，有所长，有所短，所言有深省与否之别，所行有远近之殊途，虽途径不同，最终却在彼此的对立与补充中完成。儒家偏于人和社会（人与人），道家偏于人和自然（人与天），这两者的结合，即为华夏文化的本根或称道统，而诸子学则各领风骚，各具特色。

儒家在社会存在意义与发展空间上积极进取，在济世中求服务于

社会群体，以“命”看待所求，孔子说：“道之将行也与，命也，道之将废世与，命也。”（《论语·宪问》）孟子说：“若夫成功，则天也，君如彼何哉！强为善而已矣！”（《孟子·梁惠王下》）济世之使命感，是儒家在有限生命下发挥无限生存意义的不二法门。道家则是“一曲之士”，角色扮演上只作为“本根”上的“枝叶”，如同墨之“非儒”，是针对儒家“礼”的繁博而出，但在维护宗法、修习六艺上其实与儒家并无二致。儒家与其他诸子，基本上都有杂糅、有对立、有互补的关系。儒道间互转，可以从济世而转为遁世。孔子说：“天下有道则见，无道则隐。”（《论语·泰伯》）孟子说：“得志，泽加于民，不得志，修身见于世。穷则独善其身，达则兼善天下。”（《孟子·尽心上》）这种“无道则隐”、“独善其身”，都表现了孤清寂寞的遁世思维，更可与道家的“上善若水”、“功成身退，百姓皆谓我自然”遥相呼应，由儒入道，亦儒亦道，成为彼此思想互摄、互转的现象。

在百家簧鼓的先秦时代，庄子本身即具有融合各家的多元化思维，其门弟子各有所爱，各有所长，展现了庄子思想中各种不同的面貌。罗根泽《诸子考索》以《庄子》外杂篇为庄子后学所著而其思维则各如其面，因而分之为战国末年左派道家（骂圣人、骂仁义、骂礼乐）、汉初右派道家（与儒家有相当的妥协）、秦汉神仙家、庄子派、老派、道家杂俎、老庄混合派、道家隐逸派等①。而刘笑敢在《庄子哲学及其演变》中，则将庄子后学分为继承和阐发的述庄派、由超脱现实到抨击现实的无君派及由剽剥儒墨到融合儒法的黄老派三

① 罗根泽《庄子外杂篇探源》，《诸子考索》，人民出版社1958年版，第282~308页。而后关锋《庄子内篇译解和批判·庄子外杂篇初探》承此说，而修正为：外杂篇包括庄子后学、老子后学左派、杨朱派后学、宋钘、尹文派后学。北京中华书局1962年版，第319页。

类，可见不但儒墨分门，庄子之学亦众家齐鸣，簧鼓不已。

庄子本身的丰富及其后学者对其学说的进一步展开，引发荀子批评庄子“蔽于天而不知人”（《荀子·解蔽》）。实际上荀子本身亦有不合孔孟之言，他以“明天人之分，则可谓至人矣”（《荀子·天论》），还援用《庄子》的名物与概念，指出“万物各得其和以生，各得其养以成”（《天论》），这与庄子“天道运而无所积，故万物成”（《天道》）的观念十分相似。可见，庄子与儒家在先秦时期就已由碰撞、融合而形成互补互融的状态，而庄学的影响不仅在当世是横面地开展，因其学说本身的生命力，使得它在整个中国思想史上更是多元化地不断汇合各家的增生与展开，在与儒家对立又互补的学术格局中产生了更为多元的视界融合。

二、庄子学的变化轨迹模式

（一）符号解构

庄子之学，肇自西汉。诸子学当时的发展，先是一段隐而未显时期，学者将《庄子》文本中的词汇、意象、境界加以援用甚至误用，解构《庄子》本意而述以己意，是将《庄子》文中文字符号解构后，挥洒于散文、诗歌文字间。如司马氏父子善读《庄子》，《史记·太史公自序·论六家要指》谓：“精神专一，动合无形，赡足万物，其为术也，因阴阳之大顺，采儒墨之善，撮名法之要，与时迁移，应物变化，立俗施事，无法不宜，指约而易操，事小而功多。”加上史迁又以“然善属书离辞，指事类情，用剽剥儒墨，虽当世宿学不能自解免也。其言洸洋自恣以适己，故自王公大人不能器之”（《史记·老庄申韩列传》）评论庄子，揭示他与学界、政界之互动在于“不能自解免”、“不能器之”，从而勾勒出道家卓然不群之特质与神韵。

实际上两汉儒者已经有明显受庄子影响者，如淮南王刘安。《淮南子》一书中，处处可找出他引用庄子之语：

夫道也者，覆天载地，廓四方，斥八极。（《原道》）

夫所谓真人者，性合于道也。……形若槁木，心若死灰。（《精神训》）

以上所述，第一节与《大宗师》篇论道“生天生地”大意相同，第二节与《逍遥游》、《齐物论》篇描写是一样的，故其书颇能阐发庄子义。“谓之庄注，亦无不可也。”（黄锦鋐《庄子及其文学》）根据《文选》李善注，曾引汉代《庄子略要》及《庄子后解》两书，皆云为刘安所撰，惜今已不传，但由《淮南子》仍能见其儒、道之合流。

东汉时，在京师附近，亦有儒家学者尚老庄，扶风马融、班嗣即其显要者。马融为儒者，亦引老庄为言：

融既饥困，乃悔而叹息，谓其友人曰：古人有言，左手据天下之图，右手刎其喉，愚夫不为，所然者，生贵于天下也。今以曲俗咫尺之羞，灭无赀之躯，殆非老庄所谓也。（《后汉书·马融传》）

彷徨纵肆，旷漾敞罔，老庄之概也。温直扰毅，孔孟之方也。（马融《长笛赋》，《全汉文》卷十六）

班嗣则于《汉书·叙传》云：“嗣虽修儒学，然贵老严（即老庄，避明帝之讳）之术。”桓谭欲向嗣借老庄之书，却听一番嗣之老庄义理。可惜班嗣未留下长篇著作，故不见其学说之细节。

两汉赋家援用庄义者，如贾谊《吊屈原赋》、《鹏鸟赋》，班固《幽通赋》，张衡《归田赋》、《髑髅赋》，赵壹《刺世疾邪赋》等，都有化用《庄子》语词，援引庄子思想，举例如下：

袭九渊之神龙兮，沕深潜以自珍。（《吊屈原赋》）

其生若浮，其死若休，澹乎若深泉之静，泛乎若不系之舟。（《鹏鸟赋》）

恐魍魉之责景兮，羌未得其云已。（《幽通赋》）

超尘埃以遐逝，与世事乎长辞。（《归田赋》）

倾见髑髅，委于路旁。（《髑髅赋》）

舐痔结驷，正色徒行。（《刺世疾邪赋》）

两汉至魏晋，多是亦儒亦道思想，其抒情赋或述理赋引用庄子语词，反映的是“儒显而道隐”的文化现象，虽不显于朝而显于野。文人赋家在仕途受挫，生活失意时较接近老庄思想，注家之著述如刘安《庄子要略》、《庄子后解》，班固为《庄子》作章句，马融亦曾为《庄子》注音，皆已不传，但庄子的影响已然开端。

（二）文本对话

魏晋玄学名士各自风流的风度，简直是《庄子》之再现。他们不断在文本对话中各自表述，是正解？是误读？如东晋王坦之《废庄论》被评为：“在儒而非儒，非道而有道。”（《晋书·王湛传》）魏晋玄学名士风格中，都烙印着庄子神采，浸透了庄子精神，但本质上又非庄子。

在“知其不可奈何而安之若命”的时代，以何晏、王弼为首，主张名教与自然合，实则“何晏、王弼虽重《老》、《易》，亦仍不废庄子学，《论语集解》、《易》注，多阐庄子之学。”① 何晏、王弼在讨论争议“圣人有情”或“圣人无情”时，其思想的源头实为庄子，即“吾所谓无情者，言人之不以好恶内伤其身，常因自然而不益生也”。（《庄子·德充符》）无怪乎何劭《王弼传》说：“何晏以圣人

① 黄锦鋐《魏晋之庄学》，《庄子及其文学》，东大图书公司 1984 年再版，第 161 页。

无喜怒哀乐，其论甚精，钟会等正之。弼与不同，以为圣人茂于人者，神明也；同于人者，五情也。神明茂，故能体冲和以通无，五情同，故不能无哀乐以应物。然则圣人之情，应物而无累于物者也。”（《三国志·魏志·钟会传》注引）这种以圣人之情合于自然，发为名教，归为至理，从而体现名教出于自然，将情与理的关系作调和的思路，实是溯源自庄子的。

嵇康、阮籍则将名教与自然离，嵇康高唱“越名教而任自然”（《释弘论》），直呼“老子、庄周，吾之师也”，又自述“少家孤露，母兄见骄，不涉经学。又读老庄，重增其放”（嵇康《与山巨源绝交书》）。阮籍则云：“礼岂为我辈设也!”（《世说新语·任诞》）又有《达庄论》云：“彼六经之言，分处之教也；庄周之云，致意之辞也。”《达庄论》之价值正如徐丽霞在《阮籍研究》中所说：“逮阮籍《达庄论》一文出，‘庄子’二字乃得见诸笔墨也。……嗣宗之庄论洵魏晋庄学之关键，岂可等闲视邪?”① 阮籍在《大人先生传》中还援用《庄子》中的至人形象，其意象几可堪与《庄子》相媲美：“大人者，乃与造物同体，天地并生，逍遥浮世，与道俱成，今吾乃飘飖于天地之外，与造化为友，故至人无宅，天地为客；至人无主，天地为所；至人无事，天地为故。无是非之别，无善恶之异，故天下被其泽而万物所以炽也。”故钱穆《记魏晋玄学三宗》才会说道：“嵇阮意径，则宁与庄周尤近。”嵇、阮可谓是把庄子思想内化并完整呈现者。

至向秀、郭象，则以名教与自然同。向、郭为注《庄》名家，向秀有《庄子隐解》二十卷，郭象有《庄子注》三十三卷。向之解

---

① 见徐丽霞《阮籍研究》，《台北师范大学国文研究所集刊》1980 年 6 月第 24 期，第 91 页。

《庄》，其书已逸，不多做说明①。郭象认为，体现在圣人身上的名教与自然是一体之两面，一身之内外，同是“本性”的表现，同为“任性”的结果。他会通儒墨，一则在其“迹冥论”中，指出理想的圣人乃集“迹”“冥”于一身，能够为于无为，治于不治。而除此种将名教与自然兼容并蓄，以儒解庄外，又援引《中庸》“率性”之旨，以合《庄子》“因是”之义②。郭象注《逍遥游》篇谓：“夫小大虽殊，而放于自得之场，则物任其性，事称其能，各当其分，逍遥一也。”认为物的性分各有不同，然皆可以各安其性，各当其分，就是“逍遥”，斯即所谓“理有至分，物有定极，各足称事，其济一也”。这样的注解，实以《中庸》“率性”的工夫来证成《庄子》逍遥的境界。此外，郭象注《人间世》篇云：“任理之必然者，中庸之符全矣，斯接物之至者也。”“穷理”与《易传》所言“穷理尽性以至于命”相类。因此，注《庄》而多参用儒义，实为郭象《庄子注》之一大特色③。

儒道兼修，乃自汉以来皆如是。而至魏晋，郭象俨然已将孔子与庄子间的不同意见化合为一，成为儒与道之间合流之史迹。在庄学发展史上，郭象扮演了承先启后的关键角色，他打破庄学的沉寂，让庄学成为一门显学，但也树立了一个修正庄子的范例。透过郭象《庄子注》，历代学者聚讼纷纭，莫衷一是，争论何为庄子之真意，其声不绝于耳，亦凸显了“援儒以入庄”的价值性。不论何晏、王弼

---

① 后人多据《世说新语》，谓郭注窃自向秀，然世代辽远，传闻异词甚多，此处不详加讨论。

② 钱穆《庄老通辨》，谓郭象注《庄》，好言《中庸》字，又称“会合儒庄”，为当时风气所趋。三民书局 1991 年版。

③ 详见戴师景贤《庄子郭象注参用儒义之分析》，郭象注《庄》之旨虽与《中庸》、《易传》有异，然亦无碍其以参用儒义为特色。《高雄中山大学学报》1985 年 6 月第 2 期，第 19～28 页。

“援道入儒”以调合儒道，到郭象“援儒入道”而合二者为一，都可以看出“儒道合”之既似儒又非儒、既似道又非道的明显倾向①。

（三）隐喻创发

在文本对话的不断支离中，趋近宗教的西华法师成玄英，以道士之身份认庄子为仙人。他以道教徒的立场，抨击儒墨，贬抑仲尼，并吸收佛家，推举老庄，云：“玄儒理隔内外，道殊胜劣，而论不相及。”将老庄与孔子分成方内与方外两途②；道士司马桢在《坐忘论》中，即以庄子“坐忘”列入“学道之初，要须安坐，收心离境，任无所有，不著一物，自如虚无，心乃合道”。使得隋唐庄学呈现出道家与道教合一、兼容涵化的现象，也使得庄学展现出更多角度伸展的精神面貌，是为《庄子》文本外的隐喻创发③。

与儒家的对话，评骘者如司马光斥庄子为“佞人”，王安石又称庄子为“古之荒唐人”，叶适说庄学“小足以亡身，大足以亡天下”，二程曾斥庄子“游方之外”的说法是荒唐之论、“岂有此理”（《程氏遗弟》卷一）。但即使程颢曾说：“吾学虽有所授受，‘天理’二字都是自家体贴出来的。”（《外书》卷十二）力求与庄子划清界限，但吾人仍可由“天理”或“理”无疑是由《庄子·养生主》“依乎天理”；《刻意》“循天之理”、《天地》“顺之以天理”等篇中承接而

---

① 参见刘宗贤、谢祥皓《中国儒学》，四川人民出版社 1998 年第 2 版，第 381 页；侯外庐《中国思想通史》第三卷第六章第四节，人民出版社 1957 年版，第 252 页。

② 龚鹏程《成玄英〈庄子疏〉探论》，《鹅湖月刊》1991 年 7 月，第 193 页。

③ 李大华在《略论隋唐老庄学》中提出，隋唐老庄学的特点是通过道家与道教合一，兼容涵化式态，义理化归向、多向度舒展等精神风貌。见《道家文化研究》第一辑，上海古籍出版社 1992 年版。

来，得知程颢仍有承自庄子之思想。

其后转向援儒以入庄，苏东坡“阳挤阴助”论以“庄子盖助孔子者”，即庄子对孔子是“实予而文不予，阳挤而阴助之”（《庄子祠堂记》），直到王安石、王雱父子并爱《庄子》，安石著《庄周论》，王雱撰《南华真经新传》及《南华真经拾遗》，在其注中也表现欲调和孔庄之学的用心，其注云：“无为出有为，而无为之至则入神矣。夫圣人之动，待神之立，而动既极神，则固其全神，此尧之所以让天下也。”

王雱以为：“孔孟老庄之道，虽适时不同，而要其指归，则本于大道。”（《南华真经拾遗·杂说》）因此，他在注《庄》时，颇有调停儒、道思想的意味。

由上所述，宋儒吕惠卿、王雱诸注之“以儒解庄”，重在理论的调和，而林希逸《庄子口义》强调读《庄》有五难，必精于《语》、《孟》、《学》、《庸》等书，见理素定，又必知文字血脉，知禅宗解数，而后知其言意，更借由章段、字句的详解，以说明其相通处，如《逍遥游》云：

> 《逍遥游》言优游自在也。《论语》之门人形容夫子只一“乐”字，三百篇之形容人物，如《南有樛木》，《南山有台》曰：“乐只君子”亦止一“乐”字，此之所谓逍遥游，即《诗》与《论语》所谓“乐”也。

宋儒虽站在儒家的立场目庄子为异端，但对庄学却更能援儒以入庄，使两者相辅相成的关系更形密切。

明代虽对庄学褒贬各异，如杨慎《庄子阙误》评庄云：“庄子，愤世嫉邪之论也。人皆谓其非尧舜，罪汤武，毁孔子，不知庄子矣。庄子未尝非尧舜也，未尝毁孔子也，毁彼假孔子之道，而流为子夏氏之贱儒、子张氏之贱儒者也。”（《少室山房笔丛》卷二十七）但明代对《庄子》的解读与诠释，渐趋向于创发与独领风骚的情形，如焦竑认为，孔孟非不言“无”，只是将“无”寓于“有”；而老庄亦非不言“有”，以其见孔、孟之学局限于“有”，而通达者太少，因此庄子旨在补孔孟之不及，其目的则二者无异。如此，儒道之间即有相互印证处。

又如方以智《药地炮庄》是其晚年出家后所作，旨在说明以儒解庄的“托孤说”。“托孤说”认为：孔门弟子“子夏出田子方，子方出庄子，庄子乃为孔颜滴髓”（《一贯回答》），所以方氏称“庄子为孔门别传之孤，故神其迹托孤于老子耳”（《东西均·象环寤记》），“庄子虽称老子，而其学实不尽学老子”（《药地炮庄·天下》）。在方以智看来，庄子生当战国诸侯争霸之时，其时王权旁落，礼崩乐坏，世道交丧。“庄子叹世之溺于功利而疾心”，乃“为此无端崖之词厄之，寓之”（《向子期与郭子玄书》）。方以智引刘槩之语曰：“庄子欲复仲尼之道而非其时，遂高言以矫卑，复朴以绝华。沉浊不可庄语，故荒唐而曼衍。”（《药地炮庄·天下》）这是说，庄之为《庄》，是出于当时的形势而“不得已”，骨子里依然是尊重孔子和儒家六经的。

清代以考据证成庄子学，融入科考八股取士概念，是由义理之阐释过渡到字句之训诂，以印证《庄子》、解读《庄子》，如王夫之，宣颖、林云铭、傅山等。

王夫之《庄子解》、《庄子通》颇为著名，以其儒者之思，借《庄子》之学以阐发自己的想法，是以儒者之姿注释庄子的代表。船山有言：“况如子张者，高明而无实，故终身不仕，而一传之后，流为庄周。”直评庄子为：“庄生以意志测物，而不穷物理。”（《思问录外篇》）论学说为：“庄生之说皆可以通君子之道。”侯外庐评曰：

“敢于把老、庄、法相诸书、六经同时注解，皆属深求与裁类。”① 他能“因而通之”，指出“庄子时为儒家之流裔，就其学术渊源而言，乃归本于圣人六经之教；就其传授之系统而言，则为子张是之儒。”②可谓是融合六经与庄学之儒者。

宣颖著《南华经解》，极力将孔、庄、儒、道结合在一起，认为“向使庄子之才而亲炙孔子，其领悟当不在颜子下”，却由于“圣人没，微言绝，百家并噪，无异禽鸟斗鸣，庄子于是不能自禁而发为高论”，将“圣人不轻示者示之”，因此“《庄子》之书与《中庸》相表里”（《南华经解·序》），而“窃谓孔子之绝四也，颜子之乐也，孟子之浩然也，庄子之逍遥也，皆心学也。”（《南华经解·逍遥游注》）

林云铭《庄子因》虽提出以庄解庄③，实则其会通儒道之义甚为明显，云：“庄子另是一种学问，与老子同而异，与孔子异而同。今人把庄子与老子看做一样，与孔子看做两样，此大过也。”他又明白指出异同之处：“老子所谓长生久视，则同而异也；孔子所谓未知生焉知死，则异而同也。”

傅山推崇老庄，常以老庄之徒自命，注《庄子批注》。由其言“老夫学老庄者也”（《书张维遇志状后》）、“吾师庄先生”（《杂著二·傅史》）、“吾漆园家学”（《王二弥先生遗稿序》）等，可见其对庄子的尊重程度。傅山的子学思想是“经子不分”，他不仅深入研究

---

① 见侯外庐《中国思想史》第五卷《中国早期启蒙思想史》，人民出版社 1956 年版，第 45 页。

② 见林文彬《王船山庄子解研究》，台北师范大学国文研究所硕士学位论文，1986 年 5 月，第 138 页。

③ 林云铭《庄子因·庄子杂说》：“庄子为解不一，或以老解、或以儒解、或以禅解，究竟牵强无当，不如还以庄子解之。”台北广文书局 1968 年版。

庄子、老子、管子、墨子、公孙龙子、淮南子等诸子之学，并且提出经子不分、学术平等的观念，其《霜江龛集》卷三八云：“经子之争亦末矣，只因儒者知六经之名，遂以为子不如经之尊。”①

纵观庄学发展史，从先秦到隋唐的庄学都是以“义理”为主流，以“标音”和“训诂”为支流，至南宋林希逸《庄子口义》、褚伯秀《庄子注》、刘辰翁《南华真经点校》，渐以文学为重点。明罗勉道《庄子循本》、陆长庚《南华副墨》已开始对庄子文章结构和为文之法加以注意。林云铭《庄子因》是文学解庄的代表作，书前有《庄子总论》、《庄子杂说》，总论庄子散文的宗旨、真伪与读法，注文也以说明庄子文章的艺术技巧为主，借由欣赏奇文如见其人入手，再由文寄托处见出庄子之真精神之所在，还他一个真正的原貌。林云铭尝试指导读者阅读《庄子》的视角，运用如观贝、观地理、读五经与传奇法来解析庄子，更指出光凭以上方法阅读，对穷尽庄子之深义仍有所不足，在议论发挥处更需要有合盘打算法与进一步法的逻辑思维。

影响所及，宣颖《南华经解》前有《解庄小言》，能总论庄子散文艺术技巧，关于段落分析与写作技巧亦多所发挥，是为又一承先而启后之作。此外，像吴世尚《庄子解》、胡文英《庄子独见》、张坦《南华评注》、刘凤苞《南华雪心编》在发挥庄子的文法、风格、写作技巧各方面，都受到林云铭、宣颖的影响而有所发挥，更为重视读者学习方法。胡文英《读庄针度》就说得更明白，读庄不能只在文学层次上读，而“要须拨开枝叶，方见本根”，“本根”就是庄子要阐述的深刻道理。庄子用文学手法敷衍成篇，其中“层层翻迭，笔笔盘旋”，字句多变，格局不同，“前段如烟雨迷离，龙变虎跃，后

---

① 见魏宗禹《傅山哲学中的老庄思想》，《道家文化研究》第五辑，上海古籍出版社 1994 年版，第 291 ~ 302 页。

如风清月朗，梧竹萧疏”，但是读庄不能局限于文理，更要深入到义理，“读《庄子》须是穷理”，“若不能穷理，以心相印，徒恃聪明偶到之处，横为剿截，只是解者肚里明白，作者肚里倒不明白了。”

由文以载道，讲求方法，说出凡例，提出理论，都是以读者为视角的方法，成为解庄理论化的特色。

三、跃进新子学的不变价值

诚如太史公所云，庄子“其学无所不窥”，“其言洸洋自恣以适己”。庄子“寓言十九、重言十七、卮言日出”的论证方式，导致了其思想不易确解，同时也给诠释者留下了多种理解的天然契机，使其精神薪尽火传，逾越千年，表现出亘古而常新的力度。《庄子》本文的多义性，实为后代诠释者最有利的发挥空间。

任何时代的思想家，通过《庄子》一书来理解和阐释庄子时，随着自身知识结构（成见）、历史性（Historicality）的文化传承，自会产生与众不同的解释，注释者和作者之间，因历史距离而产生差异，也因新的互动关系而有前所未发的创造性的新鲜观点，实现了第三度空间的“视界融合”①。它不断增生，一源而多流，呈现不同思想家在不同文化背景下的“解释模式”（the interpretive models）②。个人的际遇、广博的知识、丰富的经验、深刻的理解、社会的思潮、思想的传承、时代的背景，都会使解释者和作品之间建立起不同的联

① 出于伽达默尔《真理与方法》，《哲学译丛》1986 年第 3 期，第 63 页。

② 卡勒（Jonathan Culler）《结构主义诗学》（Structuralist Poetics），美国康乃尔大学出版社 1975 年版，第 129～130 页。

系。多样的面貌，就在新的意义与对话的媒介中，开启第二序（second order）的《庄子》，在阐释长河中，长江后浪推前浪，无穷尽的过程下开出朵朵的浪花①。

（一）境界始大之逍遥心

宋末罗勉道于《南华真经循本》中，对于《逍遥游》篇鲲化为鹏，以“质之大者，化益大也”② 言之。其后陆西星《南华真经副墨》八卷，提出“南华经皆自广大胸中流出”，并于《逍遥游》篇谓：“夫人之心体，本自广大，但以意见自小，横生障碍。此篇极意形容出个致广大的道理，令人展拓胸次，空诸所有一切，不为世故所累，然后可以进于道。”陆西星认为：人之心体本大，只为成见所局限，迷惑而障碍自生，《逍遥游》即是以“大”令人展拓胸襟。

自此，批注庄子者，如林云铭《庄子因》以“大”为《逍遥游》一篇之纲，吴默《庄子解》、吴世尚《庄子解》谓其一篇以“大”字做线索，直至刘凤苞《南华雪心编》，经由明代中期至清代庄子学的注家群，蔚为大观。陈鼓应先生就说：“大成的心灵空间不仅要有广度、阔度，也要有深度、厚度。……大成的人，需积才、积学、积气、积势，才能成其大。”③《逍遥游》篇的以大为纲，受到

① 参见张峰屹《从〈庄〉注之差异看“庄子影响”问题》，《内蒙古大学学报》1996 年第 6 期，第 101 ~ 106 页；叶舒宪《庄子文化解析》，湖北人民出版社 1997 年版，第 2 页；董洪利《古籍的阐释》，辽宁教育出版社 1995 年版，第 178 页；《林希逸〈庄子口义〉研究》，台中逢甲大学中文研究所硕士学位论文，1991 年 1 月。

② 罗勉道《南华真经循本》卷一，明正统《道藏》本。

③ 陈鼓应《老庄新论·庄子内篇发微》，上海古籍出版社 1992 年版，第 124 ~ 125 页。

士子文人的广泛响应①。

《庄子》是历代文士深爱的经典之作，更是显豁通达之作，对道体的无，对逍遥之境与无己之心学，都有一番境界与实践的圆满结合。结合诠释者的前理解，无论用儒家的存养功夫，还其道家的天然本色，行诸于人生修养上，以顺物自然为原则，内圣外王以贯通，明乎道体，知其仁义之流；或是以文章章法评点方式，在庄子谬悠的创思中，寻绎到脉络与创获，在淘洗、精炼前人眉批注解中，直取妙解以全其意。这是全其道家的廓落，有其形而上、形而下的思维而一以贯之，对《庄子》文论的深意、生命的底蕴，都显现豁然开朗，人生具不梦梦而生，梦梦而死的一片光明的高远通透之境。

历代学者在载沉载浮的娑婆世界行走，有以《庄子》滋养心灵，成就境界始大的生命层次；有开阔心眼，成就现世无论政治、文学的视野；有海纳百川，俱足万象，为儒释道三教、经学、理学开恢弘气象，雨露均沾所有无名众生，这是生民立命、天地立心的源头活水，这是宇宙洪荒、天长地老、永源不绝的绵延活水。庄学在承继传统绝学、延展西方思潮、开拓庄子意境上，都做了眼界始大、境界始大的最佳工程。

（二）多元钻石之诠释面

《庄子》文本由历代见识高明之学者，体乎宋明以来陆王心学，现乎文采斑斓，将庄子的醇然真儒，论玄、论义之点光亮之。也许是一己之意，更可能是庄子著述之本心，言天地万物相生相化之理，将万物共生共存共荣，道体圆满自足，循环反复之精义，在各个角度面

① 方勇《以“大”为逍遥——论清人阐释庄子逍遥义的基本指向》，《诸子学刊》第三辑，第375～388页。叶蓓卿《庄子逍遥义演变研究》，学苑出版社2011年版，第117～146页。

呈现，如钻石般彰显。庄子逍遥无己之意，隐隐进入盘根结实的体用兼备之境，期望在人间世以成就天德。

保罗·利科尔（Paul Ricoeur）在《隐喻的规则》①、《隐喻和解释学的中心问题》② 中提出隐喻与文本的结构模拟后，通过两者的分析，可以相互补充。《庄子·秋水》：“可以言论者，物之粗也，可以意致者，物之精也。”得意忘象，这样不同的诠释经典，将意义与隐喻的张力全开后，角度切割的面向就更加多元。

如以庄子“无用之谓大用”的“用”而言，其隐喻的空间有《庄子》书中真实空间：栎树、匠人、徒弟等观赏之人与物，但其实包含有一般对树木的既有价值观：栎树属于无用之树，庄子以语言的对话提出期望的心理空间是：一般树会被砍死，无用的树才能长存。以心理空间及语义学中语言框架理论看待，这一段语言诠释更有另一番面貌③。

古今学者不断做《庄子》智慧的再诠释者，将其光耀还诸《庄子》，而《庄子》亦如多切割面的钻石，更加璀璨光耀。这些优异的读者，无论历时诠解、共时激荡着评点散文化、义理学、符号化解构、诠解者共构、考证专论的建构，时代的推波，将庄子学与时俱进，永远与天地日月星辰同光辉。

---

① 《隐喻的规则》（The Rule of Metaphor, translated by Robert Czerny with Kathleen Ma Laughlin and John Costellosj, Routledge and Kegan Paul, London, 1978.）

② 《隐喻和解释学的中心问题》（Metaphor and the central problem of hermeneutics's, in Hermeneutics and the Human Sciences, edited and translated by John B. Thompson, Cambridge University Press, 1998.）

③ 以心理空间理论（Fauconnier 1994, 1997, Fauconnier & Turner 2002）框架理论为基础，探讨《庄子》故事中论证方式，详见张荣兴《心理空间理论与〈庄子〉“用”的隐喻》，*LANGUAGE AND LINGUISTICS*，13. 5，2012。

（三）陶铸齐物之智慧觉

哲学的睿思需借文学的语言，才能解出庄子的旨意，没有画道境的工夫，妙解庄子的玄思，如何能显出庄子之本色？明清庄子学的多样风貌，已然把文人追溯的魅力，在明清时代中循环反复的求深求广的探讨下，贡献出最精采的诠释方式，表现亦哲亦文亦理的深刻内容，也充份展现庄子文中声色之美，而切中庄子之本意，陶铸庄学之功。

抽象性思维加上读者阅读后的反应、批评、接受与不接受，将《庄子》的可读性、内涵性更加扩充，符号化庄子、结构化庄子，义理化庄子的以庄解庄、以老解庄、以易解庄、以佛解庄，甚至接轨到近现代融入西方思维，这样丰富内涵的《庄子》是不断进化的，更是镕铸齐物观点的智慧觉知面。

庄子的博大宏肆，多样内聚的文本诠释，若与西人罗兰·巴特相遇①，其文本的张力与语言的吊诡性，游刃有余地将道的本源性与生命结合后的凝聚力，充分给予新的生命意涵与生命力量，后世读《庄子》者，将可以有更多的推展，更可以注入不少众声喧哗的能量与力量。

（四）回归真我之现代义

《庄子》诠释者，一一为吾人辨识出那明眼慈心、冷眼热肠、深情据道、侃侃而谈又提出己见的庄子。由吾等现代已受西方哲理洗礼之人看来，这些解读是境界与工夫不分家，形而上与形而下的贯串。评论时用文学的生花妙笔、文章的结构分析，有失其哲学的逻辑性、精确性，但现代人在浸淫于古人论述时，能汲取其注疏之优点，观照

---

① 赖锡三《庄子与罗兰巴特的旦暮相遇——语言、权力、游戏、欢怡》，《台大中文学报》第三十七期，2012年6月，第39～88页。

其生命的出口，不仅是后学者研究学习之态度，更是现代人吸收智慧之泉源。

“道未始有封”、“欲是其所非而非其所是，则莫若以明”，从“物无非彼，物无非是”的立场言之，庄子已然为现代人充分解答了这个无解的论辩。印度的新世代大师奥修在《庄子心解》中，将《庄子·山木》“方舟而济于河，有虚船来触舟，虽有惼心之人不怒。有一人在其上，则呼张歙之。一呼而不闻，再呼而不闻，于是三呼邪，则必以恶声随之。向也不怒而今也怒，向也虚而今也实。人能虚己以游世，其孰能害之!”一段文字，改为：

如果一个人在跨一条河，
一艘空船撞到了他的船，
即使他是个坏脾气的人，
也不会生气。
但如果他看到有一个人在船上，
他会对他大喊让开。
假如对方没听见，他会再三叫喊，并开始咒骂，
一切都因为那船上有人。
假如那船是空的，
他不会喊叫，也不会愤怒。

如果你可以空掉你自己的船
来跨过世界的河流，
那就没有人会来反对你，
没有人会想要来伤害你。

他以重新解庄的方式谈庄子，也许是误读，但也是另一种启发。

身为后现代思潮的你我，《庄子》更是观察古人之智慧的方向，借由古人如何在《庄子》书中找到生命的出口与安顿，如此才能在

雕栏玉砌、华厦森林中安身，在有限与无限、有用与无用中不易受伤，更不怕受伤，学会自愈，学会与古人进行生命对话，汲取他们的生命淬砺智慧，在有限的时空制衡与限制中，展翅飞翔宇宙，化为鹏，化为逍遥，享受至乐，这才是现代意义的才德全而生命境界高超的“大宗师”。

《庄子》因具有丰富的哲学思维与文学描绘，其内在意义，足以让历代阅读者不断在其中挖掘到不同的新义。《庄子》以其文学性的创发，影响到韩愈、苏轼、柳宗元等文学家的文学创作，都可以看出从文学理念到文学理论之建构，其间由一群批注者与阅读者不断去阐发与建构完成，由以上论述可以证成。

四、结论

庄子学史受到学术背景时间、空间影响，三者交互激荡下，如M·H·Abrams在《镜与灯》中认为，构成文艺理论之所以产生的四要素在于：宇宙是作品描述的对象，艺术品是被创作出来的成品，艺术家是创造艺术品的人，欣赏者是欣赏艺术品的人。《庄子》的文艺性与理论性，为历代文人欣赏者不断再诠释，于是《庄子》的文学理论性，也无疑地被历代诠释者所肯定。

庄子学在庄学诠释史上，由文士不断用不同的策略与方法整理《庄子》，更有不断发展之进程脉络，加上诠释的发展除了作品与诠释内容的更丰盛外，以读者阅读的视角读《庄子》也纳入了诠释策略中。因此，庄子学中无论运用符号解构、运用《庄子》文本的概念，或与儒家、佛学、道家、道教等不断进行对话，到隐喻部分无限上纲的各自表述，产生历历璀璨的《庄子》光芒，不断蜕变的历时的变化中，更有永恒不变的真理与方法，使《庄子》在变与不变的历程中，不断与读者做语言对话、哲学思维、文学造境、心灵智慧的提升与跃进，从而成为“新子学”的典范。

（作者单位：台湾联合大学华语文学系）

新墨学的兴起和前景

孙君恒 李 悦

新墨学和新儒学一样，是“新子学”系列的组成部分。对于新墨学，我们需要从学科的定义加以精确的认识，把握新墨学的含义、范围、对象、问题、复兴和发展等。

一、有无新墨学

（一）无新墨学的观点认为，从严格的学科的界定，无新墨学

拥有独特的研究领域、独立的研究内容和独有的研究方法，这对于确立一门学科的学科地位，是更为本质的东西。学科奠定的基本指标包括：研究对象、研究方法、理论体系。根据这样的规定，我们认为新的墨学研究，在其研究对象、研究方法、理论体系等方面没有新的或者突破的地方，不存在“新墨学”。

今天的墨学复兴不等于新墨学，只是墨子思想的新认识和新应用。墨学的复兴，是墨学发展的延续，仍然是就墨家研究的问题再认识、进行的再扩展，并不是墨学有全新内容或者另起炉灶。由于墨学沉寂很多年，让人们感到比较新鲜，但是就其研究的实质来说，仍然没有摆脱固有的《墨子》话语圈，仍然是关于经典的诠释，增加的方面无非是结合当今现实的比照和思考。

张岱年（1909~2004）就不主张“新墨学的形态”。张岱年在20世纪20至30年代中期，先后写了《先秦哲学中的辩证法》、《秦以后哲学中的辩证法》、《颜李之学》、《中国元学之基本倾向》、《中国思想源流》、《关于新唯物论》、《辩证唯物论的知识论》、《辩证唯物论的人生哲学》、《谭理》等重要哲学论文，第一次系统梳理了中国古代哲学的唯物论思想，阐发了中国的辩证法思想，显扬了中国人本思想，而且做出了以马克思主义哲学观点解释社会人生的尝试。受张崧年“列宁、罗素与孔子，三流合一”思想的影响，张岱年提出了文化综合创新的思路：今后哲学一个新路，当是将唯物、理想、解析综合于一。在方法上，将唯物辩证法与形式逻辑的分析方法综合起来；在理论上，将现代唯物论哲学与中国古代哲学的优秀传统结合起来。20世纪30至40年代，中华民族正值生死存亡之机，张岱年认为如果没有新的创造，就不应该提出“新墨学的形态”：“应付此种危难，必要有一种勇猛宏毅能应付危机的哲学。此哲学必不是西洋哲学之追随摹仿，而是中国固有的刚毅宏大的积极思想之复活，然又必不采新孔学或新墨学的形态，而是一种新的创造。”①

如果我们从墨子研究这个学科是全新的情况来看，那么今天所谓“新墨学”，尚未达到崭新的地步，更没有达到全新的情况，“新墨学”这样的提法是不适当的，起码是不确切的。

（二）从阶段比较来说，进行界定，有新墨学

如果从墨子研究的横向、静态来看，墨子研究领域尚未出现

---

① 《张岱年全集》第一卷，河北人民出版社1996年版，第199页。

“新墨学”；如果从纵向、动态来看，墨子思想研究有新时代、新阶段、新内容等新气息、新环境，应该说有“新墨学”。

孙中原先生指出有“新墨学”，是符合严格逻辑要求的：“未来墨学现代化，将进入更为波澜壮阔的新高潮，旧墨学将质变、转型为适应新时代需要的更强劲有力的新墨学。”① 孙中原先生认为，古今墨学具有元性质，为揭示墨学现代化和墨学元研究的机理，推动墨学现代化和墨学元研究的进展，创建新墨学、元墨学，需从超越、总体视角，分析古今墨学研究的主体、主题、成果、形态、语言、层次和方法等元性质②：

墨学元性质	古墨学元性质	今墨学元性质
1. 主体	先秦墨家	现代学者
2. 主题	战国课题墨学应对	现代课题墨学借镜
3. 成果	战国课题墨学答案	现代课题墨学镜鉴
4. 形态	古墨学论著	今墨学论著
5. 语言	古汉语	现代语
6. 层次	第一层次元研究	第二层次元研究
7. 方法	古代哲学方法	现代哲学方法

在研究方法上，今天的墨子研究有很多综合和创新。“今墨学研究的方法是现代哲学方法，以现代科学为工具性元理论，进行超越、总体研究。现代科学是全球化过程中从域外引进的客观普遍真理，对全人类实践、认识普遍有效，是墨学研究的犀利工具。”③

① 孙中原主编《墨学与现代文化》，中国广播电视出版社 2007 年版，第 21 页。

② 表格见孙中原主编《墨学与现代文化》，第 14 页。

③ 孙中原主编《墨学与现代文化》，第 19 页。

(三) 宽松、宽泛的新学科概念下，有新墨学

由于当今学科“生长点”骤增，“横跨度”出现，“结合部”延伸，在时代背景意义上促进了当代社会科学新学科的迅速发展，已直接和社会科学发生了交叉渗透，大大扩大了社会科学的研究范围，导致了多门新学科的诞生。因此，以“新×学”而出现的名词，汗牛充栋。

我们认为，新墨学的类型，基本上可以从以下几个方面认识：

1. “阶段型”

现在的研究之所以称为“新墨学”，是因为对墨子思想的研究，进入到了新时代，今天的墨子研究，是对传统墨子研究的继续，是新的研究阶段。

“墨学现代化”的说法，就体现了“阶段型”。“墨学现代化”目的使墨学具有现代性质和状态，发生现代性变化，呈现新时间上的新标志。

孙中原先生指出有“新墨学”，就是从比较的角度说明今天的墨子研究属于新的阶段，有新的内容和方法。彭永捷先生在《现代哲学》2004 年第 2 期发表文章《浅议“现代新墨家”》，认为现代新墨家是新近出现的一个学术派别，他们以复兴墨学为职志，以对墨家文本的现代解释为途径，寻求回应现代问题的文化资源。

与此类似的情况，有“新儒学”、“新道学”。

2. “结合型”（“嫁接型”）

墨子的理论，是基本原理，具有普遍适应性，可以应用到今天，和当代的问题、场景、研究方法、其他学科等进行结合，发现和寻找新的思路和现实对策。

这里的结合，有理论和实际的结合、有不同理论之间的结合、有与新方法的结合等。我们看到，现在很多墨子研究，注意对墨子的理

论阐释，从当代观点审视墨子理论，提出新的见解，例如，从功利主义认识墨子思想，从罗尔斯的正义论看待墨子思想的局限性，从当代实际问题，譬如奢侈，来反思墨子节用的合理思想等。再如，孙中原的著作《墨学通论》用现代军事学术语，分军事思想、军队编制、武器装备、工程设施和战略战术，首次全面论述墨家积极防御军事学，用四分之一篇幅论述墨家逻辑学，以总结性、全面性、创新性和深刻性为宗旨。张岱年《墨学通论序》说：“孙中原同志研治墨学，历有年所，对于墨家学说的各个方面都探索较深，近著《墨学通论》一书，对于墨家学说进行了系统的论述，于墨学精蕴颇多阐发，特别是对于前人未注意的墨家军事学说评述尤详，这是值得称赞的。”

3. “应用型”

这一类型强调墨子思想的新应用。墨学有永恒的魅力，蕴涵了很多不平凡的智慧，墨家的思想可以在经济学、政治学、伦理学、教育学、哲学、逻辑、自然科学和军事学等领域，继续发挥新的价值、新的应用，融入了当代内容，丰富了墨家的思想，接轨现代经济、政治、道德、教育、哲学、语言文学、军事、逻辑和科学，融会古今中外，促进世界文化交流。

张斌峰、张晓芒发表了《新墨学如何可能?》(《哲学动态》1997年12期)，作者指出：“目前新儒学的研究正全面展开，新道家的研究亦初见端绪，惟独墨学思想的创发尚少有人问津。而传统学术中，过于偏向儒学、新儒学、道家思想、佛家思想的研究”，“从现时代来看，无论是从中国传统文化的人文精神的重构和科学理性精神的确立，还是从社会经济、文化的现代化的现实价值层上，抑或是从世界的角度来看墨学，墨家学说在建立新的全球社会时，将会比儒学和道家之学可能提供得更多。可见新墨学的研究势在必行。”

如果按照人们所说的有“新儒学”、“新新儒学”的名词，那么“新墨学”的说法，也可成立。“新墨家”只是一个文化符号或者旗帜，就好比“新儒家”、“新道家”，只是代表了一种学术思想倾向。

二、新墨学的内容

新墨学有丰富的内容，在研究对象、问题方面，有传统的方面，也有新的开拓。

第一，明确对象。

对传统墨子思想，有进一步审视的必要，更有必要对之思考和应用。

例如，墨子的兼爱、交利、非攻（和平）、节用（节俭）、尚贤等主张，现在仍然很有价值，需要发扬光大。市场经济就是平等交换的经济，交利，就是实现“双赢”；和平是今天世界的主题，需要从墨子那里汲取智慧，墨子强调的兼爱，是和平的前提和理念，非攻是他的和平思想的基本保证；节俭（节用）很符合循环经济、绿色革命，都是我们应该认真借鉴的。墨子的“兼相爱，交相利”中，“爱”是伦理思想，“利”是经济范畴，它们实现了经济与伦理的统一。追求利益的需要、手段与工具价值与道德的规范、理想的引导、目的价值相互制约、相互促进，可是在今天市场经济体制下，往往容易发生断裂、颠覆，处理好道德与利益的关系成为时代经济伦理学的严峻课题。墨子以智慧的眼光，辩证认识了义利关系，发人深省，具有这样的历史意义，值得深入研究、挖掘、应用、推广。“爱要以利为基础，利要以爱为归宿。把爱与利统一起来的伦理观，在我国的经济思想史上是罕见的。”① 严灵峰在《墨子简编》中指出：“兼爱是

---

① 胡德平《十家论墨》序，载蔡尚思主编《十家论墨》，上海人民出版社2004年版，第1页。

手段，交相利是要达到的目的，两者相互为用。”“墨子是在中国历史上赤裸裸地暴露了人类的弱点：自爱（自私）为一切祸乱的根源之第一个人。同时，并提出医治这种病的药方——兼爱。”①

第二，研究问题。

要创建一个新的学科，必须发现新的有足够规模的问题，迫切需要解决。我们今天的问题，和墨子当时探讨的问题比起来，仍然在很多基本问题上呈现出相似（相近）性，属于基本相同或者一致的问题。

例如，我们要实现民族的复兴，需要发扬光大民族精神，墨子精神的内涵是民族精神的重要组成元素或者部分，“墨学的基本精神，大致可以概括为以下十大方面：刚健不苟、求知不倦、刻苦节俭、爱人利民、平等互助、知其不可为而为、牺牲奋斗、革新创造、力行实践、和平济世。”② 墨子本人，具有非常强的人格魅力，胡适说墨子为社会利益献身精神，是前无古人的，值得人民为之效法的：“这是何等精神！何等人格！……试问中国历史上可曾有第二个‘摩顶放踵利天下为之’的人么?”③

再如，墨子强调，正义在于公利，是治理国家的根本对策，这在今天也很重要。有的领导干部腐败，就是仅仅注重私利、满足个人的贪婪，抛弃、损害了公共利益、人民群众的利益。墨子主张为天下兴利除害：“天下有义则生，无义则死；有义则富，无义则贫；有义则治，无义则乱。”（《墨子·天志上》）杜国庠指出：“如果我们可以说，孔子的中心思想是一个‘仁’字，那么，墨子的中心思想就可

① 转自蔡尚思主编《十家论墨》，第12页。

② 史墨卿“科圣爱情观”，载王裕安主编《墨子研究论丛》（五），齐鲁书社2001年版，第97页。

③ 胡适《中国哲学史大纲》（上），东方出版社1996年版，第132页。

说是一个‘义’字。”① 追求公共利益，就要反对自私自利的思想与行为。蔡尚思说：“以公利为正义，不重个人的名利。与儒家的求名不求利，道家的反对名利相反。”② 要实现公共利益，每个人必须做到对他人有利，达到互利互惠、互相帮助。梁启超在《墨子学案》中认为：“墨子特注意经济组织的改造，要建设一种劳力本位的互助社会。”③

再如，墨子主张“非命”，强调不能满足现状，主张改革、创新、抗争、奋斗。这样的见解是民族解放和国家发展的需要，近代需要，当代仍然需要。许多哲学肯定了这样的认识。梁启超在《墨子学案》中认为：“革新旧社会，改造新社会，就是墨子思想的总根源。”④ 韦政通先生也指出墨子是伟大的改革家：“如果说孔子是一位伟大的道德与人文的教师，墨子扮演的则是一位苦行卓越的社会改革家的角色。”⑤

三、新墨学的复兴和发展

如果按照儒家的说法，将朱熹的思想说成是新儒学、是儒家思想的新阶段的话，那么墨家思想在中国历史上也断断续续有很多亮点，呈现出不少转机。

唐代韩愈强调孔墨相用，建立新儒学，实质也构建了新墨学。韩

---

① 蔡尚思主编《十家论墨·杜国庠论墨子》，第 194 页。

② 蔡尚思主编《十家论墨》，第 330 页。

③ 转自蔡尚思主编《十家论墨》，第 3 页。

④ 转自蔡尚思主编《十家论墨》，第 3 页。

⑤ 韦政通《中国思想传统的创造转化》，云南人民出版社 2002 年版，第 56 页。

愈认为孔墨相同，直接利用，包括：爱的内涵、思想来源、圣人崇拜、贵王贱霸、尚贤、尚同、天神等七大方面；主张孔墨互补，甄别利用；同时注意孔墨不同，谨慎利用。韩愈的一生是对孔墨精神的践行，是孔墨互用的典范。韩愈对墨家的历史价值给予了客观的认识，他认为：“孔子必用墨子，墨子必用孔子，不相用不足为孔墨。”（《韩愈集·读墨子》）韩愈把墨子的“兼爱”视同孔子的“爱人”。韩愈在《韩愈集·原道》明确指出：“博爱之谓仁”；在《韩愈集·原人》里说“一视而同仁，笃近而举远”，是博爱的根本原则和规范；在《读墨子》中强调：“孔子曰泛爱众，以博施济众为圣，不兼爱哉?”（《韩愈集·读墨子》）这些说明了孔墨的仁爱与兼爱两者实质相同，强调了两者可以互相融通或者替换。明确揭示博爱就是仁，韩愈是第一人。这是韩愈对中国人道思想的一个发展。

韩愈的“原道”，主张一视同仁的博爱，创造性地吸收了墨学成果。宋儒张载《正蒙·诚明》说：“爱必兼爱”，正是继承发展了韩愈“孔子必用墨子”、“博爱之谓仁”、“一视同仁，笃近举远”的思想。朱熹集大成，发展成“仁是爱的道理”、“以爱名仁，是仁之迹”。在近代，梁启超指出：“墨子的兼爱主义，和孔子的大同主义，理论方法，完全相同。”（梁启超《墨子学案》第二章）“兼爱”说更受到孙中山的称誉，比之于“平等，自由，博爱”之属，把它作为民族文化中固有的好道德，以号召国人建设新社会文明。孙中山指出：“古时最讲‘爱’字的莫过于墨子。墨子的‘兼爱’，与耶稣所讲的博爱是一样的。”①

俞樾在为孙诒让《墨子闲诂》写的序言中说：“乃唐以来，韩昌黎外，无一人能知墨子者。”日本学者冢野刚史的《关于韩愈〈读墨子〉》一文指出，韩愈《读墨子》儒墨尚同、兼爱、尚贤、明鬼完全

① 《孙中山全集》，第九卷，北京中华书局1985年版，第244页。

一致，韩愈这样对待墨家是儒教的革新①。历史上对韩愈孔墨互用说进行了评说，认为孔墨互用很有必要，肯定了韩愈的积极贡献，其中有蔡元培、冯友兰、陈寅恪、英国著名汉学家葛瑞汉等。

韩愈思想渊源于儒家，以儒家正统，融合墨家，表现了对文化发展的整合。韩愈客观地评价了墨子的历史地位，主动吸取墨家思想中能被儒家利用的精华，符合历史事实，顺应文化发展趋势。秦家懿（Julia Ching）博士指出："儒家作为正统思想，渗透了法家、墨家和道家思想，也有佛教的影响，是各种各样学说相互介入的结果。"②韩愈在唐代佛教、道教盛行的局势下，试图恢复儒家的正统地位，吸收墨家的思想，难能可贵。由于韩愈不是专门研究哲学思想的历史人物，正如冯友兰所说"韩愈不能成为哲学家"，墨子的深入和全面研究仍有欠缺，有的判断仅仅是思想的闪光，缺乏论证，特别是《原道》、《读墨子》赞扬肯定墨子和《与孟尚书书》贬低否定墨子，大相径庭，在欢畅赞扬后立即进入无情鞭挞，缺乏逻辑一贯，给墨学的复兴当头棒喝，失去了千载难逢的机遇，留下了千古遗憾。社会学家费孝通揭示了文化发展自觉选择的意义和总体原则，将不同文化的和谐发展概括为"美己之美，美人之美，美美与共，天下大同"③。韩愈当年试图孔墨相用，但是却没有持久，非常值得我们反思。

王桐龄对墨家思想的复兴或者新发展进行了总结，他在《儒墨之异同》中，指出，墨子学说虽然中绝，但是"墨学之理想犹隐伏于后人脑筋中，固未尝完全消灭"。在历史上，墨学经历了许多次复

① ［日］冢野刚史《韩愈「読墨子」について》，《中国哲学论集》（21）1995年。

② Julia Ching, Confucianism and Christianity, New York : Kodansha International/USA, Ltd., 1977, p. 62。

③ 费孝通《论文化与文化自觉》，群言出版社2007年版，第282页。

活，并将继续得到发扬光大：

第一次复活：东汉后佛教进入中国，慈悲思想流行，与兼爱主义一致；

第二次复活：明朝以来，耶稣进入中国，博爱流行；

第三次复活：清初，明末忠臣秘密组织哥老会、天地会等，抑强扶弱；

第四次复活：清末，民国先烈徐锡麟等组织暗杀满廷大臣；

第五次复活：民国先贤翻译西方学说，输入共和理想，主张尚贤、尚同；

第六次复活：近代密尔功利主义进入中国，和墨子实利主义一致；

第七次复活：墨子非命主义，因为翻译《天演论》复活；

第八次复活：墨子国家观念，因为翻译卢梭《民约论》复活；

第九次复活：墨子经济思想，因为翻译《原富》复活；

第十次复活：墨子非攻主义，因为美国总统威尔逊提倡和平而复活；

第十一次复活：墨子物理学、军事学，因为西方知识输入而复活；

第十二次复活：墨子尊天主义，因为犹太教、耶稣教而流行。①

不复活墨子的危害，在历史上已经暴露出来。“墨教之中绝，理想之大同主义同时消灭，而暴君察相，益以专制手段束缚人心，使先民思想无自由伸缩及自由发展之余地，中国之不幸，亦即东亚各国进

① 转自蔡尚思主编《十家论墨·王桐龄论墨子》，第5960页。注：王桐龄在《儒墨之异同》中只明确提出前四次复活，后面的复活没有排列次序，为明确起见，我进行了排列。

步迟滞之远因也。”①

我们认为从近代以来墨子思想有两次复兴：

其一，是近代的复兴。这是梁启超等一批学者开拓的，包括梁启超、胡适、章太炎、冯友兰、钱穆、严灵峰等。民国时期至现代梁启超、伍非百、吴毓江、张纯一、栾调甫、叶瀚等，在墨子研究上都有独到见解。严灵峰客观说明了梁启超在复兴墨学上的贡献：“清末新会梁启超，所著《墨学微》一书，泛论墨子学说，独辟蹊径，别开生面，为墨学研究创历史之新页。从兹各方探究之成绩乃渐可观，梁氏倡导之力也。”（《墨子集成·序》）

其二，是当代的复兴。20世纪80年代后，张知寒先生率先摇旗呐喊、身体力行地组织各地学者进行墨子研究。任继愈、费孝通、（台湾）王赞源等著名学者大力支持，孙中原、郑杰文、李广星、李绍昆、韦政通等做出了突出贡献，积极参与者更是不胜枚举。例如，张知寒先生主编的《墨学与当今世界丛书》（1997年）共10本，从不同的角度、不同的方面初步阐述了墨家学说的现代价值，包括张斌峰《墨子与世界和平》，姜宝昌《墨学与现代科技》，李殿仁《墨学与当代军事》，杨爱国《墨学与当代经济》，李广星《墨学与当代教育》，吴晋生等《墨学与当代政治》，郑杰文、黑琨《墨学与新伦理道德》，颜炳罡《墨学与社会文化建设》，秦彦士的《墨学与当代价值》，庄春波的《墨学与思维方式的发展》。张知寒先生还将他主编的丛书邮寄给中央政治局常委，在中国高层产生了很大的影响。

墨子研究如火如荼，为世人瞩目。任继愈主编《墨子大全》，2002年开始由北京图书馆出版社出版，这被认为是墨学复兴的里程碑。为弘扬墨学，山东大学与滕州市联合成立了墨子研究中心、中国墨子学会，先后召开了五届大型国际和国内墨学研讨会，在国内外学

---

① 蔡尚思主编《十家论墨·王桐龄论墨子》，第59页。

术界产生了较大反响。山东的滕州和河南的鲁山，为墨子故里争论得不可开交，两地纷纷举办研讨会、出版论文集、建设或者恢复墨子纪念场地（场馆），这从一个侧面也反映出墨子的伟大。这样的争论是墨子研究历史上前所未有的。

未来的墨学思想，必然获得人们的普遍肯定和广泛运用。王桐龄指出：“就目下形势而论，墨子学说之传播力，乃正如日出东方，光焰万丈，有普照全世界之观矣。”① 伍非百说墨子精神与大禹治水为国的理想是一致的，有了这样的精神，才能振兴中华。“读《墨子》者，当时时有大禹之人格与社会在。诚如是，岂惟中夏民族是赖，将再建一九州外之九州，环瀛海而禹域之，其功岂不伟欤！”② 蔡尚思说：“断言：墨学被禁锢于古代，决不会被禁锢于后代。认为墨学有当代价值，今后值得弘扬。”③

（作者单位：武汉科技大学文法学院）

① 蔡尚思主编《十家论墨·王桐龄论墨子》，第60页。
② 蔡尚思主编《十家论墨·伍非百论墨子》，第99页。
③ 蔡尚思主编《十家论墨》，第16页。

子学复兴视野中的“韩非学”研究

——以明清为中心

宋洪兵

自秦汉以降，子学在中国思想史上大致经历了三次复兴。首先，明朝中后期，子学逐渐呈现复兴的势头；其次，清代的考据学促进了子学的进一步兴起，晚清时期，西学涌入，子学研究在义理阐发与文献考订均取得了空前成就。民国时期，随着经学的衰落，诸子学全面复兴，大量理论研究及文献考订著作问世，诸子学研究出现了前所未有的繁荣景象。20世纪80年代以来，新儒家思潮在中国大陆学界产生广泛影响，新道家、新墨家、新法家思潮也渐次出现，在此基础上，“新子学”思路亦在酝酿之中。本文拟重点探讨明清时期子学复兴背景下的“韩非学”研究。从研究史的角度看，民国时期陈千钧《历代韩学述评》及《历代韩学述评（续）》是较早探讨“韩非学”的文章，其后，陈启天《韩非子参考书辑要》亦收录了历代校订、刊刻《韩非子》的序、跋及评论文字。当代学界，陈奇猷、张觉撰写《韩非子导读》则有专章介绍历代“韩非学”研究状况；郑良树亦有《〈韩非子〉研究的回顾》一文，对历代“韩非学”做了简单介绍；刘仲华《清代诸子学研究》介绍了明清时期的“韩非学”、罗检秋《近代诸子学与文化思潮》亦对清代尤其清末民初的“韩非学”研究有所探讨。前贤研究，基本框架及大致文献，都已涉及，基本特征侧重于学术史的探讨。本文正是在前贤研究成果基础上，侧重从思想史的角度来分析自明代以来兴起的诸子学复兴思潮之下，“韩非学”的基本状况，同时兼顾学术史的探讨。学术史探讨的特征在于，关注《韩非子》的文献考订、刊刻及评论；思想史探讨的特征在于，关注学术史的同时，更多从思想史的脉络以及思想与社会互动的视角来加以审视。

一、明代的子学复兴思潮与“韩非学”研究

晚明时期，子学逐渐冲决儒家正统观念的笼罩，呈现复兴势头。明代的诸子学复兴，可追溯至古文辞学派之形成。明代弘治、正德年间，以李梦阳、何景明为代表的“前七子”古文辞学派因不满于当时充斥文坛的“台阁体”诗文以及“啴缓冗沓、千篇一律”的八股习气，崇尚“文必秦汉，诗必盛唐”（《明史·李梦阳传》），提倡复古。而嘉靖、隆庆年间兴起的以李攀龙、王世贞为代表的“后七子”古文辞学派更对李梦阳的复古理念遥相呼应，将复古倾向推向高潮。由此，“见从己出”且“任性而发”的先秦诸子文献首先在文体及文风层面受到重视，顺此逻辑，涉及先秦诸子的文献辑佚、校勘及评注，以至于大规模的子书刊刻，也理所必然、势所必至而水到渠成。

及至晚明，子学益发受到推崇。“在漫长的中世纪，儒学传统高居于统治思想的地位，而诸子之学始终被宣称为‘异端’，遭到正宗学者的摈斥。这种历史情况，直到16、17世纪的晚明才有所改变。”① 明人查继佐认为“时风酷尚诸子”，尽管他对此风气不以为

① 侯外庐《傅山〈荀子评注〉手稿序言》，《光明日报》1962年6月3日。

然，然而联系晚明思想界种种情状，其观察却也不失为敏锐①。顾炎武曾谓：“当万历之末，士子好新说，以庄列百家之言窜入经义，甚者合佛老与吾儒为一，自谓千载绝学。”② 尽管顾氏为表彰其好友之志节而对此风气也持批评态度，但也正好从另一个侧面道出了当时学界的学术取向及研究兴趣，查继佐与顾炎武的观察相互印证，晚明子学复兴气象宛在。在此风气影响之下，子书得到大量的刊刻、流传。据学者统计，嘉靖以后的子书刊刻盛况空前，合集本、评注本、单刻本，均为数不少。以合集形式刊行为例，计有《六子书》、《五子书》、《子汇》二十四种、《二十子》、《先秦诸子合编》十六种、《中立四子集》（又名《中都四子集》）、《二十家子书》等③。故周贞亮说：“明季人好汇刻子书。”（《中国善本书提要·子部》）莫友芝则认为：“盖明自嘉隆以来，七子崇倡古学，隆、万时又好用子书，一时风气所在，刊刻甚多。”（《藏园订补郘亭知见传本书目》第三册）④

在此学风影响下，作为子学研究重要组成部分的“韩非学”日益受到学人重视。首先，受复古思潮影响，玩味《韩非子》的文风，体验其中蕴涵的创作章法及古意，成为时人关注《韩非子》的重要

---

① 查继佐《兵部给事中陈子龙传》，《国寿录》卷三，中华书局 1959 年版，第 92 页。

② 顾炎武《富平李君墓志铭》，《顾亭林诗文集》卷五，中华书局 1959 年版，第 119 页。

③ 参照刘仲华《清代诸子学研究》第二章《明清之际子学与传统学术的再蜕变》，中国人民大学出版社 2004 年版，第 38～42 页。

④ 周贞亮、莫友芝之语转引自刘仲华《清代诸子学研究》，第 40、42 页。

理由。张鼎文认为：“其文则三代以下一家之言，绝有气力光焰。”[①]对此，门无子因喜爱“先秦之文”之故，“句为之读，字为之品”，对《韩非子》加以注评，甚至诗意地描述阅读《韩非子》的心情：“岩居无事，取得意者数篇，坐溪谷而高吟之。苍翠烟霞之际，清湍修竹之间，不觉其颐之解也。”[②] 并且，门无子毫不掩饰自己对《韩非子》的喜爱，直言不讳地宣称：“余晚年最爱韩子，论事入髓，为文刺心。求之战国之后，楚汉之先，体裁特异。”[③] 作为晚明古文辞学派“后七子”代表人物的王世贞也如此评价《韩非子》之文：“其于文也，峭而深，奇而破的，能以战国终者也。”[④] 茅坤在为门无子所作《韩子迂评后语》中更是绘声绘色描述阅读《韩非子》之文的感受：“顾先秦之文，《韩子》其的彀焉。其书二十卷，五十三篇（笔者注：门无子的《韩子迂评》本之何犿本，故有五十三篇之说），十余万言。纤者，钜者，谲者，奇者，谐者，俳者，欷歔者，愤懑者，号泣而泣诉者，皆自其心之所欲为而笔之于书，未尝有所宗祖其何氏何门也。一开帙，而爽然，砉然、赫然、渤然，英精晃荡，声中黄宫，耳有闻，目有见。”[⑤] 赵世楷则直接点出时人珍藏《韩非子》在于看重其文词，曰：“先秦文，莫如《韩子》古峭。今铅椠之士，

---

① 张鼎文《校刻韩非子序》，陈启天《韩非子参考书辑要》，中华书局1945年版，第102页。

② 门无子《刻韩子迂评序》，陈启天《韩非子参考书辑要》，第109页。

③ 门无子《刻韩子迂评跋》，陈启天《韩非子参考书辑要》，第109页。

④ 王世贞《合刻管子韩非子序》，陈启天《韩非子参考书辑要》，第105页。

⑤ 茅坤《韩子迂评后语》，陈启天《韩非子参考书辑要》，第111页。

艳其文词，珍为帐中秘，有以也。”① 凌瀛初亦谓：“先秦之文，百氏倡说，《韩子》独其的彀焉。今铅槧之士，艳其文词，珍为帐中物也，靡不家习而户尊之。”② 胡应麟更说：“无论文词瑰玮，其抉摘隐微，烨如悬镜，实天下之奇作也。”③

其次，《韩非子》一书的校订及刊刻，成为明代“韩非学”的一大亮点。王道焜曾揭示时人爱好《韩非子》之文辞与刊刻、校订之内在关联：“余友赵濬之诸同社嗜古若渴，尤嗜非之书。始焉雠其讹传，已而汇诸家异同笺评之，复请正诸先辈板行之，其为好已甚矣。”④ 有学者指出，明代《韩非子》“校订本及评点本纷纷涌现，‘韩学’掀起了新的局面。……《韩学》的形成，明朝学者有很大的影响和贡献。”⑤ 根据严灵峰《无求备斋韩非子集成》收录明代刊本，按白文、注释、节本、札记、杂著五个门类，共有明代刊本十四种。其中，除了明代正统十年刊刻的《道藏》本《韩非子》以及影印宋乾道年间刊本外，还包括吴勉学刊刻的白文本《韩非子》，注解本则包括张鼎文本、周孔教本、赵用贤本（管韩合刻本）、孙鑛钟之衣本、门无子、凌瀛初《韩非子集评》等，节本则有沈津《韩非子类纂》、陈深《韩非子品节》、焦竑、翁正春、朱之藩《韩非子品汇释评》、陆可教、李廷机《韩非子玄言评苑》、归有光、文震孟《韩

① 赵世楷《重订韩子凡例》，陈启天《韩非子参考书辑要》，第115页。

② 凌瀛初《韩非子凡例》，陈启天《韩非子参考书辑要》，第113页。

③ 胡应麟《笔丛》，陈启天《韩非子参考书辑要》，第142页。

④ 王道焜《重刻韩非子序》，陈启天《韩非子参考书辑要》，第114页。

⑤ 郑良树《〈韩非子〉研究的回顾》，《诸子著作年代考》，北京图书馆出版社2001年版，第241页。

非子汇函》以及张榜《韩非子纂》[1]。近年来，张觉更在明代版本流传及序言整理等微观层面做了大量卓有成效的研究，他搜集北京、南京、上海、杭州等各大图书馆的古本、善本，先后撰有《明代全刻本〈韩非子〉流传考述》(《云南大学学报》2007年第2期)、《明代节选本〈韩非子〉流传考述》(《云南大学学报》2009年第5期)，为我们了解明代中叶以后的“韩非学”研究提供了极大帮助。通过他的研究，我们还能了解到明代尚有沈德麟本、赵如源王道焜同校本、葛鼎本、庄天合本等。正如学者所指出的：“明代中叶以后，韩学又趋兴盛，刻本之多，是史无前例的。”[2] 明代“韩非学”研究在文献刊刻及校勘方面可谓盛况空前。

需要特别强调的是，现代以来，学界一方面在“韩非学”的学术史梳理层面做出了极大贡献；另一方面，在思想史层面的研究却略显薄弱，明代“韩学”研究深层的思想因素及社会背景未能受到充分重视。

明代“韩学”的另外一个特色在于评论。学界已广泛关注到，明代学人出于对宋儒空疏之学以及泥守“道统”的反感，逐渐超越“以孔子之是非为是非”的狭隘眼光，重视诸子之学，由此及于韩非子之评论[3]。其中，尤以李贽、门无子的观点具有代表性。李贽认为：“墨子之学术贵俭，虽天下以我为不拔一毛不恤也。商子之学术

---

① 严灵峰《无求备斋韩非子集成》，台北成文出版社有限公司1980年版。

② 陈奇猷、张觉《韩非子导读》，巴蜀书社1990年版，第291页。

③ 有学者指出，明代“韩非学”最引人注目的是“校订与评点”，并列举了杨慎、赵用贤、王世贞、茅坤、胡应麟的相关评论。陈奇猷、张觉《韩非子导读》，第290页。也有学者注意到，明代参与评点方面的学者有杨慎、门无子、孙鑛、焦竑、陈深、陆可教等人，但未列出详细评论。郑良树《〈韩非子〉研究的回顾》，《诸子著作年代考》，第241页。

贵法，申子之学术贵术，韩非子之学术兼贵法术，虽天下以我为残忍刻薄不恤也。”他认为这些学问“各周于用，总足办事”。李贽毫不掩饰地表达了他对申韩之经世功能的欣赏，主张“成大功者必不顾后患，故功无不成，商君之于秦，吴起之于楚是矣”，不必左顾右盼、瞻前顾后①。门无子则不仅喜欢《韩非子》的文辞，并且更强调韩非子思想的实用价值：“试以今之天下，与韩子之书，何非今日之弊？以韩子之言，用之于天下，何非今日之用？……使民视吾法如水火之不可犯，则天下岂有不治，而民不寡过者乎？……今世之学者，皆知嗜韩子之文，而不得其用。”② 明代“韩非学”的兴盛，嗜好先秦古文固然是一个毋容忽视的因素，但是明代士人试图借韩非子之学术表达其对当时世事的政治立场这一经世情怀亦是一个非常重要的原因。明末古文家章世纯就曾明确说：“老子之道，匹夫之道也。管仲、韩非、商鞅之道，一国之治之道也；墨子之道，一节之道也。”③ 与绝大多数文人仅仅喜欢《韩非子》文辞的立场不同，周孔教明确反对只玩味《韩非子》文辞的学风：“不佞之刻是书也，盖取其言之适于用，且身有概于中矣，岂直艳其文辞也与哉！”他对其刊刻《韩非子》的政治用意毫不掩饰：“韩非子之书，世多以惨刻摈之。然三代以降，操其术而治者十九。如汉文所以臻刑厝，宣武所以致兴隆，有一出于黄老申韩之外者乎？其他悠游无断，而汉祚潜移，君子无取焉。今天下愉愉怃怃，其为浮淫之蠹，盖极坏而不可支矣。使太史氏而生今之世，其焦心蒿目，必急欲起韩非而为之一藻刷者。倘得是说

① 李贽《孔明为后主写申韩管子六韬》，《焚书》卷五，中华书局1975年版，第224～225页。

② 门无子《刻韩子迂评序》，陈启天《韩非子参考书辑要》，第108页。

③ 章世纯《四书留书》自跋，文渊阁四库全书本。杨义《韩非子还原》，中华书局2011年版，第135页。

而存之，庶几哉！分职修明而颓波或可挽乎！是书之刻，又乌可废也？乃去奢去甚之微权更化者，当自得之，毋徒踵耳食之陋习，长棘刺之浮夸，令日甚一日而莫可返也。”①

王道焜也对当时嗜古风气不以为然，认为应该超越文辞赏析而借鉴韩非子之思想价值。然而，韩非子的思想价值究竟在何处呢？他论及明代政治生态正在名法事功，所缺者在于儒家仁恕之道，所以对于《韩非子》究竟对其所处时代有何价值与意义，他亦不免心存疑问："今天下名法核而治功起，所急者不在权略，而正在仁恕，又与何犿之言异，安所事非之书用之？”显然，他“今天下名法核而治功起，所急者不在权略，而正在仁恕”的判断，同样具有现实政治关怀的色彩。所不同者在于，他批评当朝崇尚韩非子刑名综合政策，但并不完全否定《韩非子》另外意义上价值。他给出的韩非子思想价值的思路，不在名法权略，而在于道法同构之下道的价值与意义：“昔马迁传韩非，附于老子，谓本原于道德之意。孔明等其书于商、吕，而自拟管、乐，其寄托不亦远乎？则吾侪嗜非，不徒艳其文词，而天下用非者，又宁可止工期法术已哉！”② 言下之意，不惟儒家之仁恕，道法同构之下的“无为”、“虚静”观念，似乎也为明代政治所急需。

同样，孙鑛也针对当时的社会现实，提倡韩非子法治思想的价值。他认为韩非子兼具法与术的观念，明确反对“术”的同时，极力强调“法”的重要性，尤其强调制度权威及其秩序意义：“夫权不尊于廷者制淫；令不信于府者情疑；才不当于选者官枝；士不习于伍者军哗；力田储用不善于策者饱荒。武侯酌此久矣，持以制治，若探

① 周孔教《重刻韩非子序》，参阅严灵峰《无求备斋韩非子集成》周孔教所撰《韩非子》，第3~6页。

② 王道焜《重刻韩非子序》，陈启天《韩非子参考书辑要》，第114页。

诸囊，则蜀而韩之法也。吾正恐异日不测之忧，上呼而下不应，国敝而民不支，使韩公子笑人于千载之上而时事不可言矣。……深叹法之寓于术者，可以久而愈传，欲为文人供捃摭之资也。书之以告有心当世者。”①

王世贞在为赵用贤《合刻管子韩非子》所作序言中，曾以统治者对于管子、韩非子思想之名与实的不同态度导致不同结局来推测赵之用意：“宋以名舍之，是故小遇辽，小不振；大遇金，大不振。孔明以实取之，是故蕞尔之蜀，与强魏角，而恒踞其上，嗟夫，汝师之所为合刻也，其悠然而抱膝也，毋乃有世思哉！”②

上述言论，均反映出明代“韩非学”背后所蕴涵的政治期许及现实关怀，尤其对“微权更化者”的期待，以及对“有心当世者”的厚望，而这种期待与厚望又明显因应着明代的政治风格及贪腐现状。征诸明代历史，可以发现，有明一代，在政治领域素以法治严苛、厉行惩贪而闻名。张履祥虽对明代此种治理风格不满意，但也道出了明代政治的实情，他说：“大都本朝制度，重法不重道。有王者作，必能修正之。”③ 远者明太祖朱元璋因出身布衣，对于贪官充满仇恨与厌恶，“惩元政废弛，治尚严峻”（《明史·太祖本纪》），故其惩贪毫不手软且形式多样，计有剥皮、枭首、墨面、文身、挑筋、

---

① 孙鑛《韩子序》，严灵峰《无求备斋韩非子集成》孙钟两先生评《韩子全集》，第9~14页。

② 王世贞《合刻管子韩非子序》，陈启天《韩非子参考书辑要》，第106~107页。

③ 张履祥《备忘一》，《杨园先生全集》卷三十九，中华书局2002年版。

去指、去膝盖、剁指、刖足、阉割、枷项游历甚至族诛等酷刑①。并编写了《资治通训》、《精诚录》、《志戒录》、《彰善榜》、《御制大诰》、《醒贪简要录》，运用法治惩贪之决心于此可见一斑②。《明史·海瑞传》记载海瑞欲效法明太祖：“举太祖法剥皮囊草及洪武三十年定律枉法八十贯论绞，谓今当用此惩贪。……劝帝虐刑，时议以为非。”要求万历皇帝实行严刑峻法。海瑞历经嘉靖、隆庆、万历三朝，向以清廉著称，主张“严贪吏法”③。张居正和海瑞所处的年代，内忧外患，危机四伏。边事有俺答、倭寇之患，内则灾害频仍，弊政丛生，民生凋敝。张居正虽与海瑞政见不合，然在重法肃贪、整顿吏治层面，却也不乏与海瑞心有灵犀之处。他在阐述嘉靖以来的明代政治现实以及解决方略时认为：“自嘉靖以来，当国者政以贿成，吏朘民膏以媚权门。而继秉国者，又务一切姑息之政，为逋负渊薮，以成兼并之私。私家日富，公室日贫，国匮民穷，病实在此。仆窃以为贿

① 参阅赵园《廉吏·循吏·良吏·俗吏：明清之际士人的吏治论》，《制度·言论·心态：〈明清之际士大夫研究〉续编》，北京大学出版社2006年版，第458页。赵翼《廿二史札记》“重惩贪吏”条：“明祖严于吏治，凡守令贪酷者，许民赴京陈诉，脏至六十两以上者，枭首示众，仍剥皮实草。府州县卫之左，特立一庙，以祀土地，为剥皮之场，名曰皮场庙。官府公座旁，各悬一剥皮实草之袋，使触目惊心。”

② 对于朱元璋严法治吏的效果，学界有不同看法。孟森认为：“所刑皆官吏，而非虐民，斯为承大乱之后，得刑乱重典之意，虽非盛德事，而于国本无伤，亦且深有整饬之效。”参阅氏著《明清史讲义》，中华书局1981年版，第60页。王亚楠却持相反观点：“综观历朝贪污史录，愈接近近代贪污现象亦愈普遍，贪污技巧亦愈周密，而与惩治贪污刑典的宽严似无何等重大关系。明代立法最严，但明代贪污实较任何前朝为烈。”参阅氏著《中国官僚政治研究》，中国社会科学出版社2005年版，第104页。

③ 海瑞《启刘带川两广军门》，《海瑞集》，中华书局1962年版，第437页。

政之弊，易治也；姑息之弊，难治也。何也？政之贿，惟惩贪而已。至于姑息之政，倚法为私，割上肥已，即如公言。豪家田至七万顷，粮至二万，又不以时纳。夫古者，大国公田三万亩，而今且百倍于古大国之数，能几万顷而国不贫？故仆今约己敦素，杜绝贿门，痛惩贪墨，所以救贿政之弊也。查刷宿弊，清理逋欠，严治侵渔揽纳之奸，所以砭姑息之政也。上损则下益，私门闭则公室强。故惩贪吏者，所以足民也；理逋负者，所以足国也。官民两足，上下俱益，所以壮根本之图，建安攘之策，倡节俭之风，兴礼义之教，明天子垂拱而御之。”① 张居正“杜绝贿门，痛惩贪墨”以及对姑息之政的强烈不满，均蕴涵着韩非子及法家思想的影迹。直至崇祯朝，更是崇尚刑名，这可以从刘宗周上书崇祯时的批评中一窥端倪：“治术尚刑名”、“尚综核”、“求治太急，用法太严，布令太烦”（刘汋所撰年谱，崇祯九年）。黄道周的奏疏，也奉劝崇祯皇帝“反申、商以归周孔，捐苛细以崇惇大”（《明史》本传）②。据此，有学者指出，“明末的一段时间，朝廷言论中的申韩，往往径直指向了崇祯”。③

正是在政以贿成、私家日富、公室日贫的时代背景下，韩非子厉行法治、治吏不治民、轻罪重罚、存公废私的政治思想日益受到青睐。正因如此，韩非学才由单纯对《韩非子》古文辞之喜好过渡到思想之评析与借鉴。万历朝《韩非子》刊刻最为盛行，其中不乏呼应张居正政治主张的意味，同时也寄托了当时一部分士人自己对于世事尤其贪腐严重这一社会现实的主张与关切。他们的这种现实关怀，

① 张居正《答应巡抚宋阳山论均粮足民之政》，《张太岳文集》卷二十六，上海古籍出版社 1984 年版，第 317 页。

② 转引自赵园《廉吏·循吏·良吏·俗吏：明清之际士人的吏治论》，《制度·言论·心态：〈明清之际士大夫研究〉续编》，第 464 页。

③ 张居正《答应巡抚宋阳山论均粮足民之政》，《张太岳文集》卷二十六，上海古籍出版社 1984 年版，第 464 页。

通过《韩非子》的刊刻与评注，具体而微地体现了出来。

当然，应当承认，即便明代中后期诸子学的兴盛以及“韩非学”日益受到重视，但是这并不足以构成对主流意识形态的挑战。当时政治及学术的主流话语，依然还是儒学，尽管在儒家思想阵营内部存在偏重“尊德性”之心学与偏重“道问学”之理学的观点分歧。余英时认为：“从思想史的观点看，由于朱子教人偏在‘道问学’一方面较多，故其明代的传述者往往提倡读书博学之说，作为反陆王一系的重要论据之一。事实上，明代正是儒学‘尊德性’一面发展到巅峰的时代。朱学后劲关于读书博学的主张也都是在‘尊德性’的大前提下提出的。”① 由此，就不难理解上述刘宗周、黄道周等人对崇祯的批评，也不难理解《韩非子》刊刻序言及诸种评论中经常出现的批评声音。张鼎文谓“夫非之学止于刑名，非之意主于刻核”。并站在儒家学者之立场，批评韩非子与李斯的命运乃由天道之报应：“当时不知李斯之害已，是不智也；卒堕于斯之术中，而不能出，是无术也。为法之弊，反中其身，非、斯则同，特后先耳。非之书未行，止于狱死；斯之术已用，遂至车裂，天道之报昭昭哉！”② 因对法家刑名法术的反感，其对韩非子、李斯的悲剧命运不仅不予同情，而且还充满了幸灾乐祸的情绪。张榜亦复如此。他在阐述自己阅读《韩非子》的感受时说：“我观《韩子》，而知猜之不可长，而知凶德之不可首也。韩子以生人之类，自君臣至其妻其子而皆我之贼也。其妻子而贼，则谁不为贼乎？秦王猜鸷，韩非教猱，则岂顾非子为亲于其妻

---

① 余英时《从宋明儒学的发展论清代思想史》，《中国思想传统及其现代变迁》，广西师范大学出版社2004年版，第171页。

② 张鼎文《校刻韩非子序》，陈启天《韩非子参考书辑要》，第102页。

与子而不为贼乎？而韩子之法，系断无讳，秦王不断之于非，且谁断耶?”① 在此，张榜对韩非子的思想充满了误解，韩非子确实指出父子夫妻之情在利益面前显得格外脆弱，由此推断君臣之间亦为利益关系，并进而凸显以规则而非感情的方式来处理君臣关系的必要性，然而这并不能直接推导出韩非子就主张所有亲情关系都是利害关系，也不能就此认定所有亲情之间都会成为一种戕害关系。贼与不贼的关键，在于是否存在“不当利益”，韩非子的用意，正是提醒君主要密切关注身边的亲人以及大臣为了“不当利益”不择手段的事情。秦王下狱韩非子，本是秦国东进战略方针与韩非子存韩主张之间的矛盾所然，韩非子之死，根本原因亦在此，与韩非子之主张与人格殆无内在联系。张榜非但对于韩非子之身世遭遇缺乏同情之理解，反而在误解基础上对韩非子之死充满了咎由自取的厌恶。方孝孺亦谓：“韩非、商鞅书，正无与比。然所言皆刑罚督责之术，君子羞听之。”② 张尔岐也称：“若申韩管商及稗官小说，最坏人心，败人德业，不可不慎也。”（《蒿庵闲话》）毫无疑问，这都是基于其儒家立场而对韩非子之思想与身世产生的偏见，同时，其中亦不乏指斥明代政治弊端的用意。因为“申韩”在当时被视为政治病的代名词③，而指责“申韩”，即为批评现实政治之刻核与寡恩。

总体来说，随着古文辞学派“崇古”学风影响以及部分学者对于空谈心性之理学、心学的反感，明代中后期诸子学呈现繁荣局面。而诸子著作的大量刊刻，也使韩非子的思想价值得到了一部分学者的认可。明代“韩非学”的兴盛，与明朝政治实践及惩治贪腐的呼声

① 张榜《韩非子序》，陈启天《韩非子参考书辑要》，第112页。

② 方孝孺《与楼希仁》，《逊志斋集》卷十一，文渊阁四库全书本。

③ 赵园《廉吏·循吏·良吏·俗吏：明清之际士人的吏治论》，《制度·言论·心态：〈明清之际士大夫研究〉续编》，第465页。

遥相呼应，同时也引起了部分儒家学者的警惕与反感，他们对此进行了猛烈的鞭挞与批评。

二、清代的子学复兴思潮与“韩非学”研究

诸子学在清代获得了空前的发展，《老子》、《庄子》、《墨子》、《荀子》以及法家的《管子》、《商君书》及《韩非子》，均较之前代有很大精进，尤其在校注和考释层面取得了重大进展。然而，清代诸子学研究并非均衡发展，清初受理学复兴思潮及意识形态影响，诸子学并未延续明代子学复兴的学术风潮，反而呈现相当程度的倒退。清初诸子学的特点在于，一方面，明末遗民出于反思明代心学与兴亡教训之关联，极力反对空疏之学，进而倡导经世实学。在此，他们以包容的学术心态来面对诸子学，而不是以对待“异端”的傲慢加以摒弃。另一方面，在理学复兴以及政治高压的局面下，主流学界依然将诸子学视为“异端”，这又使得诸子学的进一步展开遇到重重困难。原因就在于，在经学定于一尊的时代，在正统士大夫阶层及官方教育体系中，子学被视为经学的附庸，有时甚至被视为旁门左道，地位都是不高的。“童时授经，必书熟能为文章，方与以史部之书；既而杂学并举，文词诗赋，先生又选名作以授之，如是一二十年而各成矣。独子书则若不屑道焉。因其文体近伪，寓言多而实意少，儒童执笔学文，遽读此书恐其习偏锋、尚别裁，与应试文字不合耳。而成名以后，亦遂习而忘之，往往禁用子书语。间有好奇者引用一二，而衡文者目所未见，不以为不通即以为杜撰，不以为生涩即以为离奇，有不

遭抹勒者鲜矣。”①

顾炎武如此反思明末的主流学术风气：“百余年来之为学者，往往言心言性，而茫然不得其解”，并由此生发一番感慨：“呜呼！士而不先言耻，则为无本之人；非好古而多闻，则为空虚之学。以无本之人，而讲空虚之学，吾见其日从事于圣人而去之弥远也。”② 在顾炎武看来，明代学术的症结在于“以明心见性之空谈，代修己治人之实学”。③ 明清之际，王夫之及其《老子衍》、《庄子通》、《庄子解》、《吕览释》、《淮南子注》，方以智及其《诸子燔痏》、《药地炮庄》，傅山及其《霜红龛集》，保存了丰富的诸子学思想。例如，王夫之抑老扬庄、援庄入儒的思想倾向，方以智“质测以通几”观念下对诸子学的包容与重视，傅山以“经子平等论”倡导子学复兴，这使得他对老庄、墨子、名家以及荀子等均有非常独到的学术见解。上述学术倾向，带有浓厚的遗民学术色彩，均在反思明代心性之学的空疏的大背景下，提倡实证与经世，诸子学成为体现这一学术风潮的上好载体。但是，诸子学并非清初学界的主流，占据主流意识形态的仍然是程朱理学。有学者谓：“清初学者，力挽明季之学风以返于宋，其尊程朱者十之八九，不尊程朱者，十之一二而已。……清代理学虽云衰歇，而程朱一派之潜势力，实未尝一日衰也。”④ 同时，更因清初政治权力对思想领域形成的高压状态，文字狱现象使得大多数学者担心动辄得咎，由此明代盛行的热衷于思想评论的学术风气式微，诸子学研究亦进入相对低落的时期，学者研究兴趣由此逐渐转向

---

① 阙名《论中国学者将尚子书》，邵之棠辑《皇朝经世文统编·文教部·诸子》。

② 顾炎武《与友人论学书》，《顾亭林诗文集》卷三，第40~41页。

③ 顾炎武《夫子言性与天道》，《日知录》卷七，岳麓书社1994年版，第240页。

④ 萧一山《清代通史》，中华书局1985年版，第994~996页。

名物考证及文献校注①。

乾嘉时期，考据学呈现繁荣景象。名家辈出，成就斐然。乾嘉考据学的重点对象以经学与史学为主。在“以子证经”、“以子证史”的思路下，先秦诸子的文献再次受到重视。惠栋之父惠士奇、章学诚曾分别道出时人在经学与史学为主流的学术语境下探求诸子的心态。惠士奇说：“周秦诸子，其文虽不尽训，然皆可引为礼经之证，以其近古也。”② 章学诚谓：“诸子之书，多与史部相为表里。如周官典法，多见于《管子》、《吕氏》，列国琐事，多见于《晏子》、《韩非》。”（《章学诚遗书·论修史籍考要略》）又说：“子部之通于史者什之九也。”（《章学诚遗书·史考释例》）在此理念指导之下，诸子学理所当然地进入了学者研究的视野，道家、法家、墨家、名家、杂家等诸子著作，成为经学与史学考证、校释不可或缺的参考资料。尤其在荀学及墨学研究层面，取得了突出成就③。

及至清代中后期，子学研究发生了明显变化。如果说乾嘉诸子学的特点在于考证文献，那么紧随其后的诸子学则日益呈现出经世致用的现实色彩。有学者指出，道光年间的诸子学特征在于突出其经世致用特质：“与王夫之、顾炎武等人不同，魏源、路德等视野开阔的士

① 传统认为乾嘉考据学的兴起往往源于清初的政治高压，余英时又提出“内在理路”说，强调儒家思想内部存在“尊德性”到“道问学”的转变，认为考据学的兴起也是儒者为解决内部分歧而采取的主动选择而非完全被动转向。参阅氏著《清代思想史的一个新解释》，《中国思想传统及其现代变迁》，第210页。

② 《潜研堂集》卷三八，《惠先生士奇传》。

③ 关于乾嘉时期“以子证经”、“以子证史”的具体实例，可参阅刘仲华《清代诸子学研究》第三章《以子证经、史与“推本原始”的追求》以及罗检秋《近代诸子学与文化思潮》，中国社会科学出版社1997年版，第21～33页。

大夫的经世致用理论已不限于儒学一隅。他们已经把先秦诸子纳入了治国安邦的理论范畴。他们在新的历史条件下重新阐释和评价先秦诸子，使之染上了浓厚的经世致用色彩。他们的诸子学以乾嘉学术为基础，但又呈现巨大差异。他们的学术重心不是考据诸子，而是开掘诸子学说的社会价值和现实意义。在彰显子学方面，乾嘉学者的先进言论还主要集中于倡导‘子儒平等’，道光以后则转向‘通子致用’了。这是诸子学嬗变的一个重要特征。”① 这种特征，尤其在西学东渐以及列强入侵的双重时代背景下，显得更为明显。无论是西学中源思路，还是“由王而霸”的政治取向，其背后均离不开诸子学的影迹。及至晚清，“诸子学”的现实功能越来越受到重视：“故欲救今日民穷财尽、公私窳敝之病，则必治之以管学；欲救今日士、农、工、商各怀私心之病，则必治之以墨学；欲救今日吏治废弛、弄文骫法之病，则必治之以申、韩之学；欲画五大洲大同之轨，进一干五百兆仁寿之民，则必治之以孟子、公羊之学。”② 晚清诸子学与此前诸子学最大的不同，就在于西学涌入，西方社会的声光电气之自然科学以及法治、博爱、议会之政治观念，相继传入中国，以先秦诸子之各色思想资源来化解西学对思想秩序及内心世界的冲击，成为当时思想界的一种惯常做法。时人非常敏锐地观察到这点：“子书者，格致之全书也，大则可以悟道，小则可以观物。……今果崇尚西学，则诸子之书将来必家置一编，较之经史尤首先推重。”③

总体来看，作为清代“诸子学”的重要分支，清代“韩非学”

① 罗检秋《近代诸子学与文化思潮》，第52页。

② 唐才常《治新学先读古子书说》，《国学与近代诸子学的兴起》，广西师范大学出版社2010年版。

③ 阙名《论中国学者将尚子书》，邵之棠辑《皇朝经世文统编·文教部·诸子》，《国学与近代诸子学的兴起》。

相对于老庄学、荀学及墨学而言，显得相对冷清。正如学者所指出的：“清代对《韩非子》的研究，主要是校释，至于其思想文学方面，则研究成果甚少。”[①] 郑良树则认为清代“韩非学”研究汇成一条大江，共有两条主流一条支流。两条主流分别是：其一，《韩非子》的整理与校订，参与其事的有惠栋、戈襄、唐岳、胡思敬、冯舒、翁同书、李慈铭、王念孙、孙毓修、王允升、顾广圻；其二，《韩非子》一书的刊刻与流布，影宋钞本、吴鼒本、二十二子本、汪氏编印韩晏合编本、指海本及衍星社排印本等。支流则是那些对《韩非子》评论及点评的文字，陈祖范、梅曾亮、陈澧、俞樾、于鬯、王友光、钱陆灿、吴汝纶、章炳麟等[②]。校释方面，尤以卢文弨《韩非子拾补》（又名《韩非子校正》）、顾广圻《韩非子识误》及王先慎《韩非子集解》为代表。

需要指出，上述清代“韩非学”的学术图景，是单纯就学术史角度来加以描绘的。若将视野放宽，从思想史的角度来加以考察，会发现，清代“韩非学”并非学术史图景中那般苍白，而是具有相当丰富的内涵。

王夫之承接明末士人对申韩的批评，在他的晚年也就是清初，因对宋儒的反感而开始猛烈抨击申韩思想。在他看来，申韩代表着一种“缺陷人格和病态文化”[③]。他批评宋儒名则“君子儒”实则申韩：“自宋以来，为君子儒者，言则圣人而行则申韩也。”并进而提出“申韩之儒”的说法：“以文申韩而有申韩之儒”，“下至于申韩之儒，而贼天下以贼其心者甚矣。后世之天下死申韩者积焉，为君子儒者潜

---

① 陈奇猷、张觉《韩非子导读》，第298页。

② 郑良树《〈韩非子〉研究的回顾》，《诸子著作年代考》，第241页。

③ 赵园《廉吏·循吏·良吏·俗吏：明清之际士人的吏治论》，《制度·言论·心态：〈明清之际士大夫研究〉续编》，第465页。

移其心于彼者，实致之也”。在此，王夫之全然将申韩视为一种极端负面的代名词，并以此为据去批评宋代以来的儒者，其矛头所向，当然还在于明末儒者批评的法治苛政。他认为，申韩之根本缺陷，关键就在于缺乏“不忍人之心”，手段残忍，尽管在运用残忍手段时总会宣称自己主观意图之正当性：“夫申韩固亦曰，吾以使人履仁而戴义也。何患乎无名，而要岂有不忍人之心者所幸有其名，而弹压群论乎?”① 王夫之对于老庄、浮屠以及申韩，存有极深的戒心：“盖尝论之，古今之大害者有三：老庄也，浮屠也，申韩也。三者之致祸异，而相沿以生者，其归必合于一。”在此思路之下，他提出了一个极富启发性的命题，即佛老与申韩貌似相反，其实相辅相成，“其教佛老者，其法必申韩”，“其上申韩者，其下必佛老”，原因就在于极端强势与极端无为构成一种极端政治：“虚寂之甚，百为必无以应用，一委于一切之法，督责天下以自逸，而后心以不操而自遂。”② 王夫之的这种思路，直至当代，依然给一部分学者带来启迪，认为老庄与申韩之间的关系是犬儒哲学与强权政治的互补③。应该说，这种思路对于批评现实政治语境中强权的蛮横与犬儒的苟且，当然具有一定道理，甚至不乏深刻之处。然而，申韩意义上的道法同构，本质上是将“道”视为现实之“法”寻求终极意义上的思想依据，在此，法家并未预设强权与犬儒的共谋。道家意义上的无为，与其说是对为人臣者的自保教诲，莫若说是对君主的理想诉求来得更为准确一些，因此也不能简单地得出道家认同强权并委身于强权这样的结论。王夫之的观

① 王夫之《老庄申韩论》，《王船山诗文集》上册，中华书局 1962 年版，第 6~7 页。

② 王夫之《读通鉴论》，中华书局 1975 年版，第 500~501 页。

③ 秦晖《西儒会融，解构“道法互补”》，杨念群、毛丹主编《新史学：多学科对话的图景》（上），中国人民大学出版社 2003 年版。

点显然具有强烈的针对性，既针对现实中随处可能存在的强权政治，更针对随处可能存在的犬儒，这在一定意义上又因应着他所处的明末清初反理学、反强权的思想语境与历史背景。

吊诡之处在于，当王夫之借申韩作为一种病态符号来批评宋代以来的理学时，以探研程朱理学为职志的儒者也猛烈抨击申韩，尤其是韩非子的思想。有学者指出：“康熙时代的朱学复兴与明亡以来士大夫对王学的反省相呼应，在朝有熊赐履、李光地、张伯行、于成龙、陆陇其、杨名时、朱轼等人，在野有陆世仪、张履祥、吕留良、朱用纯诸儒。”① 在此背景之下，理学家不仅继承道统观念猛烈抨击佛老、杨朱，更进一步站在儒家仁政立场明确反对法家之学及韩非子之学。李光地说：“商鞅、李斯当不得位时，好读不正之书，著不正议论，及得志，便恶焰滔天。”（《榕树语录》卷二十“道释”，见《榕树全书》）陆世仪也谓：“杨朱之学亦是老子出来，盖其爱占便宜也。老子是悄然占便宜，杨朱是明白地占便宜，申韩之占便宜则更自恶很了。”（《思辨录辑要后集》）熊赐履则称：“高者入于释老，卑者流于申韩，皆是不知循理之故。理者，大中至正一定不易之天，则若能循理，焉有二者之病。”（《闲道录》，徐世昌《清儒学案》卷三十八）② 生活在康乾盛世的陈祖范则对于诸葛亮以申韩书教后主一事语带讽刺，认为“所谓申韩之学，天资近者，不学而能；天资远者，学亦不能”，而只有那种“号为英明刚断”并率其私心的君主才与韩非子之学的内在气质相吻合。而其结论则凸显老子与韩非子思想之别，认为司马迁不应将二者同传：“为国用老，足以休养生息；用韩

① 汪晖《现代中国思想的兴起》，第一部《物与理》上卷，三联书店2004年版，第388页。

② 参照罗检秋《近代诸子学与文化思潮》，第42页。

则遂亡而已矣。”[①] 可见，无论在反理学的思想家眼里，还是宗主理学的儒者那里，韩非子都被视为一种负面符号而受到批评。

乾嘉时期，尽管在子学复兴的思潮之下，《韩非子》一书的校注与刊刻有所进展，然而这并未触及当时士人对其思想的兴趣。正如刘师培所观察：“近世巨儒稍稍治诸子书，大抵甄明诂故，掇拾丛残，乃诸子之考证学而非诸子之义理学也。”[②] 偶尔涉及韩非子思想的评论，又往往以站在儒者立场对其猛烈批评。四库馆臣的观点尤具代表性，体现了官方学者的普遍看法：“观于商鞅、韩非诸家，可以知刻薄寡恩之非。鉴彼前车，即所以克端治本。”[③] 在此，韩非子及商鞅等法家思想被视为反面教材，其存在价值与意义仅仅在于提示人们刻薄寡恩之害，进而凸显克端治本的儒家王道政治的可欲性。卢文弨尽管为《韩非子》一书的校订做出了巨大贡献，然而他对于韩非子的思想却不以为然：“商韩之术用之使秦强，不知正乃所以速其亡也。今当圣道大明之日，其说之谬，夫人而知之，固不待于禁绝。若非之辞辩锋锐，澜翻不穷，人以其故尤爱之。非之于说固其所专攻也，如《内储》、《外储》等篇，犹今经生家所谓策目预储以答主司之问者耳。”[④]

这种观念在乾嘉以后的道咸时期，批评的声音依然很普遍，如王棻说：“其学得老子之皮肤而兼申商之法术，以虚静无为主，以参任比物为用，谓术者人主所执，而法者人臣所司，故法显而术隐，法贵如令必循名而责实，术在发奸故任数不任人，不恃人之不我叛，而恃

① 陈祖范《读韩非子》，陈启天《韩非子参考书辑要》，第143页。

② 刘师培《周末学术史序》，《刘申叔先生遗书》第14册，第1～2页。

③ 《四库全书总目》，中华书局1965年版，第847页。

④ 卢文弨《抱经堂文集》卷十，《书韩非子后》。

吾之不可叛，不恃人之不我欺，而恃吾之不可欺。……此其乱天下之术也。”（《柔桥文钞》卷一，《书韩非子后》）值得关注的是，同时代的梅曾亮则对韩非子之死与《说难》之间的内在关联做出了自己的评论，他认为韩非子之所以“不得自脱”，死在秦王手里，根源就在于《说难》想尽一切方法去揣摩君主好恶与心理，而君主“莫不欲制人而不制于人，测物而不为物所测”，梅曾亮的观点其实隐含着一层士人与政治应该适当保持距离的意味，所以他才盛赞老子“不知所终”的行为才是智者的选择[①]。关于这点，至今对于反思法家人物悲剧命运与其只进无退的政治价值取向之间的深层关联，依然不乏借鉴意义。相较而言，吴汝纶“非之咎，在好持高论，实不能行其所言”的观点，缺乏对韩非子之所以撰写《说难》以及韩非子到秦国之后境遇的同情理解，实不能称得上对韩非子身世命运的中肯之论[②]。

晚清时期，对韩非子持激烈批判者，非宋恕莫属。他站在儒家立场，认定司马迁将老庄与韩非子合传是一种错误，认为老庄之道与孔子之道“始异而终同，貌离而神合”，主张老庄本是“古之所谓有道君子也，其于仁义礼乐，深识其本”。在他看来，“申韩，救世之才而功名之士也。其于老庄，相去甚远。”并认为《解老》、《喻老》两篇内容“陈义甚高，其言仁者中心爱人，生心之所不能已，及论有道之君贵静，不重变法，外无怨仇于邻敌，而内有德泽于人民，皆得孔老之旨，与其平时持说殊不相类，疑非韩子之言”。[③] 并由此建议

① 梅曾亮《书韩非传后》，陈启天《韩非子参考书辑要》，第143～144页。

② 吴汝纶《读韩非子》，陈启天《韩非子参考书辑要》，第145～146页。

③ 宋恕《老子、韩非同传论》，胡珠生编《宋恕集》，中华书局1993年版，第176页。

修改《六部则例》：“其涉商、韩家意，不合周、孔者，酌行删削。”①

然而，每个时代总会存在一些能够超越学派偏见的相对理性的观点，尤其密切关注现实而非徒具道德理想主义的学者及官吏更是如此。自清初以致清代中期，“韩非学”领域并非没有丝毫正面的声音存在。已经有学者注意到，徐枋与汪辉祖的观点颇有代表性。作为明末清初的遗民，徐枋并没有像王夫之那样否定韩非子之学，相反，他非常重视法家，他认为李斯的悲剧不应归咎于学说，而是李斯个人“持爵禄之心太重”。在他看来，制定法律，只要“宜乎民，虽暴君污吏之所建可以施久远，历变更而不废。”（《居易堂集》卷九、卷十，《书李斯传后》，《封建论》）② 更有学者提出，乾嘉时期的循吏汪辉祖也曾对韩非子的学问发表过正面评论，他曾谓：“剽悍之徒生事害人，此莠民也。不治则已，治则必宜使之畏法，可以破其胆，可以杀其翼。若不严治，不如且不治。盖不遽治，若辈犹惧有治之者。治与不治等，将法可玩而气愈横，不至殃民罹辟不止。道德之弊，酿为刑名，韩非所为与老子同传，而崔苻多盗，先圣叹子产为遗爱也。”（《学治序说》，“治莠民宜严”条）③

如果再进一步放开视野，会发现，清代君主对于“韩非学”也是别有会心的。雍正七年（1729）五月，雍正皇帝谕大学士九卿曰：“自古为政者，皆言宽严相济，所谓相济者，非方欲宽而杂之以严，方欲严而杂之以宽也。惟观乎其时，审乎其势，当宽则宽，当严则严而已。……总之，宽严适协其宜，乃为相济。”（《清圣祖实录》卷八一）宽严相济的理念，源自《左传》昭公二十年郑国子产的执政实

① 宋恕《信必篇》，胡珠生编《宋恕集》，第37页。

② 罗检秋《近代诸子学与文化思潮》，中国社会科学出版社1997年版，第34页。

③ 转引自刘仲华《清代诸子学研究》，第257页。

践，这一实践曾为孔子大加赞赏：“政宽则民慢，慢则纠之以猛，猛则民残，残则施之以宽。宽以济猛，猛以济宽，政是以和。”并高度评价子产为“古之遗爱”。这种观念，在孟子尊王贱霸的思想中并未获得充分的理论说明，相反，在荀子的思想体系里，王霸并重的思路在礼乐刑政的制度主张中得到了很好落实，韩非子进一步将王道理想奠基于霸道之上。及至汉代，《汉书·高帝纪下》曾谓：“王者莫高于周文，霸者莫高于齐桓，皆待贤人而成名。”《汉书·元帝纪》则有宣帝著名的王霸并用之说：“汉家自有制度，本以霸王道杂之，奈何纯任德教，用周政乎！”所谓“霸道”，实则与法家力主“力多则朝人，力寡则朝于人”（《韩非子·显学》）的思想同出一辙，无有二致。雍正的政治理念，可以在先秦荀子、韩非子等务实政治思想家那里寻找到思想渊源。

至于乾隆，更是熟读《韩非子》，并且时常就此引申出某些政治理念来。在这些政治理念中，不乏与韩非子心有灵犀之处。首先，从乾隆的诗句里，可以看出他曾熟读《韩非子》，在其《顺义县行宫晚坐》中，曾有“行宫莅止余几暇，疆吏宣传问政差。却忆韩非有良喻，不能委法治三家”。并且自注曰：“韩非释势委法，尧舜户说而人辨之。不能治三家，是处俗名三家店，故云。”① 乾隆由行宫所在的三家店，不期然而然地想起《韩非子·难势》“尧为匹夫，不能治三人”的典故，可见他对于《韩非子》的熟悉程度，并且对于韩非子强调势治重要性的观点也是持赞赏态度的。其次，他对于《韩非子·说难》的理解，远超前人的看法，他认为：“韩非曾著《说难》辞，世态揣摩竟莫遗。寄语听人之说者，破其术只在无私。”② 秦汉

① 乾隆《御制诗集》四集卷八十八，文渊阁四库全书本。

② 乾隆《读韩非说难》，《御制诗集》四集卷五十八，文渊阁四库全书本。

以降，对《韩非子·说难》的理解，往往停留于司马迁“不得自脱”的水平而无太多进展。韩非子之所以撰《说难》，其实是在《难言》期待君明臣贤尤其君主应该无私的期待落空之后，面对昏庸无能、只知以一己好恶行事的君主时，究竟该用何种方式来实现法术之士的政治理想①。而欲消除《说难》篇种种揣摩君主心态及好恶的现象，君主应该做到的，其实就是去好去恶的“无私”。就此而论，乾隆可谓韩非子撰写《说难》初衷的千古知己。最后，乾隆在“知君莫如臣，知子莫如父”的层面与韩非子保持一致，而对管仲这一观点持不同意见。《韩非子·十过》记载，管仲在辅佐齐桓公成就霸业之后，因年事已高，老病缠身，故赋闲在家，不问世事。“管仲老，不能用事，休居于家。”此时，齐桓公担心管仲一病不起，故而问计于管仲：“仲父家居有病，即不幸而不起此病，政安迁之?”管仲回答的核心观点就在于君主应该知道人臣之心，所谓：“知臣莫若君，知子莫若父，君其试以心决之。”乾隆不同意这个说法，认为这不符合实情，“盖不近情之论，听之似是，而折衷于理，其刺谬不通若是者亦多矣”，并且强调如果君主自以为知臣如同父亲自以为知子，其后果非常严重：“误知子者，其害犹不过一家；误知臣者，其害将及国与天下，是谁作之俑哉？夫自以为不知者，或可勉，以至有知之日；而自以为已知者，吾知其为终于不知而已矣。”② 需要指出，一方面，乾隆的观点自然与其身为帝王的经历而获得的生活体验密切相关；另一方面，乾隆之所以如此认为，其思考问题的方式和最终的结论都可在韩非子的思想里找到相似的政治智慧。《韩非子·用人》明确表达

① 详见宋洪兵、孙家洲《韩非子解读》，中国人民大学出版社 2010 年版，第 77 ~ 81 页。

② 乾隆《读韩非子》，《御制文集》二集卷三十四，文渊阁四库全书本。

“其心难知”，表示君主应该以明白易懂的法来治理国家。并且，韩非子并不将知人臣之心放在委任用事的首要位置来考虑，他盛赞赵简子重用阳虎的例子即为明证（《韩非子·外储说左下》）。《韩非子·五蠹》则认为君臣关系不可能如父子关系，即便如父子关系，亲情亦未必能实现良好的政治秩序，“夫以君臣为如父子则必治，推是言之，是无乱父子也。人之情性，莫先于父母，皆见爱而未必治也，虽厚爱矣，奚遽不乱？今先王之爱民，不过父母之爱子，子未必不乱也，则民奚遽治哉！”因此，在反驳管仲观点这个层面上，乾隆与韩非子的观点是高度一致的。当然，这么说，并不意味着乾隆就完全服膺韩非子的观点，从而认定他是一个“法家皇帝”，事实上当时官方主流意见依然是反对和批评《韩非子》。乾隆对韩非子的青睐，至少从另外一个侧面说明，当儒家士人致力于批判韩非子及其思想时，总会有些倾向于政治实务的学者、官僚甚至君主，在其中发现足以启迪智慧、益人神智的东西。就此而言，乾隆对韩非子的观点情有独钟，殆非偶然。

葛兆光曾从思想史的角度提出一个疑问，他在详细分析乾嘉时期戴震、凌廷堪、焦循“以礼代理”的思想演变脉络时曾说：“在古代中国，‘礼’是很容易转变为‘法’的，从荀子到韩非子的思路转向就是明证，而在当时的考据家心目中，是否也隐隐约约有这种转向的可能？我们无从知道，不过，在当时孟子学说已经如日中天而且得到普遍认同的语境中，这批考据学家对荀子的重新肯定，似乎已经透露了这一转向的消息。值得注意的是，焦循曾经一连写了八篇《说权》，……所谓‘权’，是一种变通的原则，它不是最高的标准，也不是最低的底线，不是严法苛律，也不是放任自流，而是一种因时因世的规则，它并没有绝对的依据，因为‘法不能无弊，有权则法无弊，权也者，变而通之之谓也，法无良，当其时则良’，有了适应当下的‘法’，人们不必总是等待着超越的‘天理’来裁判一切，也可以不被那种绝对的道德理想主义者的高调所挟持。”① 尽管他已经意识到由“礼”而“法”的思想脉络，然而却没有进一步去求证这个问题，姑且将其视为一个假说。那么，这个假说在思想史上是否成立呢？结合晚清的思想演变轨迹，可以很清晰地看到法家之观念越来越受到重视，并且在不知不觉的思想潜流中逐渐呈现繁荣的景象。一方面，晚清时期，“霸道”观念逐渐兴盛，以暗度陈仓的方式继承着法家的政治理念；另一方面，更有不少思想家开始从正面评价韩非子及法家之学。

以法家为代表的“霸道”理念在面临“三千年未有之变局”挑战的晚清到底扮演着怎样的角色？近代中国贫困落后以及饱受列强欺凌的现实，至少加深了人们对此理念的某种期待。然而，当带着这个问题意识重新检视近代史的相关研究时，我们却很难看到当此积贫积弱之际，国人对法家式富国强兵思想的诉求。汪晖近期对清代公羊学的研究提供了一个非常重要的视角，即：“如果说庄（存与）、刘（逢禄）的内外观是礼，那么，魏源的内外观的基石则是兵。但这二者并非截然对立：礼以兵（帝国之霸权）为前提，兵以礼为指归（以军事实力重构礼制秩序）。”② 在此，古代中国尤其是法家通过霸道（富国强兵）进而实现王道的思想意蕴，在魏源的思想中得以凸显。魏源明确表示：“自古有不王道之富强，无不富强之王道。王伯之分，在其心不在其迹也。”进而批评后儒只知因袭孟子的王霸义利之辩而将兵食归之于五霸的做法③。正是在王霸并用观念的指导下，

① 葛兆光《中国思想史》（第二卷），第425～426页。

② 汪晖《现代中国思想的兴起》第二部上卷，三联书店2004年版，第628页。

③ 魏源《默觚下·治篇一》，《魏源集》，中华书局1982年版，第36页。

魏源才明确提出：“兼黄、老、申、韩之所长而去其所短，斯治国之庖丁乎！”① 可以说，法家经由霸道而至王道的思想理路，始终存在于政治家们的思想深处，扮演着寻求御侮富强之道的重要角色②。

从魏源的观点可以看出，王霸之间的区别并不在于所谓义利之分，关键在于“心”，即出于何种目的而施行霸道之术才是最重要的，进而将王道置于“理想”之境，而欲臻于“王道”，则需借助“霸道”作为实际手段。康有为早期思想亦与魏源思路同出一辙，他说：“王霸之辨，辨其心而已，其心肫肫于为民而导之以富强者，王道也；其心规规为私而导之以富强者，霸术也。吾惟哀生民之多艰，故破常操，坏方隅，孜孜起而言治，以不忍人之心，行不忍人之政，虽尧、禹之心，不过是也。所以不能不假权术者，以习俗甚深，言议甚多，不能无轻重开塞以倾耸而利导之。若人心既服，风俗既成，则当熙熙皞皞，以久导化之，为之君相，只以为吾民五所利焉，此非迂儒所能识也。昔武侯治蜀，有取于管子、韩非，岂非以治国所当有事耶？且圣人岂能无开塞之术哉！”③

王韬曾在阐述“外强内固”思想时曾为其王霸并用观念做过一段精辟的辩解，他说：“外强内固，在我者皆自尽矣，而强邻有不辑洽，剧盗有不剿除者乎？说者谓如是则侈事功，夸富强，抑王道，尚霸术，管商之风炽，孔孟之道绌，非所以为治也。不知兵甲修而后道德尊，师旅雄而后礼义盛。设险夷守国，奋武所以安邦，非执其要则不足以抚中，非师所长则不足以辑外。操纵在我，张弛咸宜。原不徒

① 魏源《默觚下·治篇三》，《魏源集》，第45页。

② 以下对晚清“霸道”思想的探讨，参照宋洪兵《古代中国王霸并用观念及其近代形态》，《求是学刊》2010年第5期。

③ 康有为《阖辟篇》，《康有为政论集》，中华书局1981年版，第3页。

蹶张血气，溃裂范围，而轻变乎常法也。”① 显然，这是一种典型的通过霸道以自强最终实现王道的王霸并用观念，其基本致思逻辑与韩非子“治内以裁外”（《忠孝》）、“治强不可责于外，内政之有也”（《五蠹》）等思想是遥相呼应的。一旦确立以富强来救国的正当原则，那么，西方的实用技术及管理方法，亦自然可以为我所用，不必拘泥，故王韬表示：“千古帝而王，王而霸，未有不理财用者。顾理之人如何耳。……以唐虞之心行西法，则利天下者西法也。故今日知理财，何必不用西法?”② 中体西用与王霸并用的内在逻辑，在王韬这里已经融为一体、无分彼此了。

冯桂芬在论述“自造、自修、自用”舰船以增强自身军事实力时曾大发感慨，亦说：“夫穷兵黩武，非圣人之道，原不必尤而效之。但使我有隐然之威，战可必克也，不战亦可屈人也，而我中华始可自立于天下。不然者，有可自强之道，暴弃之而不知惜；有可雪耻之道，隐忍之而不知为计。亦不独俄、英、法、米之为虑也，我中华且将为天下万国所鱼肉，何以堪之？此贾生之所为痛哭流涕者也。”③ 倘若为了雪耻，为了中华不至为天下万国所欺凌，即使穷兵黩武的霸道又有何不可？薛福成《变法论》更道出学习西方的目的乃在用夏变夷：“今诚取西人器数之学，以卫吾尧、舜、禹、汤、文、武、周、孔之道，俾西人不敢蔑视中华。吾知尧、舜、禹、汤、文、武、周、孔复生，未始不有事乎此，而其道亦必渐被乎八荒。是乃所谓用夏变

---

① 王韬《上丁中丞书》，《弢园文新编》，三联书店 1998 年版，第 272 页。

② 王韬《救时刍议》（下），第 333 页。

③ 冯桂芬《制洋器议》，《校邠庐抗议》，上海书店出版社 2002 年版，第 51 页。

夷者也。”①

郭嵩焘出使欧洲期间，目睹国际关系领域的实力原则，由此主张霸道。光绪十七年（1891）十二月二十七日在获悉智利与美国冲突的消息时感慨：“当今之世，有理而无势，实不能以理屈人也。……非兵力胜人，断不敢与人决裂，非兵力胜己，断不肯舍己从人。公法不足恃，条约不足据，惟势强者乃能伸理耳。有国者不可以不强。”而在1892年得知英国在外国获得低进口税优待的消息时，他再次感慨：“甚矣立国，不可不强也，今日之势，一弱肉强食之势而已矣。”（《郭嵩焘日记》第三卷，第439页）葛兆光据此认为：“这时，传统中国观念中至高无上的‘王道’渐渐让位给了并不很光明的‘霸道’，富国强兵成为最重要的事情。”②

然而，只提富国强兵与霸道，却不见专精于此种观点的法家之影迹，这多少让人觉得疑惑。应该说，这是当时思想界采取的一种策略。一方面，既可将韩非子及法家富国强兵的霸道理念加以提倡，借此应付困局；另一方面，又可以避免遭受保守儒者的攻击，用其实而不倡其名，是晚清思想界对韩非子及法家思想的一种明智选择。关于这点，身处咸同之际的汪士铎说得非常清楚，他在同治元年对其好友萧穆表示：“管商申韩孙吴，后人所唾骂，而儒者尤不屑置齿颊。要而论之，百世不能废，儒者亦阴用其术，而阳斥其人耳。盖二叔之时已不能纯用道德，而谓方今之世，欲以儒林道学两传中人遂能登三咸五，拨乱世而返之治也，不亦梦寐之呓言乎？”③ 稍微现实的思想家

① 郑观应《盛世危言》附录《薛叔耘星使〈变法论〉》，华夏出版社2002年版，第56页。

② 葛兆光《中国思想史》第二卷，复旦大学出版社2001年版，第464页。

③ 萧穆《汪梅村先生别传》，《敬孚类稿》，黄山书社1992年版，第330页。

与政治家，在晚清政治环境与国际格局之中，都无法回避韩非子及法家的“霸道”之学，只不过出于某种顾虑，而未明确提及法家及申韩字样罢了。

明确主张以韩非子之学来拯救晚清颓局的思想家，则非汪士铎与章太炎莫属。此处的“明确”主张，是就思想家内心的真实想法而言的。汪士铎在世时，曾获得晚清名臣胡林翼“旷代醇儒”的赞誉①，其出版文集《汪梅村先生文集》亦多收入经史考证文字，极少见到违背当时主流意识形态的“离经叛道”言论。然而，就在汪士铎死后46年的1935年，才由邓之诚偶然购得并整理出版的《乙丙日记》，记载了咸丰三年到咸丰六年之间清朝的政局及各种民风习俗，尤其详细描述了太平军攻陷南京时的场面以及清军的腐败无能。在这本日记里，充斥着大量批评宋儒、孟子甚至孔子的言论，汪士铎极力主张法家及兵家的兵刑之学。这些都是私密的日记，在其生前并未公开，但却充分展示了汪士铎真实的内心世界。在这本当时没有公开的日记里，他猛烈抨击道学家及孟子的道德理想主义：“道学家其源出于孟子，以争胜为心，以痛诋异己为衣钵，以心性理气诚敬为支派，以无可考验之慎独存养为藏身之固，以内圣外王之大言相煽惑，以妄自尊大为仪注，以束书不观为传授，以文章事功为粗迹，以位育参赞，笃恭无言无声色，遂致太平之虚谈，互相欺诈为学问，其高于释氏者，不劝人喜舍（释氏所以便其乞也），不言天堂地狱祸福尔。故如此而为圣人，不赖于圣也。如彼而成佛，世惟恐有佛也（以其乞食乞庄严无厌也）。自了汉而已（圣），害人精而已。”② 即便对于孔子，他也毫不客气地批评说：“孔子之弊过仁（酿乱）过文（无用），

---

① 邓之诚《汪悔翁乙丙日记序》，《近代中国史料丛刊》第十三辑，文海出版社1967年版，第6页。

② 汪士铎《乙丙日记》，第76页。

不善用其所短而讳言兵，又不善用其长而不服善，好驳人妄议。论人长于修己，短于治世。不自服其迂腐浮夸大言，高自标致。综练名实始知其尽属想象之空谈。”① 由此，汪士铎极力主张其融合了法家与兵家的兵刑之学。认为：“道德之不行于三代之季，犹当富强之必当行于今。故败孔子之道者，宋儒也，辅孔子之道者，申韩孙吴也。”②明确反对那种空言“王道”的政治言论：“盖时时欲以王道行而卑论霸术也，然而百万生灵死于王道矣，哀哉!”③ 又说：“立太公周公孔子于上而辅以韩申商又辅以白起王翦韩信，配以管仲、诸葛则庶乎长治久安之道矣。”④ 更将尧舜、周孔、韩白按照重要程度做了一个排序：“周孔贤于尧舜一倍，申韩贤于十倍，韩白贤于百倍。”⑤ 汪士铎对于法家及兵家的重视可见一斑。

汪士铎之所以如此，根本原因还在于他对于现实的强烈关注。余英时对于汪士铎曾有一段非常精彩的评述：“自清初颜元以来，二百年间从来没有出现过这样激昂的反道学的言论，但汪士铎排斥道学并不是出于无知。事实上，他出身于理学的家庭。据他的《自述》：‘士铎家极贫，然性好读书。先君子好理学，除程、朱经注之外禁勿观。日以无人不自得为训。’我们可以断定，他中年以后思想的偏激是经历了世变的结果。西方势力的凌逼和太平天国的动乱使他认识到富国强兵已成当务之急，因此他才特别提倡法家与兵家。”⑥

需要特别指出，汪士铎的兵刑之学，并非仅仅停留于纸上谈兵，

① 汪士铎《乙丙日记》，第85页。

② 汪士铎《乙丙日记》，第74页。

③ 汪士铎《乙丙日记》，第24页。

④ 汪士铎《乙丙日记》，第82～83页。

⑤ 汪士铎《乙丙日记》，第94～95页。

⑥ 余英时《中国现代价值观念的变迁》，《中国思想传统及其现代变迁》，第48页。

汪士铎本人曾投身曾国藩、胡林翼之幕下，积极参与谋划镇压太平军，建言献策，深得曾胡赏识。他的很多政治主张在胡林翼、曾国藩的具体政治实践中得到了很大程度的落实。可以说，曾胡平定太平天国运动的过程中，作为幕僚的汪士铎起着举足轻重的作用。邓之诚在为《乙丙日记》所作的《序》中就曾根据书札详细论列汪士铎对曾国藩、胡林翼的影响：

悔翁尝为魏默深辑《海国图志》，又尝从包慎伯游魏，包师发亭林，皆具经世之志。故悔翁通晓事务而渐渍黄老法家之言……尝疑曾胡定乱，必有为之谋主者，文正自谓学商鞅耕战之术，文忠则综核名实，皆近法家。及观悔翁所论，尊主权，重名实，峻刑戮，深恶理学及承平拘牵之事。文正自咸丰十年驻军祁门，又悔翁平昔所主张何其所见之若合符契也。及细译曾胡书牍，乃至悔翁实尝为之策画。盖苏浙继陷，偾事者或败或死，失所凭借。文正拜统筹全局之命，东南始有转机。是时，悔翁方客于文忠，从容论列，必有人所不及与知与闻者。观文正书牍（庚申）覆汪梅邨书云：“来示所举十条，第一第四条当于本月内行之。第二条裁官裁绿营，俟履苏之日行之。第五条乃弟近年行军之微旨。第六条亦今世必变之恶俗。唯第三条和夷或另简派有人。第九条修筑碉卡事，有未遑。第十条疾驱入吴，力实不逮，负阁下殷殷期望之心。”（书札第六）又云：“所示四事，江淮运米一条，鄙人本有此志，以皖南军事未利，未遑远图。新岁稍得便宜，即当投袂东行，治军淮浦以副厚期。”（书札卷七）又覆胡宫保书云：“梅邨兄两信，前信只速进苏州一条难行，余九条皆可行。无一迂腐语，两月内必一一行之。此信不如前信之切当，而满腔热血喷薄纸上。有此血性男子而潦倒一生，天下安得不乏才哉？”（书札卷二十二）称其学行则曰“耿介”、曰“洵积学之士”、曰“梅邨境遇可悯、侠烈可敬、学问可畏”、曰“梅公之古藻联翩”（书札卷七卷二十卷二十二覆胡宫保）。曰“学问淹雅，人品高洁，鄙人素所企佩”（书札卷二十八复丁果臣）。倾倒可谓至矣。[①]

曾国藩虽以理学造诣精深闻名于世，但是他在政治领域对法家观念的重视，却表现得非常明显，他曾说：“周末诸子各有极至之旨。……若游心能如老庄之虚静，洁身能如墨翟之勤俭，齐民能如管商之严整，而又持之以不自是之心，偏者裁之，缺者补之，则诸子皆可师，不可弃也。”[②] 恰恰也是笃信理学的曾国藩对于法家的实用主义政治思想并不加以排斥，他在告诫州县官吏时曾提出：“明刑法以清讼。管子、荀子、文中子之中，皆以严刑为是，以赦宥为非。子产治政、诸葛治蜀、王猛治秦，皆用严刑，以致乂安。为州县者，苟尽心于民，是非不得不剖辨，谳结不得不迅结。……不分是非，不用刑法，名为宽和，实糊涂耳，懒惰耳，纵奸恶以害善良耳！”[③] 某种程度上，曾国藩与汪士铎在申韩之学的层面，存在很多共同话语，这也是汪士铎能够长期作为曾国藩幕僚并发挥重要作用的基本前提。王汎森的观点准确反映了汪士铎思想、先秦诸子学复兴以及当时社会现实之间的内在逻辑关联：“长期被贬抑的诸子学的复活，通常反映了当时社会重大改变的事实，象征着有新的力量正在撞击传统的思想体系，同时映照出原来的思想资源不足以应付新的问题。汪士铎对先秦诸子进行新评价的同时，也有许许多多的人从不同角度提出诸子学。但是汪氏

① 邓之诚《〈乙丙日记〉序》，第4~5页。

② 曾国藩《求阙斋日记类钞》卷上，第20页。转引自罗检秋《近代诸子学与文化思潮》，第65页。

③ 曾国藩《劝诫州县四条》，《曾文正公杂著》卷三，第7页。转引自罗检秋《近代诸子学与文化思潮》，第68页。

的理由似乎与他人不同，他极少从纯思想学术的兴趣出发，而是完全以‘用’的角度切入。……当儒家不足以应世时，仍然只能诉诸另一个选项，即先秦诸子。”① 汪士铎的学术观点及政治主张，无疑是晚清“韩非学”最重要的理论重现，也是韩非子思想在乱弱之世发挥积极作用的典型例证。

与汪士铎同时代的学者，对韩非子及其思想持有同情理解的亦不乏其人。俞樾就是其中一位。首先，他不认同苏轼对韩非子之学的批评，苏轼曾主张：“不杀人不足为仁，则杀人不足为不仁。刀锯斧钺，何施而不可！”俞樾对此表示反对：“斯言也，如狱吏治狱，锻炼周内而已，乌足以服老庄之徒哉？”其次，他认为司马迁之所以将韩非子与老庄同传，其原因在于，老庄之学容易导致社会秩序的完全崩溃，“君臣父子之名可以不立，礼乐刑政可不设，善可以无赏，恶可以无罚，天下之治乱可以不知，相与以无事为安而已矣”。长此以往，积弊太深，必然会有更为强调干涉与有为的思想来加以矫正，故而“申韩之徒出入其间矣”，“老庄之后，不能不为申韩也”。应该说，俞樾从时代演变的角度论证了申韩之学的合理性，并且认为最佳的政治模式应该是刚柔并济的仁义之道，其中亦暗含了对韩非子刚强一面的认可②。严复也在此时代背景之中认为申、韩之学可以救亡：“居今而言救亡学，惟申韩庶几可用，除却综名核实，岂有他途可行？贤者试观历史，无论中外古今，其稍获强效，何一非任法者耶？管商尚矣；他若赵奢、吴起、王猛、诸葛、汉宣、唐太，皆略知法意

① 王汎森《汪悔翁与〈乙丙日记〉：兼论清季历史的潜流》，《中国近代思想与学术的谱系》，台北联经出版公司2003年版，第90页。

② 俞樾《申韩论》，陈启天《韩非子参考书辑要》，第144～145页。

而效亦随之；至其他亡弱之君，大抵皆良懦者。”[1] 清末民初的许同莘也谓：“申、韩刑名之言，刻薄寡恩，然后世不能废其说者，申子施于名实，韩子引绳墨，切事情，其言皆有可取。”（《牍髓》）[2] 应该说，俞樾、严复、许同莘的看法都与其所处的时代氛围密切相关，由此才会对韩非子之学存有些许思想共鸣。

如果说在文献考订方面，晚清王先慎《韩非子集解》是《韩非子》集大成之作；那么，章太炎对韩非子及法家之学的大力倡导及深入研究，则是晚清时期思想层面对“韩非学”贡献最大者。19世纪末，甲午战败，列强瓜分狂潮掀起。在国难当头、危机四伏的历史背景下，追求富国强兵的韩非子之学于晚清越来越受到重视。章太炎在1897年说：“余所持论不出《通典》、《通考》、《资治通鉴》诸书，归宿则在孙卿、韩非。”[3] 他又在回顾自己学术历程时说：“遭世衰微，不忘经国，寻求政术，历览前史，独于荀卿、韩非所说，谓不可易。”[4] 学界尚未注意到的是，章太炎在1910年初版的《国故论衡》中，《原道》部分绝大部分其实都依照《韩非子·解老》、《韩非子·喻老》和韩非子的思想来理解道家思想，他说：“凡周秦解故之书，今多亡佚，诸子尤寡。《老子》独有《解老》、《喻老》二篇。后有说《老子》者，宜据韩非为大传，而疏通证明之。其贤于王辅嗣远矣。《韩非》他篇亦多言术，由其所习不纯。然《解老》、《喻老》未尝杂以异说，盖其所得深矣。”尽管他认为《韩非子》其他篇

① 严复《与熊纯如书》，见王栻主编《严复集》，中华书局1986年版，第620页。

② 转引自刘仲华《清代诸子学研究》，第257页。

③ 章太炎《太炎先生自订年谱》，载中国科学院历史研究所第三所编《近代史资料》1957第1期，科学出版社1957年版，第117页。

④ 章太炎《葑汉微言》，载汤志钧编《章太炎政论选集》，中华书局1977年版，第734页。

章不纯，然而认定《解老》、《喻老》最能体现老子思想，已然在不经意间站在韩非子的立场来诠释老子，因此，某种意义上可以说，《原道》与其说是阐释道家思想之作，莫若说是阐释韩非子思想的经典文献。在“不尚贤”、“前识”问题上，章太炎均以韩非子之观念来分析老子思想，尤其指出“尚贤”之弊在朋党争权，并借此批评远西立宪之政，盛赞“老子、韩非所规深远矣”①。正因如此，章太炎才能正确理解法家之思想特质：“夫法家者，辅万物之自然，而不敢为，与行己者绝异。”②

然而，章太炎并非完全认可韩非子之学，尤其在如何处理政府与个人的关系问题方面，他运用庄子“齐物之论”的思想阐述“并行而不害”的多元、包容理念，强调政俗相分，各有畛域。“政”之整齐划一不应过分压制和干涉“俗”之多元和谐：“党得庄生绪言以自饬省，赏罚不厌一，好恶不厌岐；一者以为群众，岐者以优匹士。因道全法，则君子乐而大奸止。”在此意义上，章太炎对韩非子的批评可谓切中要害，他说：

> 韩非虽《解老》，然佗篇娓娓临政为齐，反于政必黜，故有《六反》之训《五蠹》之诟。……然不悟政之所行与俗之所贵，道固相乏，所赏者当在彼，所贵者当在此。今无慈惠廉爱，则民为虎狼也；无文学，则士为牛马也。有虎狼之民、牛马之士，国虽治，政虽理，其民不人。世之有人也，固先于国。且建国以为人乎，将人者为国之虚名役也？韩非有见于国，无见于人；有见于群，无见于孑。政之弊，以众暴寡，诛岩穴之士。法之弊，以愚割智。

---

① 章太炎《国故论衡·原道上》，《中国现代学术经典·章太炎卷》，河北教育出版社1996年版，第103页。

② 章太炎《释戴》，《中国现代学术经典·章太炎卷》，第535页。

章太炎对韩非子的批评是十分深刻的。他并非如坊间学者那样简单地批评韩非子的政治思想流于惨刻无恩，所谓“政之所行”与“俗之所贵”的问题，强调政治治理与世俗生活之间的差异，不能以政治治理那套全面贯彻于世俗生活之中，应该给予世俗生活以适当的空间，这个空间中发生的很多事情是“法令所不能治”的。而他的思路，是在韩非子思想内部确立原则，并据此原则批评韩非子的过激政策主张：

> 且韩非言大体，固曰“不引绳之外，不推绳之内；不急法之外，不缓法之内”矣。（《大体》）明行法不足具得奸邪？贞廉之行可贱邪？“不逆天理，不伤情性。”（《大体》）人之求智慧辩察者，情性也。文学之业可绝邪？“荣辱之责，在于已，不在于人。”（《大体》）匹夫之行可抑邪？①

章太炎在义理层面对“韩非学”研究做出了巨大贡献，不仅对韩非子及其思想具有同情之理解，而且其批评亦非常深刻、到位，并非简单的意气用事或学派成见。正因如此，韩非子对章太炎本人政治理念的影响也就顺理成章。吕思勉在20世纪三十年代就指出：章炳麟“近于道家和法家”②，萧公权亦曾说，章氏“民权制度之理想近乎法家之商、韩”③。这些意见，都是非常中肯而贴切的。

晚清“韩非学”的另一个引人注目的特点就在于西学传入之后，思想界开始有人依据“西学中源”的思路将韩非子之法治观念与西方的法治思想相对比，借此化解内心的失衡从而维护一个民族的自

---

① 章太炎《国故论衡》，《中国现代学术经典·章太炎卷》，第109～110页。

② 吕思勉《中国政治思想史十讲》，《吕思勉遗文集》（下册），华东师范大学出版社1997年版，第91页。

③ 萧公权《中国政治思想史》，辽宁教育出版社1999年版，第806页。

尊。其中，尤以黄遵宪的观点为代表。他盛赞墨子之学，认为“余考泰西之学，其源盖出于墨子”，并由此指出墨子与韩非子之间的思想关联：“韩子之用墨，举其善而言之也。”并指出：“以余讨论西法，其立教源于《墨子》，吾既详言之矣，而用法类乎申韩，其设官类乎《周礼》，其行政类乎《管子》者，十盖七八。若夫一切格致之学，散见于周秦诸子者尤多。”① 这种观念在晚清时期非常普遍，诚如陈千钧所说：“晚清诸子学兴，商韩之尚法，又得西人法治之传入而更名高，且以为主张立宪，倡三权者；近则更以为独裁政治之良模矣。虽非韩子之善变，亦治韩者之善于应付环境也，岂足为韩子病哉。”②

“西学源于诸子说”中以先秦法家比附西方法治观念的做法，使原本被斥为“暴政”的法家“法治”，一夜之间又似乎与富强的西方“法治”平分秋色。而法家“法治”声名暴涨，又促使真正了解西学的有识之士出来澄清事实真相。严复认为，西方的法治是一种民主宪政基础之上的法治，而法家的法治是“专制之尤”，批评社会上流行的法家法治与西方法治混为一谈的观点：“或曰：如孟氏之说，则专制云者，无法之君主也。顾申、韩、商、李皆法家，其言督责也，亦劝其君以任法。然则秦固有法，而自今观之，若为专制之尤者，岂孟氏之说欤？抑秦之治固不可云专制欤？则应之曰：此以法字之有歧义，致以累论者之思想也。孟氏之所谓法，治国之经制也。其立也，虽不必参用民权。顾既立之余，则上下所为，皆有所束。若夫督责书所谓法者，直刑而已。所以驱迫束缚其臣民，而国君则超乎法之上，

---

① 黄遵宪《日本国志》卷三十二《学术志一》，天津人民出版社 2005 年版，第 777～779、801 页。

② 陈千钧《历代韩学研究述评》（续），《学术世界》1936 年第 1 卷 12 期。

可以意用法易法，而不为法所拘。夫如是，虽有法，亦适成专制而已矣。”① 清末“西学源于诸子说”的思潮，使得法家“法治”是一种“专制”的观点进一步在学术界得到强化。同时，戊戌变法以后，时局变换迫使清政府不得不实行新政，预备立宪。在此过程中，移植西方法律制度实行“以法治国”是其中一项重要内容。然而，固守儒家“德治”观念的保守势力因“导之以政，齐之以刑，民免而无耻”（《论语·为政》）的思维、担心中国采用西方新法将会重蹈先秦法家“惨礉少恩”（《史记·老子韩非列传》）的暴政流弊而反对“法治”。在此历史背景之下，为了顺利推行西方新法，近代著名法学家沈家本巧妙地将西方“法治”与法家“法治”做了理论切割，认为西方“法治”与先秦法家的“法治”存在本质区别，明确主张法家“法治”乃“实专制之尤”。他说：“或者议曰：‘以法治者，其流弊必入申韩，学者不可不慎。’抑知申韩之学，以刻核为宗旨，恃威相劫，实专制之尤。泰西之学，以保护治安为宗旨，人人有自由之便利，仍人人不得稍越法律之范围。二者相衡，判然各别。则以申韩议泰西，亦未究厥宗旨耳。”② 严复与沈家本对“韩非学”的“专制”定性，对于其后的研究者影响深远，至今依然余音袅袅，并未消歇。

纵观有清一代的“韩非学”，尽管在王霸并用观念的主导下，执政者有意或无意地关注韩非子之学，同时在救亡意识以及铲除弊政动机的刺激之下，韩非子之学得到了一定正面的肯定与评价。然而，这依然并未超越经学及儒家正统观念的笼罩，这不仅导致整个清代诸子

① 王栻主编《严复集》，第四册，中华书局 1986 年版，第 938～939 页。

② 沈家本《寄簃文存·法学名著序》，李光灿《评〈寄簃文存〉》，群众出版社 1985 年版，第 382 页。

学在清代中期依然局限在历史文献学及历史语言学的范畴之内，而且使得提倡诸子学及韩非子之学的声音始终无法上升为一种时代的主流，而仅仅是一种潜伏的暗流。此种情况在晚清时期有所改观，“韩非学”研究的现代色彩越来越浓厚。“西学中源”思潮以及中西学术对勘的研究思路提升了韩非子及先秦法家的思想地位。严复、沈家本对韩非子学说的“专制”定性，开启了“韩非学”研究领域的“启蒙”话语，日益成为20世纪的主要学术观点之一。经学笼罩、王霸并用、救亡意识、西学中源、启蒙话语，成为整个清代“韩非学”的突出特质，也为后进研究者提供了可供借鉴的学术观点与研究思路，影响可谓深远。

结　语

明清时期“子学”渐次复兴之思潮，既是思想层面对正统儒学侧重心性命理之反动，亦为时代背景与政治现实之映照，更是中国固有学术与外来观念相互激荡之产物。子学复兴之时代，也正是“韩非学”逐渐兴盛之时代。尽管明清时期之“子学”始终处于正统儒学笼罩之下，但是随着时代演进，“子学”之地位逐渐上升，“韩非学”研究亦越来越受到学人重视。探讨明清时期“韩非学”研究，既具学术史价值，又能在思想史脉络中清晰地看到韩非子思想发挥的历史作用，从而为中国古代“阳儒阴法”之统治结构寻找到一份具体而微之证据。某种程度上可以说，韩非子之学，与西方学术最为接近[1]，晚清时期“韩非学”在“西学中源”之思路下展开，并非偶然。

（作者单位：中国人民大学国学院）

① 赵汀阳认为：“法家可能是中国思想中唯一接近西方思路的理论。”参阅氏著《坏世界研究》，中国人民大学出版社2009年版，第157页。

略述民国时期的新子学研究

张 涅

中国的思想史，以晚周和民国时期最为灿烂，这是历史文化大转折的要求使然。晚周的思想，即诸子的思想，其诞生与该时代士人有充分表达和实践的可能性有关，也是殷周以来“天道”落实于“人道”后的思想发展的表现，可谓“人道”的具体展开。从《庄子·天下》开始，诸子的思想就被重视和研究，《天下》篇说“天下多得一察焉以自好”，“天下之人各为其所欲焉以自为方”，就是讲子学的兴起。至《汉书·艺文志》单列“诸子略”，《隋书·经籍志》合《汉书》的“诸子、兵书、数术、方伎之略”为“子部”，子学研究虽非显学，但已不绝如流。清中叶以后，西风狂飙，促进了中国政治理念和文化思想的再转折。有识之士志于民族的崛起，产生多向度的认识，其中又必然从先秦诸子思想中吸收营养。故而，晚清以来尤其民国时期的子学研究成果蔚为可观。这些研究呈现出不同于传统的特征，如罗根泽所言：“前者是由‘经’研‘子’，戴了‘经’的眼镜以看‘子’”；“后者是由‘西学’研究‘诸子’，戴了‘西学’的眼镜以看‘诸子’”①。其中贯彻了科学的精神，普遍运用逻辑分析和表述的方法，并往往借助西学的概念回答现代性的问题，可谓之“新子学”。我们现时代的政治文化建设中，先秦诸子的思想资源自然极为重要，而民国时期的“新子学”研究作为先导，可给予诸多启迪，故而不揣浅陋，试作略述。

一、“新子学”的著作概述

认识民国时期“新子学”研究的贡献，不妨先列述其重要的著作目录，由此即可以获得一个大概的了解。

所谓“新子学”著作，当然指与传统子学著作相对的研究成果。其特征主要有三：（1）研究范围包括传统上作为经学的《论语》、《孟子》；若讲儒家而不列入孔孟，则其为传统子学无疑。（2）整理和研究方法具有科学理性精神，要求系统性和逻辑性。（3）阐发思想意义时普遍引入西方哲学、政治学、教育学、经济学等理论概念。其中第二点最为根本，故而梁启超说：“文献的学问，应该用客观的科学方法去研究。”② 侯外庐《中国古代社会与老子》“序言”也说：“本书所采取的方法，是研究方法，不是叙述方法。本书所研究运用的智识是近代的，不是陈旧的。”③ 基于这个标准，许多继承清代学术方式、卓有学术贡献的著作未予列入。例如陶鸿庆《读诸子札

① 罗根泽《关于“诸子学”》，载宋洪兵编《国学与近代诸子学的兴起》，广西师范大学出版社2010年版，第9、第10。

② 梁启超《治国学的两条大路》，载《时事新报》“学灯”，1923年1月23日。

③ 侯外庐《中国古代社会与老子》，山西国际学社1934年版，第2页。

记》、于省吾《双剑誃诸子新证》、罗焌《诸子学述》、杨树达《老子古义》、陈柱《公孙龙子集解》、郎擎霄《老子集解》、梁启雄《荀子柬释》、陈启天《商君书校释》等。另外，初版于晚清的著作，即使对现代影响很大（如康有为《论语注》），也未加列入。孔教的著作，若干不乏理性分析，但整体上基于信仰，属于现代经学，故也不列入。为方便起见，列述分概论性著作和专门类著作两部分。①

（一）概论性著作

"新子学"概论性著作重要的有：王桐龄《儒墨之异同》（北京高等师范学校 1922），陈钟凡《诸子通谊》（商务印书馆 1925），周群玉《先秦诸子述略》（群众图书公司 1929），刘汝霖《周秦诸子考》（北平文化学社 1929），高维昌《周秦诸子概论》（商务印书馆 1930），金受申《稷下派之研究》（商务印书馆 1930），嵇文甫《先秦诸子政治社会思想述要》（开拓社 1932），陈清泉编《诸子百家考》（商务印书馆 1933），吕思勉《先秦学术概论》（世界书局 1933），蔡尚思《老墨哲学之人生观》（启智书局 1934 再版），王德箴《先秦学术思想史》（美吉印刷社 1935），钱穆《先秦诸子系年考辨》（商务印书馆 1935），毛起《诸子论二集》（浙江省立图书馆 1936），李源澄《诸子概论》（开明书店 1936），汪澄之《先秦社会思想小史》（平民书局 1937 再版），陶希圣《论道集（古代儒家）》（南方印书馆 1942），张寿镛《诸子大纲十二讲》（1944），冯友兰《儒家哲学及其修正》（中周出版社 1944），燕义权《儒家精神》（新中国文化社 1944），郭沫若《十批判书》（群益出版社 1945），杜守素《先秦诸子思想》（生活书店 1946），李相显《先秦诸子哲学》

① 下文所列未注版次的为初版。若干无出版单位，只标年代。出版具体日期不详的标"民国"。

(世界科学社 1946)，蒋伯潜编《诸子学纂要》(正中书局 1947)，蒋伯潜《诸子与理学》(世界书局 1947)，蒋伯潜编《诸子通考》(正中书局 1948)，杜守素《先秦诸子思想》(三联书店 1949)。

哲学史、思想史之类的著作，许多对于诸子思想有深入的介述，为“新子学”的重要组成部分，影响深远，故也列述。其中重要的有：谢无量《中国哲学史》第一编（中华书局 1916)，胡适《中国哲学史大纲》（商务印书馆 1919)，谢无量《古代政治思想研究》(商务印书馆 1923)，梁启超《先秦政治思想史》（商务印书馆 1923)，赵兰坪《中国哲学史》第一卷（上海国立暨南学校出版部 1925)，钟泰《中国哲学史》第一编（商务印书馆 1929)，刘麟生《中国政治理想》(商务印书馆 1929)，陶希圣《中国社会与中国革命》(新生命书局 1929)，孙其敏编《中国学术思想史》第二篇（世界书局 1932)，陶希圣《中国政治思想史》第三编（新生命书局 1932)，冯友兰《中国哲学史》第一篇（商务印书馆 1934)，王伯祥、周振甫《中国学术思想演进史》第二章（中国文化服务社 1935)，范寿康《中国哲学史通论》第一编（开明书店 1937)，侯外庐、杜守素、纪玄冰《中国思想通史》卷一（新知书店 1937)，蔡尚思《中国三大思想之比观》(启智书局 1934 三版)，梁启超《儒家哲学》(中华书局 1936)，杨幼炯《中国政治思想史》(商务印书馆 1937)，郭鼎堂《先秦天道观之进展》（商务印书馆 1936)，吕振羽《中国政治思想史》（黎明书局 1937)，侯外庐《中国古代思想学说史》(文风书局 1944)，萧公权《中国政治思想史》(重庆商务印书馆 1945)，郭沫若《青铜时代》(文艺出版社 1945)，以及顾颉刚等编《古史辨》(朴社 1926—1941）等。

（二）专门类著作

专门类研究中关于孔子及《论语》的最为可观，主要有：胡春林《春秋之孔子》（北京大学出版社出版部 1920），方铸《论语传》（桐城翰宝斋 1922），齐树楷《论语大义》（北京四存学校 1924），唐文治《论语大义》（吴江施肇曾醒园 1924），葛琨《孔子教育哲学》（1925），王治心《孔子哲学》（国学社 1925），罗运炎《孔子社会哲学》（上海美以美书报部 1926），贾丰臻《论语》（商务印书馆 1929），蔡尚思《孔子哲学之真面目》（启智书局 1930），王小航《读论随笔》（卫经社 1930），温裕民《论语研究》（商务印书馆 1930），钱穆《论语要略》（商务印书馆 1930），杨大膺《孔子哲学研究》（中华书局 1931），张昌圻《洙泗考信录评误》（商务印书馆 1931），汪震《孔子哲学》（百城书局 1931），唐大圆《论语释要》（东方文化集思社 1931），徐蘧轩《孔子生活》（世界书局 1932 三版），范皕诲《演孔：麈笔双挥戊集》（上海青年协会书局 1933），余家菊《孔子教育学说》（中华书局 1934），江希张《论语新编》（商务印书馆 1935），赵正平《半部论语与政治》（新中国建设学会 1936），王向荣《论语二十讲》（中华书局 1937），车铭深《论语与儒家思想》（商务印书馆 1938），王向荣《论语要义》（中华书局 1939），马璧《孔子思想的研究》（世界书局 1940），袁安定《论语与做人》（世界书局 1940），廖竞存《大哉孔子》（商务印书馆 1941），李慎之《论语兵学》（军学编译社 1941），陈训正《论语时训》（1941），王恩洋《孔子学案》（东方文教研究院 1943），程树德《论语集释》（国立华北编译馆 1943），余家菊《论语通解》（中华书局 1944），邢振基《孔子遗教要义》（1945），陈媿盦《孔子哲学》（华芳印务局 1946），马云声《孔子和老子的政治思想》（海风出版社 1946），陈希为《汇选论语读本》（百宋印刷局 1946），石永楙《论语正》（平石氏求际斋 1946），杨荣国《孔墨的思想》（生活书店 1946），王禹卿《孔子传》（商务印书馆 1946），徐赓陶《孔子的民主精神》（南宾印刷公司 1947），杜任之《孔子论语新体系》（复兴图书杂志出版社 1948)，赵纪彬《古代儒家哲学批判》（中华书局 1948)，刘光宇《论语新考》（世界书局 1948)，王守直《孔子的经济理论》(民国)。

另外，关于《孟子》重要的有：陈顾远《孟子政治哲学》(泰东书局 1924)，王治心《孟子研究》（群学社 1928)，郎擎霄《孟子学案》(商务印书馆 1928)，缪天绶《孟子》(商务印书馆 1930)，罗根泽《孟子评传》(商务印书馆 1932)，罗根泽《孟子传论》(商务印书馆 1932)，董其慧《孟子经纬》（中华印刷局 1935)，余家菊《孟子教育学说》（中华书局 1935)，王缁塵《孟子读本》（世界书局 1936)，胡毓寰《孟子事迹考略》（正中书局 1936)，杨大膺《孟子学说研究》，马绍伯《孟子学说底新评价》(国民图书出版社 1943)，赵正平《孟子新解》(国立上海大学出版部 1944)，温晋城《孟子会笺》(正中书局 1946)，胡毓寰《孟学大旨》(正中书局 1947)，钱穆《孟子研究》(开明书店 1948)。

关于《孙子兵法》重要的有：蒋百里《孙子新释》(《庸言》杂志第 5 号 1914)，蒋方震、刘邦骥《孙子新释》(1915)，蒋方震、刘邦骥《孙子浅说》(大中书局 1930)，许有成《孙子与现代》(健社 1932)，公羊寿《孙子兵法哲理研究》（国光印书局 1933)，吴石《孙子兵法简释》（兵学研究会 1936)，李浴日《孙子兵法之综合研究》(商务印书馆 1938)，钱基博《孙子十三篇章句训义》（精忠柏石室 1939)，李则芬《以孙子兵法证明日本必败》(生活书店 1939)，吴鹤云《孙子兵法新检讨》（上饶战地图书出版社 1940)，陈华元《孙子新诠》(商务印书馆 1940)，徐容溥《孙子表释》（兵学书店 1940)，陈启天《孙子兵法校释》（成都国魂书店 1941)，萧天石《孙子战争理论之体系》(大江出版社 1942)，杨杰《孙武子》(胜利出版社 1944)，郭化若《白话解释孙子兵法》（八路军军政杂志社 1944)，张廷灏《从孙子兵法研究做事方法》（中周出版社 1945)，李浴日《孙子新研究》（世界兵学社 1946），饶中文《运用孙子兵法新义》（1947）。

关于《老子》重要的有：缪尔纾《老子新注》（新文化书社 1923 再版），程辟金《老子哲学的研究和批评》（民智书局 1923），郎擎霄《老子学案》（大东书局 1926），陈柱《老学八篇》（商务印书馆 1928），王力《老子研究》（商务印书馆 1928），许啸天《老子》（群学社 1930），陈柱《老子与庄子》（商务印书馆 1931），孙思昉《老子政治思想概论》（商务印书馆 1931），陈柱《老子与庄子》（商务印书馆 1931），贝琪《老庄哲学研究》（1932），侯外庐《中国古代社会与老子》（山西国际学社 1934），钱基博《老子道德经解题及其读法》（大华书局 1934），陈柱《阐老》（北流陈氏十万卷楼刊本 1935），胡哲敷《老庄哲学》（中华书局 1935），朱芾煌《老子述记》（商务印书馆 1936），蒋锡昌《老子校诂》（商务印书馆 1937），王恩洋《老子学案》（佛学书局 1938），陈柱《老子韩氏说》（商务印书馆 1939），历劫余生《老子研究与政治》（中国图书杂志公司 1939），马萌良《老子新诂》（1941），陈梦家《老子分释》（商务印书馆 1945），张纯一《老子通释》（商务印书馆 1946），张默生《老子章句新释》（东方书社 1946），大同《老子哲学》（大法轮书局 1947），金声《老子哲学之研究》（松涛出版社 1948）。

关于《庄子》重要的有：章炳麟《齐物论释》（1915），苏甲荣《庄子哲学》（大东书局 1923），赵思治等《读庄子》（东陆大学 1924），沈德鸿《庄子》（商务印书馆 1926），顾实《庄子天下篇讲疏》（商务印书馆 1928），郎擎霄《庄子学案》（商务印书馆 1934），朱文熊《庄子新义》（无锡国学专修学校 1934），叶国庆《庄子研究》（商务印书馆 1936），蒋锡昌《庄子哲学》（商务印书馆 1937），王治心《庄子》（群学社 1939），石永楙《庄子正》（茌平石氏 1945），曹受坤《庄子哲学》（知士居 1948）。

关于《墨子》重要的有：尹桐阳《墨子新释》（衡南学社1914），伍非百《墨辩解故》（中国大学晨光社1921），梁启超《墨子学案》（商务印书馆1921），伍非百《墨辩论文集》（1923），张纯一《墨学分科》（1923），张纯一《墨子与景教》（1923），郎擎霄《墨子哲学》（1924），胡韫玉《墨子学说》（国光书局1924），陈顾远《墨子政治哲学》（泰东图书局1925），支伟成《墨子综释》（泰东书局1925），王治心《墨子哲学》（宜春阁1925），熊梦《墨子经济思想》（志学社1925），栾调甫《墨辩讨论》（1926），许啸天编《墨子考证》（群学社1926），孙思昉《墨学通论》（1927），陈柱《墨学十论》（商务印书馆1928），蒋维乔《墨子哲学》（1928），陈柱《杨墨哲学》（商务印书馆1928），蒋竹庄《杨墨哲学》（商务印书馆1928），谭戒甫《墨经易解》（1929），胡怀琛《墨子学辨》（国学会1929），唐敬杲《墨子》（商务印书馆1930），钱穆《墨子》（商务印书馆1931），伍非百《墨子大义述》（新亚会1933），卫聚贤《墨子研究五篇》（商务印书馆1934），梁启超《子墨子学说》（中华书局1936），顾惕生《墨子辩经讲疏》（民生印书馆1936），方授楚《墨学源流》（中华书局1937），蒋维乔《墨经哲学》（正中书局1937），吴雷川《墨翟与耶稣》（青年协会书局1940），宗真甫《墨学与抗建》（1940），杨宽《墨经哲学》（正中书局1942），王新民《墨家哲学新探》（福建协和大学中国文化研究会1943），张默生《墨子精选读本》（东方书社1945），陆世鸿《墨子》（中华书局1947）。

关于《荀子》重要的有：冯振《荀子性恶篇平议》（1923），胡韫玉《荀子学说》（1923），陶师承《荀子研究》（大东书局1926），陈登元《荀子哲学》（商务印书馆1928），杨筠如《荀子研究》（商务印书馆1931），冯振心《荀子讲记》（1931），叶绍钧《荀子》（商务印书馆1932），陈柱《阐荀》（北流陈氏十万卷楼1935），余家菊

《荀子教育学说》(中华书局 1935),陈大膺《荀子学说研究》(中华书局 1936),杨大膺《荀子学说研究》(中华书局 1936),王遽常《荀子要诠》(1936),梁启超《荀子正名篇》(1936),刘子静《荀子哲学纲要》(商务印书馆 1938),谭正璧《荀子读本》(中华书局 1949)。

关于《韩非子》及法家重要的有:谢蒙《韩非》(中华书局 1916),夏忠道《韩非子法意》(青年协会书局 1927),李之熙《先秦法家概论》(北京朝阳大学 1928),张陈卿《韩非的法治思想》(文化学社 1930),陈柱《阐韩》(北流陈氏十万卷楼刊本 1935),王世琯《韩非子研究》(商务印书馆 1936),陈启天《韩非及其政治学》(独立出版社 1940),陈启天《韩非子校释》(中华书局 1940),洪嘉仁《韩非的政治哲学》(正中书局 1941),容肇祖《三晋法家的思想》(史学书局 1944),曹谦《韩非法治论》(中华书局 1948)。

其他重要的有:陈此生《杨朱》(商务印书馆 1930),顾实《杨朱哲学》(东方医药书局 1931),唐敬杲《管子》(商务印书馆 1926),章炳麟《管子余义》(浙江图书馆 1917—1919),梁启超《管子传》(中华书局 1936),黄汉《管子经济思想》(商务印书馆 1936),戴浚《管子学案》(正中书局 1949),俞寰澄《管子之统治经济》(中华书局 1944),罗根泽《管子探源》(中华书局 1931),章行严等《名学稽古》(东方杂志社 1923),伍非白《公孙龙子发微》(民国),金受申《公孙龙子释》(商务印书馆 1930),张怀民《公孙龙子斠释》(商务印书馆 1937)等。

以上列述不免漏失,但是据此已足以证明民国时期“新子学”研究成果卓著。我们现时代的诸子学研究只是接着民国讲而已。

二、“新子学”研究的贡献

因为印刷术和出版业的发达，民国时期“新子学”的研究著作数量甚大。假如没有战乱的影响，当更加惊人。当然，这一阶段最重要的贡献是在观念和方法上的创新：即吸收了西方哲学的思想方式，从现代政治文化建设的需要出发做再整理和阐述的工作。故而，其在两千多年的子学史上有着里程碑性质的意义，可以称为“新子学”。其具体的贡献可以从范畴界定、整理考释和思想阐释三个方面来认识。

（一）子学范畴的新界定

在传统认识中，子学作为一个学术思想概念与经学相对。经学是解释和宣传统治阶级思想的学问，李源澄说：“经学者，统一吾国思想之学问。未有经学以前，吾国未有统一之思想。经学得汉武帝之表彰，经学与汉武帝之大一统政治同时而起。”① 子学则是士人的独立思考，其中可能为经学的补充，如《汉书·艺文志》所言“亦六经之支与流裔”；但更多为经学的歧出和批判。《汉书·艺文志》设“六艺略”外又列“诸子略”，经学与子学的概念已泾渭分明。至南宋“十三经”形成，《孟子》也划为经学，子学研究的范围也确定下来。民国时期承自传统的子学著作都遵循这样的模式，其中的差异，只是有的依据《汉书·艺文志》把《孟子》认作子学。例如罗焌《诸子学案》、陈柱《诸子概论》，在“儒家”中没有孔子。张寿镛《诸子大纲》讲“儒家”，专论荀子。陈曾则《周秦诸子学讲义》，

① 李源澄《经学通论》，华东师范大学出版社2010年版，第4页。

儒家从“孔子弟子之学”开始讲起。张纯一《评注诸子菁华录》、张永济《周秦诸子选粹》、张文治《诸子治要》等也不录《论语》语录。陶庆鸿《读诸子札记》、于省吾《双剑誃诸子新证》不涉及《论语》、《孟子》。而“新子学”的研究，则无一例外地把《论语》、《孟子》包括在内，讲儒家必始于孔子。他们的争议，在于是否以孔子为子学思潮的开启者[①]。杜守素曾说：“把孔子放在诸子的开端，在今天大概没多少人会反对罢。……把他看做诸子学的开山者，从学术的观点看来是合理的；因为孔子确是把官学变成私学的第一人，可以当之而无愧。”[②] 显然，把《论语》、《孟子》划入子学研究范畴是“新子学”的明显特征。

毫无疑义，这个新界定具有巨大的历史意义。把《论语》、《孟子》划入子学，即认为孔孟的思想与两千余年的统治阶级的思想不同，具有超越的意义。孔子生活的春秋晚期已经礼崩乐坏，传统的社会政治体制不能适应小农业文明时代的要求。面对这样的形势，孔子思考重建新文化、新秩序的问题，即“吾其为东周乎”（《论语·阳货》）。他发现了西周礼乐制度中内含的“仁”的意义，从而强调血缘亲爱在满足个人的生活需要、维设家庭乃至社会的关系的根本意义。这个思想是孔子儒家在汉以后成为上层建筑和意识形态的根本原因。但是，从本源上讲，其仅仅是春秋末至战国时期广泛思考讨论的一部分，孔孟确实为诸子中的成员。汉武帝独尊儒术，随后《论语》、《孟子》又被尊为经学，乃出于大一统政治的需要，自然有历史的合理性。因为在小农业文明的时代，家庭是社会的基本单位，家族社会是国家的基层形式，家庭、家族都由血缘关系构成，因此讲血

---

① 参见拙作《先秦诸子思潮的开启》，《诸子学刊》第七辑，上海古籍出版社 2012 年版。

② 杜守素《先秦诸子思想》“绪言”，生活书店 1946 年版，第 1 页。

缘亲爱、等差和谐的孔子思想最为重要，其成为宣介统治阶级思想意识的经学也就自然而然。但是众所周知，董仲舒的儒术承传于荀子又偏离了荀子的思想本旨，而荀学融法入礼，批判吸收了先秦诸子的诸多思想因素，已经从大一统时代的需要出发改造了孔子思想。后来的程朱理学、陆王心学，也难以说是孔孟思想的全部。因此，在经学进入历史博物馆的时候，把曾奉为经学的孔孟思想解放出来，恢复其原本作为社会政治思想探索者的先秦诸子成员的身份，并挖掘其原始旨意，自然理所当然。

（二）整理考释的科学方式

先秦诸子著作的整理注释自汉代已经开始，清中叶后成为显学，但是其工作模式承自于经学范式，如许维遹言：“旁及诸子，亦循此术。”（《吕氏春秋集释自序》）故而重家法，疏不破注，以保存师说、继承古训为本。这种整理方式往往“校注溷杂，体例未善”（黄以周《〈意林〉八校本叙》）。到民国时期，受西方科学理性精神的影响，整理考释普遍有客观性、逻辑性的自觉。如郎擎霄《老子学案》“自序”说：“整理古书之方式多采取科学的方法，摘其精华，去其糟粕，多从客观上评判，非就主观法审定，还彼本来之面目之真价值耳。”①《庄子学案》“凡例”说：“本书不过以科学方法，就庄子学说，为有系统之研究。”② 有了这种自觉，其整理考释成果自然承于清儒而高于清儒。这可以《论语》的注释为例。

《论语》的注释，汉代重训诂，以何晏《集解》为代表；宋代重义理，以朱熹《集注》影响深远。到了清后期，融通成为潮流，但是其多为简单排比，依然为家法所约束。例如黄式三《论语后案》，

① 郎擎霄《老子学案》，大东书局 1926 年版，第 1 页。

② 郎擎霄《庄子学案》，商务印书馆 1934 年版，第 1 页。

李慈铭称："不专主汉、宋，而悉心考据，务求至当。其诠释义理，亦深切著明，绝去空疏诘屈之谈。于经文之异文古字，皆随文附注，近世汉学诸家之说，采录尤多。"① 其体例先具录何晏《集解》，再具录朱熹《集注》，最后加入自己的"后案"，虽不乏卓见，但原则和方式依然拘于传统。再如刘宝楠《论语正义》，被认为是《论语》旧注中的集大成之作，其采纳众家之说，大量吸收前人成果，但体例也是引述排比，详考名实，匡正漏误。与此相比较，民国时期出版的程树德《论语集释》，不但引录宏富（采古注二百种，引古书六百八十种），而且对材料作了逻辑处理，分"考异"、"音读"、"考证"、"集解"、"唐以前古注"、"集注"、"别解"、"余论"、"发明"、"按语"十类。如此，既保存了朴学传统，又用现代逻辑方法归类分述，体例已显然不同。这种方式也更显示整理者的功力，方便后学。刘娟说："刘宝楠《论语正义》显然是一部传统体例类型的著作，而程树德《论语集释》却集中中西方学术思想，另作一体。"② 当为合理。

对于诸子作者、文本等的考释历代都有，宋濂《诸子辩》、姚永朴《诸子考备》以及纪昀主编《四库全书总目提要》等都有贡献，但是民国时期的考释在材料处理上更注重客观性、系统性，更有科学精神。刘汝霖曾说过："我考证诸子的方法，是先把材料搜集一处，然后用以下五种方法分析或组合，以期得到'怎样?''为什么?'两个目的。"③ 其"五种方法"指"线索"、"关键"、"对比"、"递推"、"假定"，都要求有客观态度和逻辑精神。这方面的代表作当推钱穆的《先秦诸子系年考辨》。这部著作以《纪年》考订《史记》，

---

① 李慈铭《越缦堂读书记》，上海书店出版社 2000 年版，第 127 页。

② 刘娟《〈论语正义〉与〈论语集释〉比较研究》，华中师范大学硕士毕业论文，第 14 页。

③ 刘汝霖《周秦诸子考》，北平文化学社 1929 年版，第 16 页。

证述诸子的年代行事，运用了传统的本证、旁证、理证、存疑等方法，探本寻源，宏博会通；其中最具特质的也是系统性、逻辑性的表述。他在自序中说道：“盖昔人考论诸子年世，率不免于三病。各治一家，未能通贯，一也。详其著显，略其晦沉，二也。依据史籍，不加细勘，三也。惟其各治一家，未能通贯，故治《墨》者不能通于《孟》，治《孟》者不能通于《荀》。自为起迄，差若可据，比而观之，乖戾自见。余之此书，上溯孔子生年，下逮李斯卒岁。前后二百年，排比联络，一以贯之。如常山之蛇，击其首则尾应，击其尾则首应，击其中则首尾皆应。以诸子之年证成一子，一子有错，诸子皆摇。用力较勤，所得较实。此差胜于昔人者一也。惟其详于著显，略于晦沉，故于孔、墨、孟、荀则考论不厌其密，于其他诸子则推求每嫌其疏。不悟疏者不实，则实者皆虚。余之此书，一反其弊。凡先秦学人，无不一一详考。若魏文之诸贤，稷下之学士，一时风会之所聚，与夫隐沦假托，其名姓在若存若亡之间者，无不为之缉逸证坠，辨伪发覆。参伍错综，曲畅旁达，而后其生平出处师友渊源学术流变之迹，无不粲然条贯，秩然就绪。著眼较广，用智较真。此差胜于昔人者二也。而其精力所注，尤在最后一事。前人为诸子论年，每多依据《史记·六国表》，而即以诸子年世事实系之。如据《魏世家》《六国表》魏文称侯之年推子夏年寿，据《宋世家》及《六国表》宋偃称王之年定孟子游宋是也。然《史记》实多错误，未可尽据。余之此书，于先秦列国世系，多所考核。别为《通表》，明其先后。前史之误，颇有纠正。而后诸子年世，亦若网在网，条贯秩如矣。寻源探本，自无踵误袭缪之弊。此差胜于昔人者三也。”虽然学无止境，先秦学术又特别为史料缺失所困，若干识断不免有误，但是其客观、系统的精神表露无遗。陈寅恪评价冯友兰《中国哲学史》时曾说“联贯综合之搜集，及统系条理之整理”①，誉之此书也极妥帖。

留存下来的诸子著作大多形成于汉晋时期，编纂缺乏系统逻辑性，因此民国时期的学者还往往据文本篇章意义重加分类整理。例如关于《墨子》，梁启超分为五大类：(1)《亲士》等7篇；(2)《尚贤》等25篇；(3)《经上》等6篇；(4)《耕柱》等5篇；(5)《备城门》以下11篇。张默生《墨子精选读本》则分为“墨子言行之部”、“墨学概要之部”、“墨学中坚理论之部”、“墨辨之部”四编。在选编诸子著作时，也往往以主题形式组织篇章，从而使其呈现出思想的系统性。例如关于《论语》，江希张编注《论语新编》分“为人(上)”、“为人（下）”、“为学”、“为政”、“模范”五篇。贾丰臻选注《论语》，分为“教学篇”、“伦纪篇”、“仁篇”、“德行道艺篇”、“德治篇”、“情文篇”、“观人篇”、“孔子言行篇”八部分。陈希为选释《汇选论语读本》，拟定“学”、“好学”、“学与年”、“道德”、“仁”、“问仁”、“礼”、“恕”、“信”、“言行”、“思虑”、“好恶”、“改过”、“自省”、“父母兄弟”、“孝弟”、“问孝”、“师友”、“君子”、“君子小人”、“贫富”、“言志”、“伐颛臾”23条标题。这些工作不一定都逻辑严密，但显示出逻辑系统的意愿是肯定的。

（三）转于西学的思想阐释

“新子学”的最大成就在于思想阐释方面，而其中几乎无一不是受西方学术思想影响而成。严复曾说“转于西学得识古之用”（《译〈天演论〉自序》），这在“新子学”的研究领域中是自觉的认识。例如冯友兰《中国哲学史》，上篇“子学时代”讲先秦诸子思想，即遵循西方哲学的路数，把哲学分为宇宙论、人生论、知识论三部分。

---

① 陈寅恪《冯友兰〈中国哲学史〉审查报告》，载《陈寅恪集》，三联书店2001年版，第285页。

他认为西方哲学三部分都发达，而中国哲学重人事，重内圣修养，不重知识论，对宇宙本体的研究也较简略，除了昙花一现的名家外都不重视逻辑，因此建立起来的哲学体系最注重人生论，其次宇宙论，很少阐述知识论。再如郭沫若著《十批判书》，明言“采取的是历史唯物主义的立场”①。李相显《先秦诸子哲学》自序也说：“我作此书，完全抱客观的态度，用逻辑及解析的方法，以研究各哲学大师底哲学理论，而叙述其哲学系统。”②

有关诸子的专论也是如此，普遍吸收了相关的西学概念，来阐述其现代意义。例如关于老子思想的研究，严复《老子评点》联系到西方的进化论、科学思想等，刘师培吸纳了西方的“民约论”，孙思昉《老子政治思想研究》分“本体论”、“无为论”、“民本论”、“相对论”等方面，金声《老子哲学之研究》注重“宇宙观”，讲“循环法的法则与相对论的法则”③，缪尔纾《老子新注》释“道可道”章说：“本章则尤为其纲要，哲学上之‘本体论’、‘名相论’、‘作用论’三部全摄于此。”④ 这些都是借西学的眼睛再认识《老子》。

再如《墨子》，唐敬杲说：“墨子之学，在我国古代学术界中，实最多科学实验之精神者。”⑤ 支伟成《墨子综释》论及“墨子经济学”，阐述消费论、人口论、价值论；论及“墨家科学”，包括物理学、力学、光学、心理学等。顾惕生《墨子辩经讲疏》另强调其“乃世界最古之逻辑宝典”⑥。胡怀琛《墨子学辨》另“从哲学方面

① 郭沫若《十批判书》“改版后记”，人民出版社1954年版，第437页。

② 李相显《先秦诸子哲学》，北平世界科学社1946年版，第1页。

③ 金声《老子哲学之研究》，松涛出版社1948年版，第6页。

④ 缪尔纾《老子新注》，新文化书社1923年再版，第1页。

⑤ 唐敬杲《墨子》，商务印书馆1930年版，第11页。

⑥ 顾惕生《墨子辩经讲疏》，至诚山庐1936年版，第1页。

辨证”，“从科学方面辨证”，“从哲文学方面辨证”[1]。显然，这些研究的范畴有异，具体观点也不尽相同，但转于西学的视角无异。

从这样的观念形式出发，研究的成果自然焕然一新。《荀子》、《墨子》、《公孙龙子》因为在清中叶后才受到重视，成果之殊不必言。《论语》、《孟子》、《老子》、《庄子》等历代注释汗牛充栋，但是民国以后的研究也别开生面。即使如《孙子》研究，曹操以后一直受重视，也是至民国初期蒋百里著《孙子新释》，系统运用西方近代的军事理论后，才开拓了新领域，具有了现代军事科学的内核。杨杰《孙武子》论其“国防思想”，李浴日《孙子兵法之综合研究》概括为“先知原理”、“计划原理”、“自然原理”、“求己原理”、“全存原理”、“主动原理”、“利动原理”、“迅速原理”、“秘密原理”、“变化原理”[2]，即是代表性的成果。

三、“新子学”研究的缺略

民国时期的子学研究进入了一个新的阶段是客观存在的事实，其必然在中国思想史上占有重要的地位。当然，由于时期太短，又受到战争环境的影响，更主要的是还处于转折过程中，不免有诸多缺略。那种西学视阈下的子学研究，就比较普遍地存在断章取义、简单比附、割裂诸子原有的血脉等问题。唐君毅曾说：“民国以还，西方之哲学、社会科学日益输入，而言诸子者更几乎无不以中西之思想较论，其中固多以参证而会通者，然持其先入之见，美之曰执假设以求

① 胡怀琛《墨子学辨》，国学会1929年版。

② 李浴日《孙子兵法之综合研究》，长沙商务印书馆1938年版，第13页。

证，摘零篇断句以相附会者，遂不可胜数。”① 而且，若干观点还过于牵强，或过分拔高。例如沈德鸿曾说：“庄子的政治思想极近于近代的无治主义（即无政府主义）。”② 陈启天说：“《韩非子》一书，为中国古代政治哲学名著，其价值实不下于亚里士多德之政治学。”③ 在今天看来，显然不尽妥帖。

自然，这类缺略是发展过程中的一步，也可谓这一阶段的特征，后人不宜苛求。不过要真正实现“新子学”之“新”，应该自觉认识到这类问题。这里需要认识人类文化发展的规律，从现代文明的要求出发，摆脱传统思维形式的牵制。其中最基本的是认识到“人”的发展的两个关节点：一个是群体的“人”从“天”中独立出来，人类社会自存自为，不再在“天”、“神”的管辖下；另一个是个体的“人”的普遍自觉，个体作为社会群体的基本单位成为常识。在中国历史上，前者约在殷周时期，后者则在民国以后。由此可知，先秦诸子的思想必然基于群体的“人”的范式，其是“天人之分”（《荀子·天论》）后“人道”的具体展开；而民国以后的“新子学”研究有现时代的特定要求，宜以个体的“人”的自觉为基础，其思想范式、思维形式当与之前的诸子研究有质的不同。这应该是“新子学”的“新”之所在。从这一点看，“新子学”研究显然尚普遍存在缺略，我们至少在个体本位意识、多元价值观念、形而上思维形式等方面需要再作思考。

（一）个体本位意识的缺略

个体本位是现代文化的基本理念。爱因斯坦曾说：“让每一个人

① 唐君毅《李源澄诸子论文集序》，载李源澄《诸子概论》，华东师范大学出版社2010年版，第115页。

② 沈德鸿《庄子》，商务印书馆1926年版，第13页。

③ 陈启天《韩非子校释》，中华书局1940年版，第1页。

都作为个人而受到尊重。"① 哈维尔也说："个人权利高于国家权利。个人自由所构成的价值高于国家主权。"② 民国时期是新文化得以宣传广大的时代，反对封建礼教，倡导个性解放，正是那个时代激动人心的口号和实践，其中的"新子学"研究，自然宜以此为基本点之一。不过，从实际情形看，其尚未有如此的普遍自觉。学界更多地重视诸子思想对于现代社会建设的作用，没有去探究其中蕴涵的个体性因素的现代意义。他们或者以整体统摄个体，或者以个体逃避整体，而未曾去阐述个体本位基础上的社会意义。

例如关于《公孙龙子》，自梁启超用西方逻辑理论予以解读，提出"名即概念"说后，主流的认识落实在逻辑学范畴内。逻辑必然表现为一般，与理性以及社会整体相关。虽然有些学者注意到其中的个体感觉性的意味，如金受申说："《公孙龙子》之旨，殆欲表现'直观'。"③ 杜守素说："公孙龙通过感觉去分析'坚白石'。"④ 胡适也注意到其中的非逻辑性的特征，他说道："使公孙龙很感兴趣的另一个问题，是关于个性的问题。""这样，公孙龙就脱离了别墨的形式理论。"⑤ 但是也未阐述这种个体性与社会群体的关系，挖掘其中的现代性指向。

关于墨子思想的认识也是如此。不少学者以为墨子基于平民生活经验和愿望的立场，具有现代意义。例如陈启修曾说："墨子在政治

---

① ［美］爱因斯坦著，许良英译《我的世界观》，载《爱因斯坦文集》第三卷，商务印书馆1979年版，第44页。

② ［捷］哈维尔著，张钰译《论国家及其未来地位》，转引自《大学人文读本：人与世界》，广西师范大学出版社2002年版，第61页。

③ 金受申《公孙龙子释》，商务印书馆1930年版，第1页。

④ 杜守素《先秦诸子思想》，三联书店1949年再版，第95页。

⑤ 胡适著、翻译组译《先秦名学史》，学林出版社1983年版，第106页。

思想史所占的地位，拿现代的话说，是应归入社会主义者的范畴里。”① 这其实也是缺乏个体本位意识而对墨子的误读。从逻辑上讲，基于平民经验的立场，必然表现为由“下”至“上”的思维方式。由“下”至“上”即是由经验到理性，由个别到一般。所谓“下”，即经验和体验，只能是个别性的，那么由“下”至“上”的思维应该从个别认识出发，落实于个别意义去认识一般，并且由个别的归纳抽象而构成整体理性。如果这样的话，墨子思想无疑具有现代意义。但是，墨子却没有完成这一个质变，它的由“下”至“上”只是由类别到整体，而且依然以整体作为认识目标。在认识过程中，类别（类概念）是个体（经验）与整体（理性）之间的形态，假如认识目标在于整体，而类别又不是落实于个别意义，那么这种类别必然在整体的先验统摄下，就思维结果言，由类别到整体与由整体到类别没有质的区别。墨子虽然从自身个体出发，认识到传统的不合理性，但没有自觉地把个体作为认识的起点和终点。他的平民立场是平民这一类的立场，不是每一个平民的个别性经验的立场。认识到这一点，方可能客观评价墨子思想，从而合理地批判发展，但是可惜的是，该时期的学界主流未有这样的意识。

毫无疑义，诸子思想的本旨指向社会整体，即使如庄子的逍遥游，也并非只是自我个体的意愿，而是对于一般的人的生命意义的思考和描述。但是，这不是说其思想形式也是一般性的；相反，其形式往往是个体性的，与内容指向构成不统一性。这种不统一性，一方面影响了思想内容的逻辑系统性，以至现代认为其存在概念不明确、推论不严密的问题；另一方面，也构成了思想的张力，给予我们从形式的个体性入手阐述意义的可能性。例如关于《论语》，其思想的丰富

① 陈启修《叙墨子底政治哲学》，载陈顾远《墨子政治哲学》，泰东图书局1925年版，第6页。

性和多向性即与形式有关。《论语》的许多语录即人即事而言，属于个体片断经验的记录，孔子及其弟子等人的感情和思想表达往往以个体自我或个体对个体的形式出现，其原始意义只有与语录存在的具体语境和涉及的特定对象结合起来才能被客观地认识。这种个体不是典型创造、寓言寄托的人物，而是具体实在的、经验的，是特定时空的实践存在。这样的语录所包含的意义，原旨落实于特定的个体，随后因为指向的类别化、一般化而由个体扩展至社会一般。

再如关于《庄子》的研究。民国以来，对于庄子的自由精神有普遍的认识。例如秦毓鎏《读庄穷年录》说道："庄子者，负绝世之知而兼过人之情，处乱世而不自得，高言放论以自快其意者也。"①但是，学界主流注重思想内容的系统建构，不曾注意"内篇"的片断性以及片断组合构成的"卮言"形式。其实，据这种形式特征，可认识庄子非理性、非系统构架的一面，认识庄子个体性的生命形态与其涉及的一般性人生意义的关联。显然，诸子思想是天才的个体为每一个个体的生存意义和社会群体的历史可能作出的思考。汉以后从其时代的需要出发，落实于社会群体阐释诸子的思想内容，自然合理。但是民国时期，时代的需要发展了，宜应特别阐发诸子典籍中个体性的形式的意义，惜学界主流未曾重视。

（二）多元价值观念的缺略

价值的多元性也是现代社会文化的基本准则。所谓多元选择，既指不同个体的不同选择，还可能指同一个体在不同时间里的不同选择。威廉·詹姆士曾说："正因为这么多的经验结合似乎都是外部的，一种纯粹经验哲学才必须在本体论上趋向于多元论。""经验主

① 秦毓鎏《读庄穷年录》，载林庆彰主编《民国时期哲学思想丛书》第一编45册，台湾文听阁图书有限公司2010年版，第4页。

义本质上是一种镶嵌哲学，一种多元事实的哲学。”① 东周时期百家争鸣，对于社会政治和人生活动提出了各种认识，其本身就是一个多元选择的时代。汉武以后罢黜百家，独尊儒术，把孔子学说提升为“经”，造成了统治阶级的一统价值观，以至于民族思想萎缩，文化缺乏活力。显然，“新子学”的研究应该抛弃一统的价值观，倡导多元性。这是个体本位的必然，也是历史的经验教训。民国时期的“新子学”研究在介绍时能客观列述，但在价值意义的阐述时往往继承某一派而排斥其他各家，对于多元性缺乏足够的重视。现代新儒家、新墨家、新法家，这些对该时期社会政治产生较大影响的学派莫不如此。

例如现代新儒家，其以发扬儒学“道统”、接续宋明理学为己任，认为只有走以“内圣外王”为本、由内圣开出新外王的道路，才可以拓展中国文化精神，实现中国文化的现代化。故而贺麟说：“广义的新儒家思想的发展或儒家思想的新开展，就是中国现代思潮的主潮。”“儒家思想的命运，是与民族的前途命运、盛衰消长同一而不可分的。”② 新墨家学派则认为，墨家文化的“兼爱”、“尚贤”、“非攻”、“节用”等观点，体现着博爱、平等、民主、和平的思想，更合乎现代公民社会的需要，具有走向现代性的可能。如梁启超说：“杨学遂亡中国，今欲救之，厥惟墨学，惟无学别墨而学真墨。”③ 伍非白《墨子大义述》说：“大同传墨家之学，惟实行墨子之学者乃可

---

① ［美］威廉·詹姆士著、庞景仁译《彻底的经验主义》，上海人民出版社1965年版，第59、22页。

② 贺麟《儒家思想的新开展》，载贺麟等著《儒家思想新论》，正中书局1948年版，第1、2页。

③ 梁启超《子墨子学说》，载《饮冰室合集》（专集第十册），中华书局1936年版，第1页。

以实现之。”[①]“新法家”则以为20世纪的世界相当于“新战国”时代，战国时代法家的实践卓有成效，因此中华民族的复兴只要实践新法家的策略就可实现。故而陈启天说：“近百年来，我国既已入新战国时代之大变局中，将何恃以为国际竞争之具乎？思之，重思之，亦惟有参考近代学说，酌采法家思想，以应时代之需求而已。”[②] 这三种思潮各有思想角度，各有价值，但是假如以自我为唯一，否定其他，显然不符合现代文化和社会建设的需要。

有关个人的生活观也是如此，本应该有多元的选择；因为无论孔子、杨朱，还是庄子的思想，都有价值，假如适合某一个体的生活形态，即是合理的。孔子强调个人应该有社会理想并积极地参与其中，不怨天，不尤人，做自己想做的事，永远保持乐观的心态。他说：“人能弘道。”（《论语·卫灵公》）主张做一个有道德修养的人，为社会理想而努力。杨朱则倡导“贵己”（《吕氏春秋·审分览》），重视个人生命、个人利益的保有。他把“天下”和“人”对立起来认识，强调每一个人具有独立自存的价值，即以为“天下”的利益不等于个人利益，只有个人和天下的利益都得到重视和保障，全社会才能够安定。而庄子认为，社会上的一切都是个人之外的东西，对于个人言并非本质性、必然性的，个人的意义在于内心自我的体验和满足；而且所谓是非也是相对而言，并无客观标准和绝对价值。孔子、杨朱和庄子这三种观念，在现代社会中当可并存，但是民国时期的学界，大多执于一端，自以为是[③]。

---

① 伍非白《墨子大义述》，国民印务局1933年版，第200页。

② 陈启天《韩非子校释》，中华书局1940年版，自序，第2页。

③ 参见拙著《先秦诸子思想论集》，上海古籍出版社2005年版。

（三）形而上思维形式的缺略

先秦诸子的思想确实基于社会政治和人生意义的认识，他们的思想价值更多地体现在现实层面，即使庄子的“无为”，也是基于对现实政治和人生的无奈的认识。但是，在他们的背后，还是有“天”、“道”这些形而上的存在。“天”、“道”是一般性的认识，也是绝对性的信仰。它是社会政治和人生活动的意义所在，解释其中的合理性和绝对性。有了“天”、“道”，现实的政治和人生活动有了神圣性和长远的意义。故而老子讲“道可道，非常道”，墨子有“天志”，孔孟把道德修养与“天”联系起来。郭店竹简的“性自命出，命自天降”（《性自命出》），可谓人伦社会与天道契合的明确表白。

先秦诸子的时代已经过去了两千余年，其思想的具体所指不免有时代的特定性。我们对于其思想的吸纳自然更应该发挥形而上的思想，从而得到更深刻的认识，更合理的继承。冯友兰曾说：“把过去哲学史中的一些命题从两方面讲，分别其具体意义和抽象意义。”①他的抽象继承法即是形而上思维的一种形式。但是清季以来，多是功用性的考虑，民国“新子学”的主潮也不脱离这个范畴。陈柱尊的话可谓代表：“吾以谓今日欲复兴中国，莫急于复兴儒家之立诚主义，道家之知足主义，法家之法治主义，墨家之节用主义。”② 这些主义都与应用有关，属于表层的、局部的思想。

具体到各家思想研究，多有这样的缺略。例如孔孟儒家，其思想

① 冯友兰《中国哲学遗产的继承问题》，载赵修义等编《守道1957——1957年中国哲学史座谈会实录与反思》，上海人民出版社2012年版，第264页。

② 陈柱尊《中国复兴与诸子学说》，《复兴月刊》第一卷第十期，1932年。

本有形而上的存在，张岱年说过："天是人伦道德之本原，人伦道德原出于天。"① "天"、"道" 这些形而上的存在使先秦儒家思想具有超越时代的价值。但是民国时期的学人多忽略这一点。例如梁启超《儒家哲学》说："儒家哲学，范围广博，概括说起来，其用功所在，可以《论语》'修己安人'一语括之。其学问最高目的，可以《庄子》'内圣外王'一语括之。"② 贺麟在阐述儒家思想的新开展时强调："必须以西洋的哲学发挥儒家的理学"，"须吸收基督教的精华以充实儒家的礼教"，"须领略西洋的艺术以发扬儒家的诗教"；西洋的"哲学"、"基督教"、"艺术" 本有形而上的存在，但贺麟也仅仅在形而下层面展开，目标是"寻求智慧"、"规范行为"、"美化生活"，故而又明确说："哲学问题本文暂置勿论。"③

老子思想的形而上意味极浓，但是学界主流也更多地关注其社会政治的意义。例如郎擎霄《老子学案》说："老子哲学的根本观念，是在他之天道观念，其余人生哲学、政治哲学俱根据彼之天道观念而主张。因为凡成一位哲学家，彼苦心孤诣，目的不外求解决人应如何做人一个问题。故真正的哲学，仅在实行，不尚空谈。"④ 金声《老子哲学之研究》说："老子的哲学，无疑，是属于形而上的范畴。……不过他的思想的一部分——政治思想，却极富革命色彩，自值得我们去研究。"⑤ 从这两段话可见当时研究的一般意向和重点所在。

在诸子中，《公孙龙子》的内容相对独立于社会政治生活，其本

---

① 张岱年《中国哲学大纲》，中国社会科学出版社 1982 年版，第 181 页。

② 梁启超《儒家哲学》，中华书局 1936 年版，第 2 ~ 3 页。

③ 贺麟《儒家思想的新开展》，载《思想与时代》第一期，1941 年 8 月 1 日，第 13 ~ 18 页。

④ 郎擎霄《老子学案》，大东书局 1926 年版，第 35 页。

⑤ 金声《老子哲学之研究》自序二，松涛出版社 1948 年版，第 5 页。

身特别要求从纯学术的层面加以阐述。一些学者提升其历史地位，使名家与儒、道、墨、法四家并列，如张默生研究先秦各家哲学“凡五家：一儒家，二墨家，三道家，四名家，五法家。”① 但是意义阐释时，许多学者还是把它落实在形而下层面。例如顾实为张怀民《公孙龙子斠释》所作的序说：“名家之于政治，其关系尤至密切重大乎，然则《公孙龙子》一书，于先秦政治思想，有重大之价值。”② 胡适曾经说：“古代本没有什么‘名家’，无论哪一家的哲学，都有一种为学的根本方法。这种方法，便是那一家的名学。”③ 更明确取消了其在形而上自存的可能性。

显然，先秦诸子思想基于社会群体的思考，但是往往以天才个体的形式出现，可以与现代的个体本位意识相连接。诸子的争鸣，是基于对社会政治形态和个人生命意义的不同思考，其在那个时代的并存及由此产生的思想活力以及对中国历史文化的深远影响，都足以启示现代多元观念存在的合理性和必要性。而且，先秦时代已有“天”的信仰，诸子虽然关注现实层面的问题，但以“天”为价值的根本所在和判断的根据所在，由此发展，也容易创发形而上的思维。但是，民国时期对此尚未有普遍的自觉。这一些，应是我们在认识“新子学”时宜特别重视的问题。

（作者单位：浙江科技学院中文系）

---

① 张默生《先秦道家哲学研究》自序一，山东文化学社 1934 年版，第 16 页。

② 张怀民《公孙龙子斠释》，商务印书馆 1937 年版，第 1 页。

③ 胡适《惠施公孙龙之哲学》，载《名学稽古》，商务印书馆 1923 年版，第 19 页。

诸子学的现代转型
——民国诸子学的启示

陈志平

2012年10月22日方勇先生于《光明日报》国学版发表了题为《“新子学”构想》的长文，梳理了子学的历史发展脉络，探究了子学的未来发展趋势。该文发表后，在学界引起强烈反响，报刊、网络多有转载，华东师范大学先秦诸子研究中心亦组织了“新子学”研讨会，积极推进该问题的进一步深入探究。笔者有幸亲耳聆听导师方勇先生对“新子学”的见解，又参与了“新子学”研讨会，对“新子学”理论的高屋建瓴深感钦佩，为学界的热情参与感到由衷高兴。然欣喜之余，对部分问题仍心存疑惑，其起因主要是我对民国诸子学的关注，继而以民国诸子学的得失来反观当下的诸子学研究，总有几分似曾相识的感觉。历史过程的相似是否意味结局的相似，暂时还不得而知。如果我们重复老路，结果是不言而喻的；而如果我们处在螺旋式上升的第三阶段，将会进入一个全新的境地。

诸子学经历了两千多年的衰微，在清代中叶以后日渐复兴，至民国时，诸子学研究已蔚为大观，涌现了章太炎、梁启超、胡适、冯友兰、陈柱、江瑔、张尔田、孙德谦、罗焌、刘咸炘等一批研究诸子的大家，其中既有海外留学归来的思想界新锐，也有恪守传统四部之学的学界老辈。这批学人在面临西学冲击、传统转向现代的时代浪潮中，在诸子学研究的内容、方法上曾进行了积极探索，也有过激烈的论争，重新回顾这段历史，对今天的诸子学研究尤其是“新子学”的探究依然有启发借鉴意义。

在此，我们主要想谈三点：一是民国诸子学是如何向现代转型的，而“新子学”提出的背景是什么？二是诸子学和哲学的关系，“新子学”是“子学”还是“哲学”？三是诸子学的现实价值问题，诸子学能否复活？

一、子学的现代之路

一个口号或命题的提出，总是要针对一定的现实，在此，我想提一个简单而又显而易见的问题：“新子学”提出的背景是什么？或者说，为什么要在此时提出“新子学”？

按照有的学者的理解，“新子学”可以说是“新”子之学或“新”之子学，问题的关键是要有新思想。笔者想反问之：何代没有“新”子之学或“新”之子学？何代没有新思想？为何偏偏此时有“新子学”？

从思想史的角度看，先秦诸子百家思想活跃，充满了原创性，是中华民族思想的源头活水。然至汉代，“罢黜百家，独尊儒术”，继而外儒内法，王霸杂用。魏晋南北朝之玄学兴盛，庄子、老子大受重视。唐宋诸子不显，然韩愈创儒墨互用之说，苏轼因庄子而悟为文之道。明清诸子复兴，从以子证经，到以儒解子，再到子儒平等，通子致用[①]。每每在社会转折的关头，优秀的思想家或对传统子书重新阐

---

① 参罗检秋《近代诸子学与文化思潮》，中国社会科学出版社 1998 年版；刘仲华《清代诸子学研究》，中国人民大学出版社 2004 年版。

发，或另辟蹊径，自铸伟词。故历两千年，子书虽非学术主流，却一直未曾断绝。先秦诸子作为子学长河中的主流，从战国一直奔流而下，且自两汉以来，新产生的子书如杨雄《法言》、王充《论衡》、王符《潜夫》、荀悦《申鉴》、葛洪《抱朴》、刘勰《刘子》、萧绎《金楼子》、颜之推《颜氏家训》、王通《中说》……均作为支流汇入子学洪流，使之未曾干涸断流。所以说，何代没有新思想？

从目录学的角度看，子部也处在变动不居中。从《庄子·天下》到《荀子·非十二子》，诸子批评以人系派，从司马谈的“六家”到班固的“九流十家”，建立起学派框架，且诸子的派别还在逐步扩大。从《汉书·艺文志》到《四库总目提要》，子部部类一直在变化。值得注意的，西晋荀勖《晋中经簿》分群书为甲乙丙丁四部，其乙部相当于今之子部，包括“古诸子学家、近世诸子家、兵书、兵家、术数”。晋荀注意到诸子有古、近不同，即不同时代产生了不同的诸子著作，同时兵书、兵家、术数入子部，亦有别于《汉书·艺文志·诸子略》的分类。显然这是根据新的子书著作和新的目录分类思想做出的调整。即使同一学派内部，也会出现所隶之书不同的情况。如《墨子》，《汉书·艺文志》著录于墨家，后世因墨家衰微，书籍较少，不足单列门类，故自胡应麟《经籍会通》、黄虞稷《千顷堂书目》始，以墨子入杂家，后《四库总目提要》也承袭了这种做法。可见，无论是新的子学著作还是新的子学思想，在子学发展的历史中，一直是在产生。以为“新子学”就是“新”子之学或“新”之子学，均不足以揭示出“新子学”的内涵。

笔者认为，“新子学”是诸子学现代转化过程中非常重要的一步；它的提出，实际是为了进一步推进诸子学的现代转化，完成民国诸子学现代转化中没有完成的步骤，扭转现代转化中的种种偏差。

诸子学在清代中叶的复兴，其原因比较复杂，“但至少可以有如下两种看法：一、子书被引为经学考证之助，二、其义理价值被重新评估。”[1] 应该说，至清末，诸子学已经基本完成了它的地位确认问题。此一则学界公认治经必治子，因为先秦诸子比西汉经师更接近六经的年代，“（诸子）其书往往可以考论经义”（俞樾《诸子平议序》）。二则时人认为诸子与经义义理可通，所谓“六经既出于诸子，诸子亦可出于六经”[2]，所谓“无诸子而圣人之经尊，有诸子而圣人之道大”，不再将诸子作为“异端”[3]。这些为诸子学的全面发展奠定了基础。然何以民国时诸子学就能蓬勃发展，却是另有原因。在众多原因中，西学的刺激应该是最不容忽视的一个。

当西方的科技进入古老的中国，学人在震惊之余，其“下意识”反应是此为中华古已有之，以此减轻惊恐、自卑之感：

> 中国自有格致之学，惟不尚已久，故子书绝无所用[4]。子书者，格致之全书也，大则可以悟道，小则可以观物。……今果崇尚西学，则诸子之书将来必家置一编，较之经史尤首先推重。此气运之转，如五德之分王乎。余尝取而读之，如蜗角之国、蚊睫之巢，学者辄以为立言怪诞、涉笔成趣，无当正经学问。试扪一虱而以显微镜窥之，其大如牛，何有于蜗角之国、蚊睫之巢乎？即此二端，可见所言非污也。……析糠为舆已预为轮车张本，飞蓬知车寔先有气球

① 王汎森《章太炎研究》第二章《思想背景》，上海人民出版社2012年版，第26页。

② 江瑔《读子卮言》第二章《论诸子与经史集之相通》。

③ 孙德谦《诸子通考》。胡适曾评说自己的《中国哲学史大纲》：“我那本著作里至少有一项新特征，那便是我［不分‘经学’、‘子学’］把各家思想，一视同仁。我把儒家以外的，甚至反儒非儒的思想家，如墨子，与孔子并列，这在1919年［的中国学术界］便是一项小小的革命。”见唐德刚《胡适口述自传》，广西师范大学出版社2005年版，第207页。

④ 疑“绝”下脱“非”字。

大意，推而至于极大极小之物，皆有至理存焉。西人倡之，中人异之，继而思所以效之，而不知我中国之古人已先明言之。而多少通儒及大经济大作为之君相，竟不肯信而尚之、玩而得之，乃至于今日犹谓格致是西学，甚惜。①

伴随西方科技进来的，还有西方的各种思想，学人们再一次乞灵于传统典籍，尤其是先秦诸子，希望从中找到“模拟”、“格义”甚至“比附”、“雷同”的思想资源，于是我们看到：

《墨子》一书，开机器之先，悟重光之理，而宗旨尤在兼爱、尚同，矫叔世私竞之风，即宰我从井救人之仁。学儒者或过之，而西人乃师其意，以横溢五洲。……《庄》、《列》、《淮南》，宗旨大同，其蔽屣其身，尘埃其世，近佛理，亦近格致家之论地球恒星及万物质点。……若夫西国律例家，即古之法家。②

甚至，人们认为中国可与外国抗衡者唯有哲学：

周秦诸子比那欧洲、印度，或者难有定论；比那日本的物茂卿、太宰纯辈，就相去不可道里计了。日本今日维新，那物茂卿、太宰纯辈，还是称颂弗衰；何况我们庄周、荀卿的思想，岂可置之脑后?③

---

① 邵之棠辑《皇朝经世文统编·文教部·诸子》。

② 唐才常《治新学先读古子书说》。

③ 章太炎《东京留学生欢迎会演说辞》。罗根泽用一种调侃的语气表达了同样的看法：“清末打了几次败仗，证实了圣道王功的纸老虎，抵不了西洋的船舰枪炮，一时的所谓‘维新’之士，争先恐后地诵读流氓教匪所编译的‘西学’书。但是他们又为尊华卑洋观念所驱使，不肯整个儿投在洋人的怀里，自己没有可以摆架子的了，不能不想法在远祖的粪坑里找一些可以骄人的东西；经书的圣道王功是腐败的，不足以骄人，所以不能不发掘诸子的坟墓了。”见罗根泽为张默生《先秦道家哲学研究》所作的序，山东文化学社1934年版。

无论是从义理层面还是从实践层面，他们总是努力试图在传统典籍的世界里找到与西学的对接点。如邓实认为，诸子学所含义理，与西学多相通：

> 任举其一端，而皆有冥合之处；互观参考，而所得良多。故治西学者无不兼治诸子之学。①

而王淄尘的《儒家社会主义》甚至认为社会主义中华古已有之：

> 社会主义之一名词，虽产生在近三百年；但社会主义之理想，则自人类成立社会，及已有之。……中国古代言社会主义之理想者，以儒书中最多而亦最切。

王淄尘笔锋轻轻一转，即将儒学和当时最时髦的“社会主义”对接上了，作者继而提出面对当时危迫之乱局，必须变计：“变计如何？惟有力行社会主义而已。”在中国，行社会主义就是行古之道，因为：

> 夫孔孟儒书，固二千年来全国人士所奉为圣贤经训而不可移易者，今即将儒书中所陈社会主义之理论，抉而出之，使一般人士，共相切磋，知社会主义，并无新奇可怪之论，广而播之，使人皆知此主义即今日救死图生之唯一良药，服而苏之，亦犹行古之道也。②

从经学的附庸到经子互证，从对西学的格致（技术）比附到义理比附，民国的诸子学日渐兴盛，研究的著作、论文形式越来越和西方的学术规范相近。传统学术以笔记为主要载体，结论大于逻辑论证，讲求的是接受者的“自悟”，而新近的著作，谋篇布局自成体系，论点、论据、论证一样不缺，读者循其论据可推导其论点，现代

---

① 邓实《古学复兴论》，《国粹学报》第9期。

② 分载《学术世界》第二卷第一、第三、第四期。另胡汉民《孟子与社会主义》、朱偰《墨学与社会主义》均有比附。

学术规范成功建立，可以说，诸子学研究走上一条“现代”道路①。应该说，民国诸子学的兴盛在很大程度上是对西学东渐的回应，诸子的现代之路是在西学的刺激下被动做出的反应。

今天，越来越多学人意识到中西方思想文化在思维方式、内容本质上的巨大差异。民国时期我们因仰视西方的科技进而仰视西方的学术，在一定程度上丧失了民族学术尊严。一百多年过去，如果我们还匍匐在西方学术思想的脚下，收拾别人的余唾，以西方的标尺衡量限制本民族的学术，我们的发展就没有未来。

所以，我们提倡“新子学”，就是要扭转刺激到反应的被动模式，变被动反应为主动出击，积极以自身的传统优质资源尤其是子学为基础，建立中国特色的学派，去影响世界，在世界学术舞台上争得一席之地。这就是我理解的当下“新子学”提出的背景。

二、哲学还是子学

有人可能会认为，诸子学的现代转化已经完成，进而质疑，现代诸子学面临的问题真有这么严重吗？“新子学”的提出有必要吗？笔者认为，现代诸子学面临的问题远比我们想象的严重，“新子学”的提出正当时，很有必要。

传统学术经西学冲击而现代的转化，经、史、子、集四部中，史部的转化最快，相对也比较顺利，梁启超很早就写出了《新史学》，指出了传统史学向现代史学转化的路径；集部，今天我们习惯称之为

---

① 此“现代”只是最简单的用法，指子学作为一种学术门类不再被视为“异端”，同时，它日渐与西学接轨，在研究方法、学术体系上也现代化了。

文学，相对也比较容易，毕竟中西对文学的看法重迭的程度比较高。经学经“五四”批判和冲击，地位早已一落千丈，分入诸学科，如《诗经》入文学，《左传》等入历史，《论语》、《孟子》入哲学。唯有诸子的现代转化，经历着种种阵痛。

通常，人们认为诸子属于哲学的范畴。胡适的《中国哲学史大纲》，主要就是关于先秦诸子学的研究，冯友兰的《中国哲学史》，以为中国哲学分“子学时代”和“经学时代”两期，均是以诸子为哲学。然稍稍具有诸子常识的人都知道，诸子和哲学存在极大的差别，哲学意即“热爱智慧”，是古希腊人创造的词汇，是以理性的方式寻求归纳自然界的规律。诸子为明道见志之书，更多地表达了作者对当下现实问题的思考。民国时不少学者已经注意到这个问题，如刘咸炘《子疏先讲》说：

> 讲诸子学者皆谓此中国哲学之第一编也，实则“中国哲学”四字本非妥定之称。“哲学”二字传自日译，西方本义原为爱知，其内容原理之学，今其境界益狭，止以宇宙本体论及认识论为主，故近人有欲以“理学”二字易日译者。华夏之学虽亦论宇宙而不追问其本体之实在，远则古道家、儒家，近则宋、明儒者，其论宇宙，皆归之自然一元，自西人观之，不过素朴之实在论耳。惟季真之莫为，捷子之或使，近于西人之追问宇宙原动，而庄子则以为两偏无当。若认识之原，更为中人所未究，虽传佛学，亦不深求于此。若是，将何以当西人之哲学邪？惟中人于人生社会之原理则讲之甚详，精透之言多为西人所不及，然则与其谓为哲学，毋宁谓之理学之为当矣。夫中、西之学何故如是之不同邪？此其故在于态度之根本不同。西之学重于求知万物，中人则重于应对万物，西方古哲学生于闲暇辩论之习，中国周秦诸子则生于乱世，故其说多为社会问题，惟道家、儒家、名家、

阴阳家论及形而上问题，此外皆不过政策而已，故荀子以百家异说与诸侯异政并称，而呼之为乱家。西学既为求知，故重分析，各科不相谋，中学以人为中心，故多浑合，每一宗旨贯于人生及政治生计一切问题，止有某家某家而不闻某学某学，故人谓中国有术无学，西人非不究人生，然其于人生亦视为一物而欲知其究竟，故其问题为人生何为，人从何处来，人从何处去，皆在人外求之，中国则既承认宇宙自然，故亦承认生为自然，不复逆追以问生何为，而但顺下以讲求何以生、何以善生，此亦即学术之异也。由此观之，与其称为理学，又毋宁依庄子而称为道术之为适当矣。

刘氏以为中国有术无学①，诸子学与哲学之间有根本性的不同，故而诸子学或可称为“理学”，抑或“道术”，均比称“哲学”要恰当。柳诒征则认为诸子学当称“道学”，同时认为传统学术和西学在思维方式上存在巨大差别：

吾尝谓中国圣贤之学，不可谓之哲学，只可谓之道学。哲学则偏于知识，道学则注重实行，观老子之言，曰“上士闻道，勤而行之”，曰“行于大道”，曰“吾言甚易知，甚易行，天下莫能知，莫能行”。是老子所重在行也。孔墨诸家，无不如是，下至程朱陆王，所见虽不同，而注重躬行心得则一。故世人观吾国之学术者，往往病其陈陈相因，初无层出竞进之胜。不知此正吾国注重实学之一脉，不徒胜口说，而兢兢实践，至其受用有得处，略道光景，又虑说破而

① 梁启超曾撰文《学与术》，曰：“近世泰西，学问大盛，学者始将学与术之分野，厘然画出，各勤厥职以前民用。试语其概要，则学也者，观察事物而发明其真理者也；术也者，取其发明之真理而致诸用者也。”见《饮冰室合集·文集之二十五（下）》，第3册，中华书局1989年版。

> 人易视，徒作言词播弄、道听途说，出口入耳，了不知其实际若何。故老子曰：“多言数躬，不如守中。”又曰：“不言之教，不为无益，天下希及之。”孔子亦曰：“予欲无言。”“天何言哉？四时行焉，百物生焉，天何言哉?”故真正最高之道，不可言，亦不必言，所可言者，只是从学入门之法。①

另一位指出中西思维有差别的是张东荪，其曰：

> 我虽说老庄有形而上学，但须知东方思想究竟与西方不同。西方有纯粹的形而上学，而我们的老庄却只在于建立形而上学的人生观。他们的形而上学亦只可说是他们的人生观内一部分而已。我疑心这一点是与国民性有关的。西方人从希腊文化传下来，无论对于何种问题总是先从“是什么”(What) 来着眼。我们东方人却总是先从“怎么样”(How) 来着眼。这便是东西思想对于问题的着眼点有先后次序之不同。西方总是先由“是何”而转到“如何”。东方则先想了“如何”而后再看“是何”。中国所有的思想家几乎没有一人能外此例。②

以首倡中国哲学史暴得大名的胡适曾说：“我们要变成系统，古人的著作没有可依傍的，不能不依傍西洋人的哲学史。”(《中国哲学史大纲》) 中年以后却决定改用“中国思想史”的名称，他从中国文献的研究过程中显然已发现西方“哲学”这一概念，用在中国材料

---

① 柳诒征《评陆懋德周秦哲学史》，《学衡》第二九期。

② 张东荪《从西洋哲学观点看老庄》，完成于1934年10月8日，原载《燕京学报》第十六期。

上并不完全恰当①。冯友兰《中国哲学史》说："哲学本一西洋名词，今欲将中国哲学史，其主要工作之一，即就中国历史上各种学问中，将其可以西洋所谓哲学名之者，选出而叙述之。"似乎亦是有"削足适履"之痛②。唐君毅《略论作中国哲学史应持之态度及其分期》说："哲学之名，本中土所未有，如昔所谓道术、理学、心学、玄学之名，与西方所谓哲学意义皆不相同。"现在依然有学者认为："诸子百家之学，与其说是哲学莫若称为思想学说更为恰当。"③ 然而，问题是，思想史的范围和内容亦是不清不楚，似乎也无法承担此重任④。因为这个问题背后是传统向现代转化，中西学术如何融通的

① 胡适曾说："我也曾提出我们致力研究的一方面便是中国思想史。我个人比较喜欢用'思想史'这个名词，那比'哲学史'[更为切当]。"见唐德刚《胡适口述自传》，第225页。

② 1933年张默生《先秦道家哲学研究》说："先秦诸子，至是始可称之为复活期。然学者每有夸大自炫，谓欧西某种学说，为吾国古代所已有，欧西某种主义，为吾国古代说先倡。群相标榜，顾盼自豪，可谓陋矣。欧(偶)有留学欧美，学具专长，因有偏见，强以诸子之学，就其范畴，削足适履，无见其可，亦云固矣。"似亦为胡、冯而发。1947年石峻在《哲学评论》第十卷第四期上发表《评黄子通先生著〈儒道两家哲学系统〉》，就对冯友兰的《中国哲学史》提出批评，以其有以西洋概念来比附中国哲学之嫌。

③ 刘梦溪《现代学术经典总序》，第九节，河北教育出版社1996年版。

④ 葛兆光曾批评道："中国思想史的研究方法似乎已经有了固定的写法，一是我们戏称为'大号哲学史'的叙事脉络，说是思想史，其实是把可以称做'哲学家'和'哲学'的精英与经典，加上一些所谓'背景'加以叙述，构造出一个思想史的'系谱'，入不了'哲学史'法眼的思想还是不够资格进入思想史。"参葛兆光《思想史课堂讲录》自序，三联书店2005年版。

大问题①。

另，从晚清以来，诸子学在蓬勃发展、努力向现代转化的同时，不得不面对另一种尴尬，那就是我们“失语”了。

一是“五四”以来提倡的白话文运动，造成了文言与白话的对立，亦造成了我们对传统诸子学文本理解与研究的隔膜。语言的演变深刻地影响着学术。“五四”以来的“白话文运动”，使“新文化运动”得以全面推进。白话文的兴起是历史发展的潮流，今天，我们以白话文交流、阅读和写作。语言是思想的载体，文本是研究、理解的基础。相对来说，先秦乃至后世诸子均是以“古文”为写作标准的文体，研究者面对诸子文本时，首先要解决的是语言问题，然后才进入思想义理的层面。由于传统和现代学术训练的差异，我们今天对诸子文本的理解存在困难，我们读不懂书了！故而很难对诸子抱“同情之了解”，容易造成研究上的隔靴搔痒②。同时，普罗大众受到的专业训练更少，加之文化学术新媒介——网络的诞生，彻底改变了

---

① 以西学为参照系，还面临一个以西学裁剪中国文化的问题，具体论述参陈平原《中国现代学术之建立——以章太炎、胡适之为中心》，北京大学出版社2010年版，第221～226页。

② 20世纪80年代初提出美国哲学家John Searle“中文房间”理论。这个实验要求你想象一位只说英语的人身处一个房间之中，这间房间除了门上有一个小窗口以外，全部都是封闭的。他随身带着一本写有中文翻译程序的书。房间里还有足够的稿纸、铅笔和橱柜。写着中文的纸片通过小窗口被送入房间中。根据设定，房间中的人可以使用他的书来翻译这些文字并用中文回复。虽然他完全不会中文，Searle认为通过这个过程，房间里的人可以让任何房间外的人以为他会说流利的中文。这个实验本意是反驳计算机和其他人工智能能够真正思考的观点。如果我们将其发挥，一个完全看不懂文言文的研究者，凭借“今译”等书籍了解古代典籍，我们假设“今译”完整地表达了原著的意思。那么我们要问，仅仅通过阅读“今译”取得的阅读体验和阅读原著取得的阅读体验一样吗，“今译”能否取代原著？

知识文化的认知和传播方式，读图时代、快餐化，在以“白话文”代替“文言文”的文本“语言变革”中，也产生了对子学文本完整性的人为割裂和破坏，故事化、戏谑化、荒诞化传统经典等问题层出不穷①。

二是面对西方的现代学术体系，我们从开始的抗拒，到吸收乃至接纳，最终却造成传统断裂。中西学术传统自来不同。20世纪初，学术界努力实现“国学”与“西学”——两套学术系统的会通。传统的“四部之学”逐渐被哲学、史学、文学、心理学、伦理学等西方分科系统替代（参见王国维《奏定经学科大学、文学科大学章程书后》)。中国学术系统，从先秦的礼、乐、射、御、书、数“六艺”之学，发展到后来比较固定的经、史、子、集四部之学，这是生于斯、长于斯、学于斯、成于斯的古代学者对自己学术体系最有切身体会的分类。清末，西学流行，学人一方面承认西学的价值，甚至承认西学有助于“国学”研究；另一方面又恐惧、担忧西学取代中学。《国粹学报略例》宣称：“于泰西学术，其有新理特识足以证明中学者，皆从阐发。”同时，学界更流行“中学为体，西学为用”（张之洞《劝学篇》)。不论我们对当时的人们有多少的偏见和轻视，如果设身处地考虑，对西学全面接受，承认其普世价值，恐怕是每一个有

① 当年章太炎在《诸子学略说》中发“怪论”，以为老子西出关，乃是孔子权术有过于老子，老子为免杀身之祸，不得不去无儒之秦。柳诒征《论近人讲诸子之学者之失》批评道：“章之论孔、老，则似近世武人政党争权暗杀之风……不知其何所据而云然。”乃出于臆解。张氏在《致柳教授书》中说：“顷于《史地学报》中得见大著所驳鄙人旧说，如云孔子窃取老子藏书，恐被发覆者，乃十数年前狂妄逆诈之论。以有弟兄唬之语，作逢蒙杀羿之谈，妄疑圣哲，乃至于斯。是说向载《民报》，今丛书中已经刊削，不意浅者犹陈其刍狗，足下痛与箴砭，是吾心也。感谢感谢。”此足为故事化、戏谑化、荒诞化传统经典者戒。

民族自尊心的学人所不愿也不能接受的。

清末至民国的中西学术会通，对今天学界的另一个重要影响是西方人文社会科学全面进入了中国高等教育系统，民国时大学文、法两院的科系基本上是仿照西方体制建立起来的。直至今天，我们大学教育的学科门类格局，依然是模仿西方和苏联的模式建立的。今天的学子——未来的研究者接受的教育，包括其思维方式、语言特点均是现代化的，甚至是西方化的，而并不是从传统的教育体系中产生，因而无法使用传统的概念、范畴和批评方式研究诸子经典，其结果是可以想象的。

今天提倡“新子学”，其路径如何？是重新回到传统四部分类法，还是模拟西方，答案似乎并不明晰。

固然，我们以为当代的诸子学研究依傍西学建立理论体系存在种种弊端，但是，如果我们重新恢复学术研究的古典传统，情况会如何呢？我想在此说说民国以来老辈学人对诸子学的研究，也许对“新子学”的探讨不无裨益。

胡适在《中国哲学史大纲·导言》中说：“到章太炎方才于校勘训诂的诸子学之外，别出一种有条理系统的诸子学。”对章氏诸子学研究推崇备至。而民国时老辈学人张尔田却对孙德谦赞许有加，说“诸子有学自先生始”（见王蘧常《清故贞士元和孙隘堪先生行状》）。同样是使诸子有学，章太炎的诸子学研究来自佛学附会，胡适、梁启超、冯友兰则依傍西学体系，而张尔田的《史微》、孙德谦《诸子通考》却来自中国传统学术，以文献学为基础，从文本和历代史《志》、目录序录之间的记载和评述中来探寻诸子的源流衍变。相对于清代朴学的专以文字校勘和训诂为能事，张、孙等学人也注意到诸子学为明道见志之学，更提倡诸子学的义理研究，指出诸子研究“或考训诂，或讲性道，一则失在琐屑，一则失在迂疏”（孙德谦《诸子通考》），故而他们试图仿刘勰《文心雕龙》、刘知幾《史通》、章学诚《文史通义》，写出具有理论系统的诸子学研究著作。

和胡适、梁启超、冯友兰等“新派”学人一样，张尔田、孙德谦等老辈学人同样有理论上的自觉，只不过他们不是“乞灵”于西学体系，而是建立在对传统学术继承与发展的基础上。孙德谦从刘向、刘歆整理文献之“条其篇目，撮其指归”，而悟得读书学问之大义；又深究名家之学，以之为方法，辨析诸子学派异同；更仿清儒章学诚创诸子研究体例，完成了《诸子通考》、《诸子觝异》、《诸子要略》等一系列诸子学著作。1923 年，胡朴安在上海《民国日报·国学周刊》国庆节增刊上发表《民国十二年国学之趋势》，认为：“杭州张氏尔田孟劬，孙氏德谦益安，守实斋之成法，兼治史子，亦可以观。”不过，在他看来，老辈的学问只能代表过去，不足以开创未来，因而与现在的学术无关：“诸先生之学术，仅足结清室之终，未足开民国之始，其著作之精粹，可供吾人之诵读，其治学之方法，不能为吾人之楷式。”① 时至今天，更少有人注意孙氏的这些研究。

现在，我们反思胡适、梁启超、冯友兰的诸子学研究过度对西学体系的依傍，提倡新子学，是不是要回到民国老辈学人的诸子学研究的路上？我想，今天我们可以从民国老辈学人的诸子学研究的经验教训中获得一些启发，但重新回去既不符合历史潮流，也不太现实，毕竟学术环境已经改变。

张舜徽曾给有志国学的学生开列一部《初学求书简目》，在“百家言”部分诸子原著后面还列了四部近人的诸子研究著作，即江瑔《读子卮言》、孙德谦《诸子通考》、姚永朴《诸子考略》、罗焌《诸子学述》，并提示了诸子读法：“此皆通论诸子之书，有论说，有考证。初学涉览及之，可于诸子源流得失、学说宗旨，憭然于心，而后有以辨其高下真伪。再取今人所编哲学史、思想史之类观之，庶乎于

① 参桑兵《民国学界的老辈》，《历史研究》2005 年第 6 期。

百家之言，有以窥其旨要也。”由诸子文本到民国老辈学人的诸子学著作，进而今人所编哲学史、思想史，张先生所列三步为研究诸子学的三个进阶。现在，我们丢了第二步，反思第三步。那么，下一步该如何走？这确实是个大问题。“新子学”的提出，应该引起更多学人对这个问题的注意和反思。当然，不仅是诸子学研究领域存在这个问题，诸多的古典学术研究均存在此问题，所以这是个有普遍性的大问题①。

三、死的还是活的：诸子学的现实价值问题

1936年，张岱年发表《中国哲学中之活的与死的》，认为“中国旧哲学虽是过去时代的，其内容则非完全过去。中国旧哲学中，有一些倾向，在现在看来，仍是可贵的，适当的。这可以说是中国哲学中之活的”，文中指出中国哲学无“自然之两分”，提倡人我和谐之道的人生理想论等六点是“活的”，是“旧哲学中历久常新的”。同时，指出先秦哲学最主要学派是儒家、墨家、道家，“儒家不主出世，而又主张不沉溺于俗务，企图在现实生活中表现理想；不主独善以遗世，亦不讲极端刻苦舍己为人，而以内得于己外得于人为至极。这些，是儒家的优长”；“墨家的兼爱牺牲为群忘己的精神，实为现在中国所需要”；“道家在宇宙论颇有贡献”。文章最后指出：

> 思想的发展是辩证的；历史上每一学派，都占了达到究竟真理的程途中之一阶段。各有所见，亦各有所蔽。由其所见，故各曾尽其应尽之作用；由其有所蔽，故终必为更新的

① 参陈志平《孙德谦的诸子研究》，《诸子学刊》第八辑，上海古籍出版社2013年4月版，第343～359页。

学派所代替。究竟真理之获得，是累积的努力的结果；因而过去的学说内容中，亦必有非完全过去的成分存在。然而，假如旧学说中有一些观念，在后来能复活之时，也必须有所变易，只能是表面上复返于初，不会是真实的复返于初。

诸子学本是先哲为解决政治、伦理等实际问题而做出的思考，其与现实联系最为紧密。因此每每当现实动荡不安，学界习惯重新乞灵诸子，以一派或某几派思想为解决现实问题之良药的想法就出现了。民国时期，社会亦是动荡不安，思想界更是“百舸争流”，诸子思想大行其道。有以儒道法墨为用者：

> 吾以为今日欲复兴中国，莫急于复兴儒家之立诚主义，道家之知足主义，法家之法治主义，墨家之节用主义。
>
> 此四者为中国民族今日之最缺乏者。惟其缺乏此四者，故外患日深，内乱不息。长此不已，不独有亡国之虞，且将有灭种之患。故提倡复兴此四者，实为今日对症发药最急最要之国。①

有纯以儒家为用者：

> 根据对于中国现代的文化动向和思想趋势的观察，我敢断言，广义的新儒学思想的发展或儒家思想的新开展，就是中国现代思潮的主潮。……中国当前的时代，是一个民族复兴的时代。民族复兴不仅是争抗战的胜利，不仅是争中华民族在国际政治中自由、独立和平等，民族复兴本质上应该是民族文化的复兴。民族文化的复兴，其主要的潮流、根本的成分就是儒家思想的复兴，儒家文化的复兴。假如儒家思想没有新的前途、新的开展，则中华民族以及民族文化也就不会有新的前途、新的开展。换言之，儒家思想的命运，是与

---

① 陈柱尊《中国复兴与诸子学说》，《复兴月刊》第一卷第十期。

民族的前途命运、盛衰消长同一而不可分的。

……

所以，在我们看来，只要能对儒家思想加以善意同情的理解，得其真精神与真意义所在，许多现代生活上、政治上、文化上的重要问题，均不难得到合理、合情、合时的解答。……须将儒家思想认作不断生长发展的有机体，而非呆板机械的死信条。如是我们可以相信，中国许多问题，必达到契合儒家精神的解决，方算得达到至中至正、最合理而无流弊的解决。如果无论政治、社会、文化、学术上各项问题的解决，都能契合儒家精神，都能代表中国人的真意思、真态度，同时又能善于吸收西洋文化的精华，从哲学、科学宗教、道德、艺术、技术各方面加以发扬和改进，我们相信，儒家思想的前途是光明的，中国文化的前途也是光明的。①

有纯以墨家为用者：

凡是一个国家民族的兴衰存亡，都是由一种思想推动的；所以要将一种衰弱的民族变做兴盛，垂亡的国家转到永存，是不能不有一种合乎时宜的学说来陶镕的。……现在中国国内的情况，真是百孔千疮，危在旦夕；然而归纳起来，却可以两个字来包括：一是贫，二是乱。这两个东西，循环往复，互为因果，才造成了今日如此的局面。与亡国之相去，其间真可是不能以寸。而今要挽转这种局面，我想是莫良于墨子的教义。……尚贤主义……非命主义……尚同主义……节俭主义……兼爱主义……非攻主义……墨子的教

① 贺麟《儒家思想的新开展》，《思想与时代》第一期。而吕金禄《儒家思想与现代中国》提出“儒家思想不适应现代中国”。见《东方杂志》第三十二卷第十九期。

义，实是我国今日对症的良方。在国内的人士，果能将墨子的教义实施于政教方面，则于中华民族复兴的前途，必可大放光明。①

有纯以法家为用者：

在中国固有的文化宝库里，要想找出一种系统的思想，过去曾替整个的民族和国家贡献过极大的成绩，现在正切于中国的需要，将来可以给国家发展和世界改造的前途指出一个具体的方向的，我想来想去，只有先秦时代的法家。……我们生在现代，一切传统思想都在应该重新估定价值的时候，对于旧日因袭的对于法家的误解，不能不纠正一下。中国今日是一个战国以后最大的变局，今日的是莪戒②又是一个新战国的时代，我们将要从哪一条路去挽救国家的颓运，是值得郑重考虑的一件事，就事实上看来，并世各强国，没有一个不是把国家统制的权力逐渐扩大，以期建设一个强有力的民族集团以备对外争斗的，法家的思想确正是往这一条大路走的。当然，二千年前的法家，他们的时代，他们的环境，他们的问题，和我们今日中国未必都一一相同，因此他们的理论不是绝对无条件一一可施行于今日的，然而他们的根本精神——一个法治的权力国家——却是今日中国的一付最合宜的良药。中国的起死回生之道，就是法家思想的复兴，就是一个新法家思想的出现，对于这个结论，我可以毫

① 熊世琳《墨子教义与中华民族复兴之前途》，《复兴月刊》第二卷第八期。

② “是莪戒”疑当作“世界”。

不犹疑地向全国同胞保证。①

久已潜伏，甚至遭人蔑视的中国法家，到了近代又有渐次复兴的一种倾向。其所以有这种复兴倾向的总原因，不外由于法家的主张，有几分适合近代中国的时势需要。……法家既因有点合于近代中国的时势，而有复兴的倾向，那么又是如何的复兴呢？这个问题可从两方面略加说明。先从思想方面说，就是旧有法家思想的重行估价，与近于中国法家思想的外国学说之输入。再就实际方面说，如英法联军至甲午战役年间的自强运动……民国以后若断若续的学生爱国运动或救国运动，多稍许含有法家思想的倾向。……最后我们还须补说几句的：便是近代法家复兴的倾向，并不是要将旧法家的理论和方法完完全全再行适用于现代的中国，而是要将旧法家思想中之可以适用于现代中国的成分，酌量参合近代世界关于民主、法治、军国、国家、经济统制等类思想，并审合中国的内外情势，以构成一种新法家的理论。这种新法家的理论成功之日，便是中国得救之时。有志救国的人们，努力建立新法家的理论，并且努力实行新法家的理论吧！若能如此，然后才可以改造我们的国家，保护我们的国家，发展我们的国家。②

甚至有以杨朱教义为用者：

我虽是冒了大不韪，然而我并不是故意提倡邪说，煽惑人心，我实在是看中了中国目前所患的不治之症，非得借重

① 常燕生《法家思想的复兴与中国的起死回生之道》，见1935年《生物史观研究》。

② 陈启天《法家的复兴》，见《中国法家概论》第六章，中华书局1936年版。

这种杨朱为我的主义做一种起死回生的灵剂不可。……杨朱的教义，虽然被孟子认为洪水猛兽一般的东西，然而在目前的中国，确是要借重它才得有救。①

由此可见，诸子学在民国时作为重要的思想资源被积极应用到现实中，其中的许多思维方式，在今天看来是那么的熟悉：

1. 诸子思想可用，在当下依然有存在的价值，救国家于危难，复兴民族前途，诸子学均有用武之地。

2. 必须以发展的方式继承复兴诸子思想，而非一成不变，固守传统诸子学义理。所谓发展，或是几家融合，或是传统学派前加"新"字。譬如贺麟对儒家的提倡，以儒学为不断生长的有机体，吸纳新的思想；而常燕生、陈启天直接提出"新法家"理论，以改造过的法家来作为医治时代病痛的良药。这种"新"，或是传统思想的自我扬弃，或是与西学的嫁接，今天学界讨论复兴诸子学的种种路径，民国学人们均曾进行了讨论。

一方面，我们惊讶于近百年前的学人在思维方式上和我们并没有不同；另一方面作为历史的"后叙事者"，我们清楚知道，民国学人所开的"良药"最终没有一副医治好旧中国的病痛。今天，我们在探讨所谓"死的"，还是"活的"，如果一味因循民国学人的思路，结果恐怕也是可想而知的。

唐德刚在《胡适口述自传》最后曾指出：经济发展，并不是一枝独秀，其他文物制度也就与之相辅而行。经济落后，其他文物制度也不会"超车"。"因为在'现代'的政治经济结构里，各种制度都是相互连锁的结成个文化整体。""就以学术一项来说罢。如果一个

① 杨大膺《杨朱教义与复兴中国》，作于1934年6月23日，《光华大学》半月刊第三卷第一期。

国家在经济上还是个‘发展中国家’，那这一国家中的学术文化，也就不可能跻于‘已发展’之列。”所以胡适等人在此时从事的是“恰当学术”（appropriate scholarship），也就是一种不新不旧、不中不西、土洋并举的学术[1]。今天，我们还在“发展中”这个阶段打滚，我们的学术大约也仍然是“发展中学术”。胡适等没有完成的学术现代转型的问题依然存在，民国学人当年面临的问题今天还是没有解决。如今，“旧问题”重提，是希望得到新的答案。

诸子学的现代转型是个复杂的问题，民国是其起步时期，学人们在各方面的探究，对于今天的我们仍有借鉴意义。今撷取其中的三个问题，以为倡“新子学”者之芹献。

（作者单位：黄冈师范学院文学院）

① 参唐德刚《胡适口述自传》，第 262 ~ 264 页。

“新子学”典范

——章太炎思想论纲

［新加坡］严寿澂

一、序说：先秦诸子

《庄子·天下》起首即言“道术”与“方术”之异：“明于本数，系于末度，六通四辟，小大精粗，其运无乎不在”者，谓之“道术”；“多得一察焉以自好，譬如耳目鼻口，皆有所明，不能相通”者，谓之“方术”。简言之，“全者谓之‘道术’，分者谓之‘方术’”①。“旧法世传”之《诗》、《书》、《礼》、《乐》、《易》、《春秋》（亦即《汉书·艺文志》所谓“六艺之文”）为“道术”，“百家之学”则是“方术”。“道术”掌于王官，“方术”则是私家言。

古代封建社会，等级森严，贵族与平民，划若鸿沟。教育为贵族所垄断，学术为贵族国家所掌控，此即所谓王官之学，六经乃是其总汇。春秋以降，此一制度渐次崩坏，“王官之学”不能照旧维持，流

① 钟泰《庄子发微》，上海古籍出版社2002年版，第756页。

入民间，诸子百家于是兴起。章太炎以为，开风气之先者乃老、孔二家，云：“老聃、仲尼而上，学皆在官；老聃、仲尼而下，学皆在家人。”① 所谓家人者，私家也。六经乃官书，私家之言则是口说②，由王官学蜕化而成。《汉书·艺文志》所谓某家出于某官，正是指此。《淮南子·要略》则以为，儒、墨诸家所习之业不同，所处环境不同，救弊之方随之而异③。吕诚之（思勉）以为，二说“一言其因，一言其缘”，“不惟本不相背，亦且相得益彰”④，可谓的论。

章太炎深明于此，故曰：“九流皆出王官，及其发舒，王官所不能与；官人守要，而九流究宣其义，是以滋长。短者即循循无所进取。”⑤ 易言之，诸子百家的“方术”，虽各得“道术”之一体，然而“究宣其义”而有“滋长”。《天下》篇所谓“各得一察焉以自好”，正是就此而言。吕诚之则指出：“子部专家之学兴而子书起，专家之学亡而子书讫。”原因是：“子为一家之学术，其著述亦不由

---

① 《原经》（录自《国故论衡》卷中），引自傅杰编校《章太炎学术史论集》，云南人民出版社2008年版，第35页。

② 章太炎《清儒》（录自《检论》卷四）有云：“六艺者官书，异于口说。”引自《章太炎学术史论集》，第395页。余嘉锡《四库提要辨证》（北京中华书局1980年版）论之甚详，可参看。见第608~609页，卷十一，《子部二·法家类·管子》。

③ 如论儒、墨，有云：“孔子修成、康之道，述周公之训，以教七十子，使服其衣冠，修其篇籍，故儒者之学生焉。墨子学儒者之业，受孔子之术，以为其礼烦扰而不说，厚葬靡财而贫民，服伤生而害事（按：王念孙以为，‘服’上当有‘久’字），故背周道而用夏政。”

④ 吕思勉《先秦学术概论》，云南人民出版社2005年版，第16~17页。

⑤ 章太炎《国故论衡》，上海古籍出版社2006年版，第84~85页（下卷，《原学》）。按：此书原标点作：“王官所不能与官人守要”，成何话语，显然不通。

于一人。勉强设譬，则子如今之科学书，一书专讲一种学问。”此等专家学问，“远求诸西周以前”，无有也。“东汉后人作者，即觉浅薄。然西汉子书之精者，仍多祖述先秦之说”。因此可说：“子者，春秋、战国一时代之物也。……前乎此，则浑而未分；后乎此，则又裂而将合。故前此无专家之学，后此亦无专家之学也。”①

更须知，先秦诸子起于礼崩乐坏之世，以救时弊为职志，所重不在宇宙本体及认识论，而在社会人生。如刘鉴泉（咸炘）所谓：“西方古哲学生于闲暇辩论之习，中国周、秦诸子则生于乱世，故其说多为社会问题，惟道家、儒家、名家、阴阳家论及形而上问题，此外皆不过政策而已，故荀子以百家异说与诸侯异政并称，而呼之为乱家。”华夏思想虽不追问宇宙本体及认识之源，但是对于“人生社会之原理则讲之甚详，精透之言多为西人所不及”。原因在于两者的态度根本不同：“西之学重于求知万物，中人则重于应对万物。”②

“思以其学易天下”的先秦诸子③，此一态度最为明显。余季豫（嘉锡）因此说道，诸子书既“以立意为宗，不以叙事为主”，其中种种譬喻附会，“因文见意，随物赋形”，难以视之为实录④。因此，研治诸子，不当斤斤于名物制度。章太炎云：“治经治子，校勘训诂，特最初门径然。大略言之：经多陈事实，诸子多明义理。校勘训

① 吕思勉《经子解题》，华东师范大学出版社1995年版，第88~89页。

② 刘咸炘《子疏定本·子疏先讲》，黄曙辉编校《刘咸炘学术论集·子学编》，广西师范大学出版社2007年版，上册，第15~16页。

③ 章学诚《文史通义·言公上》，语出“《孟子·滕文公下上》：“墨之治丧也，以薄为其道也。夷子思以易天下，岂以为非是而不贵也。”叶长青注、张京华点校《文史通义注》，华东师范大学出版社2012年版，第181页。

④ 余嘉锡《古书通例》，收入《目录学发微、古书通例》，北京中华书局2009年版，第253页。

诂而后，不得不各有所主。故贾、马不能理诸子，而郭象、张湛不能治经。”① 所言最为的当。

此一论断的依据，不是价值判断，而是实情。经也好，子也好，其源头都是“王官之学”，即贵族掌握的学术总汇，亦即前此的古书。吕诚之对此有精辟的阐说，大意如下：孔子“述而不作”，以“六艺之文”为教本，借以讲说自己的一番道理，经弟子记录而为传。孔门所重，在孔子所说之义而不在经文本身，然而“不能谓其物不本之于古”。“其物虽本之于古，而孔子自别有其义。”② 因此，“在诸家中，儒家之六经，与前此之古书，关系最大。”③ 太炎所谓“经多陈事实”，根本原因在此。

二、依自不依他：章太炎与“新子学”

清儒以训诂考证治经，成绩斐然。中叶以后，更有学者治经之余，旁及于诸子。民国十七至廿一年间，善化罗庶丹（焌）编撰《诸子学述》以授诸生，归纳清代治诸子学者为辑佚、校勘、解故三派，详加叙述，以为三者皆考证之学，“不过略示用功之方法”，并非究竟，治诸子之学，自当以义理为主。又提出“不执己见”、“不求隐怪”、“不加附会”三项，以针砭近时学者④。所言甚有理据。

庶丹所举“隐怪”之例为：“老聃畏孔子之杀身，故远遁于函

---

① 《与章行严论墨学第二书》，《华国月刊》第四期，引自《经子解题》，第100页。

② 《先秦学术概论》，第71页。

③ 《经子解题》，第2页。

④ 罗焌《诸子学述》，华东师范大学出版社2008年版，第52~62页。

谷；屈平思美人而不得，故殉情于汨罗”，以为此等“非常异议可怪之论”，“不独羌无故实，实与研究学问之法毫无关系”。[①] 所谓老聃畏孔子杀身云云，正是出于太炎所作《诸子学略说》（成于光绪三十二年丙午）[②]。其时太炎反孔意气甚盛，十余年后，与柳诒徵书，对此深表忏悔。自谓当时深恶康长素（有为）孔教之说，“遂至激而诋孔”，中年以后，“诋孔则绝口不谈，亦由平情斠论，深知孔子之道，非长素辈所能附会也”。[③] 民国三年，太炎为袁世凯幽囚于北京钱粮胡同，达两年之久。其间成《菿汉微言》，自述学术道：原“以为仲尼之功，贤于尧舜，其玄远终不敢望老、庄”，最后“以庄证孔”，方始明了孔子“耳顺”（六十而耳顺）、“绝四”（毋意、毋必、毋固、毋我）之指，“知其阶位卓绝，诚非功济生民而已”。[④] 此为太炎对于孔子的定论。

《诸子学略说》议论廉悍，开首即曰：

> 所谓诸子学者，非专限于周、秦，后代诸家亦得列入，而必以周、秦为主。盖中国学说，其病多在汗漫。春秋以上，学说未兴。汉武以后，定一尊于孔子，虽欲放言高论，犹必以无碍孔氏为宗，强相援引，妄为皮傅，愈调和者愈失其本真，愈附会者愈违其解故。故中国之学，其失不在支离，而在汗漫。自宋以后，理学肇兴。明世推崇朱氏过于素王；阳明起而相抗，其言致良知也，犹云“朱子晚年定论”；孙奇逢辈遂以调和朱陆为能，此皆汗漫之失也。惟周

---

① 罗焌《诸子学述》，华东师范大学出版社2008年版，第61~62页。

② 傅杰编校《章太炎学术史论集》，云南人民出版社2008年版，第222页。

③ 《与柳诒徵论学书》，同上书，第108~109页。

④ 《菿汉微言》，收入虞云国标点整理《菿汉三言》，辽宁教育出版社2000年版，第61页。

> 秦诸子，推迹古初，承受师法，各为独立，无援引攀附之事。虽同在一家，犹且矜己自贵，不相通融。①

其致讥于儒家者，则在“湛心利禄”四字。认为儒家讲所谓时中、时伸、时绌，“故道德不必求其是，理想亦不必求其是，惟期便于行事则可矣。用儒家之道德，故艰苦卓厉者绝无，而冒没奔竞者皆是……用儒家之理想，故宗旨多在可否之间，论议止于函胡之地。”“彼耶稣教、天方教崇奉一尊，其害在堵塞人之思想；而儒术之害，则在淆乱人之思想。”② 同时又指出，六经“为纪事之书，其学惟为客观之学”，而诸子则是“主观之学，要在寻求义理，不在考迹异同，既立一宗，则必自坚其说，一切载籍，可以供我之用，非束书不观也。虽异己者，亦必睹其文籍，知其义趣，惟往覆辩论，不稍假借而已。是故言诸子，必以周秦为主”。③

综上所引，太炎对诸子学的看法可以归纳如下：

（一）先秦诸子之所以可贵，在其思想独立，坚守自己的立场，无攀附援引之事。

（二）诸子乃主观之学，旨在寻求义理，不在考证事实，故治子与治经，取径当有所不同。

（三）既自成一家，便须坚持宗旨，不可议论模糊，蹈汗漫之习。

（四）凡提倡一种道德、一种理想，必须求其是，不可为便于行事而模棱两可。

（五）坚持宗旨的同时，又须自由辩论，了解异己之说，不可如耶、回诸教，以上帝临人，堵塞思想。

---

① 《诸子学略说》，第 216 页。

② 《诸子学略说》，第 221 页。

③ 《诸子学略说》，第 217 页。

贯穿于其间的，是一个太炎终身以之的原则，即"依自不依他"。首先，是自贵其心，不援鬼神。其《答铁铮书》对此阐发颇详，以为"支那德教，虽各殊途，而根原所在，悉归于一，曰依自不依他耳"。自孔子至于孟、荀，性善性恶，争论不休；到了宋代，程、朱之学兴起，与之立异者，则有陆、王；清代又有颜元、李塨，与陆、王立异。诸家"虽虚实不同，拘通异状"，但是有一共同之处，即"自贵其心，不以鬼神为奥主"。"佛教行于中国，宗派十数"，唯独"禅宗为盛"，原因正在于"自贵其心，不援鬼神，与中国心理相合"①。又指出："中国所以维持道德者"，在孔子以前，或有"尊天敬鬼之说（墨子虽生孔子后，其所守乃古道德）"，自孔子以后，"儒、道、名、法，变易万端"，推原其根本，惟有"依自不依他"一语而已。佛教本是自力宗教，与"不好依他"的汉族心理吻合，故"得迎机而入"。"破坏鬼神之说"的元功，"不得不归之孔子"。若无孔子，"即佛教亦不得盛行"。"孔子虽言鬼神体物，而仍言齐明盛服，以承祭祀"；孔子说"祭如在"，"如在者，明其本不在也"②。太炎强调，"中国依自不依他之说，远胜欧洲神教"，切不可弃之。声称："仆所奉持，以依自不依他为臬极。"③ 根本原因是："即实而言，人本独生，非为他生。而造物无物，亦不得有其命令者。"④ 因此，太炎一生，对于一切神教皆予破斥，不稍假借。（如论

① 《答铁铮书》（录自《太炎文录初编·别录》卷二），引自傅杰编校《章太炎学术史论集》，云南人民出版社2008年版，第111页。

② 《答铁铮书》（录自《太炎文录初编·别录》卷二），引自傅杰编校《章太炎学术史论集》，云南人民出版社2008年版，第114~115页。

③ 《答铁铮书》（录自《太炎文录初编·别录》卷二），引自傅杰编校《章太炎学术史论集》，云南人民出版社2008年版，第117页。

④ 《四惑论》，《章太炎全集（四）》，上海人民出版社1985年版，第444~445页（《太炎文录初编·别录》卷三）。

墨子，有云：“墨子虽有禁攻之义，及言‘天志’、‘明鬼’，违之者则分当夷灭而不辞，斯固景教、天方之所驰骤，亮不足道。”① 又谓墨子“其道太觳”，故“不用于世”，否则“十字军之祸，夙见于禹域矣”，因“墨子之教，实与基督、天方同科”也②。）

其次，是特立独行，坚持原则，不依阿取容。吕诚之指出，此乃太炎为人“不可及之处”：“以勋章作扇坠；临总统府之门，大骂袁世凯包藏祸心；七追捕，三入牢狱，而革命之志，终不屈挠。”更为难能可贵的是，他为原则故，不惜得罪朋友。须知“从来冒犯权贵易，得罪朋友难。因为权贵虽然是权贵，和我们的关系，其实是疏远的，朋友就不然了。”太炎和康长素（有为）等人，“非无雅故，然因学术上的歧异，即不恤称长素为妄人”。又如“五四”时代享有盛名的蔡元培，“不但以学问见尊而且以名节见重”，太炎却说他“国安则归为官吏，国危则去欧洲”。蔡氏是否如此，兹姑不论，“然太炎为取巧立名者戒之意，则可谓至深切了”③。

个体当依自不依他，群体亦然。太炎晚年告弟子曰：“夫国于天地，必有与立，所不与他国同者，历史也，语言文字也。二者国之特性，不可失坠者也。……尊信国史，保全中国语言文字，此余之志也。弟辈能承余志，斯无愧矣。”④ 人有个性，国亦有之，是谓国性，一旦失坠，必致危殆。太炎因此着重保存国性：“国无论文野，要能

---

① 《齐物论释定本》，《章太炎全集（六）》，上海人民出版社 1986 年版，第 100 页。

② 《菿汉微言》，第 36 页。

③ 《从章太炎说到康长素梁任公》，载《吕思勉遗文集》，华东师范大学出版社 1997 年版，上册，第 390 页。

④ 诸祖耿《记本师章公自述治学之功夫及志向》，引自《章太炎学术史论集》，附录二，第 487 页。按：民国二十二年四月十八日，太炎在苏州十全街寓所为诸弟子道此，诸祖耿笔录。

守其国性，则可以不殆。金与清皆自塞外胜中国者也，以好慕中国文化，失其朴劲风，比及国亡，求遗种而不得焉。上溯元魏，其致亡之道亦然。”至于蒙古，“起于沙漠，入主中夏，不便安其俗，言辞了戾，不能成汉语（观元时诏书令旨可知），起居亦不与汉同化，其君每岁必出居上都”。正因如此，“及为明所覆，犹能还其沙漠，与明相争且三百年”。而“元魏金清习于汉化”，卑视其原来的族人，以为无知识，“后虽欲退处不毛，有所不能”。凡此“野而少文”者，“保其野则犹不灭，失其野则无噍类”。此类往事，乃“中国之鉴”。就“物用”而言，中国确较远西为“野”，但不可虚慕“远西物用之美”，必须“守其国性”，方能“不弊”[①]。又说：“夫赡于已者，无轻效人”；世人“以不类远西为耻，而余以不类方更为荣”。引《老子》曰：“天下皆谓我道大，似不肖。夫惟大，故似不肖；若肖，久矣其细也夫。”以为中国与日本之别，正在于此[②]。要言之，国家犹如个人，必须“依自不依他”，否则不足以自立于天地之间。

太炎论列各家学术，不援引，不汗漫，往往洞烛幽微。其《诸子学略说》一文，虽有非常异议可怪之论，然而一空依傍，时有卓

---

① 《救学弊论》，《太炎文录续编》卷一，收入《章太炎全集（五）》，上海人民出版社 1985 年版，第 101 页。

② 《国故论衡》，第 86 页（下卷）。太炎之贬斥日本，原因有二。一是其文化缺乏独创：“儒书文艺，近取支那；佛教，乃自印度迤入。无二国者，日本则终古为蛟螭蜃蛤耳。”不仅如此，自强盛之后，“凡旧有德于日本人者，无不力按抑之”。二是以势利之心看待他人：“夫怀势利之心，以观文化，固无往而不抵牾。”当时大隈重信演说，鄙视印度文化，以印度为英国殖民地也。“假令印度得独立，一战遂胜英人，文化高下，未必遽胜于昔”，而大隈之“论议当与今异矣”。见《印度人之观日本》，《章太炎全集（四）》，上海人民出版社 1985 年版，第 364 ~ 365 页（《太炎文录初编 · 别录》卷二）。

见，远胜皮傅西说者（如胡适之）。论晚清以来“新子学”，不得不以太炎为巨擘。所谓子学，含义有二，一指研治先秦以降的诸子之学，二是自成一家义理。清末民初，受西潮冲击，新学勃兴，大多以西人成说为准绳，评判中国原有的一切。《墨子》书中有逻辑学及自然科学知识，“兼爱”更可附会社会主义，如此宝藏，焉可不尊？于是新派学者特重墨子，以致如陈寅恪所讥，“任何古书古字，绝无依据，亦可随其一时偶然兴会，而为之改移，几若善博者呼卢成卢，喝雉成雉之比”。[①] 究其原因，随人脚跟，失却自性也。太炎对此，大不以为然，针砭道：“但听了别国人说本国的学说坏，依着他说坏，固然是错；就听了别国人说本国的学说好，依着他说好，仍旧是错。为甚么缘故呢？别国人到底不明白我国的学问，就有几份涉猎，都是皮毛，凭他说好说坏，都不能当做定论。”又说：“胡乱跟人，非但无益，并且有害。这是甚么缘故？意中先看他是个靶子，一定连他的坏处也取了来。”[②] 按：所言极是，然而时至今日，不少所谓知识分子仍是如此，盲目推崇西方汉学即为一例。须知多数西方汉学家，对我国的学问，到底是不甚明白的。当时如此，今日犹然。

总之，太炎研治先秦诸子，以其小学根底，奄有校勘、解故二派之长，加之以明辨功深，富有理致，既明训诂，又得大体，故能迥出

---

① 陈寅恪《冯友兰中国哲学史上册审查报告》，《金明馆丛稿二编》，上海古籍出版社 1982 年版，第 248 页。

② 《论教育的根本要从自国自心发出来》（录自《章太炎的白话文》），引自《章太炎学术史论集》，第 19、21 页。

新旧二派之上①。而且论学论治，皆能自成一家义理，如其弟子庞石帚（俊）所谓，“扬榷古今，商略政俗，早岁则为《訄书》六十三篇，自比仲长统。中年以后，复加删润，以为《检论》，自成一家言”。② 故曰：若太炎者，足为今日“新子学”之典范也。以下略作阐释，以就教于学界。

三、求是、致用与忠恕

太炎清末旅居日本时，与钟正楙论学，有曰：“所望于友朋者，处为佚民，出为国士；学在求是，不以致用；用在亲民，不以干禄。”③ 此数语，可视为太炎本人的自我期许。以为惟知求是而不问致用，正是清儒的长处：“大氐清世经儒，自今文而外，大体与汉儒绝异。不以经术明治乱，故短于风议；不以阴阳断人事，故长于求是。”汉儒“以神教蔽六艺”的“怪妄”之弊，于是一扫而空。六经便脱去了宗教色彩，与古史无异。虽不以经中所言为神圣律令，只是

① 太炎论治诸子，以为训故事实，不能“空言臆决”，必待证明，同时对于其思想，必须具备专门知识，能得其大体，明其微旨。见所撰《菿汉闲话》（《太炎文录续编》卷一），引自《章太炎学术史论集》，第 239 页。又，梁任公与太炎，虽学术宗旨颇有不同，但能识得太炎好处，云：“炳麟用佛学解老庄，极有理致，所著《齐物论释》，虽间有牵合处，然确能为研究庄子哲学开一新国土。其《菿汉微言》，深造语极多。”见梁启超《清代学术概论》，上海古籍出版社 1998 年版，第 95 页。

② 庞俊《章先生学术述略》，引自《章太炎学术史论集》，附录三，第 491 页。

③ 《与钟正楙论学书》（录自《文史》第二辑），引自《章太炎学术史论集》，第 94 页。

整理条别，而“上世人事污隆之迹，犹大略可知”。“以此综贯，则可以明流变；以此裂分，则可以审因革。”① “一言一事，必求其征，虽时有穿凿，弗能越其绳尺”，但求明了古代社会盛衰之迹，不作致用之想。说群经如此，说诸子亦然，一概以制度名物作“征验”，旨在“观世知化”，“不欲以经术致用”。而古代社会情状既表而出之，“则质文蕃变，较然如丹墨可别”，后世治国者便可以此为行政的参考②。易言之，用从是出，不求致用而自有致用的功效。

中国人对各种事物的态度，往往是只问其用，不求其是。而近世各种技艺的长足进步，其根本正在于不问实用的基础科学。千余年间，中国的应用技术领先于世界，到了近代，大大落后于西方。太过实用的态度（即前述刘鉴泉所谓重于应对万物），当为主因之一。“五四”运动爆发之年，陈寅恪在哈佛大学对吴雨僧（宓）谈及中国人的习性，说道：“中国古人，素擅长政治及实践伦理学，与罗马人最相似，其言道德，惟重实用，不究虚理，其长处短处均在此。长处即修齐治平之旨；短处即实事之利害得失，观察过明，而乏精深远大之思……而不知实业以科学为根本，不揣其本，而治其末，究其极，只成下等之工匠。境遇学理，略有变迁，则其技不复能用。所谓最实用者，乃适成为最不实用。”③ 太炎所谓学在求是不以致用，可谓孤明先发，骎骎越出了中国向来惟重实用的传统。

太炎更指出：人世间学术，不出“求是”、“致用”二途。“下验动物植物，上至求证真如，皆求是耳。”以此求是所得之理，用于“制器”，便是致用了。求是致用，于是相辅而相成。士农工商，“四民分业，不必兼务，而亦不可相非。”社会如此，学术亦然。人生有

① 《清儒》，第 392 页。

② 《清儒》，第 395 页。

③ 引自吴学昭《吴宓与陈寅恪》，清华大学出版社 1992 年版，第 9 页。

限，知识无穷，"是以不求遍物，立其大者，立其小者，皆可也"。若"以其所好"，訾议其所不知，"是为中德，乃凶德之首"。孔子有自己的职业，故"不学稼"，是否能因此而"欲人人不为稼"？荷蓧丈人的职业是"勤四体，分五谷"，然而是否能因此而"欲人人为稼"？故曰："吏、农、陶、冶，展转相资。必欲一人万能，势所不可。自政俗观之，九两六职，平等平等。自学术观之，诸科博士，平等平等。但于一科之中，则有高下耳。"① 按：余英时指出："西方现代社会的特征之一是政治、宗教、学术、道德、经济、艺术各个领域都相对独立，其中没有任何一个领域可以特殊自居，而凌驾于其他领域之上。"② 太炎上述言论出于《菿汉微言》，作于民国初年，较余氏所言，足足早了近八十年，不仅绝不依傍他人，且远为精到。太炎思想之超卓，即此可见。

太炎在清末，有《与王鹤鸣书》，纵论古今学术，指出汉儒所谓"《春秋》断狱，《禹贡》治河，三百篇当谏书"，不过是"以典训缘饰"，否则便是"曲学干禄者为之"。试考察汉代循吏之所为，可知所谓经术致用，显然不如刀笔吏之执法。指出"学者将以实事求是，有用与否，固不暇计"，绝不可轻言以六艺致用。又说道："学者在辨名实，知情伪，虽致用不足尚，虽无用不足卑。"③ 按：求真求是与各科平等的现代学术精神，可谓尽于此数语中了。

人各有能有不能，长于此者或短于彼，因此，切不可将己之所学所习者视为至高，亦不可以为能者无所不能。太炎对此，有真切的认

---

① 《菿汉微言》，第38页。

② 余英时《钱穆与新儒家》，收入《犹记风吹水上鳞》，台北三民书局1991年版，第87~88页。

③ 《与王鹤鸣书》，《章太炎全集（四）》，第151页（《太炎文录初编·文录》卷二）。

识，说道：

> 陆、王之奋迅直捷，足以摧陷封蔀，芟夷大难，然有破坏而无建设。故阳明既平宸濠，而政绩无可述。徐阶既除严嵩，阶自为政，又无以大过嵩也。吕伯恭知典章，朱元晦能为吏，其材犹小；如陈君举、戴东原辈，辅万物之自然，成天下之亹亹，足以建设矣，然能令民生得职，德化固未足言。必如明道、白沙者，不言而信，不怒而威，然后真见太平也。虽然，以晦庵、东原夷大难，以阳明宰平世，多见其踬碍矣。而近人专守一术，诋他人为无用，此未知舟车之异宜也。①

按：如此议论，至为透彻。其背后的理据则是忠恕一贯之道。

太炎云："仲尼以一贯为道为学，贯之者何？只忠恕耳。"所谓絜矩之道，所谓推己及人，"恕"之一字可以尽之。然而宇宙之内，芸芸万物，好尚本是不同。"人食五谷"，而麋鹿食草，鸱鸟乌鸦则嗜鼠。即使同是人类，"所好高下，亦有种种殊异"。若"徒知絜矩"，以为己之所好，人亦好之，于是以己之所好与人，殊不知适得其反，乃人之所恶。故须济之以"至忠"，方能"使人人得职"②。人各有性，人各有志，遗传不同，遭际亦异，故人心各有其"顺违"。人心顺违形成惯性（"串习"）)，以此判断事物，便有此是彼非之见，故所谓是非，本无定论。即使一人之身，此时之所是，或为他时之所非，亦难以一律。故太炎云："系乎他者，曲直与庸众共之；存乎己者，正谬以当情为主。"③ 亦即凡事系于他人者，随顺俗情，以大众心为心；至于存于一己者，当不负此心，以真情为准，自

① 《菿汉微言》，第38～39页。按：此节标点有误，兹已改正。

② 《菿汉微言》，第27页。按：此节标点有误，兹已改正。

③ 《齐物论释定本》，第75页。

作判断。前者为恕，后者为忠。二者合一，便是庄子齐物之旨。故曰：“尽忠恕者，是惟庄生能之，所云齐物，即忠恕两举者也。”①

不仅为道须贯之以忠恕，为学亦然。太炎解释道：“举一隅以三隅反，此之谓恕。”然而“凡事不可尽以理推，专用恕术，不知亲证，于事理多失”，所以必须救之以“忠”。“忠者，周至之谓。检验观察必微以密，观其殊相，以得环中，斯为忠矣。今世学者亦有演绎、归纳二法，前者据理以量事，后者验事以成理。其术至今用之，而不悟孔子所言，何哉?”② 易言之，恕相当于演绎法，忠则相当于归纳法。共相不可常恃，演绎有时而穷，故必须实验观察以得其殊相。亲证殊相既多，亦可归纳之，以别成一共相，此即“验事以成理”。二者相辅相成，不可偏废。太炎对此，又有进一步的说明，云：

> 心能推度曰恕，周以察物曰忠。故夫闻一以知十，举一隅而以三隅反者，恕之事也。夫彼是之辩，正处正色正味之位，其侯度诚未可壹也。守恕者善比类，诚令比类可以遍知者，是絜榘可以审方圆。物情之纷，非若方圆可以量度也。故用榘者困，而务比类者疑。周以察物，举其征符而辨其骨理者，忠之事也。故疏通知远者恕，文理密察者忠。身观焉忠也，方不障恕也……以知忠恕于学，犹鸟有两翮，而车之左右轮。③

按：所谓侯度，是指某种据以衡量事物的标准或模型；而所谓正处正色正味之位，则是依据此等标准、模型所定之典范；以此比类推论，用以解释诸多相关现象，即所谓方不障。然而宙合之内，物情纷繁，

① 《菿汉微言》，第 27 页。

② 《菿汉微言》，第 27 ~28 页。

③ 《订孔下》，《章太炎学术史论集》，第 247 页，《检论》卷三。

常有溢出于某一侯度或规矩之外者，若一任推理而不作具体而细微的观察实验，则或与实情相差甚远，故必须“周以察物，举其征符而辨其骨理”，此即所谓“身观焉忠也”。然生也有涯而知也无涯，一一事物必求亲证，势所不能，亦无必要，因为经由归纳法而得到的标准、模型毕竟能适用于大多数情形，故认识事物，比类推论的“恕”之事亦不可少。试问：现代科学研究之道，岂非正是如此？胡适之提倡“大胆假设，小心求证”，自命掌握“科学”方法，沾沾自喜，试与太炎之说相较，高下立判。

所谓“存乎己者，正谬以当情为主”，正是“忠”之事，亦即不依他起见，不强己以从人。为道如是，为学亦然。依此推论，必然反对排除异己，主张思想学术的多元发展。太炎以为：

> 以道莅天下者，贵乎微眇玄深，不排异己。不知其说而提倡一类之学，鼓舞泰甚，虽善道亦以滋败。李斯之法律，平津之经术，西晋之老庄，晚明之王学，是已。易代以后，任用如故，而不见其害，则知所失不在道术，鼓舞泰甚而伪托者多也。且以琴瑟专一，失其调均，亦未有不立弊者。逮乎易代，随材授任，百技众能，同时登用，未尝偏于一家，故利害相反矣。①

太炎此论，有甚深意蕴：李斯之法律，公孙弘之经术，朝廷“鼓舞泰甚”，则立见其害。易代之后，此法律、此经术，依旧任用，却只见其利而未见其害。可见任何学说，任何理论，皆不可一意提倡，使人人趋于此途。一物有一物之用，不可偏任，亦不可偏废。即便是“善道”，若提倡太过，亦必害大于利。即便是“倒见”，亦不过“程度差违，而非异端之谓”。“天下迷妄倒见”，无过于唯物论者，“然彼所言，推至究竟，所谓五识所触，惟有最初见象，不许杂有意识，

---

① 《葑汉微言》，第 58 页。

此即见见别转，不带名言种子矣。是故唯物之极，还入唯心，倒见之极，几于正见。譬如周行地球者，自东发足，向西直行，一往不回，仍还归发足之地。诸有违异，皆宜以此会之”。[①] 太炎又指出：“物不可穷，终无既济，虽无政府，宁得久长乎？……无政府者，世法中之化城，非能为宝所矣。”[②] 当时不少人所向往的无政府公产社会，太炎认为，一旦实现，固然能赖此以扫涤“奢暴之俗”。然而情随事迁，功成者去，“既济”必继之以“未济”。如无政府理想社会者，毕竟只是“世法”，绝非究竟；仅能作暂栖之“化城”，决不是永住的“宝所”。

太炎因此强调，学术若由政府提倡，由官吏以利禄操控，必定“鼓舞泰甚”，驱天下于一途。致使伪托者多，真有心得者少，学术因而日趋衰落。说道：

> 中国学术，自下倡之则益善，自上建之则日衰。凡朝廷所阊置，足以干禄，学之则皮傅而止。不研精穷根本者，人之情也。会有贤良乐胥之士，则直去不顾，自穷其学。故科举行千年，中间典章盛于唐，理学起于宋，天元、四元兴宋、元间，小学经训，昉于清世。此皆轶出科举，能自名家，宁有官吏奖督之哉？恶朝廷所建益深，故其自为益进也。今学校为朝廷所设，利禄之途，使人苟媮，何学术之可望？且主干学校者，既在官吏，关节盈箧，膏粱之家，终在上第，窭人或不得望其门。此为使学术日衰，乃不逮科举时也。曩者凌曙卖香，汪绂陶瓦，戴震裨贩，汪中佣书，张惠言饿不能具饼饵，及其学术有造，往往陵厉前哲，修名烂

① 《菿汉微言》，第 41 ~ 42 页。

② 《菿汉微言》，第 59 页。

然。自今以往，上品将无寒门，斯风则堕地矣！①

所言深中肯綮，可谓自昔已然，而今尤烈。易言之，学术为国家所建制，则权在官吏，学校成利禄之途。若权力不受严密监督，则苞苴先行，关节打通，终至上第尽归膏粱，寒门子弟只能向隅而泣。而学校之内，官吏掌握赏罚之柄，惟以利禄驱策，其结果，一则是：学者既只知利禄，一旦到手，又何必更求深入？二则是：学术所向，一以官方好尚为转移，无自由研究，何来一流成就？

不迷信于神教，不受制于国家②，人格独立，阶级荡平，思想自由，诸科平等，太炎毕生治学论政，以此数端为圭臬。如太炎者，可谓中国传统中之自由主义者也（然而须知，此自由主义，言论似颇激进，而所主张的措施，则偏于保守）。

四、高蹈太虚而还顺俗情

自由、平等之义，太炎终生持之，主要来自佛教与庄子，越出了西方的自由主义及人本主义（humanism）③。太炎说道：

---

① 《与王鹤鸣书》，第152~153页。

② 太炎以为，韩非学说之弊，在于以“国家”这一虚名抑制个人。其言曰：“世之有人也，固先于国。且建国以为人乎？将人者为国之虚名役也？韩非有见于国，无见于人；有见于群，无见于孑。”见《原道下》（《国故论衡》卷下），引自《章太炎学术史论集》，第288页。

③ 据《牛津哲学词典》，所谓人本主义，一般而言，强调人的福祉与尊严，对于人类理性的能力保持乐观态度，至少坚持以为，除尽量利用理性之外，别无其他选择。见 Simon Blackburn, *Oxford Dictionary of Philosophy* (Oxford: Oxford University Press, 2008), p. 171。按：太炎主张人与万物平等，对于人类理性不持任何乐观看法，与人本主义异趣。

> 庄子的根本主张，就是"自由"、"平等"，"自由平等"的愿望，是人类所公同的，无论那一种宗教，也都标出这四个字。自由平等见于佛经。"自由"，在佛经称为"自在"。庄子发明自由平等之义，在《逍遥游》、《齐物论》二篇。"逍遥游"者自由也，"齐物论"者平等也。但庄子的自由平等，和近人所称的，又有些不同。近人所谓"自由"，是在人和人的当中发生的，我不应侵犯人的自由，人亦不应侵犯我的自由。《逍遥游》所谓"自由"，是归根结底到"无待"两字。他以为人与人之间的自由，不能算数；在饥来想吃、寒来想衣的时候，就不自由了。就是列子御风而行，大鹏自北冥徙南冥，皆有待于风，也不能算"自由"。真自由惟有"无待"才可以做到。近人所谓平等，是指人和人的平等，那人和禽兽草木之间，还是不平等的。佛法中所谓平等，已把人和禽兽平等。庄子却更进一步，与物都平等了。仅是平等，他还以为未足。他以为"是非之心存焉"，尚是不平等，必要去是非之心，才是平等。庄子临死有"以不平平，其平也不平"一语，是他平等的注脚。①

这段话简要明白，道出了太炎对《庄子》一书义理的基本看法，即无待的自由，彻底的平等（不但人与物之间平等，尚须去除一切是非分别之心）。

太炎释《齐物论》篇题曰："齐物者，一往平等之谈，详其实义，非独等视有情，无所优劣，盖离言说相，离名字相，离心缘相，

---

① 章太炎著、曹聚仁整理《国学概论》，上海古籍出版社1997年版，第34页。

毕竟平等，乃合《齐物》之义。”① 所谓一往平等之谈，正是去除一切是非分别之心，非“以不平平”。《庄子·列御寇》末云：“以不平平，其平也不平；以不征征，其征也不征。”清人陆树芝的解释甚得要领，云：

> 以意为予夺，则心有偏着。惟无心则平而有征，譬之水焉，莫动则平，故可以为准而皆平。瞻彼阕者，唯虚生白，故可以鉴物而有征。若心有偏主，则不平矣；以不平者为平，则其平也非平。心不虚空，则不征矣；以不征为征，则其征也非征。甚矣，意见之下不可执！而有心者即已失其常心也。②

按：简言之，“有心”即非“常心”，欲求真平等，必须“无心”，亦即去除《齐物论》所谓“成心”。

太炎依据佛教唯识宗之说，以为所谓成心，乃是与生俱来的“原型观念”，亦即阿赖耶识或藏识中的“种子”。云：“成心即是种子，种子者，心之碍相，一切障碍即究竟觉，故转此成心则成智，顺此成心则解纷。”《齐物论》曰：“夫随其成心而师之，谁独且无师乎？奚必知代而心自取者有之，愚者与有焉。未成乎心而有是非，是今日适越而昔至也。是以无有为有。”太炎解释道：“成心之为物也，眼耳鼻舌身意六识未动，潜处藏识意根之中，六识既动，应时显现，不待告教，所谓随其成心而师之也。”而所谓“代”，是指“节序递迁”。“现在必有未来，今日必有明日”，谁能对此加以证明？然而婴儿“嗁号以索乳者，固知现在索之，未来可以得之也”；“鼠奔轶以避狸者，亦知现在见狸，未来可以被噬也”。此等“知代”，乃“取

① 《释〈齐物论〉篇题》（录自《齐物论释》），引自《章太炎学术史论集》，第303页。

② 陆树芝撰、张京华点校《庄子雪》，华东师范大学出版社2011年版，第383页。

之原型观念"，先天而有，属于"无相分别"。至于"有相分别"，则"必待名言，诸想方起"，亦即后天习得者；而"无相分别，虽无名言，想亦得成。"① 此为分别见之所由来。

既有分别之见，即有是非之见，前者为后者的"种子"。所以说，是非见乃是"意根我识种子所支分者"，"若无是非之种，是非现识亦无"。然而"何者为是，何者为非，事之是非，亦无明证。"故曰："是非所印，宙合不同，悉由人心顺违以成串习，虽一人亦犹尔也。"所谓是非，"不由天降，非自地作，此皆生于人心"，而人心本是生灭无常，故是非原无一定。老子所谓"道可道，非常道"，乃是如如真相。董仲舒所谓"天不变，道亦不变"，则是"不知类"，若以此"辩论枉直，校计功罪，犹以汉律论殷民，唐格选秦吏。"须知所谓是非，本是由彼我分别而起："若无我觉，必不谓彼为非；若无彼觉，亦不谓我为是。"凡此"皆比拟而成执见"。因此可说："彼出于是，是亦因彼，曾无先后，而因果相生。"总之，彼是乃"观待而起，其性本空"。既然"彼是尚空"，又如何能"容是非之论"②？太炎既有如此彻底的世界观，故对于一切世俗之见，无不加以破除。而同时又认为："知彼是之无分，则两顺而无对"，犹如"户有枢"，可以"旋转环内，开阖进退，与时宜之"。是非既无穷，因应亦当无穷，故曰："圣人无常心，以百姓心为心，故不由而照之以天。"如黑白、菽麦等"名言"，皆是约定俗成，"白表白相，黑表黑相，菽表菽事，麦表麦事，俗诠有定，则亦随顺故言，斯谓照之于天，不因己制"。这正是《齐物论》所谓"莫若以明"③。

太炎自谓："自揣生平学术，始则转俗成真，终乃回真向俗。世

① 《齐物论释定本》，第 73 ~ 74 页。

② 《齐物论释定本》，，第 75 ~ 77 页。

③ 《齐物论释定本》，第 77 页。

固有见谛转胜者邪？后生可畏，安敢质言，秦、汉以来，依违于彼是之间，局促于一隅之内，盖未尝睹是也。”① 太炎又云：

> 客曰：昔庄周尝齐彭殇，壹生死，且以死为南面王乐。何道家好死恶生如是也？章炳麟曰：夫至人者，上穷幼眇，而下还顺百姓之情。今是齐彭殇、壹生死者，至极之论；以死为南面王乐者，言无往不消摇也。然常民不能上契太真，独以怀生恶死为极，处生既迫，而求趣死。斯即尊生之尽，而复间以法教，动以利害，辩以怯勇，则过。夫蕲死且犹顺之，而况蕲生者乎？②

破除一切世俗之见，上穷幼眇，高蹈太虚③，即所谓转俗成真；随顺故言，不因已制，下还顺百姓之情，则所谓回真向俗也。太炎自诩，如此见谛，不依违于彼是之间，不局促于一隅之内，为秦、汉以来所未有。按：如此自我评价，决非自夸，而是实情。太炎“见谛”之透彻，可谓庄生以后，一人而已。请试释之。

太炎清末作《五无论》，以为国家、政府等，本无自性。云：“夫于恒沙世界之中而有地球，无过太仓之有稊米。今于其间分割疆域，葆为已有，而命之曰国家；复于其间建设机关，区分等级，而命之曰政府。则蛮氏触氏之争，不足喻也……诚欲广大，故不当分种族，亦宁得分国家？”若是民族必当有国家，国家必当有政府，则共和政体为害较轻，“固不得已而取之矣”。然而共和政体之下，“爵位废而兼并行”，美利坚即为其例。故“当置四法以节制之”：“一曰，

① 《菿汉微言》，第61页。

② 《道微》（录自《检论》卷三），引自《章太炎学术史论集》，第296页。

③ 太炎有曰：“欲求尽善，必当高蹈太虚。”见《五无论》，《章太炎全集（四）》，第432页（《太炎文录初编·别录》卷三）。

均配土田，使耕者不为佃奴；二曰，官立公场，使佣人得分赢利；三曰，限制相续，使富厚不传子孙；四曰，公散议员（凡议员有贪污事，平民得解散之。议院本由民间选举，自当还付民间解散。然诸政法得失，问罪于政府可也。至于议员受贿，则罪有专属矣），使政党不敢纳贿。"若行此四者，"则豪民庶几日微，而编户齐人得以平等"。可见其着眼处在于齐民平等，废止任何类型的特权。然而凡此种种，只是"随顺有边"，稍加补救而已。"欲求尽善，必当高蹈太虚"，即实现"五无之制"①。

所谓五无，指无政府，无聚落，无人类，无众生，无世界。政府、国家，本为人所成，人既可成之，亦能废之。然而若是"成之之根不断"，则既废之后，"终必有成之者"，否则原始人本无政府国家之类，"何以渐相垛积以有今日之穰穰者也"？更申论说：

> 且人之相争，非止饮食牝牡之事；人之争具，宁独火器刚铁之伦。睚眦小忿，则憎怨随之；白刃未获，则拳力先之。纵大地悉无政府聚落，销兵共产之制得以实行，而相毁相伤，犹不能绝其愈于有政府者。……是故一二大士超人者出，诲之以断人道而绝其孳乳，教之以证无我而尽其缘生。被化虽少，行术虽迂，展转相熏，必有度尽之日，终不少留斯蠹以自祸祸他也。②

然而太炎又指出，若是众生尚在，则"极微之物，更互相生"，仍将生出人类。"新生之种，渐为原人，久更浸淫，而今之社会、今之国家又且复见"。因此，必须"无众生"，以"断后有"。众生既尽，世界随之亦无，因为今之世界，本"由众生眼翳见病所成，都非实有"，"譬若病眼者死，而眼中所见之空华与之俱死"。"虽然，此未

① 《五无论》，第430～432页。
② 《五无论》，第434页。

可为常人道也”。常人所信者，乃实有此世界，是谓“覆谛”①。只要“我见”尚在，纵使证得四大皆空，“形质已销”，仍能“因缘外界”，使“其种得以更生”。太炎因此说道：

> 故余以为我见在者，有润生则淫必不可除，有好胜则杀必不可灭。夫耽于进化者，犹见沐浴为清凉，而欲沉于溟海。所愿与卓荦独行之士，劝学无生，期于人类众生，世界一切，销镕而止，毋沾沾焉以进化为可欣矣。呜呼！人生之智无涯，而事为空间时间所限。今日欲飞跃以至五无，未可得也。还以随顺有边为初阶，所谓跛驴之行。夫欲不为跛驴而不得者，此人类所以愈可哀也！②

按：英国哲学家格雷（John Gray），声名藉甚，数年前出版一书，题为《刍狗》，扉页引《老子》语“天地不仁，以万物为刍狗”，对于今日世上的乐观论调、乌托邦理想、西方一神宗教，以及西方主流思想的自由主义（不论是哈耶克的保守自由主义，还是罗尔斯的左倾自由主义），一概予以破斥，尤其是近日流行的全球资本主义乐观论，历史终结论等，更是挞伐不遗余力；对于人类前途深表悲观，以为人类如此破坏环境，必遭大地（Gaia）报复，而最终必将是大地获胜③。然而其破坏偶像之力，其议论之廉悍与彻底，究不能与太炎匹敌。

上述“五无”云云，乃是“上穷幼眇”、“高蹈太虚”的究极之论。太炎论庄子，有曰：

---

① 《五无论》，第 432 ~ 435 页。

② 《五无论》，第 443 页。

③ John Gray, *Straw Dogs*: *Thoughts on Humans and Other Animals* (New York: Farrar, Straus and Giroux, 2007), 及其 *False Dawn*: *The Delusions of Global Capitalism* (London: Grata, 2009)。

> 庄生本不以轮转生死遣忧，但欲人无封执，故语有机权尔。又其特别志愿，本在内圣外王，哀生民之无拯，念刑政之苛残，必令世无工宰，见无文野，人各自主之谓王，智无留滞然后圣，自非顺时利见，示现白衣，何能果此愿哉？苟专以灭度众生为念，而忘中涂恫怨之情，何翅河清之难俟，陵谷变迁之不可豫期，虽抱大悲，犹未适于民意。夫《齐物》者，以百姓心为心，故究极在此，而乐行在彼……《天下篇》自序云：“上与造物者游（庄生已明物皆自取，则不得更有造物者。造物即谓众生心也），而下与外死生无终始者为友。其于本也，弘大而辟，深闳而肆；其于宗也，可谓稠适而上遂矣。虽然，其应于化而解于物也，其理不竭，其来不蜕，芒乎昧乎，未之尽者。”外死生，无终始，即知一切法本来涅槃，应化不尽，即毕竟不入涅槃也。余曩日作《明见》篇，犹以任运流转，不求无上正觉为庄生所短，由今观之，是诚斥鷃之笑大鹏矣。①

这一大段话，既表明太炎对《庄子》理解的深入，亦可谓夫子自道，展示了其学思的进境。

以太炎之见，庄子决非自了汉，虽高蹈太虚，而恫瘝在抱。所希冀者，乃在“世无工宰，见无文野，人各自主”，亦即人人自由平等，不受他人宰制，各文化之间，亦一体平等，无有高下（此即“见无文野”）。认为文野之见，最不易去除，不仅“灭国者，假是为名”，即使是近世主张无政府者，“自谓至平等也”，一切都予捐弃，却仍然横亘着文野之见，“必令械器日工，餐服愈美，劳形苦身，以就是业，而谓民职宜然，何其妄欤！”因此，“应物之论，以齐文野为究极”。② 太炎强调，所谓文野，由是非之见而来，而是非本是主

① 《齐物论释定本》，第119～120页。

② 《齐物论释定本》，第101页。

观之物。如蚳醢（按：蚳乃蚁卵，古人以为醢），“古人以为至味”，燔鼠，“粤人以为上殽”，而“易时异地”，对之欲呕吐，不应因此说“彼是野人，我有文化”。（按：现今多数西方人，仍持有此等见解，可谓冥顽不灵者也。）即使同时同地者，亦有类似情形，“口之所适，则酸腐皆甘旨也，爱之所结，虽嫫母亦清扬也”，岂有定准可言[1]？可见太炎主张自由平等，不仅适用于个体之间，亦适用于各群体与各文化之间。假如某一地方之人拒绝所谓先进分子心目中的“现代”或“文明”事物，则当“以百姓心为心”，不可以己之所欲施于人。“野者自安其陋，都者得意于娴，两不相伤，乃为平等”。若是“以己之娴，夺人之陋，杀人劫贿，行若封豨，而反崇饰徽音，辞有枝叶”[2]，天下便从此多事了。如此见解，是否与今日后现代思潮颇有相通之处？太炎思想之超卓，此为又一例。

太炎思想虽超卓，却主张凡政治、法律、道德等，必须下顺民情，切忌骤事更张，与人情习惯相背。认为“政法礼俗，无缘骤革，姬公旧典，非可顿删，亟欲改革，立见崩溃”[3]。当时更张法律，多以外国为范本。太炎大不以为然，以为法律当“与人情习俗相谋”，而人情习俗，各地不同，“他国之法，未尝尽从一概”，“独欲一屈中国之人情习俗以就异方”，实是削足适履[4]。然而太炎绝不主张一切守旧。认为“道本无常，与世变易”，故不可“执守一时之见”。认为主张“守旧章”者、“以古非今”，乃“一孔之见”；主张“顺进化”者，“以今非古”，亦是“诬言”。“以异域非宗国，以宗国非异

① 《齐物论释定本》，第103～104页。

② 《释〈齐物论〉篇题》，第305页。

③ 《葑汉微言》，第30页。

④ 《自述学术次第》，《章太炎学术史论集》，附录一，第478页。

域"者，亦同此例①。

《尚书·皋陶谟》载皋陶之言曰："予未有知，思曰：赞赞襄哉。"太炎解释道："赞者，佐也，襄者，因也（马季长说）。佐之也者，辅万物之自然也；因之也者，以百姓心为心也。举如木禺，动如旋规，谓之未有知。虽时更质文，械器服御异制，饰伪萌生，变诈蜂出，执政者终莫能易皋陶之言矣。"② 易言之，不论时代如何不同，情况如何变更，凡执政者，必须屏除一己的私见，辅万物之自然，以百姓心为心。太炎论治论学，秉此见解，上则高蹈太虚，至于"五无"，下则"应于化而解于物"，随顺俗情。此即所谓"究极在此，而乐行在彼"也。

五、结语

所谓子学，如前所述，一指研治诸子（尤其是先秦诸子）之学，二指自成一家义理。本文所论，主要在后一方面。兹分五端，略作概括。

第一，融合新旧。太炎有曰："周秦诸子，趣以张皇幽渺，明效物情，民德所以振起，国性所以高尚。"③ 太炎论学，虽是高蹈太虚，但决非不食人间烟火，而旨在振起民德，弘扬国性。这正是先秦诸子学术精神所在。然而太炎绝不是抱残守缺之辈，如其弟子庞石帚所述，亡命日本时，"广览希腊、德意志哲人之书。又从印度学士躬习梵文，谘问印土诸宗学说，于是欧陆哲理，梵方绝业，并得餍而饫

---

① 《齐物论释定本》，第 75 ~ 76 页。

② 《道本》（录自《检论》卷三），《章太炎学术史论集》)，第 294 页。

③ 《与钟正楙论学书》，第 95 页。

之。盖至是而新知旧学，融合无间，左右逢源，灼然见文化之根本，知圣哲之忧患，返观九流，而闳意眇指，觌于一旦。”① 其子学之所以为新者，以此。

第二，依自不依他。太炎融合新旧，但绝不依傍门户，而是由我做主。以佛教而论，不取净土、秘密二宗，“以其近于祈祷，猥自卑屈，与勇猛无畏之心相左”。最推尊者则在法相。认为法相与禅宗，皆“自贵其心，不依他力”，故皆“可用于艰难危急之时”。明代气节之士，“非能精研佛典，其所得者，无过语录简单之说”。然而禅宗“于惟心胜义或不了解，得其事而遗其理”，不免有缺陷。“近代学术，渐趋实事求是之途”，汉学家之“分条析理”，“远非明儒所能企及”。“逮科学萌芽，而用心益复缜密”，“是故法相之学，于明代则不宜，于近代则甚适，由学术所趋然也”②。可见其推重某一学说，不仅依据其本身价值，尚取决于时节因缘。

第三，学在求是。先秦诸子多注重社会问题，形而上学并非主要兴趣所在。中国思想传统形成期的这一特性，于后世影响深远。故刘鉴泉说，西学重在求知万物，中学则重于应对万物。太炎声称“学在求是，不以致用”，研究动物、植物，求证真如，都是求是，致用与求是更相为用，但某一学说的价值，与是否致用无关。更强调各科平等，展转相资，“学术无大小，所贵在条贯制割”③。因旨在求是而探究宇宙本体及认识之源，故多打通后壁的透彻之言，此即所谓上穷幼眇，超越了专注于应对万物的中国旧传统。

第四，忠恕一贯。将心比心是恕，尽己心而不自欺是忠，二者一以贯之，不可偏重，亦不可偏废。己所不欲，勿施于人；己所欲，亦

① 《章先生学术述略》，第490页。

② 《答铁铮书》，第111~112页。

③ 《菿汉微言》，第38页。

不当施于人。就个人而言，自当坚持自己的宗旨和信仰，不强已以从人。但就治国者而言，不可排除异己（“以道莅天下者，贵乎微眇玄深，不排异己”），甚至不可“提倡一类之学，鼓舞泰甚”。为道如此，为学亦然。为学少不了演绎法，以规矩准绳比类相推（所谓“疏通知远者恕”），但此术有时而穷，必须济之以“文理密察者忠”，对具体事物作实验亲证。二者如车之两轮，不可或缺。

第五，极高明而道中庸①。太炎特立独行，操守峻洁，但以为“奇节至行，非可举以责人也”，惟有人人可以实行者，才能有当于百姓。顾宁人（炎武）“多说行己有耻，必言学者宜先治生”，钱晓征（大昕）“亦谓求田问舍，可却非义之财”，是为“近儒至论”②。《齐物论释定本》有曰：“外死生，无终始，即知一切法本来涅槃，应化不尽，即毕竟不入涅槃也。”“外死生，无终始，即知一切法本来涅槃”，即是上穷幼眇；“应化不尽，毕竟不入涅槃”，则是还顺民情。所以谓极高明而道中庸者，以此。

（作者单位：新加坡南洋理工大学国立教育学院）

① 庞石帚论其师云：“晚岁为《菿汉微言》，则所谓极高明而道中庸，尤多深造自得之言。”《章先生学术述略》，第490页。

② 《自述学术次第》，第481～482页。

马一浮论诸子在国学中之地位

徐儒宗

现代新儒家马一浮先生早在抗战时期即对国学的含义及其与诸子的关系作过探讨，提出了“国学即是六艺之学”的观点。对此，当前学术界大都认为，“六艺”本是儒家经典，马氏提出“国学即是六艺之学”，其实就是强调“国学就是儒学”，而把诸子排除在国学之外了。而鄙意窃谓，这种看法并不符合马氏之本意。马氏之所以不提“国学即是儒学”而提“国学即是六艺之学”，正是主张国学应包括诸子在内，而不是把诸子排除在国学之外。本文就此试予论证，以就正于高明，并可作为当前构建“新子学”之参考。

一、国学乃六艺之学

马一浮在《楷定国学名义》一文中云：“今人以吾国固有的学术名为国学，……所含之义亦太觉广泛笼统，使人闻之，不知所指为何种学术。……今先楷定国学名义，举此一名，该摄诸学，唯六艺足以当之。六艺者，即是《诗》、《书》、《礼》、《乐》、《易》、《春秋》也。"① 马氏认为，国学作为吾国固有的学术，其实就是六艺之学，亦即六经。而只有举此"六艺"之名，才足以提纲挈领地统摄全部国学。其理由有如下几方面：

首先，六艺是伏羲以来尤其是唐虞三代以来历代圣人所积累的学术精华，是在孔子创建儒家学说之前就已具有巨大影响的最早的学术渊源。其中《诗》、《书》都是孔子以前就有，自无疑义。《易》之八卦乃伏羲所画，卦爻辞乃文王、周公所作，都是早在孔子以前就有。《易传》虽是孔子或其后学所作，可视为儒家著作，但它是解释《易经》之"传"而不是"经"。《春秋》一般视为孔子所作，其实乃是鲁国之旧史，孔子不过作了修订而已。《礼记》中的文章虽较晚出，但礼乐制度实为周公所制，《礼记》只是将礼乐制度作了记述并给予阐发而已。六艺虽经孔子删订，但孔子乃是"述而不作"的。所以，六艺并非儒家一家之言，而是诸子共同继承之公器。

其次，关于六艺的巨大作用，孔子和庄子都曾作过说明。《礼记·经解》引孔子曰："入其国，其教可知也。其为人也，温柔敦厚，《诗》教也；疏通知远，《书》教也；广博易良，《乐》教也；絜静精微，《易》教也；恭俭庄敬，《礼》教也；属辞比事，《春秋》教也。"这说明当时各国都以六艺为教。又《庄子·天下》篇曰："《诗》以道志，《书》以道事，《礼》以道行，《乐》以道和，《易》以道阴阳，《春秋》以道名分。"这又说明六艺之道乃是人所共同需要的普遍之道。因而马氏认为："自来说六艺，大旨莫简于此。有六艺之教，斯有六艺之人。故孔子之言是以人说，庄子之言是以道说。《论语》曰：'人能弘道，非道弘人。'道即六艺之道，人即六艺之

① 本文所引马一浮先生语，均出自《马一浮全集·泰和会语》，浙江古籍出版社 2013 年版。

人。”可见“六艺之道”乃是诸子百家所共同尊崇的大道。

最后，六艺作为我国古代圣贤的学术精华，历代都奉为最高的指导思想，故后世举凡一切学术不仅皆源于六艺，取法于六艺，而且还都是对六艺之道的阐明与发挥，其判断是非亦皆以六艺为标准。在古籍四部中，经部本是六艺之学，固不待言；史部之编年记事出于《春秋》，多存论议出于《尚书》，记典制者出于《礼》；子部马氏不取诸子出于王官之说，而谓诸子皆出于六艺，其中儒家独得六艺之全，墨、名、法三家皆出于《礼》，道家中的老子出于《易》，庄子出于《乐》；集部之文章体制流别虽繁，不外乎诗、文二门，皆可统于《诗》、《书》，故一切文学皆《诗》教、《书》教之遗。所以，古籍四部都由六艺发展而来。

据上所论，故马氏认为：“举此一名，该摄诸学，唯六艺足以当之”。并认为：“吾国二千余年来普遍承认一切学术之源皆出于此，其余都是六艺之支流。故六艺可以该摄诸学，诸学不能该摄六艺。今楷定国学者，即是六艺之学，用此代表一切固有学术，广大精微，无所不备。”鄙意窃谓，若要确定一种学术作为国学之纲领，则确实只有“六艺”有此资格。因为只有提起“六艺”这一纲领，才足以带动全部国学；而提其他一切学术，都不足以带动全部国学。所以，马氏楷定国学即是六艺之学，并认为诸子之学皆出于六艺，有其一定的道理。

二、诸子皆出于六艺

马一浮在其《论六艺该摄一切学术》一文中说：“《汉志》‘诸子十家，其可观者九家’。其实九家之中，举其要者，不过五家，儒、墨、名、法、道是已。”并认为《七略》“出于王官之说，不可依据，今所不用”。这是因为：“如谓道家出于史官，今《老子》五千是否周之国史？墨家出于清庙之守，今墨书所言并非笾豆之事。此最易明。”所以马氏认为诸子之学皆出于六艺。

然而，因诸子皆各自立说，与六艺圣人之道颇有不合，故马氏认为诸子虽皆出于六艺，但是“有得六艺之全者，有得其一二者，所谓‘学焉而得其性之所近’”，这就导致了诸子与六艺之异同。于是，他分别论述了诸子与六艺之关系，认为其中儒家独得六艺之全，其余诸家有得有失。

马氏论儒家道：“《论语》记‘子所雅言，《诗》、《书》执《礼》’；‘兴于《诗》，立于《礼》，成于《乐》’；《王制》‘乐正崇四术，立四教，顺先王《诗》、《书》、《礼》、《乐》以造士’。是知四教本周之旧制，孔子特加删订；《易》藏于太卜，《春秋》本鲁史，孔子晚年始加赞述。于是合为六经，亦谓之六艺。”所以孔子所创的儒家，全面而准确地继承了六艺之道，是“得六艺之全者”，故“不通六艺，不名为儒，此不待言”。

然而马氏认为：“欲知诸子出于六艺，须先明六艺流失。《经解》曰：‘《诗》之失愚，《书》之失诬，《乐》之失奢，《易》之失贼，《礼》之失烦，《春秋》之失乱。’六艺本无流失，‘学焉而得其性之所近’，俱可适道；其有流失者，习也。心习才有所偏重，便一向往习熟一边去，而于所不习者便有所遗，高者为贤、智之过，下者为愚、不肖之不及，遂成流失。佛氏谓之边见，庄子谓之往而不反，此流失所从来，便是‘学焉而得其习之所近’，慎勿误为六艺本体之失。”本来，继承六艺之道，只要能做到“学焉而得其性之所近”，都足以达到六艺之教的合乎情理之宜的适中之道。但由于各家的社会习染有所偏重，“便一向往习熟一边去”，就导致了“过”的失误；而于“所不习者便有所遗”，就导致了“不及”的失误。“过”与“不及”都是偏离“中道”的“失中”现象，故而造成了六艺之道的流失。马氏认为，除了儒家之外的其余诸子，都难免有此流失之弊。因而他提出：“判其得失，分为四句：一，得多失多；二，得多失少；三，得少失多；四，得少失少。”于是，马氏即以继承六艺得失之多少来论证其余诸子与六艺之关系，从而评断其在国学中所处之地位。

其论道家云：“道家体大，观变最深，故老子得于《易》为多，而流为阴谋，其失亦多，‘《易》之失贼’也；庄子《齐物》，好为无端崖之辞，以天下不可与庄语，得于《乐》之意为多，而不免流荡，亦是得多失多，‘《乐》之失奢’也。”并作《论老子流失》一文进行专论：

> 周秦诸子以道家为最高，道家之中又以老子为最高，而其流失亦以老子为最大。吾谓老子出于《易》，因为《易》以道阴阳，故长于变。爱恶相攻而吉凶生，远近相取而悔吝生，情伪相感而利害生。这个道理老子观之最熟，故常欲以静制动，以弱胜强。其宗旨在退处无为，自立于无过之地，以徐待物之自变，绝不肯伤锋犯手，真是全身远害第一法门。……其于《易》象“消息盈虚”、“无平不陂，无往不复”之理所得甚深，然亦为一切权谋术数之所从出。故曰：“古之善为道者，非以明民，将以愚之。”……法家如商鞅、韩非、李斯之流，窃取其意，抬出一个法来压倒群众，想用法来树立一个至高无上的权威，使人人皆入他彀中，尽法不管无民。其实他所谓法，明明是他私意撰造出来的，不同儒家之天秩、天讨，而彼方自托于道，亦以众人太愚而可欺了，故至惨刻寡恩，丝毫没有恻隐。法家之不仁，不能不说老子有以启之。合阴谋家与法家之弊观之，不是“其失也贼”么？

据此，马氏还进而将孔、老之根本区别作了揭示：“看来老子病根所在只是外物，他真是个纯客观、大客观的哲学，自己常立在万物之表。已与物终成对待，此其所以失之也。若孔子之道则不然，物我一体，乃是将万物摄归到自己性分内，成物即是成己。这不是明明不同么?”这就是说，孔子之道是将物我融为一体，而老子则是“立在万物之表”的纯客观哲学家。所以马氏认为：“今讲老子流失，是要学者知道心术发源处，合下便当有择。若趋向外物一边，直饶汝聪明睿知到老子地位，其流弊不可胜言。何况如现代唯物史观一流之理论，其浅薄处去老子简直不能以天壤为喻，而持彼论者往往自矜，以为天下莫能过，岂不哀哉!”

马氏论墨家云：“墨子虽非乐，而《兼爱》《尚同》实出于《乐》，《节用》、《尊天》、《明鬼》出于《礼》，而《短丧》又与《礼》悖。墨经难读，又兼名家，亦出于《礼》。如墨子之于《礼》、《乐》，是得少失多也。”

墨家的艰苦利人精神出自六艺之道，自无疑义。然而据六艺之道，“乐者为同，礼者为异”，亦即礼主“异”与“别”，乐主“同”与“和”，两者相济相成而得情理之宜。墨子的《兼爱》、《尚同》显系出于《乐》之“同”与“和”，但他偏重一端而放弃另一端，故导致六艺之道的流失。例如《礼》以“定亲疏”、“别同异”，主张群己兼顾；而墨子的“兼爱”则主张“视人如己”，要求“视人之国若视其国，视人之家若视其家，视人之身若视其身”（《墨子·兼爱中》），流为极端利他而不惜丧失自我，这是偏重“兼”的一端而放弃了“别”的一端。又如在政治上处理各种不同意见之间的关系，六艺之道主张从“异”和“同”两端之间进行考虑，在不违乎“中”的前提下，以“和而不同”的方法进行协调解决，亦即《易》所谓“天下同归而殊途”，《礼·中庸》所谓“道并行而不相悖”；而墨子的“尚同”则正如在人际关系上为了片面求“兼”而取消“别”一样，在政治上也片面强调“同”的一面而完全否定“异”

的一面。《墨子·尚同中》云：“凡里之万民，皆尚同乎乡长，而不敢下比。乡长之所是，必亦是之；乡长之所非，必亦非之。……凡乡之万民，皆上同乎国君，而不敢下比。国君之所是，必亦是之；国君之所非，必亦非之。……凡国之万民上同乎天子，而不敢下比。天子之所是，必亦是之；天子之所非，必亦非之。去而不善言，学天子之善言；去而不善行，学天子之善行。天子者，固天下之仁人也，举天下之万民以法天子，夫天下何说而不治哉！”墨子主张，在一乡之内要先立一个绝对正确之乡长，而使一乡之民皆以乡长之是非为是非；在一国之内要先立一个绝对正确之国君，而使一国之民皆以国君之是非为是非；在全天下则应先立一个绝对正确之天子，而使天下之民皆以天子之是非为是非。这样，天下就会没有不同的意见，思想完全归于统一，天下也就大治了！且不说这完全是一种脱离实际的过于天真的空想，即从其思维方法而言，就犯了根本性的大错误。儒家正因为认识到君或天子不可能都绝对正确，故而孔、孟、荀等大儒皆主张“从道不从君”的观点；而在方法上，又能从“异”与“同”的两端着眼，主张用和而不同的方法来实现天下大同，这确实是一种可行的正确方法。而墨子妄想用一人之思想来统一天下之思想，这样求“同”的后果，其终必将违背墨子为民立言的初衷，反而变成专为专制独裁统治服务的理论了。因此，马氏认为“墨子之于《礼》、《乐》，是得少失多”，可谓确评。

马氏论法家云：“法家往往兼道家言，如《管子》，《汉志》本在道家，韩非亦有《解老》、《喻老》，自托于道。其于《礼》与《易》，亦是得少失多。”

法家的信赏必罚思想实出于《礼》，有其独到之处。然而，法家集大成的韩非，在立论的基础上坚持“人性利己”的观点，把人与人之间的关系，无论是夫妇、父子、君臣之间的关系，统统看成是互相利用的利害关系。在政治上，韩子反对“德主刑辅”的施政原则而提出一于“法治”，主张摒除仁义教化，用严刑峻法以治民，用权术手段以驭臣，用强大武力以征服天下。尤其在君主与臣民的关系上，韩子在全面继承前期法家的法、术、势的基础之上，又兼取了其他诸家中对于法治有利的观点，形成了以高压为手段的专制独裁统治体系。诸如吸取墨子“凡国之万民上同乎天子，而不敢下比”的“尚同”之说，主张以君主一人的思想来统一天下万民之思想；又发展了老子的“无为而无不为”的所谓“君人南面之术”，在《主道》篇提出了“明君无为于上，群臣竦惧乎下”，“有功则君有其贤，有过则臣任其罪”的极端独裁的权谋统治；再从荀子的“性恶论”出发，进而把一切人都说成是要与君主争夺权位的坏人，所以奉告君主要专断自信，不要相信任何人，“人主之患在于信人，信人则制于人”，因而对官吏只能控制利用，绝对不能信任依靠。于是，他从“防奸”的心理出发，把君主的权势、法术、严刑、重罚等作为重要的统治工具，集一切权力在君主一人之手，借以实现君主专制的中央集权统治，用冷酷的手法来镇压人民、驾驭群臣和防备内奸。从而形成了一整套暴力加阴谋的绝对专制统治体系。这种极端的皇权主义，致使六艺传统中的一些民主性的进步思想，至此遭受到严重的摧残。而这种对一切人不加信任的心理和高压的残酷手段，只能加深被统治者与专制统治者之间的阶级仇恨，同时又造成了统治阶级内部的矛盾，其结果就使君主作茧自缚，变成一个孤立的“寡人”或“独夫”。所以，法家的学说，不利于维护统治阶级的长远利益，不利于社会的长期安定，也不利于发挥人民的主动性和创造性，因而阻碍了社会的发展。其优劣得失，可以在秦之兴亡中取得验证。据此而论，法家的学说乃是一种只追求眼前成效而趋于极端的偏激理论，背离了合乎天理人情的可以持续性发展的六艺之道。马氏给予“得少失多”的评价是公允的。

马氏论荀子云：“其得多失少者，独有荀卿。荀本儒家，身通六艺，而言‘性恶’、‘法后王’是其失也。”

荀子基本上继承了六艺之道，但其论性，则从人与动物所同具的生理欲求出发，故而提出了“性恶”的观点。在荀子看来，人的“饥而欲饱，寒而欲暖，劳而欲休”（《荀子·性恶》）之类求生欲望乃至“好荣恶辱、好利恶害”（《荀子·荣辱》）等心理愿望都是人之本性。由此本性出发，人类终将发展成互相争夺残杀的局面。于是，他用“性恶”作为人性的自然发展趋势来警醒世人，主张“必将有师法之化，礼义之道，然后出于辞让、合于文理而归于治”（《荀子·性恶》）。其实，人的生理欲求本身，并无善恶可言；所谓善恶，乃在于人之对待生理欲求是否适得其宜而已。荀子与孟子论性所以会出现如此相反的观点，根本原因在于二人所规定的人性之内涵不同。孟子以人之所以区别于禽兽的范围来规定“人性”，荀子则以包括人与禽兽所同具的生理需要在内的范围来规定“人性”，因而不能不得出不同的结论。然而荀子也曾认为：“水火有气而无生，草木有生而无知，禽兽有知而无义；人有气、有生、有知亦且有义，故最为天下贵也。”（《荀子·王制》）这所谓“义”，究竟是完全属于后天培养起来的呢？抑或与先天所赋的性也有某种联系呢？如果与先天所赋之性完全无关，那么禽兽之“知”为什么在后天培养不出“义”呢？据此而论，人的先天所赋之“性”中也必然具有可以培养“义”的因素，而这种因素是否也可以看作孟子所说的“义之端”呢？所以鄙意认为，首先人性之中必须具有足以培养仁义礼智的内在因素，外在的礼乐教化才有所施；否则，就像将礼乐教化施之于禽兽一样，没有内因，外因是不能起作用的。即此而言，孟子所论，确有高于荀子之处。然而，孟、荀论性尽管不同，但他们对于培养中行品德的目标却是完全一致的，仅仅是所指示的路径不同而已。孟子主张消除后天所染之恶性以扩充先天所赋之善性；而荀子则主张消除先天所赋之恶性以培养后天之善性，如此而已。摭其最终目标，则无不归宗于修养中行品德以期实行圣人之道。所以，对于孟、荀的不同人性论，我们不妨即以“和而不同”与“殊途同归”的原则解释之。然而也正是荀子的性恶论却直接导致了法家“人性利己”的观点，这就不能不说是荀子的六艺之道的流失有以启之。

又在社会历史观上，六艺之道提倡“法先王”以继承优良传统与“因时致治”以适应时代发展两者兼重的“时中”思想；而荀子的“法后王”则又导致了法家一概否定文化传统上“今”对于“古”的继承关系，把“今”和“古”完全看作是互不兼容的矛盾，故反对“法先王”而主张“美当今”，强调“因时变法”的重要性，片面追求创新而否定继承。这就使法家为了片面追求适应时代，而一概否定历史的经验和教训对于制定法律所起的作用和价值，从而在理论上趋向了极端。故马氏独对荀子作出了“得多失少”的评价也是公允的。

此外，马氏对于其余诸家则作了如下概括：“余如惠施、公孙龙子之流，虽极其辩，无益于道，可谓得少失少。”“若诬与乱之失，纵横家兼而有之，然其谈王伯皆游辞，实无所得，故不足判。杂家亦是得少失少。农家与阴阳家虽出于《礼》与《易》，末流益卑陋，无足判。”从学术而言，这几家的价值都不高，故于国学可谓无足轻重。

据上所论，马氏总结道：“观于诸家之得失，可知其学皆统于六艺。”诚然，马氏所谓某家出于某经及其得失之多少，仅就其主要方面而言，其实际情况还要复杂得多。对此，有待进一步探讨。

马氏把六艺看作唐虞三代以来历代圣人的学术精华，并为诸子所共同继承的公器，而以继承的得失多少来评断诸子与六艺的关系及其在国学中所处的地位。他认为继承六艺有得者才是精华，流失者则是糟粕，得多者精华亦多，得少者精华亦少。而我们所要弘扬的国学，自然应该是吾国固有学术中之精华部分，故诸子中有得于六艺之道的精华部分才可包含在国学之内，其有违于六艺之道的糟粕部分则在所摒弃。据此，马氏提出“六艺统诸子”的命题可谓是顺理成章的。

以上是马氏评断诸子得失的大致内容，其实也是对于诸子在国学中所处地位的基本看法。尽管他站在儒家立场评断诸子之得失未必完全公允，但他的思路，不妨作为探讨国学以及构建“新子学”之参考。

三、构建“新子学”的思路

马一浮提出“国学即是六艺之学”的观点，确实有其一定的合理性。这除了以上所论而外，更为重要的是六艺之学所包含的不容否认的真理性又已从中外历史实践中得到证明。其一，从远古而言，以六艺作为指导，才出现了唐虞三代的繁荣盛世及其高度文明。其二，从中古而言，秦王朝虽然以法家思想作为指导统一了全国，但由于违背六艺之道，才导致了迅速灭亡。其三，从汉代以来的历史看，只有遵循六艺之教的时期才是治世，而违背六艺之教的时期必是乱世。其四，从现代而言，我国长期以来都以某种所谓“阶级斗争哲学”作为指导思想，诚然，这在革命年代确实获得了成效，但在获取政权之后仍不转变指导思想并进而毁弃六艺之学，乃导致了十年动乱的毁灭性灾害，几乎重踏了秦朝的覆辙，幸亏改革开放的拨乱反正，才挽回了危局。其五，从世界的历史看，古代的巴比伦文明、哈巴拉文明、玛雅文明几乎与中华文明同时出现，但前三者之所以遭到毁灭，一个重要原因在于他们粗暴地破坏和盲目地使用自然，最终被自己所引发的灾难所吞噬；独有中华民族及其文明成果之所以生生不已，绵延至今，实得益于六艺之学的既利用自然，又保护自然，既改造自然，又适应自然的“天人合一”观念。据此而言，只有以六艺之学作为国学之纲领，才能提纲挈领地带动全部国学；而提其他诸家之学都不足以带动全部国学之内容。

关于“阶级斗争是社会进化的原动力”的观点，孙中山先生在他的《民生主义》中早已作过批判，他说：“古今一切人类之所以要努力，就是因为要求生存，人类因为要有不间断的生存，所以社会才有不停止的进化。所以社会进化的定律，是人类求生存，才是社会进化的原因。阶级斗争不是社会进化的原因，阶级斗争是社会进化的时候所发生的一种病症。这种病症的原因，是人类不能生存。因为人类不能生存，所以这种病症的结果，便起斗争。”孙中山认为，社会进化的动力不是“阶级斗争”而是“人类求生存”的“民生”需求。这一论断确实是非常精辟的。而所谓“民生”需求，当然包括物质生活和精神生活两方面。马一浮先生正是从“民生”的高度来论述六艺之学的宗旨及其作用的。他说：“克实言之，全部人类之心灵，其所表现者不能离乎六艺也；全部人类之生活，其所演变者不能外乎六艺也。故曰：‘道外无事，事外无道。’因其心智有明有昧，故见之行事有得有失。……彼虽或得或失皆在六艺之中而不自知其为六艺之道。《易》曰‘百姓日用而不知’，其此之谓矣。”并说：“讲明六艺不是空言，须求实践。今人日常生活，只是汩没在习气中，不知自己性分内本自具足一切义理。故六艺之教，不是圣人安排出来，实是性分中本具之理。……今人亦知人类须求合理的生活，亦曰正常生活，须知六艺之教即是人类合理的正常生活。”

马氏从“六艺之教即是人类合理的正常生活”的高度来论证“国学即是六艺之学”，其远见卓识确实高出与之同时代的诸多学者。在当时，马氏所论虽曾被某些理论家目之为迂腐守旧而不合时宜，但从现在看来，越来越显现出其充分的合理性。

鉴于现代社会化生产和科学技术的飞速发展，给人类带来日益丰饶的物质财富的同时，由于人们未能全面而恰当地把握科学精神与人文精神、物质文明与精神文明以及征服自然与保护自然等关系，加上西方个人主义的严重泛滥，造成整个世界不同程度的失衡。诸如个人的身心之间、家庭之间、人与人之间、个人与社会之间、民族和国家之间、人类与自然之间等关系都失去了平衡而缺乏协调和谐，导致了普遍而严重的“现代性的病症”。而六艺之教的心物合一、内外合一、天人合一的整体思维方式与“和而不同”的中庸之道，正可施展其特长而发挥其积极进步的作用，引导人类实现其“合理的正常生活”，从而给未来世界带来福音。当兹“独尊西学”而严重“失本”的病态时期，提倡我国自尧舜禹汤文武周公一脉相承的“六艺之教”以固本培元，应是当前学术界的当务之急。

然而，有学者认为“六艺之学”是陈旧而保守的，若以“六艺”为国学之纲领，将不利于社会的发展。对此，马氏曾作申明：“六艺之道是前进的，决不是倒退的，切勿误为开倒车；是日新的，决不是腐旧的，切勿误为重保守；是普遍的，是平民的，决不是独裁的，不是贵族的，切勿误为封建思想。要说解放，这才是真正的解放；要说自由，这才是真正的自由；要说平等，这才是真正的平等。”并进而作了充分的论证。因限于篇幅，在此未能展开。

当前还有很多学者认为，六艺本是儒家经典，所以马氏提出“国学即是六艺之学”的观点，实际上就是主张“国学即是儒学”，而把诸子排除在国学之外。鄙意窃谓，这并不符合马氏的本意。

马氏为什么不提“国学即是儒学”，而提“国学即是六艺之学”，正说明他认为诸子都是国学之重要内容，国学必须包括诸子在内。然而儒学不能包含诸子，六艺则足以统摄诸子。只有提出“国学即是六艺之学”，才足以统摄包括诸子在内的吾国之全部学术。尽管他认为“儒家得六艺之全，其余诸子有得有失”，而实际上他对其余诸子尤其是道家都作过很高的评价，认为诸子各有其独到之处，有助于六艺之学的发展。故其用意于此可见。其实，孔子以“述而不作”的方式对六艺进行整理删定，全面地继承了六艺之精华，并使之成为历代的指导思想，这一历史事实是不容否定的，而应给予正确的评价。

基于以上所论，鄙意窃谓建构“新子学”，必须把握如下几方面的思路：

第一，必须如实探索诸子与六艺的关系，并准确掌握其精华加以恰当的运用。在思想方法上，《尚书》明确提出“允执厥中”的原则，而这一思想方法始终贯串于六艺之中（尽管此语出于古文《尚书》，但六艺确实贯串了“执中”之道）。所谓“执中”，不同于“执一”，而是可以随时变通的、有经有权的适中之道，亦即适得事理之宜并可以保持事物长期正常发展的中庸之道。这好比食物中之五谷，适合于任何人长期食用。诸子中的儒家正是继承了六艺的中庸之道，其学才成为人们日常生活所不能背离的经常之道。而其余诸家，大都是针对现实社会中的某种病态而提出的救弊之方，因而难免偏离中道而有趋向某种极端之势。这好比治病之良药，多有偏性，必须对症施治，才能获得良效，否则难免有其副作用。鄙意窃谓，六艺与诸子的关系，就像五谷与良药的关系，要在服食恰当。因而可以说，诸子都有其独到的精华，凡是精华都是国学中的重要内容，但必须准确把握并加以恰当运用，才能发挥其有益之效。

第二，必须消除历史上的“独尊”观念，恢复先秦时期百家争鸣、诸子平等之本来面貌，从客观历史出发以探索诸家之本义。凡是对任何一种学术加以“独尊”，不仅抑制了其他学术的发展，而且也不利于被尊学术的正常发展。即以儒学而言，先秦时代的原儒，本是一种具有创造性、开放性、兼容性、民主性、进步性的学说，但到了汉武帝“独尊儒术”之后，才逐渐偏向于保守、封闭、专制的方面，远不如先秦原儒的精华之多。所以，任何学术只有通过平等争鸣，才能有效地克服自身之不足而充分发展其精华。

第三，必须突破当前现实中的“独尊”格局，以平等争鸣的方式推动国学之正常发展。汉武帝是把自己祖宗的学说加以“独尊”，而现代长期以来是把别人的东西加以“独尊”，实不如汉武远甚。前段时期“独尊”阶级斗争哲学，导致十年内乱的毁灭性灾害；近年全社会又“独尊”西方功利主义，导致社会上的诸多弊端；而在理论界，仍在坚持只能以某种学术的立场、观点和方法来研究其他学术，以一家之是非作为标准来评断诸家之是非。这种“独尊”格局若不打破，“新子学”的正常研究和发展就无从谈起。

第四，由于六艺之学是前进的、发展的、开放的、普遍的，所以应该以六艺之学作为主体，广泛吸收诸家之学乃至各民族学术中之精华作为营养，以促进国学之健康发展。

因此，只有把握以上思路来研究国学，才能保证国学之正常发展。只有以吾国固有的六艺之学作为人们的指导思想，才能使人们复其本然之善，全其性德之真，方是成己成物，尽己之性，尽人之性，方是圣人之盛德大业。《中庸》曰：“致中和，天地位焉，万物育焉。”只有把“六艺之教”当作“人类合理的正常生活”，人与人之间乃至人类与天地万物之间才能共生、共存、共荣而各得其所，互相协调和谐、相济相成而生生无已，全社会才能实现至真、至美、至善的理想境界。这乃是六艺之道所宜达成的最高境界，也是人类大同社会的最高理想境界。

（作者单位：浙江省社会科学院哲学研究所）

还原、重构与超越
——“新子学”视域下传统文化传播策略

王　昀　谢清果

2012年10月22日，《光明日报》发表华东师范大学先秦诸子研究中心方勇教授的《“新子学”构想》一文，“新子学”由是进入学界视野，引发热烈讨论。围绕“新子学”之“新”，各方争议至少包含了以下内容：第一，就“新子学”本身而言，“新”的根本含义究竟为何，其如何完成自身理论体系之建构？第二，属于“国学”范畴内的“新子学”与经学、儒学、道学等各家关系为何，其应该被赋予何种地位？第三，在急切欲与西学对话的知识界氛围下，“新子学”是否能提供另一种面对全球化的姿态？第四，在新时期“应运而生”的“新子学”，能否为中国文化尤其是中国传统文化的未来道路提供一种新的走向？

上述争议，似乎暗示了知识界一贯的迫切心态：即面对某种新的学术构想，急于建构其理论意义，并认为能够马上应用于解决以往存在的旧问题。而本文认为，“新子学”与其说是一种概念，一种理论阐发，不如说是一种新视角，甚至于一种社会思潮之代表。“新子学”代表了知识界面对传统国学研究与当代学术环境所作出的思考，乃新时期国学研究与传统文化传播困境反思与转型之产物。本文便从文化传播角度，通过分析“新子学”的内在意涵，讨论“新子学”

所启发的传统文化传播策略。

问题的提出：国学之困境与“新子学”提供的可能性

由于20世纪以来，西方在世界体系转型过程中所扮演的重要角色，“西方视角”几乎成为非欧美国家在审视自我文化传播过程中不可避免的对比尺度。这种烙印在中国国内十分深刻。自近代以降的一个半世纪，“中国知识界一直将与欧美相对峙作为自己文化世界存在的前提”。[①] 以欧美为参照的文化自觉导致知识领域的两极化：一方面，是大量西方理论、方法的引入，探索“西风”在中国本土的应用与磨合；另一方面，则迫不及待地寻找“独一无二”的文化根基，从而作为区别于西方的软实力凭证。某种意义上，当代国学之兴起即是中国试图重新认证自我，寻回此种“独异于人”之内在价值的文化思潮。

“国学”概念古已有之，《周礼》曰：“乐师掌国学之政，以教国子小舞。”[②] 古典意义的国学通常与学校教育相关，指代国家一级的教育管理机构和高等学府[③]。如今所言之“国学”则是近代中西文化碰撞后发展的产物，其在直接意义上接近“中国传统文化”这一概念，指代传统文化的学术研究体系[④]。由于近代意义上国学的内涵来

① ［日］沟口雄三著、赵京华译《“知识共同”的可能性》，《读书》杂志编《亚洲的病理》，生活·读书·新知三联书店2007年版，第163页。

② 郑玄注、贾公彦疏，彭林整理《周礼注疏》卷第二十三，山东画报出版社2004年版，第638页。

③ 詹杭伦《国学通论讲义》，中国人民大学出版社2007年版，第4页。

④ 陈来《人文主义的视界》，广西教育出版社1997年版，第281～294页。

自日本的国粹运动，其目的旨在应对西方思想文化之冲击，因此，“国学”一词之引入，一开始就带有弱势文化的防御性色彩①。亦是此时开始，国学的“国”字已摆脱早期所指的“天子所都及诸侯国中也”，而与国家整体命运相连。

而今之“国学热”，虽然作用因素复杂，但必然与中国经济发展进程、大国地位之崛起以及国民随之增强的文化自信相关②。因此，国学受到浓厚的国家意志驱动，标志着中国急于摆脱西学束缚，推动继经济进步之后文化崛起之决心。国学的重点亦转向弘扬“意识形态层面的传统思想文化”③，以匹配国家形象和大国战略的推广。不过，此背景下的国学研究始终存在种种困境：其一，国学研究整体依然单薄。由于历史上儒家文化之于国家意识形态的统治地位，当世国学亦围绕“大传统”的儒家本位为核心④。并且，“所谓‘国学’的学问，多数停留在主观看法水平上，一直也没有整理成为理论。国学甚至不足以用来解释分析中国自身的问题”。⑤ 其二，为面对文化挑战，从而回应“国家崛起”的国学强调以“本国之学”为要义⑥，其看似以“中国解释中国”，这种过于想与“西方”相区别的状态实质上依然深陷于“西方视角”。其导致的结果是，为了达成与西方不

① 甘春松《国学：国家认同与学科反思》，《中国社会科学》2009 年第 3 期，第 52 页。

② 陈来《新世纪国学热的发展》，《北京大学学报》（哲学社会科学版）2011 年第 6 期，第 43 页。

③ 纪宝成《重估国学的价值》，《南方周末》2005 年 5 月 26 日。

④ 傅伟勋《从西方哲学到禅佛教》，生活・读书・新知三联书店 1989 年版，第 422 页。

⑤ 梁枢主编《国学访谈录》，北京商务印书馆 2011 年版，第 291 页。

⑥ 陈明《文化儒学 思辨与论辩》，四川人民出版社 2009 年版，第 181 页。

同，往往选择向中国古典回归，而不甚考虑现实的具体社会问题。其三，在全球化压力下，急于寻求国学的普世价值，但以儒学为核心的传统文化推广能否体现此种普适性，而或又能否有其他更为可行的方式，始终存在争议与疑问。

综上所述，在社会弘扬、继承国学，而又不断反省国学之当世，提出“新子学”之概念，对突破往昔以“国学”或“儒学”为主导的传统文化传播框架，可谓提供了另一种可能。诸子百家发端于中国古代难得的学术言论自由环境中，开创了古典学术的黄金时代，“在此后两千多年中，凡有被今人多称道的，被认为是有开创性的学说，几乎无一不是源出于战国时代先秦诸子思想”。① 因此，研讨传统文化，诸子思想乃是不可回避之内容。不过，“新子学”概念究竟对传统文化传播有何补充，换而言之，“新子学”视域下的传统文化传播战略究竟为何，则是我们必须考虑之问题。这亦是后文所要讨论之处。

一种“还原”之路径：传统文化在传播内容上的多元继承

“新子学”之“新”，应当至少包含两层含义：首先，就子学本身而言，古代子学虽名义上与经学并列，但汉学家多重古义，子书多作为研究儒家之参考互证材料，在很长一段时期，诸子学不过乃经学之附属品②。“新子学”不仅重新呼吁子学之重要性，并突破了传统

① 冯铁流《先秦诸子学派源流考：对先秦诸子学术活动的新认识》，重庆出版社2005年版，第194页。

② 胡适《中国哲学史大纲》（卷上），商务印书馆1926年影印版，第8页。

子学所言的目录学中“经、史、子、集”之“子”，而强调思想史上“诸子百家”之“子”[①]。这意味着“新子学”不仅涵盖以孔孟为主的儒家道统，亦将老、庄、墨、韩等诸子学问纳入国学骨干部分，在新时期背景下延伸了子学之内涵，从而在呈现子学发展的完整历史中，进一步促进国学研究全景化。

其次，“新子学”强调思想史中的诸子流派，其视点是将思想史作为国学研究主要部分。“新子学”强调子学“入道见志”（《文心雕龙·诸子》）的开放性，实质乃倡导先秦时期诸子“百家争鸣”之思想氛围，从而与开放求通之当世环境接轨。冯友兰认为：“在中国哲学史各时期中，哲学家派别之众，其所讨论问题之多，范围之广，及其研究兴趣之浓厚，气象之蓬勃，皆以子学时代为第一。”[②] 因此，在某种意义上，“新子学”之“新”乃是推动建构诸子争鸣式的思想新格局，进而鼓舞原创性学理与学术话语生成，打破过往习惯于“大一统的学术格局”[③] 状态。这种开放性的理念实践，必将丰富传统文化传播内容，为当前文化体制改革注入生命力。

国学必然以研究本国之传统文化为立足点。但过往之国学，无论界定争议如何，皆以“尊儒”为内核，甚至有认为“狭义定义的国学就是儒学”[④]。儒学文化传统中的唯我独尊心态和政教合一情结衍生出一种学术与政治上的“正统观念”，致使人们在弘扬传统文化之

---

① 方勇《“新子学”构想》，《光明日报》2012 年 10 月 22 日。

② 冯友兰《中国哲学史》（上），华东师范大学出版社 2010 年版，第 16 页。

③ 杨飏《90 年代文学理论转型研究》，中国社会科学出版社 2001 年版，第 198 页。

④ 李荣胜《国学是什么》，华夏出版社 2011 年版，第 155 页。

时往往忽视对民间“小传统”文化的扬弃①。受制于此种儒家“道统”之影响，国学研究又衍生出另一问题：即传统文化传播往往作为一种权威价值观之提倡而出现，“其出发点和落脚点似乎都是要对中国的传统文化作出一种终极性的价值判断或功用阐发：或全盘肯定，或全盘否定，或主张‘取其精华，去其糟粕’，或倡导‘批判性地继承，创造性地转换’……这样一来，研究就变成了一种主张、一种态度，而经过一百多年来的讨论与争鸣，这种主张和态度的逻辑可能性似乎已经被人们所穷尽了”。②

“新子学”在传统文化传播中的地位，应当主要体现在其构成了传统思想史之主体，其提倡国学研究从“儒家道统—子学系统”之转型，既非否定儒学或经学价值，更非将子学地位绝对化。简而言之，不应带有价值高低评判来过度阐释传统文化资源。“新子学”本身也是一个过渡阶段，即中国学术进程在丰富国学真正内涵，以更开放、更全面的姿态重建传统文化价值体系之探索。

以“新子学”为视角，即是以诸子之多元流派，补充儒家“一元”之不足，从而还原国学在“尊儒”传统下被遮蔽之一面。此种“还原”应当包含如下内涵：首先，还原子学系统中的传统文化精华，以借鉴目录、版本、校勘、辨伪、辑佚乃至考古资料为前提，以文字、音韵、训诂为手段，达成诸子文本之正确解读，进而传递“诸子本来面目和真正意义”③；其次，还原子学在国学研究中应有之地位，使“新子学”成为解释传统文化之新途径，形补国学完整面

① 赵林《“国学热”的文化反思》，《中国社会科学》2009年第3期，第67～68页。

② 陈炎《超越国学研究的古典境界》，《中国文化研究》1998年第1期，第20页。

③ 沈立岩、陈洪《诸子研究的理念与方法》，《文学评论》2012年第1期，第219页。

貌，推动新时期国学研究之转型，全面充实传统文化传播的内容格局；最后，还原诸子之历史背景与子学发展演变过程，重新梳理诸子百家传统哲学思想的历史脉络，防止“现代化情结”对原有诸子经典之扭曲。

一种“重构”之路径：应用于现实问题的传播功能再思

今世之学问，始终是对今世之问题的回应。讨论国学之当世意义，其实质则是叩问国学如何磨合传统与现代的关系，从而完成其现代转型。而此种现代转型，又不必勉强中国传统文化皆可通往“现代化”，单纯以“有用”或“无用”的实用主义甚至市场之观点来衡量[①]。其一方面自然需要响应当代社会的矛盾问题；另一方面，亦注意不应以“现代化”掩盖传统文化原有存在之优势。

传播的仪式观点认为，传播的核心在于再现共有信仰，从而将人们以团体的形式凝聚在一起[②]。而国学之于现实的应用，亦必然强调此种集体意识建构，将国学与社会主流价值观相融合，使传统文化成为社会建设之思想动力，成为参与社会改革之重要力量[③]。但长期以来，国学此种仪式功能的发挥，实际上仍延续了国家意识里对于儒家“厚德明礼”的恪守，将儒家正统作为维系共同体的主导力量，其中深深渗透着儒学作为“官学”的政治基因。

---

① 陈乐民《一种历史的观念——传统与现代化及其他》，书屋编辑部编《传统国学沉思录》，湖南教育出版社2010年版，第275页。

② ［美］詹姆斯·W. 凯瑞（James W. Carey）著．丁未译《作为文化的传播“媒介与社会”论文集》，华夏出版社2005年版，第28页。

③ 何爱国《当代中国现代化的理论与实践》，科学出版社2011年版，第168页。

“新子学”对传统文化传播路径之重构，重点即在于对此种以输出价值观导向为核心的传播功能之重构。其既是现有传统文化传播路径难题下的蜕变与转型，亦是国学发展不断适应于时代的必然之举。围绕思想史进行“新子学”，将诸子百家思想皆纳入文化共同体之建构，更适应于在新时代复杂变化态势中，自上而下的社会各层结构领域。

一方面，“新子学”以“诸子”为主体，将推动国学的世俗化与民间应用。以儒道两家为例，依照陈鼓应先生的说法，“儒家学说较近于官方思想，而道家则属于民间哲学”。[①] 如果说孔子的哲学乃国家哲学，构成国人文化教育之基础。道家则由于脱离官员队伍，与国家机器关系相对较为疏离。以老庄为滥觞，道家流派之确立及其后的世俗化过程逐渐衍生出民间道教信仰发展。在如今众多地区，道家与道教应当更接近于民间，与民众日常生活互动较为密切。以“孔孟之道”为主的国家意志模式，与以“老庄之学”为源的道家哲学两者并行不悖，这有助于国学在各领域之深化与拓展。因而，子学系统由于包含诸子流派对于社会不同领域之回答，可利于打破以“官学”为主导之传统文化传播形态，引入更广泛的民间互动机制。

另一方面，重提子学系统之重要性，有利于将诸子之不同思维模式应用于国学研究，从而适应中国社会之不同现实问题。以“仁”为思想范畴的孔子，通过“‘仁’的这一要素对个体提出了社会性的义务和要求，它把人与人的社会关系和社会交往作为人性的本质和‘仁’的重要标准。”[②] 因此，儒学传统基本以政治文化与道德文化为重点。而墨子和早期墨家则从“孔子的营垒中突破出来……发展

① 陈鼓应《老子与孔子思想比较研究》，《哲学研究》1989年第8期。

② 李泽厚《孔子再评价》，中国孔子基金会学术委员会编《近四十年来孔子研究论文选编》，齐鲁书社1988年版，第402页。

了我国古代的工业技能、科学知识和经验主义的认识论、逻辑学思想"[①]。来源与产生于军事经验中的《孙子兵法》则是生活的经验性概括，与"世俗生活一直保持着具体内容的现实联系"[②]。诸子百家拥有不同思想传统，无论其侧重自然哲学、经验哲学，还是"术"的应用，皆共同作为传统文化之主体，诠释着国人的传统思维体系。可以说，"新子学"将视点重归诸子流派，论证其思想学术渊源，有助于突破我们在将国学应用于现实过程中过分的价值观判断倾向，以便于从传统文化中挖掘更多方式以适用于当代问题。

简而言之，自先秦发端以来，诸子思想涵盖政治总结、理性思辨、修养教育等一系列传统思想体系，纵然其意涵宽泛，但绝非单纯的哲学范畴。以"新子学"为研究路径，必须观照诸子本身"以其学易天下"[③] 之传统，看到诸子思想与现实社会之密切联系，从而成就其当代转型。

一种"超越"之路径：追问国学之发展及其对外传播

以国学为引领的传统文化传播路径，回应的终究是"何为中国"的问题，其中又包含两种层次，即"我们关于中国的认知"以及"我们所传播的中国认知"。两者原本互为依赖，彼此推进。不过，我们对外传播的"中国认知"却并非完全建立在自身之中国认知之

---

① 郭齐勇《诸子学的历史命运》，《社会科学战线》1997 年第 1 期，第 171 页。

② 李泽厚《孙、老、韩合说》，《哲学研究》1984 年第 4 期，第 43 页。

③ 杜守素《先秦诸子思想》，生活 · 读书 · 新知三联书店 1949 年版，第 2 页。

上，而是往往预设“世界能够接纳什么”，寻找并确立某种普适性价值，然后再回过头来，到传统文化中寻找对应物。换而言之，这种对外传播的内容是经由“现代性”框架筛选的结果。传播的真实与自身所认知的真实之间，存在着某种意义上的“分离”。

当今社会以“国学热”为代表的传统文化传播浪潮，在很大程度上是被纳入国家发展体系中来考量的。这使得传统文化的传播往往带有民族主义色彩，即为了证明“中国特色”，以对抗西方文化霸权①。在具体方式上，传统文化推广的不成熟，体现在过分注重“量”上的传播程度。因为现代意义的“发展”通常由“量”来直接体现，这种量化方式更容易因其明确的目标指向实现某种计划性的满足，却导致我们在传统文化传播中过分拘泥于数据或“传播行为”，而较少考量其传播效果。“发展当被视为是获得‘更多’时，像普罗米修斯似的神话（一样令人神往）。”② 反映在跨文化传播之上，这种“更多”的发展似乎又以对外传播的“边界”来衡量，即“走出世界”的范围决定了国学研究的成果与传统文化之力量。这种对于“发展”的狂热显然影响了我们对传统文化传播的反思与创新。

以上问题，仍局限在以西方为基准的视角之中。“实际上，亚洲并不以西欧为基准，它自立于西欧基准之外，即是说，亚洲独立于西欧的基准之外。基于这一认识论，才能真正使西欧相对化。”③ 但是，正是由于迫切想摆脱“西方”的期待，使我们在传统文化传播过程

① 方朝晖主编《学统的迷失与再造　儒学与当代中国学统研究》，陕西师范大学出版社2010年版，第36页。

② ［美］伊曼纽尔·沃勒斯坦著，刘琦岩、叶萌芽译《否思社会科学——19世纪范式的局限》，生活·读书·新知三联书店2008年版，第126页。

③ ［日］沟口雄三、小岛毅主编，孙歌等译《中国的思维世界》，江苏人民出版社2006年版，第4页。

中急于寻求某种适应于世界的普世价值。其前提乃是确信亚洲“的确有自己的价值观和行为方式，因无更好的说法，只能称为‘亚洲式’的”①。而“儒家文化圈”由于极为适应此种亚洲共同体模式的建构，因此似乎顺理成章地成为我们传统文化对外传播中的主轴，其中的跨文化鸿沟却被忽视：一方面，是否存在亚洲国家共同的人文传统，并由此支撑亚洲社会经济之振兴尚且存在争议；另一方面，在此种过于“求同存异”的心态中，“‘儒家’的影响更是不究事理并无限被夸大”②。

考量当代中国之问题，应当基于一种融合“‘民族性’、‘时代性’和‘人类性’内在统一的哲学样式”。③ 中国传统文化并非单纯的“儒学”可以诠释。应当说，“新子学”以诸子为视点，比原有以“儒”为主的对外推广丰富全面。“子学发达的时代都具有多元思想、多元文化并起、交融或者冲突、对立的特点”④，具备多元意义的子学故而能够更清晰地展现出中国传统文化资源。在面对“全球化”与“民族性”的矛盾时，“新子学”倾向于“本国的视角”，即不再急于寻找普适性的，中国与世界共有的东西，而专执于本国鲜明的个性化的传统资源。此种收敛性的回归，既是国学研究在经历长期探索后的深思，亦体现了国家崛起进程中更加自信之表现。

“新子学”之新，建立在继承传统基础上，而又重新审视传统文

① ［马来西亚］Mohammad. M. B. 《在新亚洲论坛上的演讲》，1996年1月11日。转引自《马来西亚总理马哈蒂尔演讲集》，北京外国语大学中国马来语教学中心编译，世界知识出版社1999年版，第51页。

② 资中筠主编《冷眼向洋 百年风云启示录》（下），生活·读书·新知三联书店2000年版，第378页。

③ 高清海《中华民族的未来发展需要有自己的哲学理论》，《吉林大学社会科学学报》2004年第2期，第7页。

④ 《“新子学”笔谈》，《文汇读书周报》2012年11月2日。

化、选择传统文化的过程。其强调子学，实又超越子学；其着重“内视”本国文化，实又超越于本国范畴。作为“当世之学”的子学系统，就如今思想冲突与融合之世界体系而言同样适用。诸子百家对社会各领域之深入探索与回答，亦将成为人类所普遍借鉴之经验。“新子学”之内容，既非沉浸于诸子文本之考据，为“传统”而“传统”；亦非仅仅复兴过往诸子流派之说，而是在对前人理念的理解、诠释与重建中，考量拥有生命张力之诸子思想如何应用于现世之社会，建构子学式的思想开放格局，进而重建国学体系与民族精神，推进本国话语与西方话语平等交流。

国学之反思与“新子学”之深入，将引导中国对外传播走入另一阶段。此前，为诠释“何为中国”，基本乃以外界最为熟悉之“儒家”作为标志性符号。而以“新子学”为契机，与其说我们输出的是某种单一的理念或者价值，不如说就是国家本身。尽管它恐怕依然无法幸免国家主义的意识形态色彩，但这种昭示国家信心的整体形象却通过充实、独立的文化结构而凝结，其穿越历史而来，在诸子充满创造力的思想中，向世界传递更加真实而有力的声音。

（作者单位：厦门大学新闻传播学院）

“新子学”应如何进一步走向全球
——浅谈“新子学”的跨国传播

杨林水

“新子学”的国际化，事关弘扬国学大计，将直接增强我国的文化软实力，有助于提升综合国力。从传播学的角度来看，“新子学”要博得国际受众认知，取得国内外学术界的共识，得按新闻思维方式、新闻观念来指导传播活动。以卫星通信和国际信息网络为标志的信息革命，开创并加快了信息传播全球化的进程。尤其是网络技术的发展，不但使传播事业及理论面临根本性变革，也极大地改变了以大众传播媒介为支柱的国际传播，使国际传播在媒介选择、行为主体、传播模式和内容以及影响力方面都发生了不小的变化。以下笔者从传播内容安排、传播媒介选择、传播行为主体、传播模式等几个方面来阐述“新子学”应如何进一步走向全球。

一、传播内容安排

在跨文化传播活动中，我国的国家影像表达在21世纪以来逐步形成热潮。面对当下国际传播话语权仍被西方国家牢牢主宰的严峻现实，不少发展中国家传播主体价值取向迷乱，“价值迷航”一定程度上干扰了主体的传播心态和创作心态，导致视觉符号编码紊乱。笔者认为，国家影像表达背后，价值传达应有一定的层次和顺序，以适应跨文化沟通。普世价值（如对真善美的追求）应先于政治价值（如阶级与党派的主张）。以孔孟、老庄为代表的诸子百家学说，有着反映和向往真善美的共性。诸子百家除了有一套完整的政治学说之外，孔孟之“仁爱”、老庄之“无为”与“齐物”、墨家之“尚贤”与“节用”、道家之“道法自然”与“少私寡欲”、法家之“废私立公”等思想，倡导为人世事皆应求真、求善、求美，要依据这种价值取向共性来拓展“新子学”的内涵外延。

同时，要跳出旧子学概念和义理的条条框框，并将其近代现代学术脉络重新梳理，从而让“新子学”可以代表国学发声音，重新诠释国学的概念和义理。为此，在国际传播过程中，“新子学”已经不是一般学术概念，而是国学流派新概念，要将这一概念及其义理尽快通过各种途径向国际学术界“亮剑”。当然在传播过程中，要注重传播粗而重的信息，避免发布细而小的内容，要注意循序渐进，先发布一系列有关国学新概念的信息，取得国际受众对“新子学”这一国学新流派条条框框的初步认知，然后再适时向国外文化教育机构推广“新子学”的理论体系，提高“新子学”即新国学的国际普及率。

二、传播媒介选择

当今世界信息革命愈演愈烈，信息传播方式也在不断革新。对于新学派的完善与推介，应紧紧抓住传播方式更新这一契机，展开多种媒介立体式传播。“新子学”传播者（华东师范大学）应该成立专业工作团队（由学术和计算机专业人才、外语人才组成），实施重点媒介传播计划。在通过国际学术期刊、国际学术研讨会此类传统媒介传播"新子学"的同时，建议将《诸子学刊》升级为《新子学》期刊（中英双语），筹建"新子学"传播新媒介即"国学传播网"（中英双语），该网站建设起点要高于首都师范大学的"国学网"，目标是成为国学研究和权威信息发布的主要阵地，成为国内外受众了解和研究中国国学的首选网站。此外，传播者应主动出击，到境外去办讲座，办研讨会；联手孔子学院，在其品牌推介活动和教材内容中大量应用"新子学"的纲领性知识与理论；密切联系国外相关的思想文化期刊与网站，量力而行、因地制宜地利用跨国媒介来传播"新子学"，弘扬国学。

三、传播行为主体

"新子学"作为诸子学的传承与发展，已经成为中华传统思想文化的一大主体，也必然是未来思想文化的重要组成部分，是促进国学进一步发展的主导力量。国家为了实现民族文化的新变革、新发展，提升国家文化软实力，理应成为"新子学"国际传播的行为主体。为此，华东师范大学作为"新子学"传播者要尽快将"新子学"国际传播作为人文社科领域一项重点项目包装好，并抓紧通过上海市政府或教育部立项，尽快上报中央政府，争取国家立项。通过国家立项后，中央政府应授权宣传、文化、教育三部门成立项目实施领导小组，联合指导项目实施。华东师范大学应像北京大学、清华大学、中国人民大学、首都师范大学等兄弟大学一样，成立类似"国学国际传播中心"等专门机构，并与兄弟大学联手一起实施该项目。

四、传播模式

“新子学”国际化是一个庞大的系统工程，计算机网络、手机微博等新媒体的不断涌现，已经让传统单一的学术学派传播模式捉肘见襟，传播效果不理想。“新子学”要在较短时期内走向全球，必须在项目实施方案中提出一套传播策略，做好媒体攻关，争取更多媒体的支持，适时升级传播模式。“新子学”跨国传播已从单向传播模式向双向传播模式过渡，即传播者将有关“新子学”概念和内涵的信息发布后，国外少数受众可以及时将相关信息反馈过来，这种点与点的信息交流还是属于人际传播，非大众传播，因为大众传播是一种不平衡的非等量的传播，是点与面，面与面的信息交流与反馈。因此，“新子学”要进一步走向全球的话，要适时将双向传播模式升级为整体互动传播模式，通过这种模式，“新子学”才会更快地为国外更多受众所接受。

整体互动传播模式包括人际传播系统、大众传播系统和网络传播系统这三大系统，还包括构成传播活动的四大圈层因素，即核心要素、次级要素、边际因素和干扰因素。“新子学”跨国传播得充分利用三大系统，制订分阶段传播计划：

第一步要尽快把核心要素即“新子学”体系的理论概念、学术研究价值、传播目标效果传输给更多的国外受众，即义理传播。诚如方勇教授所说的“随着近代学术的日益发展，子学实际上已逐渐成为‘国学’的主导”、“如今，‘新子学’对其进行全面继承与发展，亦将应势成为‘国学’的新主体”。笔者认为，在对“新子学”观点和理念的传播中，既要旗帜鲜明——“新子学”的身份就是新国学，喊出自己的口号来，又要尽快完善学术体系，这样才能底气十足地成就一大学派，成为国学代言人，而不是一家之言。

第二步实施阶段中，要侧重有关"新子学"内容的传播，即对国家传统思想文化资源创造性转化后的传导。要将次级要素、边际因素、干扰因素进行整体考量，并进行信息来源分析、符号分析、谋略分析、技巧分析、接受分析和反馈分析，总结完善传播的方法与途径，罗列出传受两者之间大体相同的思想意识和价值取向，促进国内与国外"新子学"信息互动，最终探索出一系列的传播和接受规则。为此，构建与传播"新子学"丰富的内涵刻不容缓。该学术体系的经脉与骨骼已彰显，其血肉有待于充盈。

就具体实践来说，"新子学"国际化既然为国家大计，事关国家文化新形象的构建，在新一轮国家对外形象传播过程中，应有"新子学"的声音和分量，可以将"新子学"次级要素、边际因素纳入国家和城市对外形象宣传片，通过应用"新子学"的文学和哲理元素，展示国人情怀浪漫、人性自由、思想解放的光辉一面，以增强形象宣传片的可看性和思想性；在境内举办重大国际活动时，可以在广告宣传、材料印发和环境布置展现"新子学"传承古代圣贤真善美的美学色彩，倡导百家争鸣、百花齐放的文艺形态。

总而言之，要制定完善"新子学"的国际传播实施方案，明确"新子学"跨国传播的行为主体、传播内容、传播媒介和模式选择，应用多种传播技巧，分步骤实施"新子学"即"新国学"的国际传播方案。唯有如此，才能凝聚国民对于以"新国学"为代表的民族优秀文化的共识、提振国人思想文化自信，才能增强国外受众对"新国学"乃至我国思想文化创造性转化的认同感，才能在综合国力竞争中逐步增强我国的文化软实力。

（作者单位：浙江省嵊州市广播电视总台）

新闻人要做“新子学”的推动者

张　雷

新闻是人对新事物的认知、表现与传播。“新子学”是适应当今时代、具有蓬勃生命力的新事物。对“新子学”进行认知、表现和传播，做“新子学”的推动者，是新闻的本职，新闻人的本职。

一、新闻视域下的“新子学”

如果给新闻下一个完整的定义，那么我的定义就是：“新闻就是人对新事物的认知、表现和传播。”

一部人类发展史，就是一部认知史，就是一部不断完善和丰富人类“世界图景”的构建史。人在认知世界的征程上改造世界、塑造自己。人类社会的发展，始终是以人的认知能力的发展为前提和源动力的。人类脚步到达太空之前，在探索和认知宇宙奥秘的征途上已经跋涉了几千年。文学、哲学、史学、文化学、物理学、化学、地理学等，都是建立在认知基础上的。

新闻的本质是认知、表现和传播。而新闻认知的对象，始终在随着人的实践而变化和发展。在原始社会，人的活动范围仅限于原始采

集和狩猎，而他们对世界的认识也很难脱离自己的活动范围，当然，

物质世界，也包括自己的精神世界。随着人

世界和自己的认知也在不断拓展和深化。

“新事物”和“旧事物”，新旧事物的相

与历史认知的关系。

和生活的基础。而新闻，从来都与人类的

，从来都不是外在于人的——相反，新闻

是在这一基础上，才有了语言和文字的诞

和积淀。从原始社会到农业社会，从工业

界的认知向宏观世界和微观世界、物质世

社会世界等多向度拓展。

闻采访是认知的过程，新闻写作同样是一

不仅仅承担着报道事实的任务，同时还肩

新闻认知的对象是包括人在内的世界的最

着特定历史条件下社会的整体认知水平

播“知”，一方面还传播“识”——新

认知模式的发展，新闻认知的维度也在

学”是中国传统文化场与世界现代文化

”是传统文化的新生。它是一个萌发、

工业社会向后工业社会转型的今天，

生命形式应运而生。“新子学”应该是

用的化合——而不仅仅是结合。这是一

的建构。

累积累，以黄河流域为核心的农耕文化

原始农牧业中分化出来的游牧民族也

沿着另一条道路发展。到了西周末年，以犬戎攻破镐京为标志，草

原文化和农耕文化进入一个新的强力互动与密切交融的时期。这个农耕、草原两大成长中的文化深度交融激荡的新时期，就是历史上的“春秋战国”。

夏、商、周三朝酝酿之后，一种新的力量，冲击着旧的社会秩序。“礼坏乐崩”的背后，是一场深刻的文化重构。旧秩序即将打破，新秩序尚在成长，游牧与农耕的分离，新的文化场的建构，是一切表相之后的本相。春秋战国，是一个新事物、新思想、新文化的创生场。春秋百家争鸣，同时也是在生产生活方式巨变面前的多种可能性选择之涌现！从自然到人性到历史到社会，人们的认识从混沌走向自觉——孔子、老子及诸子百家皆如是！

春秋战国是整个中华文化的青春期。这个“青春期”的一个显著特点就是“诸子百家”的兴起，“百家争鸣”局面的出现。多元文化交融、多样认知方式、多维思维参照、多种学说争鸣——这一切，使得春秋战国时期勃兴的“子学”系统“代表了中华文化最具创造力的部分”，“对宇宙、社会、人生的深邃思考和睿智回答，是在哲学、美学、政治、经济、军事、教育、技术等诸多领域多维度、多层次的深入展开”（方勇《“新子学”构想》，2012 年 10 月 22 日《光明日报》）。

诸子百家之学，光耀千古。而比诸子百家之学更为诱人的，是催生诸子百家之学的社会、文化运行机制。诸子百家之学，是处于成长上升期的农耕文化和草原文化相互开放、混血交融的产物，是两大文化场“聚变”所释放出来的惊人能量。诸子百家学说是两大文化场互动融合的产物。

由于七雄并峙，构不成一统思想的条件，加之改革之秋，新旧思想、观念、制度正处于交替之际，究竟哪家流派、哪家主张更适宜于实现富、治、强、王，需要经过反复实践、探索、比较、鉴别，所以列国诸侯对“百家之说”多能“兼礼之”，这种兼收并蓄、不主一说的文化政策，使百家可以无拘无束地畅所欲言，进行自由认识和探讨。这就使百家沿着自由认识的路线进入了智能竞争的天地。

以认识自由和认识竞争为特点的百家争鸣，导致了认识领域的全面飞跃，无论就认识的广度还是深度而论，其进步都是空前的。从战国开始到秦统一，在近200年的时间里，出现了数以百计的思想家。犹如山峰争高一般，随着每一个大师的出现，认识就被推向一个新的高度。思想家们海阔天空，纵横古今，开拓了许多新的认识领域，打开了前所未见的新思路，把历史长期积累所形成的思维方式上升为理论，为古代华族提供了中国特有的思维模式。

春秋战国是中华文化的青春期——今天，又是一个新青春期的到来。信息产业、电子产业、环保产业、航天工业、生物工程、核能工业等新兴高技术产业纷纷出现，传统产业也纷纷运用高新技术进行改造，形成了技术密集型产业结构，这是第三次产业技术革命。产业结构的变化，使人类社会随之进入了知识化时代。二十世纪，整个世界在两次世界大战中真正成为一体，步入全球化时代。随着互联网的崛起，一个深刻改变世界的互联网时代宣告到来。

互联网本身就是人类文明集大成的产物。它不仅改变了这个世界的现实图景，更深刻地改变着人们的思维方式和生存方式。互联网有一种神奇的魔力，它使得知识和思想的流动告别了以往必须通过人或物的载体才能得以实现的方式，它使得古往今来的一切知识和思想穿越时空，在信息高速公路上自由地聚集和流动起来。世界的复杂性和丰富性如同发酵般膨胀起来。

在海量信息的汪洋中，知识分子再也无法占有和穷尽所有的知识。他只有在吸收知识的过程中，构建起自己独特的思想体系，使自己变成一个超强的信息和思想处理系统，否则他就会被知识所淹没。互联网时代的到来，使信息传播的方式发生了空前巨变。作为媒介，它使人类有史以来所有的传播方式实现了“多媒体融合”，它使新闻的舞台变得空前广阔，也使新闻的本质得到了凸现。

在全球一体化的洪流中，“地球村”已经成为现实。信息高速公路的渗透，改变了世界上原本存在的封闭与遥远。中西方文化交流成为一种常态，尤其是西方哲学以激流的态势涌入中国，引起了中国哲学与世界哲学的合流。在这个知识和思想空前开放的时代，人的思想可以在古今中外自由穿梭。由一种思想、一种理论来统治所有人的状态，再也不可能成为现实。

互联网时代，在多媒体融合的舞台上，新闻人面对着一场空前的世界图景大演变。面对一个空前庞大、复杂与精微的世界，新闻人面临最迫切的任务就是更新自己的认知图式，以承担起新时代的使命。

马克思说，你要想欣赏音乐，就得长着能够欣赏音乐的耳朵。人的世界是不一样的，因为每个个体把握世界的基本方式不一样。你有什么样的把握世界的基本方式，你就用它去把握世界，你就构成一个什么样的世界。这才是人需要学习的原因！只有熟悉人类把握世界的各种基本方式，才能够构成一个丰富多彩的世界，才会感到这个世界是有意义有价值的，生活是有意义有价值的。

人类是以其把握世界的各种各样的基本方式，来把自在的世界构成每个人的世界图景，因此每个人都具有多重的世界。只有有了把握世界的各种不同的基本方式，我们才会构成一个丰富多彩的世界图景！所谓素质教育，所谓学贯中西，实际上都是以掌握世界图景的丰富程度来衡量！

面对工业社会以来，普遍性的人类价值观的迷失、生活方式的迷茫，池田大作和汤因比曾做过一次“世纪对话”。他们关注如何重新定义人类状况，重新考虑人类的生存意义和生存方式，即对世界、对人生、对环境有着全新的看法，同时对中国文化的发扬也寄予了厚望。

当今世界的文化转型不是一时一地，也不是一个民族、一个地区所能完成的。文化转型的根本途径，甚至是唯一途径，只能是文化对话。弗洛伊德·麦雷尔（Floyd Merrell）说过：文化是过程，从来不是产品；它们相互依存，并非是因果联系；它们是事件，而不是像火车一样沿着铁轨运行；它们永远自我组织成看不见的、也不可能看见的整体。①

由于符号圈具有强大的记忆功能，文化中没有会被遗忘的东西。文化中的某些要素会在符号圈中“沉睡”，但它们随时都有可能受到某种偶然因素的激发而“苏醒”过来。“苏醒”后那些要素将会焕发新的生命力，它们是文化创新的重要源头之一。洛特曼预言，人类文化已经处于“突变”的门坎上。虽然他不能明确描述这个“突变”是怎样的，但它必将产生。在“文化全球化”语境下的今天，“新子学”与当代文化的对话，这种能量之大可引发“文化突变”，产生令人难以预料的新文化。

二、“新子学”视域下的新闻

人类认识世界的过程，同时也是向着多个方向、多个维度不断打开的过程。春秋战国时代子学的兴盛，反映了处于中华文化青春期的知识分子的群体觉醒。他们在旧秩序被打破、新秩序尚未建立的文化场中，各辟蹊径，围绕自然、人生、社会等种种问题，展开追问与探索。

春秋战国时代的认识自由使人们的思想得以空前解放，敢于把天上、地下、人间一切事物都纳入认识对象之中。在认识的面前不存在

---

① 转引自比·托罗普《文化符号学和文化》，《符号系统研究》，1999年第27期，第9~23页。见 http：//www. ut. ee/SOSE/7torops. html 。

禁区，任何认识对象，包括神秘的天和至高无上的君主，都要在认识面前接受审议。同时，在认识对象面前，人人都有认识的自由，认识的主体处于平等地位，人人都可以自由选择认识方式和角度，即不存在不可违反的教条和模式，也不存在任何权威的束缚。这就使认识主体可以最大限度地发挥自己的聪明才智，去探索认识对象的奥秘。这种情况，即认识的自由和自由的认识竞争，造就了战国时代所独有而中国古代历史上不复出现的百家争鸣局面；而百家争鸣的结果，则使认识领域展现出奇峰迭起、群星璀璨的壮观场面。

子学的高峰，归根到底是多向认知、多维认知的高峰；“新子学”应运而生，归根到底基于今天这个新的自由认知时代。在“新子学”的视域下，以“认知”为本质的新闻，其内涵更加丰富，使命更加凸显。

新闻的本质是认知，新闻认知的对象是人所在的世界。它既包括客观世界，又包括主观世界。它既包含外部世界，也包含人的“内宇宙”。这是一个何其庞大复杂的世界。它无边无际，又深不见底。面对这个世界，尽管一代又一代的科学家、思想家、文学家、历史学家前赴后继，从不同的角度进行着坚持不懈地探求，可是这条认知世界的长路却越来越漫长、艰辛。对新闻人来说，又何尝不是如此？

按照系统论的观点，世界本身就是一个庞大复杂的巨系统。人的认知能力在发展，而世界的复杂性也在发展。尤其到了今天，这个庞大复杂的巨系统同时具有空前的开放性、规模的巨型性、组分的异质性、结构的层次性、关系的非线性、行为的动态性、内外的不确定性等诸多特征。这些特征是交织、综合、熔铸在一起的，牵一发而动全身，其复杂性到了无以复加的程度。当然，面对这个复杂的世界，我们也没有必要感到灰心丧气。认知和探索永远是一个发展的过程，人的认知能力和思维能力也在随之发展。这是一场只有起点而没有终点的跋涉，人的终极价值也正是在这场跋涉中才能得到实现。

春秋战国时代过去两千年之后，当今社会又是一个思辨的时代。尤其是我们今天处于大变革期、社会转型期，人们需要思考，需要启迪，需要抉择，需要分辨。但是，与春秋战国时代不同的是，今天我们所生存的是一个信息极大丰富了的信息社会。信息社会已经形成了信息流动的汪洋大海，人们面对海量的信息。新的问题也随之来了。对生命有限的人来说，能够摄取和吸收的信息是有限的；人们需要特定的信息，却没有时间和精力去汪洋大海中捕捉自己需要的信息。这种情况下，新闻原来一直被掩盖的一个属性就凸现出来了：那就是对信息进行筛选、处理，提供给特定的对象。在信息的海洋中，人们愈发需要拥有港湾和灯塔。在信息时代，新闻的更为本质的价值才真正显现出来。

新闻本身应该承担这样的职能。但是，这种思辨和哲理深度，不是赤裸裸的外化，而是通过富有感性的、有血有肉的形象来体现，需要感人至深、“润物无声”的“情丝织锦”来实现。在这方面，报纸的作用也是难以代替的。靠心灵的感悟去穿透天地、观照万物——从这个角度来说，报纸有着得天独厚的优势，也是其他媒体难以做到的。

新闻不仅是新近事实的报道，更是对新近事实能动的报道。新闻的本质是人对新事物的认知、表现和传播。新闻不仅仅是信息，更是作品和文化。新闻不仅是一种自为的生存方式，更是一种自觉追求的生活方式。报纸，不仅仅是给今天的人看的，也是给明天的人看的。报纸还承担着缝合昨天与今天、今天与明天的接合的使命。这就是报纸的历史价值。它可以在有限的平面载体上，为我们展开一幅社会生活的写真；同时，又是一幅以价值观和社会理想为骨架支撑的画卷，引领我们走出迷茫，走出不知所措。

这也就是所谓的启蒙。启蒙就是认知复杂、变化的世界和人自身，不断去除假相、成见和错误的遮蔽。启蒙就是帮助人走出蒙昧，走向自觉和清醒。中国人开眼看世界、向西方学习的历程，同时也是一个思想启蒙的过程。启蒙，就是对认知图式的更新，对认知参照系的更新与拓展。在古代中国乃至古代世界的发展史上，“新闻”对人类认知和思想观念的影响起到了重要的作用。从原始人的新发现，到古希腊、中国春秋战国时期的新思想传播，从张骞西域探险到马可波罗东方游记，从郑和下西洋到哥伦布发现新大陆，这些历史事件中的新闻活动，带给古人知识和思想上的冲击何其巨大。即使在农业社会，新闻也在发挥着不可替代的“认知”和“启蒙”作用。在西方文艺复兴和启蒙运动乃至资产阶级革命的过程中，新闻更是起到了对人们思想观念和认知图式的冲击与更新作用。近代以来，伴随着西方报刊思想的传入，中国出现了近代意义上的新型报纸。清末到五四运动前夕，这一段时期是中国近代新闻思想的萌芽期。从此，新闻在中国担当起了社会启蒙的重任。

“新也者，天下事物之美称也。”（李渔《闲情偶寄·词曲下·宾白》）新闻姓新，这个新不是简单的新事物，更需要新题材、新情节、新形式、新笔法、新语言，来表现新的人物、新的内容、新的主题。新闻要反映自然、社会、人生的万千形态，这是一幅何其广阔、壮丽的画卷！世间活的万物，都在不断的运动变化当中。新闻是时代的产物，自然也要随着时代的变化而变化，不断注入新的气息。尤其是今天，更是一个丰富到令人眼花缭乱的世界。没有各种流派、风格、样式的争奇斗艳，没有百花齐放、万紫千红的笔墨，如何记录和见证这个万花筒一样的世界？离开了“海纳百川”的集成之美，离开了高屋建瓴又细致入微的“立体化表现”，怎么可能描绘出这幅画卷？

新闻空间，是一个广阔的立体时空统一场。从外部世界到人的内心世界，从过去现在到未来。尤其是人的内心世界，更是一个浩瀚的宇宙。新闻要进入人的内宇宙。新闻的深度，只有能透视到人的精神世界，揭示出事物的本质意义，探寻到事物的内在规律，才算是得到实现。做到这一点，要自觉地运用现代心理学来刻画人物的内心世界，善于在人物的心理剖析中反映出时代变迁的广阔背景。如果不能进入对象的内心世界，也就进入不了读者的内心世界，引不起共鸣和震撼。缺少了感天动地、直指人心的形象和场域，新闻的引导功能就是一种“自我感觉良好”的敷衍。

新闻伴随着人的诞生而诞生，新闻伴随着人的成长而成长，新闻伴随着人的发展而发展。人从原始世界一步步走来，人所认识的世界也总是在随着时代的变迁、社会的发展而发展，也总在随着人的活动空间、活动环境改变而变化。新闻的本质是认知，是人对新事物的认知、表现与传播。新闻认知的水平，总是反映着特定时代、特定区域的人的总体认知水平。

新闻认知具有“多维度”的特性。这源于社会的多元性、立体性。新闻认知的“多维度”至少体现在：高度、深度、广度、强度等方面。达到了这几个维度，新闻和记者的地位才能真正进入“无冕之王”的境地。否则，任你如何张牙舞爪，也不过是沐猴而冠，滑天下之大稽。

新闻认知的高度，取决于记者占位的高度。超越事物的高度，作“鸟瞰式”审视和比较，而不能停留于“仰视”的地位。超越和审视，应该成为记者的习惯性思维。高屋建瓴，胸中须有一团浩荡之气。陷入事物的泥潭，坐井观天，是记者的耻辱。当然，这不仅仅是认知上的高度，还包括人格的高度。

新闻认知的高度，取决于新闻中的智慧含量。新闻必须能站在普通人的认知高度之外，能看到事物的优越性，也能看到事物的局限性。新闻认知当然有局限性，但更重要的是新闻认知又能自觉地俯视这局限性，从而超越局限性。新闻认知须能带人进入不断上升的人生觉悟，帮助人打开胸襟和看世界的眼光。新闻认知必须是一种智慧的创造。否则，新闻就会陷入平庸。

新闻认知的深度，取决于新闻的思想含量。新闻认知的深度，表现为在“透视”、“剖析”、“批判”中把握事物的程度。它要求穿越事物的表象，撕开事物的外壳，进入义理的内核，把握事物在特定条件下的意义和价值。

新闻认知的广度，即“视角的宽广＋多角度的认知”。能够把事物还原到具体的时空坐标体系中加以观察，并把握事物与其他事物的关联。这离不开开放的、发散的思维作支撑。新闻认知的广度，取决于新闻的空间拓展。新闻认知的强度，指新闻所起到的启蒙、震撼、感染作用的程度。新闻认知须能直指人心，能够用新的观点、新的时代元素打开人的内心世界、情感世界。向社会发出探照灯的光芒、振聋发聩的声波。最低程度也能给人“灵光一闪”的启发。情感的启蒙，比思想的启蒙更具有人性价值。

认知、表现和传播世界的复杂性，这是新闻最核心的价值本质。认知和表现世界的复杂性真实，更需要冷静地思考与探索。报纸的进化，就是向认知型、思想型、文化型媒体前进。从我所供职的《新疆经济报》的理论与实践来看，这张报纸就是在不断实现着从低级到高级、从简单到复杂的进化。这张报纸的新闻写作已经由表现事物进入到表现“心路”的层次，已经由表现事件层次进入到“意义”层次，而报纸的新闻语言更是提倡“诗性”，正在一步步向着文化、哲学、文学的层面前进。进入人的“心理世界”和“点破”事物的意义，这正是《新疆经济报》的过人之处。它已经为报纸的前进方向做出了宝贵的探索，也获得了深刻的经验。

我们对宇宙的奥秘越是深入探索，越是走向科学的深处，就会越来越发现更多的复杂性问题。探索复杂性价值取向与思维方式，日益渗透进社会存在于社会意识的方方面面。作为报纸，其意义和价值绝不仅仅在于传播信息，更重要的在于承担起深度认知、深层思考、社会启蒙的使命。让人在世界的躁动中沉静下来，认知世界和自我，思考人生，体验世界，领悟世界的微妙——这是今天知识分子的终极使命。向“内宇宙”前进，向“意义世界”前进，这也是新媒体时代报纸进化的根本方向。

三、新闻与“新子学”双重视域下的新闻人使命

作为新闻认知的主体，记者不仅仅是时代的记录者，同时还是时代的认知者、思想者、体验者、探索者、发现者、引导者。

在新闻与“新子学”的双重视域下，新闻人担当着光荣而沉重的历史使命：那就是利用新媒体时代的一切手段，努力构建“新子学”的认知场、表现场和传播场。一是用“新子学”武装自身，在此基础上积极利用新闻媒介引导社会公众对“新子学”的关注和认知。二是不断创新“新子学”的表现形式。三是积极用全媒体手段传播“新子学”。在这个过程中，不仅要求新闻人自身通晓中西、百家，不断打破认知定式；更要求新闻人积极推动社会认知的更新，构建起开放思维场。

新闻的本质属性是认知，就决定了新闻记者是一个以“不断实现认知的突破”为本质属性的职业。它要求记者思维的坚强、锋利、尖锐，并且不停地在“知”和“识”的砧上磨砺，对新知、新识的追求永不疲倦，对实现自我突破的追求永不懈怠。提高记者的认知能力，必须解决“新闻”与“我”的关系问题。新闻中必须有我，而且是真实的我、立体的我、清醒的我、理性与感性交融的我。事物自己无法报道自己，新闻是我的所见、所思、所闻、所触、所写、所传播。记者不是传声筒，不是记事本，不是流水线上的操作工。

现实世界是一个复杂庞大的巨系统。任何事物、任何人，都是在

这个巨系统中存在、发展、变迁、演化。这就决定了我们对世界的认知不仅具有“多维度性”，同时还“多层面性”：表象层面、历史层面、空间层面、心灵情感层面、思想层面、文化层面……新闻认知的使命，就是在多维度、多层次透视、穿刺，甚至介入、体验。发展论、系统论、控制论、信息论……这些现代科学理论，同样应该放入记者认知的工具箱里。历史学、文学、哲学、社会学、心理学、经济学、地理学等众多人文学科的储备，是记者必不可少的认知武器。

一名职业新闻记者，在构建自己的“认知图式”问题上，必须有清醒的自觉。记者内心的“世界图景”，决定了他所认识的世界丰富到什么程度。

对于人类能否获得对世界的正确知识，很多哲学家有过各种各样的争论。乔治·萨顿坚定地认为：“正确知识的获得和系统化，是人类唯一的正确积累和进步的活动。”① 这是一种乐观的判断，但其前提是——我们必须不断地汲取和积累新的知识，并自觉地通过加工与建构使之系统化。康德认为，我们对世界的理解总是经过了大脑的加工。在这个过程中必定会有某些东西被遗漏或曲解，所以我们不可能得到事物的未经加工雕琢的真相。“在现实与我们对现实的理解之间必定存在着一条鸿沟。”② 康德所说的“鸿沟”，也就是所谓知识的极限。

新闻本身就包含着我们对这个世界的复杂性的认识。关于新闻，我们今天已经认识到，只不过是一个用结论和规则画就的圈子——我们尚未认识到的，则是这个圈子之外无限广阔的天地。以往的理论工作者，往往被固化的概念和理论体系所束缚，坚守着一个封闭的圈子。而对于今天的理论工作者来说，打破旧观念的桎梏，突破旧思维

---

① 乔治·萨顿《科学史研究》，上海交通大学2007年版。

② 康德《判断力批判》，邓晓芒译，人民出版社2002年版。

的圈子，勇敢地向以往视线所不及的地方探索，向我们所不知道的世界前进。这实在是一项艰辛而沉重的使命。

新闻就是人对新事物的认知、表现和传播。新事物是与变化密切相连的。在这个非线性的复杂世界上，渐变和突变之间有着极其微妙的关系。新闻不仅要关注突变和巨变，更重要的是关注渐变和临界。观察渐变，把握临界，这才是新闻人更深层的价值。它不仅要挑战新闻人的知识极限，还会考验新闻人感觉与思维的极限。

新闻实际上就是我们了解身边世界状态的信息的方式之一。我们在新闻上付出的劳动的质、量，决定着我们对周围世界信息获得的质量。在时间、能量和信息之间存在着三重平衡性，这些平衡取决于给定能量资源下可以得到的信息量、能量、时间的测不准关系以及维格纳的时钟极限——这个极限，在新闻的运行中同样存在着。在特定的条件下，我们可以获取的信息量，与消耗的能量、时间之间，有一个微妙的极限关系。新闻在时效性、信息量、深刻性与可以付出的代价之间，必须取一个成本最低、效益最高的平衡——这本身就是一个遵守与超越极限的处理过程。

对现代人来说，在最短时间里获取最多的信息，而且使能量的消费尽可能减少，将会成为永恒的追求。对新闻人来说，要想在最少的时间内、付出尽可能少的能量，获取最多的信息，就必须使自己加工处理信息的能力不断增长。而加工处理信息的能力，最终取决于新闻人的知识结构和思维方式。知识结构的有序化，思维能力的成长性，是新闻人核心竞争力所在。

互联网时代，人人都可以作为信息的采集者和传播者。那么在这个时代，记者角色的特殊价值何在呢？记者不仅仅是职业，更是事业。记者不仅仅是时代的记录者，更是时代的思想者。记者写作的不仅是今天的新闻，更是明天的历史。记者不仅生活在现在，更生活在人类发展的时空坐标上。

就具体一个记者来说，他只能从他所在的角度，记录他所见所感的世界。就整个记者职业群体来说，他们共同的使命是从各个角度纪录和见证新近发生的事实，共同还原所在的时代。在这个岗位上，从史家绝唱到报人理想，从职业记者到流水线上，记者的角色经历了一个个性色彩逐渐消磨的过程，在这个过程中，记者的思想性和诗性逐渐被漂白——这也许就是记者社会地位下滑的根本原因。

今天，当我们意识到这一切的时候，我们开始呼唤记者角色的回归。作为记者，必须要从工业化的“新闻生产流水线”上觉醒起来，通过自我的更新，挽救语言，挽救新闻，挽救报纸——同时也是在挽救自己。

记者必须走进知识的殿堂。新闻姓新，新闻所捕捉和表现的新事物，对读者来说往往是陌生的。这就需要新闻承担一个化陌生为熟悉、变遥远为接近的使命。而从陌生到熟悉、从遥远到接近，就需要记者对人和事物有深入的交流。现实中，很多记者常常习惯于一知半解，不明白事物，不太了解人物，更不了解事物在不同境况下复杂细微的变化，不了解人物在特定环境里的微妙的思想感情，自然也就不能随着人物的不同而异其口吻，随着情感的不同而别其情状。写出来的新闻与读者之间，始终存在着一层隔膜，让人感觉“雾里看花”。

记者要保持个性和自我。一个正常的人，一个正常的民族群体，都具有“原我”、“自我”、“超我”的人格结构，三者水乳交融、密不可分。受传统道德塑造的记者，在新闻生涯中抛弃了“原我”，迷失了“自我”，只剩下按照生产线标准配置的“超我”。迷失自我的记者，他们的脚步被匆匆旋转的车轮带着，他们的思想被种种定式束缚禁锢着，他们的双手被生产线上的下一只手催促着……他意识不到个人自由独立的原则，缺少主体的自由权和驾驭世界的自觉性，缺少为实现人的自我价值的觉醒，所以他写出来的人，也统统是缺乏人性、人格之美的“死人”；他写出来的事物，也统统是只见表皮，只见数字的“死物”。

记者的内心世界，应该充满了乐观主义、悲悯情怀、批判精神，“就像心中的一道深深开凿过的河床，生命之流可以在这条河床中突然奔涌而成一条大江。”① 这条大江，来源于中国传统文化的长期积淀，经过了一代代文人的传承与不断浓缩。乐观，才能高扬人的伟大，才能发现底层人民的品德，才能在文章中传达生生不灭的气息。记者的批判精神，意味着记者的眼睛里永远带着好奇的寻觅，清醒的批判，永远在对事物做着自觉的价值判断；它总是在质疑，总是在思考，总是不满足已经给出的答案。

记者的感情世界必须丰富。记者是有血有肉的人，是活在真实世界里的人，是有感情、有自我、有爱有恨、有喜有恶的人。这就使得所谓的“绝对真实”成了无本之木。“天地若无情，不生一切物。一切物无情，不能环相生。生生不灭故，由情不灭故。”② 记者应该是生活的弄潮儿，新事物的发烧友，新鲜感的体验者。在他的感情世界里，“生活不会使人望而生畏，却像含情脉脉、芙蓉如面柳如眉的香草、美女一样，具有一种不可抗拒的魅力和诱惑，把我们吸引过去——我们只得闭上眼睛，失魂落魄，投入她的怀抱。”（别林斯基《艺术的概念》）胸中有美，笔下才能优美；胸中有波澜，笔下才会有波澜。大脑一片混沌，写不出万般风情；大脑一片苍老，写不出鸟语花香。

记者不是工匠，不是流水线上的操作员。记者的过度专门化是一个“死胡同”，在某一个领域里如鱼得水，但一旦进入新的领域就成了呆子、傻子。“物一理也，通其意则无适而不可。分科而医，医之

① 卡尔·古斯塔夫·荣格《心理学与文学》，冯川、苏克译，三联书店 1989 年版，第 121 页。

② 冯梦龙《情史》序言，凤凰出版社 2011 年版。

衰也。”① 所以到现在中医都没有严格的分科。优秀的记者，应该向出色的戏剧演员学习，会唱、会舞、会打，具有集百艺于一身的高超修养，音乐、舞蹈、曲艺、杂技、武术无所不备。记者不是超人，但他必需是一个专业的杂家，一个贪婪的吸收者，一个大胆的尝试者，一个敏感的潜入者，一个激动的思想者。但是，记者的“杂”，必须建立在强烈的主体意识基础上，建立在坚实的理论体系上，建立在强大的消化吸收能力上，做一个知识和思想的“集大成者”。没有大智慧的记者，写不出大智慧的新闻。占据不了知识制高点的记者，也占领不了新闻写作的制高点。

记者的思维，应该是“飞行思维”、“鸟的思维”，能够在时空里“神与物游”，具有高度的开放性、活跃性，具有高度的立体性、多维性。面对一朵新奇的奇葩，它能够立即放飞思维，在自己的知识和体验中飞行，迅速把这朵“奇葩”纳入多维的时空中展开描述。现实中，我们众多记者的思维是一种典型的“爬虫思维”，往往拘泥于眼前所见，“坐井观天”，就事说事，只见表皮。思维方式不仅决定了记者的观察能力，更决定着记者的结构能力。现实中，很多记者是不善于结构新闻的——甚至连新闻的标题都不会提炼，脉络一团乱麻，写出来的是“一团肉泥”一样的事件和人物。如同蹩脚的建筑，不会搭架子，只懂得稀里糊涂砌砖，垒出来的东西也自然是粗陋不堪，一推就倒。归根到底，是因为他们没有构建起自己的“时空思维”、“立体思维”，心中缺乏结构意识，不去想新闻的行文“从何处来，到何处去？如何直行，如何打曲？如何放开，如何捏聚？何处公行，何处偷过？何处慢摇，何处飞度？”②

---

① 《苏轼文集》卷六九《跋君谟飞白》，引自敏泽《中国美学思想史》，齐鲁书社 1989 年版，卷二，第 432 页。

② 《金圣叹全集》，万卷出版公司 2009 年版。

记者需要“发愤”。“乐而不淫，哀而不伤，怨而不怒”，这是儒家经典中不断强化的圭臬，但是这条律令却被宫刑之后的司马迁所否定。司马迁在《报任安书》中燃烧着自己不可抑制的怒火，发出悲愤的控诉，并开创了“发愤之所作”的逆反传统。信息时代，记者的使命，更多的在于独立思考和批判意识的觉醒，在于站在时代潮头高扬人的价值和思想，在于能够以黄钟大吕之声振聋发聩。“不愤则不作矣！不愤而作，譬如不寒而颤，不病呻吟也。”（李贽《忠义水浒传序》）今天，我们多少记者在作着“不寒而颤”、“不病呻吟”的文章？

记者必须具备很强的审美能力。美是人的本质力量的对象化。美是对万物的欣赏，也是对自我的肯定。中国古代美的最高境界，是“天人合一”的人与自然高度统一和谐的大美境界。古代先民内心充满了宇宙公民的欲望，在文学艺术中更是从心所欲地将大自然的万美化为己美，这集中体现在诗和戏剧上。他们崇尚的是集宇宙万物大美于一身的“宇宙之美人”的境界。这种境界，同样也是记者向往的境界。新闻写作本身就是一种审美。记者不是以笔墨写万物，而是蘸取万物之色于笔墨之中，融入细节、动作、声响、情感，才能把真实的事物活灵活现地表现出来，这个过程，也就是将人的内心世界物化、将世间万物活化的体验。

须知，不朽之作并非用笔就能写就。只有用心、用灵魂、用沸腾的热血，汲取诸子百家之长，融入古今中外智慧，才能认知、表现和传播新事物的深刻与微妙，才能进入不断超越的新境界。

（作者单位：新疆经济报社）

汉语国际推广背景下中国文化的定位与选择

——以美国孔子学院为例

聂学慧

引　言

随着综合实力的日益增强，中国在政治、经济、外交、文化各领域对世界的影响日益广泛。2010年“中国制造”形象广告在CNN亚洲频道滚动播出以及2011年1月17日《中国国家形象片——人物篇》在美国纽约时报广场的播出，表明通过国际主流媒体，中国开始更加自信、主动地向世界展示中国的国家形象，这极大地提升了中国的国际地位。世界各国更加重视发展与中国的友好合作关系，汉语在国际交流中的作用日益凸显。为适应这一形势需要，国家推出了孔子学院这一文化品牌。孔子学院以加快汉语走向世界为使命，努力构建汉语言文化传播网络，创造了中外合作开展语言文化交流的新模式，走出了一条中华文化走向世界的新途径，实现了跨越式发展，成为中国对外教育文化交流与合作的典范，为推动汉语走向世界、促进中外文化交流、增进中国与各国人民之间的友谊作出了重要贡献。

孔子学院的现状

从2004年开始，中国在借鉴英、法、德、西等国推广本民族语言经验的基础上，探索在海外设立以教授汉语和传播中国文化为宗旨的非营利性教育机构"孔子学院"。孔子学院是中外合作建立的非营利性教育机构，致力于适应世界各国人民对汉语学习的需要，增进世界各国人民对中国语言文化的了解，加强中国与世界各国教育文化交流合作，发展中国与外国的友好关系，促进世界多元文化发展，构建和谐世界。

孔子学院开展汉语教学和中外教育、文化等方面的交流与合作。所提供的服务包括：开展汉语教学；培训汉语教师，提供汉语教学资源；开展汉语考试和汉语教师资格认证；提供中国教育、文化等信息咨询；开展中外语言文化交流活动。

截至2012年，中国已在108个国家和地区建立了400所孔子学院和500多所中小学孔子课堂。注册学员达到50万人以上。各地孔子学院充分利用自身优势，开展丰富多彩的教学和文化活动，逐步形成了各具特色的办学模式，成为各国学习汉语言文化、了解当代中国的重要场所

美国孔子学院面临的挑战

中国和美国同为世界上举足轻重的两个大国，改革开放后两国在经济贸易、教育文化领域的交流日益深入。但是英语作为世界强势语言，特别是美国文化作为全球流行文化的中心，在全球化的浪潮下，

英语及西方文化、价值观念对中国当代社会产生了很大冲击，中国传统文化、主流意识形态面临挑战。随着综合国力的持续提升和国际地位的不断提高，汉语国际推广成为提高国家形象、展示文化软实力的一项国家政策。作为汉语和中国文化桥梁的孔子学院，在全球大规模布局的进程中，将西方文化大国的美国视为重要阵地。

从2004年第一家孔子学院在韩国成立以来，美国已成为全世界设立孔子学院和孔子课堂最多的国家，截至2013年4月10日，已有92所孔子学院和逾300个孔子课堂，其中包括斯坦福大学、哥伦比亚大学、芝加哥大学等一流名校。此外，2011年美国开设汉语课的公立大、中、小学超过5000所，学习汉语的学生人数突破20万人，相当于5年前的10倍；1000多所大学开设了汉语专业，招生规模达5.2万人。中国是在经济上对美国有巨大影响的国家，而随着两国经济贸易交流的日益广泛，文化交流也必然走向深入。孔子学院的建立对美国的教育、文化和社会层面都将产生一定的影响，一些深层次的矛盾也随之显现出来。

孔子学院作为中美之间文化交流的最新形式，在美国的发展并非一帆风顺。2012年5月17日，美国国务院发布公告，勒令持有J-1签证的孔子学院中国教师于6月30日前离境。虽然一周之后事情得到圆满解决，但此事引发了许多学者和新闻媒体的关注。中国经营报认为，此事绝非偶然，实为美国社会多年来对孔子学院心存疑虑的一个爆点。很重要的一个原因是孔子学院输出模式简单低效、技术性问题常被政治化解读①。《解放日报》认为，美国政府此举意在打压中

① 邓喻静《孔子学院“出海”之难》，《中国经营报》2012年6月4日。

国语言、文化在美国日渐上升的影响力①。

孔子学院进入美国八年多来，美国国内不时传出右翼势力对孔子学院的指责之声，认为它与中国政府关系过于紧密，是中国政府对外宣传的工具。中美人文交流体制不同，美国对“中国式宣教”持有防御心态。2012 年 3 月，美国国会外交事务监督与调查专门委员会就“中国公共外交代价”举行听证会时，国会众议员就指责中国通过私营媒体和公共教育“进行宣传”。按照孔子学院目前的中美合办模式，孔子学院主要注重汉语教学，对其政治化解读是不公正的。从文化层面上看，孔子学院在美国遭遇不公正对待，主要有两个原因：

第一，对“孔子学院”名称的片面理解：孔子等同于封建等级文化的符号。

在西方早就存有先例。例如英国的孔子学院，虽然在帮助年轻人学习中文、加深对中国的了解方面发挥了重要作用，但实际上许多人只是简单地把它当成教授中文的地方。还有人十分怀疑这些机构，认为它们的作用只是为了替中国政府进行宣传。孔子学院甚至成了当地对中国进行抨击的借口。而著名法国汉学家高敬文（Jean - Pierre Cabestan）教授认为，孔子学院的名称容易引起误解，因为孔子虽然是一位重要的思想家，但他“是那么保守，尤其是对于等级关系、社会秩序和妇女”。在他看来，胡适、蔡元培或者甚至李白，也许都是更好的选择②。2007 年 10 月 8 日，广州《南方都市报》专访中国驻比利时大使章启月，他指出，欧洲人对中国的了解还非常落后，很多事情还停留在过去的假想上，欧洲媒体对中国的报道消极面还是大于正面。所有这些隔阂和误解都需要花时间去消除。

---

① 宰飞《美方一纸公告搅乱孔子学院》，《解放日报》2012 年 5 月 25 日。

② 师琰《孔子学院的局限性》，《21 世纪经济报道》2011 年 1 月 17 日。

第二，对孔子及儒家为代表的中国文化的偏见和误解：孔子学院等同于儒家文化，亦即僵化、落后、等级严厉的中国文化。

孔子学院的宗旨是增进世界人民对中国语言和文化的了解，促进世界多元文化发展。虽然孔子学院在美国绝大部分活动是汉语教学，但是由于种种原因，美国社会对孔子学院和中国文化有着较深的误解。

有学者选择包括《纽约时报》、《洛杉矶时报》、《芝加哥太阳时报》、《圣盖博论坛报》等33家美国全国性大报和地方性媒体的相关文本作为分析对象，研究发现，美国媒体对孔子学院的关注整体上在增多，但负面评价自2005年以来呈总体上升态势，并成为当前的主导评价。担心孔子学院成为促进中国政治影响的工具等方面的忧虑是促成消极评价的主要原因。2008年北京奥运会突出了中国的强大与独特的文化价值观。美国人对中国政府、中国人、中国文化的消极认知反而增加了，担心中国可能会对美国人的价值观和信仰构成“威胁”。因为孔子学院是中国在美国最主要的文化符号和经济交往中介，同样的态度也会反映到对孔子学院的态度上来。消极态度的来源，则主要是一种根深蒂固的偏见，即长期以来对共产主义的恐惧，特别是仍然把中国与共产主义直接挂钩。在美国人对孔子学院积极态度的来源中，竟无一项直接与文化有关。而在消极态度来源中，至少有三项（文化交流不对称、等级文化、僵硬的）与文化直接相关。许多美国人甚至把孔子学院与“危险、邪恶”的共产主义等同起来。而积极评价则源自增加商业机会等经济因素方面的考虑。促成积极态度因素的前三位是：有更多的商业或经济机会；增进理解、交流与合作；时尚与流行。综合起来看，美国人对孔子学院持积极态度多出于功利的原因。在中国经济快速增长这一背景下，孔子学院的当地合作方希望通过语言学习提升美国人在中国拓展业务的能力，支持办学的当地政府则寄希望于孔子学院能够搭起与中国相关地方经济合作的桥梁。①

可以看出，美国舆论媒体的误导和美国民众对中国、中国社会、中国文化缺乏了解，是孔子学院在美国推广汉语、传播中国文化面对的巨大挑战。

孔子学院的文化定位与选择
——消除误解，展示中国传统文化的精髓

孔子学院从诞生之日起，就承载着教授汉语并最终传播中国文化的使命。孔子是中国传统文化的代表人物，选择孔子作为汉语教学和中国文化的品牌，是中国传统文化走向世界的标志。孔子学院以“孔子”命名，并不意味着中国文化只有孔子为代表的儒家文化。

汉语国际推广，从本质上来看，是跨文化环境下的文化交流。中美两国在政治制度、价值观念、意识形态、思维方式等方面差距较大，美国人对中国的负面印象和对中国文化认知的偏低，源于许多深层次的、长期积累的问题。因此孔子学院在美国的遭遇就不足为奇了。最重要的是，应消除以美国为首的西方世界对中国文化的误解。一味指责他人无济于事，只能从自身寻找解决的路径。首先，作为汉语和中国文化的推广方，基于上述的美国国内舆情和文化背景，对汉语国际推广中文化的定位与选择显得尤为重要。简言之，要消除美国

① 李开盛、戴长征《孔子学院在美国的舆论环境评估》，《世界经济与政治》2011 年第 7 期。

舆论界和民众对中国文化的误解，要改变美国人心目中中国文化就是儒家文化、中国传统文化是僵硬、落后于时代的、等级严厉的文化的顽固偏见。

在此，可以借鉴国内文化界专家的最新研究，即“新子学”中有关中国传统文化的观点。

“新子学”是在近年来国内复兴中国传统文化的浪潮中应运而生的。为应对全球化和市场化带来的信任危机、道德滑坡、人文精神式微等社会问题，复兴传统文化成为中国人主体身份和文化认同的共识。而复兴中国传统文化，并非局限于复兴以儒家文化为核心的传统文化，独尊儒家，视其为唯一，而是复兴诸子百家时代繁荣、全面的中国传统文化，独尊儒家是我们民族文化衰败的原因之一。“新子学”使我们更加清楚地意识到中国文化真正的源头在诸子百家，而不仅仅是儒家一家。它给我们提供了现代文化环境中民族文化繁荣振兴的一个重要参照，就是要从子学中寻找到真正使我们民族具有强大发展潜力的根本，其中，最需要找到的就是蕴含在诸子百家中的中国智慧。

“新子学”提出，中国传统文化包括“六经”系统的王官之学和诸子之学。“六经”系统包含了中华学术最古老、最核心的政治智慧，因而在历朝历代均受到重视，西汉以降一直被尊为中华文化的主流思想而传承至今。诸子之学是以老子、孔子等为代表的诸子百家汲取王官之学的思想精华，并结合新的时代因素独立创造出来的子学系统。子学系统代表了中华文化最具创造力的部分，是个体智慧创造性地吸收王官之学的思想精华后，对宇宙、社会、人生的深邃思考和睿智回答，是在哲学、美学、政治、经济、军事、教育、技术等诸多领域多维度、多层次的深入展开。经学系统和子学系统共同构成中华文化的两翼，为东方文明的薪火相传奠定了深厚的思想基础。

从第一代子学元典《老子》、《论语》、《墨子》到第二代子学元典如《孟子》、《庄子》、《荀子》、《韩非子》，皆兴起于社会危机日益加深的春秋战国时期。儒、墨、道、法等诸多思想流派，“百家争鸣”，其目的都是为了寻找救世良方。秦汉以后历代诸子百家学术及后代学者对诸子的研究，都与一定的历史阶段相适应。清末至“五西”运动以来，参与到社会变革激流中的子学，已化身为传统文化转型的主力军和“国学”发展的主导力量。老子、孔子、墨子，孟子、荀子、庄子，陆贾、贾谊、杨雄，周敦颐、朱熹，王念孙、魏源、俞樾、戴望、孙诒让、王先谦、王国维，康有为、梁启超、章太炎，鲁迅、蔡元培……这些在中国文化发展史上熠熠生辉、光照后人的人物，以及现当代众多著名思想家，凡著书立说，承诸子要义者，皆可成为诸子。“新子学”的主张大大丰富和拓展了中国文化的来源，也显示了中国文化一脉相承的传统。

作为中华传统思想文化的主体，原创性、多元性，以及对当时社会现实的积极参与，使“子学精神”保持着开放性、变革性的本质。“新子学”再次提醒国人，中国文化真正的源头在百家，而并不仅仅是儒家。中国文化不只有儒家，而是包容诸子。集诸子百家思想精华为一体的中国传统文化并不是封闭僵化的，而是与时俱进的。诸子学说，百家争鸣，而多以天下安危为己任。儒家以“仁”为本，积极入世，“朝闻道，夕死可矣”；墨家尚贤，倡导兼爱节俭，刻苦自砺；道家于纷繁世界之外“清虚自守”、“澡雪精神”、“劝善立德”、“与时俱化”。这些历久弥新的遗珍，铸造了中国人的民族精神、培育了中华民族的气节操守、涵养了中国人的人文情怀，对中国人的价值观念、思维方式、道德标准、行为准则、处世哲学影响久远，构成了中国传统文化的核心价值和理念，是中国文化中具有普世价值的中国智慧，也必然是汉语国际推广中文化内容的重中之重。诚如 20 世纪 30 年代上海世界书局编辑《诸子集成》其《刊行旨趣》云：“夫所谓国学之本源者，何也？‘六经’尚矣！本局已印行汉人之注疏，并宋人之章句集注矣！其出世稍次于经，而价值与影响，有足与经相抗衡者，则周秦诸子是已。原诸子之立说著书，盖皆欲以一己之思想学说以广播于天下者也。两千年来，中国之民族思想，社会文化，学者著述，几无不受诸子之影响，故诸子者，实我先民思想之结晶，亦即国学本源之所在。”①

“新子学”强调，中华文化的未来，应在继承传统的基础上不断创新发展。诸子学作为中华传统思想文化的主体，必然是未来思想文化的重要组成部分，是促进中国重新崛起，成为世界中坚的有生力量之一。“新子学”对传统文化崭新的研究视角，再一次澄清了对中国传统文化的内涵模糊不清的看法，为消除西方文化对中国传统文化的误解奠定了坚实的理论基础，也为在汉语国际推广过程中中国文化的定位和选择指明了方向，是今天我们对待中国文化应持有的态度。在全球化席卷世界、西方价值观念日益东浸的今天，重新树立民族文化自信心，中国传统文化才能以独立的姿态坦然面对西学，汉语和中国文化的推广工作者才能自信地与西方文化交流，并促使美国社会理解中国文化的核心价值与理念，汉语和它承载的中国文化也才能真正走向世界。

汉语国际推广中文化推广的方式

汉语国际推广的中心工作是以汉语为载体和媒介，以汉文化为代表的中华文化为主要内容，把汉语与中华文化一起推介给全世界。介绍中国文化，应当处理好精华与糟粕、共性与个性、局部与整体、主观与客观、理性与感性、传统与现代、内容与手段等几方面关系②。

---

① 转引自方勇《“新子学”构想》，《光明日报》2012年10月22日。

② 朱瑞平《汉语国际推广中的文化问题》，《语言文字应用》2006年增刊1。

此外，还应注意文化的层次性。目前活跃在世界各地的孔子学院，尚未进入高层次推进中国文化在全世界传播的境地，在相当的程度上，只处于普及中国语言和文化基础知识的浅层次。中国传统文化不只是书法、武术、中国美食等有形的东西，这些器物或行为层面的文化。能吸引美国民众对中国文化的兴趣，但往往停留在“猎奇”的层面，属于普及型的中国文化“公共外交”。要真正传播并使美国社会认同中国传统文化，就必须展示中国传统文化中关于人生、社会、政治等各个方面的核心理念和价值，就要力争进入美国哈佛、耶鲁、普林斯顿等一流大学开设中国文化讲座，要把中国文化界最新的研究成果，例如“新子学”，介绍出去。孔子学院发展规划（2012—2020）指出，支持有条件的孔子学院开展高级汉语教学和当代中国研究，成为深入理解中国的重要学术平台；开展“孔子新汉学计划”，通过资助课题研究、攻读学位等方式，吸引各国优秀青年来华考察访学。推动在世界著名高校设立中国学教席，资助国外介绍中国的优秀著作和译著出版，支持各国孔子学院举办中华文化研究学术会议等活动。实施孔子学院品牌工程①。“孔子新汉学计划”和孔子学院品牌工程都是采取请进来和走出去的办法，提高中国文化的传播层次。“中国学教席”一旦设立，必将影响美国主流教育机构和媒体，进而对美国公众产生巨大的影响。

2013 年 4 月 9 日刚揭牌的美国哥伦比亚大学孔子学院，定位于从事汉学和中国问题的研究工作，培养致力于汉学和中国问题研究的学者和教授，必将提高中国问题研究和汉学在美国及世界学术界的影响和地位。而今年 4 月 10 日揭牌的美国乔治·华盛顿大学孔子学院，地处美国首都华盛顿，定位于为华盛顿的世界银行等国际组织和美国国务院等政府机构的官员提供一个接触中文、了解中国和中华文化的

① http：//www. hanban. edu. cn/hb/node_ 7446. htm 。

桥梁。中国文化界、对外汉语教学界、外语教育界要充分发挥这两所孔子学院的作用，在翻译、介绍、推广、传播中国优秀传统文化和当代文化精品方面通力合作，使之成为推广中国文化的重要学术平台。这无疑会极大地提高中国文化在美国的影响力，增强中国文化对美国民众的吸引力，更有利于两种文化的交流与融合。

结　语

孔子学院秉承孔子“和为贵”、“和而不同”的理念，推动中国文化与世界各国文化的交流与融合，以建设一个持久和平、共同繁荣的和谐世界为宗旨。中国文化走向世界的前提，是中国文化所具备的普世价值和东方智慧对全人类所具有的启迪作用。“贵和尚中”、“天人合一”、“厚德载物”、“仁者爱人”、“己所不欲，勿施于人”，这些普适性的中国智慧是中国文化奉献给世界的无价之宝。中国文化主体的子学，其开放、包容、发展的特性，必将使中国传统思想文化与西方科学理念得到完美结合，并转生为当今社会的精神智慧之源，最终发展出民族性与世界性兼备的现代中国文化。当以孔子冠名的全球性中国文化的传播机构，能够正确解读孔子的思想和中国文化精髓，中国传统文化的输出水平达到输出文化价值的层次，当反映现当代中国社会生活与民族价值观、展现中国文明、民主、开放、进步形象的中国文化在海外传播时，中国传统文化定能为美国和世界各国所认同，这也是孔子学院在海外持久发展的根本。

（作者单位：北京语言大学汉语学院）

浅谈当代大学生人文素质教育中子学的地位及意义

邹 艳

目前很多高校都非常重视大学生的人文素质教育。学界对当代大学生的人文素质教育也多有探讨。2004 年，《光明日报》就曾展开关于“人文素质”的讨论。近年来也出现了不少探讨大学生人文素质教育的论文，如：周金生、彭书雄《人文学科与人文素质》①、王申红《通识教育与大学生人文素质的培养》②、骆宾等《论国学教育与大学生人文素质培养》③、侯景娟《文学经典阅读与当代大学生人文素质培养研究》④、黄景中《诗书教育与大学生人文素质培养》⑤、谭朝炎《中国传统文化与大学生人文素质教育》⑥ 等。尽管学界很关注传统文化对当代大学生人文素质教育中的积极作用，但大多凸显的是传统文化中例如唐诗宋词等文学经典，以及陶渊明、杜甫等大诗人的

---

① 《光明日报》，2004 年 8 月 30 日。

② 《人力资源管理》，2012 年 07 期，第 180 ~ 182 页。

③ 《教育与教学研究》，2011 年 08 期，第 32 ~ 37 页。

④ 《九江学院学报》，2012 年 03 期，第 87 ~ 89 页。

⑤ 《教育评论》，2012 年 05 期，第 60 ~ 62 页。

⑥ 《宁波大学学报》（教育科学版），2005 年 06 期，第 100 ~ 102 页、第 110 页。

人格魅力在人文素质教育中的熏陶作用，对子学在当代大学生素质教育中的作用和意义讨论相对少些。

陶行知说过，千学万学学做人，“教师的职务是‘千教万教，教人求真’；学生的职务是‘千学万学，学做真人’。”① 教育部1998年颁布的《关于加强大学生文化素质教育的若干意见》中提出：“大学生的基本素质包括思想道德素质、文化素质、专业素质和身体心理素质。”大学生如何从汲取知识的主体顺利地成长为用知识服务社会的主体，是“天之骄子”跨出象牙塔时要走好的第一步。人文素质是自然人转变为社会人的关键。笔者由于一直在高校从事教学和科研工作，除了为中文系的学生授课外，还为全校学生开设了公共选修课，因而有机会接触到工科、理科以及中文系之外的其他文科专业的学生。在十几年的教学过程中，笔者有意识地关注当代大学生的择业观、价值观，发现文科专业背景的学生与纯理科专业背景的学生在人文素养和人文理想上存在很大的区别。人们也越来越感慨现代高度发达的网络和“压力山大”的生存空间给当代大学生带来的极大困扰。“路漫漫其修远兮，吾将上下而求索”，是当代绝大部分大学生在象牙塔里学习和生活的心理状态。他们或为生活奔波，或为学业忙碌，周围洋溢着浓郁的商业气息。学校的文化墙和宣传栏中充斥着各种考级广告和兼职信息。在商业运作和商业信息司空见惯的象牙塔里，人文素质的培养和人文知识的积累难免显得有些薄弱。

受实用主义价值观影响，当代大学生普遍表现出务实化、个人化和功利化的特点。综观目前在校大学生人群的生活状态，大致可以概括为三类：考证族群、实践族群、考研族群。考证一族与社会实践一族殊途同归，其目标都是就业。考证的同学在短短四年内不仅要考英语四、六级证书，还要考计算机等级证书、教师资格证书、英语口译

① 《陶行知全集》，四川教育出版社2005年版，第5卷，第174页。

证书、报关资格证、普通话等级证，甚至机动车驾驶资格证也是很多在校生人手一本的证书。社会实践一族则花很多时间奔波于就读城市的各行各业中，他们以获取社会实践经验为主要目的，加强对社会的了解，积累社会经验，尤其是职场经验，有的同学甚至以在读生的身份赴国外机构从事勤工俭学。考研一族则抱着继续深造的目的，在加强英语学习的同时，加紧对自己感兴趣领域的专业知识的学习。在华灯闪烁的都市里，在宁静而匆忙的校园中，这些脚步匆匆、目标明确的追梦者也有茫然的时候。当被问及理想时，他们滔滔不绝，头头是道，目标明确，但是当被问及自己与社会、与他人的关系时，却常常哑口无言。因为在很多人看来，一切努力似乎只是为了个人的理想，而这个理想又大都聚焦于“小我”。当遇上困难与挫折后，当现实与理想发生冲突时，他们往往会变得茫然失措，也容易失去前进的动力。事实上，除了上述三种类型外，还有极少一部分同学，既没有短期目标，也没有长远计划；既看不起为生活忙碌、为学业匆匆的同伴，也不想利用培养技能的各种机会。在他们看来，一切都来得自然而容易，根本不需要努力和打拼。当代大学生素质教育中，人文素质教育必不可少，而要进行人文素质教育，子学正是一剂“良方”。

一

“高山仰止，景行行止”，出自《诗·小雅·车辖》。郑玄笺注：“古人有高德者则慕仰之，有明行者则而行之。”朱熹注解说：“仰，瞻望也。景行，大道也。高山则可仰，景行则可行。”司马迁《史记·孔子世家》专门引以赞美孔子：“《诗》有之：‘高山仰止，景行行止。’虽不能至，然心向往之。”后来高山景行往往成为值得效法的崇高德行的代名词，而这恰恰是在校大学生对子学的感受。子学产生在先秦社会，是先秦诸子对社会、宇宙、人生、世界的看法，是历经几千年大浪淘沙沉淀后的精神财富。那么为何在当代大学生的心目中，子学却显得陌生、庄严、肃穆，常常使他们敬而远之呢？究其因大致如下：

首先，子学的文学性不强。在中国文化初创时期，子学便以非纯文学的形式出现在历史舞台上。先秦哲人留下的著述，不论是儒家、道家，还是墨家、法家等，都是以说理文的形式出现，是哲人表述自己政治主见的言论。非纯文学的特殊角色决定了子学侧重哲理的思辨，闪现的是智者的智慧，不同于一般的文学作品有扣人心弦的故事情节，或鲜明、高大的人物形象。在几千年的传承过程中，子学的接受主体主要出现在哲学领域。即便是以寓言说理见长的《庄子》和以比喻说理见长的《孟子》、《荀子》，故事性也没能成为主要亮点。因此，在传播和接受的过程中，文学性不强的子学在后世的接受范围较为有限，自然也就不会被当成启蒙读物来推广了。这是子学未能成为诸如四大名著、唐诗宋词那样“飞入寻常百姓家”经典的重要原因。

其次，子学距离当代社会时代久远。子学产生在社会转型期，是商周以来传统知识系统的重要组成部分。子学的创始者是早期文化的承担者，代表了社会生产力向前发展对社会生产关系提出的新要求，是春秋和战国时代最新思想的代表。孔孟、老庄、韩非子等，对变化中的生产关系提出了自己的构想。然而，随着几千年的君主专制统治，子学的自由与独立的精神在独尊儒术的大一统思想下被压抑了，棱角也被磨平。尽管在宋明理学家的努力下，子学得到了与时俱进的新发展，但是早期子学精神的自由灵魂却渐行渐远，以至今天，除专业士人之外，子学很容易被当成哲学家、学问家之事看待。因此，子学在当今大学生心目中是阳春白雪，不免曲高和寡。

再次，子学的普及工作尚未充分。子学在世人心目中更多的归属于哲学，往往被看成是哲学家的事情，与普通老百姓没有多大关系。由于先秦子学产生在文学尚未独立的时期，子学著作出现之初便以哲学著作的身份展现在人们面前。儒家治国平天下的理想是治国之道、为政之道。老庄的清静无为思想是出世之道。法家、墨家的思想体系也均针对社会秩序的建立和维护。对芸芸众生而言，政治是少部分人的事情，每天的衣食住行才是实实在在、关系到切肤之痛的。因此，子学经典对普通人而言，仅仅是偶尔去崇敬、景仰的“另一个世界”，即便是当代大学生，对子学也只是保持心向往之、力却有所不及的敬意。

二

“人文之始，肇自太极。”（《文心雕龙》）人文肇自太极，太极乃世界本源。人类作为万物之一，具有与万物同源的属性，因此天人和谐共存、天人合一具有天然的基础。要实现这种人类与自然的和谐相处，人文关怀是重要途径。《周易》说：“刚柔交易，天文也。文明以止，人文也。观乎天文，以察时变；观乎人文，以化成天下。”人文关怀是人格塑造的核心，而人格塑造又是整个人文素养的核心。人文素质包括思想素质、知识素质、审美素质等。素质教育是指将人类的优秀文化成功地通过知识传授、环境熏陶等环节，使其内化为人的人格、气质、修养等，成为人的相对稳定的内在品质。当代大学生的人文素质教育主要包括人文知识、人文思想、人文方法、人文精神四方面。其中，文化理念是人文思想的核心，人文方法则是学会用人文的方法思考和解决问题，是人文素质的一个重要方面。可见，人文精神是最基本、最重要的人文思想和人文方法。蔡元培《全国临时教育会议之开会词》说：“当民国成立之始，而教育家欲尽此任务，不外乎五种主义：即军国民教育、实利主义、公民道德、世界观、美育是也。五者以公民道德为中坚，盖世界观及美育皆所以完成道德，而军国民教育及实利主义，则必以道德为根本。”① 道德、人格修养是人文素质教育的关键，子学的丰富内蕴与深邃思想可以为大学生人格塑造提供营养。

子学关注社会、关注国家，可以为当代大学生树立宏观理想、培养人文关怀、塑造人格指引方向。子学中的儒家强调积极入世，被无数志士仁人尊为人生守则。“穷则独善其身，达则兼善天下。”（《孟子·尽心》）“当今之世，舍我其谁。”（《孟子·公孙丑》）“自天子以至于庶人，壹是皆以修身为本。”“古之欲明明德于天下者，先治其国，欲治其国者，先齐其家；欲齐其家者，先修其身；欲修其身者，先正其心；欲正其心者，先诚其意；欲诚其意者，先致其知，致知在格物。物格而后知至，知至而后意诚，意诚而后心正，心正而后身修，身修而后家齐，家齐而后国治，国治而后天下平。”（《大学》）这些思想均体现了儒家高度的责任感，并使儒家获得了极大的、恒久的信任。即便在国门开放的时代，也被众多外国友人接纳，甚至被视为打造世界“新人文主义”的核心。美国评论家、新人文主义文学批评运动的领袖白璧德先生，对儒家哲学给予了高度评价，视儒家思想为解决社会价值危机的唯一出路。“五四”时期，一批知识分子出国留学，在他们冷静客观地比较中西文化后，发现西方文化并非尽善尽美，也存在诸多弊端，于是便以理性的眼光和同情的态度看待儒学的价值。对家国的奉献思想也让儒家获得了最广泛的支持。以老庄为代表的道家哲学同样体现了子学对社会的关注，“至德之世”和“小国寡民”从另外的角度对治理社会和国家进行了设想。当代大学生在商业经济大环境下，过于重视知识和技能的获取，普遍追求功利性

① 《蔡元培文集》，线装书局 2009 年版，第 6 页。

的学习效果，对个人以外的世界关注较少，为大众和社会的服务意识较为薄弱，奉献精神较为缺乏，这些人格上的不足与他们的立志不高远、理想不宏大有密切关系。过于重视功利主义，就会局限于对实际收益的知识和技能的训练；过于重视谋生能力的培养，会导致人被物质异化，使人沦为职业培训机构或技术训练的机器。在中国二十世纪五六十年代曾经出现过宣扬“大我”，淡化“小我”的创作潮流，“大我”指革命者，“小我”指诗人自己。尽管这种创作理念打上了特殊时代的烙印而被抨击过，但呼唤“大我”即强调个人对社会责任感和使命感实属必要。新时代下，“大我”不仅仅是精英和无我的代名词，还代表了一种民胞物与的胸怀，那就是既要有爱国主义和民族认同的志向，也要有乐于助人、珍视友情的品质，以及关爱家庭和重视亲情的情感态度。

子学关注人情、人性、人生，是当代大学生提升自我修养的金钥匙。孔子对为政之道提出：“为政以德，譬如北辰，居其所而众星拱之。”“道之以政，齐之以刑，民免而无耻；道之以德，齐之以礼，有耻且格。”（《论语·为政》）“子为政，焉用杀？子欲善而民善矣。君子之德风；小人之德草。草上之风，必偃。”（《论语·颜渊》）这些思想显现了孔子对“民”的重视和对“人”性的尊重。事实上，子学普遍对“人”充满了敬意，各家各派都对人情、人性进行了有效探索。墨家有“兼士”，儒家有“君子”，道家有“赤子”、“至人”、“神人”、“圣人”，这些都是理想人格的化身。孔子强调“仁者，爱人”，认为关爱他人是仁者的处世之道。孟子主张“人性本善”，人之有“四端”犹如人之有四肢，对人性进行充分肯定。道家也强调人性，重视人性的真、实、自然，“念德之厚，比于赤子”，推崇单纯如浑浑无知的婴儿，以及“游乎无何有之乡”、“游乎尘垢之外”、飘飘然的藐姑射神人。道家推崇的是特立独行的人格，对此，张岱年论述为：“人之本性，道家亦名之曰‘性命之情’，情者真实之义，性命之情即性命之真。”① 墨家的理想人格则是“厚乎德行”、“辩乎言谈”、“博乎道术”，要求有很好的内在品质，能言善辩，擅长各种技能和知识，能够做到：“为高士于天下者，必为其友之身，若为其身；为其友之亲，若为其亲。然后可以为高士于天下。是故退睹其友，饥则食之，寒则衣之，疾病侍养之，死丧葬埋之。兼士之言若此，行若此。”（《墨子·兼爱》）

子学的人性观照为大学生提升人文素质开拓了思路，提供了借鉴。儒、道两家向来为士人思想的两翼，古往今来，儒家激励一代又一代的有志之士扬帆起航，道家又为在奋进途中坎坷失意的人们提供精神家园。教育部在《关于加强大学生文化素质的若干意见》中提出，大学生的素质教育，以文化素质为基础，文化素质又以人文素质为重点。人是自然生命、精神生命和社会生命三重生命的统一体。教育的终极不是关注教育本身，而是关注人。追求人性的完美、和谐发展，是教育的志向。当代大学生除了技能训练，培养科学精神外，更应重视自身人文知识的积累、人文素养的积淀、人文气质的培养，提升人文素质，充分挖掘自身的内在道德品性。

三

人文素质教育的最终目的是“教人做人”，学会做人的首要任务就是励志，只有志向明确而坚定的人，才不易受到外界的影响，在挫折和困难面前才能保持一颗持久而坚韧的心。著名心理学家加涅认为，人的素质可以分为先天素质、习得素质和发展中形成的素质三大类。先天素质是不能改变的，习得的素质是可以通过学习获得的，发

① 《张岱年文集》，河北人民出版社1990年版，第231页。

展中形成的素质是先天和后天相互作用的结果①。因此，加强励志教育就是充分培养和挖掘“发展中形成的素质”。

随着时代的变化，人们的价值体系和社会存在价值都在发生变化。当代大学生从原来的“天之骄子”变成了“天之焦子”，他们的择业观、人生观、价值观、家庭观的形成都离不开社会的大环境。据一份关于当代大学生价值取向和心理素质的调查报告显示，当代大学生在价值观上出现了“功利化”、“多元化”倾向。部分大学生受不正之风和消极腐败现象的不良影响，受拜金主义，享乐主义的影响，把“挣很多钱，当官发财”作为人生幸福的标准，失去了远大的理想和坚定的信念，甚至一些大学生产生了厌学情绪，不刻苦学习，一些人把大学文凭作为出人头地、谋取金钱地位的跳板，学习上缺乏动力。在心理年龄上则表现为滞后发育，对家庭的依赖心理比较严重。面对各种压力和困难，大学生表现出的心理承受能力比较脆弱。面对理想与现实的差距，大学生大都感到彷徨、迷茫、无助。这和当代大学生成长的环境有关，独生子女在家集各种宠爱于一身，从小几乎没受到挫折，物质享受又往往极为丰富，从而使得不少人缺乏艰苦奋斗、独立自强的精神，缺乏独立解决问题的能力和信心，遇到困难或紧急情况经常感到不知所措，遭受失败后也往往悲观失望，同时还容易受到外界的左右。可见，人文精神的培养和人文素质的提高有待于信仰和志向的驱动。

在我国古代，励志教育建立在道德教育基础之上，这种重道德的传统始自先秦诸子学崇尚道德修养。儒家、墨家、法家、纵横家都积极入世，由于各种原因，墨家、法家、纵横家在后世传承中逐渐淡出了历史舞台。张岱年先生把儒学分为深、浅两个层面，认为浅层的儒

① ［美］约翰·S. 布鲁贝克《高等教育哲学》，王承绪、郑继伟等译，浙江教育出版社 2002 年版。

学是指那些维护等级制的思想，而儒学中的微言大义则是深层的含义。儒学的浅层思想应当批判，而儒学深层的内涵则具有普遍价值。他说：“儒家学说中确实具有一些微言大义，‘微言’即微妙之言，‘大义’即基本含义。微言大义即比较具有深奥精湛的思想，亦就是儒学的深层义蕴。”儒学是有时代性的，时至今日，儒学的许多观点（主要是浅层思想）都已过时，但是其中也有一些重要观点（主要是深层思想）却具有相对的“普遍意义”，虽非具有永恒的价值，但至今仍能给人们以深刻的启迪。儒家的理想是治国平天下，同时也讲求“穷则独善其身，达则兼善天下”，将人生之中遇与不遇巧妙地统一。欲“达”要先励志，要励志就要修身，因此孔子提出了“君子”作为他的理想人格代表。“君子”被孔子描述为“文质彬彬，然后君子”，“君子和而不同，小人同而不和”，“君子成人之美，不成人之恶”。“君子”除了具备理想的人格魅力外，还要有坚毅、执著的品性：“岁寒，然后知松柏之后凋也。”“朝闻道，夕死可矣。”“志士仁人，无求生以害仁，有杀身以成仁。”总之，“君子”要具备优秀品质。这些观点是超越时代、超越阶层的真理。儒学有效地组织社会、安顿人生，已形成渗入国人骨髓的文化基因。其不仅有着深厚的历史积淀，更有着广泛的社会影响和久远的生命力，可以为当代大学生理想的确立和追求指引方向。从为“仁义”献身的人生追求，到“治国、平天下”的价值追求，均体现了儒家的奉献精神。

借鉴子学精神，可以加强励志教育中的人文知识和人文素养。作为以汉语为母语的语境下长大的大学生，对传统文化的经典都有或多或少的接触，对孔孟、老庄、唐诗、宋词都不陌生，但常常只能以朴素粗浅的方式体会哲学深邃的思想。大学生虽然是社会的精英人群，若真正要求他们阐释经典中所蕴涵的丰富内涵，却往往道不清、说不明。笔者曾经调查大一学生对“质胜文则野，文胜质则史，文质彬彬，然后君子”中“文质彬彬”的理解，调查结果显示绝大部分学生仅仅理解为形容人既文雅又朴实、有礼貌。事实上，“文”与“质”的内涵极为丰富。笔者从大学生心目中的偶像说起，再谈及大学生的理想人格，一方面从人文素养角度讲授了“文质彬彬”，揭示其与大学生为人处世的关系，另一方面从艺术审美、文学鉴赏的角度，讲授“文质彬彬”在古代文论中的意义。从学生们听课的积极和热情来看，笔者认为这堂课的成功主要是抓住“文质彬彬”自身的魅力展开。我们在讲授子学时若能结合大学生需要独立面对生活的实际情况，抓住大学生关心的问题来展开，那么文学鉴赏、文学理论就生动具体，也更容易为大家理解了，学生才能真正做到学以致用。既然子学源自人生，我们在传授和传播时，也要立足人生，立足社会，方能真正挖掘子学的精神魅力。

大学生对子学怀着一种崇敬的心情，一方面很想了解子学、走近子学，另一方面又碍于时代久远，解读起来难度大而失去信心，颇有一种近在咫尺、远在天边的感觉。可见，普及子学，让每位大学生熟悉子学的精神，既是大学生提升其人文修养的内在需要，也是当前高等教育中加强人文素质教育的重要方法。“新子学”的提倡和建立，不仅赋予子学新的时代内涵，也极大地方便当代大学生认识、了解、接受子学。牢牢建立在传统子学根基上的“新子学”必将赋予旧子学新的魅力，使之更好地服务社会、服务人生！

（作者单位：南昌大学中文系）

“子商”构想

郑伯康

2012年，华东师范大学方勇教授发表《“新子学”构想》一文，在企业界无疑是打开了一扇开悟之门。它能够帮助经营者透过云遮雾绕的国学抽象理念，直接联通古今中外的学术体系，较好地满足了企业界关于经营思想与管理智慧方面的创新文化需求。从这个层面上说，从先秦诸子思想基础上走来的“新子学”，在企业界无疑有着《道德经》之于道家、《论语》之于儒家的思想元典般的光芒，照亮了企业家学习和思考的方向。受《“新子学”构想》一文的启发，我特别提出了“子商”这个概念，在此与各位前辈作一个交流。

一、“子商”是“新子学”概念在商道文化范畴内延伸出来的子概念

方勇教授在《“新子学”构想》一文中明确指出：“诸子之学系统的活力，不仅在于它对王官之学的创造性继承，更在于其‘入道见志’的思想载体与其理念自身所具有的生生不息的开放性特征。”

而“新子学”是“在我国改革开放逐步推进、国家实力持续提升、全球化意识不断增强而国人对子学进一步发展的意愿越来越强烈的大背景之下，子学正再一次与当下社会现实强力交融，律动出全新的生命形态。”

“子商”就是在“‘新子学’把握子学发展的必然规律与时机后，对它所做的进一步开掘”的精神照耀下，把诸子系统的思想精华与现代工商业文明进行完美交融后律动出来的商道文化。“子商”企图真正根植于中国传统经典和民族文化精神之上，以开放的胸怀借鉴并吸收西方先进的技术和管理理念，与企业实际进行良性互动和贯通，从而走出一条具有民族特色的可良性循环的发展之路。“子商”应该是一个综合性的概念，它既可以是一种商道精神、一条发展之路，也可以是一种经营之道和竞争智慧，还可以是具有市场领导力的企业家本身。

当今世界的经济和政治正处于急剧变化之中，在这个大发展、大变革、大调整的过程中，市场的综合领导力是决定一个国家与民族的话语权和强弱成败的指针。而市场的综合领导力来源于企业和企业家组成的市场主体，更来源于深层次的企业文化。具有一定规模的大企业，从深层次的方向去思考，无论是品牌战略、人才的集聚和发挥、还是创新能力的提升都离不开其特有文化的支撑。所以，市场主体的文化力决定市场的竞争力。有人总结得很好：“文化力是二十一世纪企业成功的入场券。”相信子学系统“金玉满堂”的文化经典就是中国企业赖以可持续发展的最为可靠的文化宝典。

从同根同源的文化特质看，子学系统多元、开放、完整、与自然相应的体悟文化，是最能够与商界的经济之道直接融合的。从广义上讲，这也是中国传统文化固有的文化特性。经邦济国之道，本来就蕴涵着经济之道与治国之道一体化的含义。只不过大部分的经济之道是“隐藏”在子学系统政治智慧之中罢了。经为公理，济为应用，“子商”是要把传统子学文化和管理智慧在经济治理上给予“显性”化，与管子、范蠡、晏婴等“古代经济学家”和商鞅、王安石等“创新改革家”的理论构成一体，形成一个完整的中国式的经济学体系。这就需要以当代“新子学”文化思想为指导，来整合这些一脉相承的商道文化。因为工商界毕竟不同于学术界，光有理念层面的阐析还不够，它需要明确的、系统的、直截了当可借鉴和操作的学术理论体系，也就是“子商”理论体系。反之，“子商”理论体系也可以进一步推动“新子学”文化思想体系的发展。

当然，“子商”是从现世企业竞争和发展的需要出发，它并不囿于我国传统子学系统的思想智慧，一切西方先进的管理理念、有利于形成企业核心竞争力的技术和可持续的发展方式，都可以成为其思想文化的组成部分。从广义上说，具备这些文化特质的企业家、企业文化以及管理理念都可以纳入“子商”的范畴。

二、“子商”是包含“儒商”在内的诸子思想系统多种精华和智慧的集成

自20世纪八十年代有学者提出“儒商”这个概念后，它立即被海内外中华儿女所接受。大批儒商文化学者充当着儒家思想的文化代言人，他们从当代商业价值、商帮文化，到商业伦理，再到商业理想人格等都做了大量的挖掘和整理，形成了较为丰富的儒商文化体系。儒商文化扮演着本土企业企图通过儒家文化与现代企业管理的“嫁接”，从而成长为世界级大企业的文化使命的角色。这作为文化界和实业界啧啧称道的好现象、正能量，当然值得肯定。然而偏不能赅全，正像儒家一家概括不了整个中华传统文化一样，“儒商”也难以

以一家之言承担这份过于厚重的文化使命。

儒家思想中“亲亲之爱”的家族观念有着结构性的限制，其“私相授受”和“任人唯亲”的思想观念，与现代股份制企业的股权结构和法人治理结构都是难以融合的。其“尊尊”的思想等级秩序和立法司法原则，也与现代企业健全决策机制、推行民主管理原则背道而驰。而其“重官轻商”、“重农抑商”和“耻于言利”的思想，更与现今世界经济一体化的商品经济社会不相适应。所以，片面地强调以“儒商”精神来包打天下的想法显然是不够的。现如今，在数字信息化背景下，流动的空间和无限的时间正在快速地打破原先的各自文化平衡，全民参与下的群体智慧、一点即通的知识体系的便捷，那种虚拟社会中自由思想的发挥，都极大地侵蚀着地理、族群、文化乃至社会的边界。过去那种“究天人之际，通古今之变，成一家之言”的理想状态，只能成为一种静态文化之美来欣赏，难以在动态中形成常态的方法论。顺应时代潮流，我们必须以一种更加包容、更加开放、更加鲜活的文化系统去引领企业的发展，这就要求我们去构建集百家智慧又兼具现代性和世界性的“新子学”和“子商”思想体系，并作为当代企业新的文化使命。

“子商”，顾名思义应当包括“儒商”在内的所有诸子思想的精华。事实上，现在的许多经济理论和市场现象都可以在诸子学中找到依据。例如春秋末期的范蠡（陶朱公）被尊称为“商圣”，他在《价略》中“论其有余不足则贵贱之”，既论证了供求关系是影响商品价格的第一要素规律，又指出了商业操作的要务；在《市略》论“无息币”中，强调加快物流、商流和资金流周转速度的重要性；而他所说的“夏则资皮、冬则资絺、旱则资舟、水则资车，以待乏也”，集中体现了顺应天时、波段操作的商业智慧；其“农末俱利”的农商协同政策和“平粜齐物”的经济主张，更是符合市场化运营和稳定物价要求的基本法则。

又如管子“请以令为诸侯之商立客舍，一乘者有食，二乘者有稻菽，三乘者有伍养，天下之商贾归齐若流水”的指导思想，与改革开放后我国政府对外“招商引资”优惠政策同出一辙，投资额越大，享受政策就越优惠。“黄金刀布者，民之通货也”的思想就是现代《货币理论》以及货币政策依据的翻版。其“人君铸钱立币”思想，放在世界货币范畴上，如同美国握有美元的发行权就有了控制权的道理是一样的。如果真正掌握了管子关于钱币的思想理论，那么我们在金融危机下就不会缺少应对措施；而其在扩大财政、宏观调控、刺激内需、提振经济方面的措施，均为大型经济实践的成功典范，是我们可供借鉴的最好的活教材。范蠡、管仲的经济思想较其他诸子显得更加有形和直观一些，但并不代表其他诸子思想没有商道文化。

诸如《黄帝内经》天人合一的经典理论，易家理象数的推演方法，兵家不战而屈人之兵的谋略，道家无为而治的思想境界，佛家荣辱不惊的淡定情怀，法家依法治理的刚性执行力，阴阳家阴阳消长的辩证思维，医家治未病的风险防范理念，名家名实相符的概念等思想精髓，与治理企业的要求均有着异曲同工之妙，都可以成为企业家内外兼修、企业标本兼治的无上精神和处世原则。这些思想精华当然可用来丰富“子商”的商道文化。

诸子之学的兴起本就缘自先秦时期日益加深的社会危机，“诸子皆不依傍、不苟且，重独得之秘，立原创之见，倡导精神上的独立与自由。百家争鸣，相互觝异，而多以天下安危为己任，不迷信，不权威，多元而有序地自觉发展。”（《“新子学”构想》）它具备理论与实践相结合的特性，又被千百年来的实践证明了其思想深刻的特质。而其“入道见志”的开放性和思想理念的多元化，均为现代商界人士和管理思想注入了无穷的活力和无限的空间。

三、“子商”必须是建立在现代经济运行之上的兼具民族性和世界性的商道文化

发端于西方的产业革命在走过三百年经济辉煌之后，那种疯狂地向自然索取资源以扩大生产的行为、那种急功近利的市场机制和丛林竞争法则，其有害性已经被一次次的经济危机所暴露。这些问题引起了许多西方有识之士的反思，他们渴望从东方智慧中寻求“天人合一”的平衡之钥。另外，我国改革开放三十余年来，工商界人士在学习了西方先进的技术和管理理念的同时，也丢失了许多老祖宗留给我们的文化本体和自觉意识，国人染上了简单模仿、机械照搬西方经验的毛病。基于世界主流经济运行的观念、理论和规则仍然由西方文化把控，“子商”的商道文化既要做到全球规则下顺势而为，又要做好西方工商文明的趋利避害工作，同时更要恢复民族文化自信，对传统子学文化进行自觉运用，才能在世界经济一体化中真正胜出。

当下，大半国人被笼罩在雾霾天气之中，就是这些年来简单追求GDP，对生物圈环境破坏和资源无节制开发所带来的恶果。这些堆积了多年的宽领域、深层次的各种经济矛盾和由此引起的社会矛盾，在全球性经济衰退，经济、政治霸权主义干预的背景下，其复杂程度和转变难度是可想而知的。其境况不啻于礼乐秩序崩溃、王官文化解体、社会寻求价值和秩序重建的春秋战国“百家争鸣”时代。经济之道就是为政之道，经济与政治同源、社会与文化同根，环境与福祉同气，“五位一体”的理念就在于此，“子商”文化的使命就在于此。我们要想顺利完成经济转型并实现民族经济的伟大复兴，就需要政界、经济界、文化界、学术界的通力合作，共同构建具有中国特色的

先进的经济学文化体系。

我国的经济学文化体系，需要在充分吸收传统文化中天人合一、应德而兴的优秀文化因子之上，再全面汲取现代市场经济运动规律下的科学知识和理性思维，两者圆融和统一的商道文化。那种非此即彼的二元思维显然是不可取的，方勇教授提出：“我们需要摆脱二元对立思考的局限，以传统子学的智慧和胸襟，坦然面对西方，正确处理好子学与西方文化学术的主次关系，才能真正构建起富有生命力的‘新子学’体系”（《“新子学”构想》）。那种拿中国两千多年前的本土经济学鼻祖管子思想压制西方两百多年前古典经济学亚当·斯密理论的论调，和拿西方三百多年的商品经济理论压制中国三十多年改革开放有中国特色的市场经济体系的做法都是不明智的，甚至是错误的。所谓尺有所短、寸有所长，怎么有利就怎么干，才是我们正确的选择。

“子商”作为现代经济体系下的商道文化，必须系统研究西方成熟的企业管理理念、流程控制体系、国际运行规则和先进的科学技术。同时，也要优化我们自身有特色的实践经验，不盲信别人、不菲薄自己，以百倍的民族自信去迎接任何挑战。我相信，我们具备这方面的能力！回望百余年的中国革命史和经济建设史，毛泽东和邓小平带领中国人民走“马克思主义普遍真理与中国实际相结合”的道路，分别取得中国新民主革命的胜利和中国有特色社会主义建设的成功，相反，其他纯中国式的改良和纯西化的运动都以最终失败而告终。

四、“子商”商道文化将随着“新子学”的发展而发展

“新子学”认为，“以经学为髓，儒学为骨，经、史、子、集为肌肤，外翼所谓全体文化学术”，可称之为“旧国学”。“旧国学”常

以法圣王为名，因循旧典故章，在学术思维根本上也深受权威主义影响，具有一定程度上的形式僵化、思想创新不足、理念发展相对乏力的病症。尤其是在面对“西学”而实现传统学术创造性转化的课题时，常常表现出无力感。同时又指出，“新子学”是要继承充满原创性、多元性的“子学精神”，以发展的眼光梳理过去与现在，从而更好地勾连起未来，努力使之成为“国学”新的中坚力量。“新子学”对“旧国学”的一些特征和弊端进行深刻的反省，对诸子思想进行会通，并将每个历史阶段下的诸子文本的不断创作、诠释、解构与重建视为鲜活的生命体，再在此基础上，进行重新寻找和再创造。“新子学”是一个不断发展和延伸的生命体，它既要诠释旧子学元典精神，又要吸收经学文本精华，还要梳理各历史阶段下的子学脉络，同时又要处理好子学与西方文化的主次关系，以及进行现代化的转型。所以，综合学术、思想和文化系统的“新子学”必将成为导向中国学派的主流。

这些“新子学”的治学理念，正是“子商”试图把子学系统的思想贯通到经济领域使之成为“显学”范式的一种借鉴。“子商”的商道文化就是“新子学”思想在经济领域上的综合体现。在“子商”商道文化的创新发展道路上，面对浩若繁星的经典文化遗产，就需要“新子学”这种真心诚意的治学态度和理性的批判性思维，这才是真正要走的王道。

依托《子藏》这座取之不尽、用之不竭的子学研究资料宝库和“新子学”鲜活的思想体系以及正确的方法论基础上发展而来的“子商”，相当于“新子学”理论体系在经济领域的实践运用，“子商”的商道文化也必将在思想文化之林中发扬光大。借用获得了2012年普里兹克建筑学奖的王澍对记者说过的一番话：“国外媒体曾说过‘中国是在现代对世界文化没有贡献的国家’，当一个国家失去文化属性的时候，你就失去了扎根在文化里的基本的感觉和尊严。我们整个一百年的变革，基本上可以不叫中国了。”在商界也同样，尽管现在我国已成为世界第二大经济体了，但仍然没有赢得世界普遍的尊重。因为我们没有自己独创的企业理念、管理思想和技术体系，当然不可能引得别人的尊重。一个没有自己文化支撑的经济体必然是难以持续的，一个单靠抄袭外来思想文化的民族是没有希望的。从这个意义上讲，“子商”精神、“子商”的商道文化的挖掘和整理，可谓任重而道远。

历史清晰地记录着我国改革开放三十余年来探索发展的印迹：从“两个文明”一起抓到“三位一体”、“四位一体”，再到党的十八大“五位一体”战略的提出，构建中国有特色的社会主义事业的总体布局都离不开文化建设，文化建设始终是我国事业总体布局的灵魂，是我们的国家之魂。党的十八大明确定义“文化是民族的血脉，是人民的精神家园”。文化强国是我国强国之梦的必由选择，在全球经济一体化的今天，我们当然可以理解为：文化强则企业强，企业强则国家强，“子商”商道文化一定大有可为。

（作者单位：浙江省再生资源集团有限公司）

“‘新子学’学术研讨会”综述

崔志博

2012年10月22日，华东师范大学先秦诸子研究中心主任方勇教授在《光明日报》“国学”版发表《“新子学”构想》一文，文中对“子学的产生发展与‘新子学’”、“‘新子学’将扎根传统文化沃土，以独立的姿态坦然面对西学”、“‘新子学’将承载‘国学’真脉，促进传统思想资源的创造性转化”三个问题予以论析，引起了学术界的广泛关注。“新子学”概念的提出，是方勇教授继《子藏》编纂工程之后，在弘扬中国传统文化、推动子学全面复兴方面的又一新举措。为进一步论证“新子学”的科学性与可行性，共商当前形势下“新子学”的发展大计，10月27日，华东师范大学组织召开了“新子学”学术研讨会。来自复旦大学、苏州大学、上海大学、杭州师范大学、华东师范大学、香港浸会大学等高校及科研机构的三十多位专家学者围绕“新子学”文化价值及其现实意义、“新子学”与西学及传统学术之间的关系、“新子学”未来的发展方向等问题展开深入研讨。与会代表发言踊跃、讨论热烈，达成了不少共识，提出了很多宝贵的建设性意见和建议。现将本次会议的研讨情况，择要述之。

一、“新子学”的文化价值与现实意义

近年来，关于文化问题的研究与讨论一直是学界的热点。党的十七届六中全会通过了《中共中央关于深化文化体制改革、推动社会主义文化大发展大繁荣若干重大问题的决定》，这一决定的出台掀起了社会主义文化建设的新高潮，文化热、国学热成为当前反响强烈、备受瞩目的文化现象。“新子学”构想即是在全球化日渐深入、国家改革开放持续推进、国力不断提升及文化、民族复兴呼声日益高涨的背景之下提出的。这一新生的文化概念，建立在反思中国传统学术的基础之上，破旧立新，具有创建性和前瞻性。在本次研讨会中，与会代表对“新子学”的可行性与必要性作了深入的研讨，对“新子学”的文化价值与现实意义予以了肯定。

扎根于中国传统文化沃土之中的子学，其深邃的理论内涵与丰富的人文观念是中华民族文化精神的集中体现。随着我国改革开放的日益深入，经济、文化等各个领域迅速发展，民族复兴、文化复兴已成必然趋势。从目前良好的发展形势来看，“新子学”兴起与发展的经济基础与文化环境已基本具备。与会代表也一致肯定了“新子学”的可行性及其文化价值。苏州大学王锺陵教授从“建立中国学术核心价值”的理论出发，对“新子学”的文化价值与可行性作了分析。王教授认为，中西文化在目前世界文化体系中地位悬殊，近五百年来一直是西方占据文化的主要话语权。中国文化复兴的当务之急是要建立属于自己的学术核心价值，而建立中国学术核心价值首要的一步是要回归中华民族文化的根源，从文化的源头寻找核心价值。先秦诸子典籍是中国文化的源头，是中华民族高扬自身生存价值的集中体现，同时也是中华民族独特文化意义的代表，其应为承载中国学术核心价

值的主要载体。“新子学”是对先秦诸子学说研究在新形势下的革新，是对民族文化因革衍生过程的梳理和总结，其文化价值不言而喻。上海大学郝雨教授同样对“新子学”的文化价值予以了高度的评价与肯定，他认为中国文化真正的源头是诸子百家，“新子学”是当代文化发展的方向性旗帜，为中国未来文化的发展指明了正确的方向。“新子学”必将在继承与复兴中华文化方面发挥重要作用。复旦大学陈引驰教授认为传统子学实际上是一个多元时代的产物，所有子学发达的时代都具有多元思想、多元文化并起、交融或者冲突、对立的特点，而当今时代正是一个多元的时代，主流意识形态、传统思想、西方思想相互并存交融，“新子学”同样与时代有很强的相关性，它的提出是符合当前中国社会文化现实的。复旦大学徐志啸教授、华东师范大学李似珍教授均认为方勇教授从《子藏》工程到“新子学”构想既是思想跨越、也是理论跨越，“新子学”概念颇具新意，具有突破意义。

“新子学”的必要性和现实意义是学者们讨论的另一个焦点问题。中国有着五千年的灿烂文明，然而自近代以来，由于社会、历史等方面的诸多原因，文化的传承遭到了破坏，中华文明的发展脉络几近中断。改革开放以来，随着民族复兴、文化复兴呼声的日益高涨，继承和发展传统文化成为时代要求。“新子学”既是子学本身发展的必然产物，也是时代的需要，它的提出，不仅是学术概念的创新，更是当代中华文明承传发展新体系的创造。与会学者对“新子学”的必要性及现实意义予以了多角度的论析。王锺陵教授从经济与文化关系的角度，说明了发展“新子学”的必要性。他认为近五百年来，一直是西方主导世界，它们不仅在经济上领先于东方，西方文化的劲旅与它所产生的文化名门也大大多于东方。近代中国对世界经济、文化的贡献相对较少，在世界格局中处于较低位置。在世界经济贸易日渐发展的局势下，中国若想在西方主导的经济世界中占据更重要的地位，需要有昌盛的文化来保证国内经济的进一步发展。而文化昌盛局面的实现则需对文、史、哲等基础文化领域进行更加深入的改革，即建立中国学术的核心价值，而诸子百家学说是建立核心价值的基础。当前发展诸子之学对于文化复兴、经济振兴有着重大的现实意义。陈引驰教授认为多元时代往往也是危机时代，子学既是多元时代的产物，也是危机时代的产物。先秦时代天下大乱，危机四伏，而正是在这样的混乱局势之下，子学却繁荣兴盛，出现了百家争鸣的繁荣局面。从目前形势来看，无论是中国还是世界，均存在诸多问题，当今时代既是多元时代，也是危机时代。“新子学”可以从某种程度上提供一种思想资源来应对这样的危机时代。与陈引驰教授类似，复旦大学刘康德教授亦认为改革开放到目前，中国的发展遇到了很多“瓶颈”，“新子学”能够提供思想资源以应对目前的困境。郝雨和李似珍教授均从新文化运动的角度对“新子学”传承文化的必要性予以了申说。郝雨教授认为封建社会中专制性的独尊一家的思想使文化缺乏了更新能力，这使得中国在十九世纪中后期呈现出萎缩、衰败的落后状态，新文化运动反对独尊儒家文化具有一定的积极意义。二十一世纪全球化，新媒体时代到来，中国不能用一家思想对抗世界文化，时代需要新的百家争鸣来维护民族文化的根基。李似珍教授则认为新文化运动之后，传统继承中断的问题被提出来，但由于时代的局限性，这些问题并未得到解决。“新子学”的现实意义在于对历史的继承。黄冈师范学院陈志平副教授肯定了“新子学”作用于社会的现实价值。他认为诸子学是在一个多元时代产生的多元文化，它最大的意义是当下之学，每个时代都有不同的子学产生，以解释当下的问题。“新子学”与传统子学类似，与时代的联系非常紧密，其对于解决当代问题有一定的帮助。

综合以上与会代表对“新子学”文化价值与现实意义的讨论来看：“新子学”的提出，从学术角度来看具有破旧立新的创新意义；

从社会角度来讲，具有为解决社会问题提供资源的实际作用；从文化角度来说，具有传承中华文明的现实价值。“新子学”在当今时代的可行性和必要性是与会代表一致认可的共识。

二、文化差异背景下的“新子学”方法论

近代中国闭关锁国的大门被西方的坚船利炮打开之后，西方文化如潮水般涌入中国大地。西方的科学精神与人文思想对中国的传统文化形成了巨大的冲击，中华文化一脉几近割裂。改革开放以来，国人一方面以较高的热情学习西方文化，并借助西学构建了中国现代学术体系；另一方面则高声呼吁传统文化的复兴，“新儒学”、“新子学”等传承传统文化的新学术应运而生。新时期的中国学术身处中学与西学、现代与传统的多重文化差异背景之下，如何应对这种文化差异是目前中国学术面临的重大考验。方勇教授在《“新子学”构想》一文中提出当今世界已非西方文化中心论时代，文化多元化是必然选择，因此要摆脱二元对立的传统观念，既不能迷失在西学之中，也不能囿于“以中国解释中国”的固有思想，要正确处理好子学与西方文化学术的主次关系，以传统子学的智慧与胸襟，坦然面对西方。与会学者对于方勇教授的这一观点予以了热烈响应，如何应对中西文化之间的差异，如何处理传统与现代的关系及如何在文化差异背景下建立“新子学”的方法论成为讨论的焦点话题。

关于中西文化之间的关系，与会代表主要从两个角度予以了论析：一是着重说明了中西文化之间的差异性。香港浸会大学陈致教授认为西学和中学之间存在明显不同，它们各自关注问题的视野及方法上均存在很大差异。西学的问题一般是从本体论、宇宙论中产生，与中国天人合一的传统观念有很大的差异。中学关心历史事实的是非对

错和善恶，倾向于一种价值判断，而西学基本不作这方面的判断，它们致力于建立一种因果链式、概念化的过程，目的论色彩并不浓厚。王锺陵教授认为中国无论是哲学、文论还是其他方面，其话语系统与西方的话语系统是两套系统，存在明显的差异。李似珍教授认为，西方思想中，哲学、宗教和科学是分不开的，而中国对科学比较忽略。刘康德教授、杭州师范大学钟明奇教授也对中西文化进行了比较，阐明了其差异之所在。二是阐述了中西文化之间的相互冲突与借鉴，说明了当前形势下中西文化之间的相互依存。王锺陵教授认为，在过去的五百年中，西学创造出了巨大的文化财富，西方的现代化远远走在中国前面，因此要正视这一现实、这一历史存在，要不断借鉴西学的成功经验来发展中国。然而西方文化固有的缺陷也很深，两次世界大战均由西方发起说明了西方文化存在的深重危机，西方文化对东方哲学也多有求索。中西文化要正视差异，通过互相对话来实现互相借鉴。徐志啸教授认为，中西双方虽有相互排斥与冲突，但中西双方又互相学习借鉴，西学东渐与东学西渐同时存在。刘康德教授则认为马克思主义与儒家学说的融合说明了中西文化可以做到相互结合。

关于传统与现代的关系，与会学者主要从儒学、经学等传统学术与“新子学”之间关系的角度予以了论说，达成了当今学术要继往开来的共识。李似珍教授认为从晚清开始，康有为等人对传统的经学已经有一个新的理解和新的关注，经学与儒学因为其保守性难以获得较大的突破，很多传统观念已与当今社会现实不甚契合，而子学的复兴其实是对经学传统的一种否定，相对来说是一种修正，当今思想界应提倡新的百家争鸣。陈引驰教授认为传统实际上是被后来人不断思考和延续的，传统不仅仅是过去到现在，也是后来往前的。对于传统文化的意义，要留待历史去评价，当代学者应做好传承工作。郝雨、王锺陵教授均认为对于传统经典，应有敬畏之心，不能因为新传媒的出现及经济利益的驱使就亵渎经典。玄华博士从传统子学、经学、儒学相互关系的角度阐释了"新子学"与传统学术的关系。他认为经学是以经学精神和体制为核心的学术综合体，产生甚早。三代"王官之学"是经学专制自我显现的内容之一。肇兴于春秋之际的子学，则是一种前所未有的新学术。自子学诞生以后，国学即以子学和经学为主要构成，且国学的进化也围绕子学对经学的不断消解和经学对子学的不断异化展开，而儒学则是两股力量互相角力的前沿阵地。总体而言，子学日益壮大，经学日益消亡，从传统子学中脱胎而来的"新子学"将是国学发展的方向和主导力量。

与会学者在中西文化、传统与现代差异性达成多项共识的基础上，提出了应对文化差异、建立"新子学"方法论的途径。王锺陵教授认为中学要与西学"对着说"，即要针对西方的话题，对照中西两种话语，在对话中求生路、求新意。在经历了西方的强大以后，中国完全回到过去，复原传统文化已不可能，因此要通过与西方的对话来重塑中国学术的核心价值，以此来获得世界的认可，并占据应有的地位。在"新子学"的方法论方面，王锺陵教授认为子学研究的革新需要建立一种新的诠释学，西方的阐释学存在一定的缺陷，其对文本的原意有所忽略。子学研究向来有训诂和义理这两个层面，这两个层面的研究都需要首先贴近文本的原意，要保持对经典的敬畏之心，唯有如此才能进一步探究元典因革衍生的意义。徐志啸教授认为，西方思想也有子学，西方的子学研究尽管与中学存有对立之端，但仍有可吸收或借鉴之处。"新子学"在与西学对照对话的同时，要把西方有利于子学继承和发扬的地方吸收过来，以赋予子学全新的含义。刘康德教授认为"新子学"是为新时代提供新思想资源的子学，要站在新时代背景之下对传统子学予以新的诠释，以实现对传统思想资源的损益，弃旧增新。徐志啸教授认为二十一世纪的子学与两汉、魏晋、明清时代的子学在含义或者概念上存在很大不同，但这种不同不是完全的对立，"新子学"是在传统子学的基础上作新的阐释，赋予新的理解，即从当今时代的视角之下诠释历史上的子学。

与会代表通过对文化差异背景下“新子学”方法论的积极探讨，取得了三个主要成果：第一、在当前世界文化深入交融的形势下，无论是西学还是中学，各自均难以保持其纯粹性，独尊一家已不能适应时代的发展要求。在全球化日渐深入的现实条件下，寻求中西文化的交融互补是大势所趋。“新子学”应积极借鉴吸收西学的长处，通过与西学的碰撞、对话，在世界舞台上彰显中国文化。第二、传统文化脉系要继承，更要创新。中国传统经典是先人智慧的结晶，在新形势下，“新子学”不仅要承担传承经典的任务，更要扛起继往开来的大旗。这就要求“新子学”要对传统子学、儒学、经学等传统学术批判的继承，除旧立新，从而打造全新的、适应社会发展的新学术体系。第三、在多元文化冲击之下，“新子学”要保持中华文化的根基，要通过西为中用、古为今用，建立具有中国特色的学术、价值体系，以真正实现文化、民族的复兴。

三、“新子学”未来的发展方向

“新子学”概念的提出，植根于华东师范大学所启动的《子藏》项目，更是方勇教授在多年从事子学研究后的经验总结和理论提炼。方勇教授提出“新子学”将承载国学真脉，取代儒学、经学在国学中的主导地位。这一带有前瞻意义的学术新观念是前无古人的创新之见，是对传统学术观念的极大突破。“新子学”作为有可能取代“旧国学”而成为国学主导的全新学术，其学科属性、学术体系及未来的发展方向，都是与会学者们讨论的重点。与会学者在肯定“新子学”学术地位的基础上，各抒已见，为“新子学”的建设提出了宝贵的意见和建议，对于“新子学”将来的发展前景做了展望和预测。

作为一个全新的学术构想，“新子学”的学科属性及其学术体系是本次会议讨论的重点。郝雨教授认为，现代学术研究的结构划分已经细化，古代、现代的学术界限有严格的区分。“新子学”的内容涵盖古今，若为“新子学”划定学科分类，则需要打破传统学科体系的束缚，视其为兼及古今的一个学科，不仅要承认其古代学说的本质属性，还要认可其当代价值。李似珍教授从儒学与子学差异性的角度来说明子学学科的多元性及其学科建设的必要性。李似珍认为儒学有师承关系，较为自觉，发展线索较为清晰，因此其体系框架较为明确。而子学是一个多元化系统，内容较为复杂，发展线索众多。“新子学”概念提出后，还应进一步梳理出“新子学”的发展主线，勾勒出其大致框架。另外，“新子学”与经学两者之间的关系还有待进一步的讨论梳理。陈志平副教授认为传统子学本是四部分类法中的重要学问，但其学科类属却一直比较尴尬，或文学、或哲学，难以定性。“新子学”概念的提出带有为诸子学张本的意识，其学科类属或以此为契机，作进一步的深入探讨。徐志啸教授则对“新子学”之“新”的内涵提出了疑问，“新子学”、“新儒学”、“新国学”的“新”究竟是何含义，值得进一步的深究。陈致教授认为，目前我国经济形势良好，教育资源充足，“新子学”应借机建立自己的学术规范。

关于“新子学”未来的发展方向，与会学者也提出了很多建设性意见。陈引驰教授从学术研究和意义层面两个角度来说明“新子学”未来的发展方向。他认为“新子学”既要研究子学、子书的内容以及本身的意思，又要注重其历史意义和现实价值。只有这样，“新子学”才能为学术和现实问题的解决提供资源，才有存在的价值。关于将来“新子学”在发展过程中其内部或与其他学术有可能产生的冲突，陈引驰教授认为诸子学说本身具备多元性，各家学说对学术冲突的取舍，即体现了子学的丰富性与多元性。“新子学”应该把学术的互补、冲突客观展现给后人，留待后人评判选择。李似珍教授认为，“新子学”最初的发展仍将以传统诸子之学的内容为主。伴随着“新子学”的日渐深入，天文、数学、医学等内容也应该涵盖于“新子学”之内，这些被传统子学忽略的部分还是有很高的存在价值，应该划入“新子学”并推动其发展。陈志平副教授认为，当前子学的发展存在过度依傍西学的问题，新时期的子学研究，既要摆脱西学的束缚，又要从前人的学说中摆脱窠臼，从而在中西文化交融中建立起中国学术独立的价值体系。“新子学”的提出，较之实际解决问题的意义来说，其号召意义要更为重大。陈致教授认为“新经学”中用出土文献资料重新解读经学的治学方法也可以运用到“新子学”上，王锺陵教授认为“新子学”需要建立全新的诠释学，钟明奇教授认为“新子学”的具体理论框架有待进一步明确。方勇教授表示《“新子学”构想》是带有方向性的宏观框架，这是推动“新子学”发展的第一步。“新子学”的具体问题有待更加具体深入的讨论，要用学术刊物和学术会议为“新子学”的研讨与发展开辟阵地，力争推动子学的全面复兴。张永祥博士认为新子学是完全开放的学术体系，“新子学”要在创造性继承传统子学的基础上，构建出适应当前社会要求的新学术体系。

从与会代表关于“新子学”发展方向的讨论来看，他们对“新子学”的发展前景比较看好，研讨中明确了以下几点：一、“新子学”目前是一个宏观的方向性概念，其内涵、学科分类、学术体系框架等还有待补充完善。二、“新子学”未来可能面临与儒学、经学之间的交融与冲突，几者之间的关系有待进一步厘清。三、“新子学”的发展要创新思路、更新方法、增添新内容，建立全新的学术体系。

要而言之，本次“新子学”学术研讨会是针对“新子学”构想的第一次大讨论。与会代表就“新子学”在当前形势下的可行性与必要性、融合中外古今文化发展“新子学”、建立“新子学”的学科框架体系等方面达成了多项共识。与会代表见仁见智，为“新子学”的发展提出了宝贵的意见和建议，使“新子学”的内涵、研究方法、发展方向等问题进一步明确起来。本次“新子学”学术讨论会，深化了对“新子学”的认识，有力推动了“新子学”的发展进程，为新形势下文化的承传与繁荣及子学的全面复兴打下了坚实的基础。

（作者单位：邯郸学院文学院）

“新子学”大观

——上海“‘新子学’国际学术研讨会”侧记

崔志博

四月沪上，已是满城春色。来自中国大陆、港澳台地区以及新加坡、日本、韩国等国家的130多位诸子学专家学者齐聚申城，参加由华东师范大学先秦诸子研究中心主办的“‘新子学’国际学术研讨会”。

诸子之学，起于春秋战国，是中华文化的重要源头。先秦诸子各持其说、激辩争鸣，引发了中国历史上第一次思想大繁荣，自此诸子之学确立其不朽地位。秦汉以降，“罢黜百家、独尊儒术”，然而子学一脉，承传绵延，代有兴发，不绝如缕。清末民国时期，儒学独尊地位被打破，子学又现繁荣之貌。当代中国，随着中华民族伟大复兴步伐的加快，新百家争鸣时代已经到来，子学发展也随之步入了新的历史阶段。

2012年10月22日，华东师范大学先秦诸子研究中心主任方勇在《光明日报》国学版发表《“新子学”构想》一文，首次提出“新子学”命题。方勇在该文中对“子学的产生发展与‘新子学’”、“‘新子学’将扎根传统文化沃土，以独立的姿态坦然面对西学”、“‘新子学’将承载‘国学’真脉，促进传统思想资源的创造性转化”三个问题予以了深入论析。文章发表半年以来，学界关于“新子学”的各种讨论此起彼伏，“新子学”逐渐成为广受关注的学术热点。适时召开一次研讨会，就新子学相关问题汇聚同仁，谈学论道，已势在必然。

“新子学”之要务：提炼“子学精神”

民族之复兴，其根本是民族精神之复兴。先秦诸子究天人之际、发自由之声，塑造了垂范数千年的“子学精神”，造就了中华民族精神文化的生成与衍续。当代学者接续百家之薪火，继往开来，以锻造出符合时代需要的“子学精神”为“新子学”的重要任务。

方勇教授在大会开幕式致辞中提出，“新子学”要将诸子百家思想的优长提炼升华成创新、解放的“子学精神”，并以这种精神为导引，系统整合古今文化中的精华，构建出符合时代发展的开放性、多元化学术，从而引领时代文化的走向。

北京大学许抗生教授对复兴和发扬“子学精神”也表示了认同。他谈到，先秦诸子思想是中华民族文化基本精神的源头，复兴中华民族文化，尤其要复兴子学时代的思想。要从时代需要出发，吸收诸子思想的精华，复兴先秦子学平等、自由、以人为本的精神，推动文化全面繁荣发展。

华东师范大学张永祥博士对“子学精神”进行了深入的挖掘。他认为先秦子学以天马行空的自由思考、厚重不迁的独特创造、天人合一的内向超越、忧时伤世的人文情怀以及和光同尘的和谐精神，极大拓展了传统文化的内涵。“新子学”建设要有大子学的历史眼光、大学术的现代意识、大文化的宏观视野，创造性继承子学精神并进行独立的义理阐发。

新时代的“子学精神”，源于先秦“诸子精神”。“弄清先秦诸子的基本精神，对‘新子学’学科建设颇为关键”，上海社会科学院林其锬研究员说道，“‘诸子精神’为中国学术留下了优良的传统”。正是有了这个优良传统，“中华民族学术、文化才能够成为世界上历数千年发展而不曾中断的唯一民族文化”。他在《略论先秦诸子传统与“新子学”学科建设》一文中总结了五方面的“诸子精神”，即：入道见志、自开户牖的原创精神；述道言治、拯世救俗的求实精神；飞辩驰术、百家飙骇的争鸣精神；百虑一致、殊途同归的会通精神；与时竞驰、通变无方的开放精神。这为新时代“子学精神”的提炼提供了参考。

何为“新子学”之“子”?

概念的提出与界定如皮毛之相附不可分割。方勇教授在《“新子学”构想》一文中提出“所谓子学之‘子’并非传统目录学‘经、史、子、集’之‘子’，而应是思想史‘诸子百家’之‘子’”的观点。本次会议，“新子学”概念的内涵问题成为与会学者们争论的焦点。

黄冈师范学院李桂生副教授对“子”的概念进行了新的拓展。他认为，从历史形态看，诸子可分为“传统诸子”与“近现代诸子”。按照这样的观点，“新子学”之“子”实际上涵盖了从古至今的所有思想家。这一说法与方勇教授之构想最为接近。华中师范大学高华平教授则突破了方勇教授对“子”的界定。他认为“新子学”之“子”不仅包括传统思想史上的诸子，“更应该指当代具有独立人格精神的知识体（知识分子）”，文、理学者均可称“子”。李、高两位教授的观点不拘泥于传统学术观念的约束，从一定程度上体现出了当今学界包容、开放的时代风气。

“新子学”的主要研究内容与“子”之界定直接关联。在这个问题上，与会学者见仁见智，各陈其说。上海外国语大学陈福康研究员认为：“‘新子学’主要之研究内容，应该还是从先秦诸子直至清末以创立新义、自成一家之说的哲学家、思想家之著作。”高华平教授则认为“新子学”应是泛指当代能够体现作者独立学术思想的一切学术。

“新子学”研究内容究竟是什么，要从“新子学”与“旧子学”的区别谈起。华中师范大学刘韶军教授认为，民国之前传统子部之学是“旧子学”，“新子学”“是新学科体系背景下运用新的学术理念、方法认识、理解等研究‘旧子学’的存留内容”。福建师范大学欧明俊教授也主张：“我们今天讨论的应指‘当代子学’即20世纪八十年代以来兴起的以新观念、新理论、新方法、新材料、新模式等研究传统诸子百家学术的‘新子学’。”刘、欧两位教授的观点与陈福康研究员的说法是基本一致的，他们均认为“新子学”的研究范围应截止到清末、民国之前。华南师范大学曹础基教授则与高华平教授意见类似。他认为新旧子学不能以时间作为标准来划分，传统子学也在不断更新，“每个历史时期对前贤子学的诠释评说都可谓之新”。曹教授还提出，“对诸子思想的重新解读和扬弃，‘诠释旧子学元典’，属于新之子学。对传统思想的重新寻找和再创造，‘创造’新的子学元典，则属于新子之学”，“新子学”涵盖新之子学与新子之学。

关于“新子学”之新，陈福康研究员回答道：“是从新的角度以新的理论、方法对旧有的子学著作和子学历史的重新诠释、总结乃至激活。”欧明俊教授则认为“新子学”之新是要有与经学、史学、文学并举的新观念，中西结合的新方法，重视“反批评”与“原生态”评价的新视角等。

“新子学”如何面对“经”与“子”之关系?

先秦诸子，平等对话。“独尊儒术”之后，其他各子学说遂成为在野之学，地位下降。此后，儒家学说中的精华部分又确立为经，地位愈高。经、子之分野逐渐显现。数千年来，或升子为经，或离经还子，经与子在不断的冲撞融合中形成一种张力结构。“新子学”全面复兴子学，理应涵盖儒、经之学的复兴。兼容经儒，并包诸子是建设“新子学”的必然要求。

经出于儒、儒归于子是大部分与会者的共识。安徽大学孙以昭教授阐释了他对经、孺、子学的看法。他谈到，先有儒学，后有经学，经学是儒学的核心，儒学比经学的范畴要大。“儒学原在‘子学’之内，常被排在前列”。“新子学”较之传统子学内容包孕更广，儒学也自然属于“新子学”之范畴，经学也相应地位于“新子学”之列。无独有偶，李桂生副教授也认为，“儒家经学之部分典籍实际上亦应归于子的范畴”。“新子学”应该以当今学术思维审视古人，以发展变化的眼光对待传统经典。“《论语》、《孝经》、《孟子》诸经典，当恢复其‘子学’本来面目”。华侨大学杨少涵副教授也提出，儒家和儒学是到孔子时期才真正确立的。先秦时代“原儒”，无论是孔、孟、荀三大家，还是孔门七十二贤，与老、庄、杨、墨、管、商等子一样，是诸子百家之一家。“从这个意义上说，先秦原儒是‘子’”。

退经还子、百花齐放是与会代表发出的倡议。许抗生教授意味深长地谈到，中华民族文化是极其丰富多彩的，绝不是儒家一枝独秀。要全面复兴以诸子百家为代表的中华民族优秀文化。林其锬研究员提出，今日建构“新子学”，应该“还‘经’于‘子’，将百家一视同仁，不必再分‘经’、‘子’。”

华东师范大学玄华博士对经归于子的看法并不认同。他认为经学以天为世界本源的核心理念肇始于羲皇时期，子学则产生于春秋战国时代，因此经学要早于子学。经学与儒学的关系也不是传统观念中的经出于儒，而是经吸纳异化儒。而子学通过对世界和人的本质的重新发现，以儒学等诸子学说为力量，消解了经学的精神与体系。因此“子学是经学发展出来的自我否定者”。且“新子学”作为学术文化工程出场时，不仅理所当然地包括“新子学”哲学下的子学研究的推进，也包括了它对经学，乃至文学、史学的全新发展。这一说法，与以往学界对经、子关系的看法大相径庭，与会学者多有质疑。

“新子学”能否主导国学？

方勇教授在《“新子学”构想》中提出“新子学”将取代经学成为国学的主导，一石激起千层浪。关于“新子学”、传统经学、儒学在国学中地位问题的争论随之而来。

很多与会者对方勇教授的说法予以了支持。中国社会科学院陆永品研究员谈到，儒、道、墨、法在春秋战国时代已经成为四大“显学”，是中华民族文化的四大坚强支柱，是取之不竭、用之不尽的文化源泉。“新子学”继承和发扬了诸子百家优秀传统文化，更加开放、丰富、包容。“新子学”主导“新国学”“应当成为发展中华民族文化的重要战略思想”。北京大学张双棣教授认为，国学的概念随着时代的变化而变化，“以儒学经典为国学主干的时代应该已经过去”，“包括儒学在内的诸子学成为国学的主干，乃顺理成章之事”。原中华书局总编辑傅璇琮教授提出，自晚清以来，学术格局已发生了极大转变，传统经学长久以来所占据的学术主导地位已逐步失去，以儒学为主导、经学为骨髓的旧国学渐失昔日活力，而包括孔孟儒学在内的“新子学”却在迅速崛起，并将成为“新国学”的主导力量。台北大学赖贤宗教授提到，传统儒家经学限制了“旧国学”，忽略了中国哲学中除儒家以外的思想资源，且“旧国学”经史子集四部分类有其缺失。“新子学”以思想史为坐标，对以上问题有很大突破。赖教授说：“新子学不是要回到思想僵化、权威严厉的‘经学时代’，而是要继承充满原创性、多元性的‘子学精神’，并且以批判地继承过去，立足现在力求发展，从而更好建构未来。”漳州师范学院汤漳平研究员认为，“新子学”较之守旧的经儒之学，更具开放性和包容性。在进入全球化的今天，“新子学”更适合当今之需要，由它来主导国学之发展，更为合理。东北师范大学刘思禾讲师认为，先秦子学的根本就是面对时代课题而思考，今天的新子学也要有这样的期许。“新子学不是目录学意义的子部之学，而是一种蕴涵中国问题和表达方式的新中国学”。

亦有部分学者对“新子学”主导国学提出了异议，由此引发了较多的争议，观点的碰撞，擦出了炫目的火花。中国人民大学韩星教授认为，“新国学的内在结构还得在传统经学的基础上建立起来，特别是经、史、子、集四部之学和义理、考据、辞章、经世四科之学不能割断”，“在今天中国思想学术的多元发展中新经学与新子学之间也一直在互动，但新经学（儒学）无疑仍然起着主导作用”。韩星教授发言后，韩国国立江陵原州大学金白铉教授随即予以反驳。他说，诸子百家思想是中华文化的优秀代表，较之封闭守旧的经学，诸子学说更容易在世界上引起共鸣，它应该取代经学成为国学的主导。

此外，还有一些学者对“新子学”如何主导国学提出了建议。欧明俊教授谈道：“我们千万要注意，不能以另一种专制独尊代替一种专制独尊，‘新子学’可争取在国学中的‘新主体’地位，也理应成为国学‘新主体’，要突出‘新子学’的价值和地位。但同时强调，‘新子学’不应取代经学的尊崇地位。”高华平教授提出，古代国学原本是贵族子弟学校，以传播统治阶级思想为主，自然是以经学为主导。"新子学"要想成为当今国学的新主体，需要当代"新国学"的出现。

"新子学"之东西问题

近代，西学如潮水般涌入中华大地。自那时起，无论是自然科学领域还是人文思想范畴，中学与西学不断地对抗与融合。"新子学"作为新时代中华文化发展的一面旗帜，理应在中西博弈中保持民族特性，并以开放包容之姿态，融中西之长，成为民族性、世界性的学术。

傅璇琮教授多年来坚守在文化出版业，对东西文化的碰撞有深刻直观的体会。他提出，缺失了民族化特性的文化，不能以独立姿态屹立于世界民族之林。中国学术不能妄自菲薄，应清醒地认识到我国传统文化与学术的民族性、独特性。傅教授说："新时期'新子学'的研究，应进一步拓宽视野，吸取西方近现代较有科学意义的学术思想、观念和方法，一方面要更加清醒地认知'新子学'的民族特性，充分阐释我国古老文明的价值；另一方面也有必要把我们的民族文化学术在世界学术的大范围内，作公平客观的比较。"

林其锬研究员与傅璇琮教授的观点基本一致。他认为，构建"新子学"应扭转以西学价值为取向的"欧洲中心"论影响，要改正对民族文化抱着消解乃至破坏的民族虚无主义态度。林研究员说："'新子学'理论的建构最为核心的就是要从子学的实际出发把握民族的思维模式、认知途径和表达方式，摆脱对西学知识体系的依傍，建立自己具有民族特点的概念、范畴，形成理论体系，绝不能套用西学知识体系简单寻找所谓'对应点'概念、范畴加以移植、附会。

那样不仅无益，而且还会谬误横生。”

复旦大学李若辉教授长期致力于中西哲学研究，对中学套用西学带来的弊端深感痛心，他呼吁建立中国自己的哲学理论体系。李教授谈到只有挖掘并复活中国哲学自身方法论，“并以之建构出中国哲学自己的理论体系，才能发展出中国自己的理论体系，才能与当代西方哲学平等对话”。

与中国学者的大声疾呼不同，金白铉教授以更为冷静的眼光站在东方人的立场探究“新子学”与西学的关系，对傅、林、李等人坚持民族性为基础的看法有所突破。他认为，“新子学”应注重原创性，不能盲从西方。他认为鸦片战争不仅是中英冲突，更是西方基督世界与东方儒教的冲突。中学对西学的学习带有历史局限性。当今东方人要继承充满原创性、多元性的“子学精神”，以避免漏掉或歪曲东方哲学的精髓。

孙以昭教授在中西学术关系方面，提出了新的看法。他认为，当今时代“东学西进”和“西学东渐”同时存在。“当代原创的中国‘新子学’、中国文化向西方传播，不但被西方接受，甚至为西方所主动追求”。“新子学”要坚守自身特性，持续、长期和毫不动摇地吸纳融化西学的优长，由此“形成一个良性的东西方的双向学习交流与借鉴的局面，从而推动与促进世界性的学术与文化大繁荣时代的到来。”

“新子学”之未来图景

《中庸》曰：“凡事豫则立，不豫则废。”事先的谋划与准备是成功的重要因素。本次会议与会代表踊跃陈辞，为“新子学”的建设提出了宝贵的意见和建议。

张双棣教授认为，“新子学”的建立必须在诸子学全面复兴的基础上才能实现。他认为诸子学的全面复兴一方面是要“对传统诸子学的全面深入的整理和研究”，主要由诸子元典的整理和义理阐释两个途径来完成；另一方面则是要注重诸子学的普及。张教授说：“诸子学的复兴，不能只在几个专门家或学者的笔下，而应该成为全民文化的一部分，特别是要使青年一代能够对诸子学有尽可能多的了解和认识。”

《江淮论坛》杂志社吴勇持有类似观点。他为建立“新子学”开列了整理典籍、理性审视西学与中学的共性与差异、大胆吸取西方思想、落实到民生日用四项任务。

许抗生教授认为“新子学”的发展应分“三步走”，第一步要“做好打基础的工作，即做好有关先秦子书古籍的整理工作，包括收集、校勘、注释、出版等工作”；第二步是在打好基础、读懂子书的基础上，“对子学思想展开较深入的研究，并在前人研究的基础上有所深入，有所创新的见解”；第三步是“从现代社会的需要出发，重新阐释子学思想，抛弃其过时的东西，发扬和发展其优良的思想，重新建立符合当代社会所需要的新子学思想体系”。

东南大学许建良教授提出，“新子学”要走国际化的道路，应跨越简单介绍海外中国思想研究的现实，“创建更深层面的横跨海内外平台的中国思想研究的互动平台，将是21世纪诸子学发展值得尝试的视野和途径”。

宁波广播电视大学蒋门马讲师则为“新子学”的发展提供了十条具体的建议。一是要明确弘扬新子学的目的为“传承民族传统文化”、“提升国家文化软实力”；二是要保持对传统经典的敬畏之心；三是重新校勘训注新子学元典；四是重新把新子学元典翻译成外文；五是创建新子学网上论坛；六是建议学校教育中纳入传统文化教育；七是演绎新子学影视作品；八是用心探究新子学中的经世之道；九是研究开发体现新子学思想精神的商品；十是保护和弘扬传统方技和手工艺。

本次大会共提交论文98篇，大部分是围绕“新子学”撰写，集中展现了近期子学研究的新动向。除上述主要议题以外，还涉及了“新子学”视域下的子学研究、“新子学”的社会价值、“新子学”如何走向国际化、当今子学的新发展等问题。为期两天的会议，取得了丰硕的成果。方勇教授在大会总结发言时满怀期许地说道：“子学界的志士仁人，当以‘新子学’国际学术研讨会为契机，凝心聚力、继往开来，为子学研究的全面发展和中华民族的伟大复兴作出新的贡献。”方教授的发言引发了认同的掌声，展现出子学界同仁推动“新子学”繁荣发展的共同心声和坚定信念。

诸子百家之说，是中华文明的源头与精华，历数千年之洗礼而不减其泽。当今中国，文化复兴浪潮已经形成，新百家争鸣的局面已然显现。老子曰：“九层之台，起于累土。”“新子学”势将继往开来，主导当代国学，构建符合时代发展和需要的开放性、多元化学术，以此迎接中华民族伟大复兴时刻的到来和“中国梦”的实现。

（《光明日报》2013年5月13日，第15版）

"新子学"学术研讨会在沪举行

胡言午　蒋冰冰

10月22日，华东师范大学先秦诸子研究中心主任方勇在《光明日报》国学版发表《"新子学"构想》一文，引起学界广泛关注。10月27日，由华东师范大学主办的"新子学"学术研讨会在上海举行。苏州大学教授王钟陵，复旦大学教授徐志啸、陈引驰、刘康德，上海大学教授郝雨，香港浸会大学教授陈致等30多位学者围绕"新子学"的内涵、地位及其与西学之间的关系展开深入研讨。

王钟陵认为，在当前经济形势腾飞的国情下，要对基础性的文史哲领域进行改革，以建立中国学术的核心价值；要立足民族文化根源，通过与西方话语系统的对照、对话来求生存、求发展。"新子学"是对先秦诸子学说在新形势下的革新，是中华民族高扬生存价值的集中体现，要建立新的诠释学来实现子学的繁荣。

徐志啸提出，21世纪子学与传统子学已有很大不同。"新子学"的提出有新意、有突破。"新子学"应突出其"新"，在目前中西文化既有冲突也有融合的背景之下，要吸收西方的优秀学说对中国传统的典籍作新的阐释。

陈引驰提到，子学是多元时代的产物，它是后人不断思考和延续的活体，具有丰富内涵，在当前世界形势复杂多变的形势下，子学等传统学术能够为应对时代问题提供资源。“新子学”的提出具有重要意义，是当代学者时代责任感的体现。

郝雨表示，中国传统文化源头是诸子百家之说，在当今全球化背景之下，文化独尊一家的局面已不能再重复出现。未来文化的发展趋势是百家争鸣，“新子学”是未来文化发展具有方向性的旗帜，它的提出具有重大价值。

（“中国社会科学在线”2012年10月30日）

“‘新子学’学术研讨会”在沪举行

朱自奋

日前，由华东师范大学主办的“新子学”学术研讨会在上海举行。苏州大学王钟陵，复旦大学徐志啸、陈引驰、刘康德，上海大学郝雨，香港浸会大学陈致教授等三十多位学者围绕“新子学”的内涵、地位及其与西学之间的关系展开深入研讨。

最近，华东师范大学先秦诸子研究中心主任方勇教授在《光明日报》国学版发表《“新子学”构想》一文，文中对“子学的产生发展与‘新子学’”、“‘新子学’将扎根传统文化沃土，以独立的姿态坦然面对西学”、“‘新子学’将承载‘国学’真脉，促进传统思想资源的创造性转化”三个问题予以论析，引起了学术界的广泛关注。

此次会议是针对“新子学”的第一次讨论，与会代表就“新子学”在当下的必要性和可行性达成了共识。同时，对“新子学”的内容与践行方式，见仁见智，提出了诸多详尽的看法。

王钟陵教授认为在当前经济形势腾飞的国情之下，要对基础性的文史哲领域进行改革，以建立中国学术的核心价值；要立足民族文化根源，通过与西方话语系统的对照、对话来求生存，求发展。“新子学”是对先秦诸子学说在新形势下的革新，是中华民族高扬生存价值的集中体现，要建立新的诠释学来实现子学的繁荣。徐志啸教授提出21世纪子学与传统子学已有很大不同。“新子学”的提出有新意、有突破。“新子学”应突出其“新”，在目前中西文化既有冲突也有融合的背景之下，要吸收西方的优秀学说，对中国传统的典籍作新的阐释。陈引驰教授提到子学是多元时代的产物，它是后人不断思考和延续的活体，具有丰富的内涵，在当前世界形势复杂多变的形势之下，子学等传统学术能够为应对时代问题提供资源。

（《文汇读书周报》2012年11月2日，第2版）

"新子学"体现时代精神
——华东师范大学主办"新子学"学术研讨会

桃 子

子学即诸子学。华东师范大学先秦诸子研究中心主任方勇教授日前在《光明日报》国学版发表《"新子学"构想》一文，文中对"子学的产生发展与'新子学'"、"'新子学'将扎根传统文化沃土，以独立的姿态坦然面对西学"、"'新子学'将承载'国学'真脉，促进传统思想资源的创造性转化"三个问题予以了分析，引起了学术界的广泛关注。

日前，由华东师范大学主办的"新子学"学术研讨会在上海举行，苏州大学王钟陵，复旦大学徐志啸、陈引驰、刘康德，上海大学郝雨，香港浸会大学陈致教授等 30 多位学者围绕"新子学"的内涵、地位及其与西学之间的关系展开深入研讨，推动了子学研究的进程。

王钟陵认为，要立足民族文化根源，通过与西方话语系统的对照、对话，来求生存、求发展。"新子学"是对先秦诸子学说在新形势下的革新，是中华民族高扬生存价值的集中体现，要建立新的诠释学来实现子学的繁荣。

徐志啸认为，21 世纪子学与传统子学已有很大不同。"新子学"的提出有新意、有突破。"新子学"应突出其"新"，在目前中西文化既有冲突也有融合的背景之下，要吸收西方的优秀学说对中国传统的典籍作新的阐释。

陈引驰认为，子学是多元时代的产物，能够为应对时代问题提供资源。“新子学”的提出是当代学者时代责任感的体现。

郝雨说，中国传统文化的源头是诸子百家之说。未来文化的发展趋势是百家争鸣，“新子学”是未来文化发展具有方向性的旗帜。

（《上海科技报》2012 年 11 月 14 日，第 3 版）

"新子学"研讨会在沪举行

郝　雨

日前，来自复旦大学、上海大学、香港浸会大学、苏州大学的数十位学者齐聚上海，参加"新子学"学术研讨会。会议围绕"新子学"的内涵、价值及其与西学、国学之间的关系展开深入研讨。与会代表认为，在当前经济形势腾飞的国情之下，要建立中国学术的核心价值。"新子学"的提出具有重要意义，是当代学者时代责任感的体现，是在目前中西文化既有冲突也有融合的背景之下，对传统文化向当下创造性转化的探索，是对民族文化未来发展方向的理性思考。

今年10月22日，《光明日报》国学版发表了方勇教授的《"新子学"构想》。"新子学"概念的提出，根植于华东师范大学先秦诸子中心正在运作的《子藏》项目，是其转向子学义理研究领域合乎逻辑的自然延伸，更是深观中西文化发展演变之后，对子学研究未来发展方向的前瞻性思考。文章认为，"新子学"将以传统子学的智慧与胸襟，坦然面对西方，正确处理子学与西方文化学术的主次关系，真正构建起富有生命力的"新子学"体系。未来，"新子学"将承载"国学"真脉，促进传统思想资源的创造性转化。"新子学"主导下的"国学"将凭借子学开放、包容、发展的特点，使中国传统思想文化与西方科学理念结合，并转生为当今社会的精神智慧之源，最终发展出民族性与世界性兼备的新国学，构建中国学派。

（《文学报》2012 年 11 月 15 日，第 6 版）

学术界“新”字头构想一时涌动

朱自奋

最近，我国学术界掀起一股文化新构想思潮，各种以“新”字打头的学派纷纷涌现，引发学界关注。

10月22日，《光明日报》发表华东师范大学方勇教授的《“新子学”构想》。文章提出了“新子学”概念。据悉，“新子学”根植于华师大先秦诸子中心正在运作的《子藏》项目，被认为是其转向子学义理研究领域的自然延伸和对子学研究未来发展方向的前瞻性思考。而“新子学”学术研讨会亦不久前在沪举行。

“新子学”构想，引起了诸多相关学科的响应。11月3日，由中国人民大学与国家汉语国际推广领导小组办公室举办的第三届世界汉学大会在京召开，大会提出了“大汉学”与“新汉学”的构想。11月4日《光明日报》发表了牟钟鉴的《“新仁学”构想》，指出：“新仁学接续孔子仁学的源头活水，突出其生命本色，广引诸家之精要，吸纳西学之优长，多角度展开仁的丰富内涵。”

“新子学”、“新汉学”、“新仁学”，学术界提出这几个“新”字头的学派思潮，引发关注。有学者认为，这是新的时代形势下，中国学术界力求创新突破的积极现象。也有学者认为，一些学者热衷于抛出学术新概念，圈占学术山头，但后续成果是否站得住脚，尚不宜太早乐观。

（《文汇读书周报》2012年11月16日，第2版）

关于《“新子学”构想》

梁 枢

10月27日，由华东师范大学主办的“新子学”学术研讨会在上海举行，三十多位学者围绕“新子学”的内涵、地位及其与西学之间的关系展开深入研讨。

苏州大学王钟陵教授认为在当前经济形势腾飞的国情之下，要对基础性的文史哲领域进行改革，以建立中国学术的核心价值；要立足民族文化根源，通过与西方话语系统的对照、对话来求生存、求发展。“新子学”是对先秦诸子学说在新形势下的革新，是中华民族高扬生存价值的集中体现，要建立新的诠释学来实现子学的繁荣。

复旦大学徐志啸教授提出21世纪子学与传统子学已有很大不同。“新子学”的提出有新意、有突破。“新子学”应突出其“新”，在目前中西文化既有冲突也有融合的背景之下，要吸收西方的优秀学说对中国传统的典籍作新的阐释。

复旦大学陈引驰教授提到子学是多元时代的产物，它是后人不断思考和延续的活体，具有丰富的内涵，在当前世界形势复杂多变的形势之下，子学等传统学术能够为应对时代问题提供资源。“新子学”的提出具有重要意义，是当代学者时代责任感的体现。

上海大学郝雨教授说到中国传统文化的源头是诸子百家之说，在当今全球化背景之下，文化独尊一家的局面已不能再重复出现。未来文化的发展趋势是百家争鸣，“新子学”是未来文化发展具有方向性的旗帜，它的提出具有重大价值。

（《光明日报》2012 年 11 月 19 日，第 14 版）

文化新构想思潮涌动

郝 雨

10月22日，华东师范大学先秦诸子研究中心主任方勇教授在《光明日报》国学版发表文章，从“新子学”与传统子学、西学、国学等现行学术之间关系的角度提出了“新子学”这一崭新的文化概念。11月4日《光明日报》国学版发表了牟钟鉴先生《“新仁学”构想》，指出：“新仁学针对当代人生困境、社会功利化趋势、国民教育弊端、文明冲突加剧的现实，展示对治的仁学智慧，企望为地球村提供一种东方的新人文主义。”“新学”的构想是学界为建立中国学派进行的自觉的理论探索，努力建立起本土化的理论体系。

（《社会科学报》2012年11月29日，第4版）

现代文化学者聚会上海 跨学科研讨“新子学”

路　阳

11月30日，由上海大学新闻理论研究中心和《黄河文学》杂志社主办的新媒体时代民族文化传承研讨会在上海大学举行，本次研讨会主题为“现代文化学者如何认识和评价‘新子学’”，来自复旦大学、同济大学、中国传媒大学、苏州大学、集美大学及全国各地的现代文化专家、教授王鸿生、王宏图、刘绪源、徐国源、葛红兵、杨剑龙、郝雨、景国劲、李有亮、郭文斌等30多位学者参加了会议。

10月22日，《光明日报》发表了著名庄子学家方勇教授的文章《“新子学”构想》，立刻引起国内外文化学界的广泛关注。作为本次研讨会的策划人和主持人，郝雨教授认为，子学研究虽只是属于古代文学与古代文化的一个研究领域，但“新子学”的提出，实际上是在当今的全球化、新媒体时代，为整个文化学界提出的一个共同的主题，即当今文化传承的真正源头与主体性的问题。因此中华民族文化的伟大复兴，不仅要复兴儒学，还要找到民族文化的百家之源。“新子学”作为一面新的文化旗帜，将在整个文化学界更大规模地激越起复兴民族传统文化的时代潮流。各位专家还指出，我们的文化研究不能总是把古代与现代完全割裂，壁垒森严，互不交通。“新子学”的话题一定要把古代与现代打通，建立起通畅的古今文化对话。从而以更加开阔的历史文化眼光，寻求文化研究的新的逻辑起点和思维脉络。

杨剑龙从五四以来中国文化界对传统文化的态度出发，分析了“新子学”的三方面价值。一是对中国传统文化的丰富性，研究吸收诸子文化思想，而不是一直以来的独尊儒学与弱化其他学派。二是促进了深入研究中国文化的全面性。三是提供了全面阐释研究中国传统文化的可能性。另外在新子学当代性阐释问题上，他认为必须首先回归百家争鸣的历史语境，其次必须崇尚以人为本。葛红兵在谈到“新子学”运动时先探讨了新加坡学校中开展的新儒学运动的失败和国内国学运动、尊孔复古运动的失败现象，他由此提出对民族文化的传承绝不能片面复兴某种思想而不顾其他。而国内外儒学运动失败的根本原因是对中国思想的两个源头缺乏研究，一是公元前3世纪前的先秦子学，二是五四时期以解放为核心的话语体系。另外，葛教授也提出中国子学系统尚未完成现代化，要在各学科领域、系统内共同推动对传统文化的研究。

刘绪源认为我国没有宗教，长期以来与西方“政教合一”的状态相对的是“文政合一”，因此就五四运动而言，要想获得突破必须先从文化上着手。但是打破孔家店以后出现了传统文化的消解以及民族自尊心、自信心丧失等问题。而现在的国学运动又导致了片面化尊崇儒教状态，也暴露出诸多弊病。因此民族文化传承真正要走的路子应该是必须吸收西方的普世价值，即那些人类文明的共通价值，同时又要与传统文化相结合。“新子学”运动也要如此，既应该具有现代性价值、普世价值，又能批判吸收传统文化的精华，重建百花齐放的氛围。李有亮认为从民族文化传承意义上看，“新子学”价值在于引导人们重返中国文化的最佳生态，即百家、多元的争鸣。多元、争鸣的文化是富有张力的文化，不同思想文化对峙冲突，充满生机、动力，促进思想文化的多样性。另外李有亮认为当前新子学运动有两大障碍，一是长期以来急功近利的思想和实践方式。二是当前文化的不良发展倾向，即消费化、同质化、娱乐化的消极势头。

王鸿生、王宏图、徐国源、景国劲、李有亮、姜琍敏、郭文斌、田彩仙、徐芳、王晓鸥、郭海燕、范松楠等学者还从各个不同角度对新子学的内涵、意义等方面作了精彩深刻的发言。

（“社会科学报”在线，2012 年 12 月 10 日）

上海跨学科研讨“新子学”

路 阳

由上海大学新闻理论研究中心和《黄河文学》杂志社主办的“新媒体时代民族文化传承研讨会”日前在上海大学举行，研讨会主题为“现代文化学者如何认识和评价‘新子学’”，来自复旦大学、上海大学、香港浸会大学、苏州大学的数十位学者参加会议。

今年10月，《光明日报》发表了学者方勇的文章《“新子学”构想》，引起国内外学界的广泛关注。作为本次研讨会的策划人和主持人，上海大学郝雨教授认为，子学研究虽只是属于古代文学与古代文化的一个研究领域，但“新子学”的提出，却不仅限于此，它实际上是在当今的全球化、新媒体时代，为整个文化学界提出的一个共同的主题。即当今文化传承的真正源头与主体性的问题。因此中华民族文化的伟大复兴，不仅要复兴儒学，还要找到民族文化的百家之源。而“新子学”作为一面新的文化旗帜，将在整个文化学界更大规模地激越起复兴民族传统文化的时代潮流。

上海师范大学杨剑龙教授从“五四”以来中国文化界对传统文化的态度出发，分析了“新子学”的三方面价值：一是对中国传统文化的丰富性，研究吸收诸子文化思想，而不是一直以来的独尊儒学与弱化其他学派；二是促进了深入研究中国文化的全面性；三是提供了全面阐释研究中国传统文化的可能性。另外在"新子学"当代性阐释问题上，他认为必须首先回归百家争鸣的历史语境，其次必须崇尚以人为本。

上海大学葛红兵教授在谈到"新子学"运动时，先探讨了新加坡学校中开展的新儒学运动的失败和国内国学运动、尊孔复古运动的失败现象，他由此提出，对民族文化的传承绝不能片面复兴某种思想而不顾其他。而国内外儒学运动失败的根本原因是对中国思想的两个源头缺乏研究，一是公元前3世纪的先秦子学，二是五四时期以解放为核心的话语体系。他同时提出，中国子学系统尚未完成现代化，要在各学科领域、系统内共同推动对传统文化的研究。

评论家刘绪源表示，我国没有宗教，长期以来与西方"政教合一"的状态相对的是"文政合一"，因此就"五四"运动而言，要想获得突破必须先从文化上着手。但是"打破孔家店"以后出现了传统文化的消解以及民族自尊心、自信心丧失等问题。而现在的国学运动又导致了片面化尊崇儒教状态，也暴露出诸多弊病。因此民族文化传承真正要走的路子应该是必须吸收那些人类文明的共通价值，同时又要与传统文化相结合。"新子学"运动也要如此，既应该具有现代性价值，又能批判吸收传统文化的精华，重建百花齐放的氛围。

上海政法学院李有亮教授认为，从民族文化传承意义上看，"新子学"的价值在于引导人们重返中国文化的最佳生态，即百家、多元的争鸣。多元、争鸣的文化是富有张力的文化，不同思想文化对峙冲突，充满生机、动力，促进思想文化的多样性。他提出，当前"新子学"运动有两大障碍，一是长期以来急功近利的思想和实践方式；二是当前文化的不良发展倾向，即消费化、同质化、娱乐化的消极势头。

王鸿生、王宏图、徐国源、景国劲、姜琍敏、郭文斌、田彩仙、徐芳、王晓鸥、郭海燕、范松楠等作家、评论家从各个不同角度对新子学的内涵、意义等方面进行阐释。

（《文学报》2012 年 12 月 20 日，第 6 版）

清醒认识传统学术的民族性

夏 斌

日前，“新子学”国际学术研讨会在沪举行。来自中国内地及港澳台地区，新加坡、日本、韩国等地的百余位专家学者围绕“新子学”的内涵及其与传统学术、西学的关系等议题展开深入研讨。

中华书局原总编傅璇琮指出，要清醒地认识到传统文化和学术的民族性、独特性。西学中用是学术研究向前推进的一种表现，在当前形势下具有一定的必然性和必要性。但是，西学中用不能演变成全盘西化，各国之间的文化交流有两个基本条件：一是对本民族的文化有深切的认识和热爱；二是对其他外来文化有清醒的体察和理解。若在一知半解的情况下生搬硬套，那无论是用外国方法解读中国学术，还是用中国方法解读外国学术都是不科学的。

本次研讨会由华东师范大学先秦诸子研究中心主办。

（《解放日报》2013年4月17日，第11版）

发扬子学精神　推动文化复兴

——“‘新子学’国际学术研讨会”在沪召开

范伟花

4 月 13 日至 14 日，由华东师范大学先秦诸子研究中心主办的“新子学”国际学术研讨会在沪举行。来自中国大陆、港澳台地区以及新加坡、日本、韩国等国家的 130 多位诸子学专家学者齐聚上海，以“新子学”为主要议题，深入展开研讨。会议共提交论文 98 篇，本报总编助理张雷应邀参会，并发表了题为《新闻人要做“新子学”的推动者》的学术论文。

在会议开幕式上，中华书局原总编傅璇琮先生指出，20 世纪以来，作为古典文化研究重要组成部分的子学研究取得了长足的进步和发展，子学复兴时机已到。北京大学哲学系许抗生教授谈到，当今时代是思想开放、多元文化互相促进发展的时代，是实现中华民族伟大梦想的时代。先秦诸子思想是中国文化的源头，中国精神文化建设应当倡导“百花齐放、百家争鸣”的方针，复兴先秦子学平等、自由、以人为本的精神，推动文化全面昌盛繁荣发展。中国社会科学院陆永品研究员认为，中国当前处在伟大复兴的特殊时期。“新子学”是新的理论，体现了时代精神，包含了中国优秀文化的各个方面，具有开放多元的特性。“新子学”将大力推动中国文化的全面复兴。

华东师范大学先秦诸子研究中心主任方勇教授提出，文化学术发展到今天，面临发展方向的选择。“新子学”不仅是革新诸子学的研究，更是要引领文化发展的方向。“新子学”将诸子百家的思想精粹提炼升华成创新、解放的“子学精神”，并以这种精神为导引，系统整合古今文化中的精华，构建出符合时代发展的开放性、多元化学术。“新子学”势将成为当代国学的主体。

（《新疆经济报》2013 年 4 月 17 日，第 6 版）

“‘新子学’国际学术研讨会”在沪召开

朱自奋

日前，由华东师范大学先秦诸子研究中心主办的“新子学”国际学术研讨会在沪举行。来自中国大陆、港澳台地区及新加坡、日本、韩国等国家的130多位诸子学专家学者齐聚上海，就“新子学”的内涵及其与传统学术、西学的关系、中国子学革新等议题展开研讨。

中华书局原总编傅璇琮指出，20世纪以来，作为古典文化研究重要组成部分的子学研究取得了长足的发展，子学复兴时机已到。“新子学”要追本溯源，继承传统，在进一步整理元典的基础上，加强学术史的研究，从而在传统子学的基础上创新学术。新形势下的“新子学”要保持中华文明的民族特性，同时进一步拓展视野，吸取西方学术之优长，从而将中国文化学术推向国际。

北京大学哲学系教授许抗生谈到，当今时代是思想开放、多元文化互相促进发展的时代，是实现中华民族伟大梦想的时代。建立“新子学”是时代的召唤，经济的发展也需要精神文化来提供思想保障。中国社会科学院研究员陆永品认为，中国当前处在伟大复兴的特殊时期。“新子学”是新的理论，它的提出适时适世。以六经为主体的旧国学已不符合当前的国情民意。“新子学”包含了中国优秀文化的各个方面，具有开放多元的特性。它必将取代经学，成为当今国学的主导。“新子学”将推动中国文化的全面复兴。

华东师范大学先秦诸子研究中心主任方勇教授提出，文化学术发展到今天，面临发展方向的选择。“新子学”不仅是革新诸子学的研究，更要引领文化发展的方向。“新子学”将诸子百家的思想精粹提炼升华成创新、解放的“子学精神”，并以这种精神为导引，系统整合古今文化精华，构建出符合时代发展的开放性、多元化学术。

（《文汇读书周报》2013 年 4 月 19 日，第 2 版）

"复兴子学有现实意义"
——"'新子学'国际学术研讨会"在沪召开

查建国

"诸子百家之学是中国文化的重要渊源，复兴子学具有重要的现实意义，'新子学'的出现，顺应了历史发展的潮流。"在4月13日召开的"新子学"国际学术研讨会上，华东师范大学人文学院院长杨国荣在致辞中提出构建"新子学"的重要意义。

杨国荣还表示，子学具有历史承继性和思想突破性，在数千年的发展中与经学密切关联，具有相互融合的一面。"新子学"要进一步推进子学的相关研究，创造符合社会现实需要的新学术。

中华书局原总编辑、清华大学中国古典文献研究中心教授傅璇琮提出，"新子学"的源头，当为诸子百家之学。传统经学中以孔孟为代表的儒家学说也应当归于"新子学"的范畴。"新子学"根植于诸子百家之学，"新子学"要进一步加强学术史的研究，要在传统子学的基础上继往开来，创新学术。新形势下的"新子学"应该保持中华文明的民族特性，向全世界展示中国学术的优势和为世界学术所作出的贡献。

此次会议由华东师范大学先秦诸子研究中心主办。

（"中国社会科学在线"2013年4月24日）

编后记

自2012年10月22日《光明日报》“国学”版刊发方勇教授《“新子学”构想》一文以来，迅即引起国内外学术界广泛关注，卿希泰、陆永品、谭家健、孙以昭、王锺陵、郝雨等知名学者在各大报刊发文积极响应。同年10月27日，华东师范大学先秦诸子研究中心组织召开“‘新子学’学术研讨会”；12月1日，上海大学新闻理论研究中心与《黄河文学》杂志社联合主办“新媒体时代民族文化传承——现代文化学者视野中的‘新子学’”研讨会。这两次学术会议上的部分发言，整理成文字后，已收入《诸子学刊》第八辑“‘新子学’论坛”栏目。2013年4月12至4月14日，华东师范大学先秦诸子研究中心主办“‘新子学’国际学术研讨会”，来自中国大陆和港、澳、台地区，以及韩国、日本、新加坡等国家的学者共130多人，收会议论文98篇。与会学者就如何提炼子学精神、“新子学”如何面对“经”与“子”之关系、“新子学”能否主导国学、“新子学”如何理解东西方文化背景、“新子学”之未来图景等问题，进行了热烈讨论和认真切磋，会议取得了圆满成功。2013年5月13日《光明日报》“国学”版刊载《“新子学”大观——上海“‘新子学’国际学术研讨会”侧记》，对“‘新子学’国际学术研讨会”进行了详细报导。2013年9月9日《光明日报》“国学”版刊载方勇先生《再论“新子学”》，2013年第7期《探索与争鸣》刊载方勇先生

《“新子学”申论》，先后对其《“新子学”构想》一文有关观点作了进一步的申发与提升。

本论文集即是在《“新子学”构想》及三次“新子学”会议基础上，将至今所有与“新子学”相关的学术资讯汇聚成册，包括单篇论文、笔谈、会议纪要、新闻报道等各种形式，并序共计80篇。“新子学”意在将诸子百家的思想精粹提炼升华为创新、解放的“子学精神”，并以这种精神为导引，系统整合古今文化中的精华，构建出符合时代发展的开放性、多元化学术。“新子学”不仅是革新诸子学的研究，其影响更超越诸子学研究本身，波及各个学科，必将对中华优秀传统文化的薪火相递及现代中国学术的发展与创新产生深远影响。“新子学”作为一个开放性的话题，已引得一大批不同研究领域的学者参与，并从各自的学科角度发表真知灼见。在此，特别感谢陈鼓应先生对“新子学”的鼎力支持，并为本书拨冗赐序《子学兴替关乎中国思想变革》。

《“新子学”论集》的面世，凝聚了海内外贤哲的多方思考，并有赖于读者诸君的再行推进。学术乃天下公器，争鸣本百家通义，值本册付梓之际，唯祈“新子学”广纳万响，振道常新！

叶蓓卿

2013年12月